D1920823

Über dieses Buch Die FISCHER LÄNDERKUNDE vermittelt in zehn eigens für diese Reihe geschriebenen Bänden ein umfassendes Bild der Erde, nicht allein der Landschaft und der natürlichen Lebensgrundlagen, sondern vor allem der auf ihnen gewachsenen kulturellen, wirtschaftlichen, gesellschaftlichen und politischen Formen. Die Autoren kennen die von ihnen behandelten Räume und Themen aus eigener Forschungsarbeit.
Der Band »Europa« erschien in erster Auflage 1979, im Jahr der ersten Europa-Wahlen. Inzwischen hat sich die Europäische Gemeinschaft auf zwölf Mitgliedstaaten erweitert. Mehr noch: auch im Osten spricht man wieder vom »europäischen Haus«. Das Interesse am »Kulturerdteil Europa« und seinen Gemeinsamkeiten ist größer geworden. Dem trägt auch diese erweiterte Neubearbeitung Rechnung.
Die Gliederung dieses Bandes in einen allgemeinen Teil und einen Länderteil scheint dem Wunsch angemessen, regionale Sachverhalte und Entwicklungstendenzen, namentlich solche, welche ihre Wurzeln in der Vergangenheit haben, in einen größeren Zusammenhang zu stellen.
Von besonderem Reiz ist die recht breite Anlage der Einleitung »Europa als Ganzes«, zumal eine solche moderne Gesamtdarstellung Europas in deutscher Sprache immer noch fehlt. Im Regionalteil hingegen erscheinen die Länder gruppenweise geordnet in der Weise, daß Mitteleuropa auch eine Mittelstellung einnimmt. Dadurch wurde erreicht, daß das in zwei politische und gesellschaftliche Systeme auseinanderfallende Europa durch seinen zentralen Teil zusammengehalten wird und die beiden Staaten in Deutschland gemeinsam nebeneinander vorgestellt, aber nicht breiter behandelt werden als die anderen Länder.
Bei den einzelnen Beiträgen handelt es sich der Anlage nach um regionale Strukturskizzen, denen die enzyklopädische Vollständigkeit (»Erwähnungsgeographie«) von Lexikonartikeln fehlt. Die Autoren haben das Problem in unterschiedlicher Form gelöst, was für die Pluralität länderkundlicher Betrachtungsweise stehen möge.

Die Herausgeber Adolf Karger, geb. 1929. Dr. rer. nat., Professor an der Universität Tübingen. Arbeitsgebiet: Osteuropa. In diesem Band: Bulgarien, Literatur.
Walter Sperling, geb. 1932. Dr. phil., Professor an der Universität Trier. Arbeitsgebiete: Didaktik der Geographie, Kulturgeographie, Länderkunde Ostmitteleuropa, deutsche Landeskunde, Bibliographie und Dokumentation. In diesem Band: Schriftleiter, Einleitung und allgemeiner Teil außer Physische Geographie, Tschechoslowakei, Ungarn, die kleineren Länder, Überleitungen, Literatur, Register.

Die Bearbeiter Boesler, Klaus-Achim, geb. 1931. Dipl.-Geogr., Dr. rer. nat., Professor an der Universität Bonn. Arbeitsgebiete: Sozial- und Wirtschaftsgeographie, Raumordnung, Länderkunde Europas. In diesem Band: Mitteleuropa.
Buchhofer, Ekkehard, geb. 1937. Dr., Professor an der Universität Marburg. Arbeitsgebiete: Wirtschaftsgeographie, bes. Industriegeographie und Raumplanung, Länderkunde Ostmitteleuropas. In diesem Band: Polen.
Gläßer, Ewald, geb. 1939. Dr. rer. nat., Professor an der Universität Köln. Arbeitsgebiete: Siedlungs- und Agrargeographie, Länderkunde Nordeuropas. In diesem Band: Nordeuropa.
Grees, Hermann, geb. 1925, Dr. phil., Professor an der Universität Tübingen. Arbeitsgebiete: Sozial-, Siedlungs-, Wirtschaftsgeographie; Regionale Geographie Südwestdeutschlands, Mittel- und Westeuropas. In diesem Band: Benelux.
Hagedorn, Jürgen, geb. 1933. Dr. rer. nat., Professor an der Universität Göttingen. Arbeitsgebiete: Geomorphologie, Mittelmeerländer. In diesem Band: Griechenland.
Merck, Wolfgang, geb. 1929. Kartograph an der FU Berlin. In diesem Band: Jugoslawien (z. T.).
Müller, Manfred J., geb. 1941. Dr., Professor an der Pädagogischen Hochschule Flensburg. Arbeitsgebiete: Geomorphologie, Klimageographie, Landschaftsökologie. In diesem Band: Klimatabellen.
Schlegel, Walter, geb. 1931. Dr. phil., Professor an der Gesamthochschule Paderborn. Arbeitsgebiete: Klimageographie, Wirtschafts- und Sozialgeographie, Länderkunde Europas. In diesem Band: Physische Geographie im allgemeinen Teil.
Voppel, Götz, geb. 1930. Dr. rer. pol., Professor an der Universität Köln. Arbeitsgebiete: Theorie des Wirtschaftsraums, Stadtgeographie, Verkehrsgeographie, Industriegeographie. In diesem Band: Westeuropa.
Wagner, Horst-Günter, geb. 1935. Dr. rer. nat., Professor an der Universität Würzburg. Arbeitsgebiete: Wirtschafts- und Sozialgeographie, Länderkunde der Mittelmeerländer und Nordafrikas. In diesem Band: Iberische Halbinsel, Italien.
Werner, Frank, geb. 1938. Dipl.-Geogr., Dr. rer. nat., Ass.-Professor an der FU Berlin. Arbeitsgebiete: Raumordnung, Stadtplanung der sozialistischen Staaten. In diesem Band: Rumänien, Albanien.

Fischer Länderkunde

Herausgegeben von
Willi Walter Puls †

Band 8

Fischer
Taschenbuch
Verlag

Europa

Herausgegeben und bearbeitet von
Walter Sperling und Adolf Karger

unter Mitarbeit von

Klaus-Achim Boesler, Ekkehard Buchhofer,
Ewald Gläßer, Hermann Grees, Jürgen Hagedorn,
Wolfgang Merck, Manfred J. Müller, Walter Schlegel,
Götz Voppel, Horst-Günter Wagner, Frank Werner

Fischer
Taschenbuch
Verlag

Überarbeitete Neuausgabe
der erstmals 1978 erschienenen Originalausgabe
Veröffentlicht im Fischer Taschenbuch Verlag GmbH
Frankfurt am Main, September 1989
Umschlaggestaltung: Buchholz/Hinsch/Hensinger

© Fischer Taschenbuch Verlag GmbH, Frankfurt am Main
Gesamtherstellung: Clausen & Bosse, Leck
Printed in Germany
ISBN 3-596-26294-1

Inhalt

1 Allgemeine Geographie Europas

»Europa als Ganzes« ist ein Titel, den F. MACHATSCHEK (1929) für seine knappe geographische Monographie wählte, die bis auf den heutigen Tag die einzige Darstellung dieser Art in deutscher Sprache geblieben ist. Die folgende Einleitung in die *Allgemeine Geographie Europas* kann das genannte Werk weder ersetzen noch weiterführen. Einmal haben sich die geographischen Raummuster in Europa selbst seit fünfzig Jahren grundlegend gewandelt und mit neuen Inhalten angereichert. Zweitens aber hat sich auch die Fragestellung der Geographie bzw. der europäischen und deutschen Geographen in einer Weise weiterentwickelt, daß eine Abfolge der Informationen nach dem *»länderkundlichen Schema«*, mit gleichem Gewicht auf der Physischen Geographie Europas wie auf seiner Anthropogeographie, den Bedürfnissen und Erwartungen des Lesers kaum gerecht würde. Drittens schließlich muß gefragt werden, ob Europa »als Ganzes« überhaupt noch ein *Kulturerdteil* ist, nachdem sich die Staaten Europas zwei konträren politisch-wirtschaftlichen Macht- und Gesellschaftssystemen zugehörig und verpflichtet fühlen, deren Zentren in Nordamerika und Nordasien liegen und deren Einflußgrenze mitten durch Europa verläuft und sogar Deutschland in zwei Staaten teilt. Eine Teilung dieses Bandes in zwei regionale Teilbände hätte zweifellos die Folge gehabt, die Bundesrepublik Deutschland in einem und die DDR im anderen Band zu behandeln. Dagegen wird das »europäische Rußland«, also der westliche Teil der Sowjetunion, heute stets selbstverständlich im Zusammenhang mit dem Gesamtterritorium dieses Imperiums gesehen.

Wenn wir uns entschlossen haben, Europa westlich der Sowjetunion dennoch als eine *kultur- und sozialräumliche Entität* aufzufassen, haben wir dafür überzeugende Gründe. Einer davon ist die »Wahrnehmung« (perception) Europas durch die Nichteuropäer, die in diesem Teil der Erde trotz aller Vielfalt (und neuerdings Dualität) eine historische und geistige Einheitlichkeit erblicken, eine *»Ganzheit«*, deren Inhalt mehr als die Summe ihrer Teile ausmacht. Folgende Komponenten sind es, die die Einheitlichkeit Europas als Kulturerdteil bestimmen:

- Eine *Bevölkerung*, die überwiegend dem indogermanischen Sprachkreis angehört und sich zur Tradition des Christentums sowie zu politischen Ideen, die in der Neuzeit entstanden sind, bekennt.

- Die Staaten Europas sind mehrheitlich *entwickelte Industrieländer* mit einem hohen Urbanisierungsgrad, deren Landwirtschaften sind marktorientiert, die Verkehrs- und Kommunikationsnetze sind sehr gut ausgebaut und das Einkommen der Menschen liegt weit über dem Weltdurchschnitt.
- Dem hohen *Lebensstandard* entsprechen die Leistungen der Bildungs- und Wohlfahrtseinrichtungen, die Lebenserwartung, aber auch die *demographische Reproduktion*, die Europa – im Weltmaßstab gesehen – immer »kleiner« werden läßt.
- Die politische und wirtschaftliche *Integration* von Staaten West-, Süd-, Nord- und Mitteleuropas, vor allem die Europäische Gemeinschaft der Zwölf, hat Europa wieder zu einer Weltmacht erhoben, welche auch die größten Anstrengungen für die Entwicklung der »Dritten Welt« unternimmt.

Es wurde schon angedeutet, daß die *Landesnatur* nur als physischgeographischer Rahmen dieser Darstellung gesehen wird und daß *anthropogeographische Fragestellungen* weitaus überwiegen werden, denn die Geographie des Menschen versteht sich heute als eine Sozialwissenschaft. So haben sich einerseits die Fragestellungen und Arbeitsweisen der Anthropogeographie in starkem Maße spezialisiert und auf »Fallstudien« (case studies) eingeschränkt, andererseits sind die Abgrenzungen zu anderen Wissenschaften, etwa zur Soziologie, zur Wirtschaftsgeschichte oder zur Kulturanthropologie immer fließender geworden; die Regionale Geographie ist eine Disziplin geworden, die wie kaum eine andere *interdisziplinär* arbeitet. Das unterscheidet unseren Band von den »klassischen« Länderkunden, die einst den Schwerpunkt auf die Geomorphologie und Siedlungsgeographie legten.

1.1 Einführung: Kulturerdteil Europa

1.1.1 Europa – Eurasien – Asien

Der *Name* »Europa« wird von dem assyrisch-phönikischen Wort ereb (Sonnenuntergang, dunkel) abgeleitet. Die antiken Seefahrer bezeichneten damit die westlichen Gestade des Ägäischen Meeres. Das

Ostufer dagegen wurde mit *aszu* oder *acu* (Sonnenaufgang, hell) in Verbindung gebracht: daraus entstand »Asien«. Im S schließlich lag der dritte der alten Erdteile: Libyen bzw. Afrika.

Das Aufkommen der Vorstellung von einem Erdteil Europa ist demnach das Ergebnis dieses »abendländischen« Denkens. »Europa« ist in erster Linie ein historischer und erst nachfolgend ein geographischer Begriff geworden. Das *eurozentrische Denken* drang in der Neuzeit in den ganzen Erdkreis vor und teilte ihn in die bekannten Kontinente ein. Die alten Kulturen in Asien, Afrika, Amerika und Ozeanien wurden durch die europäische Technik, Wirtschaft und Kultur nachhaltig europäisiert. Schon A. V. HUMBOLDT erkannte, daß unser konventionelles Europa gleichsam nur eine reich gegliederte *Halbinsel* am Westsaum der asiatischen Landmasse ist: 19 % seiner Fläche entfallen auf Halbinseln und 8 % auf Inseln.

In diesem Band spielt die *Landgrenze* Europas gegen Asien lediglich eine theoretische Rolle. Der antike Geograph unterschied zwischen *Sarmatia Europaea* und *Sarmatia Asiatica* und nahm den Don (Tanais) als Grenze an. Solange Rußland im geistigen Bannkreis von Byzanz lag, rechnete es noch nicht zum Abendland. Seitdem es aber über Ural und Wolga weit nach Sibirien ausgreift, spricht man vom europäischen und vom asiatischen Rußland. Die Grenze gegen Asien wird um 1730 von G. STRAHLENBERG, später von P. S. PALLAS formuliert und schließlich von C. RITTER in sein länderkundliches Konzept aufgenommen. 1958 beschäftigte sich die Geographische Gesellschaft der Sowjetunion wieder mit dieser Grenze, um eine Richtlinie für geographische und statistische Darstellungen zu haben.

Andererseits spricht man auch von *Eurasien*; der Begriff ist indessen mehrdeutig. Zuerst verwenden nordamerikanische Tiergeographen den Begriff *Eurasia* für die ganze Alte Welt. Die zusammenhängende Landmasse Europas und Asiens wird von gleichartigen Pflanzengürteln überzogen. E. SUESS (1885) führt die Geologie ins Feld, denn der alpidische Faltengebirgsgürtel streicht ohne Unterbrechung über den Kaukasus nach Asien weiter.

Der Begriff »Eurasien« hat aber auch einen kulturgeographischen und politischen Sinn. Asien gehört verschiedenen Kulturkreisen an: dem orientalischen, dem indischen, dem ostasiatischen, dem mongolischen – und, mit Rußland – dem europäischen. Osteuropa und Russisch-Sibirien wurden als eigener, eurasischer Subkontinent ausgegliedert. Daraus ergäbe sich die Gliederung: Europa – Eurasien – Asien. Ein westlicher Beleg dafür wäre auch die Idee des *»europäischen Europa« (l'Europe européenne)* von G. DE REYNOLD. In der Tat führt der westliche Teil Europas in der Gegenwart wieder ein politisches, wirtschaftliches und politisches Eigenleben: Eurasien ist in einen atlantischen und einen sowjetischen Teil getrennt. Die Grenze, die mitten durch Deutschland verläuft, ist sogar schärfer als die Meeresgrenze zwischen Westeuropa und Nordamerika.

Beschränken wir uns auf den *Kulturerdteil* »Halbinsel-Europa«. Innig sind hier Land und Meer miteinander verwoben; nur die Schweiz, Österreich, die Tschechoslowakei und Ungarn sind Binnenstaaten, die drei letzten freilich erst seit dem Zerfall der Donaumonarchie. Die Gebirgsbögen und das Relief tragen weiter zur *Individualisierung* Europas bei. Im Osteuropäischen Flachland ist die kulturgeographische Einförmigkeit am größten. H. LAUTENSACH gebraucht treffsicher das Bild eines »feingegliederten Durcheinanders« von Hochländern, Mittelgebirgen, Flachland und Becken, nicht zuletzt auch von kompliziert verlaufenden Küstenlinien. Diese sonst auf der Erde selten vorkommende Kästelung hat eine Fülle von Einzellandschaften hervorgebracht, die sehr individuelle Züge tragen: Ein Gewirr von Staaten, Sprachen und Konfessionen ist bis heute das Ergebnis. Fast jede dieser Kulturlandschaften hat irgendwann einmal im Rampenlicht der europäischen Geschichte gestanden.

Eine der wenigen Gesetzmäßigkeiten, die in dieser Vielfalt sichtbar ist, ist der *»hypsometrische Formenwandel«*, jene durch die Höhengliederung bedingte Veränderung des Lebensmilieus. Sie ist ein wichtiges Anliegen dieser Länderkunde, sowohl bei den allgemeinen wie auch bei den regionalen Betrachtungen. Die *Innovationszentren* der europäischen Kultur liegen an den Küsten, in den Flachländern und in den Beckenlagen. Von da stiegen die Neuerungen auf die angrenzenden Mittelgebirge und Höhen. Die europäischen Hochgebirge, so weit sie auseinander liegen, zeigen kulturgeographisch dennoch ein einheitliches Bild und gehören der Subökumene an. Ein zweites Prinzip erleichtert das Verständnis: Weitere *Innovationswellen* gingen im Laufe der europäischen Geschichte vom atlantischen Saum in die Tiefe des Kontinents. Wie sich die europäischen Kulturen am Rande des Kontinents ausbildeten, so gingen auch die politischen Kraftlinien nicht nur nach innen, sondern auch nach außen, an die Europa zugewandten Flanken der anderen Erdteile: vom alten Griechenland nach Asien, vom Römerreich nach Afrika, von Dänemark nach Grönland, von der Iberischen Halbinsel nach Süd- und Mittelamerika, von den Niederlanden und Großbritannien nach Nordamerika. Indessen stieß Rußland über die Landgrenze des Ural nach Nordasien vor.

1.1.2 Die geographische Entdeckung Europas

In keiner Länderkunde eines Kontinents fehlt ein Abschnitt über dessen *»Entdeckung«* – gemeint ist die Entdeckung durch die Europäer. Logischerweise müßte nun berichtet werden, wann und wie die anderen Europa »entdeckt« haben. Aber es hat den Europäer nie interessiert, ob und wann die Chinesen, die Inkas, die Buschmänner oder die Indianer Europa entdeckt haben. Darin zeigt sich die eurozentrische Perspektive unseres Weltbildes.

Die »Entdeckung Europas« ist eine Selbst-Entdeckung, die wir hier nur kurz streifen können. Sie hängt eng mit der *Geschichte der Geographie als Wissenschaft* und mit der Geschichte der Kartographie zusammen. HOMER (8. Jh. v. Chr.) stellte sich die Welt als schwimmende Scheibe mit den vier Erdinseln vor, die nach den Töchtern des Okeanos benannt sind: Asia, Europa, Libya und Thrakes. Durch die Seefahrt gewann man zuerst von den Küsten ein klareres Bild. PYTHEAS V. MARSILIA (um 350 v. Chr.) dringt bis zu den Britischen Inseln vor, und er berichtet von einem Land noch jenseits davon, das er Thule nennt. Der letzte der großen antiken Geographen ist PTOLEMAIOS VON ALEXANDRIA (ca. 100–170). Sein Riesenwerk enthält 8000 Ortsbestimmungen. Seine Weltkarte und 26 Länderkarten geben das damalige *Weltbild* wieder und bleiben richtungsweisend bis ins Mittelalter. Ganz anders ist es mit der Straßenkarte des spätantiken Geographen CASTORIUS (?), die als Abschrift aus dem Besitz des Augsburger Ratsschreibers K. PEUTINGER (1465–1547) überliefert ist und deshalb *»Peutingersche Tafel«* genannt wird. Die Kugelgestalt der Erde ist wieder vergessen, die Proportionen stimmen nicht. Diese *Tafel* sollte nicht wissenschaftlichen, sondern rein praktischen Zwecken dienen.

Die Länderkunde, eine Mischung von Geschichte und Landesbeschreibung, wird in der Antike repräsentiert durch HERODOT AUS HELIKARNASS (484–424 v. Chr.), STRABO VON AMASEIA (64 v. Chr. bis 20 n. Chr.) und nicht zuletzt auch durch CORNELIUS TACITUS (50–120), der uns durch seine *»Germania«* vertraut ist.

In der Spätantike und noch mehr im christlichen Frühmittelalter ging ein Großteil der antiken geographischen Kenntnisse wieder verloren. Die Ursache hierfür nennt der byzantinische Geograph KOSMAS INDIKOPLEUSTES (um 550 n. Chr.): »Was nützt uns jegliche Erkenntnis von der Erde, wenn wir dadurch in unserem Glauben nicht weiterkommen.« Die Normannen oder Wikinger wußten ihre auf Raub- und Abenteuerfahrten gemachten *Entdeckungen* der Wissenschaft nicht mitzuteilen. Die richtige Gestalt der skandinavischen Länder und der

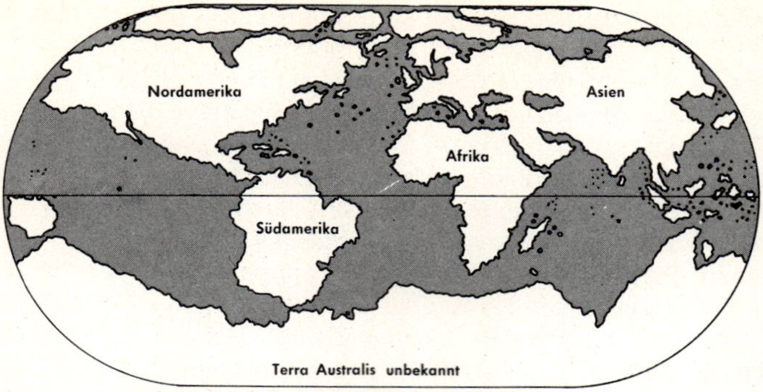

Abb. 1: Die Erde nach der Karte von Ortelius (1570)

Ostsee geht erst spät in die Landkarte ein. Der erste »Geograph des Nordens« ist ADAM VON BREMEN (1017–1088).

Um 1300 kam im Mittelmeerraum ein neuer Landkartentyp auf: die *Portolane*. Das sind Seekarten, welche die Umrisse der Küstenlinien und die Namen der Häfen wiedergeben. Sie enthalten Netze und Linienbündel, die der Navigation dienen. Erstmals tritt die Gestalt Europas deutlich zutage. Bemerkenswert ist auch eine Karte Mitteleuropas mit dem Datum 1491, die NIKOLAUS VON KUES zugeschrieben wird. E. ETZLAUBS gesüdete, das heißt nach S ausgerichtete *Romwegkarte* (»alle Wege führen nach Rom«) ist die erste moderne Straßenkarte. Auch M. WALDSEEMÜLLER (HYLACOMYLIS) (1470–1521) schuf eine detaillierte *»Carta itinerariae Europae«*. APIANUS, MÜNSTER, MERCATOR und ORTELIUS entwarfen weitere Welt- und Europakarten. M. BEHAIM schuf gemeinsam mit B. GLOCKENTHON in Nürnberg um 1500 den ersten Erdglobus.

Die *»Kosmographien«* jener Zeit, die meist an PTOLEMAIOS anknüpften, waren Weltbeschreibungen von Himmel und Erde. Die Kosmographie von S. MÜNSTER (1488–1552) erreichte 46 Auflagen. Dazu traten schließlich die *»Topographien«* mit Städtebildern und Landkarten aller Gegenden Europas. Ebenfalls im 17. Jh. entstanden die ersten Reisebeschreibungen, z. B. das *»Itinerarium Germaniae«* von M. ZEILLER (1632). P. S. PALLAS (1741–1811) unternahm Expeditionen nach Rußland.

In jener Zeit der Büchergelehrsamkeit kamen namhafte Geographen noch ohne Reisen aus. B. VARENIUS (1622–1650) soll nie in seinem Leben ein Gebirge gesehen haben. Zwar gilt er als der Begründer der *systematischen Geographie*, neuere geographiegeschichtliche For-

schungen haben indessen gezeigt, daß der eigentliche Schöpfer dieser Gedanken der Theologe und Schulmann B. KECKERMANN (1571–1608) war. Der Philosoph I. KANT (1724–1804) hielt regelmäßig Kollegs über Physische Geographie, ist aber nie über seine Heimatstadt Königsberg hinausgekommen. In der Zeit des kameralistischen Fürstenstaates entstanden weitere Zeugnisse der europäischen Geschichte, die Handbücher und Quellen der Staatenkunde. Das Lehrbuch von J. HÜBNER (1668–1738) erreichte 36 Auflagen. Zuverlässiger ist die *»Neue Erdbeschreibung«* von A. F. BÜSCHING (1724–1763). Die erste systematische Darstellung Europas stammt von C. RITTER (1779–1859): *»Europa, ein geographisch-historisches Gemählde«* (1804/07), gleichzeitig erschienen seine *»Sechs Karten von Europa«*. Die Entwicklung der französischen Geographie ist eng mit dem Namen E. RECLUS (1830–1905) verbunden.
Die moderne *Landschaftsauffassung* wurde hingegen von Autoren begründet, die über große Reiseerfahrungen verfügten: A. V. HUMBOLDT (1769–1859), der die westliche Welt und Europa bis zum Ural kannte, und J. W. VON GOETHE (1749–1832), dessen italienische und böhmische Reisen noch heute zum Bestand der klassischen Natur- und Landschaftsschilderung gehören. Die *»Beiträge zur Militair-Geographie der Europäischen Staaten«* von H. G. HOMMEYER (1805) gehen ebenfalls von einem landschaftskundlichen Konzept aus.
Das Erstarken der Territorialstaaten fördert auch die kartographische Erschließung Europas. In der Zeit der ersten Hochblüte der *Kartographie* entstehen eine Fülle von Europakarten, Weltkarten, Länderkarten und Atlanten. Zentren der Kartographie sind die Officinen in Amsterdam, Paris, London, Nürnberg, Augsburg und Italien. Die Länderkarten sind als eine Art geographisch-politisches Generalinventar der Staaten zu verstehen. Als frühes Beispiel greifen wir die Bayernkarte (1568) von P. APIAN heraus. Neue Impulse geben die Kartographen des Sonnenkönigs. N. SANSON D'ABBÉVILLE (1600–1667) war der erste »Geographe de Roy«. Die erste Karte Europas, die aufgrund astronomischer Ortsbestimmungen konstruiert war, schuf G. DE L'ISLE (1675–1726). C. F. CASSINI DE THURY (1714–1784) leitete die Triangulierung Frankreichs ein; die *»Carte géométrique de France«* (1:86400) ist eine europäische Großtat. I. K. KIRILOV erstellte die Manuskript-Karten für den Atlas des Russischen Reiches. Die Kaiserin MARIA THERESIA ordnete 1763 eine militärische Mappierung der gesamten Habsburger Monarchie an, die bis zum Ende des Jahrhunderts über 4000 Blätter im Maßstab 1:28800 erbringt. 1801 beginnt in England die Ordnance Survey mit der *One-Inch-Map* (1:63360). In Preußen werden die ersten *Meßtischblätter*

im Maßstab 1:25000 aufgenommen. Die Nordischen Länder und die Niederlande folgen nach.

Zugleich entsteht die Disziplin der *Angewandten Geographie*. Der erste Vertreter ist S. LE PRESTRE, bekannter unter dem Namen MARQUIS DE VAUBAN (1663–1707). Er war Marschall und Festungsbauer. Landesverteidigung war für ihn zugleich Landesentwicklung (Regionalpolitik, Raumordnung). Er ließ Straßen und Kanäle anlegen, seine Ideen zur Entwicklung der Infrastruktur Frankreichs sind heute noch aktuell.

Mit der Beseitigung der letzten »weißen Flecke« von der Landkarte wird die *Entschleierung Europas* abgeschlossen. 1786 besteigen PACCARD und BALMAT den Montblanc, ein Jahr später folgt der Naturforscher H. B. DE SAUSSURE mit Thermometer und Barometer und bestimmt die absolute Höhe des Gipfels. Eine alpinistische Großtat war die Erstbesteigung des Matterhorns (1865) durch E. WHYMPER. Letzte Aufgaben warten im N; 1822 landet W. SCORSBY an der Ostküste Grönlands und mit der Entdeckung des Franz-Joseph-Landes durch J. VON PAYER (1873) rundet sich das Bild Europas ab.

Bislang waren die führenden Geographen meist Theologen, Kaufleute und Militär. Der Besitz geographischer Kenntnisse bedeutete für die damals Herrschenden Ansehen und Machtgewinn. Pilgerwege, Handelsstraßen, militärische Situationen und administrative Verhältnisse sind Gegenstände ihres Interesses. Das Entstehen des *Bildungsbürgertums* gibt der europäischen Geographie neue Organisationsformen. Jetzt wird die geographische Wissenschaft entscheidend durch die Geographischen Gesellschaften gefördert, geographische Bildung einem großen Kreis von Bürgern zugänglich gemacht. Geographisches Wissen nimmt in der Gesellschaft eine *emanzipatorische Funktion* an. Aus der 1788 gegründeten *African Association* entsteht 1830 die *Royal Geographical Society of London*. Die *Société de Géographie* in Paris wird 1821, die *Gesellschaft für Erdkunde zu Berlin* 1828 gegründet; weitere Gründungen folgen in vielen Städten Europas. Die Forschungs- wie auch die Bildungstätigkeiten dieser Gesellschaften waren durchaus auf handfeste Ziele gerichtet. Als 1836 der *Geographische Verein zu Frankfurt* gegründet wurde, lautete das Thema des ersten Vortrages: *»Über die Beziehungen der geographischen Verhältnisse zu Handel und Fabrikation.«*

1872 gab es erst zwei *geographische Lehrstühle* in Europa, in Paris und Berlin. Um die Jahrhundertwende gibt es schon einige Dutzend Hochschulgeographen. Vielfach berief man Entdeckungsreisende oder auch Historiker. Neben der Überseeforschung nimmt damit die Landeskunde einen Aufschwung. Viele »klassisch« gewordene Monogra-

phien entstehen. In der zweiten Hälfte des 19. Jh. wird der Geographieunterricht in den Schulen der meisten Länder Europas eingeführt. 1871 fand in Antwerpen der erste *Internationale Geographenkongreß*, 1881 in Berlin der erste *Deutsche Geographentag* statt.
In diesem Jahrhundert wird durch die unermüdliche Arbeit ziviler und militärischer Dienststellen Europa mit einem dichten Netz *topographischer Karten* überzogen, die laufend fortgeführt werden. Europa wird zu dem am gründlichsten kartierten Teil der Erde. Geologische (geognostische) und andere thematische Kartierungen folgen.
1888 entstand der erste *Nationalatlas*, der *Atlas von Finnland*. Repräsentative Länderkunden und anspruchsvolle, aufwendige Nationalatlanten, wie sie die meisten europäischen Länder vorweisen können, haben nicht nur eine wissenschaftliche Funktion. Sie sind auch Ausdruck des nationalen Selbstverständnisses, bisweilen sogar nationalistischer Selbstüberschätzung. Dabei muß man unterscheiden zwischen solchen länderkundlichen Werken, die im eigenen Land entstanden sind, und anderen, die von einem ausländischen Geographen verfaßt worden sind. Die letzteren zeichnen sich vielfach durch bessere Generalisierung der Details aus. Dies wird auch deutlich bei der internationalen Literatur über Deutschland. Seit Jahren sind bei uns nur Europadarstellungen mit Lehrbuchcharakter erschienen. Aus der ausländischen Literatur dürfen wir mit Bedacht ein Werk nennen, nämlich *»The European Culture Area. A Systematic Geography«* (1974) von T. G. JORDAN (North Texas State University). Das größte Interesse an systematischen, stark generalisierten Darstellungen über Europa scheint heute draußen zu bestehen, nämlich in Nordamerika, in der Sowjetunion und bald auch in der Dritten Welt.

1.2 Der Naturraum

1.2.1 Kriterien einer naturräumlichen Gliederung Europas

Aussagekräftigstes Kriterium einer jeden naturräumlichen Großgliederung ist das *Klima*. Diese allgemeine Regel, von H. LAUTENSACH (1952) in die vier Kategorien des *geographischen Formenwandels* gefaßt, gilt ohne Einschränkung auch für Europa. Die Nord-Süd-Erstreckung des europäischen Kontinents ist zwar, verglichen mit der der meisten anderen Kontinente, verhältnismäßig klein. Der planetarische Formenwandel erlaubt daher nur eine bescheidene zonale Differenzierung vom polaren bis zum subtropischen Bereich. Großes Gewicht kommt aber dem peripher-zentralen Formenwandel, dem Übergang vom maritimen zum kontinentalen Einfluß zu, da Europa im W mit dem Atlantik und seinen Nebenmeeren eng verzahnt, im O auf breiter Front mit dem großen asiatischen Kontinent verbunden ist. Die Interferenz des planetarischen mit dem peripher-zentralen Formenwandel ergibt zusammen mit der tektonischen Großgliederung die Möglichkeit, Europa in seine natürlichen Großräume zu gliedern: in Nord-, Süd-, West- und Ost-Europa sowie in den zentralen Teil des Kontinents, welchen wir auch wegen seiner vermittelnden Stellung sowohl im planetarischen wie auch im peripher-zentralen Formenwandel als Mitteleuropa bezeichnen (vgl. hierzu auch die Ausführungen über den anthropogeographischen und historischen Begriff Mitteleuropa von K.-A. BOESLER, Kap. 2.4).

Die dritte Formenwandelkategorie, der west-östliche Formenwandel, überlagert sich in den Auswirkungen dem peripher-zentralen Formenwandel. In Abhängigkeit von den Zirkulationsgürteln (Westwinde im zentralen und nördlichen Teil Europas, saisonal wechselnde Zirkulation im S) greift der maritime Einfluß im N weiter auf den Kontinent über, der kontinentale Einfluß reicht dagegen, zumindest im Sommer, in Südeuropa etwas weiter nach W. Als Kriterium für eine naturräumliche Gliederung Europas ist diese dritte Formenwandelkategorie jedoch bedeutungslos. Sie soll daher in den folgenden Darlegungen keine weitere Berücksichtigung finden. Die naturräumliche Großgliederung aufgrund der ersten zwei Formenwandelkategorien sei dagegen eingehender erläutert.

Der *planetarische* oder *nord-südliche Formenwandel* beruht auf der Einordnung des Kontinents in die erdumspannenden, zu den Breitenkreisen parallel verlaufenden Zonen des solaren Klimas, d. h. in die Zonen unterschiedlicher Dauer und Intensität der Sonnenstrahlung aufgrund astronomischer Gesetzmäßigkeiten. Auf den Unterschied im Strahlungsgenuß und das daraus resultierende Temperaturgefälle zwischen dem äquatorialen und dem zirkumpolaren Bereich sind letztlich die Zonen der atmosphärischen Zirkulation zurückzuführen, welche das Klima in den einzelnen Teilen des Kontinents prägen (s. Kap.3.1, Klimadaten).

Der S des Kontinents, etwa zwischen 35° und 45° N, gehört noch den *Subtropen* zu. Er steht im Sommer mehrere Monate lang unter dem Einfluß des subtropischen *Hochdruckgürtels*. In den sommerlichen Großwetterlagen liegt das zentrale Mittelmeer im Grenzbereich zwischen dem Azorenhoch im W und dem kontinentalen Tief im O. Daraus ergeben sich nördliche bis nord-östliche Winde mit absteigender

Tendenz, als *Etesien* bereits im Altertum wegen ihrer Beständigkeit als zuverlässige Helfer der Schiffahrt geschätzt. Diese Wetterlage ist weiter gekennzeichnet durch wolkenlosen blauen Himmel, Niederschlagsarmut und, in Verbindung mit dem wegen der südlichen Lage hohen Sonnenstand, durch intensive Besonnung, hohe Temperaturen und starke Austrocknung des Landes. Im Winter bildet sich über dem Mittelmeer ein recht stabiles *Tief* aus, das zur Folge hat, daß die weiter im N ganzjährig die Witterung beherrschenden westlichen Strömungen verstärkt auf Südeuropa übergreifen können und den größten Teil des Jahresniederschlags bringen. Die Niederschläge fallen vor allem in den Zeiten der Umstellung der Zirkulation, im Herbst und im Frühjahr. Weiter im S konzentriert sich der Niederschlag auf die Wintermonate November bis Februar. In den nördlichen Teilen Südeuropas ist der Winter zwischen den beiden Regenmaxima dagegen verhältnismäßig trocken.

Der äußerste N Europas mit den polnahen Inseln von Spitzbergen (um 80° N) liegt ganzjährig im Bereich der *zirkumpolaren Ostwinde*. Die Niederschläge sind mit rund 300 mm im Jahr sehr gering. Als Folge der Insellage und der Auswirkungen des Golfstroms sind die Winter auffällig mild. Die Januar-Temperatur entspricht derjenigen von Stationen, welche auf dem Kontinent 15° weiter im Süden liegen. Das Temperaturmittel des wärmsten Monats (Juli) bleibt weit unter 10 °C und bestimmt damit, ebenso wie bei den subpolaren Inseln Jan Mayen, Bären-Insel und selbst bei einigen Stationen an der Nordküste des Kontinents die Zuordnung zum *Tundrenklima*.

Das gesamte *festländische Europa* nördlich 45° N sowie die westeuropäischen Inseln und Island stehen ganzjährig unter dem Einfluß der *Westdrift*, deren Wirksamkeit allerdings von W nach O schwächer wird. Im Winter lenkt nämlich das recht stabile kontinentale Hochdruckgebiet über Osteuropa und Nordasien die westliche Strömung nach SO oder NO ab. Der Einfluß der Westdrift bedeutet: Das Klima ist ganzjährig feucht; Niederschläge können grundsätzlich zu jeder Jahreszeit fallen, wenngleich das Maximum im W in Meeresnähe mehr auf Herbst oder Winter, im Binnenland im O mehr auf Sommer und Frühjahr verschoben ist. Wegen der starken Beeinflussung des Klimas von W, vom Atlantik her, ist eine *thermische Zonierung* von S nach N nur eingeschränkt erkennbar, zumal im Winter der unterschiedliche Energiegewinn aus der Sonnenstrahlung zwischen nördlichen und südlichen Breiten im Westen Europas durch den Wärmetransport des Golfstroms weitgehend ausgeglichen wird. Im Sommer wirkt sich der solare Einfluß stärker aus. Nun erweist sich der schwächer besonnte europäische N als merklich kühler als Mittel- und Osteuropa.

Der *peripher-zentrale Formenwandel* beruht auf dem abnehmenden Einfluß des Meeres auf das Klima mit wachsendem Abstand von der Küste. Er fällt, abgesehen vom mediterranen Süden des Kontinents, weithin mit dem west-östlichen Formenwandel zusammen. Auf den peripher-zentralen Formenwandel geht die Differenzierung Europas in Gebiete mit maritimem und kontinentalem Klima zurück. Der Übergang ist fließend. Zwischen den Extremen gibt es weite Räume mit *Übergangscharakter*. Die Unterscheidung von See- und Landklima trifft vor allem für diejenigen Teile Europas zu, welche ganzjährig im Bereich der Westdrift liegen, d. h. für ganz Europa außerhalb des Mittelmeerraumes. Aber auch in Südeuropa lassen sich maritime und kontinentale Nuancierungen des Winterregenklimas unterscheiden. Die Kriterien sind allerdings teilweise andere als außerhalb des Mediterranbereichs.

Das *maritime Klima*, welches in ganz Westeuropa herrscht, zeichnet sich durch eine geringe Jahresamplitude der Temperatur (milde Winter, kühle Sommer), durch verspäteten Eintritt der Temperaturextreme, durch hohe Luftfeuchtigkeit und eine große Anzahl von Tagen mit Niederschlag aus. Der Niederschlag fällt im Herbst und Winter, wenn über dem Meer die Luftkonvektion stärker ist als über dem abgekühlten Land. Einen wesentlichen Einfluß auf das maritime Klima bis in den hohen N (Spitzbergen) hat der Golfstrom. Er beschert den atlantischen Küsten die hohen Wintertemperaturen, welche im Kartenbild im meridionalen Verlauf der reduzierten 0° Januar-Isotherme von ungefähr 70° N über Westnorwegen nach S bis zum Alpenrand sichtbar werden. Im Sommer bleibt der Golfstrom dagegen ohne Einfluß auf das Klima Europas.

Kennzeichen des *kontinentalen Klimas*, welches den O Europas beherrscht, sind die große mittlere Jahresamplitude der Temperaturen (kalte Winter, warme Sommer), geringere Niederschlagsmengen und Konzentration des Niederschlags auf eine kleinere Anzahl von Tagen mit Niederschlag im Frühsommer. Der Niederschlag fällt vorzugsweise in Form von Starkregen als Folge der starken sommerlichen Konvektion über dem erhitzten Festland.

Die *Kontinentalität* läßt sich zahlenmäßig erfassen. Die einfachste Formel hierfür ist diejenige von E. DINIES (1932), welche das prozentuale Verhältnis der an einem Beobachtungsort in Erscheinung tretenden kontinentalen Luftmassen (c) zum Total aller Luftmassen (c + m) ausdrückt:

$$K = \frac{c}{c + m} \cdot 100\,\%.$$

H. SCHREPFER (1925) verwendet als Maßstab der Kontinentalität dagegen ausschließlich die thermische Komponente in Form der mittleren Jahresamplitude der Temperatur (Differenz zwischen den Mitteln des kältesten und wärmsten Monats). Es handelt sich um eine empirisch gewonnene Formel, geeicht an den beiden Extremen Thorshavn (Färöer) mit K = 0% und Werchojansk mit K = 100%, welche den Einfluß der geographischen Breite φ auf die Jahresamplitude berücksichtigt:

$$K = \frac{8 \cdot 100}{7} \cdot \frac{A}{\varphi} - 14$$

Beide Formeln sind für eine naturräumliche Gliederung brauchbar. Die erforderlichen klimatologischen Daten sind jedoch für die Formel von SCHREPFER leichter zu erhalten. Aus diesem Grund wird ihr in dieser Darstellung der Vorzug gegeben.

Aufgrund der Interferenz von planetarischem und peripher-zentralem Formenwandel lassen sich folgende *Großräume* in Europa ausgliedern:

Nordeuropa: Skandinavien und Finnland einschließlich Russisch-Kareliens und der Halbinsel Kola. Die Grenze gegen S und O bildet die Ostsee und die Linie Finnischer Meerbusen (Leningrad) – Ladoga-See – Onega-See – Weißes Meer. Hinzu kommen Spitzbergen und die Bären-Insel im Eismeer, Island, Jan Mayen und die Färöer im Nordatlantik.

Nordeuropa ist durch *kühlgemäßigtes, subpolares* bis *polares Klima* mit im W starker, im O abgeschwächter Maritimität gekennzeichnet.

Osteuropa, das im weiteren hier von der Betrachtung ausgeschlossen bleibt, zeigt eine klare Gliederung im Sinne des planetarischen Formenwandels von sommerheißen, aber winterkalten *Steppen* im S über den *Steppenwaldgürtel*, den sommerwarmen *Laubwaldgürtel*, den kühlgemäßigten *Nadelwaldgürtel* bis zum *Tundrengürtel* und schließlich zum *polaren* Klima im N. All diesen Gürteln gemeinsam ist die Kontinentalität, welche unter anderem in der großen mittleren Jahresamplitude sichtbar wird. Die Westgrenze Osteuropas folgt im wesentlichen der −3 °Januar-Isotherme, welche die wintermilden Klimate im W (C-Klimate nach W. KOEPPEN) von den winterkalten (D-Klimate) im O scheidet. Diese Linie begrenzt zugleich das Verbreitungsgebiet der Buchenwälder (Fagus silvatica) gegen O. Sie verläuft von der Ostsee bei Königsberg bis zum Fuß der Karpaten südlich von Lemberg und von dort weiter am östlichen Fuß der Karpaten bis zum Donaudelta.

In *Westeuropa* tritt die klimatische Zonalität gegenüber der Dominanz des *ozeanischen Einflusses* zurück. Das Klima ist warm- bis kühlgemäßigt, zugleich immer humid. Die Bezeichnung »kühlgemäßigt« hat in Westeuropa eine etwas andere Bedeutung als in Nord- und Osteuropa. Die Winter sind nämlich immer verhältnismäßig mild, die Sommer aber kühl. »Warmgemäßigt« heißt entsprechend: die Winter sind mild, die Sommer sind warm. Solch *warmgemäßigtes Klima* tritt auf den Britischen Inseln im Lee der Gebirgsländer des W, in Frankreich in den Beckenlagen auf. Der maritime Einfluß ist abgeschwächt. Zu Westeuropa wäre, wenn man ausschließlich das Klima als Kriterium heranziehen würde, außer den Britischen Inseln und dem größten Teil Frankreichs das vollhumide nordwestliche Spanien (Nordabdachung des Kantabrischen Gebirges und Galicien) zu rechnen. Von einer solchen Grenzziehung soll hier abgesehen werden, um die Darstellung nicht zu sehr zu erschweren.

Südeuropa ist der Teil Europas, welcher dem Einfluß des *sommertrokkenen, winterfeuchten Etesien-* oder *Mittelmeerklimas* unterliegt. Seine Flora hat sich auf die klimatischen Verhältnisse durch Ausbildung der Hartlaubvegetation, die der auch im Winter andauernden Vegetationsperiode und der sommerlichen Trockenheit angepaßt ist, eingestellt. Charakterpflanzen sind u. a. Olive, Lorbeer und Erdbeerbaum. Andere Hartlaubgehölze hat Südeuropa mit dem atlantischen Europa gemeinsam, so die Stechpalme und den Mäusedorn. Die Nordgrenze Südeuropas wird von den Pyrenäen, dem französischen Zentralplateau, den Alpen, den dinarischen Gebirgen und dem Balkangebirge gebildet.

Mitteleuropa ist *Übergangsraum* zwischen N und S, O und W. Es liegt ganz im Bereich des sommerwarmen, aber winterkühlen Klimas und vereinigt in sich auf kurzer Distanz den Gegensatz zwischen dem maritim gefärbten NW (Niederlande, deutsche Küste) und dem bereits kräftig kontinental gefärbten SO (Pannonien, Walachei). Eine echte zonale Gliederung ist nicht erkennbar. Gegen S nimmt die Zahl der die Witterung beeinflussenden Luftmassen aus südlichen Breiten zu, so daß die reduzierten Temperaturen vor allem im Sommer von N nach S um rund 4–6 °C ansteigen. Ein fast regelmäßiges Gefälle der wirklichen Temperaturen ist im Winter von NW nach SO, im Sommer in umgekehrter Richtung festzustellen. Mitteleuropa sind im SO die innerkarpatischen Becken (Pannonien, Siebenbürgen, Walachei) zuzurechnen, die aber auch Eigenschaften sowohl des S als auch des O erkennen lassen. Alpen und Karpaten sind ebenso wie die Mittelgebirge in Mitteleuropa, allochthonen, maritimen Klimaeinflüssen ausgesetzt. Sie sind im Winter spürbar thermisch begünstigt und heben sich dadurch vom kontinentalen Klima der Becken und des O ab. Die Niederschläge sind höher; ihr Maximum fällt jedoch, selbst am Alpensüdrand, im Sommer. Deshalb ist der Gebirgsbogen als Ganzes dem Übergangsraum Mitteleuropa zuzurechnen.

Die *Untergliederung* der Großräume Europas erfolgt in erster Linie nach Gesichtspunkten der *Reliefgestaltung*. Im Relief spiegelt sich der geologisch-tektonische Bau wider, außerdem wird an ihm die Wirksamkeit exogener Formkräfte in Vergangenheit und Gegenwart sichtbar.

Geologischer Aufbau und *Tektonik* bestimmen vor allem das Großrelief und die Höhenlage der Teilgebiete. In Beziehung zum Relief steht die vierte Formenwandelkategorie LAUTENSACHS, der hypsometrische Formenwandel. Er berücksichtigt die klimatische Differenzierung des Raumes in Abhängigkeit von der Höhenlage und die Ausscheidung klimageomorphologischer, pedologischer, vegetationsgeographischer und kulturlandschaftlicher Höhenstufen. Durch das Studium des hypsometrischen Formenwandels lassen sich aber zugleich die vielfältigen Auswirkungen konvexer oder konkaver Reliefformung verstehen. Gebirgs- und Beckenlagen, Luv- und Leeseiteneffekte akzentuieren auf diese Weise das Lokalklima.

Exogene Kräfte haben Anteil sowohl an der Ausgestaltung des Großreliefs wie an der Ausbildung der Kleinformen. Ein beträchtlicher Teil der *Oberflächenformen* geht auf das Werk von Kräften der geologischen Vorzeit zurück. Hierzu zählen ebenso die Rumpfflächen Skandinaviens und der mittel- und westeuropäischen Mittelgebirge wie zumindest Teile der Schichtstufenlandschaften Mittel- und Westeuropas, die Kare, Trogtäler und Rundbuckelfelder der glazialen Erosionsgebiete wie die Moränenwälle und -platten, die fluvioglazialen Schotterfelder und die Schmelzwassertäler in den glazialen Akkumulationsräumen. Ein anderer Teil der Oberflächenformen wird von Kräften gebildet, welche in der Gegenwart, unter den gegenwärtigen klimatischen Verhältnissen, wirken. Hierzu ist vor allem die unterschiedliche Ausgestaltung von Talhängen und Talsohlen im subpolaren, im gemäßigt warmen, vollhumiden und im mittelmeerischen Bereich Europas zu zählen. Dazu kommt die unterschiedliche Wirksamkeit der flächenhaft wirkenden Kräfte (Denudation). Vorzeit- wie Jetztzeitformen gehören gleichermaßen zum Bild der europäischen Naturlandschaft und sind bei der Untergliederung der Großräume in Teilräume zu berücksichtigen.

Folgende *Relieftypen* sollen aus der Sicht der Tektonik bei der Ausscheidung von Teilräumen berücksichtigt werden:

1. Weiträumige *Rumpfgebirgslandschaften* mit mehr oder weniger

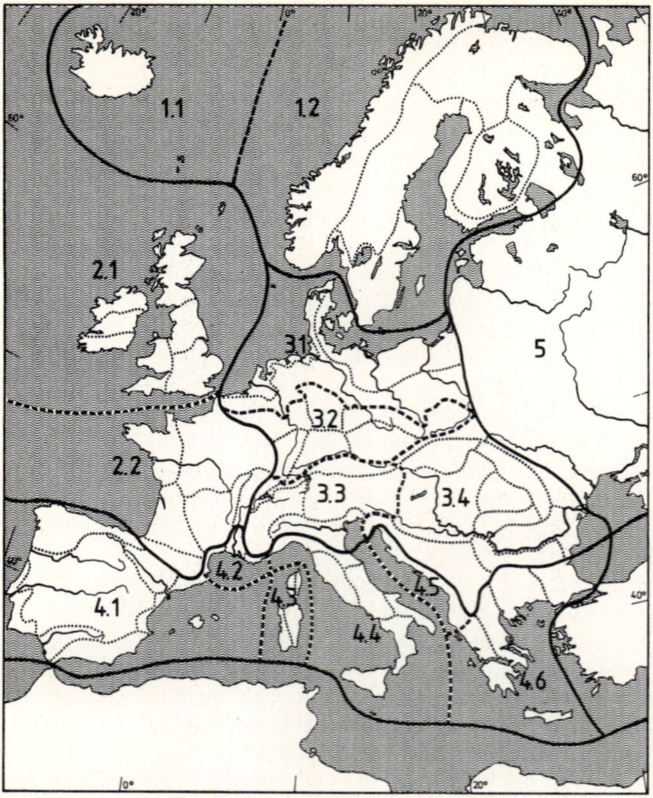

Abb. 2: Die naturräumliche Gliederung Europas (nach W. Schlegel)

1. **Nordeuropa**
1.1 Inseln im Nordatlantik
Färöer, Island, Jan Mayen
1.2 Fennoskandien
Skandinavisches Hochgebirge, mittelschwedisches Bergland, südschwedisches Hügelland, Lappland und Halbinsel Kola, finnisch-karelische Seenplatte, finnische Küstenebene, Bäreninsel, Spitzbergen

2. **Westeuropa**
2.1 Britische Inseln
Nord- und südirisches Bergland, zentralirische Ebene, nord- und südschottisches Bergland, mittelschottische Senke, nord-

englisches Bergland, Bergländer von Wales und Cornwall, mittel- und südenglisches Stufenland und ostenglisches Tiefland

2.2 Festländisches Westeuropa
Pariser Becken, Garonne-Becken, Pyrenäen, armorikanisches Massiv, Zentralmassiv, Rhône-Saône-Senke

3. **Mitteleuropa**

3.1 Mitteleuropäisches Tiefland
Nordseeküste, Geest, Jungmoränenland mit Ostseeküste

3.2 Mittelgebirge
Rheinisches Schiefergebirge, mitteldeutsche Bergländer, Böhmische Masse, schlesische und polnische Mittelgebirge, oberrheinische Gebirge und oberrheinisches Tiefland, süddeutsches Stufenland, polnisches Stufenland und Tafelland

3.3 Alpenraum
Jura, Westalpen, Ostalpen, nördliches Alpenvorland, Po-Tiefland

3.4 Karpatenraum, Dinarisches Gebirge und Balkan
Karpaten, nördliches und westliches Karpatenvorland, östliches und südliches Karpatenvorland, Dinarisches Gebirge, Pannonisches Becken, Siebenbürgener Becken, Balkan, nordbulgarische Tafel, Dobrudscha

4. **Südeuropa**

4.1 Iberische Halbinsel und Balearen
Galicisches Bergland und Kantabrisches Gebirge, Ebro-Becken, zentraliberisches Hochland, portugiesische Küstenlandschaften, andalusisches Becken, südspanisches Gebirge, mittelmeerische Küstenlandschaften, Balearen

4.2 Südfranzösisches Hügel- und Bergland
Hügelland von Languedoc und Roussillon, südliche Rhône-Senke, provençalisches Bergland

4.3 Korsardinien
Westkorsisches Hochgebirge, ostkorsisches Faltengebirge und Tiefland, ostsardinisches Bergland, westsardinisches Berg- und Tafelland

4.4 Apenninen-Halbinsel und Sizilien
Nördlicher, mittlerer und südlicher Apennin, Bergland von Toskana und Latium, apulische Tafel, Sizilien, Liparische Vulkaninseln, Maltesische Inseln

4.5 Dalmatinisch-albanische Küste

4.6 Balkan-Halbinsel
Westgriechisches Bergland, Peloponnes, ostgriechisches und makedonisches Berg- und Beckenland, thrakisches Berg- und Hügelland

5. **Osteuropa**

starker jüngerer Zerschneidung in Nordeuropa. Sie wurden von der pleistozänen Vereisung umgestaltet.

2. *Schollengebirgslandschaften* in West-, Mittel- und Südeuropa. Sie variieren in ihrer Höhenlage sehr stark. Grundgebirgshorste mit alten Rumpfflächen stehen neben Schichttafel- und Stufenländern, neben Becken und Grabenbrüchen und neben Tiefländern mit junger Überdeckung.
3. Die jungen alpinotypen *Faltengebirge*, die je nach Höhenlage als Hoch- oder Mittelgebirge, als Berg- oder Hügelland ausgebildet sind, sowie deren von weichen Sedimenten erfüllte Vorlandsenken und Innenbecken, welche unter der Fernwirkung der Gebirge standen oder heute noch stehen.

1.2.2 Der Naturraum im Überblick

1.2.2.1 Nordeuropa

1.2.2.1.1 Die Inseln im Nordatlantik

Die nordeuropäischen Inseln im nördlichen Atlantik stehen voll unter dem Einfluß des *ozeanischen Klimas*. Noch in 60° bis 70° N sind die Winter auffällig mild und schneearm, die Vegetationszeit ist aber dennoch unterbrochen. Die Sommer sind bereits so kühl, daß selbst im wärmsten Monat auf den Färöer und auf Island das Monatsmittel 10 °C nur wenig überschreitet. Gehölzwuchs kommt daher, wenn ihn die ständig wehenden starken Winde überhaupt zulassen, nur in geschützten niederen Lagen und nur in Gebüschform vor. Er dürfte allerdings vor allem durch die Schafhaltung stark zurückgedrängt worden sein.

Die nordatlantischen Inseln sind *vulkanischen* Ursprungs. Basaltische Laven, Aschen und Deckenergüsse bedecken einen weit nach O vorgeschobenen untermeerischen Teil des nordamerikanischen Urkontinents Laurentia. Das Basaltplateau der Färöer wurde durch die Brandung in eine größere Anzahl von Inseln aufgelöst. Da es an Lokkerboden fehlt, ist Ackerbau nicht möglich. Die agrarische Nutzung ist auf Schafweidewirtschaft beschränkt.

Auf Island sind auch heute noch zahlreiche Vulkane tätig. Davon zeugen heiße Quellen und Geysire, die zur Wärme- und Energiegewinnung genutzt werden können. Die höheren inneren Teile der Insel tragen ausgedehnte *Plateaugletscher*. Im W und S liegen schmale Küstenebenen, welche durch glazialisostatischen Aufstieg des Landes entstanden sind. Auf diesen von Lockersedimenten bedeckten und durch den Golfstrom begünstigten Ebenen ist etwas Anbau von Gerste und eine anspruchsvollere Rinderweidewirtschaft und Futtergewinnung möglich. Die höherliegenden subpolaren Grasfluren und Weiden lassen sich nur sehr extensiv als Schafweiden nutzen.

1.2.2.1.2 Fennoskandien

Das skandinavische Hochgebirge bildet eine scharfe *Klimagrenze* zwischen dem norwegischen Küstengebiet mit maritimem Klima und der östlichen Abdachung Skandinaviens zum Bottnischen Meerbusen mit bereits kräftigen kontinentalen Einflüssen. Sie sind nur an der Küste der Ostsee ein wenig abgeschwächt, nehmen aber in Finnland gegen O weiterhin zu. Im N Skandinaviens und auf der Halbinsel Kola steht dem maritimen Küstenraum das kontinentale Landesinnere gegenüber. Die Kontinentalität des östlichen Fennoskandiens zeigt sich an den tieferen Wintertemperaturen und wärmeren Sommern im Vergleich zur norwegischen Küste sowie an den geringeren Niederschlagssummen. Die Häfen am nördlichen Bottnischen Meerbusen können insgesamt während sieben Monaten des Jahres nicht angelaufen werden, weil sie vom Eis blockiert sind. Dagegen sind die norwegischen Eismeerhäfen und Murmansk im Winter eisfrei.
Nord- und Osteuropa bilden zusammen den in frühester Erdzeit entstandenen europäischen *Urkontinent Fennosarmatia*, dem während der kaledonischen Faltung im Westen Paläoeuropa angegliedert wurde. Durch spätere Hebung ist aus diesem westlichen Teil das skandinavische Gebirge entstanden, das weit im N in Westspitzbergen wieder aus dem Meer auftaucht. Auch der an das Gebirge im O anschließende Teil Fennosarmatias, der Baltische Schild, ist ein altes Hebungsgebiet. Im Gegensatz zu Osteuropa fehlt hier das Deckgebirge über dem gefalteten Grundgebirgssockel. Granite und granitartige Gesteine und uralte metamorphe Serien stehen an. Sie enthalten die reichen Lager an Eisen- und Buntmetallerzen Schwedens und Lapplands. Erst ganz im S, auf der Halbinsel Schonen, ist der Baltische Schild von jüngeren Sedimenten bedeckt. Während langer Zeit der Abtragung wurde Fennoskandien in ein Rumpfgebirge umgewandelt. Die eintönige, niedrig liegende finnische Platte wird nur von wenigen Quarzithärtlingen gegliedert.
Seine wesentliche Formung hat Fennoskandien während des Pleistozäns durch mehrere *Inlandvereisungen* erfahren. Die Täler der West-

abdachung wurden in Fjorde, die längeren zur Ostsee führenden Täler in gestufte Rinnen- und Trogtäler umgewandelt. Verwitterungsschutt wurde flächenhaft entfernt und vom Eis bis nach Norddeutschland und Rußland verfrachtet. Felsflächen wurden abgeschliffen. Rundhöckerfluren sind an der schwedischen Ostsee- und der norwegischen Nordseeküste entstanden. Hier bilden sie in dem nach der Eiszeit ansteigenden Meer die Schärenküste. Die pleistozänen Gletscher haben Moränenwälle und, vor allem in Finnland, Moränenschuttdecken und Schmelzwasserablagerungen hinterlassen. Die Moränenwälle des Salpausselkä umgeben die finnische Seenplatte im SO, S und SW, ein anderer Wall, der Suomenselkä, umrahmt sie im NW und N. Diese Moränenwälle markieren Rückzugshalte des Eises gegen Ende der letzten Vereisung. Die außerhalb der Moränenbögen liegenden Ebenen an der finnischen Ostseeküste wurden ebenso wie die mittelschwedische Senke zwischen Stockholm und Göteborg, die Küstenebene um den Oslofjord sowie die tiefliegenden Teile der Landbrücke zwischen Finnischem Meerbusen und Weißem Meer am Ende des Pleistozäns vom Meer überflutet. Grundgebirge und glaziale Ablagerungen wurden dabei von tonigen bis feinsandigen *Meeressedimenten* überdeckt. Als später, nach weiterem Rückgang des Inlandeises, das heute bis auf wenige große Plateaugletscher im Bergland verschwunden ist, die skandinavische Landmasse glazialisostatisch aufzusteigen begann, wurden auch die ehemals vom Meer überdeckten Tiefländer landfest. Soweit sie junge Meeressedimente tragen, sind sie heute die besten Ackerbaugebiete Skandinaviens. Der Außenrand der spät- und postglazialen Meeressedimente ist in ganz Fennoskandien zugleich eine scharfe agrar- und siedlungsgeographische Grenze. In seiner Nähe verläuft auch eine naturbedingte industriegeographische Leitlinie, zumindest in Finnland. Durch die postglaziale Landhebung erhalten nämlich die das Seengebiet entwässernden Flüsse auf ihrem Weg zu Ostsee und Ladoga-See ein zusätzliches Gefälle. Sie durchbrechen in Engtälern mit Stromschnellen den Salpausselkä. Das Flußgefälle (z. B. die Imatra-Fälle) wird zur Erzeugung elektrischer Energie genutzt und ist in dem sonst an Energie armen Finnland zu einem bedeutenden Standortfaktor für Industrieansiedlung geworden. Dasselbe gilt teilweise auch für die Zuflüsse zum Bottnischen Meerbusen in Mittel- und Nordschweden.

Die Möglichkeiten *agrar-* und *forstwirtschaftlicher Nutzung* in Fennoskandien hängen im wesentlichen von drei Faktoren ab:

1. Die bereits erwähnte Bedeckung des felsigen Untergrundes mit *Meeressedimenten* oder wenigstens mit *glazialen* und *fluvioglazialen Sedimenten* erlaubt ausgedehnten Ackerbau. Wo die Decke aus

Lockersedimenten lückenhaft wird, tritt an die Stelle des Ackerbaus mehr die Viehwirtschaft.

2. Die von S nach N abnehmende Gunst des Klimas spiegelt sich in der gürtelartigen Anordnung der *Vegetation* wider. Das südliche Norwegen, Schweden südlich des mittelschwedischen Seengebiets und ein schmaler Küstensaum in Südfinnland gehören noch zum *Laubwaldgürtel* und zeigen damit vegetationsgeographisch verwandte Züge zu Mitteleuropa. In Schonen ist sogar noch die Buche stärker verbreitet. Weiter nördlich schließt sich der nordische Nadelwald, der Barrskog, an, der sich hauptsächlich aus Kiefern, Fichten und Birken zusammensetzt. Er bildet die Rohstoffgrundlage der holzverarbeitenden Industrie, vor allem der Zellulose- und Papierindustrie. Während im Laubwaldgürtel noch Weizen und Zuckerrüben und im mittelschwedischen Seengebiet unter besonders günstigen lokalklimatischen Verhältnissen sogar noch Kernobst angebaut werden können, nimmt die Bedeutung des Ackerbaus im *Nadelwaldgürtel* gegen N ab. Angebaut werden Roggen, Hafer und Kartoffeln. Die Viehwirtschaft gewinnt statt dessen an Bedeutung. Nördlich des 60. Breitenkreises dient der Anbau, der bis gegen 70° N möglich ist, fast nur noch der Selbstversorgung. Er wird durch Fröste im Sommer zunehmend gefährdet. In Lappland und auf der Halbinsel Kola wird der Barrskog durch den *nordischen Birken- und Kiefernwald* abgelöst. Ein Streifen von 100 km Breite an der Eismeerküste wird von der Tundra eingenommen. Die Agrarwirtschaft des nördlichsten Teiles Skandinaviens beschränkt sich auf Rentierhaltung. Daneben bietet sich die Möglichkeit des Fischfangs im Meer, der vor allem von den eisfreien norwegischen Häfen aus betrieben wird, und in den fischreichen Flüssen.

3. Artenreichtum und Nutzungsmöglichkeit des *Waldes* nehmen auch mit der Höhe rasch ab. Der wärmebedürftige Laubwald erreicht höchstens 400 m, Nadelwald wächst im S bis auf 1000 m, im N nur noch bis 450 m Höhe. Auf den Fjell-Hochflächen des skandinavischen Gebirges reicht eine der *Zwergstrauchtundra* ähnliche Formation, unterbrochen von Mooren, bis weit nach S. Die landwirtschaftliche Nutzfläche Norwegens ist auf die Ebenen am Oslofjord, auf einige Talzüge (Gudbrandsdal, Österdal), auf die tiefliegende Umgebung von Trondheim sowie auf Schwemmkegel und Deltamündungen in den Fjorden beschränkt. Die Fjell-Hochflächen dienen allenfalls der Almwirtschaft. Rund drei Viertel des Landes sind Ödland. Die Schneegrenze liegt im S bei 1800, im N bei 600 m. Das niederschlagsreiche ozeanische Klima trägt zur Erhaltung der Plateaugletscher bei.

1.2.2.2 Westeuropa

Die *Ozeanität* des Klimas und der vorherrschende *Mittelgebirgscharakter* der Oberflächenformen bestimmen den Charakter Westeuropas: Die Abgrenzung gegen Südeuropa bereitet kaum, die gegen Mitteleuropa indessen große Schwierigkeiten. Im SO werden die Alpen, soweit sie nicht ins Winterregengebiet fallen, Mitteleuropa zugeschlagen. Die Grenze verläuft im S am Fuß der Alpen, weiter im N auf dem Kamm des Juras und der Vogesen, deren Ostabdachung bereits kontinentalere Züge aufweist. Im NO ist der Übergang vom Pariser Bekken gegen Mitteleuropa fließend.

1.2.2.2.1 Britische Inseln

Der *nacheiszeitliche Meeresspiegelanstieg* trennte die Britischen Inseln vom Festland und vergrößerte den breiten, von Flachsee bedeckten Festlandsockel. Mit dem Kontinent haben die Inseln zahlreiche physisch-geographische Merkmale gemeinsam: unterschiedlich hochliegende Gebirgsschollen mit bedeutenden Kohle- und Eisenerzlagern, Schichtstufenländer auf den tieferen Schollen, Wattenmeere und Marschen an der Nordseeküste sowie Trichtermündungen mit starkem Gezeitenhub im W und O.
Der größte Teil der Inseln gehört zum *Rumpf des kaledonischen Gebirges*. Im NW Schottlands stehen Granite und Gneise an. Süd-Irland, Süd-Wales und Cornwall gehören zum armorikanischen Gebirgsbogen aus dem ausgehenden Erdaltertum. Auf den Britischen Inseln streichen die Falten ungefähr westöstlich. Widerständige devonische Sandsteine (Old Red) bauen die Bergzüge auf, leicht ausräumbare unterkarbonische Schiefer stehen in den Mulden an. Im S und SO Englands bilden mesozoische Schichten ein *Schichtstufenland*, in dem vor allem die Dogger- und Kreidestufen hervortreten.
Im kaledonischen Gebirgsland kommen zwei unterschiedliche Reliefformen vor. Die gehobenen *Schollen* bilden ein mehr oder weniger stark zerschnittenes Rumpfgebirge über kristallinen Gesteinen. Zu diesem Typ gehören unter anderem die Grampians in Nord- und der westliche Teil des Berglandes in Süd-Schottland, das nordirische Bergland und die Wicklow-Berge in Südostirland. Die nach der kaledonischen Faltung abgesunkenen Schollen tragen über dem gefalteten Unterbau ein diskordant aufliegendes Deckgebirge aus Devon-Sandstein, aus karbonischen Kalken mit reichen Kohlenlagern und aus Eruptivgesteinen. Die widerständigen Devon-Sandsteine neigen zur

Ausbildung von *Tafelrümpfen*. Diese Relieftypen beherrschen das Landschaftsbild in der mittelschottischen Senke sowie in der weiten zentralirischen Ebene. Das Penninische Gebirge in Nordengland ist ein weites Gewölbe aus Devon- und Karbonschichten mit verkarsteten Hochflächen und mächtigen Kohlenlagern an seinen Flanken.
Die Britischen Inseln waren während der pleistozänen Kaltzeiten von einem Eisschild bedeckt, welcher sich mit der *nordischen Vereisung* vereinigt hat. Lediglich Südirland und Südwestengland (Cornwall und das südliche Stufenland) wurden vom Eis nicht überfahren. Die höheren Gebirgsländer wurden dagegen vom Eis stark überformt. Trogtäler und Kare verleihen ihnen trotz der geringen absoluten Höhen verschiedentlich den Charakter eines »Hochgebirges«. In Schottland sind zahlreiche glaziale Wannen von Seen erfüllt. Felsflächen wurden in Rundhöckerfelder umgewandelt. Im Aufschüttungsgebiet finden sich Moränen und Drumlins.
Der *ozeanische* Charakter des Klimas der Britischen Inseln kommt in den hohen Wintertemperaturen zum Ausdruck. Aberdeen (57°12′ N) hat ein Januarmittel von 2,9 °C, Valentia im SW Irlands in 51°56′ N sogar von 7,3 ° (Februar 7,2°) C. Schnee und Fröste sind selten, die Vegetationsperiode wird kaum unterbrochen. Die Sommer sind dagegen kühl. Das Julimittel Aberdeens beträgt nur 12,9 °C, das Valentias 15,0 (August 15,2) °C. Nur in Südostengland, im Londoner Becken, werden 17 °C erreicht. Die Niederschläge sind hoch (Aberdeen 814 mm, Leelage; Valentia 1426 mm). Nur im Londoner Becken sinken sie unter 700 mm ab. So wird verständlich, daß die Gebirge auf den Inseln nur unwirtliche Ödländer, Heiden *(moorlands)*, tundrenartige Bestände und Hochmoore aufweisen. Die Böden sind in der geringmächtigen Lockerschicht meist podsoliert. Die Ackerbaugebiete konzentrieren sich in Schottland auf den O, in England auf den SO und O. Der Wald ist weitgehend einer »Parklandschaft« gewichen.

1.2.2.2.2 Das festländische Westeuropa

Das festländische Westeuropa, welches den größten Teil Frankreichs umfaßt, ist klar und übersichtlich gegliedert. Es besteht aus zwei *Bekken- und Stufenlandschaften* (Pariser Becken, Garonne-Becken), die durch eine flache Schwelle (Poitou) miteinander verbunden sind, und vier *Rumpfschollengebirgen* (Armorikanisches und Zentralmassiv, Vogesen und Ardennen). Im S und SO erheben sich junge Faltengebirge, die Pyrenäen, die Alpen und der Jura. Zwischen Alpen und Zentralmassiv ist die Rhône-Saône-Furche *grabenbruchartig* einge-

senkt. Über die flache Schwelle an der Burgundischen Pforte besteht ein günstiger Übergang in das oberrheinische Tiefland.
Das *Pariser Becken*, der Kernraum Frankreichs, ist eine *Stufenlandschaft* von schlüsselförmigem Bau. Die mesozoische Schichtenserie ist im O vollkommener ausgebildet als im W. Buntsandstein, Muschelkalk und Keuper weisen auf den Zusammenhang mit dem süddeutschen Stufenland östlich des Rheins hin. Im W liegen Jura und Kreide unmittelbar auf dem armorikanischen Grundgebirge. Von großer wirtschaftlicher Bedeutung sind die Eisenoolithe des Doggers im lothringisch-luxemburgischen Raum, die Minette, welche den Dogger-Erzen des englischen Stufenlandes entsprechen. Der obere Jura bildet in Ostfrankreich weite, zum Teil verkarstete *Hochflächen* (Plateau von Langres), welche an Bruchstufen (z. B. Côte d'Or) gegen die Rhône-Saône-Furche abbrechen. Der O des Pariser Beckens wird von einer Reihe von *Schichtstufen* gegliedert. Sie verdanken ihre Entstehung der Landhebung und Schrägstellung der Schichten seit dem Jungtertiär (Westflügel der rheinischen Aufwölbung). Stufenbildner sind u. a. der Buntsandstein, der Muschelkalk, der Dogger (Oolith-Stufe), der Malm, die obere Kreide und die Eozän-Kalke der Ile de France. Im W fehlen die Stufen oder sie sind nur undeutlich ausgebildet. Die Kalkplateaus eignen sich, sofern sie nicht von Löß bedeckt sind, vor allem als Weideflächen (z. B. trockene Champagne). Auf Tonen und Mergeln des Keupers, Lias und der unteren Kreide sowie auf Löß liegen die besten Böden für Weizen- und Zuckerrübenbau. Die Woëvre-Ebene, die feuchte Champagne, die östliche Normandie und die Landschaften an der Loire, wo diese Gesteine anstehen, sind die besten Ackerbaugebiete Frankreichs. Wald ist auf Sandsteinflächen erhalten (Buntsandstein in den Vogesen, untere Kreide im Argonnerwald und im Tertiär bei Fontainebleau). Die nach SO und S schauenden Stufen der Kreide und des Malms bieten gute Lagen für den Weinbau (Champagne, Côte d'Or).
Der Nordflügel des *Garonne-Beckens*, der gegen die Schwelle von Poitou und gegen das Zentralmassiv ansteigt, ist ebenfalls eine aus Gesteinen des Juras, der Kreide und des Tertiärs aufgebaute Stufenlandschaft. Das südliche Garonne-Becken ist das von tertiären und pleistozänen (glazialen und fluvioglazialen) Ablagerungen erfüllte nördliche Vorland der Pyrenäen. Es geht gegen W in eine flache Schwemmlandebene in Meeresnähe über, die aus den Schwemmfächern mehrerer Flüsse zusammengesetzt ist. Unter dem Einfluß des feuchten Meeresklimas sind unfruchtbare Podsolböden mit Ortsteinhorizonten entstanden. Die *Heidegebiete* sind im vorigen Jahrhundert mit Kiefern aufgeforstet worden. Diese Kiefernwälder des Lan-

des stehen in schroffem Gegensatz zu den vor allem durch Weinbau genutzten Teilen des Garonne-Beckens (Armagnac, Bordelais). Die Küste wird von einem mächtigen Dünengürtel gesäumt. Durch die Strandversetzung wurden mehrere Haffs und Strandseen vom Meer abgeschnürt. Wirtschaftliche Bedeutung hat die Förderung von Erdöl bei Parentis (Landes) sowie von Erdöl und Erdgas bei Lacq und St-Marcet (Pyrenäen-Vorland).

Die *Pyrenäen* sind ein 435 km langes, von W nach O sich erstreckendes alpinotypes *Faltengebirge* mit Höhen bis 3400 m. Die heutige *Vergletscherung* ist auf die höchsten Gebirgsteile beschränkt. Das Gebirge weist jedoch eine kräftige glaziale Formung aus pleistozäner Zeit mit Trogtälern und Karen auf. Das verhältnismäßig schmale Gebirge ist stark zertalt, hochgelegene Flachformen fehlen weitgehend. Die Pässe liegen jedoch immer noch sehr hoch, so daß der Übergang von Frankreich nach Spanien außer ganz im W und im O sehr beschwerlich ist. Der westliche, baskische Teil des Gebirges hat humides ozeanisches Klima. Es gibt Wälder und alpine Matten. Diese erlauben alpine Viehwirtschaft, insbesondere Schafzucht. Im östlichen mediterranen Teil fehlen infolge größerer Trockenheit alpine Grasflächen über der *Waldgrenze*. Es gibt kaum nennenswerte Almwirtschaft. Bodenschätze sind nur in geringem Umfang vorhanden. Doch spielt die Nutzung der Wasserkräfte eine Rolle. An heißen Quellen sind Badeorte entstanden.

Das *Armorikanische Massiv* erfuhr seine geologische Formung durch die *variskische Gebirgsbildung*. Es ist das Kernstück des armorikanischen Gebirgsbogens, welcher über Südirland, Wales, Cornwall, die Bretagne und die westliche Normandie sich zum französischen Zentralmassiv erstreckt. Über die Hochflächen des Rumpfgebirges erheben sich kristalline Gesteine und Quarzite als langgestreckte Härtlingszüge (Montagne Noire 326 m, Montagne d'Arrée 391 m). In den eingelagerten weichen Schiefern sind durch selektive Erosion breite Ausraumzonen entstanden. Gegen O und S sinkt das Armorikanische Massiv ab. Wie bei den Faltenrümpfen der Britischen Inseln ist die Küste des Armorikanischen Massivs reich von Buchten gegliedert. Das Meer ist in das Rumpfgebirgsrelief eingedrungen und hat im W, den Faltenbau nachzeichnend, tiefe *Riasbuchten* geschaffen. Sie eignen sich hervorragend als Naturhäfen (z. B. Brest). Der außerordentlich starke Gezeitenhub (bis 16 m) erlaubt den Bau von Gezeitenkraftwerken (z. B. bei St. Malo). Das Klima ist sehr feucht und wintermild. Über undurchlässigen Böden entstehen bei mangelndem Abfluß Hochmoore, auf Sandböden atlantische Heiden. Die Ödlandflächen werden als magere Weide genutzt. Wald kommt wegen der starken

Winde kaum auf, Äcker und Wiesen werden durch Hecken gegen den Wind geschützt *(Bocage-Landschaft)*. Das milde ozeanische Klima erlaubt Gemüsebau in Küstennähe. Da die Vegetationszeit im Winter nicht unterbrochen wird, ist auch der Anbau längerwüchsiger Produkte (Artischocken) möglich.

Das *französische Zentralmassiv* stellt in geologischer Sicht die Scharung des armorikanischen und des variskischen Gebirgsbogens dar. Es ist stärker herausgehoben und in seinem Bau vielgestaltiger als das Armorikanische Massiv. Von W und N steigt es allmählich auf. Im O, wo es (bis 1754 m) am stärksten gehoben ist, fällt es in den Cevennen steil in Brüchen zum Rhônegraben ab. Dem im wesentlichen aus kristallinen Schiefern und Granit aufgebauten *Rumpfgebirge* sind in der Auvergne *Vulkankegel und -kuppen* (Mont Dore 1886 m, Puy de Dôme 1465 m) aufgesetzt. Von N her greifen mehrere *Grabenbrüche* in das Massiv ein. Auf ihren tertiären Sedimenten ist intensiver Ackerbau möglich, während die rauhen Hochflächen nur durch extensive Weidewirtschaft genutzt werden können. Im S liegen verkarstete und durch schroffe Schluchten zerschnittene Juratafeln über dem Grundgebirge. In den Causses sind kleinräumige *Stufenlandschaften* ausgebildet. Am Abfall der stärker zerschnittenen östlichen Randgebirge (Monts de Beaujolais, Lyonnais) liegen in klimatischer Gunstlage im Lee der vorherrschend westlichen Winde bekannte Weinbaugebiete. Der am weitesten nach N vorgeschobene Horst des Morvan (902 m) ist ein Waldgebirge, das bereits an die mitteleuropäische Nachbarschaft erinnert. Die Möglichkeiten der agrarischen Nutzung im Zentralmassiv sind bescheiden. Lediglich die Roquefort-Käsefabrikation spielt eine größere Rolle. Bodenschätze (Erze: Zinn, Blei, Wolfram, Uran, Gold; mehrere Kohlebecken, besonders bei St. Etienne; Kaolin bei Limoges) und reiche Wasserkräfte ermöglichen aber eine auf mehrere Schwerpunkte konzentrierte Industrialisierung.

Die *Rhône-Saône-Furche* ist eine 450 km lange, Nord-Süd sich erstrekkende *Grabensenke* zwischen Zentralmassiv und Alpen. Der südlichste Teil bis zur Enge von Montélimar steht unter dem Einfluß des Mittelmeerklimas. Nördlich von Montélimar liegt die Senke im Lee des Zentralmassivs. Das Klima, mit wärmeren Sommern und kühleren Wintern, ist kontinentaler als in Nord- und Westfrankreich. Die Niederschläge reichen aber trotz der Leelage für eine sehr intensive Landwirtschaft mit Anbau von Mais, Weizen, Zuckerrüben, Tabak, Walnüssen, Obst und Maulbeeren aus. Ihr Maximum fällt im Sommer (August). An den reichlich auftretenden Herbstregen wird aber der allmähliche Übergang zum *Mittelmeerklima* erkennbar. Im O, wo die Senke allmählich zum Jura und zu den Alpen hin ansteigt, ist das

Klima rauher und feuchter. Besonders günstig ist es am Fuß der Bruchstufen am Westrand. Hier liegen die bedeutendsten Weinbaugebiete Burgunds.

1.2.2.3 Südeuropa

Südeuropa ist in geomorphologischer und tektonischer Hinsicht kein einheitlicher Raum. Es ist vielmehr aus einer Reihe alter *Landschollen* und aus alpidischen *Faltengebirgszügen* zusammengesetzt. In einer Bruchzone im Bereich der Tethys, des Meeres zwischen den alten Nord- und Südkontinenten, sind einige der alten Massen ganz oder teilweise in der Tiefe versunken. Über ihnen liegen heute Teilbecken des Mittelmeeres (Westliches Mittelmeerbecken über der Balearen-Masse, Tyrrhenisches Meer über der Tyrrhenischen Masse, Ionisches Meer über der Ionischen Masse). Andere alte Schollen erheben sich über den Meeresspiegel. Zu ihnen zählen die *Rumpfgebirge* und *Rumpftafelländer* (Meseta) der Iberischen Halbinsel, das Massiv des Maures in der Provence, Bruchstücke der Tyrrhenischen Masse auf Korsika und Sardinien, das kalabrische Massiv, Apulien und Teile Siziliens. Eine Reihe alter Massive kam in unmittelbaren Kontakt mit der alpidischen Gebirgsbildung oder wurde in die Gebirgsbildung wieder miteinbezogen, z. B. auf Korsika und im Bereich der Balkanhalbinsel. Zu den alpidischen Faltengebirgen in Südeuropa gehören das Kantabrische Gebirge und die Pyrenäen im N und die Betische Kordillere mit der Sierra Nevada im S und SO auf der Iberischen Halbinsel, die Balearen, die Seealpen und Ostkorsika, der Apennin, Nordsizilien als Fortsetzung des Atlas-Gebirges, der dinarische Gebirgsbogen mit Fortsetzung über Kreta und Rhodos zum Taurus sowie die südöstliche Fortsetzung des Balkangebirges in Thrakien mit Anschluß an das Pontische Gebirge. Ein Teil der alpidischen Gebirgsbögen ist, ebenso wie die älteren Massen, durch *Bruchtektonik* nach der Gebirgsbildung abgesunken. Das hat zu einer intensiven Verzahnung von Land und Meer geführt. Sie ist besonders stark, wo Bruchlinien quer zur Streichrichtung der Faltengebirge verlaufen (Ägäis) oder wo, wie z. B. in Dalmatien, nur noch die höchsten Züge des Faltengebirges aus dem Meer aufragen. Einfachere Küstenlinien ergeben sich dagegen, wo die Streichrichtungen von Faltengebirgen und Bruchtektonik übereinstimmen oder wo die Bruchtektonik alte Massen zerbrochen hat (Iberische Halbinsel, Sardinien, Sizilien, Apenninen-Halbinsel). Erbe der jungen Bruchtektonik ist der im nördlichen Mittelmeer verbreitete und teilweise bis in die Gegenwart anhaltende Vulkanismus. Er hat

sowohl großflächige *vulkanische Deckenergüsse* (Sardinien) als auch eine Reihe typischer vulkanischer Bergformen (Vesuv, Ätna, Santorin) hervorgebracht.
Die einfachste Ausgestaltung der Großformen des Reliefs liegt in den nicht von der alpidischen Faltung erfaßten alten *Schollen*, z. B. auf der Iberischen Halbinsel und auf Sardinien vor. Mehr oder weniger stark zerschnittene Rumpfgebirge kommen in den höchsten Teilen, Tafelländer mit mesozoischen oder *jungvulkanischen Deckschichten* in mittlerer Höhenlage und Hügelländer und Schwemmlandebenen in den von tertiären und jüngeren Sedimenten erfüllten Becken nebeneinander vor. Wesentlich komplizierter ist das Relief im Bereich der jungen Faltengebirge. Hier wirken sich neben der Reliefenergie die unterschiedliche Widerständigkeit und die Lagerungsverhältnisse der von der Faltung betroffenen Gesteine aus. In nur geringer Distanz finden sich zum Beispiel auf der Apenninen-Halbinsel Hochgebirgsketten, plateauartige Landschaften in verschiedener Höhe, Hügelländer in weichen tertiären Sedimenten und Schwemmlandebenen in der Nähe des Meeresspiegels. Am kompliziertesten sind die Reliefverhältnisse, wo sich Faltengebirge und junge Bruchtektonik kreuzen. Eine außerordentlich starke *Kammerung* des Landes, z. B. in Griechenland, in kurze, aber vielfach schroffe Bergzüge, Senken und Beckenräume ist die Folge. Dieser Kammerung entsprechen Gegensätze im anstehenden Gestein, in der Bodenbildung, im Klima und im Wasserhaushalt des Landes.
Die Iberische Halbinsel weicht in ihrer naturräumlichen Ausstattung in mehrfacher Hinsicht vom typischen Bild des *Mittelmeerraumes* ab. Sie weist in Südeuropa die größte geschlossene Landmasse auf. Nur ein kleiner Teil gehört zum jungen Faltengebirgsgürtel. Der größere Teil ist Rumpfgebirge oder Tafelland (Meseta). Die randlich gelegenen Hochgebirge und hohen Rumpfgebirge scheiden die unter maritimem Einfluß stehenden Küstenbereiche (im NW vollhumides warmgemäßigtes *Klima*, sonst sommertrockenes Mittelmeerklima) von den kontinentaleren inneren Hochflächen- und Beckenlandschaften mit kühlen Wintern und, infolge abgeschwächter Herbstniederschläge, mehr oder weniger stark ausgeprägter Aridität (z. B. Madrid, s. S. 557). Das Landesinnere hat daher weithin Steppencharakter. Die mittelmeerische Ausgestaltung von *Vegetation* und Anbau ist auf die Randlandschaften beschränkt. *Steppencharakter* tragen, allerdings mehr aus edaphischen Gründen, auch die sterilen vulkanischen und Kalkplateaus und die Campidano-Ebene auf Sardinien, das Innere Siziliens sowie die Kalktafeln der Maltesischen Inseln und Apuliens.
Infolge des gebirgigen Reliefs treten, abgesehen von den genannten

Steppenräumen im Inneren der Iberischen Halbinsel, überall im europäischen Mittelmeerraum auffällige *Luv- und Leeseiteneffekte* der Niederschlagsbildung im jahreszeitlichen Wechsel auf. Die Westseiten der Gebirge weisen infolge stärkerer Beregnung im Winterhalbjahr die höhere Jahressumme des Niederschlags auf. Die Ostseiten, vor allem der Inseln und Halbinseln, insbesondere die Mittelmeerseite der Iberischen Halbinsel, erhalten dagegen auch im Sommer und vor allem im Frühherbst (September) durch den auflandigen *Passat* gelegentlich etwas Regen. Vegetation und Anbau der Ostseiten sind daher eindeutig begünstigt. Alle intramontanen Beckenlandschaften, so z. B. der *Sillon central* auf Korsika und die zahlreichen kleinen Becken in Ostgriechenland, leiden, soweit sie nicht von den benachbarten Gebirgen mit Wasser für die Bewässerung versorgt werden können, unter Mangel an Niederschlag.

Vegetation und Anbau sind in *Höhenstufen* gegliedert. Bis rund 600 m reicht die Stufe der Hartlaubvegetation und wärmeliebender Nadelhölzer (Pinie, Zypresse). Diese untere »colline« Stufe ist zugleich die Stufe des intensiven, mittelmeerischen Anbaus von Wein, Südfrüchten, Edelobst (Pfirsiche, Aprikosen u. a.), Oliven, Mandeln, sowie evtl. von Reis, Zuckerrohr und Baumwolle, wenn das Land bewässert werden kann. Wein, Oliven, Mandeln sowie Weizen und Gerste gedeihen, wenn die Bodenverhältnisse den Anbau zulassen, auch ohne Wasserzufuhr. Aber nicht nur der Mangel an Wasser bereitet Schwierigkeiten. Wegen des bis in die Gegenwart anhaltenden *glazialeustatischen Meeresspiegelanstiegs* sind gerade die in der Antike noch intensiv genutzten Küstenebenen versumpft. Sie waren wegen der Malariagefahr seit über 1000 Jahren nur noch als Winterweide für Viehherden genutzt worden, die im Sommer im Gebirge weiden (Transhumanz). Sie werden, vor allem in Italien, heute durch Ausbau von Be- und Entwässerungsanlagen von neuem kultiviert. Über 600 m Höhe schließt ein Höhengürtel mit sommergrünen montanen Laubwäldern (Eichen, Buchen, Edelkastanien, Platanen, Ulmen) an. Wenn es die Gelände- und Bodenverhältnisse zulassen, kann auch in dieser Höhe noch Wein- und Ackerbau betrieben werden. Im Winter ist die Vegetationsperiode jedoch unterbrochen, die Sommerniederschläge sind höher. An der Obergrenze sind dem Laubwald zunehmend Nadelhölzer (Kiefern- und Fichtenarten) beigemischt. In der Verteilung von Laub- und Nadelhölzern spielt auch die Exposition der Hänge zur Sonne eine Rolle. An südexponierten Hängen dominieren die Nadelhölzer. Über der Waldgrenze in rund 1700 bis 1800 m folgt eine subalpine Mattenzone und darüber die Felsheide- und Felsschuttzone.

Durch die jahrtausendealte Landnutzung wurde in den Mittelmeerlän-

dern die *natürliche Vegetation* weitgehend *zerstört*. Wälder sind selten geworden. An ihre Stelle sind die Macchie, eine undurchdringliche, vorwiegend aus Hartlaubgehölzen zusammengesetzte Buschformation, und die noch stärker degradierte Garrigue, eine *Zwergstrauchformation*, getreten. In der Bergwaldstufe ist sommergrüner Buschwald an die Stelle der Laubwälder getreten. Die mangelnde Waldbedeckung macht sich in der sehr unausgeglichenen Wasserführung der Flüsse (Torrenten) unangenehm bemerkbar, die während der Regenzeit oft verheerende Hochwasser führen, im Sommer aber nicht selten austrocknen. Gerade zur Zeit der größten Dürre fehlt daher oft im Tiefland das für die Bewässerung erforderliche Wasser, sofern es nicht aus dem Grundwasser oder aus artesischen Brunnen gewonnen werden kann. Zur Verbesserung der hydrologischen Verhältnisse werden heute mit großen Kosten Aufforstungen im Gebirge durchgeführt (z. B. Italien, Sardinien, Spanien).
Als Folge der Waldzerstörung setzte seit dem Altertum weiträumig eine verheerende *Bodenerosion* ein. Auf Kalkgestein ist die Verkarstung weit fortgeschritten, über kristallinen Gesteinen bildete sich felsiges Ödland, in weichen tertiären Sedimenten breiteten sich *badlands* aus (z. B. die *balze* der Toskana). Die Landnutzung ist daher heute, wenn man von extensiver Beweidung der Macchien und der Garrigue absieht, im Bergland auf Talgebiete mit mächtigeren Verwitterungshorizonten, im Karst auf Dolinen und Poljen mit zusammengeschwemmten terra-rossa-Böden oder auf mühsam terrassierte Hänge beschränkt. Im Tiefland bereitet zugleich die *Überschwemmungsgefahr* der stark sedimentierenden Flüsse Schwierigkeiten. Die Bodenarmut und die nackten Felshänge der Bergländer sind heute für die Mittelmeerländer ein mindestens ebenso typisches naturräumliches Merkmal wie die immergrüne Macchie, der wolkenarme Sommerhimmel und das leuchtend blaue Meer.

1.2.2.4 Mitteleuropa

Mitteleuropa, das *Übergangsgebiet* zwischen den klimatischen Extremen Europas, ist gekennzeichnet durch den Dreiklang von *Tiefland, Mittel- und Hochgebirge* (J. PARTSCH 1904). Die drei Grundtypen des Reliefs sind zonal angeordnet. Im SO weitet sich aber mit den Karpaten der Hochgebirgsraum aus. Tiefland und Mittelgebirge liegen hier nördlich und im Innern des Gebirgsraumes, so daß die Zonalität durchbrochen, der fließende Übergang zwischen W und O, N und S gestört wird. Der Karpatenraum hat eine so große Eigenständigkeit,

daß man mit Recht von einem besonderen Großraum Südosteuropa sprechen könnte. Darauf soll hier verzichtet werden, weil der Karpatenraum andererseits eine sehr enge Verwandtschaft zum Alpenraum aufweist und eine Grenzziehung zwischen diesen beiden Räumen nach naturräumlichen Gesichtspunkten kaum möglich ist.
Dem genannten *Dreiklang des Reliefs* entspricht die Zugehörigkeit zu *Paläoeuropa* im N, *Mesoeuropa* (Gebiet der variskischen Gebirgsbildung) in der Mitte und *Neoeuropa* (Gebiet der alpidischen Gebirgsbildung) im S. Ureuropa ragt lediglich ganz im N (Dänemark) und NO (polnisches Tiefland) noch nach Mitteleuropa herein. Seine Gesteine treten aber nur auf Bornholm oberflächlich in Erscheinung. Im SO grenzt Neoeuropa unmittelbar an Ur-Europa. Der zentrale Mittelgebirgsraum keilt im O aus.

1.2.2.4.1 Das Mitteleuropäische Tiefland

Der gesamte N Mitteleuropas ist *Tiefland*. Im W liegt seine Grenze an der Schwelle von Artois. Der *Übergang nach Osteuropa* ist fließend. Daher wird im O die klimatische Abgrenzung (C-/D-Klimate nach W. KOEPPEN) gewählt. Im N gehört ganz Dänemark zu Mitteleuropa. Im S greifen die Niederrheinische, die Westfälische, die Leipziger und die Schlesische Tieflandsbucht in den Mittelgebirgsraum ein. Die Grenze zum Mittelgebirge ist dort zu ziehen, wo mesozoische und ältere Gesteine in geschlossener Front aus der Decke jüngerer Sedimente auftauchen. Wo das Mittelgebirge an Bruchstufen oder steilen Flexuren aufsteigt, ist die Grenzziehung problemlos, so z. B. an den Randverwerfungen der Niederrheinischen Bucht, im N von Wiehen- und Wesergebirge sowie am Westrand der Schlesischen Bucht.
Wo aber Löß die Tieflandssedimente und die älteren Gesteine verhüllt, ist die Grenze nur undeutlich wahrzunehmen. Der *Lößgürtel* begleitet den nördlichen Rand des Mittelgebirges auf seiner ganzen Länge in wechselnder Breite. Die wichtigsten Lößbörden sind der Westteil der Niederrheinischen Bucht, der Hellwegraum zwischen Essen und Paderborn, das Harzvorland, die Magdeburger Börde, der S der Leipziger Bucht und der W und S der Schlesischen Bucht. In den Börden liegen die besten Ackerböden Mitteleuropas. Wo, wie im Harzvorland, infolge der Salztektonik der mesozoische Unterbau in Sätteln, Schichtstufen und -kämmen aus der pleistozänen Überdekkung auftaucht und ein bewegtes *Hügelland* bildet, das mit sanft gewellten Lößebenen und breiten Flußtälern abwechselt, liegt eine besonders enge Verzahnung von Mittelgebirge und Tiefland vor.

Weiter nördlich, im Innern des Tieflandes, sind die älteren Gebirgsstrukturen von *tertiären und quartären Ablagerungen* überdeckt. Nur an wenigen Stellen tritt der Untergrund an die Oberfläche, so am Lüneburger Kalkberg, an den Muschelkalkaufbrüchen von Bad Segeberg und Rüdersdorf, auf Helgoland mit seinen berühmten Buntsandsteinklippen sowie an den Kreidefelsen auf Seeland, Moen, Bornholm und Rügen. Die meisten dieser Aufbrüche sind an salinartektonische Strukturen gebunden. Darauf weisen auch die vor allem in Niedersachsen und Westfalen zahlreichen Solequellen hin. Ebenfalls an die *Salinartektonik* sind, auch wenn die Strukturen oberflächlich nicht sichtbar werden, Vorkommen von Erdöl und Erdgas im Emsland, in der Lüneburger Heide, in Schleswig-Holstein und unter der Nordsee gebunden. Die Oberflächenformen des Tieflandes, die Ausbildung der oberflächennahen Sedimente und überhaupt die geoökologische Differenzierung des weiten Raumes gehen im wesentlichen zurück auf den unmittelbaren und mittelbaren Einfluß der *nordischen Vereisung* sowie auf die als Folge des Eisrückzugs auftretenden glazialiso- und glazialeustatischen Schwankungen, welche zu einer mehrmaligen Verschiebung der Grenze zwischen Land und Meer geführt haben. Aufgrund der unterschiedlichen Oberflächengestaltung kann man drei Teilbereiche des Tieflandes unterscheiden:

1. das Jungmoränenland (einschließlich der Ostsee-Küste);
2. die Geest (Gebiet der älteren Vereisungen);
3. die Nordseeküste.

Kernraum und zugleich geologisch ältester Teil des Tieflandes ist die *Geest.* Sie wird aus Ablagerungen der Saale-Eiszeit aufgebaut. Die tieferen Teile mit hohem Grundwasserstand sind vermoort. Die *Moore* erreichen im Emsland beiderseits der deutsch-niederländischen Grenze ihre größte Ausdehnung. Einige liegen auch in *Urstromtälern*, ehemaligen Schmelzwasserrinnen, welche den Außensaum der Erdmoränenwälle der Saale- und der Weichsel-Eiszeiten von Südosten nach Nordwesten begleiten. Innerhalb der Geest sind das Breslau-Magdeburg-Bremer und das Glogau-Baruther Urstromtal, das Emstal sowie die untersten Abschnitte von Rhein und Maas zu erwähnen. Diese Urstromtäler haben die Ausbildung des heutigen Flußnetzes im Tiefland stark beeinflußt.

Schmelzwasserablagerungen aus der Weichseleiszeit säumen als breit hingelagerte Sander flächenhaft den Endmoränenwall des *Jungmoränenlandes* von Jütland bis Ostpreußen und machen einen beträchtlichen Teil der Geest Jütlands, Schleswig-Holsteins, Mecklenburgs, Brandenburgs und Pommerns aus. Über diese trockenen Flächen der

flachen oder jungen Geest, welche teilweise zu *Dünenfeldern* aufgeweht worden ist, ragt die hohe oder alte Geest auf; das sind Altmoränen mit etwas günstigeren, lehmhaltigen Böden, welche ackerbaulich genutzt werden können, während die junge Geest Heidebestände oder Kiefernwälder trägt. Westlich der Elbe haben die Bezeichnungen »hohe (auch hügelige) Geest« und »flache Geest« eine andere Bedeutung. Flache Geest ist die durch ganze Serien von Rinnen mit anmoorigen Böden in niedrige Platten zerlegte Grundmoräne der Saale-Eiszeit. Hohe Geest werden dagegen die weit geschwungenen *Endmoränenbögen* der jüngeren Stadien der Saale-Eiszeit (Rehburger-, Warthe-Stadium) genannt. Im Niederrheingebiet und in den Niederlanden liegen die Endmoränen des älteren Amersfoorter Stadiums. Ganz im SW, außerhalb des ehemals vom Inlandeis bedeckten Raumes, wird die Geest aus sandigen (hügelige Geest in der Campine) und lehmigen (flache Geest) Flußablagerungen von Rhein, Maas und Schelde aufgebaut. Die Endmoränen des Rehburger Stadiums in Niedersachsen tragen trockene, lehmig-sandige Böden und sind waldarm. Die mächtigen Moränenbögen des Warthe-Vorstoßes (Harburger Berge, Lüneburger Heide, Fläming usw.) tragen prächtige Buchenwälder, soweit diese nicht in vergangenen Jahrhunderten gerodet und durch *Heideformationen* oder Kiefernwald ersetzt wurden. Die Endmoränen des Rehburger- und des Warthe-Stadiums bilden zusammen einen vom Emsland über den Fläming bis nach Niederschlesien (Katzengebirge) ziehenden südlichen Landrücken, welcher dem nördlichen oder Baltischen Landrücken aus Moränen der Weichseleiszeit gegenübersteht.
Der *Baltische Landrücken*, in der Weichseleiszeit aufgebautes Jungmoränenland, umrahmt die Ostsee von Nordjütland bis Ostpreußen. Der Außensaum besteht aus mehreren, bis 300 m hohen Wällen, welche sich aus der im W und S liegenden Geest erheben. Hinter den Endmoränen breitet sich die kuppige, von Schmelzwasserrinnen durchzogene *Grundmoränenlandschaft* mit zahlreichen Seen aus. Im Bereich der heutigen DDR, Polens und des ehemaligen Ostpreußens sind mehrere Endmoränenwälle vorhanden, welche dem Brandenburger, Frankfurter und Pommerschen Stadium der Weichseleiszeit zugeordnet werden. Zwischen den Wällen liegen Urstromtäler, Grundmoränen- und *Seenplatten*. Durch den postglazialen Meeresspiegelanstieg ist die Ostsee in die Jungmoränenlandschaft eingedrungen. Aus Schmelzwasserrinnen und Zungenbecken sind in Schleswig die *Förden*, aus der kuppigen Grundmoränenlandschaft ist in Mecklenburg und Vorderpommern die *Boddenküste* entstanden. Die Geschiebelehmböden des Jungmoränenlandes sind mineralreich, aber

nicht zu schwer. Das Klima östlich des Baltischen Landrückens in Holstein ist trockener und sommerwärmer; die Bedingungen für den Akkerbau sind daher insgesamt günstiger als im Bereich der Geest.
Die *Nordseeküste* weist hinter einem Dünenwall, der im Bereich der deutschen Bucht in einzelne Inseln aufgelöst ist, mehr oder weniger breites *Wattenmeer* mit Resten älteren *Marschlandes*, den *Halligen*, sowie einen in den Niederlanden sehr breiten Marschengürtel auf. Der Marschensaum beginnt im W bei Calais und reicht nach NO bis nach Nordschleswig. Die Unterläufe der größeren Flüsse werden, soweit sich Ebbe und Flut flußaufwärts bemerkbar machen, von *Flußmarschen* begleitet. Am Geestrand entlang liegt die ältere, niedere Marsch, das Sietland. Sie ist wegen des hohen Grundwasserstandes nur als Weideland nutzbar. See- oder flußwärts liegt, durch Deiche gegen Sturmfluten geschützt, die jüngere, höhere Marsch. Ihre nährstoffreichen Böden eignen sich für Getreide-, Hackfrucht-, Gemüse- und selbst für Obstbau.

1.2.2.4.2 Mittelgebirge

Das Mittelgebirge Mitteleuropas ist ein *Bruchschollen- und Stufenland*, das im W in Verbindung mit dem Schollenland Westeuropas steht. Im S endet es, wo das Tertiär des Alpen- und Karpatenvorlandes über die paläozoischen und mesozoischen Gesteine des Mittelgebirgsraumes transgrediert. Im O leiten die Kreideplatten von Lublin ohne scharfe Landschaftsgrenze zur russischen Tafel über.
Innerhalb des Mittelgebirgsraumes ist das Kriterium für die Ausscheidung von Teilräumen die Höhenlage der einzelnen Bruchschollen.
1. Die stark herausgehobenen *Rumpfgebirge:* In ihnen stehen, von Rumpfflächen und Rumpftreppen überzogen, die durch die variskische Gebirgsbildung gefalteten Gesteine des Paläozoikums sowie alte Magmatite an. Ihr Erzreichtum wurde bereits während des Mittelalters ausgebeutet. Die einzelnen Schollen sind entweder an Brüchen auf mehreren Seiten horstartig oder an einseitigen Verwerfungen pultschollenartig oder als flache Wölbungen herausgehoben. Bei größerer Höhe haben sie wesentlich stärker ozeanisch beeinflußtes Klima als ihr Umland. Die Gebirge sind niederschlagsreich (bis über 2000 mm). Die Winter bringen viel Schnee; da aber nicht selten Temperaturinversionen auftreten, sind sie verhältnismäßig mild. Die Gebirge eignen sich wegen ihrer klimatischen Eigenarten im Sommer wie im Winter als Erholungsgebiete (Sommerfrischen, Wintersport). Die meisten Mittelgebirge sind Waldbergländer. Schwarzwald und Böhmerwald

ragen bis zur *Waldgrenze* empor. Es lassen sich die Höhenstufen des wärmeliebenden Eichen-Hainbuchenwaldes der Tallagen, des montanen Buchen-Tannen-Mischwaldes und des Fichtenwaldes unterscheiden. Die starke Verbreitung der Fichtenbestände in den hohen Lagen geht auf forstwirtschaftliche Maßnahmen zurück. Große Reliefunterschiede und Wasserreichtum der Mittelgebirge begünstigen die Anlage von Stauseen und Talsperren zur Energiegewinnung und Wasserversorgung des Tief- und Beckenlandes. Am Nordrand des Mittelgebirges in Flandern und Belgien, an der Ruhr und in Oberschlesien sowie in einigen inneren Beckenbereichen liegen bedeutende Steinkohlenlagerstätten.

2. *Schichttafel- und Schichtstufenländer* in tektonisch mittlerer Höhenlage. Über dem Grundgebirge ist das Mesozoikum noch mehr oder weniger vollständig erhalten. Schichttafeln mit flachliegendem Mesozoikum kommen in größerer Ausdehnung nur im O, in den polnischen Kreideplateaulandschaften, vor. Nördlich des Gürtels der Waldbergländer liegen zahlreiche Schichtstufen- und Schichtkammlandschaften von jeweils nur geringer Ausdehnung. Klar und übersichtlich angeordnet sind die aus Kreide (Sandsteine, Plänerkalke) aufgebauten Stufen am Südrand der Westfälischen Bucht sowie die Stufenlandschaften des Thüringer Beckens (Zechstein bis Keuper) und Oberschlesiens (Muschelkalk, Keuper, Jura). Einen Einblick in das gesamte Mesozoikum unter dem norddeutschen Tiefland von der Kreide bis zum Buntsandstein geben die aufgebrochenen Sättel im Harzvorland, welche der Salztektonik ihre Entstehung verdanken. An einigen von ihnen wird Eisenerz (Jura, Kreide) abgebaut (Salzgitter, Peine). Durch *Bruchfaltenbildung* in herzynischer, erzgebirgischer und rheinischer Richtung (Saxonische Gebirgsbildung) und zusätzlich durch Salztektonik ist zwischen Westfälischer Bucht und Harz ein Gewirr von Sätteln und Mulden, von Gräben und Horsten entstanden, das Weserbergland. Die mesozoischen Deckschichten, im W und N Jura und Kreide, im SO und O Buntsandstein und Muschelkalk, bilden eine Vielzahl kleiner Stufen-, Plateau- und Kammlandschaften aus. Die Weser, welche das Bergland von S nach N ungefähr in der Mitte quert, hat im S in einem breiten Buntsandsteingewölbe (Bram-, Reinhardswald) ein Antiklinaltal angelegt, weiter im N fließt sie im oberen Buntsandstein und trennt das Muschelkalkplateau im W vom Buntsandstein (Solling) im O. Bei Rinteln tritt sie in die weite Keuper-Lias-Mulde zwischen Teutoburger Wald und Weser-Wiehengebirge ein. Durch den engen Durchbruch durch das Weser-Wiehengebirge, die Porta Westfalica, erreicht sie das Norddeutsche Tiefland. Nur wenig übersichtlicher ist das die Lücke zwischen Rheinischem Schieferge-

birge und Thüringer Wald füllende Hessische Bergland gestaltet. Rheinisch ausgerichtete Strukturlinien herrschen vor. Die *Tektonik* des Hessischen Berglandes leitet vom oberrheinischen Grabenbruch zum Leinegraben im O des Weserberglandes über. Die Anordnung der *Becken* und *Senken* ist so unübersichtlich, weil einige Bergländer durch *vulkanische Überdeckung* eine zusätzliche Akzentuierung erfahren haben. In Becken wurden im Miozän Braunkohlen eingelagert, die durch vulkanische Deckschichten vor der Abtragung bewahrt worden sind. Insgesamt ist der Buntsandstein das vorherrschende Gestein. Der wasserdurchlässige, sterile Hauptbuntsandstein, teilweise mit Basaltüberdeckung, bildet die Waldbergländer. Nur in der hohen Rhön liegt der Basalt über weit herausgehobenem Muschelkalk. In den klimatisch und durch die Bodenbeschaffenheit begünstigten Senken stehen Röt (ob. Buntsandstein) oder tertiäre Sande und Tone an. Die Senkenzonen reihen sich in eine west- und osthessische Folge ein; dazwischen liegen die vulkanischen Bergländer des Vogelsbergs, des Knülls und des Meißners.
Im Vergleich zum Hessischen und zum Weserbergland zeichnet sich das *Süddeutsche Stufenland* durch Übersichtlichkeit und Klarheit aus. Es füllt den Raum zwischen Hessischem Bergland und Thüringer Wald im N, den böhmischen Randgebirgen im O, dem Alpenvorland im S und den ostrheinischen Randgebirgen Schwarzwald, Odenwald und Spessart im W. Es ist das mitteleuropäische Pendant zum nordfranzösischen Becken, ein Antiklinalstufenland, dessen Stufen auf die rheinische Hebungsachse ausgerichtet sind. Die wichtigsten Stufenbildner sind der Hauptbuntsandstein, der obere Muschelkalk (Trochitenkalk), verschiedene Keupersandsteine, Sandsteine, Kalke, Kalkmergel und Oolithe im schwarzen und braunen Jura sowie Kalke im weißen Jura. Die Stufenfolge wird gekrönt von einer kleinen Stufe aus miozänen Süßwasserkalken im S der Schwäbischen Alb. Im SW zwischen Hochrhein und Donau trennen nur 20 km den weißen Jura vom Granit des Südschwarzwalds. Die Mehrzahl der Stufen und Stufenflächen ist im SW sehr jungen Alters. Weiter im NO, im fränkischen Stufenland, liegen die Schichten flach; die Stufen sind weit auseinandergezogen, die Schichtflächen sind breit und Rumpfflächen ähnlich. Für Besiedlung und agrarische Nutzung des an Bodenschätzen armen Raumes sind vor allem die unterschiedlichen Bodenqualitäten maßgebend. Die sterilen Sandsteinflächen des mittleren Buntsandsteins und des Keupers sind *Waldgebiete* geblieben (Nordschwarzwald, Odenwald, Spessart, Keuperbergländer). Hervorragende ackerbauliche Qualitäten haben die Kalkplateaus des Muschelkalks (Gäulandschaften), soweit sie von unterem Keuper oder von Löß bedeckt sind, sowie

die Liasmergel des Albvorlands. Weniger fruchtbar sind die stufennahen Teile der *Gäulandschaften* und weite Teile der Albhochfläche, wo die Kalke nur von dünnen Rendsinen bedeckt sind und wo, trotz ausreichender Niederschläge, sommerliche Trockenheit gefährlich werden kann. Klimatische Gunst im Neckarbecken, in Mainfranken und in den Tälern Hohenlohes erlaubt auf Muschelkalk und auf Mergeln des mittleren Keupers Qualitätsweinbau sowie Obst- und Gemüsebau.

3. Das *Oberrheinische Tiefland* ist die Sohle eines rund 50 km breiten, langgezogenen *tektonischen Grabens*. Schotterterrassen des Rheins aus der Riß- und Würmeiszeit und die Talaue von wechselnder Breite prägen das Relief. Die Flußsande wurden stellenweise zu Dünenfeldern aufgeweht. Durch die Korrektur des mäandrierenden Rheins ist der Grundwasserspiegel so stark abgesunken, daß der Ackernutzung Gefahr durch Trockenheit droht. Am Fuß der Randgebirge und auf den Randschollen liegt Löß. Von Löß bedeckt ist auch die *Hochscholle* Kaiserstuhl-Tuniberg (mit vulkanischem Kern) inmitten des Grabens. Die hohe Qualität des Lößbodens in Verbindung mit optimalen Klimaverhältnissen erlaubt ausgedehnten Wein- und Obstbau an den Rändern des Rheingrabens. Die Sandböden der Niederterrasse eignen sich zum Gemüseanbau (Spargel).

1.2.2.4.3 Alpenraum

Der S Mitteleuropas wird vom *alpidischen Gebirgsgürtel*, seinen Vorlandssenken im N und S und inneren Becken und Senken eingenommen. In der folgenden Besprechung wird zwischen westlichem Alpen- und östlichem Karpatenraum unterschieden. Das südöstliche Dinarische Gebirge wird dem Karpatenraum zugezählt.

Der Hochgebirgsbogen der Alpen reicht von Genua und Nizza im SW bis zur Donau bei Wien. Südlich Genf zweigt von den Westalpen das aus stehenden Falten aufgebaute Mittelgebirge des französisch-schweizerischen Juras ab, das wenige Kilometer südlich des Hochrheins endet. Vom Bodensee im N und vom Comer See im S tief in den Alpenkörper eingreifende *Quertäler* bilden die Grenze zwischen West- und Ostalpen. Die Westalpen lassen sich in die aus kristallinen und metamorphen Gesteinen aufgebaute Südkette und in die aus Kalken aufgebaute Nordkette gliedern. Zwischen beiden liegt die *Längstalzone*, welche das Gebirge für Verkehr, Besiedlung und Wirtschaft weit aufschließt und den Lebensraum des Großteils der Bevölkerung darstellt. In den französischen Westalpen sind die Kalkalpen breiter.

Vom Mt. Blanc (4810 m) an gegen O gewinnen die kristallinen Gebirgsteile an Bedeutung (Walliser Alpen, Aare-Massiv im Berner Oberland, Tessiner Alpen). Der Alpenkörper ist auf nur 130 km Breite zusammengedrängt und zugleich am stärksten herausgehoben.
Die Ostalpen erreichen im Querschnitt Innsbruck–Verona mit rund 250 km ihre größte Breite. Sie sind doppelt so breit wie die Westalpen, aber weit niedriger (höchste Gipfel um 4000 m). Der *kristalline Zentralteil* wird von *Kalkzonen* im Norden und Süden begleitet. Zwei Längstalzüge schließen das Gebirge, das sich gegen NO und SO verzweigt (Virgation), für Siedlung und Verkehr auf.
Wirtschaft und Lebensweise der Bevölkerung sind in den Alpen weit stärker als anderswo vom Naturraum geprägt. Von größter Bedeutung sind das Relief und, in Abhängigkeit von ihm, die *Höhengürtel* des Klimas und der Vegetation.
Das alpine Relief zeichnet sich durch stockwerkartig angeordnete *Steil- und Flachformen* sowie durch kräftige *glaziale Überprägung* der Großformen aus. Der Stockwerkbau geht zurück auf einen Wechsel zwischen Hebungsphasen (mit Tiefenerosion) und Ruhephasen (mit Tendenz zur Einebnung) seit Abschluß der Faltungs- und Deckenüberschiebungsvorgänge im Jungtertiär (Miozän). Noch im Jungtertiär ist das hochalpine Flachrelief, das aus niedriger Höhe am Alpenrand (450–600 m an der Alpenostabdachung, 1100–1200 m am Alpennordrand) gegen die Zentralalpen auf 2000 bis 3000 m hin ansteigt, entstanden. In den Westalpen liegt es infolge der stärkeren Heraushebung dieses Teils des Gebirges mehrere hundert Meter höher als in den Ostalpen (Walliser Alpen 3000–3500 m). Während der pleistozänen Kaltzeiten waren die exponierten Hochflächen das Nährgebiet der alpinen Vereisung. In der Gegenwart liegen nur noch die höchsten Teile in den West- und Ostalpen über der *Schneegrenze*. Sie tragen Plateaugletscher (Mt. Blanc, Walliser Alpen, Bernina). Über das Flachrelief ragen die von eiszeitlichen und rezenten Kargletschern zugeschärften höchsten Gipfel und Bergkämme empor. Sie sind Reste eines Gebirges, welches bereits vor Ausbildung des Flachreliefs bestanden hat. Das jüngste alpine Stockwerk ist der Talbereich. Er ist bis 2000 m tief in die flache Höhenregion eingegraben. Die Zertalung ging von tektonischen Leitlinien entlang den heutigen großen *Längs- und Quertälern* aus. Es handelt sich zum Teil um intramontane Mulden oder Einbruchsbecken, zum Teil um Grenzbereiche zwischen den alpinen Deckensystemen, an welchen wenig erosionsbeständige Gesteine (Grauwacken, Phyllite, Schistes lustrés) zutage treten. Die Längstäler sind durch die pleistozäne Vergletscherung in mächtige Trogtäler mit hohen übersteilten Wänden oder, wie in Kärnten, in

weite, von Moränen und Seen erfüllte Beckenlandschaften umgewandelt worden. Die kleineren Seitentäler, ebenfalls als Trogtäler ausgebildet, sind Hängetäler. Ihre Talböden münden am Talhang des Haupttales mehrere hundert Meter über dessen Talboden aus. Postglaziale Zerschneidung hat die Mündungsstufen in Mündungsschluchten umgestaltet. Der Zugang zu den Nebentälern ist dadurch ziemlich erschwert. Fahrstraßen konnten vielfach erst in jüngster Vergangenheit angelegt werden. Dennoch sind seit dem Altertum die wichtigsten transalpinen Verkehrswege an solche kleinen Quertäler geknüpft. Ihre hintersten Enden sind nämlich oft durch von Eiserosion überformte, verhältnismäßig niedrige Transfluenzpässe miteinander verbunden (z. B. Simplon, Julier, Bernina, Brenner).
In die Regelhaftigkeit der Großformung bringt die Verschiedenheit der anstehenden Gesteine eine augenfällige Vielfältigkeit. So herrschen in den nördlichen Kalkalpen mit ihren mächtigen, flach liegenden Kalk- und Dolomitpaketen die hochgelegenen Flachformen vor. Die *Verkarstung* hat das alte Flachrelief (Raxlandschaft) konserviert. Die von schroffen Wänden begrenzten kahlen Bergstöcke (»Steinberge«) stehen in auffallendem Gegensatz zu den weichen Formen der von Almen überzogenen Flyschberge im N (z. B. Kleines und Großes Walsertal) und der Berge in der Grauwacken- und Schieferzone beiderseits des nördlichen Längstales mit Mittelgebirgsformen (»Grasberge«). Die südlichen Kalkalpen unterscheiden sich von den »Steinbergen« im N nur durch ihre stärkere Auflösung in Zinnen und Türme, wo Dolomitfazies vorherrscht (Dolomiten). Die Türme ragen über ausgedehnte Almenflächen (Haflinger Plateau, Seiseralm) empor, welche den permischen Quarzporphyr überziehen und annähernd der wieder aufgedeckten Basisfläche der mesozoischen Überdeckung entsprechen. Im N der Dolomiten nehmen die »Grasberge« der südlichen Längstalzone eine beachtliche Breite ein (Kärnten). Wo die mesozoischen Kalke durch Faltung steil gestellt sind, treten an die Stelle der verkarsteten Hochplateaus steil aufragende, langgezogene Grate (Kaisergebirge, Karwendel, Wetterstein, Lechtaler und Allgäuer Alpen). Einen weiteren Typ stellen die aus kristallinen und metamorphen Gesteinen aufgebauten Zentralalpen dar. Massige pyramidenförmige *Gipfel* erheben sich über die flache Höhenregion. Von den höchsten Gebirgsstöcken gehen lange Gletscherzungen aus (»Keesberge«). Trotz des starken Gletscherrückgangs in den letzten 50 Jahren reichen einige *Talgletscher* (z. B. Aletsch-Gletscher im Wallis) noch weit in die Täler hinab.
Alpiner *Stockwerkbau*, vor allem die kräftige Eintiefung des Talbereichs, glaziale Ausformung der Täler (U-Täler, Talstufen) und re-

zente Vergletscherung bilden zusammen die Voraussetzung für die Gewinnung hydroelektrischer Energie durch Druckspeicherkraftwerke. *Gletscher* und schneebedeckte Hochregionen stellen ausgiebige Wasserspeicher dar. Das Wasser kann während der sommerlichen Schmelze in die zu künstlichen Speicherbecken aufgestauten Hochtäler geleitet werden und steht während dieser Jahreszeit sowohl für Bewässerungszwecke in den trockenen inneralpinen Tälern (z. B. Wallis, Engadin, Vintschgau) als auch für die Gewinnung elektrischer Energie zur Verfügung. Während des Winters ist dagegen die Menge des verfügbaren Wassers knapp. Die künstlichen Speicherseen laufen leer.

Das Klima der Alpen ist ebenso wie das der Mittelgebirge ozeanisch gefärbt. Dies wird sichtbar an den hohen Niederschlägen, an kühlen Sommern und an Wintern, welche, wenn man die Höhenlage berücksichtigt, verhältnismäßig mild sind. Die *Maritimität* ist jedoch eingeschränkt. Die Winter sind zwar in weiten Teilen der Alpen sehr schneereich, vor allem in den Nord- und Südalpen, welche den niederschlagbringenden Strömungen aus NW und SW unmittelbar ausgesetzt sind. Die stärkeren Niederschläge fallen jedoch in der Regel im Sommer. Als Folge der sommerlichen Einstrahlung entwickelt sich über den weiten Höhenregionen eine kräftige Konvektion, welche nicht selten Gewitterniederschläge zur Folge hat. Von der Maritimität ausgenommen sind ferner die von Gebirgen umgebenen Talzüge und intramontanen Becken mit einem auffallend trockenen, sommerheißen und winterkalten Klima (Wallis, Engadin, Alpenrhein, Tiroler Inntal, südostalpine Becken). Die winterliche Kälte wird durch regelmäßig eintretende Temperaturinversionen herbeigeführt. Aber auch der gesamte Bereich der Zentralalpen ist weniger maritim beeinflußt als die Gebirgsteile im N und S. Es fällt weniger Niederschlag, die Temperaturen sind, vor allem im Sommer, merklich höher. Diese Erscheinung, von V. PASCHINGER als *Massenwirkungseffekt* beschrieben, geht auf die bereits erwähnte Aufheizung der Höhenregionen zurück. Je weiter die Regionen eines Gebirges in große Höhen hinaufreichen, desto stärker äußert sich die sommerliche Temperaturerhöhung (Abschwächung des negativen vertikalen Temperaturgradienten). Infolge der thermischen Begünstigung der Zentralalpen sind die *Schneegrenze*, die Höhenzonen der Vegetation und deren Obergrenzen (Wald-, Baumgrenze) und die kulturgeographischen Grenzen gegenüber den nördlichen und südlichen Alpen um mehrere hundert Meter angehoben. Am Beispiel des Wallis kann dies am besten gezeigt werden. In seinen südlichen Nebentälern (Val d'Anniviers, Val d'Hérens) liegen Bergbauerndörfer, die ganzjährig bewohnt sind und in deren

Nähe Ackerbau betrieben wird, in rund 2000 m Höhe. Der Weinbau hat seine heutige Obergrenze bei 1100 m (Visperterminen). Das entspricht den höchsten Reblagen Südspaniens. Anbau von Aprikosen wird noch zwischen 1000 und 1100 m betrieben (Isérables). Zur thermischen Gunst der Täler in den Alpen trägt der Föhn bei, eine die Alpen querende Luftströmung, welche auf der Leeseite als warmer, trockener, oft recht heftiger Fallwind in Erscheinung tritt, während die Luvseite reichlich Niederschläge in der Form von Steigungsregen erhält. Der *Föhn* tritt vor allem im Spätherbst und im zeitigen Frühjahr auf. Er trägt zur Verlängerung der Vegetationsperiode in den Föhngebieten, den wichtigsten Quertälern der Alpen, bei und bewirkt ebenfalls eine, allerdings nur lokale Anhebung der Vegetationszonen und Anbaugrenzen (z. B. Weinbau im Alpenrheintal bis gegen 700 m). Die Alpennordseite wird stärker begünstigt als die Südseite, weil die Ausgangstemperatur der von S nach N wehenden Winde im allgemeinen höher liegt als bei umgekehrter Strömung.

Das nördliche Alpenvorland ist die im Tertiär entstandene *Vorlandsgeosynklinale* des Gebirges, in die der Abtragungsschutt, die Molasse, in Form von Schottern, Sanden, Mergeln und Tonen eingelagert wurde. Meeres- und Süßwasserbedeckung wechselten sich ab und hinterließen ihre Sedimente, ehe der Molassetrog im Jungtertiär landfest wurde. In jüngster Zeit wurde er zusammen mit dem Alpenkörper, allerdings viel schwächer, angehoben. Die ursprünglich vorhandene Abdachungsebene von den Alpen zum Mittelgebirge hin wurde mehr und mehr zerschnitten. Am Rand des Mittelgebirges ist als wichtigstes Entwässerungssystem die Donau mit ihren Nebenflüssen entstanden. Ganz im W wurden der Donau durch Rhône und Rhein eine Reihe von Quellflüssen entrissen. Wo die Molasse ursprünglich auch den S des Mittelgebirges bedeckte (Schwäb. Alb, Fränk. Jura, Böhm. Masse), haben die Donau und einige Nebenflüsse eine Folge von epigenetischen Durchbruchsstrecken angelegt, welche sich mit weiten Ausraumbecken in der Molasse abwechseln.

Das *Alpenvorland* hat, ebenso wie das mitteleuropäische Tiefland, die letzte und für die geoökologischen Verhältnisse entscheidende Formung durch die *pleistozäne Vergletscherung* erfahren. Aus den größeren Quertälern der Alpen sind Gletscherzungen ins Vorland vorgedrungen. Die Ausdehnung des ehemals vom Eis bedeckten Vorlandes wächst von der Enns im O bis zur Rhône im W. Zwischen Enns und Salzach liegen die glazialen Serien von vier Eiszeiten vor. Die Endmoränenbögen werden von außen (Günz) nach innen (Würm) immer jünger. Von der Salzach an gegen W streben die Endmoränen immer weiter auseinander, so daß Alt- und Jungmoränenland unterschieden

werden können. Bis zur Riß sind die Moränenbögen der Mindel-Kaltzeit die äußersten, westlich der Riß diejenigen der Riß-Kaltzeit. Das Altmoränenland weist durch Solifluktion gealterte, ausgeglichene Formen mit mächtigen Verwitterungshorizonten und stellenweise auch mit Lößbedeckung auf. Kennzeichen des *Jungmoränenlandes* ist das jugendliche Relief mit zahlreichen Seen und *Mooren*. Die Verwitterung ist noch nicht so stark fortgeschritten. Wo die Gletscher aus den Alpen ins Vorland übergetreten sind, sind Zungenbecken entstanden, deren zentrale Teile (Stammbecken) heute von Seen (Seen des Salzkammerguts, Chiemsee, oberbayrische Seen, Bodensee, Züricher, Thuner, Genfer See) erfüllt, deren periphere Zweigbecken dagegen inzwischen meistens verlandet sind. Diese Seen stellen wichtige Trinkwasservorräte für die weitere Umgebung dar. Vom Bodensee führen bereits zwei Fernleitungen bis in den mittleren Neckarraum. Das Umland der größeren *Alpenrandseen* zeichnet sich innerhalb des stark kontinentalen, aber in Alpennähe niederschlagsreichen Makroklimas des Alpenvorlandes durch besondere Gunst des Lokalklimas, vor allem durch das Fehlen von Spätfrösten im Frühjahr und von Frühfrösten im Herbst aus. Es erlaubt vom Bodensee an gegen W den Anbau empfindlicher Kulturen wie Wein, Frühgemüse, Obst und Hopfen. An die Endmoränenkränze, innerhalb derer wegen des bewegten Reliefs und des Niederschlagsreichtums von der Schweiz bis zum Salzkammergut die Grünlandwirtschaft dominiert, schließen sich fluvioglaziale Schotterflächen an. Die älteren (Prägünz, Günz, Mindel) tragen mächtige Verwitterungslehme. Jahrhundertelange Fichtenmonokultur hat den Podsolierungsprozeß gefördert. Die von *Löß* bedeckten Hochterrassen (Riß) sind gute Ackerstandorte, die Niederterrassen (Würm) sind dagegen von Sommertrockenheit bedroht, insbesondere wenn durch Flußregulierungen der Grundwasserspiegel abgesenkt worden ist (z. B. Iller). Die Schotterfelder werden von der Baustoffindustrie ausgebeutet. Dies bringt Gefahren für die in ihnen gespeicherten Grundwasservorräte mit sich. Die Ausdehnung des nicht von Gletschern und Gletscherschmelzwässern beeinflußten Tertiärhügellandes nimmt von W nach O zu. Östlich der Enns umfaßt es den gesamten Raum zwischen Böhmischer Masse und Alpen, da die Gletscher nicht mehr aus den Alpen herausgetreten sind.
Im S taucht der Alpenkörper ziemlich unvermittelt unter molasseähnliche tertiäre Sedimente des *Potieflandes* unter. Das Potiefland ist zugleich südliches Alpen- und nördliches Apennin-Vorland. Es ist ein erst seit dem Pliozän landfest gewordenes Meeresbecken, das durch die Sedimentation des Po von W nach O fortschreitend aufgefüllt worden ist (Po-Delta!). Die mit Geschiebe überladenen Flüsse erhöhen

laufend ihr Bett (Dammflüsse). Bei Hochwasser durchbrechen sie die natürlichen Uferdämme. Es kommt zu gefährlichen Überschwemmungen. Der auch bei Niedrigwasser höher als das Umland liegende Flußspiegel erlaubt einen umfangreichen Naßreisbau. Auch im Potiefland hat die alpine Vergletscherung gestaltend gewirkt. Die insubrischen Zungenbeckenseen sind von mächtigen Moränenamphitheatern umgeben, von denen Schotterfächer ins Vorland hinausziehen. Wo die Schotterbedeckung über dem liegenden Tertiär ausdünnt, häufen sich Grundwasseraustritte. Diese Zone trennt die alpennahe trockene von der alpenfernen feuchten Ebene.
Da das Potiefland im SW, W und N von Gebirge umgeben ist, besitzt es ein kontinental gefärbtes Klima (Beckenklima). Trotz der Nähe des Mittelmeers sind die Winter kühl. Regen fällt zu allen Jahreszeiten, das Niederschlagsmaximum liegt aber im Herbst. Ein zweites Maximum liegt im Juni. Aus den genannten klimatischen, aber auch aus morphologischen Gründen ist das Potiefland zu Mitteleuropa zu rechnen. Der insubrische Bereich, vor allem das Umland der Seen, zeichnet sich durch besonders günstige lokalklimatische Verhältnisse aus, z. B. durch Frostarmut, im Gegensatz zum Potiefland auch im Winter. Das Klima hat *submediterranen Charakter*, ist allerdings, vor allem im Spätsommer, sehr niederschlagsreich. Diese schmale Klimazone am Alpenrand hat eine eigenständige Vegetation entwickelt mit Kastanien und wärmeliebenden Eichenarten als Bestandsbildnern, mit ausgedehntem Weinbau, Feigen und Edelobstarten im Kulturland. Am Beispiel kleiner, vom Alpenkörper isolierter Bergländer kann gezeigt werden, daß der insubrische Klima- und Vegetationsgürtel den Charakter einer Höhenstufe zwischen dem Tieflandsbereich und der montanen Bergwaldstufe (mit Buchen u. a.) besitzt.

1.2.2.4.4 Karpatenraum, Dinarisches Gebirge und Balkan

Das Auseinanderstreben der Bergketten und die Zwischenschaltung von Senkenzonen sind für die *Ostalpen* kennzeichnend. Die Ausdehnung der Becken und Senken wächst vom Korneuburger über das Wiener zum Pannonischen Becken. So wird im südöstlichen Teil Mitteleuropas zwischen Nordkarpaten, Dinarischem Gebirge und Balkan die Verzahnung von alpinotypen Faltengebirgen und Einbruchsbekken, von Hoch- und Mittelgebirgsrelief mit Hügelland und flacher Aufschüttungsebene zum wichtigsten Merkmal der Oberflächengestaltung. Die Erklärung hierfür liegt im *tektonischen Bau*. Zwischen das Dinarische Gebirge, welches die Südalpen nach Südosten fortsetzt, und den weit nach N und O ausladenden Gebirgsbögen der Karpaten, die sich an Nord- und Zentralalpen anschließen, schiebt sich eine Reihe alter Massive. Das nördlichste, das Pannonische Massiv, ist größtenteils in der Tiefe versunken. Südlich der Donau treten die Massive als Zwischengebirge zwischen Balkan und Dinarischem Gebirge an die Oberfläche. Über das Rhodopen-Gebirge erlangen sie Anschluß an die Thrakische Masse und andere alte Schollen im ägäischen Raum.

Die *Karpaten* zeigen in ihren Teilbereichen unterschiedlichen Bau. Die Flyschzone, in Fortsetzung des Flysch-Wienerwalds, begleitet mit ihren kretazischen Kalken und Mergeln und ihren alttertiären Sandsteinen den Außensaum des Gebirges bis südlich von Kronstadt. Eine *Fortsetzung der Zentralalpen* führt über das Leithagebirge und die Kleinen Karpaten zur karpatischen Zentralzone, welche in der Hohen Tatra (2663 m) ihre größten Höhen erreicht. Mesozoische Sedimentgesteine und Kristallin stehen in enger tektonischer Verbindung. Die Zentralzone fehlt den nördlichen Ostkarpaten. Sie taucht erst südlich der Theiß wieder auf und bildet den Hauptteil der Südkarpaten. An die Zentralzone schließen sich im N das aus Metamorphiten aufgebaute Slowakische Erzgebirge und eine innere Vulkanzone an, welche den Innensaum des Gebirges bis südöstlich der Theiß begleitet.

Nur in der *Tatra*, in der Zentralzone der südlichen Ostkarpaten und in den Südkarpaten sind die Karpaten ein *Hochgebirge* mit glazialer Überformung mit Trogtälern, Karen, Seen und Moränen. In der Hohen Tatra tragen zahlreiche Karseen zur besonderen Schönheit der Landschaft bei. In allen übrigen Teilen herrscht der Mittelgebirgscharakter vor, der durch den Waldreichtum unterstrichen wird. Die obere Waldgrenze ist durch Almnutzung herabgedrückt. Sie liegt in den Westkarpaten bei 1600 m, in den Südkarpaten bei rund 1900 m. Die *Höhenzonierung* ähnelt der der Alpen. Da in den Tallagen das Klima aber bereits stark kontinental gefärbt ist mit kalten und trockenen Wintern und Julimitteln allgemein über 20 °C, dominieren bis in Höhen um 700 m die Eichen. In den höheren Lagen mit maritimerem Einschlag des Klimas herrschen dagegen die Buchen, im obersten Teil des Waldgürtels die Fichten vor. Die Winter sind relativ mild, aber schneereich. Da es nirgends im ganzen Karpatenbogen Gletscher und nur in der Hohen Tatra einige perennierende Schneeflecken gibt, schwankt das Wasserregime der Karpatenflüsse zwischen Hochwasser zur Zeit der Schneeschmelze im späten Frühjahr und weitgehender Austrocknung zu der Zeit der ziemlich beständigen Hochdrucklagen (Altweibersommer) im Herbst.

Das Dinarische Gebirge schließt an die Julischen Alpen an und erstreckt sich in südöstlicher Richtung bis Griechenland. Den drei geologischen Längszonen entsprechen drei Landschaftstypen. *Im Küstengebirge* Dalmatiens wechseln schroffe Kalkketten und Flyschmulden. Der Flysch ist teilweise ausgeräumt, so daß tektonische und geomorphologische Mulden übereinstimmen. Das Meer ist in dieses Relief eingedrungen und hat den Typus der Canali-Küste geschaffen. Mit steilem Anstieg erhebt sich im O über das Küstengebirge die hauptsächlich aus Kalken aufgebaute Hochkarstzone. Hoch herausgehobene Kalkketten ragen über tektonische Längssenken auf. Schluchtenartige Quertäler brechen zur Adria und zur Save durch. Im östlichen *Innerdinarischen Schiefergebirge* durchstoßen paläozoische kristalline Schiefer die jüngere Sedimentdecke. Dem Gesteinswechsel entspricht ein Wechsel der Oberflächenform zwischen weichen Bergrücken im Schiefer und schroffen Gebirgsformen im Kristallin. Jüngere *Vulkankegel* bereichern den Formenschatz. Das Gebirge taucht gegen N unter das tertiäre *Hügelland* am Rand des Pannonischen Bekkens unter, aus dem es mehrfach in kleinen Gebirgsstöcken wieder auftaucht. Im O berührt sich das Dinarische Schiefergebirge mit dem Golobinje-Gebirge, einer Fortsetzung der Südkarpaten südlich der Donau, an das sich mit östlicher Streichrichtung der bewaldete Kamm des Balkans anschließt.

Am Westrand des *Hochkarstes* liegt die Grenze zwischen dem Mittelmeerklima, das sich hier durch sehr hohe Niederschläge (bis über 4000 mm) auszeichnet, und dem bereits stark kontinentalen südosteuropäischen Klima. Die Hochflächen des Karstes sind im Winter rauh und schneereich. Ihre Kaltluft stößt als gefürchteter Fallwind (Bora) gelegentlich bis zur Adria vor. Der Wald ist weithin vernichtet, der Boden erodiert. Anbau ist nur in *Karsthohlformen*, in Dolinen, Uvalas und Poljen möglich, wo Bodenreste erhalten geblieben sind.

Das *Pannonische Becken* ist seit dem Jungtertiär eingesunken. Die Absenkung hat sich in verschiedenen Teilen bis ins jüngste Pleistozän fortgesetzt. Die Randverwerfungen werden von vulkanischen Erscheinungen begleitet. Aus der tertiären und quartären Beckenfüllung tauchen mehrfach Horste des Grundgebirges auf. Durch einen derartigen Mittelgebirgsrücken, den Bakony-Wald, wird die kleine (Kisalföld) von der großen *Ungarischen Tiefebene* (Alföld) getrennt. Ein besonderes Einbruchsbecken ist das Transsilvanische oder Siebenbürgische Becken, dessen marines Tertiär in ein weiches Hügelland zerschnitten ist. Weitere Hügelländer mit teilweise mächtiger *Lößbedeckung* sind auch entlang der Ostabdachung der Alpen und in Transdanubien, dem westlich der Donau gelegenen Teil des Alfölds, verbreitet. In der Ebene an Donau und Theiß sind dagegen *Flug-*

sanddecken verbreitet. Stellenweise ist der Sand zu Dünen aufgeweht.
Das pannonische *Klima* ist charakterisiert durch warme Sommer und kalte Winter. Die Niederschläge fallen vor allem im späten Frühjahr und im frühen Sommer. Ihre Jahressumme liegt zwischen 500 und 600 mm. In den Sommermonaten tritt ein Niederschlagsdefizit auf. Auf Löß und tertiären Mergeln sind *Steppenschwarzerden*, auf zeitweilig überschwemmten Flächen, vor allem östlich des Neusiedler Sees und in der Hortobágy-Puszta sind Salzböden (Szik) ausgebildet. Von Natur abflußlose Seen (z. B. Neusiedler See und benachbarte Salzseen) zeugen von der Aridität des Klimas. Die ursprüngliche lichte *Waldsteppe* wurde durch baumloses Weideland (Puszta) und in jüngster Zeit durch Ackerland ersetzt. Vor allem der tertiäre Untergrund und der Löß bieten optimale Bedingungen für anspruchsvollen Anbau. Wein-, Obst- und Gemüseanbau sind verbreitet.
Am Außenrand der Karpaten zieht sich in wechselnder Breite das *Karpatenvorland*, dem Alpenvorland vergleichbar, hin. Es handelt sich um ein junges, von molasseähnlichen Sedimenten erfülltes Senkungsgebiet. Das östliche Karpatenvorland leitet in der Moldauischen Platte in die ukrainische Steppentafel mit Lößbedeckung und stark *kontinentalem Klima* über. Im südlichen Karpatenvorland tauchen die tertiären Ablagerungen gegen S unter mehrere hundert Meter mächtige, von Löß überdeckte junge Schotterablagerungen der Donau und ihrer linken Seitenflüsse. Südlich der Donau steigt die Nordbulgarische Tafel zum Balkan hin an. Das Donautal ist gegen die südrumänische Ebene im N, die Nordbulgarische Tafel im S und gegen den Grundgebirgshorst der Dobrudscha im O durch steile Unterschneidungshänge abgesetzt. Mit einem rund 4000 km^2 großen, von Seen, Sümpfen, Schilfflächen und Dünen durchsetzten Delta mündet die Donau in das Schwarze Meer.

1.3 Bevölkerung und Völker

Die Bevölkerung und damit die menschliche Gesellschaft mit ihren technischen Möglichkeiten, Leitbildern und Verfassungsordnungen ist der *Geofaktor*, der am meisten zur Umgestaltung der europäischen Urlandschaft zur mittelalterlichen und schließlich zur modernen *Kulturlandschaft* beigetragen hat. Bevölkerung und Völker mußten auf die unterschiedlichsten Herausforderungen der Natur reagieren. Den Rahmen für diese Auseinandersetzung bildet die europäische Staatenwelt und Gesellschaftsordnung.

Beispielsweise ruft das *Klima* bestimmte Reize und Reaktionen bei den Menschen hervor. Ein Mensch, der bei einer durchschnittlichen Jahrestemperatur von 25 °C lebt, braucht in der Regel 7 % weniger Kalorien als ein Mensch, der in einem Milieu von einer Jahrestemperatur von 10 °C sein Auskommen finden muß. Ein erwachsener Mann mit einem Körpergewicht von 65 kg braucht etwa 15 % mehr Kalorien als ein anderer mit 50 kg Körpergewicht. Der mediterrane, der atlantische und der kontinentale Europäer mußten auf sehr differenzierte *Herausforderungen der Natur* eingestellt sein und sich danach einrichten. Der Anpassungsprozeß nimmt unterschiedliche, von der Gesellschaft getragene Formen an und erzeugt bestimmte »soziale Verhaltensräume«. Gleichwohl ist die gesellschaftliche Umwelt Europas vom gleichen geistigen Zuschnitt, der dazu beigetragen hat, daß Europa, gesondert von Asien, als eigener *Kulturerdteil* angesehen wird. Die Vielfalt der Landesnatur, die sich auch in der zonalen Anordnung der Landbaugebiete und in ihrer hypsometrischen Gliederung zeigt, entspricht der Vielzahl der Völker und Staaten. Die Basis ihrer Gemeinsamkeit sind das Band der indogermanischen Sprachen, die christlich geprägte Kultur und moderne geistige Strömungen, wie die Aufklärung.
Ein Charakteristikum des Europäers ist sein *Verhältnis zur Arbeit*, sowohl die Vorbereitung auf die produktive Tätigkeit durch ein System der Bildung und Ausbildung, wie auch das sparsame Haushalten für die Gewinnung von Rücklagen. Das Erblühen der Industrie in Westeuropa wäre ohne die vorher zuwege gebrachte Akkumulation von *Kapital* nicht möglich gewesen. Eine weitere Komponente ist die *»Wahrnehmung«* (perception) der sozialen Umwelt und der globalen Dimensionen durch den europäischen Menschen. Zum »eurozentrischen« Denken gehört auch die Wahrnehmung der »schwarzen«, »braunen« und »gelben« Erdteile, also die Einschätzung der sogenannten »Dritten Welt«. Die Überwindung nationaler und »europäischer« *Vorurteile* gegenüber den Menschen aus weniger entwickelten Ländern ist nicht nur eine Aufgabe der politischen, sondern auch der geographischen Bildung und Erziehung.

1.3.1 Bevölkerungsentwicklung, Bevölkerungsmenge, Bevölkerungsdichte

Bei einem *Bevölkerungsstand* von 775 Mio. Menschen (1986) ist Europa mit der gesamten Sowjetunion heute von 15,6 % der Weltbevölkerung bewohnt. 1900 lebten im gleichen Raum noch 26,8 % der Weltbevölkerung und im Jahre 2000 werden es voraussichtlich nur noch 13,5 % sein. Während von 1750 bis 1850 die Weltbevölkerung um 57 % zugenommen hat, stieg die Bevölkerung Europas um 90 % an, und das trotz massenhafter Auswanderungen von Europäern nach Übersee. Die Nachkommenschaft der um 1650 in Europa lebenden Menschen dürfte sich, die überseeischen Europäer eingerechnet, bis in die Gegenwart verachtfacht haben.

Tab. 1: Bevölkerung Europas mit Rußland bzw. der Sowjetunion 1900–2000 (in Mio.)

	1900		1930		1950		1970		2000	
	abs.	v. H	abs.	v. H.	abs.	v. H.	abs.	v. H.	abs.	v. H
Europa	309	19,2	355	17,2	392	15,6	460	12,5	521	8,5
Sowjetunion[1)]	122	7,6	179	8,6	180	7,2	244	6,6	311	5,0
Welt (100%)	1610		2070		2514		3677		6156	

[1)] 1900 Russisches Reich
Nach: LEIB/MERTINS 1988, S. 31

Tab. 2: Bevölkerung Europas und seiner Teile 1500–1700 (in Mio.)

	Um 1500	Um 1600	Um 1700	Wachstum 1500–1700 (1500=100)
Spanien und Portugal	9,3	11,3	10,0	107,5
Italien	10,5	13,3	13,3	126,7
Frankreich (mit Lothringen u. Savoyen)	16,4	18,5	20,0	122,0
Benelux-Länder	1,9	2,9	3,4	178,9
Britische Inseln	4,4	6,8	9,3	211,6
Skandinavische Länder	1,4	2,4	2,8	200,0
Deutschland	12,0	15,0	15,0	125,0
Schweiz	0,8	1,0	1,2	150,0
Donauländer	5,5	7,0	8,8	160,0
Polen	3,5	5,0	6,0	171,4
Rußland	9,0	13,5	17,5	194,4
Balkan	7,0	8,0	8,0	114,3
Insgesamt	81,8	104,7	115,3	141,0

Quelle: Nach C. M. CIPOLLA (Hrsg.), The Fontana Economic History of Europe, Bd. 2, 1974, S. 38

Tab. 3: Bevölkerung Europas und seiner Teile 1800–1910 (in Mio.)

	1800	1850	1900	1910	Wachstum 1800–1900 (1800=100)
Dänemark	0,9	1,6	2,6	2,9	288,9
Finnland	1,0	1,6	2,7	3,1	270,0
Norwegen	0,9	1,5[1]	2,2	2,4	244,4
Schweden	2,3	3,5	5,1	5,5	221,7
Belgien	3,0	4,3[2]	6,7	7,4	223,3
Holland	2,2	3,1	5,1	5,9	231,8
Großbritannien	10,9	20,9	36,9	40,8	338,5
Irland	5,0	6,6	4,5	4,4	90,0
Frankreich	26,9	36,5	40,7	41,5	151,3
Spanien	11,5	15,5[3]	18,6	19,9	161,7
Portugal	3,1	4,2[4]	5,4	6,0	174,2
Italien	18,1	23,9	33,9	36,2	187,3
Schweiz	1,8	2,4	3,3	3,8	183,3
Deutschland	24,5	31,7	50,6	58,5	206,6
Österreich-Ungarn	23,3	31,3	47,0	51,3	201,7
Bulgarien			3,7	4,3	
Rußland			59	112[6]	

[1] 1855 [2] 1845 [3] 1857 [4] 1867 [5] 1858 [6] 1897
Quelle: Nach C. M. CIPOLLA (Hrsg.), The Fontana Economic History of Europe, Bd. 3, 1973, S. 29

Im europäischen Raum haben im Laufe der Geschichte zwei *»Bevölkerungsexplosionen«* stattgefunden: die erste im Neolithikum, die andere in der Neuzeit. Beide bildeten eine Herausforderung, die das Verhältnis der Menschen zu ihrer Umwelt *revolutionär* verändert haben. Dabei nimmt sich die erste, jungsteinzeitliche Bevölkerungsexplosion vergleichsweise bescheiden aus. Solange die zwischen- und nacheiszeitliche Bevölkerung noch aus Jägern und Sammlern bestand, reichte ein Quadratkilometer Land nicht aus, die Bedürfnisse eines Menschen zu befriedigen. Das änderte sich erst, als der neolithische Mensch gelernt hatte, Ackerbau zu betreiben, Tiere zu domestizieren, Wälder zu roden und feste Siedlungen anzulegen. Die Schätzungen über den damaligen Bevölkerungsanstieg bleiben vage; beispielsweise rechnet man für das bronzezeitliche England mit 50000 Menschen. Ebenso gibt es für die mittelalterliche Bevölkerungsentwicklung keine exakten Quellen, sondern nur Schätzungen, die teilweise weit auseinandergehen. Das *demographische Interesse* in Europa erwachte erst in der Neuzeit, als im 18. Jh. die absolutistischen Landesherren – beginnend mit der Habsburger Monarchie 1695 – die ersten Zählungen

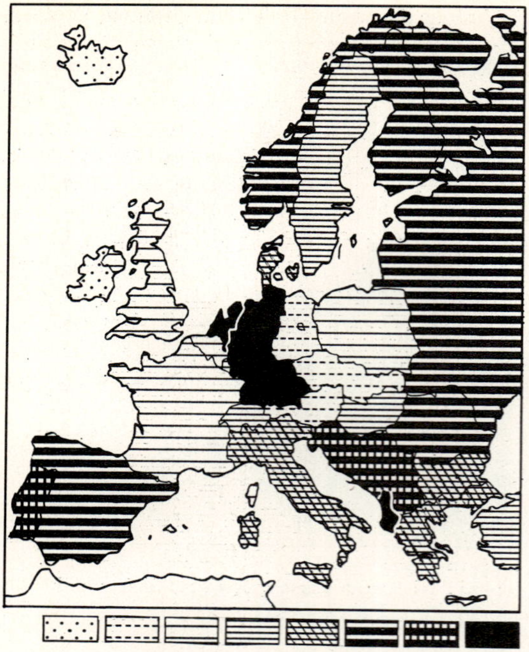

Abb. 3: Bevölkerungswachstum 1920–1970. Index 1920 = 100 (nach C. M. CIPOLLA)

durchführen ließen. In diesem Jahrhundert nehmen die meisten europäischen Staaten alle zehn Jahre eine Volkszählung vor.

Die *natürliche Bevölkerungsentwicklung* wurde immer wieder gehemmt durch katastrophale Seuchen. Die agrarische Gesellschaft des Mittelalters war noch nicht in der Lage, durch Hygiene und medizinische Maßnahmen ihre Lebensumwelt zu kontrollieren. 542 breitete sich eine Pestepidemie aus, die bis in das 7. Jh. andauerte und besonders Südeuropa betraf. Von 500 bis 650 ging die Bevölkerung Südeuropas von 13 Mio. auf 9 Mio. zurück und erreichte im Jahre 1000 wieder einen Stand von 17 Mio. Die verheerendste *Pestepidemie* erlebte Europa in den Jahren von 1347 bis 1351, wodurch die Bevölkerung in vielen Landstrichen teilweise um mehr als die Hälfte dezimiert wurde. Schon die erste Pestwelle raffte ein Viertel der Bevölkerung hinweg, die folgende 1385 noch einmal 20%. Der Tiefpunkt war zwischen 1400

und 1460 erreicht. Von da an nahm die Bevölkerung ständig zu, wenn auch mit unterschiedlichen Wachstumsraten in den einzelnen Teillandschaften Europas. Weitere Pestepidemien, die 1617 und 1667 Mitteleuropa heimsuchten, konnten rascher überwunden werden; doch war in Deutschland um 1700 noch der gleiche Bevölkerungsstand wie um 1600 anzutreffen, nämlich 15 Mio. Von der Jahrhundertwende an, besonders aber seit 1750, wuchs die Bevölkerung in Europa stürmisch an und erreichte am Vorabend des Ersten Weltkrieges 450 Mio. Das *Bevölkerungswachstum* geht einher mit sinkender Sterblichkeit, vor allem einem gravierenden Rückgang der Kindersterblichkeit, und damit einer höheren Lebenserwartung. Die Veränderung der Lebensverhältnisse ist Ursache und Folge der Industriellen Revolution.
Im agrarisch geprägten frühneuzeitlichen Europa waren *Bevölkerungsdichten* von über 100 Einw./km² selten; die Bevölkerungsdichte

Tab. 4: Ausgewählte Strukturdaten europäischer Länder

	BSP pro Kopf 1985 in US-$	**BSP-Zuwachs in % ∅ aus 1973–1985**	**Terms of Trade 1984 (1980 = 100)**
Albanien	535[1]	4,2[1]	·
Belgien	8450	1,4	94
Bulgarien	4500[1]	4,0[2]	·
Dänemark	11240	1,3	99
BR Deutschland	10940	2,1	96
DDR	8600[1]	4,4	·
Finnland	10870	2,4	102
Frankreich	9550	1,6	100
Griechenland	3350	1,4	97
Großbritannien	8390	1,1	99
Irland	4840	1,3	104
Italien	6520	1,6	96
Jugoslawien	2070	2,7	110
Niederlande	9180	6,2	102
Norwegen	13890	3,1	117
Österreich	9150	2,5	101
Polen	2120	4,2[3]	98
Portugal	1970	1,1	·
Rumänien	2400	2,6[2]	·
Schweden	11890	1,0	103
Schweiz	16380	1,0	106
Spanien	4360	0,5	92[1]
Tschechoslowakei	5970	0,0[2]	96[1]
Ungarn	1940	4,0	93

[1] ältere Daten [2] nur 1982 [3] nur 1984/85
Quelle: Der Fischer Weltalmanach 1988

Frankreichs lag beispielsweise zwischen 35 und 45 Einw./km^2. Nur in Südeuropa, wie in der Lombardei und auf der Insel Malta, kamen schon höhere Dichtegrade vor. Mit der ungleichen Bevölkerungsentwicklung in den einzelnen Regionen Europas verschieben sich auch die Dichtezentren nach England, in die Niederlande und nach Belgien. Osteuropa und die Donauländer stehen dagegen zurück und holen erst in der Zwischenkriegszeit auf.

1.3.2 Die natürliche Bevölkerungsbewegung

Zwischen der agrarischen Gesellschaft des Mittelalters, der Industriegesellschaft des 19. Jh. und der Dienstleistungsgesellschaft der Gegenwart bestehen große Unterschiede in der *Lebenserwartung*, im *Altersaufbau* und in der *Geburten- und Sterbequote*. Aber alle Zeiten haben einige Merkmale gemeinsam: Bei der Geburt kommen 105 Knaben auf 100 Mädchen, die meisten Kinder werden (im weitesten Sinne) von verheirateten Frauen geboren, nur wenige Menschen werden über 100 Jahre alt, und Städte haben gewöhnlich einen Frauenüberschuß.

Die *Lebenserwartung* war im Mittelalter sehr gering; unbeschadet der Tatsache, daß Menschen, die das 50. Lebensjahr überschritten hatten, nicht selten über 80 Jahre alt wurden. Infolge der hohen Kindersterblichkeit betrug die Lebenserwartung nicht mehr als 30 Jahre, hatte aber ein Kind erst das 7. Lebensjahr erreicht, dann stieg die Lebenserwartung merklich an. Da ein so großer Teil der Bevölkerung schon vor dem zeugungs- und gebärfähigen Alter starb, mußten die Ehen sehr fruchtbar sein, um den Bevölkerungsstand zu erhalten. Jede Frau hatte im Durchschnitt 4 bis 5 Lebendgeburten bzw. wurde sie im fruchtbaren Alter alle 2 bis 3 Jahre schwanger. Durch das Kindbettfieber war die Sterblichkeit der Frauen zwischen 20 und 40 so hoch, daß viele Männer im Laufe ihres Lebens mehrmals verheiratet waren. Das Einhergehen von hohen Geburtenraten mit hohen Sterberaten erklärt das langsame Bevölkerungswachstum. Neben der Pest wüteten noch andere Krankheiten wie die Tuberkulose *(weiße Pest)*, welche die Menschen gerade in ihrem produktivsten Alter dahinraffte, die Pokken, die Amöbenruhr *(disenteria)* und die Malaria, deren Verbreitungsgrenze in den wärmeren Klimaperioden weiter nach N reichte. Selbst die Folgen von vergleichsweise harmlosen Arbeitsunfällen konnten noch nicht auskuriert werden, so daß sie zum Tode oder zu lebenslangem Siechtum führten. Die Männersterblichkeit gerade im

Tab. 5: Bevölkerung europäischer Länder 1920–1985 (in Mio.)

	1920	1940	1960	1980	1985	Einw./km² 1985
BR Deutschland	37,6	43,5	55,3	61,5	61,0	245
DDR	14,3	16,8	17,9	16,7	16,7	154
Österreich	6,5	6,7	7,1	7,5	7,5	90
Schweiz	3,9	4,2	5,4	6,3	6,4	156
Dänemark	3,2	3,8	4,6	5,1	5,1	119
Norwegen	2,6	2,9	3,6	4,0	4,1	13
Schweden	5,9	6,4	7,5	8,3	8,3	19
Finnland	3,1	3,7	4,3	4,7	4,9	14
Niederlande	6,8	8,8	11,5	14,1	14,4	353
Belgien	7,6	8,3	9,1	9,9	9,8	323
Frankreich	38,8	41,3	45,7	53,5	55,1	101
Großbritannien	43,7	48,2	52,7	55,9	56,4	231
Irland	3,1	2,9	2,8	3,4	3,5	50
Spanien	21,2	25,8	30,3	37,4	39,0	77
Portugal	6,0	7,7	8,8	9,9	10,0	109
Italien	37,0	43,3	49,6	57,0	57,1	190
Griechenland	5,1	7,4	8,3	9,7	9,9	75
Jugoslawien	12,4	16,4	18,4	22,3	23,2	91
Bulgarien	5,1	6,7	7,8	9,0	8,9	81
Rumänien	12,4	15,9	18,4	22,3	22,6	96
Ungarn	7,9	9,3	9,9	10,7	10,7	115
Tschechoslowakei	12,9	14,7	13,6	15,3	15,5	121
Polen	26,0	31,5	29,7	35,6	37,0	118

Quelle: Nach C. M. CIPOLLA (Hrsg.), The Fontana History of Europe, Bd. 5 (1), 1976, Stat. Jb. d. BR Deutschland. 1981, 1986

produktiven Alter läßt den angegebenen *Frauenüberschuß* noch höher werden. 10 bis 15 % der Mädchen heirateten nie, und von den anderen geht die Hälfte erst nach Vollendung des 25. Lebensjahres die Ehe ein. Dieses Phänomen, das auch als »europäisches Heiratsmodell« bezeichnet wird, ist in der Welt einzigartig und hat entsprechende demographische Folgen. Unverheiratete Tanten und verwitwete Großmütter waren kennzeichnend für die Familie der Agrargesellschaft.
Der Industriellen Revolution war ein *Bevölkerungsanstieg* vorausgegangen, der durch den Rückgang der Sterbeziffer eingeleitet wurde und dem erst später ein Rückgang der Geburtenziffern folgte. So kam es für einige Jahrzehnte zu einem gravierenden Geburtenüberschuß, der mit eine der Ursachen der Massenauswanderungen nach Übersee war. Folgende vier Stufen lassen sich nacheinander aufzeigen:

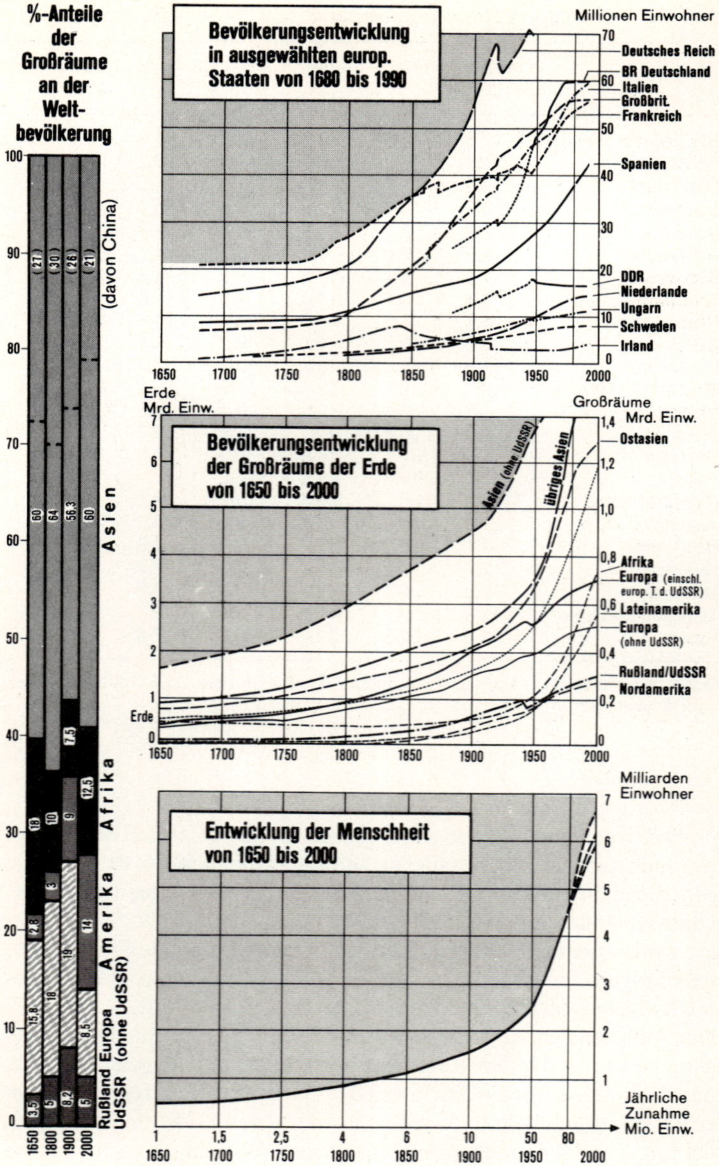

%-Anteile der Großräume an der Weltbevölkerung
(davon China)
Asien
Afrika
Amerika
Europa (ohne UdSSR)
Rußland UdSSR
1650
1800
1900
2000
Bevölkerungsentwicklung in ausgewählten europ. Staaten von 1680 bis 1990
Millionen Einwohner
Deutsches Reich
BR Deutschland
Italien
Großbrit.
Frankreich
Spanien
DDR
Niederlande
Ungarn
Schweden
Irland
Erde Mrd. Einw.
Großräume Mrd. Einw.
Bevölkerungsentwicklung der Großräume der Erde von 1650 bis 2000
Asien (ohne UdSSR)
übriges Asien
Ostasien
Afrika
Europa (einschl. europ. T. d. UdSSR)
Lateinamerika
Europa (ohne UdSSR)
Rußland/UdSSR
Nordamerika
Erde
Entwicklung der Menschheit von 1650 bis 2000
Milliarden Einwohner
Jährliche Zunahme Mio. Einw.

Tab. 6: Natürliche Bevölkerungsbewegung 1920–1985

	1920		1950		1980		1985	
	A	B	A	B	A	B	A	B
BR Deutschland	25,9	15,1	16,5	10,5	10,1	11,7	9,6	11,4
DDR			16,9	11,8	14,6	14,2	13,7	14,1
Österreich	21,3	18,1	15,6	12,4	12,4	12,3	11,5	11,8
Schweiz	20,9	14,4	18,1	10,1	11,9	9,2	11,6	9,1
Dänemark	25,4	13,3	18,7	9,2	11,2	10,9	10,6	11,4
Norwegen	26,1	12,8	19,1	9,1	12,5	10,0	12,4	10,6
Schweden	23,6	13,3	15,6	10,0	11,7	11,0	11,8	9,9
Finnland	25,3	15,9	24,5	10,1	13,1	9,4	12,8	9,8
Niederlande	28,3	12,0	22,3	7,5	12,8	8,1	12,3	8,5
Belgien	22,1	13,8	16,9	12,5	12,7	11,6	11,7	11,2
Frankreich	21,4	17,2	20,7	12,8	14,9	10,3	14,1	10,1
Großbritannien	25,5	12,4	15,9	11,7	13,5	11,8	13,3	11,9
Irland	21,6	14,7	21,3	12,7	21,9	9,7	17,5	9,0
Spanien	29,5	23,4	20,2	10,9	15,9	7,7	12,5	7,8
Portugal	33,7	23,7	24,4	12,2	16,3	9,4	14,2	9,6
Italien	31,8	18,7	19,5	9,8	11,2	9,7	10,1	9,7
Griechenland	–	–	20,0	7,1	15,5	9,1	11,7	9,3
Jugoslawien	36,7	20,9	30,2	13,0	17,0	9,0	15,9	9,1
Bulgarien	39,9	21,4	25,2	10,2	14,5	11,1	13,3	12,0
Rumänien	34,7	26,7	26,2	–	18,0	10,4	15,8	9,5
Ungarn	31,4	21,4	20,9	11,5	13,3	13,5	10,2	13,8
Tschechoslowakei	26,8	19,0	23,3	11,5	16,4	12,1	14,5	11,8
Polen	32,2	26,9	30,7	11,6	19,4	9,5	18,2	10,2

A = Geborene auf 1000 Einw.; B = Gestorbene auf 1000 Einw.
Quellen: C. M. CIPOLLA (Hrsg.), The Fontana Economic History of Europe, Bd. 5 (1), 1976, S. 31 und 41, und Statistisches Jahrbuch der Bundesrepublik Deutschland 1981 ff.

- hohe Geburten- und hohe Sterbeziffern,
- hohe Geburten- und sinkende Sterbeziffern,
- niedrige Geburten- und niedrige Sterbeziffern und
- niedrige Geburten- und mittlere Sterbeziffern.

In der Zwischenkriegszeit wurde in Europa die dritte und in der Zeit nach 1950 die vierte Stufe erreicht. Innerhalb der einzelnen Teile Europas gibt es dabei signifikante Unterschiede, welche mit den Innovationsbewegungen der Industrialisierung und der Urbanisierung einerseits und dem längeren Festhalten an traditionellen Lebensfor-

Abb. 4: Bevölkerungsentwicklung auf der Erde und in ausgewählten Teilräumen (Quelle: Der Fischer Weltalmanach 1985, Sp. 223 f.)

men andererseits zusammenhängen. In vielen Ländern der Dritten Welt wird jetzt gerade das Stadium der »zweiten Bevölkerungsexplosion« erreicht, die nicht ohne Konsequenzen für Europa bleiben wird. In einem engen Zusammenhang mit den natürlichen generativen Bedingungen steht auch die *Bevölkerungspolitik* der europäischen Länder: einerseits Geburtenkontrolle, andererseits Familienförderung und Anreiz für Kinderreichtum. Die Beschränkung der Kinderzahl scheint zunächst ein Spezifikum bestimmter sozialer Gruppen und Schichten gewesen zu sein. Beispielsweise wurde in den Anerbengebieten schon früh die Kinderzahl beschränkt, um den Hof für den Erben zu erhalten. Im 19. Jh. wurde in Frankreich der Geburtenrückgang so gravierend, daß in den achtziger Jahren bevölkerungspolitische Maßnahmen eingeleitet wurden, nachdem schon 1810 die Abtreibung unter Strafe gestellt worden war. Die »Ledigensteuer« in Deutschland (1930) und die nationalsozialistische Bevölkerungspolitik zielten darauf hin, den Kinderreichtum durch staatliche Maßnahmen zu fördern. In der Sowjetunion war nach der Revolution zunächst die Abtreibung freigegeben worden; einem erneuten Verbot (1936) folgte dann eine familienfreundliche Politik, die sich insgesamt durch ein starkes Anwachsen der Bevölkerung bemerkbar machte. Ehestandsdarlehen, Familienbeihilfe und Muttergeld gehören nicht nur in sozialistischen Ländern zu den festen Posten der Sozialpolitik. Auch die Einrichtung vieler sozialer Dienste für die berufstätigen Frauen und deren Kinder müssen vor dem bevölkerungspolitischen Hintergrund der drohenden generativen Verödung gesehen werden.

1.3.3 Geographische Mobilität

Das Bevölkerungsbild Europas ist nicht nur das Ergebnis einer langen natürlichen Bevölkerungsentwicklung, sondern auch in gleicher Weise die Folge großer *Wanderungsbewegungen*, die bis in die Gegenwart nicht abgerissen sind. Es gab Zeiten, in denen sich ganze Völker und Volksgruppen gleichzeitig in Bewegung setzten, was für die Abwanderungs- und Aufnahmegebiete schwere politische, ökonomische und sozial-psychologische Konsequenzen hatte. Sogenannte »natürliche« *Ursachen und Anlässe* wie Klimawandel, Bedrohung durch das Meer und Erschöpfung der Ressourcen waren nicht die einzigen; dazu kamen noch Übervölkerung, Wandel des Lebensstils sowie politische, religiöse und ökonomische Zwänge.

1.3.3.1 Historische Wanderungen und Staatskolonisation

Die großen *»Völkerwanderungen«* der Vorzeit und des Mittelalters entziehen sich jeder quantitativen Erfassung. Trotz ihres weltgeschichtlichen Gewichts werden selten mehr als 100000 Menschen gleichzeitig in Bewegung gewesen sein; beispielsweise nimmt man an, daß 429 ca. 80000 Vandalen nach Afrika übergesetzt wurden.
Bei den ersten indogermanischen Völkerwanderungen der Jonier, Achäer, Dorer, Thraker und Illyrer nach Südosteuropa, bei der Ausbreitung der Kelten über West- und Mitteleuropa und der Germanen über Nordeuropa, bei der Hellenisierung des Mittelmeerraums, der Expansion der Römer und der kämpferischen Ausbreitung des Islams waren die Zahlen insgesamt noch geringer als später bei der *Großen Völkerwanderung*, die um 350 n. Chr. einsetzte. Auch bei der Landnahme der Franken und Alemannen im westlichen Mitteleuropa, der Angeln und Sachsen in England, der Slawen im östlichen Mitteleuropa und Südosteuropa, der Awaren, Magyaren und Normannen waren die Zahlen, verglichen mit den modernen Völkerwanderungen (wie etwa dem Gastarbeiterzustrom in die Bundesrepublik Deutschland) immer noch bescheiden. Bei der mittelalterlichen *Ostkolonisation*, an der sich neben Deutschen auch Flamen, Wallonen, Italiener, westeuropäische Juden usw. beteiligten, wanderten im 12. und 13. Jh. ca. 200000 Menschen nach O; das waren insgesamt nicht mehr als 2% der Bevölkerung Altdeutschlands, wenn auch ihre Nachkommenschaft in die Millionen geht. Neben der relativen Übervölkerung des W war auch die Gastbereitschaft des O ausschlaggebend für den Entschluß zum Zug nach dem O, der sich somit über einen größeren Zeitraum verteilte und, von Ausnahmen abgesehen, durchaus friedlich verlaufen ist. Wichtiger als die Bevölkerungsverschiebung war die Übernahme westlicher Kulturtechniken in Landwirtschaft, Bergbau und Handwerk, die Einführung neuer Rechtsbräuche und Verfassungsformen, vor allem im Stadtrecht und im Agrarrecht, die Herausbildung einer neuen Sozialstruktur und insgesamt die Vermischung von Deutschen und Slawen im Rahmen eines mitteleuropäisch geprägten Lebensstils.
Erst die Ansiedlungsmaßnahmen der absolutistischen Landesherren in der Neuzeit können als regelrechte *»Staatskolonisation«* angesehen werden. Das Siedlungswerk der preußischen Könige, das durch den Großen Kurfürsten eingeleitet wurde, richtete sich zunächst mehr gegen den eigenen Adel als gegen das benachbarte Polen. Als sich von 1713 bis 1740 die Einwohnerzahl Ostpreußens um 150000 auf 600000 erhöhte, waren auch Polen und Litauer zur Siedlung herangezogen

worden. Auch in den böhmischen Ländern und in Ungarn wurden durch die Habsburger mehr Deutsche angesiedelt, wobei konfessionelle Motive (Gegenreformation) eine größere Rolle spielten als nationale. Das österreichische Siedlungswerk gipfelte in der Wiederbesiedlung Südosteuropas nach dem Sieg über die Türken. Die Gründung der *Militärgrenze (confinium militare, confines militarum)*, schloß den Donauraum und die Balkanländer allmählich wieder an Mitteleuropa an. 1799 meldete die Militärgrenze, die den Status eines eigenen Kronlandes erhalten hatte, schon 825 000 Bewohner; neben Deutschen waren Magyaren, Slowaken, Serben, Kroaten, Bulgaren, ja sogar Franzosen und Italiener angesiedelt worden. In der Regierungszeit Maria Theresias und Josephs II. kamen weitere 85 000 Kolonisten an. In Rußland wurden die durch Tataren verwüsteten Gebiete wieder besiedelt. Hier wurden vielfach *Kosaken* eingesetzt. Unter der Zarin Katharina II. wurden in den Jahren nach 1762 deutsche Bauern in den Wolgaraum geholt, und in der zweiten Hälfte des 19. Jh. kamen 25 000 böhmische Kolonisten, meist Tschechen, nach Wolhynien. Auch auf der Iberischen Halbinsel hat es im Zuge der *Reconquista* staatskolonisatorische Wiederbesiedlungsakte gegeben, die sämtlich durch die Anlage sehr regelmäßiger Siedlungsformen gekennzeichnet sind.

1.3.3.2 Religiöse und politische Zwangswanderungen

Mit den Religionskriegen und der Gegenreformation entstand ein neuer, bisher in dieser Form unbekannter Typ der geographischen Migration, die *politisch-religiöse Zwangswanderung*. Zuerst wurden vorwiegend nicht-christliche Bevölkerungsgruppen betroffen, später hauptsächlich nicht-katholische und schließlich müssen weitere Gruppen aus nationalen oder politischen Gründen unfreiwillig ihre Heimat verlassen.
Aus der zweiten Hälfte des 15. Jh. wissen wir von *Judenvertreibungen* aus Bayern (1470) und aus Kastilien (1492). 1610 folgte die Vertreibung der Moriscos, jener Spanier, die sich dem Islam zugewendet hatten. Die spanischen Vertreibungsverluste werden zu jener Zeit auf 500 000 Menschen geschätzt, von denen sich viele in Griechenland (Saloniki) niederließen, wo es bis zum Zweiten Weltkrieg noch eine ansehnliche Kolonie spanischer Juden *(Sephardin)* gegeben hat.
Nach der Reformation kam es in vielen Teilen Mittel- und Westeuropas zur Vertreibung von *Protestanten* aus Territorien, die weiterhin dem katholischen Glauben anhingen oder im Zuge der Gegenrefor-

mation wieder zu ihm zurückkehrten. Das bekannteste Ereignis ist die Vertreibung von 250000 bis 300000 Protestanten (Hugenotten, Waldenser) aus Frankreich nach der Aufhebung des Ediktes von Nantes (1685). Viele von ihnen wendeten sich nach Deutschland und England, wo sie im Zuge der merkantilistischen *Peuplierungspolitik* eine neue Heimat erhielten und durch ihren Gewerbefleiß große wirtschaftliche Bedeutung und gesellschaftliches Ansehen erlangten. Weitere große Gruppen von Glaubensflüchtlingen und Vertriebenen kamen aus den Niederlanden, der Schweiz und den Habsburgischen Ländern. In Franken hielten sich in der Mitte des 17. Jh. allein 150000 aus Österreich vertriebene Protestanten auf. Aus den böhmischen Ländern wurden nach der Schlacht am Weißen Berg (1621) ebenfalls 150000 Protestanten, Tschechen ebenso wie Deutsche, vertrieben, die sich anschließend meist in Sachsen und in der preußischen Provinz Brandenburg niederließen. Im Winter 1731/1732 wurden noch 20000 Protestanten aus Salzburg vertrieben, von denen sich die meisten nach Ostpreußen wendeten, wo sie vom preußischen König als willkommene Siedler empfangen wurden.
Die *politischen Zwangswanderungen* des 20. Jh. begannen mit dem Balkankrieg (1912/1913), als durch den Vertrag von Adrianopel 44800 Bulgaren gegen 48600 Türken ausgetauscht wurden, eine Zwangsverpflanzung, die keineswegs freiwillig vonstatten ging und bis heute – denken wir an die Segregation von Griechen und Türken auf der Mittelmeerinsel Cypern – noch nicht abgeschlossen ist. Damit begann die moderne »Völkerwanderung« in Europa, die so unvorstellbar große Menschenmassen in Bewegung gesetzt hat, wie es im Verlauf der europäischen Geschichte noch nie der Fall gewesen ist.
Von 1912 bis 1939 wurden über 12,6 Mio., im viel kürzeren Zeitraum von 1939 bis 1944 fast ebenso viele und in den drei Jahren von Ende 1944 bis 1947 nahezu 30 Mio. Europäer betroffen. Quantitativ am stärksten waren Deutsche, Polen und Russen beteiligt, doch darf nicht vergessen werden, daß bei einer relativen Betrachtung kleinere Volksgruppen, wie etwa die baltischen Völker, einen viel größeren Anteil ihrer demographischen Substanz verloren. Die folgenden Zahlen sind keineswegs zuverlässig, da es für manche Wanderungsereignisse stark voneinander abweichende Angaben gibt, zu deren Korrektur eindeutige Quellen fehlen. Deshalb sind auch die *Vertreibungsbilanzen* und die Zuwanderungsbilanzen der Aufnahmeländer nicht miteinander in Einklang zu bringen. Viele Menschen kamen auf der Flucht um, und andere wie die Juden wurden planmäßig in die physische Vernichtung getrieben. Grob geschätzt hat der Erste Weltkrieg 10 Mio. und der Zweite Weltkrieg 50 Mio. *Todesopfer* gefordert. Viele Menschen wur-

den mehrmals zwangsumgesiedelt, andere Gruppen zerstreuten sich außerhalb Europas, und wieder andere Bevölkerungsgruppen wurden auch wieder zurückgesiedelt oder kehrten, sobald es die Verhältnisse zuließen, in die Heimat zurück. Eine unbekannte Größe sind auch die Zwangsarbeiter, welche in der Kriegswirtschaft verwendet wurden, und die Familien, die wegen der Gefahr der Luftangriffe aus den Großstädten, teilweise über große Distanzen, evakuiert worden sind.
Unsere Sprache beschreibt diese Wanderungsbewegungen, bei denen sich nicht immer zwischen freiwilliger Flucht und gewaltsamer Verdrängung unterscheiden läßt, mit einem ganzen Arsenal von Worten: Vertreibung, Austreibung, Verschleppung, Deportation, Umsiedlung, Zusammenführung, vertragsmäßiger Austausch, Rückwanderung, Rückführung, Zuwanderung mit staatlicher Unterstützung, staatliche Ansiedlung – der technokratische Oberbegriff *»Transfer«* wird der verwirrenden Vielfalt der Schicksale kaum gerecht.
Besser als ein fortlaufender Text oder eine unübersichtliche kartographische Darstellung veranschaulicht die folgende Liste (nach G. RHODE, 1951 abgeändert, ergänzt, kleinere Gruppen vernachlässigt) die meist unfreiwilligen Gruppenwanderungen dieses Jahrhunderts:

44800	Bulgaren 1912/1913 von der Türkei nach Bulgarien *vertragsmäßig ausgetauscht*
48600	Türken 1912/1913 von Bulgarien in die Türkei *vertragsmäßig ausgetauscht*
900000	Russen 1917 bis 1922 von der Sowjetunion nach Mittel- und Westeuropa *geflohen*
1100000	Polen, Letten, Esten, Litauer, Wolhynien-Deutsche 1918 bis 1922 von der Sowjetunion nach Polen, Lettland, Estland und Litauen *zurückgekehrt*
125000	Armenier 1918 bis 1923 von der Türkei in verschiedene europäische Länder und die USA *geflohen und verdrängt*
700000	Deutsche 1919 bis 1923 aus Posen und Westpreußen in das Deutsche Reich *geflohen und verdrängt*
900000	Polen 1919 bis 1923 von Mittelpolen und Galizien nach Posen und Westpreußen *auf staatlichen Wunsch eingewandert*
130000	Deutsche 1919 bis 1923 von Elsaß-Lothringen in das Deutsche Reich *geflohen und verdrängt bzw. ausgewiesen*
50000	Franzosen 1919 bis 1922 von Frankreich nach Elsaß-Lothringen *auf staatlichen Wunsch eingewandert*
300000	Deutsche 1919 bis 1923 von den deutschen Kolonien und dem europäischen Ausland in das Deutsche Reich *verdrängt*
400000	Ungarn 1919 bis 1923 von Siebenbürgen, Kroatien, Bosnien, der Slowakei und Dalmatien nach Ungarn *geflohen, verdrängt und ausgewiesen*

250 000	Rumänen 1919 bis 1923 aus der Moldau und der Walachei nach Siebenbürgen *auf staatlichen Wunsch eingewandert*
250 000	Bulgaren 1919 bis 1923 von Griechenland, der Türkei und dem jugoslawischen Teil Mazedoniens nach Ostbulgarien *vertragsgemäß umgesiedelt*
1 450 000	Griechen 1923 von Bulgarien und der Türkei nach Griechenland *geflohen, verdrängt und ausgetauscht*
480 000	Türken 1923 bis 1939 von Griechenland und Bulgarien in die Türkei *ausgetauscht*
5 000 000	Russen, Ukrainer und Weißruthenen 1926 bis 1939 von den europäischen Teilen der Sowjetunion nach Sibirien, in den Fernen Osten und Zentralasien *zwangsumgesiedelt und verschleppt*
225 000	Juden 1933 bis 1939 aus dem Deutschen Reich in andere europäische Länder, die USA und Palästina *verdrängt und geflohen*
150 000	Juden 1938/1939 aus Österreich, Böhmen und Mähren in andere europäische Länder, die USA und Palästina *geflohen und verdrängt*
150 000	Spanier 1938/1939 aus Spanien nach Frankreich *geflohen*
630 000	Tschechen 1938 bis 1940 aus dem Sudetengau und der Slowakei nach Böhmen und Mähren *verdrängt und ausgewiesen*
136 400	Deutsche 1939 aus Wolhynien und Ostgalizien nach Westpreußen und in den Warthegau *vertragsmäßig umgesiedelt*
400 000	Finnen 1939/1940 von Karelien nach Finnland *geflohen und zwangsumgesiedelt*
129 000	Deutsche 1939 bis 1941 aus Estland, Lettland und Litauen in das Deutsche Reich, Westpreußen und den Warthegau *umgesiedelt*
56 300	Russen, Ukrainer, Weißruthenen und Litauer 1939 bis 1941 aus Ostpolen und dem Memelland in die Sowjetunion *umgesiedelt*
2 000 000	Russen und Ukrainer 1939 bis 1941 aus der Sowjetunion in Ostpolen *angesiedelt*
2 000 000	Polen 1939 bis 1941 aus Ostpolen in die Sowjetunion, besonders nach Sibirien *zwangsumgesiedelt und verschleppt*
1 200 000	Polen 1939 bis 1941 aus Westpreußen und dem Warthegau in das Generalgouvernement *zwangsumgesiedelt und vertrieben*
300 000	Juden 1939 bis 1941 aus dem Warthegau in das Generalgouvernement *vertrieben und verschleppt*
55 000	Ungarn 1939 bis 1942 aus der Bukowina, Serbien, Moldau, Bessarabien und Kroatien nach Ungarn *ausgetauscht und rückgeführt*
80 000	Deutsche 1939 bis 1944 von Südtirol ins Deutsche Reich *umgesiedelt*
93 500	Deutsche 1940 aus Bessarabien in den Warthegau *umgesiedelt*
145 400	Deutsche 1940 bis 1942 aus der Bukowina, der Dobrudscha, Gottschee, Kroatien und Serbien in das Deutsche Reich, den Warthegau und Ostoberschlesien *umgesiedelt*
160 000	Ungarn 1940 von Südsiebenbürgen nach Nordsiebenbürgen *ausgetauscht*
180 000	Esten, Letten und Litauer 1940/1941 aus Estland, Lettland und Litauen in die Sowjetunion *zwangsumgesiedelt und verschleppt*

400000	Russen 1940/1941 aus der Sowjetunion nach Karelien *umgesiedelt*
61000	Bulgaren 1940 von der Norddobrudscha in die Süddobrudscha *ausgetauscht*
100000	Franzosen 1940/1941 aus Elsaß-Lothringen nach Frankreich *geflohen und verdrängt*
400000	Russen 1941/1942 aus Karelien in die Sowjetunion *vertrieben und ausgewiesen*
265000	Finnen 1941–1943 von Finnland nach Karelien *zurückgekehrt*
70000	Kroaten 1941 von Serbien nach Kroatien *rückgeführt*
1500000	Juden 1941 bis 1944 aus dem Deutschen Reich, den Niederlanden, Belgien, der Slowakei, Ungarn und Frankreich in das Generalgouvernement *verschleppt und größtenteils ermordet*
90000	Griechen 1942 aus Westthrazien nach Griechenland *geflohen und verdrängt*
122000	Bulgaren 1942/1943 aus Bulgarien nach Ostmazedonien und Westthrazien *umgesiedelt*
50000	Deutsche 1944 aus Nordsiebenbürgen nach Österreich *umgesiedelt*
250000	Finnen 1944 von Karelien nach Finnland *geflohen und vertrieben*
400000	Russen 1944/1945 aus der Sowjetunion nach Karelien *umgesiedelt*
9000000	Deutsche 1944/1946 aus Polen, dem Freistaat Danzig und den deutschen Ostgebieten nach Mittel- und Westdeutschland *evakuiert, geflohen, vertrieben und umgesiedelt*
3000000	Deutsche 1945/1946 aus der Tschechoslowakei nach Mittel- und Westdeutschland und Österreich *vertrieben*
525000	Deutsche aus Südosteuropa nach Österreich und Westdeutschland *geflohen, verdrängt, ausgewiesen und vertrieben*
600000	Esten, Letten und Litauer 1944 bis 1946 aus Estland, Lettland und Litauen nach Westdeutschland, Nordamerika und in die Sowjetunion *geflohen und verschleppt*
1260000	Ukrainer und Weißrussen 1945/1946 aus Polen und der Ukraine in die Sowjetunion *zwangsumgesiedelt und verschleppt*
1500000	Polen 1945/1946 aus Ostpolen in die deutschen Ostgebiete *verdrängt und umgesiedelt*
200000	Polen 1945 bis 1947 aus Westeuropa nach Polen *repatriiert*
3000000	Polen 1945 bis 1948 aus Innerpolen in den deutschen Ostgebieten *angesiedelt*
1800000	Tschechen und Slowaken 1945/1946 aus Böhmen, Mähren und der Slowakei in die sudetendeutschen Grenzgebiete *auf staatlichen Wunsch eingewandert*
63000	Tschechen 1945/46 aus Wolhynien und Rumänien in die Tschechoslowakei *umgesiedelt*
100000	Slowaken 1945 von Ungarn in die Slowakei *ausgetauscht*
100000	Ungarn 1945 von der Slowakei nach Ungarn *ausgetauscht*

200000	Deutsche 1945 bis 1947 aus dem Saarland, Elsaß-Lothringen und Luxemburg nach Westdeutschland *verdrängt, geflohen und ausgewiesen*
140000	Italiener 1946/1947 von Istrien nach Italien *vertrieben*
443000	Deutsche 1945/1951 von Österreich nach Westdeutschland *ausgewiesen*
250000	Türken 1950 bis 1952 aus Bulgarien nach Griechenland *ausgewiesen und umgesiedelt*
3200000	Deutsche 1945 bis 1961 aus der DDR in die Bundesrepublik Deutschland *geflohen*
150000	Ungarn 1956 von Ungarn nach Österreich und in andere Länder sowie nach Übersee *geflohen und ausgewandert*
40000	(?) Tschechen und Slowaken 1968 aus der Tschechoslowakei nach Österreich, in die Bundesrepublik und in andere Länder *geflohen*
1800000	deutschstämmige Spätaussiedler aus Ostmitteleuropa, Südosteuropa und der Sowjetunion und Übersiedler aus der DDR in die Bundesrepublik Deutschland seit 1961 *eingewandert*
ca. 950000	Asylbewerber aus Krisenländern in verschiedene westeuropäische Staaten seit 1970 *geflohen*

Klarer ist die Bilanzierung, wenn man die *Wanderungsstatistik* der Aufnahmeländer zugrunde legt. Beispielsweise sind in das Gebiet der späteren Bundesrepublik Deutschland in den Jahren 1945 bis 1947 ca. 12 Mio. Vertriebene und Flüchtlinge gekommen, nicht gerechnet die jetzt fast 1,4 Mio. Spätaussiedler, deren Zustrom noch anhält. In Schleswig-Holstein war im Jahre 1950 der Anteil der Vertriebenen auf 38,2 % der Bevölkerung angewachsen, während andererseits der Anteil in Rheinland-Pfalz, wo die französische Militärregierung die Aufnahme verweigert hatte, nur 6,6 % betrug. So wurden in den Jahren 1949 bis 1961 noch einmal rund 1 Mio. Vertriebene innerhalb der Bundesrepublik umgesiedelt, und zwar hauptsächlich aus Schleswig-Holstein, Niedersachsen und Bayern in diejenigen Bundesländer, die damals noch Aufnahmekapazitäten hatten. Jeder fünfte Deutsche war einmal oder mehrmals umgesiedelt worden bzw. mußte aus irgendeinem Grund die Flucht ergreifen. Noch größer ist in Polen der Anteil der an den Zwangswanderungen beteiligten Bevölkerung gewesen, er liegt bei 24 % bei einer absoluten Beteiligung von 6,3 Mio.
Doch auch in anderen Ländern stellten sich *Flüchtlingsprobleme* ein. Die Entkolonialisierung der überseeischen Besitzungen nötigte viele Europäer und eine große Zahl von Eingeborenen zur Rückwanderung bzw. Flucht in die europäischen Mutterländer. Schon bei Kriegsende hatte Italien nahezu 300000 Rückwanderer aus Äthiopien, Somaliland, Eritrea, Libyen, dem Dodekanes und Albanien aufzunehmen. In die Niederlande kamen über 200000 Asiaten, besonders aus Indo-

nesien, darunter auch die rund 35000 neuerdings in den Blickpunkt der Weltöffentlichkeit getretenen Ambonesen. In Großbritannien hat die Zahl der Rück- und Zuwanderer aus Westindien, Indien, Pakistan und anderen Commonwealth-Ländern die Millionengrenze überschritten, ebenso in Frankreich die aus dem gleichen Grunde zugewanderten Franzosen aus Nordafrika, wie auch der Algerier und anderer fremdvölkischen Gruppen, die zumeist Moslems sind. In Portugal wurden bis 1 Mio. Rückwanderer und Flüchtlinge aus den selbständig gewordenen überseeischen Besitzungen erwartet, von denen ein großer Teil schon eingetroffen ist. Im südlichen Afrika stehen die Zeichen auf Sturm, man wird auch hier auf Repatrianten gefaßt sein müssen, namentlich in Westdeutschland.

Im Nachgang zu den Flucht- und Vertreibungsereignissen der Nachkriegszeit ergoß sich seit 1950 ein stetiger Strom von deutschstämmigen Spätaussiedlern in die Bundesrepublik Deutschland, die meisten aus Polen, Rumänien, der Sowjetunion und der Tschechoslowakei. Die Aussiedlerstatistik weist insgesamt 1,34 Mio. Wanderungsfälle aus; 1988 waren es nahezu 65000. Auch die Zahl der genehmigten Übersiedlungen aus der DDR ist durch die geänderte Verwaltungspraxis sprunghaft angestiegen, hält sich aber in vergleichsweise bescheidenen Grenzen.

Ein Problem, mit dem die Einwanderungsbehörden europäischer Staaten derzeit zu tun haben, sind die Asylbewerber aus anderen, zum Teil außereuropäischen Ländern, die hier aus politischen und wirtschaftlichen Gründen Zuflucht suchen. Gegen Ende der siebziger Jahre stieg die Zahl der Asylbewerber so stark an, daß verschiedene Staaten sich zu einer restriktiven Einwanderungspolitik entschlossen. Die meisten Immigranten kommen aus solchen Staaten und Regionen, wo bestimmte Bevölkerungsgruppen kollektiv aus politischen, religiösen, ethnischen oder anderen Gründen verfolgt oder mindestens wirtschaftlich benachteiligt werden. Es handelt sich um Länder wie Afghanistan, Pakistan, Sri Lanka, Libanon, die Türkei, Polen u. a. m. Dabei ist es schwierig, zwischen politisch Verfolgten und »Scheinasylanten« zu unterscheiden, die lediglich wirtschaftliche und soziale Vorteile anstreben. Auch wird befürchtet, unter die Antragsteller könnten sich Kriminelle mischen, die so der Bestrafung entgehen wollen.

Die Gesamtzahl der Asylbewerber ist wegen illegaler Praktiken unklar. Es wird nicht ausgeschlossen, daß sie 1 Mio. schon überschritten haben könnte. Relativ viele Flüchtlinge sind, bezogen auf die Gesamtbevölkerung, von der Schweiz, Schweden, Belgien, Frankreich, Österreich, Großbritannien und Norwegen aufgenommen worden. In

der Bundesrepublik Deutschland haben sich seit 1953 über eine halbe Million Menschen um Asyl beworben, doch nur jeder fünfte Antragsteller wurde als Flüchtling anerkannt.
Die Lage dieser Einwanderer ist von Land zu Land unterschiedlich, dies hängt nicht zuletzt auch von der Herkunft und den Umständen der Flucht ab. Viele von ihnen sind in Sammelunterkünften untergebracht, andere sind auf sich selbst gestellt und leiden soziale Not. Eine zu großzügige Einwanderungspolitik, die zweifellos human ist, könnte die schon entstandenen Probleme noch verschärfen. Dies ist besonders da der Fall, wo die Immigranten aus fremden Kulturkreisen kommen und wenig anpassungsfähig oder -willig sind. Verglichen mit den Nachkriegs-Zwangswanderungen ist die Belastung aber doch relativ gering geblieben, auch wenn sie da und dort pressewirksame Widerstandskampagnen hervorgerufen hat.

1.3.3.3 Ökonomisch bedingte Wanderungen, Arbeitsplatz- und Freizeitmobilität

Die ökonomisch bedingte Wanderung trägt zwar den Charakter der *Freiwilligkeit*, doch sind hier politische und gesellschaftliche Zwänge nicht ganz auszuschließen. Der wichtigste Grund besteht in der Verbesserung der wirtschaftlichen Verhältnisse, sei es, weil sich die Lebensbedingungen in der alten Heimat verschlechtert haben, sei es, weil in der neuen Heimat Wohlstand und Freiheit locken.
Schon der Prozeß der *Städtebildung* im Mittelalter war das Ergebnis von Wanderungsbewegungen, und dies um so mehr, als die Sterblichkeit in den Städten bis zum 19. Jh. größer war als auf dem Lande. *Stadtluft macht frei*, dieses Zauberwort zog viele Menschen aus der näheren und weiteren Umgebung in die Mauern der Stadt. Die Quellen zeigen, daß in nahezu allen europäischen Städten im Mittelalter und in der Frühneuzeit der Anteil der Bürger, die außerhalb der Stadt geboren waren, sehr groß gewesen ist. Gelegentlich waren es auch solche Ereignisse wie etwa die Erschließung von Bodenschätzen, welche die Massen anlockten; beispielsweise wuchs die Bevölkerung der Bergstadt St. Joachimsthal in Böhmen von 1516 bis 1526 von 1050 auf 14972 Einw. an. Viele zogen allerdings ein halbes Jahrhundert später genau so rasch entschlossen in die Bergstädte des Harzes, wo neue Erzfunde noch größeren Wohlstand verhießen.
Eine spezielle Form der Fortwanderung aus der Heimat war in der frühen Neuzeit auch der Eintritt in den Sold einer fremden Armee. In der Schweiz, die schon früh eine relative Übervölkerung zeigte, wird

diese Verdingung als *Reislaufen* bezeichnet, und die letzte Erinnerung daran ist die Schweizer Garde im Vatikan. Man rechnet damit, daß die Schweiz auf diese Weise bis zum Ende des 18. Jh. fast 1 Mio. Menschen verloren hat, junge, gesunde Männer, deren Nachwuchs ein Vielfaches dieser Ziffern betragen hätte.

Mit dem Beginn des Industriezeitalters nahmen die Wanderungsbewegungen in Europa und von Europa nach Übersee bisher ungeahnte Formen an. Der Begriff *»Landflucht«* spricht eine Ursachenkette an, die zu tiefgreifenden raumwirksamen Folgeerscheinungen geführt hat: die moderne Urbanisierung Europas einerseits und die Europäisierung der Welt andererseits. Dabei zeigt sich, daß die Fortwanderung über sehr unterschiedlich große Distanzen vorgenommen wurde: vom Dorf in die benachbarte Stadt, von einem Land in das andere, auch in fremde Sprachgebiete innerhalb eines größeren politischen Territoriums und schließlich nach Übersee. Selbst solche Migrationen wie die Saisonarbeit, die Fernpendelwanderung, später auch die Tagespendelwanderung, das Hausiererwesen und die Freizeitmigration gehören dazu.

1775 lebten in Frankreich 50000 *Ausländer*, vorwiegend als Facharbeiter in den neuen Industrien oder als Angehörige der Armee. Am Vorabend des Ersten Weltkrieges ist die Zahl der Ausländer in Frankreich schon auf 1,2 Mio. angewachsen und 1931 sogar auf 2,8 Mio., darunter 910000 aus Italien, 520000 aus Polen, 380000 aus Spanien, 320000 aus Belgien, 120000 aus der Schweiz und 100000 aus Deutschland. Umgekehrt lebten 1930 in Belgien 155000 Personen, die in Frankreich geboren waren, 74000 aus den Niederlanden, 42000 aus Polen, 30000 aus Deutschland und 26000 aus Italien. 1911 wurden in Großbritannien 550000 irische Einwanderer gezählt, meist Angehörige der untersten sozialen Schicht, die sich allerdings oft nur für wenige Jahre hier aufhielten, um das notwendige Geld für die Überfahrt nach Amerika zu verdienen. Um 1910 hielten sich im Deutschen Reich 1,26 Mio. Ausländer auf: darunter 850000 aus Rußland (Kongreß-Polen) – allein 300000 Polen davon im Ruhrgebiet –, weiterhin 635000 aus der Habsburger Monarchie und 150000 aus Italien. Der Zustrom slawischer Bevölkerung in die Großstädte Österreichs und Ungarns war so groß, daß die Reichshauptstadt Wien nicht zu Unrecht als die »größte tschechische Stadt« und Budapest als die »größte slowakische Stadt« in Europa bezeichnet wurden. Viele dieser Zuwanderer wurden schon in der nächsten oder übernächsten Generation assimiliert und nahmen Sprache und Kultur des Gastlandes an.

Die Auswanderungen von Europa nach *Übersee* nahmen im 19. Jh. weltgeschichtlich entscheidende Dimensionen an. Man unterscheidet

Tab. 7: Ausländische Arbeitnehmer im Deutschen Reich
Stand: 20. 6. 1907 (in 1000)

	Ost- und Südost-Europa	**Italien**	**Niederlande**	**Insgesamt**
Landwirtschaft	246,8	0,9	11,9	279,9
Industrie incl. Bergbau und Baugewerbe	250,2	120,9	31,3	440,8
Handel, Verkehr, Gaststätten	24,6	2,8	4,6	45,2
Häusliche Dienste	20,0	1,0	4,1	33,9
Insgesamt	541,6	125,5	52,0	799,9

spontane und staatlich gelenkte Emigrationsbewegungen. Spontan entwickelte sich die *Motivation* zum Verlassen der Heimat nach Mißernten, Hungersnöten wie 1815, nach politischen Krisen wie 1848 und wirtschaftlichen Krisenerscheinungen wie nach 1870. Als die Könige von Spanien und Portugal, aber auch die von Frankreich, die Auswanderungsströme bewußt in ihre amerikanischen Kolonien lenkten, war der Gedanke einer »raumwirksamen Staatstätigkeit« leitend. Äußere Anlässe wie die Ablösung der Leibeigenschaft und Abschaffung der Grundherrschaft und die damit geförderte Freizügigkeit, Goldfunde in Kalifornien und Australien, aber auch die Verbesserung des Verkehrswesens durch das Aufkommen der Dampfschiffahrt begünstigten diese Entwicklung und führten zu großen Auswanderungsschüben.
Die quantitativ exakte Bestimmung der Auswanderermassen stellt ein Problem der historischen Demographie dar, da auch hier die *Bilanzen* der Abgabeländer und der Aufnahmeländer nicht in Einklang zu bringen sind. Nach einer Berechnung, die vor einigen Jahren im Auftrag der UNO vorgenommen wurde, sind 55 bis 60 Mio. Europäer in der Zeit von 1820 bis 1940 nach Übersee gegangen (ein anderer Autor nennt für den Zeitraum zwischen 1846 und 1932 52 Mio.). Beide Zahlen berücksichtigen aber nicht die russischen Wanderungen nach O; nach neueren sowjetischen Schätzungen sollen bis zur Oktober-Revolution 5 Mio. Menschen nach Sibirien gewandert sein. Schwieriger ist es, zuverlässige Angaben über das 18. Jh. und die Zeit davor zu machen. Beispielsweise gehen die Schätzungen dahin, daß bis 1900 allein von den Britischen Inseln 1,5 Mio. Menschen in die Neue Welt gezogen sind, darunter 500000 Presbyterianer und 50000 Sträflinge. Auch Niederländer, Schweden, Spanier und Portugiesen waren von Anfang an sehr stark beteiligt.

Tab. 8: Auswanderung aus europäischen Ländern nach Übersee (in 1000 Einw.)

	1851 –1860	1861 –1870	1871 –1880	1881 –1890	1891 –1900	1901 –1910	1911 –1920
Österreich-Ungarn	31	40	46	248	440	1111	418
Belgien	1	2	2	21	16	30	21[1]
Dänemark	–	8	39	82	51	73	52
Finnland	–	–	–	26	59	159	67
Frankreich	27	36	66	119	51	53	32
Deutschland	671	779	626	1342	527	274	91
Italien	5	27	168	992	1580	3615	2194
Niederlande	16	20	17	52	24	28	22
Norwegen	36	98	85	187	95	191	62
Portugal	45	79	131	185	266	324	402
Rußland	–	–	58	288	481	911	420
Spanien	3	7	13	572	791	1091	1306
Schweden	17	122	103	327	205	224	86
Schweiz	6	15	36	85	35	37	31
Großbritannien u. Irland	1313[2,3]	1572[3]	1849[3]	3259	2149	3150	2587

[1] außer 1913–1918 [2] außer 1851/52 [3] außer den irischen Häfen
Quelle: Nach C. M. CIPOLLA (Hrsg.), The Fontana Economic History of Europe, Bd. 4 (2), 1973, S. 751.

Das Hauptziel der Auswanderer wurde zunächst *Nordamerika*. Die europäische Bevölkerung der britischen Kolonien in Nordamerika stieg von 215000 (1715) auf 5 Mio. (um 1800), wobei allerdings auch die hohe Geburtenrate berücksichtigt werden muß. Die größte Flut der Auswanderung fällt in die Zeit von 1871 bis 1914 mit 34 Mio., mehr als die Hälfte der Emigranten überhaupt. Kurz vor dem Ersten Weltkrieg lebten über die Hälfte der Portugiesen und der Iren in Übersee. Zu den alten Auswanderungsländern kamen »neue«: Italien, Österreich, Ungarn, die Tschechoslowakei, Rußland, Polen, Finnland, die baltischen Länder, die Balkanländer sowie erneut Spanien und Portugal. Durch die Einwanderungspolitik verschiedener überseeischer Staaten wurde der Zustrom in der Zwischenkriegszeit teilweise stark abgebremst, doch ist er bis zur Gegenwart nicht erloschen.
Die Tatsache, daß der Höhepunkt der Auswanderungswelle nach Übersee gerade in den Jahren der Industrialisierung, der sogenannten *»Gründerzeit«*, seinen Höhepunkt erreicht hat, steht im Widerspruch zu der Annahme, daß die Industrie die Zahl der Arbeitsplätze und die Lebensqualität gesteigert haben könnte. Vielmehr hat, gerade in den ländlichen Gegenden etwa Irlands oder Ostmitteleuropas, die Ver-

elendung der Massen ein unerträgliches Ausmaß angenommen. Nachdem religiöse und politische Bedrückung, Mißernten und Hungersnöte als Auswanderungsursachen zunehmend ausgeschieden sind, erhöhten wirtschaftliche Krisenerscheinungen die Unsicherheit der lohnabhängigen Bevölkerung. Der Massenexodus aus Europa hat schwere *demographische Folgen*, denn die meisten der Auswanderer waren jüngere Leute im produktiven Alter und überwiegend Männer. Dadurch erhöhte sich das Durchschnittsalter der Bevölkerung und in manchen Gegenden auch der Frauenüberschuß. Gleichzeitig verringerten sich die Heirats- und Geburtenziffern, und die Relation der Bevölkerung im produktiven Alter zum Anteil der älteren Bevölkerung verschob sich. Es kann nicht abgestritten werden, daß die Emigration auch ein *Auslesevorgang* war, denn nicht nur Unterprivilegierte, Verarmte und – im Extremfall – Sträflinge verließen Europa, sondern auch Menschen mit Wagemut, Risikobereitschaft und Unternehmungsgeist, die im Besitz von Kapital und Bildung waren, und die in Übersee alsbald eine spezifische Oberschicht zu formen begannen. Neben den demographischen müssen aber auch die politischen, ökonomischen und strategischen Folgen gesehen werden. Der Anteil der Europäer an der Weltbevölkerung stieg im Verhältnis zu den Nichteuropäern merklich an, der Welthandel und der Austausch von Kommunikationen über die ganze Erde entfalteten sich in nie dagewesener Weise, und die Militärstrategie im atlantischen und pazifischen Raum wurde bzw. wird noch bis heute vom Denken europäisch geprägter Menschen bestimmt.

Wenn auch die Abwanderung nach Übersee bis heute nicht verebbt ist, so stehen doch jetzt die intra-europäischen Wanderungen im Vordergrund des Geschehens. Schon oben wurde bemerkt, daß die *»Gastarbeiterfrage«* in Europa kein Problem der zweiten Hälfte des 20. Jh. ist. Allerdings hat die *Arbeitsplatzmobilität* einen Umfang angenommen, der bislang unbekannt war. 1973, am Höhepunkt dieser Bewegung, wurde in den Ländern der EG die Zahl der Gastarbeiter auf 9 Mio. geschätzt, nicht gerechnet die 4 Mio. Familienangehörigen. Jeder 16. Arbeitnehmer war ein Ausländer. Infolge der wirtschaftlichen Rezessionen gestaltete sich die weitere Entwicklung sehr ungleichmäßig, zumal die Einwanderungspolitik umstritten ist und die Barrieren erhöht worden sind. Von 1974 bis 1977 nahm die Zuwanderung deutlich ab, doch seit 1978 ist in vielen Ländern wieder eine Zunahme zu beobachten, die meist von der konjunkturellen Entwicklung gesteuert wird. In der Bundesrepublik Deutschland stieg der Anteil der Ausländer an der Wohnbevölkerung von 6,7 % auf 7,4 % an.

Teilweise knüpften die *Arbeiterwanderungen* an die Vorkriegsbewegungen an. Während des Zweiten Weltkrieges wurden Millionen von Fremdarbeitern als Zwangsarbeiter in der Rüstungsindustrie kreuz und quer durch Europa geschoben, und viele von ihnen, die aus politischen Gründen nicht mehr in ihre Heimat zurückkehren wollten, standen somit der Friedenswirtschaft zur Verfügung. In der Bundesrepublik Deutschland ist 1955 die Vollbeschäftigung erreicht worden, dennoch konnten offene Stellen leicht mit DDR-Flüchtlingen besetzt werden, die meist überdurchschnittlich qualifiziert waren (Facharbeiter, Akademiker) und hauptsächlich in die Städte und Ballungsgebiete gelangten. Dies änderte sich schlagartig mit dem Bau der Berliner Mauer im August 1961: Der Strom der Gastarbeiter stieg sprunghaft an. Zunächst nahmen die Italiener die erste Stelle ein; heute sind es die Türken. 1975 waren in der Bundesrepublik 2,6 Mio. Ausländer beschäftigt, bis 1985 sank diese Zahl auf 1,57 Mio.; dazu kommt jedoch noch eine nicht schätzbare Zahl von Familienangehörigen und illegal Eingewanderten. Fast jeder zehnte Arbeitnehmer in der Bundesrepublik ist ein Ausländer, ein Anteil, der in Westeuropa nur noch von Frankreich und der Schweiz übertroffen wird.

Tab. 9: Beschäftigte ausländische Arbeitnehmer
in der Bundesrepublik Deutschland (in 1000)

	Insgesamt	Türken	Jugoslawen	Italiener	Griechen	Spanier
1955	80	·	2	7	1	0
1960	279	·	9	122	13	9
1965	1119	119	64	329	179	172
1970	1807	323	374	364	230	163
1975	2061	551	417	293	203	129
1980	2018	578	354	305	132	86
1985	1568	496	290	197	103	67

Quelle: Stat. Taschenbuch Arbeits- und Sozialstatistik 1986

Diese Wanderungsbewegungen sind die Folge von *Disparitäten* innerhalb der europäischen Wirtschaft, die nur auf diese Weise ausgeglichen werden können. Ziel der Wanderungen sind meistens die Industriegebiete und hier wiederum bestimmte Branchen. Solche Wanderungen wirken sich in den *Quell- und Zielgebieten* nachhaltig aus. Die Mehrzahl der Gastarbeiter ist männlich, im Alter zwischen 18 und 35. Sie sind ungelernt und oft Analphabeten. In den Zielgebieten gelten sie vielfach als die »Heloten der Wohlstandsgesellschaft«. Dieser Eindruck wird noch verstärkt durch ihre Wohnungen, etwa in den Sanierungsvierteln der Altstädte, in primitiven Fabrikunterkünften oder in Barackenlagern. Oft fehlt der soziale Kontakt mit der neuen Umgebung, und es entwickeln sich Brutstätten nationaler und sozialer Vorurteile, die nicht geeignet sind, das gegenseitige Verständnis zu wecken. Dem steht entgegen, daß die Gastarbeiter in der Fremde wesentlich mehr verdienen als zu Hause. Das stärkt ihr Selbstbewußtsein, ihre Lernbegierde und ihre Risikofreude. Das Kapital, das sie ansammeln, fließt zum größten Teil zur Gründung neuer Existenzen in die Heimat zurück. Auch ändern sie ihre Verhaltensweisen und Konsumgewohnheiten: Sie eignen sich technische Fertigkeiten an, üben sich im ökonomischen Denken, holen versäumte Schulbildung nach, überwinden Sprachbarrieren, betätigen sich in Gewerkschaften, gewinnen Vertrauen zu exakt arbeitenden Behörden, eignen sich neue Wertvorstellungen an und werden so nach der Rückkehr zu einem mobilen und progressiven Element in ihrer alten Heimat. Auf diese Weise kann sich auf lange Sicht das Gefälle zwischen den Wohlstands- und Armutsgebieten Europas ausgleichen. Bei denjenigen Zuwanderern, die nicht mehr in die Heimat zurückkehren, vollzieht sich die *Integration* auf unterschiedliche Weise, was nicht zuletzt sehr stark von der Wahl des Ehepartners abhängt.

Nicht minder raumwirksam als die Gastarbeiterwanderungen sind die Binnenwanderungsbewegungen über mittlere und kürzere Distanzen innerhalb der Staaten. Auch sie dienen dem Ausgleich regionaler Disparitäten und sind oft die Fortsetzung der Landflucht des Industriezeitalters. Die *Höhenflucht* aus den Alpen und die Bergflucht aus dem Apennin sind Beispiele dafür; die Landflucht ist zugleich eine *Landwirtschaftsflucht*. Dazu kommen die Abwanderungen aus Problemgebieten, z. B. aus solchen, die durch Grenzziehung in eine benachteiligte Randlage geraten sind; in der Bundesrepublik Deutschland sind dies die Zonenrandgebiete.

Entgegengesetzt zu diesen Wanderungsbewegungen verläuft die Erschließung für den *Fremdenverkehr*. Zum normalen Tourismus kommt das Bestreben, *Zweitwohnsitze* zu errichten. In Schweden ist schon ein Drittel der Bevölkerung in der Lage, einen Teil des Jahres an einem solchen Zweitwohnsitz zu verbringen. Dies wurde in Nordeuropa vielfach durch den Wandel der Landwirtschaft möglich; leerstehende Bauernhäuser luden zu einer solchen Nutzung ein. Die Zahl der Zweitwohnsitze wird für Schweden mit 500000, für die ČSSR mit fast 100000 angegeben. In Prag verfügt jeder achte Haushalt über einen Zweitwohnsitz, und in Südfrankreich ist die Zahl der Zweitwohnsitze schon größer als die der Erstwohnsitze. In attraktiven Landschaften wie an Küsten, Flußufern, Stauseen und in einigen Gebirgen droht die Gefahr der Zersiedelung, die noch verstärkt wird durch Campingplätze mit fest abgestellten Wohnwagen. Für die öffentliche Hand entstehen durch das wilde Bauen eine Reihe von Belastungen, sei es in der Erschließung des Geländes, beim Bau von Straßen, der Ver- und Entsorgung, in der gesundheitlichen Beanspruchung der mitverdienenden Ehefrauen, deren Zusatzverdienst in der Regel den Erwerb und die Unterhaltung eines Wochenendhauses erst möglich macht, nicht zu sprechen von den sozialen Belastungen der Familien. Fremdenverkehr und Freizeitaktivitäten sind deshalb zu einem wichtigen Gegenstand gesamteuropäischer Sozial- und Raumordnungspolitik geworden.

In der traditionellen Agrargesellschaft hatte der Fremdenverkehr noch keine Bedeutung. Die *Reise* des Königs von Pfalz zu Pfalz, der Wechsel der Fürsten und der hohen Geistlichkeit vom Winter- zum Sommersitz, die »Fahrt« der Handwerksburschen, der Studenten, der Wanderprediger und fahrenden Ärzte waren eher Ausnahmen in einer ansonsten immobilen Gesellschaft. Die einzige Form der Reise, die der sozialen Unterschicht zugestanden wurde, war die Pilgerfahrt. Als 1512 in Trier der Heilige Rock ausgestellt wurde, sollen innerhalb weniger Tage 60000 bis 80000 Pilger dorthin gekommen sein. Daß diese Form des Fremdenverkehrs immer noch Gewicht hat, zeigt die Zahl von 1,178 Mio. Pilgern, die 1959 aus dem gleichen Anlaß nach Trier gekommen sind. In Lourdes rechnet man alljährlich mit 2 Mio. Pilgern.

Das Motiv der Gesundheitsvorsorge und der Erholung gewann für die Mittelschicht erst im 19. Jh. Bedeutung. Als erster Berufsgruppe wurde 1873 den deutschen Reichsbeamten der regelmäßige *Erholungsurlaub* zugestanden. Heute kann nahezu jeder Arbeitnehmer diesen Anspruch geltend machen, und weithin ist sogar ein Zweiturlaub üblich geworden. Die europäische Reiseszene ist trotz wirtschaftlicher Rezessionen weiterhin im Begriff, sich kräftig auszudehnen. Dabei ist das Reiseverhalten und die Reiseintensität in den europäischen Ländern durchaus verschieden. In den am meisten industrialisierten und verstädterten Landstrichen ist die Reiseintensität am größten, und so war es kein Zufall, daß Th. Cook 1841 sein berühmtes Reisebüro gerade in England gegründet hat. 1985 unternahmen 26,7 Mio. Bundesbürger (über 14 Jahre) eine oder mehrere Urlaubsreisen, damit stieg die Reiseintensität von 41,6% (1970) auf 57,1%. Über die Hälfte dieser Urlauber kommen aus Großstädten; dabei ist bei Beamten, Angestellten und Arbeitern diese Reisebeteiligung größer als bei Selbständigen oder Landwirten. Zwei sehr unterschiedliche

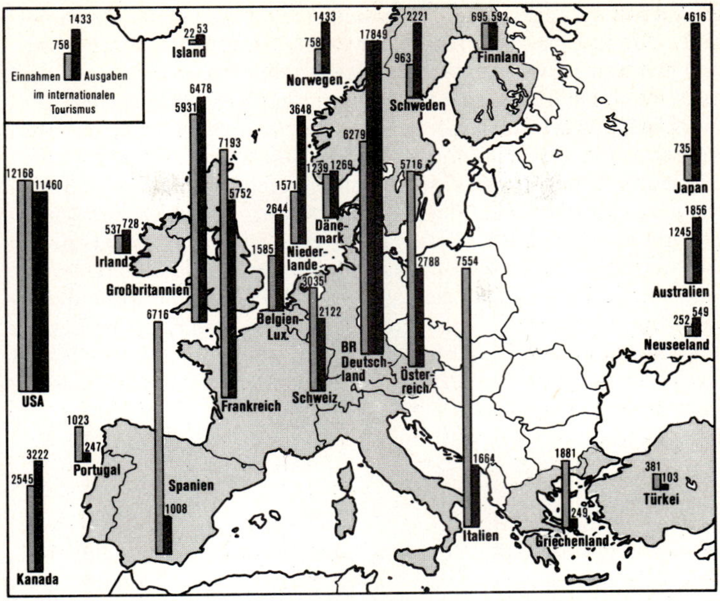

Abb. 5: Auslandstourismus der westlichen Industriestaaten
Einnahmen und Ausgaben im Auslandstourismus der OECD-Mitglieder 1981 in Mio. US-$ (Quelle: Der Fischer Weltalmanach 1984, Sp. 971 f. [nach OECD-Angaben])

Formen des Urlaubs, die Individualreise, sehr oft mit dem eigenen Kraftfahrzeug, und die Gesellschaftsreise, oft mit dem Flugzeug oder Bus unternommen, wirken sich vor allem in den Zielgebieten des Massentourismus raumgestaltend aus. Die ausgeprägtesten *Fremdenverkehrsgebiete* Europas haben sich an den Küsten, an Seen und in Gebirgen entwickelt, wo zu den Gunstfaktoren der Natur noch ein Angebot an Dienstleistungen und Attraktionen gekommen ist. Ganze Küstenstriche und Talschaften sind geprägt durch riesige Hotelkomplexe, Bungalowkolonien oder Appartementhäuser. Daneben gibt es den Weltstadttourismus, wo Paris, Rom, Venedig, London, München, Berlin, Prag und Moskau einen Spitzenrang einnehmen, vor allem auch als Ziel von Touristen aus Übersee.

In den Nachkriegsjahren erwies sich zuerst Italien als das attraktivste Urlaubsland, heute nimmt Spanien die erste Stelle ein. Insgesamt sind die *Mittelmeerländer* einschließlich Jugoslawien und Griechenland sowie im RGW Bulgarien und Rumänien die größten »Touristenimporteure« in Europa. Im *Winterreiseverkehr* werden die Hochgebirge und höheren Mittelgebirge mit sicheren Schneelagen bevorzugt, weil meist Wintersport ausgeübt wird. Die großen Reisewellen in den Sommerferien und, etwas weniger ausgeprägt, im Spätwinter belasten das Verkehrsnetz nicht selten unerträglich. Bei den verschiedenen europäischen Völkern haben sich sehr unterschiedliche Reisegewohnheiten herausgebildet. Während die Franzosen, Engländer und Schweden in der Mehrzahl die Ferien im eigenen Land verbringen, ziehen die Niederländer und die Bundesdeutschen einen Aufenthalt im Ausland vor. Neuerdings sind die Länder des RGW auch für westeuropäische Touristen attraktiv geworden. Die Bevölkerung dieser Länder kann nur innerhalb des Ostblocks reisen, wobei durch Betriebe und Gewerkschaften organisierte Erholungsstätten eine wichtige Rolle spielen.

1.3.4 Rassen, Sprachen, Konfessionen

Die rassische Zuordnung, die sprachliche Zugehörigkeit und das religiöse Bekenntnis prägen das Erscheinungsbild des einzelnen Menschen und auch seine *Verhaltensweise in Gruppen* in starkem Maße. In vielen Atlanten finden wir Karten über die Verteilung der Rassengruppen, Sprachfamilien und Glaubensgemeinschaften in Europa, auf die hier einzugehen ist.

Die wissenschaftliche Rassenkunde als Teil der Anthropologie, die nichts zu tun hat mit dem verbrecherischen Rassismus der Nationalsozialisten, macht einige Aussagen über die physischen Eigenschaften der Menschen und die Populationsgenetik der Gruppen. Das Bild der *europäischen Rasse* war schon im Neolithikum festgelegt. Die gemeinsamen Merkmale der Angehörigen des europiden Rassenkreises bestehen in einem reliefreichen Gesicht, schlichtem bis lockigem Haar, einer hohen schmalen Nase und Neigung zur Aufhellung der Farben. Aufgrund der Körperhöhe, des Längenbreitenindex, der Kopfform und der Pigmentation unterscheiden wir Nordide, Osteuropide, Dinaride, Alpinide und Mediterranide. Die Verbreitung dieser Rassengruppen und ihrer Unterabteilungen ist weder identisch mit der Verbreitung der Sprachfamilien und der Volkskultur, noch mit sozialen Merkmalskombinationen. Aus den Rassemerkmalen können keine sozialpsychologischen Charaktereigenschaften abgeleitet werden. Auch kommen innerhalb der Sprachfamilien in der Regel Angehörige verschiedener Rassengruppen vor.

Das *Sprachenprofil* Europas ist recht einfach, denn über 95% der europäischen Bevölkerung sprechen eine indogermanische Sprache. Es gibt in Europa 64 Einzelsprachen (davon 24 im europäischen Teil der Sowjetunion) und 5 Kulturdialekte; vergleichsweise wird die Zahl der Sprachen in Afrika auf 1250 geschätzt, und selbst in Australien gibt es neben den europäischen Sprachen der Zuwanderer annähernd 200 einheimische Sprachen. Die Sprachen der überseeischen Zuwanderer in Europa wie etwa der Algerier, Inder, Indonesier, Koreaner usw. fallen nur örtlich ins Gewicht.

78% der Gesamtbevölkerung Europas sprechen eine der acht *Großsprachen*, wobei Russisch (25,1%), Deutsch (14,8%) und Englisch (9,3%) am häufigsten vorkommen. Heute sprechen die meisten Menschen in Europa eine slawische Sprache, während noch 1921 die Sprecher einer germanischen Sprache an der Spitze standen. Dies ist eine Folge der demographischen, soziologischen und politischen Prozesse nach dem Zweiten Weltkrieg.

Die *slawischen Sprachen* (Russisch, Ukrainisch, Weißrussisch; Polnisch, Kaschubisch, Sorbisch, Tschechisch, Slowakisch; Slowenisch, Serbokroatisch, Mazedonisch, Bulgarisch) sind in Osteuropa, Ostmitteleuropa und Südosteuropa verbreitet. In der SU hat sich das Russische zur *Lingua franca* entwickelt – nicht aber über deren Grenzen hinaus im slawischen Ostmitteleuropa. In Mitteleuropa, Nordeuropa und Teilen Westeuropas werden die *germanischen Sprachen* (Deutsch, Englisch, Niederländisch, Jiddisch, Friesisch; Schwedisch, Norwegisch, Dänisch, Isländisch, Färingisch) gesprochen. Die *romanischen Sprachen* (Portugiesisch, Galicisch, Spanisch, Katalanisch, Französisch, Occitanisch, Rätoromanisch, Sardisch; Italienisch, Rumänisch) sind in Südeuropa und in Rumänien verbreitet. Auch die *keltischen* (Irisch, Gälisch, Walisisch, Bretonisch) und *baltischen Sprachen* (Lettisch, Litauisch) sowie Neugriechisch, Albanisch und Zigeunerisch gehören zum indogermanischen Sprachkreis. Von den uralischen Sprachen haben Finnisch mit Karelisch, Estnisch und Ungarisch (Magyarisch) Bedeutung in Europa. Nur zwei europäische Sprachen lassen sich keiner dieser Sprachfamilien zuordnen: Baskisch und Maltesisch.

In geschichtlicher Zeit war die *Vielfalt der Sprachen* in Europa größer als heute. Die Sprachen von Völkern, denen selbst keine Staatenbildung gelang, gingen vielfach unter. Beispiele dafür sind die elbslawischen Sprachen im mittleren Ostdeutschland, welche im Zuge der deutschen Ostkolonisation fast verschwanden. Im 19. Jh. lief die dalmatinische, eine ostromanische Sprache, aus. Das Manx-Gälische, eine keltische Sprache, die auf der Insel Man 1901 noch von 4419 Bewohnern gesprochen wurde, hatte 1969 nur noch einen einzigen Muttersprachler. Auch muß damit gerechnet werden, daß andere Sprachen, die noch lebendig sind, durch die Sprachenpolitik der Staaten unterdrückt werden. Beispielsweise gilt die in Südfrankreich gesprochene occitanische Sprache vom linguistischen Standpunkt als eigene Sprache neben dem französischen und hat (die Angaben gehen auseinander) neun bis elf Mio. Sprecher, was auf den meisten Sprachenkarten überhaupt nicht zum Ausdruck gebracht wird.

Tab. 10: Wachstumsraten der 10 meistgesprochenen europäischen Sprachen (Sprecherzahl in Mio.)

	Sprecherzahl (Muttersprachler)			Wachstumsrate seit 1921 in %
	1921	1970	1987	
Russisch	70,3	101	153,5	+ 118,3
Deutsch	80,5	92	88,9	+ 10,4
Englisch	47	57,7	58,7	+ 24,9
Italienisch	40,8	53	54,0	+ 32,4
Französisch[1]	29,3	41	59,2	+ 81,2
Ukrainisch	28,4	35,2	34,8	+ 22,5
Polnisch	23,2	31,5	35,7	+ 53,9
Spanisch	15,9	23,2	25,3	+ 59,9
Niederländisch	11,6	18,1	19,7	+ 69,8
Rumänisch	13,7	17	20,2	+ 47,4

[1] Ohne die vermuteten Sprecher des Occitanischen.
Quellen: H. HAARMANN, Soziologie und Politik der Sprachen in Europa, München 1975, S. 17 und Fischer Weltalmanach 1987, Sp. 773ff.

In Europa überwiegt die *Einsprachigkeit* (Monolinguismus), das heißt, daß das Individuum im Vorschulalter nur eine Sprache annimmt. 83,3% der Gesamtbevölkerung sind einsprachig, wenn man von den in der Schule oder im Leben angelernten Zweit- und weiteren Sprachen absieht. 1947 sind selbst in einem zweisprachigen Staat wie Belgien 84,4% der Bevölkerung einsprachig gewesen. Dies ist eine Folge der klar ausgebildeten Sprachgrenzen, die sich in der Neuzeit immer mehr verschärft haben. Auch in den sprachlichen Mischgebieten und den Landstrichen, in denen sprachliche Minderheiten leben, geht die Tendenz eindeutig zur Einsprachigkeit. Die *Zweisprachigkeit* (Bilinguismus) betrifft nur 10,4% der Europäer, von denen die meisten in der Sowjetunion leben. In der Tschechoslowakei beherrscht ein großer Teil der Slowaken das Tschechische als Zweitsprache, während es umgekehrt die Tschechen ablehnen, die slowakische Sprache zu gebrauchen. Einen Sonderfall stellt Irland dar, wo das Irische nur von 5,6% der Bevölkerung als Muttersprache angesehen wird, während die englische Gebrauchssprache an die erste Stelle gerückt ist, so daß der Anteil der irischen Zweisprachler bei 94,4% liegt. Noch seltener ist, abgesehen von der Sowjetunion, die Verbreitung der *Vielsprachigkeit* (Multilinguismus). Als Beispiel nennen wir Ostbelgien (Eupen-Malmedy), wo Deutsch die Muttersprache der Bevölkerung ist, Französisch als Zweitsprache beherrscht wird und Niederländisch (Flämisch) als Drittsprache dazukommt. Sprachengeographie und *Sprachenpolitik* stehen in Europa in einem engen Zusammenhang. Die meisten Menschen sprechen jeweils die Staatssprache(n) als Muttersprache. Die Amtssprachenregelungen für die Minderheiten sind von großer gesellschaftspolitischer Relevanz, denn durch unangepaßte Verordnungen können Minderheiten auch in die Rolle von politischen Randgruppen gedrängt werden, was raumwirksame Folgen hat. Die Handhabung des Sprachenrechts wird in den einzelnen Staaten unterschiedlich vorgenommen, wobei auch Regelungen vorkommen, die als Modell für spätere »europäische« Lösungen von Interesse sind.

Durchaus schwerwiegender als Rassen- oder Sprachenprobleme können in einigen europäischen Ländern die *Konfessionsfragen* auftreten. Angehörige anderer Konfessionen oder Kinder aus religiösen Mischehen sind nicht selten benachteiligt. Wo sich mit der konfessionellen Differenzierung noch sozialgeographische und politische Momente verbinden, kann es sogar zu solchen Eskalationen kommen wie in Nordirland.

Europa ist geprägt vom *Christentum*. Im Mittelalter bestand eine Einheit von abendländischer Kulturidee und christlicher Kirche. Vergleichbare Zahlen über die Anhänger der verschiedenen Bekenntnisse liegen nicht vor; grob geschätzt gehört über die Hälfte der europäischen Bevölkerung der römisch-katholischen Kirche an, weniger als ein Viertel den verschiedenen evangelischen Kirchen. In einigen Ländern ist die Zahl der Dissidenten (Angehörige keiner Kirche) stark angestiegen, wozu aber noch eine nicht schätzbare Zahl von »nicht praktizierenden« Christen kommt, die zwar einer Kirche angehören, sich aber am religiösen Leben nicht beteiligen.

Die größte Verbreitung und Geschlossenheit zeigen die Anhänger der *römisch-katholischen* Kirche. In ganz Südeuropa sowie in Irland, Polen, Österreich und Belgien bilden die Nichtkatholiken nur unbedeutende Minderheiten. Vielfach ist die Verbindung von Kirche und Staat so eng, daß kirchliche Organisationen, beispielsweise im Gesundheitswesen, an den Aufgaben der raumwirksamen Staatstätigkeit teilnehmen. Ähnlich geschlossen ist auch der *protestantische* Bereich in Nordeuropa, Großbritannien und Teilen Mitteleuropas, wo sich ebenfalls ein Staatskirchentum herausgebildet hat. Die Verteilung der Konfessionen ist ein Ergebnis der Reformation und der Gegenreformation, welche die Bevölkerung der Territorien geschlossen der einen oder anderen Konfession zugeführt hat, so daß die alten Territorialgrenzen heute noch als *Konfessionsgrenzen* wirksam sind. Die scharfen Konfessionsgrenzen sind erst durch die Wanderungsbewegungen in der Zeit der Industrialisierung und Verstädterung verwischt worden. In den Industriegebieten und städtischen Ballungsgebieten ist die konfessionelle Mischung größer als in ländlichen Räumen, wo die Menschen heue noch überwiegend in einer religiös homogenen Umwelt leben. Die Zugehörigkeit zu einer Konfession formt den *Lebensstil* der Menschen und vielfach auch die Kulturlandschaft, was besonders in den Räumen mit katholischen Mehrheiten landschaftsprägend wirken kann. Aber auch bei den Protestanten, besonders bei den Reformierten, haben sich Lebenshaltungen herausgebildet, die nur aus dem konfessionellen Milieu erklärt werden können. Dies gilt beispielsweise für die *»innerweltliche Askese«*, die Auffassung, daß der Mensch schon im Diesseits mit der Gnade Gottes alle Kräfte entfalten kann, um Erfolg und Reichtum zu erzielen. Namhafte Unternehmerpersönlichkeiten sind von dieser Haltung geprägt gewesen, so daß angenommen werden kann, daß die Industrialisierung von hier entscheidende Impulse erhalten hat.

1.4 Landwirtschaft und ländliche Siedlung

1.4.1 Die Landwirtschaft bis zum Ende des Mittelalters

Die *neolithische Landnahme* fand in einem geographischen Milieu statt, für das O. SCHLÜTER und R. GRADMANN den Begriff *»Altsiedellandschaften«* geprägt haben. In den zentralen Teilen Europas hat jedenfalls die Ackerbaugesellschaft seit der Jüngeren Steinzeit, über einen Zeitraum von mehr als 3000 Jahren, ganz bestimmte Landschaften bevorzugt und andere gemieden. In Süd- und Mitteldeutschland sind es gemeinhin jene trockenen Lößlehmgebiete und Kalktriften, für die die Bezeichnungen Gäu, Börde, Pflege oder Gefilde gebräuchlich sind. Zur Abgrenzung dieser Altsiedellandschaften kann man vielfach das sogenannte *Steppenheide*-Phänomen anwenden; Steppenheiden sind jene offenen oder halboffenen Landschaften, die sich für die Besiedlung als besonders günstig erwiesen. Dazu muß freilich angemerkt werden, daß vor der Eisenzeit das Klima anders war als heute: Die Temperaturen waren höher, und die Feuchtigkeit war geringer. Die Technik des neolithischen Ackerbaus wie die Züchtung der ersten Getreidearten, die Anwendung des Hakenpfluges, die Domestizierung von Haustieren und ihr Einsatz als Zugvieh waren aus ariden Ländern nach Europa gekommen.

Da jede exakte Überlieferung fehlt, ist es sehr schwierig, die vormittelalterliche Ackerbaulandschaft zu rekonstruieren. Mit Hilfe der Methoden der *Siedlungsarchäologie*, namentlich durch die Interpretation von Luftbildern, konnte man feststellen, daß die Fluren vielfach blockförmig und unregelmäßig angeordnet waren (*celtic fields, oldtidsagre, Kammerfluren*). Die Römer legten in den von ihnen beherrschten Gebieten regelmäßige, rechteckig angeordnete Wegenetze an, die vereinzelt bis heute erhalten sind. Die römische Landwirtschaft befand sich auf einem sehr hohen agrartechnischen Niveau – und damit in krassem Gegensatz zum karolingischen Abendland, das, verglichen mit der Spätantike und auch im damaligen Weltmaßstab, relativ »unterentwickelt« war. Beispielsweise dürfte sich die Höhe der Erträge bis zum 10. und 11. Jh. kaum verbessert haben.

Die landnehmenden Franken, Alemannen, Angeln, Sachsen und Slawen waren Träger von *Bauernkulturen*. Sie ließen sich in *Gruppensiedlungen* (Weiler, Dorf) nieder, zu denen eine *Gemarkung* (Feldmark, Flur) gehörte. Die Siedlungseinheit von Dorf und Flur bildet das Grundgerüst der agrarsozialen Ordnung in Europa, und die Institution der Landgemeinde ist über Jahrhunderte äußerst stabil geblieben. Daneben gab es auch Gebiete, in denen, wie in der Römerzeit, der *Einzelhof* vorherrschte. Viele der Einzelhofgebiete in Westeuropa gehen auf die Kelten zurück. Im Mittelmeerraum dagegen entwickelten sich schon die *Agrostädte*, meist größere, eher städtisch anmutende Siedlungen, die nicht selten zum Schutz auf einem Berg angelegt waren.

Während das aus dem Vorderen Orient kommende System des *Rentenkapitalismus* einen starken Einfluß auf die Formen der Landwirtschaft in Südeuropa ausgeübt hat, müssen wir für die anderen Teile Europas das Spannungsverhältnis von *Herrschaft und Genossenschaft* beachten. Grundlage war, wie auch heute noch im westlichen Teil Europas, der bäuerliche Familienbetrieb: der *Hof* (*mansus, croft, masure, cour, toft, dvur*). In Teilen Südeuropas traf man Formen ländlicher Siedlungen an, die von einer Sippe oder einer Großfamilie getragen wurden: die *Zadruga*. Diese Gemeinschaft hatte 30 bis 100 Mit-

glieder, und die Betriebsführung lag in den Händen eines gewählten Ältesten, der alle wichtigen Entscheidungen gemeinsam mit dem Familienrat traf. Es bestand gemeinsames Eigentum an allen Gütern einschließlich des Bodens. Das Zadrugadorf mit seinem unregelmäßigen Grundriß kann deshalb auch heute noch von den jüngeren Plangründungen unterschieden werden.
Im frühen Mittelalter waren die Siedlungen meist klein, so daß der Begriff »Weiler«, also ein *Kleindorf* mit höchstens 12 bis 15 Hofstellen, der Wirklichkeit am ehesten gerecht wird. Das *Haufendorf* war ursprünglich nicht so weit verbreitet, wie man vielfach angenommen hat, sondern ist durch Verdichtung und Zusammenlegung entstanden. Für viele Landschaften in Europa kann nachgewiesen werden, daß sich aus Einzelhöfen Gruppensiedlungen und schließlich Dörfer entwickelt haben. In fast allen europäischen Sprachräumen erkennt man den ältesten Grundbestand der Siedlungen an den Ortsnamen. Über die Grundrißgestalten der frühmittelalterlichen ländlichen Siedlungen läßt sich dagegen nicht viel aussagen. In vielen Fällen sind es *Gassendörfer* oder *Platzdörfer* gewesen, doch kamen auch viele unregelmäßige Formen vor.
Die genossenschaftliche *Agrarverfassung* und der herrschaftliche Überbau des Feudalismus bestimmten die Abhängigkeiten, in welchen der mittelalterliche Bauer in Europa stand. In den Gruppensiedlungen mußten die Gemeinschaftsaufgaben auch gemeinsam geregelt werden. Das führte auch zur Einführung von geregelten Fruchtfolgen, etwa der *Dreifelderwirtschaft*. Die Anlage von Gewannfluren ist nicht nur ein Ergebnis agrartechnischer Neuerungen, sondern auch dieser genossenschaftlichen Verfassung. Die *Dorfgenossenschaft* war ein Personenverband, in der jeder Grundbesitzer die gleichen Rechte und Pflichten, besonders gegenüber dem Grundherren, hatte. Erst allmählich kam eine unterbäuerliche Schicht auf, deren Rechtsstellung von Landschaft zu Landschaft sehr verschieden gewesen ist. So entstand schon im Mittelalter und besonders in der frühen Neuzeit eine *agrarsoziale Gliederung*, die in vielen Teilen Europas gemeinsame Züge aufweist.
Unter *Grundherrschaft* verstehen wir ein eingeschränktes Eigentum des Bauern an seinem Gut. Grundherren waren Adlige, die Kirche oder der König. Der Grundherr als Obereigentümer des Bodens vergab das Land meist in Form der Erbleihe, dafür verlangte er Abgaben und Dienstleistungen. Östlich der Elbe bildete sich später das System der *Gutsherrschaft* heraus, das den Bauern geringere Rechte beließ. Freie Bauern konnten sich nur in wenigen Landschaften halten, so in der Schweiz, in Tirol, Kärnten, in Friesland, Dithmarschen, bei den

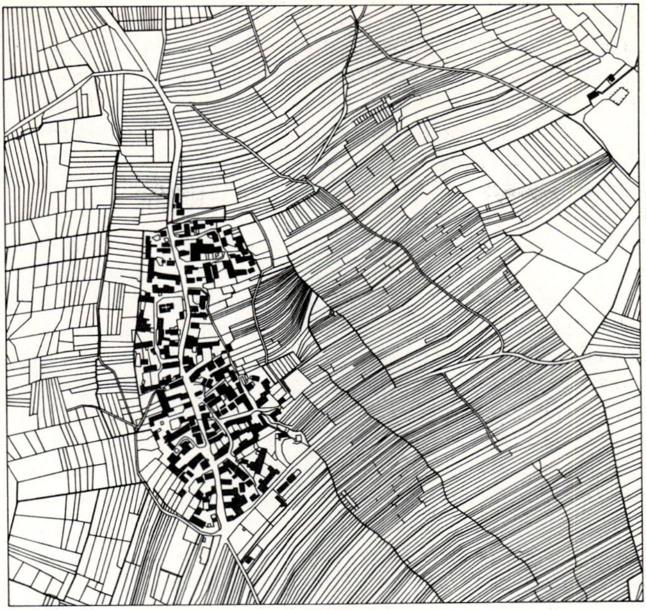

Abb. 6: Weisbach/Ufr. Haufendorf mit Gewannflur (nach A. KRENZLIN)

Stedingern an der Unterweser und im Rheingau. Der spätere *Siedlungsausbau* wird auch als »Binnenkolonisation« bezeichnet. Dieser Landesausbau setzte in den Teilen Europas zu verschiedenen Zeitpunkten ein und nahm unterschiedliche Formen an. Es handelte sich um die Gewinnung neuen Siedlungsraums durch Rodung oder Wiederurbarmachung, um die Erweiterung der schon vorhandenen Siedlungen und ihrer Fluren wie auch um die Intensivierung der schon im Bau befindlichen Areale ohne nennenswerte Vergrößerung.
Die Verlagerung der landwirtschaftlichen *Innovationszentren* vom Mittelmeerraum nach Westeuropa hatte in erster Linie demographische Ursachen. England beispielsweise hatte um 1086 ca. 1,25 Mio. Bewohner, im 14. Jh. dagegen schon 4 Mio. Hier wissen wir zuerst von der systematischen Kolonisierung der Marschen und Moore. Zwischen 1150 und 1300 wurden die entscheidenden Techniken der Landgewinnung entwickelt, und die Zahl der Dorfgründungen in den englischen Marschen stieg sprunghaft an. In Holland hatte der *Deichbau*

schon um 1000 eingesetzt. Im 12. Jh. entstanden in Flandern und an der ganzen Nordseeküste zahlreiche *Polder*. Schon vor 1000 wurden Siedlungen auf künstlichen Erdhügeln (Warften, Wurten, Terpen) errichtet. Vielfach geben sich diese durch ihre Namen zu erkennen. Siedlungsträger waren neben den weltlichen und geistlichen Grundherrschaften auch die Städte. Während der Kolonisation der Marschen entwickelten sich Rechtsbräuche, die sich auf das gesamte Kolonisationsrecht auswirkten.
In den Mittelgebirgen Innereuropas wurden durch *Rodung* immer neue Waldgebiete urbar gemacht, die Besiedelung drang damit in die *Jungsiedellandschaften* vor, die zuvor noch nie in Kultur genommen worden waren. Dieser Prozeß begann in der Karolingerzeit und läuft mit der großen Ostkolonisation aus. Viele Ortsnamen in europäischen Sprachen deuten auf den Rodungsvorgang und die Rodetechnik hin, z. B. im deutschen Sprachraum die Namen auf -rod, -reuth, -schlag, -schwand usw.
In Nordwestdeutschland und den angrenzenden Ländern wurden die Langstreifenfluren auf den Eschkernen durch jüngere, blockförmige Kampfluren ergänzt. In Aquitanien setzte seit dem 11. Jh. eine Siedlungswelle ein, bei der die Klöster eine tragende Rolle spielten. Es sind die *castelnaux*, meist Straßendörfer, und die *sauvetés*, die nach einem schachbrettförmigen Grundriß angelegt sind. Auch die Wiederbesiedelung Innerspaniens im Zuge der *Reconquista* zeigte kolonisatorische Züge, denn das Gebiet war praktisch siedlungsleer. Diese Siedlungswelle begann schon im 8. Jh. und endete vorläufig in der Mitte des 13. Jh. Wegen der immer noch gegebenen kriegerischen Bedrohung wurden meist geschlossene Siedlungsformen gewählt.
Dagegen war die deutsche *Ostkolonisation*, von einigen Slawenaufständen abgesehen, ein durchaus friedliches Unternehmen. Die Siedler waren als Gäste ins Land gerufen worden, und der Besiedlungsvorgang oblag zivilen Siedlungsunternehmern (Lokatoren), die im Auftrag der Grundherren handelten. Nicht zu unterschätzen ist die Rolle der Kirchen und Klöster bei der Heidenmission. Besonders der Orden der Zisterzienser leistete viel für die Verbesserung der Landbautechnik. Der Erfolg der deutschen Ostkolonisation liegt nicht in der Germanisierung der Slawen, die sich meist friedlich einfügten, sondern in erster Linie im ökonomischen, rechtlichen und kulturtechnischen Bereich.
Bei der Ostkolonisation wurden in der Regel Siedlungsgrundrisse angewendet, die sich schon früher im Altsiedelland bewährt hatten. Das *Waldhufendorf*, das im Kolonisationsland des mitteldeutschen O weit verbreitet ist, war im Prinzip schon früher im Odenwald und im Rhein-

land entwickelt worden. Auch das *Angerdorf*, eine Leitform der Ostkolonisation, finden wir schon vorher als *Green-Village* in England und als *Fortadorf* in Jütland. In den Kolonisationslandschaften sind die Ortsgrundrisse und Flurformen in der Regel stärker normiert als im Altsiedelland. Vielfach übernahmen die Slawen nicht nur das neue, vorteilhaftere Recht der *Erbleihe* (*jus teutonicum*), sondern gestalteten auch ihre Siedlungen entsprechend um. In den Alpen- und Karpatenländern, aber auch im europäischen N, wurde die Siedlungsgrenze bis an die Subökumene vorangetragen. Aus klimatischen Gründen wurden hier im Ackerbau extensive Feldgraswirtschaften angewendet. Der Wald an den Hängen wurde bis an die damalige Obergrenze des Getreidebaues gerodet, und darüber wurden Einzelhöfe (Schwaighöfe) angelegt, die der Viehhaltung dienten. Seitdem fanden dauernd Abwanderungen statt, die sich bis zur gegenwärtigen Bergbauernflucht fortsetzen. Ein besonderes kulturgeographisches Merkmal der europäischen Hochgebirge sind die *Viehhaltungen ohne Dauerbesiedlung*: die Almen in den Alpen, die Salaschen in den Karpaten, die Fäboda und Saeter in den Nordischen Ländern. Im gesamten Mittelmeerraum bildeten sich andere Formen der *Fernweidewirtschaft* (*Transhumance*) aus.

Nach einer ständigen Expansion des agrarischen Lebensraums begegnen wir im Spätmittelalter einer »negativen« Siedlungsbewegung, der *Wüstungsperiode*. In Europa wurden schätzungsweise 60000 bis 80000 Siedlungen aufgegeben, und rechnet man die Interimswüstungen dazu, dann wird die Zahl noch größer gewesen sein. Unter den Ursachen sind zwar demographische Gründe wie ein Stillstand des Bevölkerungswachstums und die Folgen von Seuchen ins Feld zu führen, doch reichen sie für eine befriedigende Erklärung nicht ganz aus. Vielmehr handelte es sich um einen Vorgang, der in erster Linie sozialökonomische Ursachen hatte. Es war der Zug in die aufblühenden Städte (Stadtluft macht frei), der mit einer *Landflucht* großen Ausmaßes einherging. Zudem brachte das Sinken der Getreidepreise die ackerbaugünstigen Landschaften in Vorteil gegenüber den Grenzertragsböden. Man könnte demnach den Wüstungsvorgang, verglichen mit der heutigen »Sozialbrache«, geradezu als eine Konjunkturerscheinung betrachten. Diese *»Krise einer Lebensform«* hinterließ tiefgreifende agrarsoziale Folgen, denn die übriggebliebenen Dörfer erstarkten und dehnten ihre Gemarkungen kräftig aus. Gleichzeitig gelang es dem *Großgrundbesitz* in vielen Landschaften, Bauernland an sich zu reißen. Nicht selten wurde das wüst gefallene Ackerland durch die Güter in Fischteiche, Hutweiden und Forsten umgewandelt, welche den Grundherren eine verhältnismäßig hohe Rendite einbrachten.

Wo ehemaliges Ackerland unter Wald gekommen ist, kann man in der Regel die *Überreste früherer Kulturtätigkeit* leicht beobachten: fossile Hochäcker, Stufenraine und Lesesteinhaufen. Auch alte Wohnplätze geben sich durch Ruinen, Wohnpodeste und Reste von Hüttenlehm zu erkennen. Mit Hilfe verschiedener Methoden, zu denen auch die Auswertung von Luftbildern gehört, ist es Wissenschaftlern verschiedener Disziplinen gelungen, ein aufschlußreiches Bild von der mittelalterlichen Agrarlandschaft in Europa zu vermitteln.

1.4.2 Die neuzeitliche Landwirtschaft

Im 16. und 17. Jh. setzte, verbunden mit einem natürlichen Bevölkerungsanstieg und einem erneuten Steigen der Getreidepreise, eine weitere *Ausbauperiode* und damit ein Aufschwung der Landwirtschaft ein. Allerdings wurden die in der Wüstungsperiode eingegangenen Siedlungen nur zu einem Teil wieder besetzt, wenn auch die Rodungen vielfach an den Wüstungsfluren ansetzten. Die *Neurodungen* drangen in die höheren Lagen der Mittelgebirge vor, und die Fehnkolonisation wie auch die Landgewinnung an der Küste erhielten wieder Impulse. In den Mittelgebirgen konnte man vielfach auf extensiv genutzte Außenfelder zurückgreifen, welche nun in die regulären Fruchtfolgen hineingenommen wurden. Erneut setzte eine Ostwanderung deutscher Bauern ein, die man als die *»Zweite deutsche Ostkolonisation«* bezeichnet und die jetzt von den Territorialherren gelenkt wurde. Beispielsweise wurde im 16. Jh. in Ostpreußen durch masowische Bauern die »Große Wildnis« gerodet und litauische Kolonisten besetzten die Wüstungen um Insterburg und Tilsit.
Das *Innovationszentrum* der neuzeitlichen Landwirtschaft war Flandern, von wo sich die Neuerungen über England und auf den restlichen Kontinent verbreiteten. Dagegen waren in Südeuropa und im Mittelmeerraum die Verhältnisse sehr unterschiedlich; die Gründe dafür lagen in einer ungleichmäßigen demographischen Entwicklung und in der Anwesenheit der Türken in Südosteuropa. Mit dem *Fernhandel* entwickelte sich eine neue Nachfragestruktur. Auf der Iberischen Halbinsel entstanden monokulturartig die großen Weinbaugebiete, die fast ausschließlich für den Bedarf in England produzierten (Portwein). Schon im 8. Jh. hatten hier die Araber den Reisbau eingeführt, der sich dann über Italien nach Südosteuropa ausbreitet. Auch aus Amerika kamen neue Kulturpflanzen wie Mais, Tabak, verschiedene Hülsenfrüchte und nicht zuletzt die Kartoffel.

Das neue *flämische Modell der Landwirtschaft* zeigt folgende Eigenarten:

- allmähliche *Verringerung der Brache* und Hereinnahme des Brachfeldes in den Rotationsturnus,
- die *Einführung neuer Feldfrüchte* wie Klee und anderer Futterpflanzen für die Stärkung der Viehhaltung und die Einführung von marktgerechten Industriepflanzen wie Hopfen, Faserpflanzen, Ölpflanzen, Gewächsen zur Herstellung von Färbmitteln, Gemüse, Kartoffeln, Obst und Blumen (Tulpen),
- die Einführung neuer *Geräte*, vor allem neuer Pflüge,
- strengere Grundsätze bei der Auswahl des *Saatgutes* und in der *Viehzucht*,
- verbesserte Techniken bei der *Rodung* und *Landgewinnung*,
- stärkerer Einsatz von *Pferden* (anstelle der Ochsen als Spannvieh bei der Feldarbeit).

Im Zuge des absolutistisch gelenkten Landesausbaus in Mitteleuropa wurden vielfach *Glaubensflüchtlinge* angesiedelt. Die Landesherren legten im 17. und besonders im 18. Jh. im Rahmen ihrer Peuplierungspolitik *»Colonien«* an, deren Dorf- und Flurgrundrisse besonders geometrische Formen zeigen. Dazu kamen Staatskolonisationen besonderer Art wie die friderizianische Urbarmachung des Oderbruches oder das theresianische Siedlungswerk an der österreichischen Militärgrenze.
In der ersten Hälfte des 17. Jh. waren in England die ersten *Einhegungen* (*enclosures*) zum Abschluß gekommen, die im 18. Jh. vollendet wurden. Ackerland, Ödland und Allmenden wurden dabei durch Hecken, Gräben und Wälle umsäumt. Damit verschwanden die getreidebetonten offenen Gewannfluren (*open fields*), und nachhaltige Besitzverschiebungen führten zu einer Stärkung der Landgüter. Ursachen waren unter anderem der erhöhte Bedarf an Schafswolle und Getreideimporte aus den Kolonien.
Diese Einhegungsbewegung erfaßte schließlich auch den Kontinent. In Norddeutschland nennt man sie *»Verkoppelungen«*. In Schweden kennen wir mehrere Wellen solcher *»Skiften«*, welche die bäuerliche Kulturlandschaft durchgreifend umgestalteten. Ganze Dörfer wurden aufgelöst und es entstand ein Netz von Einzelhöfen, das auch heute noch besteht. Der entsprechende Vorgang in Süddeutschland und in der Schweiz wird als *»Vereinödung«* bezeichnet. In der Reichsabtei Kempten im Allgäu sind vom 16. bis zum 18. Jh. 1200 Gemarkungen erfaßt worden, und auch hier ist die Streusiedlung mit Einzelhöfen (Einödhöfen) die Folge.

Das 18. Jh. wird oft das *Jahrhundert der Landwirtschaft* genannt. Viele wissenschaftliche Schriften beschäftigen sich mit der *Agrikultur*, und die kameralistische Verwaltungsorganisation des absolutistisch regierten Flächenstaates förderte jede fortschrittliche Regung in der Landwirtschaft im Sinne des Gedankenguts der Physiokraten. Ausgehend von Flandern und England wurde Mitteleuropa im letzten Viertel des 18. Jh. erfaßt, und im 19. Jh. strahlen die Veränderungen auch auf Österreich, Rußland und Südeuropa aus. Überall wurden die landwirtschaftlichen Erträge gesteigert, womit man auch dem gleichzeitigen Bevölkerungsanstieg begegnete. Die Verbesserung der Dreifelderwirtschaft durch die Besömmerung der Brache, die Ausbreitung des Klee- und Kartoffelanbaus, die Einführung der Stallfütterung, die Möglichkeit der Düngung und die intensivere Nutzung der Außenfelder sind Zeichen dafür. Neben dem Ackerbau müssen auch die Fortschritte in der *Viehzucht* gesehen werden, wobei die Verbesserung der Futtergrundlage durch die Wiesenbewässerung eine besondere Rolle spielte. In vielen Mittelgebirgen wurden Bewässerungsgräben und -systeme angelegt, welche es erlaubten, die Heuerträge um ein Mehrfaches zu steigern.

Während einerseits diese Fortschritte es den Kleinbauern ermöglichten, auf kleiner Fläche eigene Betriebseinheiten einzurichten, kam es andererseits zu einer weiteren Ausweitung der Gutsländereien. Das *»Bauernlegen«* wird nicht nur in Ostelbien, sondern auch in Frankreich, Irland, auf der Iberischen Halbinsel und selbst in den Nordischen Ländern beobachtet. Im Mittelmeerraum hielten *Latifundienbesitz* und *Absentismus* den Fortschritt in engen Grenzen. Hier zeigte der Grundbesitzer in der Regel wenig Interesse an der Verbesserung der Landeskultur. Im Interesse kurzfristiger Gewinne kam es nicht selten, wie in der Basilikata, zu nachhaltigen Landverwüstungen.

Die *Schichten und Zonen der europäischen Agrarverfassung*, die sich im 18. und 19. Jh. herausgebildet haben, zeigen verhältnismäßig gleichmäßige Züge, wenn man sie nach zwei Gesichtspunkten, der Besitzstruktur und dem Erbrecht, ordnet. Die Verbreitung des landwirtschaftlichen Kleinbetriebs deckt sich vielfach mit den Mittelgebirgen und abgelegenen Landschaften, während Landstriche mit Großbetrieben sich häufiger in den Ebenen und Beckenlagen finden. Die *Pacht* ist am weitesten verbreitet in Großbritannien und Irland, aber auch in Belgien, Nordfrankreich, Südspanien und Norditalien, wo sie nicht selten mehr als die Hälfte des bebauten Grundes umfaßt. Geschlossene Vererbung (*Anerbenrecht*) ist verbreitet in Nordeuropa, den Niederlanden, Norddeutschland, den Britischen Inseln, in Katalonien, im Französischen Zentralmassiv und im Rhônegebiet, in Bayern und in

Teilen Österreichs. Die *Realteilung* dagegen herrscht vor in Italien, dem größten Teil Spaniens und Frankreichs, in Südwestdeutschland und im Rheinland, in den böhmischen Ländern, in Polen und in der Slowakei.

Die vom Mittelalter überkommene *agrarsoziale Gliederung* wurde schärfer und differenzierter. Im Gebiet der Gutsherrschaft herrscht die Gliederung Gutsbesitzer – Vollbauer – Teilbauer – landwirtschaftlicher Lohnarbeiter vor. Dagegen entwickelte sich im Besitz der Grundherrschaft und der Realerbteilung jenes selbständige Kleinbauerntum, das später zur »industriellen Reservearmee« wird. In Italien finden wir mit der unterschiedlichen Entwicklung der Latifundienwirtschaft und der Mezzadria eine ähnliche agrarsozial gestufte Gliederung: selbständige Bauern – Halbpächter – Kleinpächter und Landarbeiter. Den unterschiedlichen Sozialgruppen entsprachen vielfach auch verschiedene Betriebssysteme.

Der Beginn des *Industriezeitalters* wurde in der Landwirtschaft durch eine Maßnahme von großer Tragweite eingeleitet, die *Bauernbefreiung*. Die Bauern wurden durch eine Geldablösung von ihren mittelalterlichen Pflichten entbunden und erhalten damit eine zivilrechtlich abgesicherte Verfügungsgewalt über ihren Boden: Personalrechtliche Bindungen werden durch rational-ökonomische Ordnungen abgelöst. Markt und Produktion wurden immer mehr durch politische Akte bestimmt. Beispielsweise trieb die *Kontinentalsperre* die Preise des westindischen Rohrzuckers so hoch, daß es sich rentierte, Zuckerrüben zu züchten, um aus ihnen Zucker zu gewinnen. Mit der Aufhebung der Kornzölle in England (1846) und dem damit verbundenen erneuten Sinken der Getreidepreise setzte eine Entwicklung ein, die Futterbau und Viehzucht begünstigte. In ähnlicher Weise wirkt sich die *Schutzzollpolitik* der Nationalstaaten auf dem Kontinent auf das landwirtschaftliche Produktionsgefüge aus. Die Wechselseitigkeit von Landwirtschaft und Industrie zeigt sich auch in der zunehmenden Anwendung künstlicher Düngemittel. Die *Intensivierung* der Sonder- und Spezialkulturen wird standortmäßig durch die Städte und Ballungsgebiete beeinflußt. Bei der Neuverteilung der Kulturflächen spielen Transportkosten, Lohnfragen und die Nähe zu den Märkten eine Rolle. Der Anteil des Grünlandes an der landwirtschaftlich genutzten Fläche wird größer, und die landwirtschaftliche Nutzfläche schrumpft insgesamt durch umfangreiche *Aufforstungen*. Zum Nachteil der Ökologie werden vielfach Monokulturen von Nadelbäumen eingepflanzt (Auffichtungen).

Vor dem Hintergrund des *Autarkiegedankens* verstärkten sich die *staatlichen Eingriffe* in die Landwirtschaft. Im Zuge der faschistischen

Agrarkolonisation wurden in Italien um 1932 die Pontinischen Sümpfe trockengelegt. In Spanien kam ein vorbereitetes Bodenreformgesetz durch den Ausgang des Bürgerkrieges nicht mehr zur Ausführung; die faschistische Agrarkolonisation widmete sich mehr der Intensivierung durch Anlage von Stauseen und Bewässerungsfeldern als der Aufgabe einer durchgreifenden Besitzverschiebung. In einer Reihe von neuen Nationalstaaten in Ostmitteleuropa wurden ebenfalls *Bodenreformgesetze* erlassen, die den Großgrundbesitz verkleinern sollten, aber meist ohne Erfolg blieben. In Deutschland stand die Agrarpolitik im Zeichen nationaler Notwendigkeiten. Das 1919 erlassene Reichssiedlungsgesetz ermöglichte es, bis 1931 ca. 500000 ha Land mit bäuerlichen Neusiedlern zu besetzen, das waren allerdings nur 9% des Großgrundbesitzes. Die Autarkiepolitik des Dritten Reiches führte zwar zu einer Reihe von weiteren Moorkolonisationen und Entwässerungsmaßnahmen, die sich allerdings marktwirtschaftlich nicht rechtfertigen lassen, weil unrentables Land in die Nutzung einbezogen werden mußte.

1.4.3 Die Landwirtschaft der Gegenwart

Neben dem Markt und der Investitionstätigkeit sind in erster Linie immer noch die *Naturverhältnisse* entscheidend für das Bild der landwirtschaftlichen Produktion. Nach C. TROLL (1925) gibt es in Europa von N nach S folgende Landbaugebiete:

- die arktischen und subarktischen Gebiete im hohen N, die sich nur für die *Rentierzucht* eignen,
- die nördliche *Gerstenzone*, die mit dem borealen Nadelwaldgürtel zusammenfällt und nur sporadischen Anbau zeigt,
- die südlich anschließende *Haferzone*, in der auch Roggen- und Kartoffelanbau möglich ist und wo die Landwirtschaft flächendeckend einsetzt,
- die westliche *Weizenzone* und die östlich anschließende Roggenzone, die West-, Mittel- und Osteuropa durchzieht und in der sich der größte Teil der landwirtschaftlichen Produktion vollzieht,
- die submediterrane *Weizen- und Maiszone*, die sich östlich in der südrussischen Steppenzone fortsetzt, und
- die mediterrane *Ölbaumzone*, in welcher bei künstlicher Bewässerung auch Reisanbau möglich ist und die sich in der subtropischen Gerstenzone Kleinasiens fortsetzt.

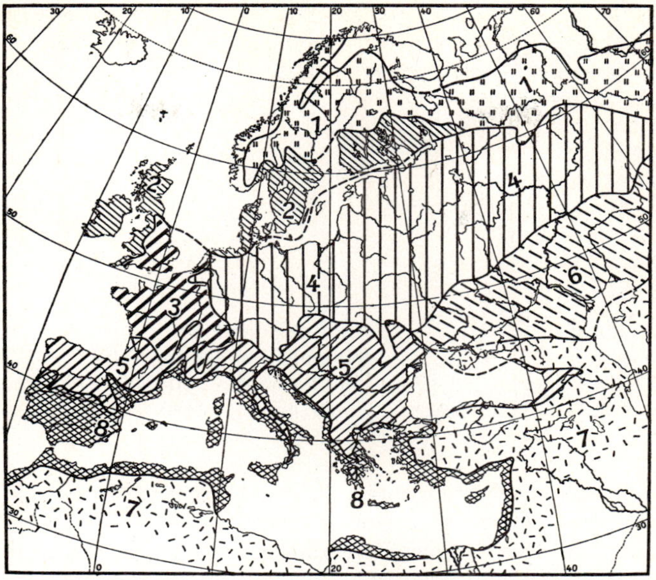

1 Subarktische Gerstenzone
2 Haferzone
3 Weizenzone
4 Roggenzone
5 Submediterrane Mais-Weizen-Zone
6 Südrussische Steppenzone (Weizen)
7 Subtropische Gerstenzone
8 Ölbaumzone

Abb. 7: Die natürlichen Landbauzonen Europas (nach C. TROLL)

Die nördliche Anbaugrenze des *Weins* verläuft durch die Weizen- und Roggenzone. Hier macht sich im regionalen Detail auch die Höhengliederung sehr stark bemerkbar, so daß sich auf kleine Entfernung der Anbauspiegel merklich ändern kann. Die *Höhengrenze des Ackerbaus* richtet sich nach den klimatischen Bedingungen. Am Nordrand der Alpen liegt sie bei 1300 m, während die Almweiden bis in Höhenlagen von 2300 m ansteigen.

Mehr als diese primären Produktionsbedingungen, welche nur den Rahmen gegebener Möglichkeiten abstecken, sind die *gesellschaftlichen Voraussetzungen* für die Art und Weise, den Stil und das Ziel der landwirtschaftlichen Produktion ausschlaggebend. Das *historische Erbe*, die agrarsoziale Struktur, die Stellung der Landwirtschaft im Rahmen der Gesamtwirtschaft, neue Landbautechniken und Organisationsformen und nicht zuletzt der Zusammenschluß der Märkte über die Staatsgrenzen hinaus sind die prägenden Faktoren für die

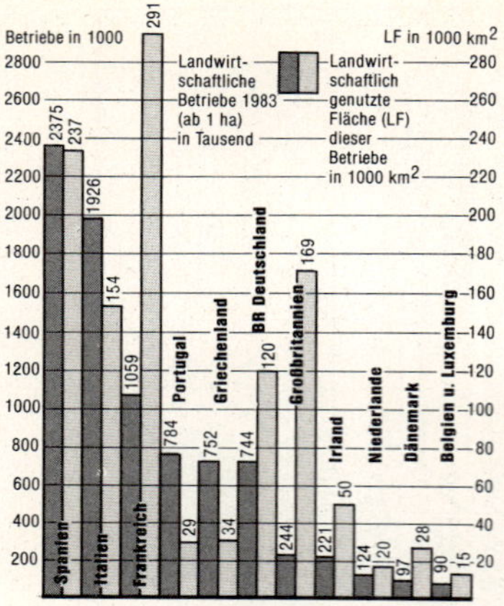

Abb. 8: Die Landwirtschaft in der EG. Betriebe und Fläche (Quelle: Der Fischer Weltalmanach 1987, Sp. 817 [nach »Eurostat«])

weitere Gestaltung. Gemeinsam ist allen europäischen Ländern, daß der Anteil der Landwirtschaft an der gesamten Wertschöpfung immer mehr gesunken und weit hinter den der Industrie zurückgefallen ist. In den 12 EG-Staaten betrug der Anteil der Landwirtschaft an der Wertschöpfung zu Faktorkosten 4,2%, dagegen sind 11,7% der Erwerbstätigen noch in der Landwirtschaft beschäftigt. In Großbritannien lag der Anteil der landwirtschaftlichen Bevölkerung 1920 bei 8%, jetzt liegt er bei 2,0%, die entsprechenden Zahlen für Italien lauten: 56% und 14,2%. In den RGW-Ländern liegt der Anteil allerdings noch höher, beispielsweise in der DDR bei 10,6% und in Ungarn bei 14,2%.

In den sozialistischen Ländern Europas mit Ausnahme der Volksrepublik Polen ist der landwirtschaftliche Großbetrieb die Regel. Nach der Kollektivierung unterscheidet man *Staatsgüter* und *landwirtschaftliche Einheitsgenossenschaften* verschiedenen Typs mit den Hauswirtschaften der Genossenschaftsbauern und einem sehr geringen Anteil des Privatsektors. In allen anderen Ländern Europas (und auch in Polen) paust sich in der Betriebsstruktur das historische Erbe noch deutlich durch. Man findet die verschiedensten *Wirtschaftsstufen* nebeneinander: rentenkapitalistische Formen im Mittelmeerraum, bäuerliche Einzelwirtschaften und Nebenerwerbsbetriebe und daneben auch industriekapitalistisch variierte Formen. In den Ländern der EG verfügen nur rund 20% aller Betriebe über mehr als 20 ha Betriebsfläche; der Durchschnitt eines Betriebes liegt bei 13,6 ha. An der Spitze steht Großbritannien mit 69,2 ha, während Italien mit 7,9 ha am Ende liegt, wobei allerdings auch die kleinflächigen Sonderkulturen ins Gewicht fallen.

Auch in den sozialistischen Ländern hat man sich bemüht, die *industriemäßige* Produktion in der Landwirtschaft einzuführen. Dies führte zu einer weiteren Zusammenlegung der Parzellen und zum Zusammenschluß mehrerer Produktionsgemeinschaften im Rahmen von *Kooperationsverbänden*. Eine bemerkenswerte Erscheinung in der Landwirtschaft der westlichen Länder ist der *Feierabendbauer*, dessen Existenz in erster Linie auf einer Tätigkeit im Gewerbe oder im Dienstleistungssektor aufgebaut ist. Man hält diese Gruppe für einen wirtschaftlichen und politischen Stabilisierungsfaktor. Diese agrarsoziale Gruppe kann in gewisser Weise mit den Eigenwirtschaften der *Genossenschaftsbauern* in den sozialistischen Ländern verglichen werden, die in der Regel pro Mitglied 0,5 ha bewirtschaften. Während im W der Zuerwerb oder auch eine sinnvolle Freizeitbeschäftigung diese Tätigkeit motiviert, steht im O die Selbstversorgung mit Grundnahrungsmitteln im Vordergrund des Interesses. Der größere Aufwand an Handarbeit und das Überwiegen der tierischen Düngung bewirkt relativ höhere Erträge als auf dem genossenschaftlich genutzten Land. Somit sind diese Genossenschaftsbauern durchaus in der Lage, gewisse Marktlücken zu füllen und die sozialistische Produktion zu entlasten. Deshalb bemüht man sich im Zuge der neuen sozialistischen Agrarpolitik zunehmend, die Erzeugnisse der Individual- und Eigenwirtschaften in den Markt einzubringen, und fördert entsprechende Initiativen.

Das *Gesundschrumpfen der Betriebsstruktur* im W hat nicht nur zu einer starken Erhöhung der Gesamtproduktion und zu höheren ha-Erträgen, sondern auch insgesamt zu einer Steigerung der Arbeitsproduktivität geführt. Die heutige Produktion wird auf einer wesentlich kleineren Fläche als früher erzielt. In fast allen Ländern Europas verringert sich die landwirtschaftliche Nutzfläche durch *Aufforstung* oder Überführung in Bauland und Verkehrsflächen. Große Flächen Ackerlandes sind in Grünland verwandelt worden, bedingt durch die Notwendigkeit der maschinellen Bewirtschaftung oder den Anreiz höherer Gewinne in der Viehzucht. Dazu kommt vielfach, besonders in den Industriegebieten, das Auflassen von Ackerparzellen durch Besitzer, welche in der Industrie oder im tertiären Sektor ein besseres Auskommen finden; solche wüstgefallenen Ländereien werden deshalb auch als *»Sozialbrache«* bezeichnet.

Die wichtigste agrartechnische Maßnahme, die mit betriebsstrukturellen Änderungen einhergeht, ist die *Flurbereinigung*, welche besonders in Gebieten mit starker Streulage des Besitzes weitgehend abgeschlos-

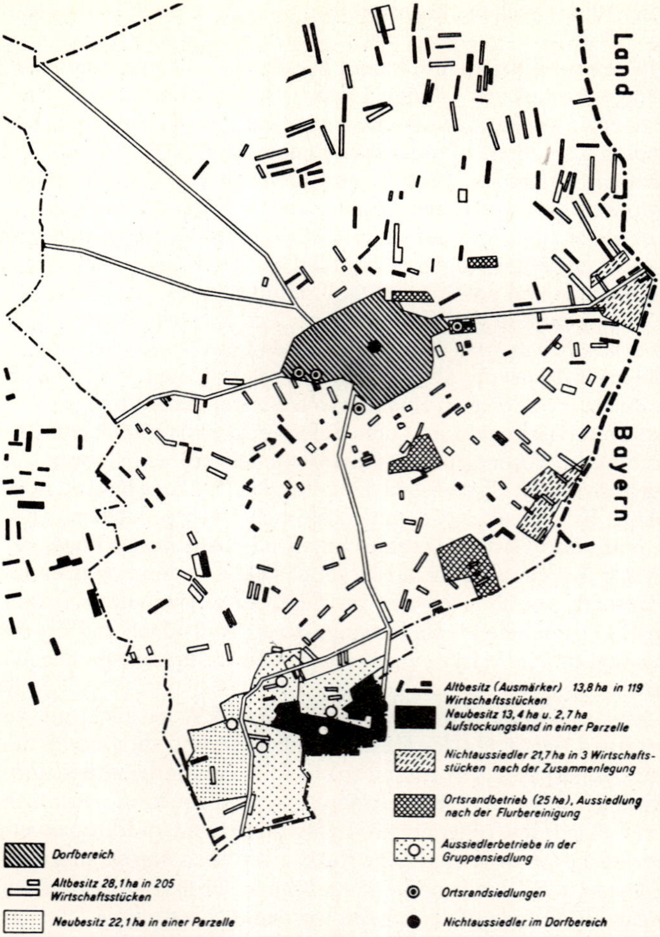

Abb. 9: Flurbereinigung und Aussiedlungen in Schaafheim (Kreis Darmstadt-Dieburg) Hessen

sen ist. Flurbereinigungen sind in der Regel verbunden mit Meliorationen und dem Bau neuer Wirtschaftswege, wozu meist öffentliche Mittel in Anspruch genommen werden können. Dabei erfordert der Weinbau die kostspieligsten Eingriffe. Zur Umgestaltung der Feldfluren kommt vielfach auch die *Aussiedlung* und die Althofsanierung.

Neue Höfe oder Gruppenweiler außerhalb der geschlossenen Dörfer vollenden das Werk, das schon im 17. und 18. Jh. mit den Einhegungen, Verkoppelungen und Vereinödungen begonnen worden war. Das europäische Dorf wird somit gleichsam entagrarisiert. Da immer mehr Altgehöfte durch Neubauten und Umbauten ersetzt werden, trifft man die traditionellen, bodenständigen Bauernhausformen immer seltener an. In den sozialistischen Ländern haben die landwirtschaftlichen Einheitsgenossenschaften am Dorfrand oder auch auf freiem Feld große Wirtschaftsanlagen errichtet, zu denen Großställe, Maschinenhöfe, Werkstätten und Verwaltungsgebäude gehören. Vielfach wurden auch neue Wohnblöcke und Einzelhäuser für die Genossenschaftsbauern errichtet. Scheunen, Ställe und Schuppen in den Altgehöften stehen leer, verfallen oder werden abgerissen. Die Modernisierung und damit der Umbau der traditionellen Wohnhäuser hat erst später eingesetzt als im Westen Europas.
Ein Indiz für die zunehmende Intensivierung ist die Erweiterung der *Bewässerungsflächen*. Das Verbreitungsgebiet der Bewässerungswirtschaft fällt etwa mit der Nordgrenze des Weinbaus zusammen. Auf der Iberischen Halbinsel gehen die großen Vegas oder Huertas auf die arabische Zeit zurück. Noch in diesem Jahrhundert wurden die Bewässerungsflächen kräftig ausgedehnt, wobei man sich von den traditionellen Formen der Erhebung des Wassers durch Göpelwerke (*Norias*) und Hebelbrunnen (*Ciguenales*) löste und sich die von der Industrie bereitgestellte Technik durch betonierte Kanäle und Zementröhren nutzbar machte. In der Poebene, wo heute mehr als 10% der landwirtschaftlich genutzten Fläche bewässert werden, hat man sich auf den Reisanbau spezialisiert, und die Erträge sind höher als im asiatischen Monsungebiet. Auch in Ungarn und Bulgarien wurden die bewässerten Flächen seit dem Zweiten Weltkrieg wesentlich erweitert, was durch die kollektiven Organisationsformen begünstigt wurde. Selbst im mittel- und westeuropäischen Getreide- und Hackfruchtanbau wird zunehmend die künstliche *Beregnung* und in stadtnahen Gartenbaugebieten vielfach die Technik der Berieselung angewendet. Auch diese Anlagen werden überwiegend im Rahmen genossenschaftlicher Organisationsformen betrieben.
Hat schon die *Mechanisierung* im Getreide- und Hackfruchtanbau »industrielle« Züge in die europäische Agrarlandschaft gebracht, so kann man dies noch mehr von den modernen Formen der Massentierhaltung behaupten. Nachdem die Ernährungsgewohnheiten mehr eiweißhaltige Nahrung begünstigten, stiegen die Preise für tierische Nahrungsmittel stärker an als die Getreide- und Kartoffelpreise. Viele Betriebe spezialisierten sich auf die Tierzucht und richteten Anlagen

für die Schweine-, Rinder- und Kälbermast, für die Geflügelfleischzucht, die Milch- und Eierproduktion und die Fischzucht ein. Die Produktionsergebnisse gehen in Größenordnungen, die bisher im Agrarsektor unbekannt waren, die allerdings auch eine vorausschauende *Produktionsplanung* und exakte Kalkulation erfordern.

Damit ist aber auch die Landwirtschaft in einen Bereich gelangt, wo sie zu einer *Umweltbelastung* werden kann. Dies trifft besonders auf den Massenanfall von Fäkalien bei der industriemäßigen Tierhaltung zu. Ähnliche Gefahren bestehen dort, wo Monokulturen auf großen Flächen eingebracht werden. Das Niederpflügen der Feldraine, der Einsatz von schwerem Gerät, das Abgehen vom Fruchtwechsel, die künstliche Düngung und die chemische Schädlingsbekämpfung zerstören die natürlichen Biozönosen und begünstigen die Bodenerosion. Bei unsachgemäßer Anwendung oder ungünstigen Witterungsbedingungen werden die ausgestreuten chemischen Düngemittel tonnenweise in die Oberflächengewässer eingeleitet, was zu verheerenden Folgen führen kann.

Auch die *Erwerbsgärtnerei* nimmt Formen an, die mit der Anwendung modernster Technologien und hoher Kapitalsummen verbunden sind. Schnelle Transportverbindungen erschließen auch für abseits gelegene Produktionsräume weit entfernte Absatzgebiete, nicht selten über Ländergrenzen hinweg. Dabei handelt es sich um die Erzeugung von Früh- und Edelgemüse, um Blumenzucht, Obst- und Beerenanbau. Während man in den westeuropäischen Ländern, sowohl bei der Produktion wie auch bei der Vermarktung, ein Wachsen des genossenschaftlichen Anteils beobachtet, ist in einigen RGW-Ländern, besonders in Polen und Ungarn, ein immer größerer Anteil des Privatsektors nicht zu übersehen, was auf durchaus markt- und profitorientierte Aktivitäten hinweist.

Der Streß der Agrarwirtschaft hat zu einer Gegenbewegung geführt, die als *»alternative Landwirtschaft«* bezeichnet wird. Bei weitgehendem Verzicht auf industriell produzierte Dünge- und Pflanzenschutzmittel werden zwar niedrigere Hektarerträge und Leistungen erzielt, doch können wesentlich höhere Preise gefordert werden. Da die Zahl solcher Betriebe relativ klein ist, läßt sich über deren weitere Entwicklung noch keine präzise Aussage machen. Die Folgen des Reaktorunfalls in Tschernobyl (Ukraine) am 27. April 1986 haben die Aufmerksamkeit der westeuropäischen Bevölkerung sehr geschärft und auch die Inhaber »konventioneller« Betriebe bewogen, sparsam mit allen Zugaben umzugehen.

In allen europäischen Ländern sind in der *Forstwirtschaft* die staatlichen Eingriffe noch stärker als in der Landwirtschaft. Das hängt mit

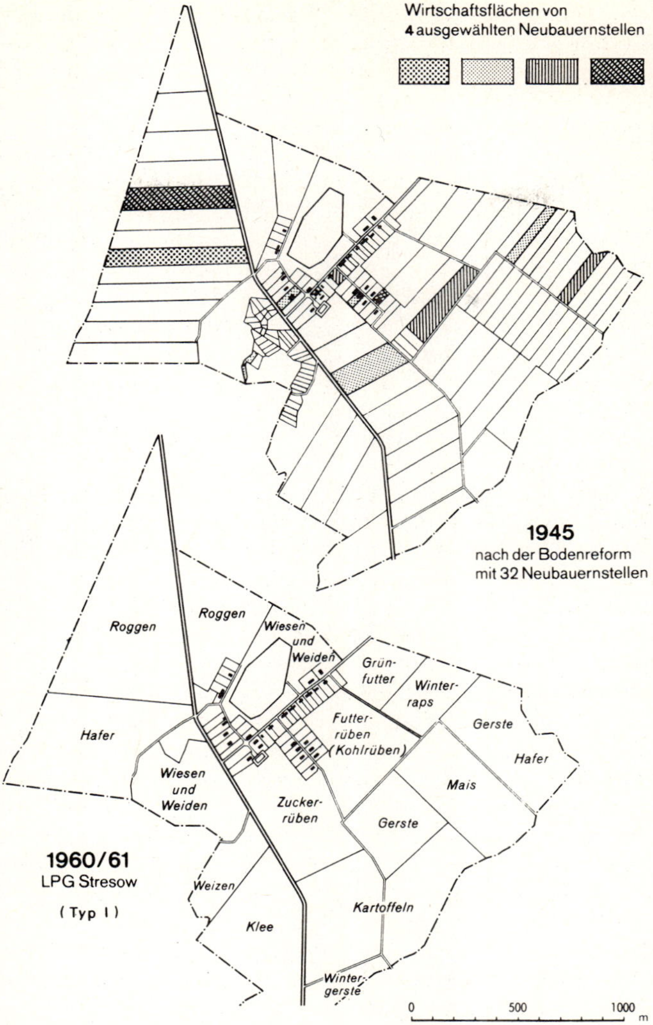

Abb. 10: Veränderung der Flurformen durch genossenschaftlichen Zusammenschluß

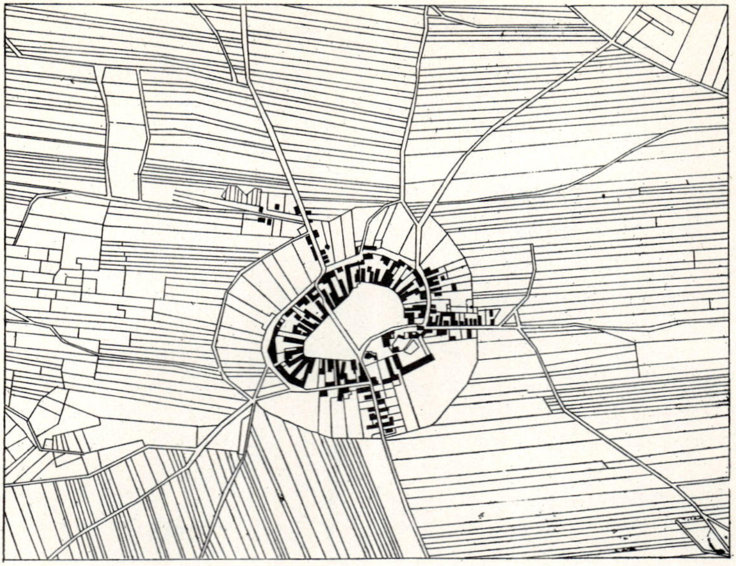

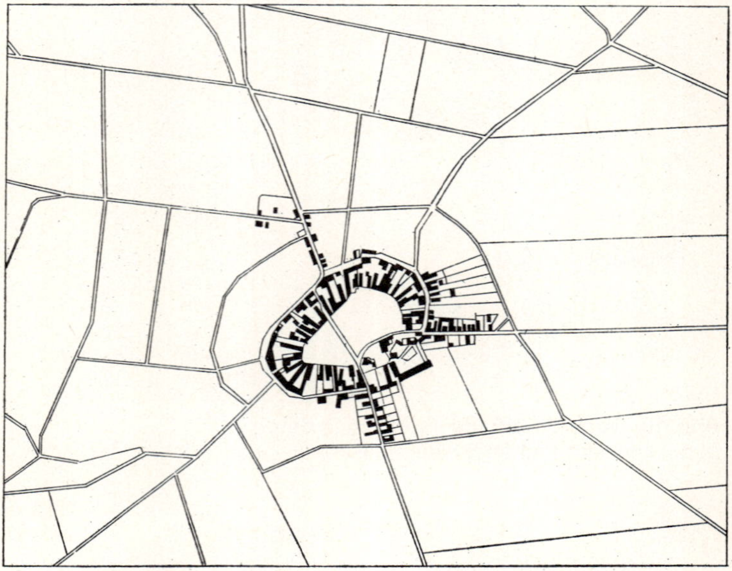

der Besitzstruktur zusammen, denn, von Land zu Land wechselnd, befinden sich die größten Anteile der Forstfläche im Besitz des Staates, der Gemeinden oder öffentlich-rechtlicher Körperschaften. Die Maßnahmen der Forstwirtschaft zielen einerseits auf eine größere Wirtschaftlichkeit, während andererseits auch die *Wohlfahrtswirkungen* des Waldes stärker beachtet werden. So kann es zu Zielkonflikten mit dem Umweltschutz und der Raumordnung kommen. Bei der Wieder- und Neuaufforstung geht man heute vielfach vom Prinzip der Monokultur ab und bringt Mischwald ein, was nicht nur ökologisch vorteilhafter ist, sondern auch den Bedürfnissen der Naherholung mehr entgegenkommt.

Für das Gesamtmuster der Land- und Forstwirtschaft läßt sich verallgemeinernd feststellen, daß es sowohl Regionen mit starkem Wandel gibt wie auch andere, in denen traditionelle Züge noch wirksam sind. Mechanisierung und Rationalisierung, auch im Kleinbetrieb, setzt einen hohen Bildungsgrad der ländlichen Bevölkerung voraus. Somit müssen auch alle Maßnahmen zur *Hebung des Bildungsstandards* auf dem Lande vor ihrem volkswirtschaftlichen Hintergrund gesehen werden. Regionen, welche von den modernen Entwicklungen noch nicht berührt worden sind, gelten meist als benachteiligte Notstandsgebiete, für die Förderungsmaßnahmen eingeleitet werden müssen.

In der europäischen *Raumordnung und Regionalpolitik* ist die Landwirtschaft ein Sektor, der einen höheren Aufwand erfordert, als seinem Anteil an der gesellschaftlichen Wertschöpfung entspricht. Anfang der siebziger Jahre war im Zusammenhang mit der Diskussion über den *Mansholt-Plan* die Vorhersage aufgetaucht, daß bis 1980 mehr als die Hälfte der europäischen Landwirte aus ihrem Beruf ausscheiden würde. Diese Spekulation hat sich als irrig erwiesen, auch wenn die Zahl der Betriebe in der Tat weiter rückläufig ist. Weitere Unsicherheiten kamen durch die Süd-Erweiterung der EG, die für eine Reihe von Agrarprodukten die Preise ins Wanken gebracht hat. Die gemeinsame Agrarpolitik ist somit zum empfindlichen Glied der EG-Politik geworden. Gegenwärtig werden »Flächenstillegungen« empfohlen und sogar prämiert, um die Preise der Agrarprodukte halten zu können.

Wenn auch die Landwirtschaft in vielen Ländern Europas nicht imstande ist, die *Selbstversorgung* der Bevölkerung des Territoriums sicherzustellen, so muß sie doch in die Lage versetzt werden, eine

Abb. 11: Flureinteilung des Dorfes Slatína in Böhmen vor und nach der Kollektivierung (nach D. FRIČ)

preisgünstige Versorgung der Bevölkerung mit Nahrungsmitteln zu gewährleisten. Dies wird um so mehr der Fall sein, wenn der Wert der Produktion den tatsächlichen Aufwand deckt. Schließlich ist die Landwirtschaft wie kein anderer Wirtschaftszweig in der Lage, zur Landespflege und zur *Erhaltung der Kulturlandschaft* beizutragen. Somit kann sich die Förderung der Landwirtschaft nicht allein am augenblicklichen Nutzen orientieren. Agrarpolitik ist in Europa nicht nur Wirtschaftspolitik, sondern auch Gesellschaftspolitik, insofern es hier auch um die Sicherung eines lebensfähigen Bauernstandes geht. In diesem Sinne gewährleistet die Landwirtschaft auch die Entwicklung einer harmonischen Raum- und Siedlungsstruktur, wozu in erster Linie eine geordnete Betriebsstruktur gehört. Dabei hat die Raumordnung unter Berücksichtigung der Bedürfnisse der Landwirtschaft in Ballungsgebieten andere Konsequenzen als in Landschaften, die durch Natur und Lage benachteiligt sind. Die Agrarstrukturpolitik nimmt zunehmend überregionale Züge an und muß auf Ausgleich bedacht sein. Große Schwierigkeiten entstehen in Ländern mit Marktwirtschaft da, wo der Abbau von Zollmauern die Preise ändert und neue Produktionsziele die traditionellen Produktionsweisen problematisch gemacht haben. Die Lösung solcher Probleme wird eine wichtige Aufgabe der überstaatlichen wirtschaftlichen Gemeinschaften sein.

1.5 Industrie, Verkehr, Industrialisierung

Kein Wirtschaftssektor trägt so zum Reichtum bei wie die *Industrie*; die meisten Staaten Europas gehören zu den industriell hoch entwickelten Ländern der Erde. Der *Hauptindustriegürtel* Europas hat sich da herausgebildet, wo die Eisenerz- und Kohlebasis mit Bevölkerungsverdichtungen zusammenfällt. Er reicht von Schottland über England, Nordfrankreich und die Benelux-Länder, quer durch die beiden deutschen Staaten, umfaßt Nordböhmen, Mähren, Oberschlesien und läuft weiter über Südpolen bis in das Donezbecken. Dazu kommen weitere isolierte Industriekerne in Nordspanien, Norditalien, im Raum von Lyon, in Ober- und Niederösterreich, in Budapest und Nordungarn, in der Ostslowakei und im Ostseeraum. Vorläufer der Industrie war in Europa das Gewerbe, getragen vom *Handwerkerstand*. Die Industrielle Revolution hat das soziale Gefüge tiefgreifend verändert und erschüttert. Die Entstehung der *Arbeiterklasse* in Europa hat moderne Ideologien und bisher nicht bekannte politische Kräfte freigesetzt, die sich ebenfalls zuerst in Europa ausgewirkt haben.

Das Industriezeitalter in Europa ist weiterhin charakterisiert durch eine *»Revolution der Dienstleistungen«*, also durch steigende Bedeutung des Verkehrs und der Kommunikationen, des Handels, der Kapitalwirtschaft sowie eine Expansion von Bildung, Wissenschaft und Forschung. Die Entfaltung der Verkehrs- und Kommunikationsnetze wirkte standortbildend für die Schwerpunkte der Produktion. In der Gegenwart spricht man von einer *»zweiten industriellen Revolution«*, gekennzeichnet durch neue Informationssysteme und Steuerungstechnologien, durch modernes Management und planmäßigen Einsatz der Wissenschaften, die selbst als Produktivkraft verstanden werden. Der *Staat* greift heute stärker als in der Zeit des wirtschaftlichen Liberalismus ordnend in das Wirtschaftsgeschehen ein, wozu auch die Ordnung der Bildungs- und Ausbildungssysteme und die Lenkung der staatlich subventionierten Forschung gehört. Die Industriegeographie hat Ballungsgebiete und industrielle Entwicklungsgebiete bevorzugt zum Mittelpunkt industriegeographischer Regional- und Fallstudien gemacht. Es zeigt sich, daß die frühindustriellen Schwerpunkte in Europa vor 1750 anders angeordnet waren als die heutigen *Standortmuster*. Dieser Wandel wurde bewirkt durch die Verbesserung der industriellen Produktionstechnik, insbesondere durch die Nutzung der Steinkohle als Energielieferant. Dadurch, daß heute andere Energieträger Bedeutung erlangen, werden sich diese Standortmuster erneut ändern.

1.5.1 Das vorindustrielle Europa

Die Technologien, die am Beginn des Industriezeitalters in der Produktion angewendet wurden, waren zum Teil bereits Jahrhunderte vorher bekannt. Ihre Anwendung auf breiter Basis wurde aber erst ermöglicht, als die Bevölkerungsentwicklung, die Kapitalakkumulation und die Arbeitsorganisation so weit vorangeschritten waren, daß sie die Produktionsstruktur durchgreifend wandelten. So war das *Handwerk* als Vorläufer der Industrie keineswegs auf die Städte beschränkt. Dörfliche und klösterliche Handwerker fanden einen lokalen *Markt* vor, und viele Bauern verstanden sich auf handwerkliche Fähigkeiten, die sie nicht nur für den eigenen Bedarf nutzten. In blühenden Agrarlandschaften wie in Oberitalien, Flandern, am Niederrhein und in England standen die Webstühle im Mittelalter auch auf

Bauernhöfen. Bereits im 13. Jh. hatte die Textilproduktion in Italien und Flandern einen frühkapitalistisch-industriellen Charakter angenommen. Erst die merkantilistische Wirtschaftspolitik hat die Produktion systematisch an wenigen Orten konzentriert.

Schon im Mittelalter erlebte das *Bergwesen* einen schwungvollen Anstieg. Edelmetalle wurden in Deutschland, Böhmen, Oberungarn und Italien abgebaut; Eisen ebenfalls in verschiedenen Teilen Deutschlands und der Alpenländer, in den Niederlanden, England, Frankreich, Spanien, Sizilien und auf der Insel Elba; Blei in Derbyshire und Italien; Zinn in Devon, Cornwall und Böhmen; Quecksilber in Spanien und Alaun in Italien. In England und in Mitteleuropa war der Bergbau ein königliches Regal. Das Recht, Bergbau zu betreiben, wurde an Grundherren und bürgerliche Unternehmer vergeben. Es hatte große Bedeutung für die Entwicklung der sogenannten Bergstädte und diente gleichzeitig als ein Instrument herrschaftlicher Raumordnungspolitik.

Da die *Abbaumethoden* anfangs noch sehr einfach waren, wurde das Erz in Oberflächennähe geschürft. So entstanden wannenartige Vertiefungen, die man als »Pingen« bezeichnet. Mit dem steigenden Bedarf an Metallen stiegen auch die Preise, was den Einsatz wirkungsvollerer Technologien ermöglichte. Kunstvolle Entwässerungs- und Belüftungssysteme schufen die Voraussetzungen zu immer größeren Schachtteufen. Beispielsweise hatte die Heilig-Geist-Grube bei Přibram in Böhmen 1750 schon eine Teufe von 540 m. Zum Abtransport des gehauenen Materials durch die Stollen wurden im 17. Jh. kleine Räderwagen verwendet, die auf hölzernen Spurschienen liefen und aus denen sich später das System der Eisenbahn entwickelte. Auch die *Schmelze* und die weitere Bearbeitung des Erzes vollzog sich zunächst nach den überlieferten Methoden. In Korsika und Katalanien wurden noch bis in die frühe Neuzeit Rennöfen verwendet, wie sie schon die Kelten kannten. Die Erfindung des Blasebalgs und die Befeuerung der Stücköfen durch Holzkohle trugen zur gewerblichen Erschließung der Wandgebirge bei. Mit der Entdeckung Amerikas und der Nutzung der südamerikanischen Edelmetallressourcen vollzog sich ein grundlegender Wandel in der Geographie des europäischen Bergbaus. Auch das Aufkommen der eisernen Pflugschar, des Hufbeschlags für die Pferde und die Verwendung von Nägeln und Beschlägen beim Schiffsbau und bei anderen Transportmitteln ließ den *Bedarf an Eisen* schlagartig ansteigen.

Die *Eisenerzeugung* hatte zunächst ihren Schwerpunkt in den Mittelgebirgen und den Alpenländern, wo die Energie der Gebirgsbäche für den Betrieb der Blasebälge und Hammerwerke genutzt wurde. Die

Erfindung des Stückofens mit seinem ungleich höheren Holzkohleverbrauch verlagerte die Eisenerzeugung in die Rheinlande und nach England, wo sich die Waldvorräte allerdings bald erschöpften, was zu einem drastischen Verfall der westeuropäischen Eisenerzeugung führte. So errang Schweden im 17. Jh. seine Vorrangstellung und wurde der größte Eisenproduzent in Europa; von 1620 bis 1690 steigerte sich der schwedische Eisenexport von 6600 t auf 33000 t. Im 18. Jh. wurde dann der Ural das ausgedehnteste Zentrum der europäischen Eisenproduktion. Von da aus wurde nicht nur der russische Markt beliefert, sondern ein beträchtlicher Teil der Eisenproduktion wurde nach England exportiert. Im 19. Jh. wurde dann England zum Hauptverarbeiter von Eisen und Stahl für Europa.
Ähnliche *Schwerpunktverschiebungen* lassen sich auch in anderen Produktionssektoren feststellen. Im Textilsektor hatten die Schwerpunkte im Mittelalter in Oberitalien und Flandern gelegen, dann wanderten sie in die deutschen Mittelgebirge und nach Böhmen, und schließlich, in der ersten Phase der Industriellen Revolution, von dort nach England.

1.5.2 Die Industrielle Revolution

Als Zeitalter der *Industriellen Revolution* rechnet man in Europa etwa die Jahre von 1760 bis 1850. Innovationsartig wurden nach England Nordwesteuropa, Deutschland, Frankreich, Österreich, Rußland, der N und zuletzt die Randländer des Mittelmeers und der Balkan erfaßt. Die Länder, die lange am Ende der Reihe standen, holen die versäumte Industrialisierung nach und zeigen seit dem Zweiten Weltkrieg die höchsten Wachstumsraten. Die Industrielle Revolution hatte nicht zufällig in England begonnen. Daß hier Lage und natürliche Ressourcen zuerst »raumwirksam« wurden, hatte seine Ursachen in der *Gesellschaft* und in der sozialen Infrastruktur. Der vorangegangene Bevölkerungsanstieg, die relative Ruhe nach den Glaubenskriegen, billige Rohstoffzufuhren durch koloniale Aktivitäten, Kapitalakkumulation in nie gekanntem Maße, neue Formen der Unternehmertätigkeit und der Arbeitsorganisation und das liberale Klima einer rationalen Wirtschaftspolitik wirkten zusammen. Bei früheren Konjunkturen war es im allgemeinen so, daß ein starker Bevölkerungsanstieg gefolgt war, so daß der Gewinn rasch wieder aufgezehrt wurde; jetzt aber stiegen die Wachstumsraten der Produktion und des Einkommens schneller an als die Bevölkerung. Die Verbesserung der Lebensbedingungen, der Rückgang der Geburten bei gleich-

zeitiger Verlängerung des durchschnittlichen Lebensalters und nicht zuletzt ein neuer Lebensstil der bürgerlichen Gesellschaft selbst sorgten dafür, daß das akkumulierte Kapital rascher in den Produktionsprozeß zurückfloß und diesen dadurch beschleunigte. Der Abschluß der Einhegungen in England hatte das Aufkommen eines Kleinbauernstandes verhindert und damit das Entstehen einer *»industriellen Reservearmee«* begünstigt. Die höhere Lebenshaltung, ein attraktiver Binnenmarkt und die Monopolstellung auf dem Außenmarkt waren Folgen der Industriellen Revolution und schufen gleichzeitig die Voraussetzungen für ihr weiteres Fortschreiten. Vom 18. Jh. an lebte ein immer größerer Prozentsatz der Bevölkerung in städtischen Siedlungen, die wie Manchester, Birmingham oder Leeds aus Industriedörfern entstanden waren.
Oft werden *Erfindungen* wie die *Spinning-Jenny*, der Hochofen und die Dampfmaschine als Ursachen der Industriellen Revolution genannt. Alle diese Erfindungen wurden in England gemacht, obwohl der Stand der wissenschaftlichen Erkenntnis dort keineswegs höher war als in anderen europäischen Ländern. Vielmehr waren die englischen *Unternehmer* zu dem Risiko bereit, ihr *Kapital* für solche Entwicklungen zur Verfügung zu stellen. 1733 verbesserte der englische Uhrmacher JOHN KAY den schwerfälligen Handwebstuhl durch das »fliegende Weberschiffchen«, 1735 erfand der Quäker A. DARBY die Beschickung des Hochofens mit Koks statt mit der teueren Holzkohle. 1770 ließ J. HARGREAVES seine Jenny-Spinnmaschine und wenig später E. CARTWRIGHT den mechanischen Webstuhl patentieren. Das schon seit längerer Zeit bekannte Prinzip des Hochofens erlangte größere Bedeutung, nachdem der Gebläsebetrieb durch die Dampfmaschine geleistet werden konnte; dadurch verdreizehnfachte sich die Kapazität der Öfen. Das von H. CORT 1766 entwickelte Puddelverfahren bei der Eisenaufbereitung ermöglichte es, spröde Gußeisen in schmiedbaren Schweißstahl umzuwandeln. Dabei verfünffachte sich die *Arbeitsproduktivität* bei gleichzeitiger Herabsetzung der Erzeugungskosten. Auf dem Kontinent breiteten sich alle diese Neuerungen rasch aus, meist unter Beteiligung englischer Ingenieure und Facharbeiter. In allen europäischen Ländern stieg die Eisenproduktion merklich an. 1770 wurden in England 3,5 kg Eisen pro Kopf, in Österreich 2,9 kg, in Frankreich 2,5 kg und in Deutschland 1,2 kg erzeugt; die Zahlen für 1880 lauten 228 kg pro Kopf in England, 61,2 kg in Frankreich, 46,4 kg in Deutschland und 12,5 kg in der Österreichischen Monarchie. Die Pro-Kopf-Produktion an Roheisen, die England 1850 erreicht hatte, erreichen Deutschland 1895, die böhmischen Länder 1900 und Frankreich erst 1910, also mit sechzigjähriger Verspätung.

In Deutschland hatte das Oberschlesische Revier lange einen Vorsprung vor dem Ruhrgebiet, was mit den Prinzipien der preußischen *Industrialisierungspolitik* zusammenhing. Die Innovationen verliefen nicht immer gleichsinnig, ganze Räume wurden übersprungen, und anderenorts kam es nur zu Teilinnovationen, indem neue Produktionsverfahren mit den herkömmlichen kombiniert wurden. Die Einführung des Hochofenbetriebs und des Puddelverfahrens wurde dort begünstigt, wo die Waldressourcen durch die Holzkohlebereitung früher erschöpft waren.
Auf dem Kontinent wurde 1784 der erste *Kokshochofen* bei Le Creuzot in Frankreich angeblasen, etwa zehn Jahre später folgten weitere im staatlichen Eisenwerk in Gleiwitz und in der Sulzbacher Eisenhütte der Fürsten von Nassau-Saarbrücken. Belgien folgte erst 1823, und Österreich 1836 mit einem Kokshochofen belgischen Typs in den erzbischöflichen Eisenwerken in Witkowitz. Der erste rheinländische Kokshochofen wurde 1840 auf der Rheinböller Hütte im Hunsrück angeblasen, und erst 1851 folgte das Ruhrgebiet mit der Eisenhütte Hochdahl. Der Bedarf an Kohle wurde immer größer. Die entscheidende Wende bahnte sich durch die von J. WATT verbesserte *Dampfmaschine* an, die 1769 in dieser Form patentiert wurde. Dampfmaschinen wurden nicht nur zum Antrieb von Spinnmaschinen und Walzwerken benutzt, sondern auch für den Gebläsebetrieb der Hochöfen und für die Entwässerung und Bewetterung der Bergwerksschächte.
Der Aufbau der *chemischen Industrie* erforderte ein Zusammengehen von Wirtschaft und *Wissenschaft*. Eine Reihe von chemischen Prozessen wie beispielsweise die Bereitung von Soda waren schon seit dem

Tab. 11: Kapazität der Dampfmaschinen
in ausgewählten europäischen Ländern (in 1000 PS)

	1840	1860	1880	1896
Großbritannien	620	2450	7600	13700
Deutschland	40	850	5120	8080
Frankreich	90	1120	3070	5920
Österreich	20	330	1560	2520
Belgien	40	160	610	1180
Rußland	20	200	1740	3100
Italien	10	50	500	1520
Spanien	10	100	470	1180
Schweden	–	20	220	510
Europa	860	5540	22000	40300

Quelle: D. S. LANDES, Der entfesselte Prometheus, 1973, S. 211.

Mittelalter bekannt. Allerdings kannte man noch keine Technologien, welche die Massenherstellung von chemischen Grundstoffen ermöglichten. 1791 begründete N. LEBLANC, angeregt durch ein Preisausschreiben der Französischen Akademie, die fabrikmäßige Produktion von Soda. Der deutsche Hochschullehrer J. VON LIEBIG revolutionierte die Landwirtschaft durch Kunstdüngerchemie. Die wachsende Textilproduktion schuf einen zunehmenden Bedarf an Soda, verdünnter Schwefelsäure und Farbstoffen. In Frankreich konzentrierte sich die chemische Industrie zuerst in den Textilgebieten, also um Lyon und im Elsaß, wo die buntbedruckten Stoffe, die damals Mode waren, hergestellt wurden. Wegen des hohen Wasserverbrauchs und des Abwasseranfalls wählte man in der Folgezeit für die Chemiewerke Standorte an großen Wasserläufen (Ludwigshafen, Höchst, Leverkusen). Andere chemische und pharmazeutische Werke finden wir wegen des Fühlungsvorteils in der Nähe der Technischen Hochschulen. Wieder andere Standorte sind charakteristisch für die Kohle- und Petrochemie. Die aufkommende *Automobilindustrie* stimulierte die Kautschukverarbeitung, und die Herstellung von Glühfäden für elektrische Birnen regte die Kunstfaserchemie an.
Um 1870 war die regionale Industriestruktur Europas so weit gediehen, wie sie sich noch heute, um die Mitte des 20. Jh., darstellt. Bei steigenden Wachstumsraten traten allerdings regelmäßig wiederkehrende *Krisenerscheinungen* auf. Die durch die Kapitalpolitik bedingte Konzentration, die Spezialisierung auf immer hochwertigere Güter, die Grundsätze des Neomerkantilismus und eine ausgeklügelte Schutzzollpolitik können als Ursachen genannt werden. Es ist nicht abwegig, sogar von einem *»industriellen Wüstungsprozeß«* zu sprechen. Dieser machte sich in den Mittelgebirgen zuerst bemerkbar, die mit dem Fortschreiten des Industrialisierungsprozesses ihre Vorzugsstellung verloren. Der Holzköhlerei, der Pottaschensiederei, der Glasbläserei und auch den wassergetriebenen Hammerwerken und Waldschmieden wurde die Existenzgrundlage entzogen. Damit trat in Europa eine Scheidung in Agrarlandschaften und Industrielandschaften ein, die man als »Entmischung« charakterisieren kann. Dieser Prozeß wurde durch Landflucht und Auswanderungen verstärkt. Viele dieser frühindustrialisierten Räume sind bis zur Gegenwart Abwanderungsgebiete und *Passivräume* geblieben; nur da und dort konnten Nachfolgeindustrien Fuß fassen.
Bis zur ersten Hälfte des 20. Jh. stiegen die *Wachstumsraten* der industriellen Produktion weiter an, wobei allerdings der europäische Anteil an der Weltproduktion durch das Aufsteigen der USA zu einer industriellen Großmacht zurückfiel. 1880 stammten noch 80% der

Tab. 12: Indizes der industriellen Produktion ausgewählter europäischer Länder (1905–1913 = 100)

	1875/84	1885/94	1895/1904
Österreich	39,1	52,5	74,4
Frankreich	58,6	68,2	82,5
Deutschland	33,0	45,3	68,9
Italien	50,2	54,6	64,8
Rußland	22,9	10,7	60,6
Schweden	38,7	16,8	70,5
Großbritannien	72,7	58,4	85,2

Quelle: C. M. CIPOLLA (Hrsg.), The Fontana Economic History of Europe, Bd. 4 (2), 1973, S. 768

Tab. 13: Kohle- und Lignitproduktion ausgewählter europäischer Länder (in Mio. t)

	1830 –1834	1850 –1854	1870 –1874	1890 –1894	1900 –1913
Belgien	2,4	6,8	14,7	19,9	24,8
Deutschland	1,9	9,2	41,4	94,0	247,5
Großbritannien	22,8	50,2	123,2	183,2	275,4
Frankreich	2,0	5,3	15,4	26,3	39,9
Österreich	0,2	1,2	9,2[1]	27,5	41,1
Ungarn	–	0,2	–	1,8	9,6
Rußland	–	–	1,0	7,1	30,2

[1] außer 1872
Quelle: C. M. CIPOLLA (Hrsg.), The Fontana Economic History of Europe, Bd. 4 (2), 1973, S. 770f.

Weltindustrieproduktion aus Europa, 1913 nur noch 55% und heute nur noch ein Drittel. Die Arbeitsproduktivität stieg weiter an, einmal durch den gezielten Einsatz von hochqualifizierten Facharbeitskräften, andererseits aber auch durch die geschickte Ausnutzung von Billigarbeitskräften. In der Zwischenkriegszeit wurde die industrielle Entwicklung in den europäischen Ländern stärker durch politische Aktivitäten bestimmt, was auch mit der Gründung neuer Nationalstaaten zusammenhängt. Die wirtschaftlichen Krisenerscheinungen, wie die Inflationsjahre um 1923 und die *Weltwirtschaftskrise* um 1932, haben die Industrie stärker betroffen als die Landwirtschaft. Der freie Warenaustausch wurde durch neue Zollmauern behindert, was in einzelnen Ländern und Branchen zur Überproduktion führen konnte.

Die größten Zuwachsraten hatten die Chemie, der Fahrzeugbau, der Apparatebau und die Elektrotechnik, alles Branchen, die auch für die Rüstungsbestrebungen von Bedeutung waren. Der industrielle Aufbau in Deutschland wurde nach 1933 durch die Autarkiepolitik bestimmt. So wurden Gebiete und Fertigungszweige begünstigt, die bei einer liberalen Wirtschaftsverfassung auf dem Weltmarkt kaum konkurrenzfähig gewesen wären. Beispiele sind der Bergbau im Salzgittergebiet, die Stahlwerke bei Linz, die Schwerchemie im Sudetengau, die Automobilproduktion in Wolfsburg und die Braunkohlechemie im Raum Halle–Merseburg.

1.5.3 Die heutige Industriewirtschaft

Die Folgen des Zweiten Weltkriegs haben die *regionale Industriestruktur* Europas erneut umgestaltet. Der Wiederaufbau und die weitere Entwicklung der Industrie in West-Europa wurden gestützt durch ein Programm, das in der Weltwirtschaftsgeschichte ein völliges Novum war: das *European Recovery Program* (ERP) oder die Marshall-Plan-Hilfe durch die USA. 17 europäischen Ländern, die sich 1948 im »Europäischen Wirtschaftsrat« (OEEC) zusammengeschlossen haben, wurden rund 12,5 Mrd. US-Dollar zugeführt, auf deren Rückzahlung später weitgehend verzichtet wurde. Mit dem Abschluß dieses Programms im Jahre 1952 hatten die geförderten Staaten den Anschluß an die freie Weltwirtschaft gefunden. Die westeuropäische Industrieentwicklung ist unter drei Aspekten zu sehen: die Branchenkonjunktur und Strukturkrisen, die Umverteilung von Standortmustern und die Auswirkungen raumwirksamer Entscheidungen durch staatliche und überregionale Organe.
Konjunkturen erfuhren die Großchemie, besonders die Kunststofferzeugung, die Automobilindustrie einschließlich aller Zulieferindustrien und die Gebrauchsgüterindustrie. Hier wirkte sich der Übergang zu einer standardisierten Massenherstellung, Automation, Anwendung der Kybernetik, modernes Management und wissenschaftlicher Vorlauf durch gezielte Forschung, am stärksten aus. Die Wachstumsbranchen wie Elektrotechnik, Elektronik, der Bau von Büromaschinen und Datenverarbeitungsanlagen haben typische Standorte und nehmen dabei die Fühlungsvorteile zu Wissenschaft und Administration wahr. Die Bedeutung des Standortfaktors Kohle ist gesunken, dadurch wurden besonders die altindustrialisierten Agglomerationen betroffen, die in der Phase des Wiederaufbaus eine erhebliche Aufwertung

erfahren hatten. Sie wandelten sich vielfach zu Problemräumen, wenn nicht, wie in den sozialistischen Zentralverwaltungswirtschaften, die Investitionsströme künstlich dorthin gelenkt wurden. Somit sind traditionelle Branchen wie die Stahl- und Eisenerzeugung und die Textilindustrie in krisenhafte Entwicklungen geraten.
Noch immer gehört Europa nach Nordamerika zu den größten Energieerzeugern und -verbrauchern. Die Umstellung auf die Erdölverbrennung hat für den Steinkohlebergbau an Rhein und Ruhr, in Belgien, Nordfrankreich und Großbritannien, nicht aber in Oberschlesien, verheerende Folgen gehabt und führte zur Schließung zahlreicher Zechen und Gruben. Doch hatte die Abhängigkeit von den Ölimporten, wie der »Ölschock« des Jahres 1974 zeigte, neue Probleme zur Folge. Die fieberhafte Suche nach Erdöl und Erdgas in der Nordsee brachte zwar eine gewisse Entlastung, doch ist die Nutzung anderer Energiequellen zu einem Politikum ersten Ranges geworden. Ein zunehmender Anteil des Energieaufkommens wird deshalb durch die Kernkraft gedeckt, in den 12 EG-Ländern sind es bereits über 20 %. Nach wie vor bleibt der Ausbau und weitere Aufbau von Kernkraftwerken in verschiedenen Ländern, darunter der Bundesrepublik Deutschland, umstritten. Die Havarie im sowjetischen Kernkraftwerk Tschernobyl am 26. April 1986 hat die Gefahren, die bei Unfällen drohen, breiten Bevölkerungskreisen ins Bewußtsein gerufen. Die Gegner der Kernenergie weisen auf mögliche Umweltgefahren wie Strahlenverseuchung und auf die Problematik der Endlagerung radioaktiver Abfälle hin. Die Befürworter dagegen glauben nachweisen zu können, daß die Kernkraft bei Anwendung aller Sicherheitsvorschriften umweltfreundlicher sei als jede andere Form der Energiegewinnung, ganz abgesehen von den langfristig wirkenden Kostenvorteilen. Die Entscheidungen, die hier von den Regierungen und Wirtschaftsmanagern zu treffen sind, werden für die weitere wirtschaftliche Entwicklung sehr folgenreich sein.
Die traditionellen *Industriestandorte* waren durch die Verteilung der natürlichen Ressourcen, das Vorhandensein von Arbeitskräften und die Transportkostenrechnungen determiniert. Bemerkenswert sind Standortentscheidungen der Stahlindustrie, welche die Hochöfen von der Koksbasis nach der Erzbasis verlegten, also nach Lothringen, Luxemburg oder Salzgitter-Peine, um die Transportkosten zu verringern. Noch einen Schritt weiter ging man indessen in den letzten Jahren, als Hochöfen an Küstenstandorten wie Lübeck, Bremen, Ijmuiden, Amsterdam, Europoort, Dünkirchen, Genua, Neapel und Tarent errichtet wurden. Den Anstoß gaben billige amerikanische Kohleimporte sowie Erzlieferungen über den Seeweg. Hier zeigt sich

Tab. 14: Elektrizitätserzeugung europäischer Länder 1937–1985

	1000 GWh				pro Kopf der Bev. in KWh	
	1937	1950	1960	1985	1960[1]	1985
Belgien	5,4	8,5	15,2	57,7	1655	5808
Bulgarien	0,3	0,8	4,7	41,6	589	4646
BR Deutschland	24,1[2]	45,1[3]	119,0	408,7	2152	4646[4]
Dänemark	1,1	2,2	5,2	27,2	1066	5322
DDR	14,0[2]	19,5	40,3	113,8	2338	6839
Finnland	2,8	4,2	8,6	47,5	1963	9687
Frankreich	20,0	33,0	71,1	344,3	1625	6240
Griechenland	0,2	0,7	2,3	27,7	264	2792
Großbritannien	24,2	66,4	137,0	297,7	2536	5293
Italien	15,4	24,7	56,2	185,7	998	3251
Jugoslawien	0,9	2,4	8,9	74,3	479	3214
Niederlande	3,5	7,4	16,5	62,9	1438	4345
Norwegen	9,3	17,8	31,1	103,2	8634	24847
Österreich	2,9	6,4	16,0	44,5	1862	5893
Polen	3,6	9,4	29,3	137,7	985	3702
Portugal	0,4	0,9	3,3	19,1	355	1867
Rumänien	1,1	2,1	7,7	71,8	416	3160
Schweden	8,0	18,2	34,7	137,2	4652	16426
Schweiz	6,9	10,5	19,1	53,5	3586	8387
Spanien	2,5	6,9	18,6	127,3	582	3297
Tschechoslowakei	4,1	9,3	24,5	80,6	1786	5202
Ungarn	1,4	3,0	7,6	14,5	763	2508

[1] berechnet nach Statistisches Jahrbuch der Bundesrepublik Deutschland 1962
[2] 1936 [3] ohne Saarland [4] ohne Berlin (West)
Quelle: Statistische Jahrbücher Bundesrepublik Deutschland und DDR 1962, 1987

ein gutes Beispiel regionaler Arbeitsteilung in Europa. In den industriellen Kernräumen breitet sich die Verarbeitungs- und Veredelungsindustrie aus, während die »Ränder« die ersten schwerindustriellen Stufen übernehmen. Der Automobilbau in Belgien (Volvo) und im Ruhrgebiet (Opel) sind Beispiele dafür.
Auch in der Verarbeitenden Industrie stellen sich neue Standortmuster ein. In den marktwirtschaftlich verfaßten Staaten sind Konzentrationserscheinungen aufgetreten, bedingt durch den Mangel an Arbeitskräften in der Phase des Wachstums, die Konkurrenz der Billigländer und systeminterne Verflechtungen. Dies geschah durch Neugründungen, Erweiterungen, Auflassungen und Umstellung der Produktion, wobei auch alle Möglichkeiten des Ferntransportes genutzt werden. Gleichzeitig wurde durch die staatliche Regionalpolitik versucht, in den peripheren Regionen nichtlandwirtschaftliche Ar-

beitsplätze zu schaffen. In den sozialistischen Staaten hat man die Verarbeitende Industrie zunächst vernachlässigt. Die sozialistische Standortpolitik ist darauf angelegt, die Mobilität der Bevölkerung zu steuern. Die Tendenz, Industrie aus den Wohnstädten an die Ränder zu verlagern, ist in ganz Europa zu beobachten.

Im Gebiet der EG der Sechs umfassen die *industrialisierten Regionen* etwa 16% der Fläche mit 42% der Bevölkerung. Dagegen sind über 50% des Gebietes mit 25% der Bevölkerung als landwirtschaftlich strukturiert anzusehen. In den Industriegebieten ist der Wohlstand, gemessen am Durchschnittseinkommen der Bevölkerung, höher. Ziel der *Regionalpolitik* ist es, durch Steuerung der Produktion und des Binnenhandels dieses Gefälle auszugleichen. Ausdruck neuer Prinzipien der europäischen Regionalpolitik ist ein sichtbarer Deglomerationsprozeß in der Verarbeitenden Industrie. So wurden Hunderttausende von Arbeitsplätzen in Gebieten außerhalb der industriellen Kernzonen geschaffen. Staatliche und kommunale Anreiz- und Gestaltungsmittel nehmen den Unternehmern ein gewisses Maß an Risiko bei der Standortentscheidung ab. Gefördert wurden vor allem rückständige Gebiete, darunter die Grenzsäume der früheren Nationalstaaten und die Grenzgebiete zu den Staatshandelsländern (Zonenrandgebiete). Somit wirkt man der Abwanderung aus diesen Räumen entgegen und versucht, das von der Landwirtschaft freigesetzte Arbeitskräftepotential aufzufangen. Diese Bestrebungen werden unterstützt durch die Verbesserung der Infrastruktur, also des Verkehrsnetzes, des Bildungs- und Gesundheitswesens und weiterer sozialer und kommunaler Dienste. So kam es nicht nur in den Fördergebieten Mitteleuropas, sondern auch in Randgebieten wie Irland und Portugal zu neuen Industrieansiedlungen.

In den Industriegebieten selbst hingegen kann man vielfach von einer *»Überentwicklung«* sprechen, vor allem wo die industrielle Tragfähigkeit erschöpft ist und das Gleichgewicht der natürlichen Umwelt empfindlich gestört wurde. Staatliche Eingriffe sind hier unvermeidlich geworden. Dabei wird ein ganzes Instrumentarium von Abschreckungsmitteln angewendet: Kreditbremsen, Finanz- und Sachauflagen, beispielsweise in Umweltfragen, schärfere Kontrollen und härtere Strafen bei Verstößen, tarif- und bodenpolitische Maßnahmen, eine strenge Bauleitplanung und Sanierungsauflagen. Alle diese Maßnahmen sollen sich aber im Rahmen der marktwirtschaftlichen Wirtschaftsverfassung halten.

Im sowjetisch beeinflußten Teil Europas dagegen entwickelte sich die Industrie seit dem Ende des Zweiten Weltkriegs in völlig anderen Bahnen. In der Sowjetunion selbst waren durch den Krieg viele Industrieanlagen schwer beschädigt worden, so daß *Reparationsleistungen* aus der sowjetisch besetzten Zone Deutschlands und aus Ungarn zur Wiederankurbelung beitragen mußten. Drei Entscheidungen bestimmten die weitere Entwicklung Ostmittel- und Südosteuropas: die Zurückweisung der ERP-Hilfe, die *Verstaatlichung* der industriellen Produktionsanlagen und des Handels sowie die Einführung der Zentralverwaltungswirtschaft nach sowjetischem Muster. Im Januar 1949 wurde der »Rat für gegenseitige Wirtschaftshilfe« (RGW, COMECON) gegründet.

Im Rahmen der *Zentralverwaltungswirtschaft* wurden Mehrjahrespläne, meist Fünfjahrpläne, erlassen, welche das Ziel und den Umfang der Produktion sowohl sektoral wie auch territorial bis ins einzelne festlegen. Nicht die Bedürfnisse des Marktes, sondern die Erfüllung der Planziele ist wesentlich für die Leitung, Gestaltung und Organisation der Produktion. Bis in die siebziger Jahre war die *»sozialistische ökonomische Integration«* praktisch an den Bedürfnissen der Sowjetwirtschaft ausgerichtet. Verschiedene Wirtschaftsreformen wie die »Neue ökonomische Politik« in einigen Ländern haben dieses System nicht grundsätzlich gewandelt, aber für marktbestimmte Entscheidungen einen begrenzten Spielraum eingeräumt.

Raumwirksame Entscheidungen in der *Industriepolitik* der RGW-Länder wurden insbesondere durch vier Prinzipien bestimmt:

- die *Präferenz der Schwerindustrie* und des Maschinenbaus gegenüber allen anderen Branchen,
- die möglichst *gleichmäßige Verteilung* weiterer Industrieanlagen über die Territorien,
- die *Drosselung des Westhandels* und der absolute Vorrang des Intra-Block-Handels
- und die sich daraus ergebende *»sozialistische Arbeitsteilung«*.

Die einseitige Bevorzugung der *Schwerindustrie* (»Tonnenideologie«) entsprach dem kommunistischen Dogma vom »vorrangigen Wachstum der Produktion von Produktionsmitteln«. Dabei wurden in den 50er Jahren Stahlwerke in Ländern gegründet, die selbst teilweise nicht einmal über nennenswerte Eisenerzreserven oder Kohlevorräte verfügen. Beispielsweise Nowa Huta bei Krakau, die Ostslowakischen Eisenwerke bei Kaschau, Eisenhüttenstadt in der DDR, Dunaújváros in Ungarn, Galatz in Rumänien, Kremnikowzi in Bulgarien. In der zweiten Phase folgte der Ausbau der Schwerchemie, wobei wegen der prekären Lage in der Landwirtschaft die Düngemittelproduktion im Vordergrund stand. Dann hatte die Petrochemie den Vorrang. Inzwischen hat man unter dem Eindruck der weltwirtschaftlichen Zwänge erkannt, daß die Wachstumsschwerpunkte nicht allein auf der Maschinenbau- und Chemischen Industrie liegen dürfen, sondern daß im Hochtechnologie-Bereich erhebliche Rückstände aufgeholt werden müssen.

Für die sozialistische *Standortpolitik* ist der Satz von der »gleichmäßigen Entwicklung des Territoriums« ein gesellschaftliches und politisches Prinzip, das der Durchsetzung ländlicher Gebiete mit sozialistischen Kadern dienen soll. Dieser Grundsatz gilt sowohl für die ehemaligen Agrarstaaten im Donauraum, wie auch für die weniger entwickelten Gebiete in den Industriestaaten, wie dies die Beispiele der Industrialisierung der Slowakei und der Nordbezirke der DDR zeigen.

Die Drosselung des Westhandels nach dem Zweiten Weltkrieg gehört zu den politischen Maßnahmen, mit Hilfe derer sich die Sowjetunion die mit ihr verbündeten Länder abhängig machte. 1937 wickelten die europäischen RGW-Länder nur 12,8 % ihres Außenhandels untereinander und mit der Sowjetunion ab, 1948 dagegen schon 38,1 %, 1950 waren es 62,2 % und 1960 schon über drei Viertel. Damit hat sich die *Import-Export-Struktur* entscheidend verschoben. Durch die Schaffung eines »sozialistischen Weltmarktes« hat sich die Grenze zwischen den Ländern des RGW und den Ländern mit Marktwirtschaft zu einer wirtschaftlichen Trennungslinie von globaler Bedeutung entwickelt, obwohl sie mitten durch Zentraleuropa verläuft. Inzwischen aber sind die wirtschaftlichen Beziehungen zu westlichen Industrieländern wieder verstärkt worden, wozu auch die bekannten »Milliardenkredite« beigetragen haben.

Der Anteil der Sowjetunion und der sozialistischen Länder in Europa in der Welt-Industrieproduktion ist im Steigen begriffen. Das hat auch historische Gründe, denn diese Länder sind von der Innovationswelle der Industriellen Revolution zuletzt erreicht worden. Innerhalb eines Jahrzehnts wurden Bulgarien, Polen, Rumänien, Ungarn und Jugoslawien von Agrarstaaten zu Agrar-Industrie-Staaten umgewandelt, und in den schon vorhandenen Industriegebieten der DDR und der ČSSR wurden die industriellen Kapazitäten erweitert und spezialisiert. Durch das *Komplexprogramm des RGW* und die zwei- und mehrseitige Koordinierung der Volkswirtschaftspläne wurde die »sozialistische Arbeitsteilung« in der Industrie festgelegt: weitere *Spezialisierung* in einigen Branchen und Verzicht auf die Entwicklung anderer Branchen.

Die Spezialisierung der DDR auf Chemieanlagenbau, Energiemaschinenbau, Landmaschinenbau, Schiffsbau, Schwermaschinenbau, optische Geräte, Elektronik und Computer geht eindeutig auf Standortbildungen der Vorkriegszeit zurück, ebenso die Spezialisierung der ČSSR auf Maschinen- und Fahrzeugbau, Turbinen, Zuckerfabrikeinrichtungen und Kraftfahrzeuge. Somit konnte man bei der Entwicklung der Industrie in den anderen Ländern Schwerpunkte berücksichtigen, die hier noch offen waren: Eisen- und Buntmetallurgie und neuerdings elektrotechnische und medizinische Geräte in Bulgarien, Schiffsbau, Petrochemie und Automobilbau in Polen, Auto- und Traktorenbau in Rumänien, Werkzeugmaschinenindustrie, nachrichtentechnische Geräte und Pharmazie in Ungarn.

1.5.4 Der Verkehr und seine räumliche Entfaltung

Die Überlandwege des *Altertums* dienten vorwiegend dem Salz- und Bernsteinhandel. Die Römer hatten ihr Reich mit einem hervorragenden Straßennetz überzogen, und manche Trassen werden heute noch benutzt. Im Spätmittelalter und in der frühen Neuzeit stellte der aufkommende *Fernhandel* neue Ansprüche an das Verkehrswesen. Der organisierte Personenverkehr und das Postwesen entwickelten sich im 16. und 17. Jh. Neue Antriebstechnologien wie die Dampfmaschine, der Benzinmotor und der Elektromotor revolutionierten das Verkehrswesen im 19. Jh., wozu noch die Entwicklung der Kommunikationstechnik und die Koordination der Verkehrspolitik kommen.
Die vorgeschichtlichen und mittelalterlichen Fernwege können gelegentlich noch heute im Gelände beobachtet werden; sie müssen, gemessen an unseren heutigen Ansprüchen, in einem sehr desolaten Zustand gewesen sein. Das Aufkommen des *eisenbeschlagenen Rades* stellte höhere Anforderungen an die Wege, so daß vom 17. Jh. ab die ersten Wegebauverordnungen erlassen wurden. 1669 ernannte COLBERT in Frankreich Kommissare für Straßen und Brücken, und 1747 wurde in Paris die *École des ponts et chaussées* gegründet. Der schottische Wegebauingenieur J. MCADAM erfand die gewalzte »Makadamstraße« (1803); diese Straßenbautechnik und der mit Hilfe der Kohlechemie entwickelte *Asphaltbelag* waren die ersten Schritte zu einem staubfreien Straßenverkehr. Während in England und Nordwesteuropa bereits die Einhegungen zur Anlage vieler neuer Wege geführt hatten, wurde der Kontinent in der zweiten Hälfte des 18. Jh. und in der napoleonischen Zeit mit einem Netz neuer Landstraßen überzogen. Der weitere Ausbau des Straßennetzes wurde sowohl durch wirtschaftliche als auch durch militärische Erwägungen bestimmt. Der rasante Anstieg des *Kraftwagenverkehrs* und der immer noch wach-

sende Anteil des Straßengüterverkehrs bewirken in der Gegenwart eine enorme Investitionstätigkeit im Straßenbau. Neue Schnellstraßen und Autobahnen verbinden die Ballungsgebiete miteinander und erlauben auch eine bessere Abwicklung des Nahverkehrs.
1904 gab es in Großbritannien 17810, 1914 schon 250182 und 1939 über 3 Mio. *Motorfahrzeuge*. Von 1960 bis 1970 hat sich in Westeuropa die Zahl der Kraftwagen verdoppelt. 1950 kamen in der Bundesrepublik Deutschland 42, 1975 bereits 280 und Ende 1987 460 Personenkraftwagen auf 1000 Einw., nicht gerechnet die gewerblichen Fahrzeuge, die Motorräder und Mopeds.
Der Industriellen Revolution folgt auch die Entfaltung des europäischen *Eisenbahnnetzes*. Vorläufer der Eisenbahn waren die hölzernen Spurbahnen im Bergbau. Durch Beschlagen mit gußeisernen Platten konnte man immer größere Lasten immer schneller bewegen. Am Anfang des 19. Jh. kamen die ersten öffentlichen Pferdebahnen auf. Die Anlage der Spurbahnen auf getrennten Gleiskörpern neben und abseits der Straßen, die Herstellung gewalzter Stahlschienen, die 1820 in England anlief, und schließlich der Ersatz der Pferde durch die *Dampflokomotive*, deren Konstruktion G. STEPHENSON 1825 gelang, beschleunigten die weitere Entwicklung. Im gleichen Jahr wurde die erste Eisenbahnstrecke der Welt von Stockton nach Darlington eingeweiht. Als Mitte der 30er Jahre auf dem Kontinent (Brüssel–Mecheln, Nürnberg–Fürth, Braunschweig–Wolfenbüttel, Wien–Brünn) die Strekken eröffnet wurden, gab es in Großbritannien schon weit über 1000 km Eisenbahnlinien. Von den 38600 km Eisenbahnlinien, die 1850 in der ganzen Welt verlegt worden waren, lagen allein 23500 km in Europa. Am Vorabend des Ersten Weltkrieges hat das europäische Eisenbahnnetz im wesentlichen die heutige Dichte erreicht.
Beim Eisenbahnbau war ein enges Zusammenspiel von Staat, Banken und Unternehmern notwendig. Mit der Vergabe der Konzessionen hatte der Staat ein wichtiges Steuerungsinstrument für die weitere Entwicklung der Wirtschaft an die Hand bekommen, ganz abgesehen von der militärischen Bedeutung der Eisenbahn. Es zeigte sich bald, daß die Eisenbahn-Knotenpunkte eine hervorragende Anziehungskraft bei der industriellen Standortwahl bekamen. Über die Staatsgrenzen hinweg wurden die Eisenbahnsysteme einheitlich gestaltet; beispielsweise haben alle europäischen Netze, von der Sowjetunion und Spanien abgesehen, die gleiche Spurweite, die auf den Standardachsenabstand der englischen Postkutschen zurückgeht.
Heute stehen Schienen- und Straßenverkehr in den marktwirtschaftlich regierten Ländern in einem scharfen *Konkurrenzkampf*, der zu Stillegungen bei den Nebenstrecken geführt hat. Allerdings konnten

auch im Eisenbahnverkehr durch neue Technologien wie die Umstellung von der Dampftraktion auf die Diesel- und Elektrotraktion, durch moderne Wagenparks im Personen- und Güterverkehr, dichtere Zugfolgen, Verbesserung der Signaltechnik, Konzentration der Verladeeinrichtungen, Container-Verkehr, Städte-Schnellverkehr und Verkehrsverbund im Nahverkehr die Kosten gesenkt werden. Die Hauptstrecken bringen den größeren Gewinn und müssen zur Unterhaltung der weniger rentablen Nebenstrecken beitragen. Recht günstig entwickelte sich in der Konkurrenz mit anderen Verkehrsträgern die Einrichtung und der weitere Ausbau der Intercity- und Eurocity-Verbindungen zwischen den Großstädten Westeuropas einschließlich Westdeutschlands. In Frankreich werden die ersten Erfahrungen mit neuerbauten Schnellstrecken gemacht; der TGV (Train à Grande Vitesse) von Paris nach Lyon erlaubt Geschwindigkeiten bis über 300 km/h. 1986 wurde der Bau eines Tunnels unter dem Ärmelkanal beschlossen. Die Deutsche Bundesbahn stellt, neben anderen Baumaßnahmen, die Neubaustrecken Hannover–Würzburg und Mannheim–Stuttgart fertig, auf denen nach 1990 Intercity-Züge mit Tempo 250 verkehren werden. Im Gespräch ist auch der Neubau einer Schnellstrecke von Westdeutschland nach Berlin, die ohne Aufenthalt über das Territorium der DDR führen soll.

Tab. 15: Länge der Eisenbahnnetze ausgewählter europäischer Länder (in km)

	1840	1860	1880	1900	1910
Belgien	334	1730	4112	4591	4679
Deutschland[1]	469	11089	33838	51678	61209
Frankreich[1]	497	9167	23089	38109	40484
Großbritannien	2390	14603	25060	30079	32182
Irland	21	2195	3816	5125	5476
Italien	20	2404	9290	16429	18090
Niederlande	17	335	1846	2776	3215
Österreich-Ungarn	144	4543	18507	36330	43280
Portugal	–	67	1444	2168	2888
Rumänien	–	66	1384	3100	3437
Rußland	27	1626	22865	53234	66581
Schweden	–	527	5876	11303	13829
Schweiz	–	1051	2575	3867	4716
Spanien	–	1917	7490	13214	14675

[1] Elsaß-Lothringen vor 1871 bei Frankreich, nach 1871 bei Deutschland
Quelle: Nach C. M. CIPOLLA (Hrsg.), The Fontana Economic History of Europe, Bd. 4 (2), 1973, S. 789f.

In den Ländern des RGW ist die Eisenbahn nach wie vor der wichtigste *Verkehrsträger*, was nicht zuletzt auch eine Folge der Verstaatlichung des Straßen-Gütertransport-Verkehrs ist. Nachdem es nach dem Zweiten Weltkrieg im Rahmen der Reparationsleistungen sogar zum Abbau von Zweitgleisen gekommen war, wurden die Hauptstrekken erneut ausgebaut und sogar neue Linien eingerichtet, besonders in Polen und Bulgarien. Namentlich die Strecken des Ost-West-Verkehrs, also die Anschlußlinien zur Sowjetunion, wurden zuerst auf die Diesel- und Elektrotraktion umgestellt. Einige Strecken mit der russischen Breitspur wurden zu Industrieobjekten in der ČSSR und in Rumänien gebaut, um das sowjetische Erz reibungslos anliefern zu können. Ein gemeinsamer Güterwagenpark (OPW) der europäischen RGW-Länder und die Einführung des Container-Verkehrs haben die Situation in der schienengebundenen Frachtbeförderung verbessert.
Schiffbar gemachte Flüsse und künstliche Wasserwege wie *Kanäle* wurden in Europa schon zur Römerzeit benutzt, und die Technik des Schleusenbaus ist seit dem Mittelalter bekannt. Norditalien und die Niederlande waren zu Beginn der Neuzeit von zahlreichen Kanälen durchzogen, die allerdings eher wasserbauliche Bedeutung hatten. Das französische *Ancien Régime* erkannte die Bedeutung von Kanalverbindungen für die merkantilistische Wirtschaftsführung. Seine weitreichenden Kanalbaupläne, die zum Teil auf COLBERT und VAUBAN zurückgehen, wurden erst im zweiten Kaiserreich vollendet. In England hatte der Kanalbau schon in der zweiten Hälfte des 18. Jh. wesentliche Fortschritte gemacht; bis 1824 sind dort fast 4000 km künstliche Wasserwege gebaut worden. Die ersten größeren Kanäle entstanden im Industriezentrum von Lancashire, um den Kohlentransport zu verbilligen. Der 1777 eröffnete Grand Trunk Canal zwischen Liverpool und Bristol führt durch hügeliges Gelände und machte zahlreiche Kunstbauten wie Einschnitte, Dämme und Aquädukte notwendig. Auch in Mitteleuropa wurde die Binnenschiffahrt durch Flußregulierungen wie Abschneiden von Schlingen, Begradigungen, Tieferlegung der Fahrtrinne, Anlage von Buhnen und Leitwerken gefördert. Eines der größten Flußbauwerke in der europäischen Geschichte war die Rheinkorrektion des badischen Ingenieurobersten J. C. TULLA, die 1817 begann.
Auch in der Gegenwart sind die *Binnenwasserstraßen* wichtig für die überregionale Verkehrspolitik. Ein Beispiel dafür ist der Ausbau der Mosel (»Moselkanalisierung«), der von 1956 bis 1964 gemeinsam durch Frankreich, Luxemburg, Belgien und die Bundesrepublik Deutschland durchgeführt wurde und eine Wasserverbindung zwi-

schen dem Ruhrgebiet und der lothringischen Minette entstehen ließ. Eine Maßnahme von kontinentaler Tragweite ist der Bau des Rhein-Main-Donau-Kanals. Der weitere Ausbau des Oberrheins förderte die Wirtschaft der Regio Basilensis und legt eine zukünftige Verbindung zum Rhône-Tal und damit zum Mittelmeer nahe.
Ein beachtlicher Teil der Welthandelsflotte fährt nach wie vor unter den Flaggen europäischer Staaten, wobei Griechenland, Großbritannien, Norwegen, Cypern und Italien an erster Stelle stehen. Mit dem Wandel der Energiebilanz in Europa und dem wachsenden Anteil des Erdöls am Energieaufkommen haben sich auch die Schwerpunkte der Hafenwirtschaft verlagert. *Häfen,* die überwiegend dem Stückgutumschlag dienen, haben heute mindere Bedeutung. Großtanker können überhaupt nur in wenigen Häfen abgefertigt werden, zu denen Fawly, Milford Haven und Finnard in Großbritannien, Bantry Bay in Irland, Slagen in Norwegen, Le Havre und Lavera in Frankreich, Triest, Rotterdam-Europoort und Wilhelmshaven gehören; weitere sollen ausgebaut werden. Im RGW-Bereich gehört der neue Danziger Nordhafen in diese Kategorie.
Nicht nur an den Hafenstandorten, sondern auch in Binneneuropa konnten eine ganze Reihe von neuen Raffinerien angelegt werden, nachdem Erdöl- und Erdgasleitungen den ganzen Kontinent überziehen. Allein in den RGW-Ländern werden heute schon 7,4% aller Gütertransportleistungen, im Verkehr zwischen den RGW-Ländern sogar 16,4% durch den *Rohrleitungstransport* erbracht. Den höchsten Anteil daran haben die Lieferungen von Erdöl und Erdgas aus der Sowjetunion.
Seit dem Zweiten Weltkrieg hat der Luftverkehr in Europa eine steigende Bedeutung gewonnen; das bezieht sich sowohl auf die Verbindungen zu den anderen Kontinenten als auch auf den innereuropäischen und innerstaatlichen Verkehr. Die bedeutendsten Flughäfen sind London-Heathrow, Frankfurt-Rhein-Main, Paris-Orly, Amsterdam und Athen. Zahlreiche Staaten verfügen über nationale Fluggesellschaften, die in einem harten Konkurrenzkampf stehen. Da der Anteil des Frachtflugverkehrs immer größer wird, mußten an verschiedenen Flughäfen Erweiterungen vorgenommen werden, was zu großen umweltpolitischen Auseinandersetzungen führte.

1.5.5 Die industrielle Kulturlandschaft

Die vorindustrielle Phase hinterließ nur wenige Zeugnisse im Gelände. Hier sind in erster Linie die Überreste des vorgeschichtlichen und mittelalterlichen Bergbaus und der Metallverarbeitung zu nennen. Die nachhaltigste Beeinflussung der Kulturlandschaft Europas geschah in der Zeit der Industriellen Revolution. Das schließt nicht aus, daß *Technik und Landschaft* auch eine harmonische Verbindung eingehen können. Der Primat der Technik in Bergbau, Industrie und Transportwesen hat die Landschaftsgestaltung und sogar das Landschaftsgefühl des europäischen Menschen erheblich gewandelt. Gleichwohl ist die Umgestaltung, um nicht zu sagen die Zerstörung der Kulturlandschaft in den europäischen Industriegebieten am meisten fortgeschritten.

Die tiefsten Eingriffe, auch wörtlich genommen, erfordert der *Bergbau*. R. L. SHERLOCK errechnete in Großbritannien für das Jahr 1913 einen *Aushub* von über 15 km^3 durch die Bergwerke unter Tage, dieser Wert setzt sich aus der Fördermenge und dem Abraum zusammen. Genauere Berechnungen hat L. ZAPLETAL (1971) für das Ostrauer Revier in der ČSSR vorgelegt. Hier wurden 957,7 Mio. t Kohle von 1770 bis 1967 gefördert, dazu kommen rd. 300 Mio. t *Abraum*. Im Jahre 1974 betrug die Steinkohleförderung in den neun EG-Ländern rd. 243 Mio. t, das war mehr als ein Zehntel der Weltförderung, 1984 (mit Spanien) dagegen nur noch 167 Mio. t, das ist nur mehr ein Achtzehntel. Die durch den *Untertagebau* entstehenden Hohlräume haben Senkungen, Erdfälle und Risse zur Folge, indem das Hangende allmählich nachsetzt. In England und Oberschlesien werden Absenkungswerte von über 30 m beobachtet; im Ruhrgebiet liegen die Senkungsbeträge bei 6–8 m. Der Duisburg-Ruhrorter Hafen ist seit 1850 teilweise um über 2 m eingesunken. Im Salz- und Kalibergbau, wo infolge der kompakten Lagerung des Materials große Hallen ausgeräumt werden, entstehen mancherorts plötzlich trichterförmige *Erdfälle*, was zu katastrophalen Folgen führen kann. Noch eindrucksvoller sind die landschaftlichen Veränderungen durch den Tagbau. An erster Stelle ist die Braunkohle zu nennen, denn Europa erbringt einen großen Teil der Weltförderung. Die Bundesrepublik Deutschland, die DDR, die Sowjetunion und die ČSSR sind die größten Förderländer. Die Materialbewegungen gehen mit so großer Schnelligkeit vonstatten, daß es unmöglich ist, die topographischen Kartenwerke auf dem laufenden zu halten. Ein einziger Schaufelradbagger fördert in 24 Stunden 100000 m^3 Kohle oder räumt ebensoviel Abraum fort. Das Deckgebirge ist oft mehr als dreimal so mächtig wie das abzubauende Flöz.

Seitliche Materialversetzungen verursachen nicht selten ein welliges Aussehen der Landschaft mit Absenkungen von 5–8 m, außerdem wird Grundwasser abgezogen. Die so entstehende edaphische Trokkenheit begünstigt die Winderosion.
Der anfallende Abraum verändert das Relief. Bei der Ablagerung des Abraums unterscheidet man *Halden*, die auf das Terrain aufgesetzt werden, und *Kippen*, bei denen das Material in bereits ausgeräumte Hohlräume eingekippt wird. Kegelförmige oder auch oben abgeplattete Halden bestimmen, neben Fördertürmen, Hochöfen und Fabrikschloten, die Silhouette der traditionellen Bergbau-Industriegebiete in England und Wales, in Nordfrankreich und Belgien, im Ruhrgebiet und in Oberschlesien. SHERLOCK schätzte den Inhalt der britischen Kohlebergbauhalden 1913 bereits auf 10,6 km^3. In der Black Country bei Birmingham sind fast 60 km^2 von Halden bedeckt, über das gesamte Gebiet ausgebreitet würden sie das Terrain um 3 m höher legen. Im Ruhrgebiet gibt es heute etwa 160 Halden, die eine Fläche von 13 km^2 einnehmen und einen Inhalt von 200 Mio. m^3 haben. Die 75 Halden des Ostrauer Reviers haben einen Inhalt von 70 Mio. m^3. Mit der *Rekultivierung* von Halden, d. h. ihrer Wiederbegrünung und Umgestaltung zu einer neuen Form der Kulturlandschaft, hat man besonders im Braunkohlebergbau gute Erfolge erzielt. Wenn gleichzeitig Tiefbaue zu Seen umgestaltet werden, können so attraktive Naherholungsgebiete wie im Vorgebirge bei Köln entstehen.
Die Industrie ist nicht nur Produzent von Gütern, sondern auch von Schlacken, Abfällen, Abwässern, von festen, flüssigen und gasförmichen *Exhalationen*. Diese Stoffe stellen eine viel größere Belastung für den Landschaftshaushalt dar als der Abraum des Bergbaus. Die chemischen Werke, Hüttenbetriebe und Thermokraftwerke sind die größten Emittenden. In einem dicht besiedelten Kontinent wie Europa sind diese Probleme schwieriger zu lösen als in den anderen Erdteilen. Manche Industrieabfälle werden für die Baumaterialerzeugung nutzbar gemacht (man-made-rocks) und haben besonders gute bautechnologische Eigenschaften.
Ein großer Teil der von der Industrie erzeugten Abfälle wird mit den *Abwässern* in die Flüsse eingelassen, was, zusammen mit dem erwärmten Kühlwasser, zur Eutrophierung des organischen Lebens führt.
Inzwischen haben sich durch entsprechende, zum Teil aufwendige Maßnahmen, die Werte so verbessert, daß der Rhein 1980 eine größere Güteklasse erreichte als zehn Jahre zuvor. Manche Einleitungen konnten jedoch nicht verringert werden, beispielsweise das Salz durch die elsässischen Kaligruben. Weiterhin transportiert der Rhein bei Wesel täglich 67000 t Salz zu Tal, was einem Güterzug von 40 km

Tab. 16: Rheinwasserqualität an der deutsch-niederländischen Grenze

	1967		1974		1979		1984	
	Min.	Max.	Min.	Max.	Min.	Max.	Min.	Max.
Chlorid mg/l	53	215	77	301	76	273	71	282
Nitrat mg/l	5	13	9	20	13	21	13	25
Phosphat mg/l	0,15	0,6	0,48	1,5	0,61	2,46	0,54	1,6
Cadmium, unfiltr. mg/l	–	–	0,7	4,3	0,2	2,5	0,1	0,5
Blei, unfiltr. mg/l	–	–	7	84	3	36	4	49
Quecksilber, unfiltr. mg/l	–	–	0,3	1,6	0,1	1,8	0,1	0,1
Arsen, unfiltr. mg/l	–	–	2	13	2	4	1	14

Quelle: VAN VEEN/VOLZ 1985, S. 457

Länge entspricht. Im Schlick des Stromes lagern sich Schwerminerale wie beispielsweise Cadmium an, die sich allmählich stromabwärts wälzen, so daß im Unterlauf die Belastungen zunehmen.

Der Sandoz-Unfall am 1. November 1987 in Basel erregte große Aufmerksamkeit und Besorgnis, weitere Havarien wurden deshalb in den Medien ausführlich kommentiert. Beim Brand in einem Chemiewerk waren mit dem Löschwasser giftige Substanzen in den Rhein geraten, die sich innerhalb weniger Tage ausbreiteten und im Mittel- und teilweise auch im Unterlauf katastrophale Schäden in der organischen Welt hervorriefen. Inzwischen hat sich, rascher als befürchtet, eine gewisse Reparation eingestellt, doch hat dieses Menetekel das Verantwortungsbewußtsein der wirtschaftlichen Führungskräfte, der Politiker und der Presse sehr geschärft. Da zahlreiche Wasserwerke dem Fluß Trinkwasser für Millionen von Menschen entnehmen, müssen die notwendigen Kontrollen rigoros durchgesetzt werden.

Nicht minder verschmutzt sind Elbe, Weser und andere Flüsse in Europa. So empfängt die Elbe die Abwasser aus umfangreichen Industriekomplexen in Mitteldeutschland und Böhmen, die ungefiltert die innerdeutsche Grenze erreichen und im Hamburger Raum noch eine Verstärkung erfahren. Die Weser nimmt über die Werra Salzlaugen aus dem Thüringischen Kalibergbau auf, die sich bis in den Unterlauf auswirken. Noch schwieriger ist es, die Einleiter an den kleinen Flüssen und Bächen unter Kontrolle zu bekommen, wie die häufigen Meldungen in der Regional- und Lokalpresse zeigen. Während Großbetriebe über ein wirksames Instrumentarium verfügen, der Umweltprobleme Herr zu werden, kämpfen viele Mittel- und Kleinbetriebe mit Existenzschwierigkeiten und lassen oft das notwendige Umweltbewußtsein vermissen.

Zusammen mit den Haushalten und den Verkehrsmitteln verursacht die Industrie *Luftverunreinigungen* von solchen Ausmaßen, daß es in den Industriegebieten und Städteballungen zu regelrechten Smog-Wetterlagen kommen kann. Die Exhalationen bestehen aus Staub, feinsten Flüssigkeitströpfchen (Aerosolen) und Gasen. Zementwerke emittieren Kalkstaub, Kraftwerke Flugasche, Chemiewerke unter Umständen sehr gefährliche Giftstoffe. Im Ruhrgebiet gingen noch in den siebziger Jahren auf einen km^2 jährlich durchschnittlich 220 bis 360 t Staub nieder. Wesentlich höher, oft über 2000 t/km^2/Jahr, ist der Staubniederschlag in der Nähe von Kraftwerken. Dies sind Werte, die – in geologischen Zeiträumen gesehen – mächtige Schichten bilden würden. In den Kraftwerken des nordwestböhmischen Braunkohlereviers wurden um 1970 jährlich 20 Mio. t Braunkohle verbrannt, dabei entstehen 400000 t Flugasche und 380000 t SO_2. Der Jahresausstoß der tschechoslowakischen Industrie wurde von V. VORÁČEK (1971) auf 3,3 Mio. t geschätzt, darunter 1,82 Mio. t SO_2. In der DDR schätzt man die Höhe der Emissionen auf 10–15 Mio. t Flugasche und 2,5 Mio. t SO_2. Zwar hat man auch in der DDR und in der Tschechoslowakei damit begonnen, die Emissionen einzugrenzen, doch der Plandruck und technologische Rückstände sowie das noch nicht so stark entwickelte Umweltbewußtsein haben sichtbare positive Auswirkungen noch nicht gezeitigt.

Tab. 17: Ausgewählte Emissionen in der Bundesrepublik Deutschland in Mio. t 1966–1984

	1966	**1976**	**1984**
Stickstoffoxide NO_x als NO_2	2,0	2,8	3,0
Organische Verbindungen VOC	1,7	1,9	1,8
Schwefeldioxid SO_2	3,2	3,5	2,6
Kohlenmonoxid CO	12,9	10,3	7,4
Staub	1,8	0,8	0,65

Quelle: Daten zur Umwelt 1986/87, S. 288

Seit dem Industriezeitalter hat der Materialverbrauch durch die *Bautätigkeit* Dimensionen angenommen, die quantitativ mit der Denudationstätigkeit der europäischen Flüsse zu vergleichen sind (H. LOUIS). Schon die mittelalterlichen Stadtkerne der europäischen Städte liegen in der Regel auf einigen Metern *Kulturschutt* über dem ursprünglichen Terrain.

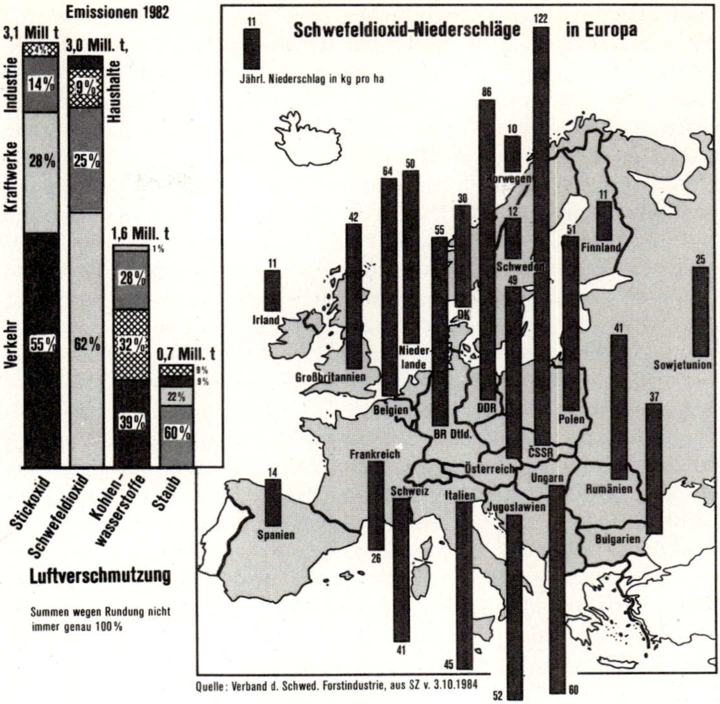

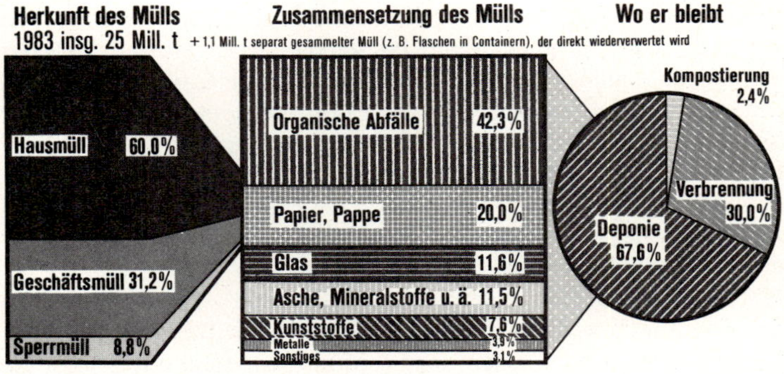

Abb. 12: Der jährliche Müllanfall in Europa
(Quelle: Der Fischer Weltalmanach 1987, Sp. 567f.)

Eine Folge der Umweltbelastungen in weiten Teilen Europas sind nicht zuletzt die neuartigen Waldschäden (»Waldsterben«), die Nadel- und Laubbäume in den Forsten massenhaft betroffen haben. Die Ursachen dieser Waldschäden sind zwar immer noch nicht eindeutig geklärt, doch dürften die Schadstoffbelastungen der Luft, darunter die Kfz-Emissionen, einen großen Anteil daran haben. Dazu kommt die Versauerung der Waldböden und die Kombination von verschiedenen, noch nicht genau bekannten Einwirkungen. Besonders betroffen sind Teile Westdeutschlands, der DDR, Österreichs, der Tschechoslowakei, Polens und der Nordischen Länder. Am gravierendsten sind die Schäden im sächsisch-böhmischen Erzgebirge, wo die nordwestböhmischen Braunkohlekraftwerke als Verursacher ausgemacht wurden. Auch im Schwarzwald und in anderen Mittelgebirgen sind schon über 50 % der Waldflächen befallen.

In der Gegenwart wird die industrielle Kulturlandschaft Europas geprägt durch einen dynamischen Flächennutzungswandel, der zugleich auch Ausdruck eines ökonomischen und sozialen Wertewandels ist. Der pejorative Begriff »Landschaftsverbrauch« deutet an, daß immer mehr Freiflächen für Siedlungen, Produktion, Kommunikation und Rekreation aufgewendet werden. Dieser Prozeß begann zwar schon im 19. Jahrhundert, hat sich aber in den letzten dreißig Jahren in einer Weise verstärkt, daß auch ökologische Folgen, z. B. für das Kleinklima und die Grundwassererhaltung, unausbleiblich sind.

Das Ausufern der Städte, verbunden mit dem Prozeß der Suburbanisierung, hängt nicht nur mit dem absoluten Bevölkerungswachstum zusammen, sondern auch mit dem Wandel der Lebensweise und einer neuen Bewertung des Bodens als ökonomisches Wertobjekt. Einerseits werden die Haushalte immer kleiner, andererseits wird der Raumbedarf immer größer. Die fortschreitende Citybildung in den Innenstädten und die Ausbreitung des Bürosektors hat dazu geführt, daß immer mehr Menschen an die Stadtränder und in die Stadt-Umländer ziehen, wo sie erheblich mehr an Fläche beanspruchen. Ebenso nimmt in vielen Landstrichen Europas die Fläche der Dörfer trotz Bevölkerungsrückgang zu, weil der Trend zur Kleinfamilie sich auch hier durchzusetzen beginnt.

Am eindrucksvollsten ist der Entzug von Freiflächen in den Bergbaulandschaften, besonders da, wo die Rohstoffe im Tagebau gewonnen werden. Allerdings versucht man mit unterschiedlichem Erfolg, die Abbauflächen durch eine sorgfältig geplante Rekultivierung einer neuen Nutzung zuzuführen. Besonders drastisch ist das Beispiel des Braunkohlebergbaus in der DDR. Um jährlich 300 Mio. t Braunkohle fördern zu können, müssen 3000 ha Fläche devastiert werden. Insgesamt werden vom Bergbau fast 90000 ha beansprucht, wobei das Tempo der Rekultivierung nicht Schritt halten kann mit der Ausweitung der Tagebaue und Halden, ganz abgesehen von den Grundwasserabsenkungen, die den Wert des umliegenden Kulturlandes mindern. Das spektakulärste Abbauvorhaben ist der Tagebau Hambach im Niederrheinischen Revier, wo bis 500 m tief gegraben werden muß, um das Flöz ausräumen zu können, so daß im Vergleich mit den seitlich abgesetzten Abraumkippen eine Höhendifferenz von 700 m entsteht. Ein anders geartetes Beispiel ist der flächenhafte Abbau des alleröd-zeitlichen Bimstuffes im Mittelrheinischen Becken, der in der Zeit der Baukonjunktur Parzelle für Parzelle ergriff, so daß W. HARTKE (1956) von einer regelrechten »Spekulationslandschaft« sprach. Sehr hoch ist der Verbrauch von Baumaterial, besonders von Sand und Kies, in den Umländern der industriellen Verdichtungsgebiete. Beispielsweise werden in der Bundesrepublik Deutschland jährlich 40 Mio. t Kies verbraucht, was einer Flächeninanspruchnahme von 2000–3000 ha entspricht, darunter viele Kleinparzellen im »wilden« Abbau, deren Rekultivierung, anders als bei Großbetrieben, nicht gesichert ist.

Als der größte Flächenverbraucher stellte sich im Industriezeitalter das Verkehrswesen heraus. Diese Entwicklung setzte mit dem Eisenbahnbau im 19. Jahrhundert ein. Beim Bau der Linie London–Southampton wurden für Dämme und Einschnitte 16 Mio. Kubikfuß (= über 450000 m^3) Material bewegt, eine für die damalige Zeit gewaltige Leistung. Nach Berechnungen von L. ZAPLETAL (1971) betrug der Erdaushub im Nordmährischen Kreis (11067 km^2, 1282 km Eisenbahnnetz) 48 Mio. m^3; 12% der Strecken verlaufen über rund 19% unter dem Terrainniveau. Noch größer sind die relativen Werte des Aushubs in Gebirgen, beispielsweise in den Alpen durch den Tunnelbau. Auch der Bau von Untergrundbahnen in den Großstädten erfordert riesige Materialbewegungen. Dennoch kann der Schienenverkehr noch als verhältnismäßig flächenschonend bezeichnet werden. Der Anstieg der Motorisierung und die Erschließung der Fläche durch den Kraftfahrzeugverkehr erforderten den Bau und die Vorbereitung von Straßen und Abstellflächen in städtischen und ländlichen Gebieten, besonders in letzteren. Im Bundesgebiet wurde für die Bedürfnisse des Verkehrs ein Areal von der doppelten Fläche des Saarlandes zubetoniert. Für 1 km Autobahn werden durchschnittlich fast 6 ha Fahrbahn- und Nebenflächen benötigt. Relativ größer ist aber die Flächenexpansion in peripheren Gebieten, selbst wenn nur Feldwege befestigt werden.

Auch Häfen, Docks, Kanäle, Staumauern und Flugplätze erfordern umfangreiche Materialbewegungen. Der Londoner Dockhafen, der

Hamburger Tidehafen und der Duisburger Binnenschiffahrtshafen sind Beispiele für tiefgreifende Umgestaltungen der Landschaft, die zu völlig gewandelten ökologischen Verhältnissen führen. Stauseen verändern das Kleinklima, ebenso Flugplatzerweiterungen. Die Auseinandersetzungen um den Bau der Startbahn-18-West des Frankfurter Flughafens haben gezeigt, daß die Flächenressourcen nicht unbegrenzt verfügbar sind. Der Rhein-Main-Donau-Kanal, dessen Bau noch nicht abgeschlossen ist, zerschneidet das größte deutsche Landschaftsschutzgebiet.

Selbst die industriemäßig und allein auf den Markt ausgerichtete moderne Landwirtschaft ist geeignet, den Wert der gewachsenen Kulturlandschaft zu mindern und die Vielfalt der Landesnatur zu beeinträchtigen. Große, dem Gelände nicht angepaßte Schläge, schweres Bearbeitungsgerät, chemische Düngungs- und Schädlingsbekämpfungsmittel und unangemessene Fruchtfolgen führen zu Bodenverdichtungen und beschleunigter Erosion. Bei schrumpfenden Ackerflächen sollen immer höhere Erträge erzielt werden. Durch die Massentierhaltung werden alljährlich Tausende von Hektar landwirtschaftlichen Bodens unfruchtbar gemacht. Im Weinbau hat man in den hängigen Lagen wegen der günstigeren maschinellen Bearbeitung zahlreiche Stützmauern beseitigt, was bei Starkregen zu unvorhergesehenen Folgen führt. An die Stelle des Streuobstanbaus treten immer mehr plantagenartige Obstanlagen, in denen sich wegen des fehlenden Unterwuchses der Boden umlagert oder verdichtet, so daß diese Flächen nach Aufgabe der Obstkultur nicht mehr in den früheren Zustand zurückgeführt werden können.

Nicht weniger aufwendig ist die Flächeninanspruchnahme für die Bedürfnisse des Fremdenverkehrs und der Freizeitgestaltung. In den attraktivsten Urlaubsgebieten Europas, namentlich an der Mittelmeer- und Ostseeküste sowie in den Hochgebirgen, sind Hotelkomplexe, Feriendörfer, Campingplätze und weitere Freizeitanlagen geschaffen worden, die dem Bild der Kulturlandschaft innerhalb weniger Jahre einen völlig neuen Charakter gegeben haben. Im Umkreis der Großstädte, in reizvollen Mittelgebirgslagen, an Seen und Flüssen entstanden Zweitwohnungen in großer Zahl. Die Massen der Touristen zerstören an Stränden, Seeufern und im Gebirge natürliche Ökosysteme und verursachen eine Verarmung des natürlichen Potentials, Bodenerosion, Rutschungen und Abfallprobleme. Besonders der Skisport in den Alpen und anderen Berglandschaften ist hier zu nennen, für den nicht selten umfangreiche Bodenbewegungen vorgenommen werden, die bei der Schneeschmelze zu Leitlinien des Wasserabflusses werden. An der Waldgrenze werden wegen der Bedürfnisse der »Freizeitgesellschaft« die Wälder vernachlässigt, was Bodenabtragung, Rutschungen und Murabgang zur Folge hat und die Vegetationsdecke irreversibel verändert. Die Unwetterfolgen im Sommer 1985 werden damit in Verbindung gebracht.

1.6 Stadt und Verstädterung

Im Mittelalter entfaltete sich die *europäische Stadtkultur* in einer durchaus ländlich-agraren Umgebung. Heute lebt der europäische Mensch, auch wenn er nicht unmittelbar Stadtbewohner ist, in der Regel in einem hochgradig verstädterten Milieu. Die moderne Urbanisierung, die mit der Industriellen Revolution einherging, nahm in Europa ihren Ausgang.
E. LICHTENBERGER stellte ein *Stufenmodell* der europäischen Stadt vor:
- *Bürgerstadt* des Mittelalters
- *Adelsstadt* des Absolutismus
- *Industriestadt* des Liberalismus
- *Neue Stadt* des sozialen Wohlfahrtsstaates.

Diese zeitlich aufzufassenden Phasen können in der Topographie europäischer Städte vielfach im räumlichen Nebeneinander festgestellt werden.
Der geographische Aspekt der Betrachtung europäischer Städte liegt auf der *Typisierung* nach Grund- und Aufriß und auf der Betrachtung städtischer *Funktionen* nach ihrer Bedeutung für das *Umland* wie auch in der hierarchischen Ordnung nach *zentralen Orten* (W. CHRISTALLER). Somit sind nicht nur die Großstädte Gegenstand stadtgeographischer Betrachtungen, sondern die Ballungsgebiete insgesamt, aber auch die Kleinstädte, die Siedlungen unterer zentraler Ordnung, kleinere gewerblich geprägte Orte, Fremdenverkehrsorte und reine Wohnsiedlungen.

1.6.1 Historische Grundlagen

Die griechische und phönikische Stadt des *Altertums* war nur im Mittelmeerraum verbreitet. Solche Städte hatten selten mehr als 5000 Einwohner, Großstädte im heutigen Sinne wie Athen oder Ko-

rinth bildeten die Ausnahme. Hier wie im keltischen *oppidum* zeigten sich bereits Züge sozialer Differenzierung.
Die Stadt der *Römer*, die sich im ganzen Mittelmeerraum und in Südosteuropa, im südlichen Mitteleuropa und in Westeuropa ausbreitet, schließt an etruskisch-latinische Vorbilder an. Insgesamt hat das Imperium Romanum rund tausend Städte hervorgebracht. Die Weltstadt Rom breitete sich auf einer Fläche von 23 km^2 aus. Die römische Stadt zeigt zwei hervorstechende Merkmale: die siedlungstechnische Trennung von Stadt und Land, die auch dem wirtschaftlichen Unterschied zum ländlichen Umland entspricht, und die organisatorische Bindung dieser ländlichen Umgebung an die Stadt. Damit wurde die Stadt zum Mittelpunkt eines Territoriums, zu einem *zentralen Ort*. Das *Forum Romanum* bildete den Mittelpunkt des städtischen Lebens, und der Grundriß wird meist beherrscht von zwei sich kreuzenden Hauptstraßen (*cardo* und *decumanus*).
In der Merowinger- und der Karolingerzeit lebte nur noch ein Bruchteil der Bevölkerung in den Mauern der ehemaligen Römerstädte. Der Ackerbau nahm wieder zu, so daß hier von einer durchgehenden *Rustifizierung* Europas gesprochen werden kann.
Die mittelalterliche Stadt in Europa stellt, auch wo sie gelegentlich an die antike Tradition anknüpft, einen völlig neuen Stadttyp dar. Wieke, Handelsstützpunkte und Stapelplätze sind Vorstufen des *mittelalterlichen Städtewesens*. Selbst Verwaltungssitze wie die Königspfalzen und die Residenzen der Bischöfe hatten kein städtisches Gepräge. Das Wort »Bürger« wird von *burgus*, der von den Kaufleuten bewohnten Vorstadt, abgeleitet. Erst allmählich gewannen die Städte wieder Bedeutung für Handel und Gewerbe. Diese Entwicklung setzte zuerst bei den oberitalienischen Städten ein, Flandern und die Niederlande folgten nach. Vor der Pest des Jahres 1348 waren Paris, Venedig, Florenz und Genua die einzigen Städte in Europa, die annähernd 100000 Bewohner vorweisen konnten. Städte wie Nürnberg, Straßburg und die meisten späteren Handelsstädte hatten etwa 20000 Einw. Höchstens 1,5% der Bevölkerung einer Region lebte in städtischen Siedlungen.
Am genauesten kennen wir die Verhältnisse in England durch das *Domesday-Book* (1086). Nach der normannischen Eroberung wurden im 12. und 13. Jh. weitere Städte gegründet, die *borough*-Städte. Siedlungstechnisch zeigen diese *Neugründungen* eine Reihe von planmäßigen Zügen, zum Beispiel das Gitternetz der Straßen, das wir auch bei den französischen *bastides* und in Süddeutschland und Vorderösterreich bei den Zähringer-Gründungen antreffen. Die Welle der staufischen Stadtgründungen setzt sich schließlich in der deutschen Ostko-

Tab. 18: Städte mit mehr als 60000 Einwohnern

	Anfang 16. Jh.	Anfang 17. Jh.	Ende 17. Jh.
über 400000	–	–	London Paris Konstantinopel
200000–400000	–	Konstantinopel Neapel Paris	Neapel
150000–200000	Konstantinopel Paris Neapel	London Mailand Venedig	Amsterdam
100000–150000	Venedig Mailand	Rom Sevilla Amsterdam Lissabon Palermo Antwerpen	Moskau Rom Venedig Mailand Madrid Wien Palermo
60000–100000	Cordoba Sevilla Granada Florenz Genua	Messina Florenz Genua Bologna Granada Valencia Madrid Lyon Rouen Moskau (?)	Florenz Genua Bologna Sevilla Lissabon Valencia Lyon Marseille Rouen Toulouse Brüssel Antwerpen Hamburg Berlin

Quelle: C. M. CIPOLLA (Hrsg.), The Fontana Economic History of Europe, Bd. 2, 1973, S. 42

lonisation fort. In Ostmitteleuropa und Osteuropa ging der deutschen Gründungsphase die slawische Burgwallsiedlung voraus. Diese hatte eine stärker gewerblich orientierte Sozialstruktur als das umliegende Land, aber noch nicht den verfassungsrechtlichen Status einer Stadt. Die Stadt der deutschen Ostkolonisation vereint eine Reihe von typischen Zügen: Siedlungs-, Rechts- und Sozialakt verbinden sich zu einem Stadtrecht. In den Straßenmarkt- und Ringplatzanlagen zeigt sich wieder die Planmäßigkeit solcher Gründungen.
Nach einer weiteren Gründungswelle im Spätmittelalter, die auch eine Reihe von »*Minderstädten*« (H. STOOB) hervorbrachte, ist das Netz der

zentralen Orte in Mitteleuropa vorläufig vollendet. Im ganzen leben jetzt etwa 5% der europäischen Bevölkerung in städtischen Siedlungen mit mehr als 15000 Einw., wobei sich aber von Region zu Region erhebliche Unterschiede zeigen.

Die *sozialökologische Gliederung* der mittelalterlichen Stadt in Europa richtet sich nach einem siedlungstechnisch gestalteten Strukturprinzip, das nach dem Vorbild der Römerstadt einen zentralen Platz in die Mitte der Siedlung legt. Dieser dient nicht nur der Abhaltung von Märkten, sondern auch dem geselligen Verkehr. In der gleichen Größe der Parzellen und der gleichen Höhe der Bebauung deutet sich ein demokratisches Moment an, wobei den Patrizierhäusern am Markt ein höherer Rang zugebilligt wird, während sich die städtische Unterschicht eher in kleineren Häusern an der Stadtmauer zusammendrängt. Dabei wird die Stellung der Gilden und Zünfte der Handwerker nicht selten durch das Zusammenwohnen in bestimmten Gassen betont. Wieder anders ist es da, wo Adel und Großgrundbesitz eine Stadtwohnung beanspruchten, wie dies in Oberitalien der Fall war. Unterschiedlich hohe Wohntürme, welche auch die Funktion von Festungen annehmen konnten, zeigen das Repräsentationsstreben rivalisierender Familien an.

In vielen Städten gibt es *Viertel*, denen durch bestimmte Rechtsakte eine Sonderstellung zuerkannt wurde. Der Sonderstatus der hier lebenden Bevölkerungsgruppen ist gekennzeichnet durch Privilegierung oder Diskriminierung. Geistliche Viertel oder Kaufmannsquartiere waren oft privilegiert, im Gegensatz dazu standen die Judenviertel (Ghettos), wo die Privilegierung schließlich in Isolierung und Diskriminierung umschlug. Oft hat die primäre Viertelsbildung auch religiöse Ursachen.

Einen besonderen Typ der Stadt stellt die *»Bergstadt«* dar, eine gewerbliche Siedlung, die durch den Abbau von Bodenschätzen geprägt ist. Im Gegensatz zu den anderen Städten sind die Bergstädte monofunktionell geprägt und stehen unter einem besonderen Recht. Viele gelangten zu großem Reichtum und somit auch zu großer Macht. Hier bildeten sich die ersten Formen des Frühkapitalismus heraus. Wo der Bergsegen erlosch, wandelten sie sich in der Neuzeit zu Ackerbürgerstädten, Marktflecken, gewerblichen Siedlungen oder Fremdenverkehrsorten.

Im Spätmittelalter erhöhte sich die *Attraktivität der Städte* durch den rechtlichen Status der Stadtbürger (Stadtluft macht frei). Der Zuzug in die Städte nimmt zu, was auch eine der Ursachen des spätmittelalterlichen Wüstungsprozesses ist. Damit ist der Weg für die Führungsrolle der Stadt in der Neuzeit freigeworden.

1.6.2 Die neuzeitliche Entfaltung der europäischen Stadt

Der absolutistisch regierte Flächenstaat mit seinem *raumplanerischen Dirigismus* schafft einen neuen Stadttyp, die barocke Fürstenstadt. Eine Welle von Festungsgründungen ging ihr voran, die alle nach einem einheitlichen Schema gestaltet sind; der Prototyp ist Palma Nuova. Der französische Festungsbauer VAUBAN legte allein 33 neue Städte an und gestaltete weitere 300 in diesem Sinne um. Der ganze Stadtkomplex wurde zur Festung erhoben, eine Folge der Einrichtung stehender Heere.

Bei anderen barocken Gründungen (Karlsruhe, Mannheim) steht das Schloß im Mittelpunkt eines *geometrischen Grundrisses*, der als Gitternetz, aber auch stern- oder strahlenförmig ausgerichtet sein kann. Im Gegensatz zu den mittelalterlichen Städten fehlen hier die Ackerbürger. Vielfach wurden auch Glaubensflüchtlinge angesiedelt, welche durch ihren Gewerbefleiß dem merkantilistischen Manufakturwesen nachhaltige Impulse zu geben versprachen.

Auch im 18. Jh. hielt der Zustrom in die Städte weiter an, bedingt durch den allgemeinen Bevölkerungszuwachs auf dem Lande, die steigende Zahl gewerblicher *Arbeitsplätze* und das Anwachsen des Dienstleistungssektors. Gerade in den Garnisonsstädten ergeben sich, wie das Beispiel Pirmasens zeigt, günstige Standorte für die Leichtindustrie.

Im ersten Jahrzehnt des 19. Jh. gab es in Europa 23 *Großstädte* mit 5,5 Mio. Einw. 1900 sind es schon 135 Großstädte mit 46 Mio. Einw. Die ersten Millionenstädte in Europa sind London und Paris, mit dem Anwachsen weiterer Millionenstädte und Agglomerationen verschiebt sich auch die Reihen- und Rangfolge der Städte.

Als *Städtebildner* wirken drei Faktoren: die Übernahme von Hauptstadtfunktionen in den Nationalstaaten, die Ansiedlung der Industrie und die Ausbreitung der Städte in ihr Umland durch Eingemeindungen wie auch der Zusammenschluß von zwei oder mehreren Städten zu neuen Stadtgebilden. Am dramatischsten vollzog sich das Bevölkerungswachstum in den *Industriestädten*, deren Entwicklung vielfach an bestimmte Standortvorteile wie das Vorkommen von Rohstoffen und an eine günstige Verkehrslage, vor allem nach dem Ausbau des Eisenbahnnetzes gebunden war. Alte Handelsstädte, aber auch Universitätsstädte und Bischofssitze kamen in eine wirtschaftliche Abseitslage. Die industriellen Wachstumsstädte haben die größten Zuwachsraten. Manchmal ist eine Branche oder sogar nur ein Unternehmen für den Aufstieg einer Stadt entscheidend: Krupp in Essen, die BASF in Ludwigshafen, FIAT in Turin oder die Textilindustrie in Lodz. In den In-

Tab. 19: Bevölkerung größerer europäischer Städte 1800–1910 (in 1000)

	1800	1850	1880	1910
Amsterdam	201	224	317	567
Barcelona	115	175	346	560
Berlin	172	419	1222	2071
Birmingham	71	233	401	526
Breslau	60	114	273	512
Budapest	54	178	371	880
Genua	100	120	180	272
Glasgow	77	345	587	784
Hamburg	130	132	290	932
Leipzig	30	63	149	588
Köln	50	97	145	516
Kopenhagen	101	127	237	462
Lissabon	180	240	187	436
Liverpool	82	376	553	746
London	1117	2685	4770	7256
Lyon	110	177	376	472
Madrid	160	281	398	572
Mailand	170	242	322	599
Manchester	75	303	341	714
Marseille	111	195	360	551
München	40	110	230	595
Neapel	350	449	495	723
Palermo	140	180	245	342
Paris	547	1053	2269	2888
Prag	75	118	162	225
Rom	153	175	300	539
Stockholm	76	93	169	342
Turin	78	135	254	428
Wien	247	444	726	2030
Warschau	100	100	252	856

Nach C. M. CIPOLLA (Hrsg.), The Fontana Economic History of Europe, Bd. 4 (2), 1973, S. 750

dustriegebieten wurden innerhalb von wenigen Jahrzehnten Dörfer zu Großstädten. Im Gebiet des heutigen Siedlungsverbandes Ruhr stieg die Bevölkerungsdichte von 68 Einw./km^2 (1816/1839) auf 414 (1894/1905) und schließlich auf 1297 (1966) an.

In den *Hauptstädten* der Nationalstaaten entstanden im 19. Jh. die Paläste der Regierungen und Parlamente, der Administrationen und der Justiz, Banken, Börsen, Theater, Museen, Universitäten und Schulen; Hauptbahnhöfe, Messepaläste und selbst neue große Dome wurden gebaut. In den Stadtkernen setzt die City-Bildung ein, die mittelalterlichen Stadtbefestigungen werden geschleift, an ihre Stelle treten

Grünanlagen. Auch werden schon, wie nach 1895 in Prag, die ersten Altstadtsanierungen vorgenommen.
In der Zeit des »Gründungsfiebers« entstanden aber auch flächenhaft die großen *Stadterweiterungen* mit den vier- bis fünfstöckigen Mietshäusern in enger Bebauung und mit mehreren Hinterhöfen, jene engen Wohnungen also, in denen sich die Arbeitermassen zusammendrängen. Soziale Verelendung und die Ausbildung von Slums verursachen soziale Probleme und tragen zum negativen Image der Großstadt bei.
Schon in der Art der Bebauung drückt sich die sozial-ökologische Gliederung der europäischen Stadt aus. Der *Sozialgradient* fällt oder steigt nicht nur von Viertel zu Viertel, sondern auch innerhalb der Wohnanlagen mit der Stockwerkshöhe und vom Vorderhaus zum Hinterhaus. In England entstanden die ersten Reihenhaus-Siedlungen des Mittelstandes, die ein gewisses Gefühl der Bodenständigkeit vermitteln sollten. Aber auch mondäne Villenviertel für die soziale Oberschicht, die sogenannten »Geheimratsviertel«, gehören zum Bild der europäischen Stadt.
An der Wende zum 20. Jh. ist die *neuzeitliche Verstädterung* in Europa so weit fortgeschritten, daß in einigen Ländern schon die Hälfte der Bevölkerung in städtischen Siedlungen lebt. Schon 1851 übertraf in England die Stadt- die Landbevölkerung, 1891 war es im Deutschen Reich soweit, und erst 1931 in Frankreich. Freilich sind solche statistischen Vergleiche schwer vorzunehmen, weil der Begriff »Stadtbevölkerung« ganz unterschiedlich definiert wird und die städtische Bebauung auch über die Stadtgrenze hinaus beibehalten wird, bis es zu einer Eingemeindung kommt.
Länger lassen diese Innovationen in Süd-, Ost- und Nordeuropa auf sich warten. Besonders im Mittelmeerraum kann sich der Typ der Agrostadt infolge der rentenkapitalistischen Agrarverfassung noch lange halten. Wo die Industrialisierung noch nicht so weit vorangeschritten ist wie in West- und Mitteleuropa, bleiben die Städte weiterhin Mittelpunkt ländlicher Gebiete. Hier kann sich der ackerbürgerliche Charakter der Mittel- und Kleinstädte noch lange halten, während in Mitteleuropa der Arbeiter-Bauer, welcher seinen Hauptunterhalt im Gewerbe findet und die Landwirtschaft im Nebenerwerb betreibt, zu einer charakteristischen Lebensform wird.
Im Gegensatz zum Mittelalter und zur frühen Neuzeit bemerkt man kaum Neugründungen. Alle neuen Großstädte knüpfen an frühere Kleinstädte oder ländliche Siedlungen an. Entscheidend für die Stadtwerdung ist allein der Zuzug, der oft über große Entfernungen stattfindet und neben der räumlichen auch eine soziale *Mobilität* zur Folge

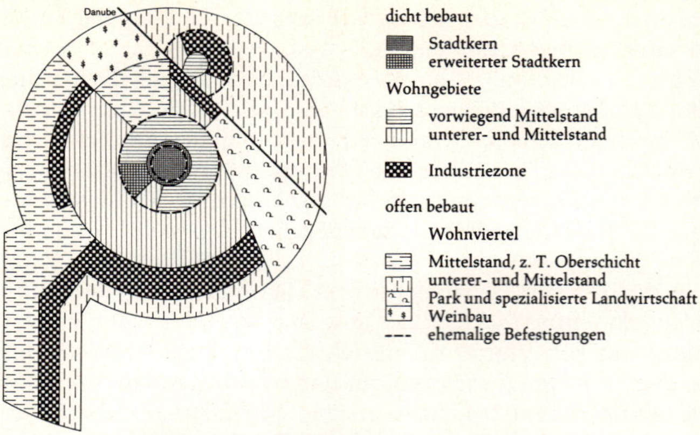

Abb. 13: Vereinfachte Darstellung einzelner Regionen in einer mitteleuropäischen Stadt am Beispiel Wiens (nach E. LICHTENBERGER 1970)

hat. Gelegentlich nehmen fremdvölkische Gruppen wie die Tschechen in Wien, die Polen im Ruhrgebiet oder die Iren in vielen englischen Städten eine Sonderstellung ein. Meist kommen die Männer als Bauhandwerker, die Frauen als Dienstleistungspersonal. Mit der Assimilation in der folgenden oder übernächsten Generation wird auch der soziale Aufstieg vollzogen, etwa der Eintritt in eine Beamten- oder Angestelltenstelle oder die Gründung einer selbständigen Existenz.
Das Grundgerüst der räumlichen Ordnung in Europa unterscheidet sich im 19. Jh. völlig von dem des Mittelalters. Entsprechend ihrem Bedeutungsüberschuß gegenüber dem Umland bilden die Städte eine mehrstufige Hierarchie vom Marktflecken bis zur Metropole. Die inzwischen eingetretene Bildung von *Konurbationszonen* und *Verstädterungsbändern* paßt allerdings in die Vorstellung eines regelmäßig ausgebildeten Netzes von zentralen Orten nicht mehr hinein.

1.6.3 Die Neue Stadt der Gegenwart

Die *Neue Stadt* des 20. Jh. hat mit ihren mittelalterlichen, frühneuzeitlichen und gründerzeitlichen Vorläufern nur noch wenig gemein. Das Vorbild der englischen *»Gartenstädte«*, von denen die ersten Anfang dieses Jahrhunderts gegründet wurden, beeinflußt eine ganze Reihe von Stadtplanern. Oft sind gemeinnützige Baugenossenschaften die

Träger dieser neuen städtischen Siedlungen im Grünen, was auch zu einer veränderten sozialen Einstellung führt. Auch Kleingartenparzellen mit Laubenkolonien an den Stadträndern haben Anteil am Wandel der sozialen Einstellung.
In der Zeit zwischen den Weltkriegen wurde das Städtewachstum durch niedrige Geburtenzahlen, Inflation und Wirtschaftskrisen gebremst. Dennoch oder gerade deshalb können neue Ideen im Städtebau verwirklicht werden. Lockere Zeilenbebauung und *Heimstättensiedlungen* stehen in einem auffälligen Gegensatz zu den monumentalen Wohnanlagen für die Arbeiterfamilien, wie sie in manchen Städten – z. B. Wien – durch die Kommunen erbaut werden.
Auch in der *Innenstadtbebauung*, wo neue Gebäude an die Stelle älterer treten, zeichnet sich ein neuer Baustil ab. Noch deutlicher wird das beim Wiederaufbau der zerstörten Städte nach dem Zweiten Weltkrieg. Oft drücken die politischen Systeme den Fassaden ihren Stempel auf, so bei den faschistischen Staatsbauten in Italien, den neuen Ministerien in Prag und in Berlin, und noch mehr ist dies der Fall gewesen in den fünfziger Jahren bei den Repräsentationsbauten in den sozialistischen Ländern Europas, wo nach dem Vorbild der Sowjetunion der sogenannte »Zuckerbäckerstil« Mode wurde.
Der *Wiederaufbau* der kriegszerstörten Städte war in West- und Mitteleuropa im wesentlichen in den fünfziger Jahren abgeschlossen. Im allgemeinen wurde wegen der Eigentumsverhältnisse an den überkommenen Grundrissen wenig geändert, wenn auch da und dort Straßendurchbrüche vorgenommen oder Passagen angelegt wurden. Trotz der steigenden Grundstückspreise in den Innenstädten versuchte man, die Wohnfunktionen wieder stärker zur Geltung kommen zu lassen und den Verkehr durch Fußgängerzonen und Treppenstraßen zurückzudrängen. In den marktwirtschaftlich regierten Ländern kommt es hierbei immer wieder zu Zielkonflikten mit dem Einzelhandel, den Warenhäusern, aber auch mit Banken und Versicherungen, welche sich mit ihren monumentalen Verwaltungsbauten in die Wohn- und Geschäftsviertel drängen. Verkleinertes Abbild dieser Situation sind die Kaufhallen und Sparkassengebäude in den Kleinstädten und Dörfern, die den alten Baubestand zunehmend vernichten.
In der DDR und Ostmitteleuropa ging der Wiederaufbau zögerlicher vonstatten. Die wirtschaftliche Not, Änderungen der Eigentumsverhältnisse und neue baupolitische Leitbilder führten zu anderen Ergebnissen als in marktwirtschaftlich verfaßten Staaten. In einigen Städten wie z. B. im besonders stark zerstörten Dresden ging man dazu über, ganze Stadtviertel geschlossen nach einem neuen, sozialistischen Konzept zu erstellen.

Tab. 20: Urbanisierung 1920–1970

	A	B	C
BR Deutschland	1,1	1,7	81,1
DDR	1,2	0,4	81,2
Österreich	0,4	0,7	57,8
Schweiz	0,9	2,9	54,8
Dänemark	2,4	1,5	80,0
Norwegen	1,4	2,1	53,0
Schweden	1,8	1,7	79,6
Finnland	3,0	3,0	61,0
Niederlande	2,0	1,8	70,8
Belgien	0,6	1,0	69,3
Frankreich	1,3	2,2	67,1
Großbritannien	0,9	0,7	80,7
Irland	0,8	0,8	47,0
Spanien	2,6	1,7	60,9
Portugal	2,0	1,5	36,5
Italien	1,7	1,9	53,0
Griechenland	3,5	2,2	48,5
Jugoslawien	2,9	5,0	36,8
Bulgarien	4,7	4,3	51,5
Rumänien	3,5	3,1	41,7
Ungarn	1,4	1,3	43,4
Tschechoslowakei	1,7	1,8	52,1
Polen	2,3	3,2	52,9

A = durchschnittl. jl. Wachstumsrate der städt. Bevölkerung 1920–1940
B = dasselbe 1950–1970
C = Anteil der städt. Bevölkerung an der Gesamtbevölkerung 1970
Quelle: C. M. CIPOLLA (Hrsg.), The Fontana Economic History of Europe, Bd. 5 (1), 1976, S. 78

Im Gegensatz dazu gibt es aber auch, besonders in Polen mit dem bekannten Beispiel Danzig, historisch getreue *Restaurationen* von zerstörten Altstädten, die nicht nur zu Anziehungspunkten der Städtetouristik geworden sind, sondern auch neue Funktionen im Kultur- und Bildungsleben übernommen haben. Wie schon nach den Balkankriegen in Griechenland kam es nach dem Zweiten Weltkrieg in der Bundesrepublik zur Gründung von Flüchtlingsstädten wie Espelkamp oder Sennestadt, um die Massen der Heimatvertriebenen unterbringen zu können. Gelegentlich wurden ehemalige Rüstungsbetriebe oder Munitionslager mit neuen gewerblichen Funktionen versehen. Städtebaulich anders konzipiert sind die Satelliten- und Trabantenstädte. Die ersten *New Towns* entstanden in England, und zwar im Umkreis von London, in den Midlands und in Ostengland, weitere in Schweden und schließlich solche in der Bundesrepublik wie

die Neue Vahr bei Bremen oder die Frankfurter Nordweststadt. Diese neuen Städte oder Stadterweiterungen haben vieles gemeinsam, in der Baugestalt tritt neben die niedergeschossigen Atriumhäuser und Reihenhauszeilen das Hochhaus und der Wohnturm. Schnellstraßen und Nahverkehrssysteme bringen die Arbeitsbevölkerung in die Stadtkerne, so daß viele der neuen Städte zu reinen *»Schlafstädten«* geworden sind, was zusammen mit der regionalen und sozialen Mischung der Bewohnerschaft und einer oft einseitigen Altersstruktur zu tiefgreifenden sozialen Problemen geführt hat.
In Ostmitteleuropa kam es im Anschluß an neugegründete Industriestandorte zum Bau von Städten, dem Typ der *»sozialistischen Stadt«* (Eisenhüttenstadt, Nowa Huta, Havířov, Dunaújváros). Hier wird der Stadtgrundriß nicht selten durch die Fabrik zentriert: das Werkstor als Endpunkt der Hauptmagistrale. Erst in den sechziger Jahren löste man sich von dem sowjetischen Vorbild und wendete auch westliche Erkenntnisse des Städtebaues an, wie dies das Beispiel der Chemiearbeiterstadt Halle-Neustadt zeigt.
Die Neue Stadt des sozialen Wohlfahrtsstaates ist hinsichtlich ihrer Bewohnerschaft, wie man das nach den Fassaden zunächst vermuten möchte, keineswegs einheitlich. Es vollziehen sich permanent Migrationen, die *sozialen Segregationsprozessen* gleichkommen. Dabei können die Formen der Eigentumsbildung raumwirksame Steuerungsfunktionen ausüben, etwa die private Bautätigkeit im Rahmen einer Genossenschaft oder die Eigentumswohnung in einem größeren Wohnkomplex, die sich selbst in den sozialistischen Ländern in den letzten Jahren immer mehr durchgesetzt hat.

Tab. 21: Entwicklung der städtischen Bevölkerung in Europa (ohne Sowjetunion) 1920–1970 (in Mio.)

	1920	**1940**	**1960**	**1970**
Städtisch	150	200	245	292
Ländlich	175	178	178	170
% städtisch	46	53	58	63

Quelle: C. M. CIPOLLA (Hrsg.), The Fontana Economic History of Europe, Bd. 5 (1), 1976, S. 74

Allen Verstädterungsgebieten Europas ist gemeinsam, daß sie weiter wachsen und sich weiter verdichten. Überall sind sie die Zielpunkte der überregionalen *Migration*, wenn auch in den Kernen Deglomerationserscheinungen zu beobachten sind. Trotz der manchmal gravierenden Umweltbelastungen sind die Städte noch in der Lage, eine größere »Lebensqualität« zu bieten, wenn man das Angebot an Bildungsmöglichkeiten, an Gesundheitsfürsorge und sozialen Einrichtungen, höhere Löhne und niedrigere Preise, größere Auswahl an Konsumgütern, bessere Kommunikationsmöglichkeiten und einen Informationsvorsprung einschließlich der Chance eines beruflichen und gesellschaftlichen Aufstiegs zugrunde legt.

Ein aktueller Prozeß, der mit der Verstädterung eng zusammenhängt, ist die Suburbanisierung. Es handelt sich um einen Vorgang, der mit einer Dekonzentration verbunden ist und zu einer Bedeutungsminderung der jeweiligen Kernstadt führt, da Stadtbewohner und auch Arbeitsstätten in das stadtnahe Umland abwandern. Als Gründe für diesen Trend, der zunächst in Nordamerika beobachtet wurde und stark konjunkturabhängig ist, wurden die Tertiärisierung der Innenstädte und die bewußter wahrgenommene Lebensqualität in den Innenstädten erkannt. Somit wird die Suburbanisierung von den marktwirtschaftlichen Rahmenbedingungen, darunter auch von den Bodenpreisen gesteuert. In den planwirtschaftlich verwalteten Staaten Ostmittel- und Südosteuropas ist eine Suburbanisierung deshalb nur ansatzweise zu beobachten, wobei eine bewußte Lenkung und das Vorbild westlicher Staaten nicht ausgeschlossen werden können.

Die statistischen Daten über den *Verstädterungsgrad* der einzelnen europäischen Länder lassen sich schwer vergleichen. Wichtiger ist in diesem Zusammenhang die Einschätzung der Urbanisierung als einer »Lebensform«, welche das Bewußtsein der meisten Europäer bestimmt. Die Verbesserung der Siedlungs- und Ernährungstechnik, das System der Zentralheizung mit neuen Brennmaterialien statt Holz und Kohle, die Bevorratung mit Hilfe von Kühlschränken gestalten die Führung eines städtischen Haushalts völlig anders als vor 50 Jahren. An der Spitze der Verstädterungswelle steht wieder Großbritannien, wo über 80% der Bevölkerung in städtischen Siedlungen leben. Bereits 1961 wohnten in England und Wales 38,7% der Bevölkerung in nur 6 Konurbationen. Selbst in Polen, das vor einigen Jahrzehnten noch als Agrarstaat galt, leben gegenwärtig fast zwei Drittel der Bevölkerung in Städten.

Die Problematik der europäischen Verstädterungsgebiete bedarf massiver *raumordnender Eingriffe*, deren Form von den systembedingten Planungsinstrumentarien abhängig ist. Offensichtliche Fehlplanungen, das Vorherrschen ökonomischer vor sozialen Entscheidungen, verantwortungslos genutzte private Verfügungsgewalt über Grund und Boden führten zu sichtbaren Auswüchsen. Neuerdings werden

auch in marktwirtschaftlich orientierten Gesellschaftsordnungen die individuellen Bedürfnisse einzelner zugunsten der Allgemeinheit eingeschränkt, während wir gleichzeitig in den sozialistischen Ländern eine Zunahme der privaten Bautätigkeit beobachten. Vielfach sind es dort die Wochenendhaus-Siedlungen, also die *Zweitwohnsitze* städtischer Familien auf dem Lande, welche durch die Zersiedelung der stadtnahen Erholungsgebiete zur Besorgnis Anlaß geben.
Die *Prognose* lautet, daß der Verstädterungsprozeß in Europa in den nächsten Jahrzehnten noch weiter voranschreiten wird. Auch die Suburbanisierung trägt qualitativ zur Verstädterung bei. Dies wird sowohl durch Migrationen wie auch durch einen weiteren Wandel des Lebensstils geschehen. Um diesen Vorgang vernünftig steuern zu können, werden einschneidende regionalpolitische und raumordnerische Maßnahmen, teilweise sogar über die Ländergrenzen hinweg, zu treffen sein.

1.7 Politische Geographie Europas

Eine Skizze der Politischen Geographie Europas ist ein schwieriges Unterfangen, einmal weil es kein Vorbild dafür gibt, dann aber auch, weil kein Konsens darüber besteht, welche Aufgaben die Politische Geographie als Teildisziplin der Anthropogeographie habe. Neben die geographische Betrachtung der Territorien und Grenzen tritt die beobachtende Analyse der *raumwirksamen Staatstätigkeit* (K.-A. BOESLER), wobei nicht nur »der Staat« selbst, sondern auch supra- und internationale Integrationsformen von Staaten genauso wie durch öffentliche Mittel getragene Körperschaften des öffentlichen Rechts zu betrachten sind. Somit gehören Fragen der europäischen Integration, der überstaatlichen regionalen Politik und Umweltpolitik in gleicher Weise, vielleicht sogar dominierend in den Rahmen einer politisch-geographischen Betrachtung Europas. Auch das Problem der wirtschafts- und sozialräumlichen Gliederung sowie der administrativen Stufung der Territorien und der Regionalisierung stellt sich als politisch-geographische Frage.

1.7.1 Staaten, Territorien, Grenzen

Seit 1900 hat sich die Zahl der *souveränen Staaten* in der Welt ungefähr verdreifacht; 1900 gab es in Europa 23, 1923 schon 32 und 1974 immerhin 34 selbständige Staaten. Das einzige nicht selbständige Territorium Europas ist die Halbinsel Gibraltar an der Südspitze der Iberischen Halbinsel, die bis heute ein britisches Besitztum geblieben ist. Sogar die dänischen Färöer-Inseln mit ihren nicht ganz 40000 Bewohnern streben die Selbständigkeit an.
Schon im Mittelalter wurde das heutige *Staatenbild Europas* in Umrissen sichtbar. Seine wesentliche Gestalt erhielt es nach dem Wiener Kongreß (1815). Die Pariser Friedensschlüsse nach dem Ersten Weltkrieg beschnitten den Gebietsstand des Deutschen Reiches und führten zur Gründung der »Nachfolgestaaten« der Österreichisch-Ungarischen Monarchie. Nach dem Zwischenspiel des Großdeutschen Reiches wurde am Ende des Zweiten Weltkrieges das Staatenbild der Zwischenkriegszeit im großen und ganzen wieder hergestellt. Allerdings sind zwei gravierende Änderungen eingetreten: die *Westverschiebung Polens* und die *Teilung Deutschlands* und damit die Herauslösung der zwölf westlichen Bezirke Berlins aus ihrem Umland.
Die *Grenzen* der Staaten Europas sind das Ergebnis einer langen geschichtlichen Entwicklung: Die wenigsten haben in dieser Form schon im Mittelalter bestanden, wenn sich auch einige von großer Stabilität erwiesen haben. In aller Regel sind es keine »natürlichen Grenzen«, die die Landesnatur vorgezeichnet hätte. Auch Sprachgrenzen dienten meist nicht zur Abgrenzung der Staaten, und die meisten Staatsgrenzen verlaufen nicht auf Volkstumsgrenzen. In der Regel ist es genau umgekehrt, denn ist die Staatsgrenze erst einmal gezogen worden, dann streben die Nationalstaaten danach, das ganze Territorium auch mit ihrer Staatssprache zu überziehen. Dennoch gibt es heute in Europa keine Grenze, deren gewaltsame Änderung von irgendeinem Staat angestrebt wird. Freilich fehlt es nicht an Problemen, welche durch unzweckmäßige und unhistorische Grenzziehungen verursacht worden sind. Alle Regierungen zeigen das Bestreben, solche Fragen durch Verhandlungen und entsprechende Verträge zu lösen. Auch die militärischen Bündnisse sind darauf abgestellt, den Status quo zu erhalten.
Unmittelbar nach Kriegsende wurden zwei Probleme akut: die *Saar-Frage* und die *Triest-Frage*. Lage und Raumbeziehungen des Landes an der Saar weisen sowohl nach Deutschland wie auch nach Frankreich. Nach dem Ersten Weltkrieg wurde das *Saarland* der Verwaltung des Völkerbundes unterstellt, und die Bodenschätze wurden weitge-

hend von französischer Seite ausgenutzt. Die Rückgliederung in das Deutsche Reich erfolgte im Jahre 1935 nach einer Volksabstimmung. Nach 1945 wurde das Saarland erneut wirtschaftlich an Frankreich angeschlossen, und die Errichtung eines autonomen Saarstaates wurde angestrebt. Nachdem sich 1955 wiederum die Mehrheit der Saarländer für den Anschluß an die Bundesrepublik Deutschland entschieden hatte, gab es keine weiteren Probleme mehr.

Das Gebiet von Triest hatte bis 1918 zu den »Küstenländern« der Österreichisch-Ungarischen Monarchie gehört, 1919 kam es an Italien. Nach dem Zweiten Weltkrieg erhoben sowohl Italien wie auch Jugoslawien Anspruch auf diesen wirtschaftlich sehr bedeutenden Raum. Die Alliierten Siegermächte bildeten einen Freistaat mit zwei Zonen: Zone A mit Stadt und Hafen Triest mit britisch-amerikanischer Besatzung und Zone B unter jugoslawischer Verwaltung. Zur endgültigen Teilung kam es 1954, wobei die verkleinerte Zone A an Italien fiel und die Zonengrenze Staatsgrenze wurde.

Während im westlichen Europa und teilweise auch zwischen den Ländern des RGW die Grenzen immer mehr abgebaut werden, wurde die Westgrenze des sozialistischen Lagers seit dem Zweiten Weltkrieg zu einem Grenzwerk ausgebaut, welches in der europäischen Geschichte keine Parallele findet. WINSTON CHURCHILL soll dafür den Begriff *Eiserner Vorhang* geprägt haben. Die Abgrenzung der Sowjetunion und der europäischen Volksdemokratien begann 1947 und erreichte 1961 mit dem Bau der *Berliner Mauer* ihren Höhepunkt. Vorher allerdings war der Vorhang dreimal zurückverlegt worden: 1948, als Jugoslawien

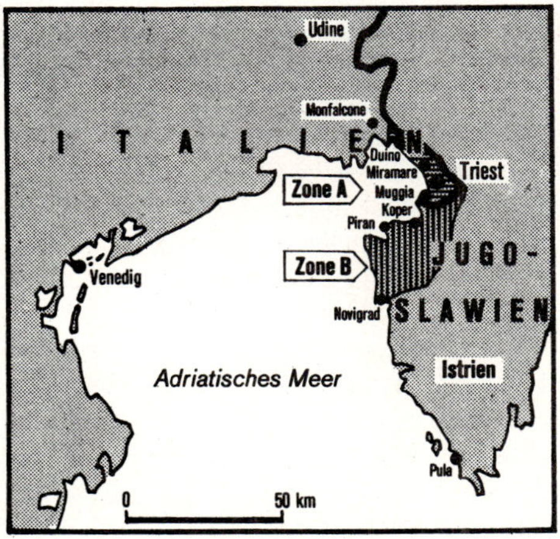

Abb. 14: Der nach dem II. Weltkrieg geplante »Freistaat Triest« (Quelle: Der Fischer Weltalmanach 1975, Sp. 404)

seinen eigenen politischen Weg einschlug, 1955, als die sowjetischen Besatzungstruppen Österreich verließen, und 1962, als Albanien aus der Moskauer Blockpolitik ausscherte. Die Funktion dieser Grenze, die von der Ostsee bis zum Schwarzen Meer verläuft und Sprach-, Kultur- und Wirtschaftsräume zerrissen hat, ist eine doppelte. Sie dient einmal der Sicherung gegen angebliche äußere Bedrohungen, aber noch mehr dient sie der Abschirmung nach innen, indem sie die Massenflucht nach Westen verhindern soll. So entstand ein eigenartiges Grenzsystem, dessen Perfektion durch den Einsatz modernster Mittel und zahlenmäßig starker Grenztruppen gewährleistet ist; gleichzeitig aber stellt es für die Volkswirtschaft der beteiligten Länder eine große Belastung dar. Der stärkste Ausbau der Grenze erfolgte in Deutschland, wo sie die beiden deutschen Staaten trennt. Hier hat sie eine Länge von 1346 km und verläuft überwiegend entlang ehemaliger Landes- und Provinzgrenzen.

Die zunehmende, vom O vorgenommene Abdichtung dieser Grenze hatte schwerwiegende Folgen für die anrainenden Gebiete. In der DDR wurde eine etwa 5 km breite *Sperrzone* eingerichtet und fast völlig entsiedelt, insgesamt eine Fläche, die größer ist als der Regierungsbezirk Hannover. Die *Zonenrandgebiete* der Bundesrepublik Deutschland wurden zwar auf vielfache Weise gefördert, aber dennoch gelang es nicht, die Abwanderung von dort zu verhindern und den Raum so auszustatten, wie es dem Standard anderer Regionen entspricht. Das Land Berlin oder Berlin (West), das aus den drei westlichen Sektoren der ehemaligen Reichshauptstadt besteht, besitzt einen Sonderstatus, der 1971 durch das Abkommen der Vier Mächte präzisiert wurde, aber abweichend interpretiert wird, was den östlichen Teil der Stadt anbetrifft. Es gehört zum politischen, wirtschaftlichen und gesellschaftlichen System Westdeutschlands und wird nach den Normen des Grundgesetzes der Bundesrepublik vom Senat verwaltet; die oberste Gewalt aber liegt bei den Alliierten Mächten. Somit tritt es, im Vergleich mit den anderen Ländern des Bundes, als politische Einheit stärker hervor, da alle Gesetze der Bundesrepublik Deutschland für das Land Berlin eigens in Kraft gesetzt werden müssen. Nach wie vor bildet die am 13. August 1961 errichtete »Mauer« zwischen dem West- und dem Ostsektor das größte Problem. Das Transit-Abkommen von 1972 und weitere Abkommen mit der DDR haben erhebliche Erleichterungen gebracht. Die Trassen und Betriebseinrichtungen der Berliner Fernbahnen stehen weiterhin unter der Verwaltung der Deutschen Reichsbahn der DDR. Die westlichen Strecken der Berliner S-Bahn wurden 1984 dem Senat übergeben, der sie jetzt im Einvernehmen mit den Alliierten betreibt. Einige West-

berliner U-Bahnlinien unterqueren in der Innenstadt das Territorium von Berlin (Ost).
Die größte Veränderung auf der politischen Landkarte Europas stellt die »Westverschiebung« Polens dar. Für die Westgrenze der Volksrepublik Polen, die *Oder-Neiße-Linie*, gibt es immer noch keine friedensvertragliche Regelung. Damit besteht der für Polen mißverständliche Zustand, daß die ehemaligen deutschen Ostgebiete zwar völkerrechtlich zu Deutschland gerechnet werden, andererseits aber durch die Regierung der Bundesrepublik anerkannt worden ist, keine gewaltsame Änderung dieser Grenze vornehmen zu lassen. Anders ist es mit der Grenze Polens gegen die Sowjetunion, die nach dem früheren britischen Außenminister Lord CURZON auch als *»Curzon-Linie«* bezeichnet wird. Diese Grenze war bereits 1919 als Ostgrenze Polens vorgeschlagen worden. 1939 wurde die Linie wieder aktuell, als sie die Interessenssphären Hitler-Deutschlands und der Sowjetunion trennen sollte. Leicht verändert wurde sie 1944/45, als die Rote Armee nach W vordrang, endgültig sanktioniert. Die Umsiedlung der polnischen Bevölkerung aus den sowjetisch gewordenen Gebieten nach Westen und deren Verankerung in der neuen Heimat schafft eine Lage, die keine Diskussion mehr erlaubt.
Auch die *Unruhen in Nordirland* sind die Folge einer unhistorischen Grenzziehung. Als 1921/22 die Irische Republik gegründet wurde, trennte man Teile von sechs vorwiegend protestantischen Grafschaften ab und schloß sie unter der Bezeichnung »Nordirland« an das Vereinigte Königreich an. Dabei wurden aber auch starke katholische Minderheiten, die gegenüber den Protestanten sozial benachteiligt sind, zu Nordirland geschlagen. Die Spannungen begannen 1969 zu eskalieren und haben inzwischen zu einer permanenten bürgerkriegsähnlichen Situation geführt.
Weitere Grenzprobleme ergeben sich aus der Ziehung der *Seegrenzen*. In der Wirtschaft der Nordatlantikinsel Island, die 1944 selbständig wurde, spielt der Seefischfang eine hervorragende Rolle. Island erweiterte 1974 die Grenze seiner Fischereigewässer auf 50 Seemeilen und 1975 auf 200 Seemeilen vor die Küste. Die folgenden Auseinandersetzungen, der sogenannte *»Kabeljau-Krieg«*, stellten das nordatlantische Bündnis auf eine harte Probe. 1982 verabschiedete die 3. Seerechtskonferenz der UNO eine Seerechtskonvention, der 130 Staaten zustimmten, während sich die Bundesrepublik Deutschland der Stimme enthielt. Die Breite des Küstenmeeres, das der nationalen Souveränität der Uferstaaten untersteht, wurde von drei auf zwölf Seemeilen ausgedehnt, dem eine 200 Seemeilen breite Wirtschaftszone vorgelagert ist. In dem auf 350 Seemeilen begrenzten

Festlandsockel ist die Förderung von Rohstoffen dem Küstenstaat vorbehalten.
Dabei spielt die Definition des Begriffes *»Festlandsockel«* eine Rolle. In der Ägäis gibt es Interessenkonflikte zwischen Griechenland und der Türkei. Während die Türkei den gesamten Festlandsockel vor Kleinasien als Hoheitsgebiet beansprucht, stellt sich Griechenland auf den Standpunkt, daß die Ägäischen Inseln je einen eigenen Festlandsockel besitzen, der keinerlei Nutzung durch die Türkei zuläßt. Durch die Verallgemeinerung solcher Fragen werden beispielsweise auch die Interessen Dänemarks in der Ostsee berührt, das mit der Insel Bornholm weit nach Osten ausgreift. Die Problematik der Aufteilung des Festlandsockels mußte auch in der Nordsee gelöst werden, wo die nationalen Interessen der Anliegerstaaten durch die steigende Bedeutung der Erdölgewinnung artikuliert wurden. Die Aufteilung der mittleren Nordsee zwischen Großbritannien und Norwegen konnte unter Vernachlässigung der »Norwegischen Rinne«, eines vor der norwegischen Südwestküste verlaufenden Grabens, befriedigend gelöst werden. Der bundesdeutsche Festlandsockel wurde durch ein Urteil des Internationalen Gerichtshofes nicht nur nach dem Prinzip der Äquidistanz, sondern auch nach dem Prinzip der Billigkeit (»equity«) erweitert. Ein weiteres Problem ergab sich durch die Aufteilung der Fischereizonen im Nordseebereich, nachdem die deutschen und britischen Fischer um Island bedeutende Fanggründe verloren hatten. Durch die Proklamation der 200-Seemeilen-Fischereizone seitens der Anliegerstaaten wurden Drittländer wie die Sowjetunion, Polen und die DDR vom Fischfang in der Nordsee ausgeschlossen. Die EG-Staaten beschlossen weiterhin eine gemeinsame Nutzung ihrer Fischerei und legten eine Außengrenze gegen den Nordatlantik fest.

1.7.2 Die innere Differenzierung der Staaten

Die Territorien der Staaten sind durch eine Reihe von *inneren Grenzlinien* gegliedert, die ebenfalls raumwirksam sein können. Dabei handelt es sich nicht nur um die Grenzen wirtschaftsräumlicher Einheiten, um Sprach- und Volkstumsgrenzen, um die Abgrenzungen von Planungsregionen oder die Unterschiede von Hauptstädten, Ballungsgebieten und ländlichen Räumen, sondern in erster Linie um die *Verwaltungseinheiten*, die nach einem hierarchischen Prinzip gestuft sind. In Staaten mit föderalistischen Verfassungen wird der Individualität der Regionen ein größerer Spielraum zuerkannt als in zentralistisch regierten Staaten, was gleichwohl hier zu regionalistischen Gegenströ-

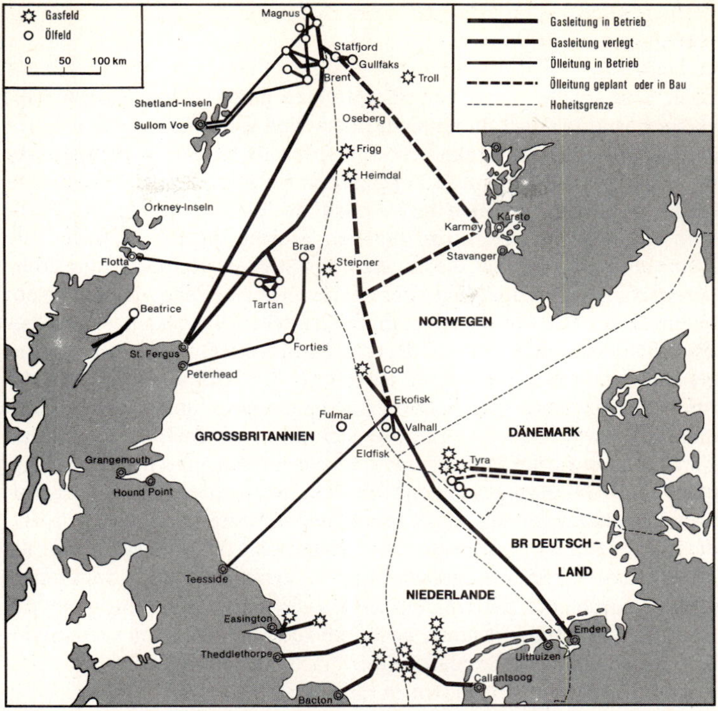

Abb. 15: Die Erdöl- und Erdgasfelder in der Nordsee 1984 (Quelle: Der Fischer Weltalmanach 1986, Sp. 807f. [nach »Ruhrgas«])

mungen geführt hat. Dabei können die Teile eines Territoriums durchaus unterschiedliches Gewicht haben, wie dies schon bei den Ländern der Bundesrepublik Deutschland sichtbar ist.
Seit dem 1. 1. 1969 ist die ČSSR ein Bundesstaat der Tschechen (ČSR) und der Slowaken (SSR). Auch in Belgien wurde am 1. 1. 1989 eine föderale Verfassung in Kraft gesetzt, von der man hofft, daß durch ihre Neuregelungen der langwährende Sprachenstreit eingedämmt wird. Gleichzeitig wird in Jugoslawien das föderative Prinzip durch den Führungsanspruch der Serben auf eine harte Probe gestellt.
Die *Verwaltungshierarchie* ist bei den europäischen Ländern in der Regel drei- bis vierstufig aufgebaut:
- Gemeinde/Gemeindeverband,
- Kreis/Bezirk,

- Regierungsbezirk/Provinz/Land/Bundesland,
- Gesamtterritorium

Zwar sind solche Verwaltungshierarchien heute in der ganzen Welt verbreitet, doch darf dabei nicht übersehen werden, daß diese Form der administrativen Organisation im 18. und 19. Jh. durch die europäische Kameralistik entwickelt worden ist. Die einzelnen Instanzen besitzen in der Regel auch die Möglichkeit, Einfluß auf *regionalpolitische Maßnahmen* geltend zu machen, welche die Infrastruktur, die Kommunikationsnetze, die Investitionstätigkeit und die Migrationsbereitschaft einschließlich der Wanderungsströme beeinflussen. Heute scheint die Reform der administrativen *Mittelinstanzen* ein spezifisch europäisches Problem zu sein. Durch die Gewichtsverlagerungen während der Industriellen Revolution und durch den *Wandel der Infrastruktur* durch die modernen Verkehrsnetze sind die überkommenen Verwaltungseinheiten, die sich meist auf frühere Territorialgliederungen zurückführen lassen, unzweckmäßig und unökonomisch geworden. Dabei zeigt sich, daß seit dem Hochmittelalter zwei Institutionen verhältnismäßig stabil geblieben sind: die *Landgemeinde* und die *Stadt (civitas)*. Erst in diesem Jahrhundert haben viele Städte ihr Territorium durch Eingemeindungen erweitert, und neuerdings schließen sich auch die Gemeinden zu Verbänden zusammen, um die Kommunalpolitik wirksamer gestalten zu können. In den verschiedenen Staaten schlägt man dabei drei verschiedene Wege ein:
- radikale *Gebietsreform*, wie in der DDR 1952,
- *schrittweise Abänderung* der traditionellen Verwaltungseinheiten, wie bei den administrativen Neugliederungen in verschiedenen Ländern der Bundesrepublik Deutschland und
- Belassung des alten Systems und Einrichtung paralleler *Planungsregionen* wie in Frankreich.

Besondere Schwierigkeiten tauchen offenbar dort auf, wo eine vierstufige Gliederung in eine dreistufige bzw. eine dreistufige in eine zweistufige Hierarchie umgewandelt werden soll. Von einer solchen Verkürzung des Verwaltungsweges verspricht man sich eine größere Effizienz und die Möglichkeit, jungen, leistungsfähigen Fachleuten einen größeren Wirkungskreis zu bieten. Gleichzeitig aber kann beobachtet werden, daß solche Reformen gerade von den mediokren Platzhaltern der Mittelinstanzen gebremst werden, welche um ihre Positionen in den bürokratischen Katakomben fürchten müssen. Für den Bürger sind solche Reformen nur akzeptabel, wenn tatsächlich eine Rationalisierung erfolgt, ohne daß die Verwaltungen dabei räumlich aus der Nähe des Bürgers fortgerückt werden. Bei den neuen Grenzziehungen bemüht man sich, die Verwaltungseinheit so abzugrenzen, daß die wirtschaftsräumliche und zentralörtliche Gliederung berücksichtigt wird. Das kann allerdings in vielen Fällen bedeuten, daß über Jahrhunderte gewachsene historische Einheiten getrennt werden und daß weiterhin auch Volkstums- und Konfessionsgrenzen, die bisher organisch mit den Verwaltungsgrenzen einherliefen, keine Berücksichtigung finden können.

In der Bundesrepublik Deutschland besteht das Angebot des Grundgesetzes, die Länder neu zu gliedern. Dies hat aber bisher nur dazu geführt, daß aus den Ländern Württemberg-Baden, Württemberg-Hohenzollern und (Süd-)Baden der »Südweststaat«, also das Land Baden-Württemberg gebildet wurde. Stärker wirkten sich die Gemeindegebietsreformen, die in den Ländern unterschiedlich durchgeführt wurden, auf das Verwaltungsgeschehen aus. 1966 bestanden 24895 Gemeinden und 566 Kreise und kreisfreie Städte, 1987 8506 Gemeinden und 322 Kreise und kreisfreie Städte. Zahlreiche kleinere Gemeinden wurden in größere eingemeindet oder schlossen sich zu Verbandsgemeinden (Rheinland-Pfalz), Samtgemeinden (Niedersachsen) oder zu anderen Verwaltungsgemeinschaften zusammen. 1969 wurden für die Zwecke des Bundesraumordnungsprogramms 38 Gebietseinheiten gebildet, an deren Stelle 1981 75 Raumordnungsregionen (mit Teilregionen 88) traten (s. Abb. 28).

Im Juli 1952 wurden in der DDR anstelle der bestehenden fünf »Länder« 14 *Bezirke* eingerichtet; gleichzeitig wurde die Zahl der Kreise von 143 auf 217 erhöht. So wurde die zentrale Verwaltungsebene gestärkt und die mittlere geschwächt und in einer Reihe von Kleinstädten, die vorher keine Kreisstädte waren, wurde auf diese Weise die »Staatsmacht« sichtbar gemacht. Im ganzen entstanden Verwaltungseinheiten, welche auch der *ökonomisch-geographischen Rayonisierung* annähernd entsprechen sollten. In ähnlicher Weise verfuhr man bei den zwei Verwaltungsreformen in der ČSSR, die 1949 und 1960 stattfanden. 1975 fand in der Volksrepublik Polen eine Verwaltungsreform statt, bei der anstelle der 22 bisherigen Wojwodschaften 46 neue Wojwodschaften und 3 Stadtwojwodschaften eingerichtet wurden. Die 392 Bezirke, die unseren Landkreisen entsprachen, wurden ersatzlos aufgelöst. Durch Zusammenlegungen traten an die Stelle der bisherigen 4300 Ortsgemeinden 2365 neue Gemeinden sowie 850 Städte bzw. Stadtbezirke von Großstädten. Man begründete diese Maßnahmen mit einer verwaltungstechnischen und ökonomischen Rationalisierung. Tatsächlich aber standen personelle Konsequenzen im Vordergrund, nämlich die Ablösung überalterter Funktionärscliquen, namentlich auf der Kreisebene, welche aufgrund mangelnder fachlicher Qualifikationen nicht mehr in der Lage waren, die neuen Prinzipien der Politik der Arbeiterpartei überzeugend zu vertreten. Die Verkleinerung und Schwächung der neuen Wojwodschaften hat nicht zuletzt auch eine Stärkung der zentralen Administration zur Folge. In Großbritannien hat 1974/1975 eine Verwaltungsreform stattgefunden. In England und Wales wurden aus den 141 Stadt- und Landgrafschaften 53 neue Grafschaften (*counties*) gebildet, in Schottland wurden aus 37 Grafschaften 9 neue Distrikte gebildet. So wurden nicht nur die verwickelten administrativen Verhältnisse entflochten, sondern es wurde auch den Bedürfnissen der Konurbationen Rechnung getragen. Außerdem kann jeweils eine Gruppe von neuen Verwaltungseinheiten für planerische Zwecke zu »Provinzen« zusammengefaßt werden. Auch in Frankreich hat man sich im Rahmen der *planification* entschlossen, jeweils mehrere Départements, welche in der Zeit der Französischen Revolution entstanden sind, zu »Regionen« zusammenzufassen.

Die Abgrenzung von Verwaltungsgebieten ist besonders da von großer Bedeutung, wo diese mit *Wahlkreisen* gleichgesetzt werden. Namentlich bei den Wahlen für das britische Parlament war es bisher so, daß ein Abgeordneter von einer ganz unterschiedlichen Zahl von Wählern entsandt wurde. Den Nachteil hatte die Labour-Party, die ihren Anhang in dichtbesiedelten Gebieten, also in besonders bevölkerungsstarken Wahlkreisen findet. Durch eine solche »Wahlkreisgeometrie« wäre es also möglich, die regionale »Hochburg« einer Partei so zu zerschneiden, daß ihre Anhänger in mehreren Wahlkreisen in die Lage einer randlichen Minderheit gedrängt würden.

In den freien Ländern Europas haben die *Parteienlandschaften* ähnliche Züge. Es gibt konservative, liberale, christliche, sozialistische, kommunistische, nationale und andere Parteien. Das Gesamtbild ähnelt nicht selten dem in der Bundesrepublik: eine christliche Volkspartei, eine sozialistische Volkspartei und eine kleinere liberale Partei, entweder mit dem Trend zu einem Zweiparteiensystem oder zu einer »Großen Koalition«. Dem entspricht auch das *Muster der regionalen Mehrheiten*: auf dem Lande und in traditionell stabilen Gebieten ein Überwiegen der konservativen und christlichen Gruppierungen, in den Städten und Industriegebieten ein Vorherrschen der sozialdemokratischen Stimmen sowie in den Problemgebieten gelegentlich ein stärkeres Aufkommen der radikalen, »grünen« und »bunten« Parteien auf Kosten der liberalen Parteien. Der politische Stil der jeweiligen Mehrheitspartei prägt auch die Entscheidungen der Exekutive in den Verwaltungseinheiten einschließlich der raumwirksamen Maß-

nahmen. Landstriche, in denen die Inhaber der lokalen und kommunalen Positionen der »Regierungspartei« angehören, gewinnen damit einen *Fühlungsvorteil* zur Staatsregierung und erfreuen sich mancher Förderung »aus dem großen Topf«.
In den sozialistischen Staaten Ostmittel- und Südosteuropas herrscht nur eine Partei. Es ist die Kommunistische, Arbeiter- oder Einheitspartei. Ihre Macht ist noch größer als die der staatlichen Institutionen wie Regierung, Ministerien und Volksvertretungen; allerdings findet derzeit eine Aufweichung dieses Prinzips durch die Perestrojka statt, deren Folgen sich noch nicht absehen lassen. Die Leitungsgremien der Staatspartei – Politbüro, Zentralkomitee, Zentralsekretariat – haben ihren Sitz in der Hauptstadt, und ihre Repräsentationsfunktionen überragen noch die der Regierungsbehörden. Vertreter anderer Parteien, die in einzelnen Staaten ebenfalls noch bestehen, werden über die Listen einer *»Nationalen Front«* in die Parlamente geschickt. Diese äußere Einheitlichkeit darf aber nicht über *Interessengegensätze* hinwegtäuschen, welche sektoral oder regional begründet sein können. Nicht selten ist es in der Tat so, daß in den zentralen Leitungsgremien die Vertreter »traditioneller« Regionen dominieren. Dies wirkt sich beispielsweise in der Ungleichmäßigkeit der Investitionsverteilung und in der Regionalpolitik aus.

1.7.3 Zusammenschlüsse und Integrationsbestrebungen

Die gegenwärtigen *Integrationsbestrebungen* in den Teilen Europas unterscheiden sich grundsätzlich von früheren Allianzen und Konföderationen. Unter »Integration« versteht man Prozesse, durch welche zwei oder mehrere Staaten eine neue gemeinsame politische Handlungs- und Entscheidungseinheit bilden und dabei gewisse Funktionen und Kompetenzen an neugebildete Institutionen abtreten.
Die politische, wirtschaftliche und gesellschaftliche Integration in den westeuropäisch-atlantischen Ländern und in den mitteleuropäisch-eurasischen Ländern Europas beruht auf unterschiedlichen, konkurrierenden und einander ausschließenden *Leitbildern*. Der *Ost-West-Gegensatz* in Europa bildet den Hintergrund der militärischen, wirtschaftlichen und wissenschaftlich-technischen Zusammenarbeit. Geographische Aspekte der Integrationsprozesse ergeben sich aus der Lage der Länder zueinander, aus ihrer ungleichen Landesnatur, aus den unterschiedlichen Ressourcen einschließlich des Arbeitskräftepotentials und des Ausbildungsniveaus und schließlich aus der unglei-

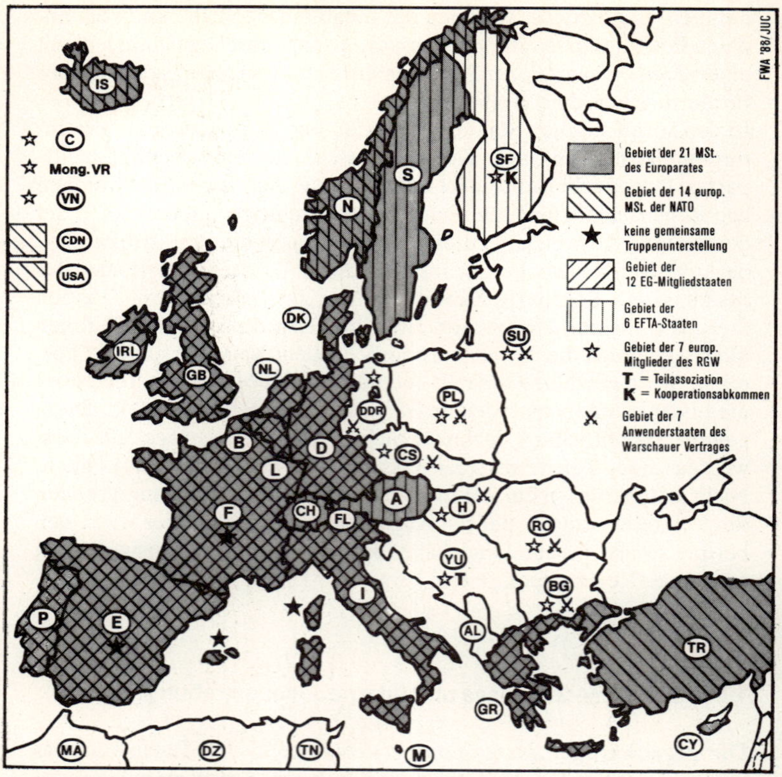

Abb. 16: Militärische und politische Bündnisse und Organisationen in Europa: NATO · Warschauer Vertrag · Europarat · EG · EFTA (Quelle: Der Fischer Weltalmanach 1988, Sp. 695f.)

chen infrastrukturellen Ausstattung, die vielfach ein Erbe historischer Konfigurationen ist. Zudem gibt es in fast jedem Staat strukturschwache Regionen, deren Förderung damit zu einer gemeinsamen Angelegenheit wird.

Das greifbarste Ergebnis der westeuropäischen Einigung ist die *Europäische Gemeinschaft der Zwölf (EG)*, die aus der *»Europäischen Wirtschaftsgemeinschaft« (EWG)* von sechs Staaten (Bundesrepublik Deutschland, Frankreich, Italien, Belgien, Niederlande, Luxemburg) hervorgegangen ist. Durch die *Montan-Union* (1951) wurde zunächst ein gemeinsamer Markt für Kohle und Stahl geschaffen. Inzwischen ist die Integration auch auf anderen Sektoren vorangetragen worden, Großbritannien, Irland und Dänemark sind 1973 der Gemeinschaft beigetreten, dann folgten Griechenland (1981), Spanien und Portugal (1986). Die erste Direktwahl zum Europäischen Parlament fand 1979 statt.

Eine weitere Institution ist der *Europa-Rat*, der seinen Sitz in Straßburg hat und dem 17 Staaten angehören. Hier werden die ideellen Ansprüche der Europa-Bewegung vertreten, die schon in der Zwischenkriegszeit recht konkrete Formen angenommen hatten. Sowohl die EG wie auch der Europa-Rat könnten nicht funktionieren ohne die deutsch-französische Aussöhnung. Auch vom Europa-Rat gingen ganz konkrete *raumwirksame Impulse* aus, beispielsweise das »Europäische Umweltschutzjahr« (1974) und das »Europäische Denkmalschutzjahr« (1976) sowie weitere Bemühungen um die Raumordnung, die benachteiligten Gebiete und den Datenschutz.

Völlig anders verläuft der Integrationsprozeß in den sozialistischen Ländern Europas, wo der Führungsanspruch der Sowjetmacht dominiert: Die *»sozialistische ökonomische Integration«* hat das Ziel, den Sieg des Sozialismus und den Übergang zum Kommunismus auf der ganzen Welt vorzubereiten. Voraussetzung war die gewaltsame Umstellung der Wirtschafts- und Gesellschaftsordnung in den beteiligten Ländern mit Hilfe der Roten Armee: Entmachtung der parlamentarischen Demokratie, Verstaatlichung der Produktionsmittel, des Handels und der Banken, Kollektivierung der Landwirtschaft und die Einrichtung einer Zentralverwaltungswirtschaft nach sowjetischem Muster. Der *»Rat für gegenseitige Wirtschaftshilfe« (RGW, COMECON)* wurde 1949 in Moskau gegründet. Der europäische Regionalcharakter ging verloren durch den Eintritt außereuropäischer Länder (Volksrepublik China, Mongolische Volksrepublik, Korea, Vietnam, Kuba). Ausgehend von den Mehrjahrplänen der Sowjetunion wurden Zug um Zug die nachfolgenden Volkswirtschaftspläne der Mitgliedsländer einander angeglichen. Dabei strebte man hinsichtlich der Schwerpunktproduktion eine »sozialistische« *Arbeitsteilung* an, die allerdings zu einem Mißerfolg wurde. Das »Komplexprogramm für die weitere Vertiefung und Vervollkommnung der Zusammenarbeit und Entwicklung der sozialistischen ökonomischen Integration der Mitgliedsländer des RGW« (1971) versucht, die Volkswirtschaften der beteiligten Länder in den nächsten Jahren näher zusammenzuführen. Die Hauptschwierigkeit des RGW liegt nämlich, ähnlich wie in der EG, bei der Harmonisierung von Nationalwirtschaften von Ländern mit sehr unterschiedlichem Stand der Entwicklung und der Ressourcen. So konnte auch die sozialistische Arbeitsteilung die unterschied-

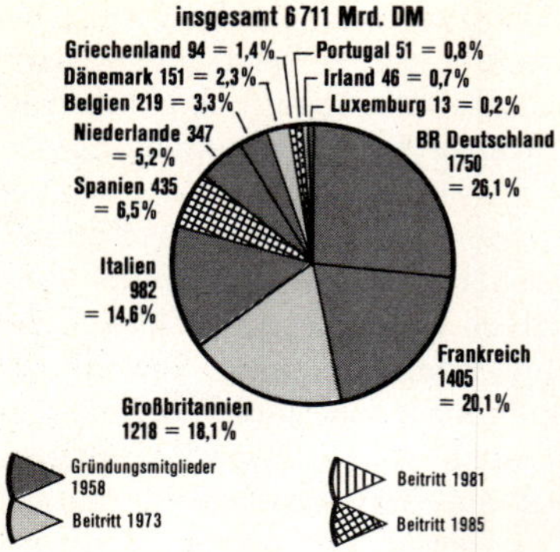

Abb. 17: Die Wirtschaftsleistung der »alten« und »neuen« EG-Staaten 1984 (Bruttosozialprodukt in Mrd. DM, vorläufige Berechnungen) (Quelle: Der Fischer Weltalmanach 1986, Sp. 740)

lichen Interessenlagen der Mitglieder nicht ausgleichen. Wenig überzeugend sind die zahlreichen zweiseitigen Handelsabkommen, die meist zum Vorteil der Sowjetunion abgeschlossen werden. Der Kapitalmarkt wird durch das Fehlen harter Devisen beengt, was einzelne Länder immer wieder zwingt, im Alleingang Verträge mit westlichen Handelspartnern abzuschließen, um in den Besitz der begehrten Valuta zu gelangen. Die Versuche, Verbindungen zwischen RGW und EG als Ganzes anzuknüpfen, stecken noch in den Anfängen.

Von großer Bedeutung sind die *Außenbeziehungen* der Gemeinschaften. Die EG ist heute schon die größte Wirtschaftsmacht auf der Erde, aber die wichtigsten Rohstoffquellen, namentlich für die Energiewirtschaft, wie auch die Absatzmärkte liegen vorwiegend in Übersee. Die EG beispielsweise nimmt ein Drittel aller Exporte der *Entwicklungsländer* auf und ist der größte Kreditgeber für die Dritte Welt. Ihre Leistungen für die Entwicklungshilfe sind wesentlich größer als die des RGW, der in großem Maße auch militärische und ideologische Hilfe, besonders für »Länder mit nichtkapitalistischem Entwicklungsweg«, leistet.

Von der fortschreitenden Integration hängt auch der Erfolg einer gemeinsamen *europäischen Regionalpolitik* ab. Dazu gehört nicht nur die Abstimmung nationaler Maßnahmen und die Einleitung grenzüberschreitender Aktivitäten, sondern insgesamt der Ausgleich zwischen weniger entwickelten, gleichmäßig entwickelten und überentwickelten Regionen in verschiedenen Ländern. Ein Indiz dafür sind die Gastarbeiterwanderungen, welche solche *Disparitäten* belegen. Passivräume wie Süditalien, Irland, Schottland, Südfrankreich, aber auch Teile der Bundesrepublik Deutschland wie auch bestimmte Regionen außerhalb der EG sind in der Regel zugleich Abwanderungsgebiete, in denen das Pro-Kopf-Einkommen erheblich unter dem europäischen Durchschnitt liegt, der Bildungsstand niedrig und das Investitionsvolumen gering ist. Durch die Süderweiterung haben sich die Disparitäten noch verstärkt. Zweifellos gibt es auch im RGW-Bereich Passivräume, deren schleichende Arbeitslosigkeit und Unterentwicklung nur mühsam verdeckt wird.

Freilich sind aber auch die sogenannten »überentwickelten Gebiete« Problemlandschaften, wobei es sich meist um *Ballungsgebiete* handelt. Überproportionale Zuwanderung, zu starke Konzentration des quartären Sektors, Probleme der Versorgung, der Entsorgung, der Zersiedelung und damit der Zerstörung der Kulturlandschaft, Bodenspekulation und Umweltfragen können nur durch die Zusammenarbeit der Staaten gemeistert werden. Durch ein differenziertes Abschreckungsinstrumentarium wird versucht, den Auswüchsen Einhalt zu gebieten. Selbst über die Blockgrenzen hinweg müssen in bezug auf die Nutzung der Ressourcen und die Verhinderung von Umweltschäden Vereinbarungen getroffen werden, wie dies zwischen der Bundesrepublik Deutschland und der DDR in einigen Fällen schon geschehen ist.

2 Regionale Geographie Europas

Die Gliederung dieses Bandes in eine Allgemeine Geographie Europas (»Europa als Ganzes«) und eine Regionale Geographie (*Länderkunde*) Europas entspricht einem Darstellungsprinzip, das sich in der Landesbeschreibung Europas seit Jahren bewährt hat. Namhafte Werke (A. HETTNER) folgen diesem Prinzip, andere (G. D. HUBBARD) folgen einer Aneinanderreihung der Länder und Staaten. Dies gilt namentlich für die repräsentativen Gesamtdarstellungen in der *»Géographie Universelle«* und in *»Klutes Handbuch der Geographischen Wissenschaften«*, die auch heute noch zum Grundbestand jeder geographischen Bibliothek gehören.
Verglichen mit unseren westlichen Nachbarländern, die seit dem Zweiten Weltkrieg eine Reihe von Standardwerken zur Regionalgeographie Europas hervorgebracht haben, nimmt sich die literarische Produktion deutschsprachiger Autoren bescheiden aus. Man beschränkte sich im wesentlichen auf Schulbücher (*Seydlitz, Länder und Völker* u. a.), Lehrerhandbücher (H. LEHMANN), Stichwortbücher (L. SCHEIDL), auf Begleittexte zu Hausatlanten (W. CHRISTALLER) sowie auf mehr lexikalische Präsentationen (*Meyers Kontinente und Meere, Europa,* 3 Bde., *Westermanns Lexikon der Geographie*). Länderlexika haben den Vorteil, daß sie in Neuauflagen leicht aktualisiert werden können, viel Faktenmaterial anbieten, aber manche Zusammenhänge und Tendenzen vernachlässigen müssen. Daneben entstanden aus deutscher Feder zahlreiche wissenschaftliche Ländermonographien, die einen gewissen Beleg dafür bieten, daß »Länderkunde« wieder gefragt ist (s. Lit.-Verz.). Dabei sollte nicht vergessen werden, daß die Werke vieler ausländischer Autoren immer wieder in Neuauflagen erscheinen und deshalb aktueller sind.
Maßgebend für die kapitelweise Gliederung sind die *Länder als Staaten*, gelegentlich zu Ländergruppen zusammengefaßt, mit ihren gegenwärtigen Staatsgrenzen. Für die Genese der Kulturlandschaft sind nicht selten auch historische Zugehörigkeiten von Bedeutung, was in der Einleitung und in den Länderbeschreibungen auch zum Ausdruck gebracht wird. Beispielsweise werden die ehemaligen deutschen Ostgebiete unter der Volksrepublik Polen behandelt, weil eine gegenwartsnahe Darstellung nur so glaubwürdig vertreten werden kann. Die Teilung Deutschlands bedingt eine getrennte Behandlung der bei-

den deutschen Staaten, wenn auch in einem gemeinsamen Oberkapitel. Die Einordnung der DDR unter die sozialistischen Länder Ostmittel- und Südosteuropas, welche die Spaltung Europas in zwei politische und wirtschaftliche Blöcke bestätigt hätte, wurde indes nicht vorgenommen, weil dies nicht dem historischen Bewußtsein der deutschen Nation entspricht, deren Weiterbestehen allerdings von den Politikern der DDR in Zweifel gezogen wird.
Für die Bearbeitung der regionalen Kapitel dieses Bandes konnten namhafte *Autoren* gewonnen werden, die sich als Länderspezialisten bewährt haben. Entsprechend den individuellen Forschungsschwerpunkten und Methodenkonzepten entstanden durchaus unterschiedliche Texte. Sie sind von den Herausgebern nur im Umfang gekürzt, sonst aber im Konzept nicht verändert worden, da sie auch die vielfältigen Möglichkeiten regional-geographischer Betrachtungsweisen demonstrieren sollen. Die Verbindung zwischen dem allgemeinen und dem regionalen Teil wird durch ein Sachregister und ein regionales Register hergestellt, die eine wichtige Klammerfunktion haben. Schließlich sei auf die Schul- und Weltatlanten hingewiesen, deren thematische Karten über Europa (z. T. von den gleichen Autoren bearbeitet) hier nicht wiederholt werden, da sie den Band unnötig belastet hätten.

2.1 Nordeuropa

Die Länder des nördlichen Europa werden unter verschiedenen Bezeichnungen geführt, von denen »Skandinavien«, »Fennoskandien«, »Die Nordischen Länder« oder einfach »Der Norden« die geläufigsten sind. Gewöhnlich versteht man unter *Skandinavien* nur die Staaten Dänemark, Norwegen und Schweden, also nicht auch Finnland, Island oder die teilautonomen Färöer und Grönland, und ebenfalls nicht die norwegischen Besitzanteile in der Arktis und Antarktis. Die Deutung des *Namens* »Skandinavien«, der zuerst als »Scatinavia« oder »Skadinavia« in der *Historia naturalis* des PLINIUS auftritt, ist bis heute umstritten. Häufig wird der Name auf altnordisch *-ania* (= Insel) und *-skad* (= Dunkelheit, Schatten) zurückgeführt. Danach hätte im Altertum Skandinavien soviel wie »Insel der Dunkelheit« oder »Nebelinsel« bedeutet, was dem mediterranen Menschen auf seinen Nordlandfahrten ja auch durchaus so erscheinen mochte.
Der Begriff *»Fennoskandien«* wurde um die Jahrhundertwende von dem finnischen Geologen RAMSAY geprägt, und zwar verstand er dar-

unter einen geologisch-geographischen Terminus, nämlich jene nördlichste Region Europas, die mit Mittel- und Osteuropa nur durch die Landengen zwischen dem Finnischen Meerbusen, dem Ladoga- und Onegasee sowie dem Weißen Meer verbunden ist. Unter Fennoskandien faßte RAMSAY also Norwegen, Schweden und Finnland mit der heute zur UdSSR gehörenden Kolahalbinsel, dem Onegaseegebiet und Russisch-Karelien, jedoch nicht Dänemark und SW-Schonen; im Grunde also den ganzen Raum, der im W von dem Kaledonischen Gebirge bzw. den Skanden und im O von dem alten präkambrischen Schild geprägt wird. Dies entspricht auch der physisch-geographischen Einteilung Europas, wie sie W. SCHLEGEL (S. 30ff.) vorgestellt hat. Die Bezeichnungen *»Die Nordischen Länder«* oder auch einfach »Der Norden« entwickelten sich in den letzten fünfzig Jahren; sie umfassen alle fünf nordeuropäischen Länder, nämlich Dänemark, Norwegen, Schweden, Finnland und Island. Die lange gemeinsame *Geschichte* und die mit Ausnahme des Finnischen nah verwandten Sprachen haben hier einheitsbildend gewirkt. Historiker fassen deshalb den Begriff »Norden« entsprechend dem Verlauf der nordischen Geschichte sehr weit; sie verstehen darunter den gesamten circumbaltischen Raum einschließlich der Länder Estland, Lettland und Litauen, des alten Rußland und selbst Teilen der südlichen Ostseeküste. Zu den *Sprachen* sei angemerkt, daß Dänisch, Norwegisch und Schwedisch so nah verwandt sind, daß man alle drei in etwa verstehen kann, wenn man eine halbwegs beherrscht. Durch die isolierte Stellung Islands hat das Isländische eine abweichende Entwicklung durchgemacht, wie sich überhaupt in den einzelnen Landesteilen Nordeuropas charakteristische Dialekte herausgebildet haben. Die finnische Sprache weist dagegen mit den skandinavischen Sprachen keinerlei Verwandtschaft auf. Bekanntlich gehören die Finnen zu der finno-ugrischen Volks- und Sprachgruppe, deren Hauptvertreter in sprachlicher Sicht eben das Finnische, Estnische und das Ungarische sind, und die nicht zu den indogermanischen Sprachen zählen.

2.1.1 Die Nordischen Länder im Überblick

Unter dem Terminus *»Die Nordischen Länder«* sollen also auch hier die *Staaten* Dänemark, Norwegen, Schweden, Finnland und Island verstanden werden, die besonders in kulturhistorischer Sicht zahlreiche Gemeinsamkeiten aufweisen und auch heute in vielfacher Weise vor allem innerhalb des 1952 gegründeten »Nordischen Rates« zusammenarbeiten. Die politisch-territorialen Grenzen dieser Länder sind trotz der frühen Staatsgründungen relativ jungen Alters. So stammt die norwegisch-schwedische Grenze entlang der großen inneren Waldmarken erst aus der Mitte des 18. Jh. Die knapp 200 km lange, vom Varangerfjord zum Inarisee ziehende Grenze zwischen Norwegen und Rußland kam 1826 zustande. Am häufigsten ist wohl die Grenze zwischen Finnland und der Sowjetunion (Länge der heutigen, seit 1947 bestehenden Grenze 1269 km) dem Wechsel der politischen Geschichte unterworfen gewesen. Wie Finnland ein echtes Grenzland zwischen West und Ost darstellt, so übt auch Dänemark von jeher eine Brückenfunktion zwischen Mittel- und Nordeuropa aus. Die heutige deutsch-dänische Grenze stammt von 1920; sie wurde nach einer Volksabstimmung in Nordschleswig zugunsten Dänemarks korrigiert.

Dänemark ist – wenn man von den auswärtigen Inselbesitzungen absieht – mit gut 43 000 km^2 das kleinste, jedoch am dichtesten besiedelte Land Nordeuropas (Bevölkerungszahl 5,1 Mio. in 1985). Im Landesdurchschnitt beträgt die Bevölkerungsdichte 119 Einw./km^2, während im Vergleich dazu in Schweden 19, in Finnland 15, in Norwegen 13 und in Island nur 2 Menschen pro km^2 entfallen. Diese Durchschnittswerte sagen jedoch recht wenig aus, wenn man sich die tatsächliche Bevölkerungsverteilung in den einzelnen Gunst- und Ungunstregionen Nordeuropas vor Augen hält. Aber darauf wird noch an späterer Stelle zurückzukommen sein. Im Hauptstadtbereich Dänemarks, im Großraum Kopenhagen (København), leben rd. 1,4 Mio. Einw., was über einem Viertel der dänischen Gesamtbevölkerung entspricht. Dänemark wird häufig als das nordeuropäische Inselreich bezeichnet, denn außer der Halbinsel Jütland umschließen seine Grenzen insgesamt 490 Inseln, von denen lediglich 108 bewohnt sind. Der küstenfernste Ort Dänemarks liegt nur gut 50 km landeinwärts. Der Seeorientierung sowie der räumlich-topographischen Lage insgesamt verdankt Dänemark von jeher seine wichtige Mittler- und Brückenstellung zwischen den Staaten Mittel- und Nordeuropas.

Eine dieser Brücken führt durch das Kattegat und Skagerrak nach *Norwegen*, einem in vieler Hinsicht einzigartigen Land. Es ist nicht nur ein Land der Fjorde, des Fjells und der Mitternachtssonne oder des Wintersports und der Sportfischerei, um hier einige Klischeevorstellungen mitteleuropäischer Touristen anzuführen. Nicht nur allein das einzigartige, oft auf engstem Raum wechselnde Bild der norwegischen Landschaften ist es, was den aufmerksamen Reisenden fasziniert, sondern vor allem die Bewältigung der naturräumlichen Gegebenheiten und Hindernisse durch die wirtschaftenden Menschen. Ab-

gesehen von Spitzbergen (Svalbard) und einigen Besitzungen in der Arktis und Antarktis (Jan Mayen im Nördlichen Eismeer, Peter I. Insel, Bouvetinsel sowie Königin Mauds Land in der Antarktis) nimmt Norwegen eine Fläche von rd. 324000 km^2 ein. Es gilt somit als das fünftgrößte Land Europas, das nur 4,1 Mio. Einw. zählt und außer Island die geringste Bevölkerungsdichte in Europa aufweist, nämlich im Landesdurchschnitt 13 Einw./km^2. Dabei konzentriert sich allein auf den Großraum Oslo etwa ein Drittel der norwegischen Gesamtbevölkerung; insgesamt leben über 80 % der norwegischen Bevölkerung in weniger als 15 km Abstand zur Küste. Das Staatsgebiet selbst mit seinen fünf großen Landesteilen (Östland, Vestland, Sörland, Tröndelag und Nord-Norwegen), das rd. 40 % der Gesamtfläche der Skandinavischen Halbinsel umfaßt, hat eine außerordentlich lange Küstenlinie, die von ungezählten Buchten und Fjordmündungen gegliedert wird. Von den etwa 150000 vorgelagerten Inseln (meist Schärengruppen) sind nur rd. 2000 bewohnt. Während der grobe Küstenumriß mit ca. 2650 km Länge angegeben wird, schätzt man die genauere Linie der festländischen Uferlinie auf ca. 20000 km, was etwa der Hälfte des Erdumfanges entspricht. Mit einer Ausdehnung über nahezu 14 Breitengrade, vom Kap Lindesnes im S bei gut 57° bis zum Nordkap bei rd. 71° ist Norwegen das Land Europas mit der größten Längenerstrekkung. Kap Lindesnes ist vom Nordkap genauso weit entfernt wie von Rom oder Moskau. Die Breite des norwegischen Festlands schwankt außerordentlich; im südlichen Landesteil, am Sognefjord, erreicht sie maximal 430 km, im N, südlich Narvik, schrumpft sie bis auf 6,3 km zusammen. Norwegens hohe Breitenlage (über ein Drittel des Landes erstreckt sich jenseits des Polarkreises) sowie der überwiegende Gebirgscharakter waren von jeher die Haupthindernisse in der Kulturlandschaftsentwicklung.
Norwegens Nachbarland *Schweden* ist sowohl nach der Flächenausdehnung wie nach der Bevölkerungszahl das größte der Nordischen Länder. Mit etwa 450000 km^2 gilt Schweden als das drittgrößte Land Europas (ohne SU), das fast doppelt so groß ist wie die Bundesrepublik Deutschland, jedoch für unsere Verhältnisse nur die geringe Bevölkerungszahl von 8,3 Mio. aufweist. Die durchschnittliche Bevölkerungsdichte wird mit 19 Einw./km^2 angegeben. Während in den Gunsträumen des S, in Schonen (Skåne) und im Gebiet der mittelschwedischen Senke über 70 Einw./km^2 leben, sind es in Norbotton nur noch 3 Einw./km^2. Auch für Schweden mit seinen unterschiedlichen Landschaftstypen ist die gewaltige Nord-Süd-Ausdehnung charakteristisch. Der Abstand von Trelleborg (südlichste Stadt Schwedens bei gut 55° N) bis zum nördlichsten Punkt, dem Dreireichsgrenz-

stein zwischen Norwegen, Schweden und Finnland bei rd. 69° N, entspricht der Entfernung von Trelleborg nach Neapel. Schweden gilt bekanntlich als eines der europäischen Länder mit besonders hohem Lebensstandard. Wertvolle Naturschätze (Erze, Holz u. a), eine hochentwickelte Industrie, aber auch die lange ununterbrochene Friedenszeit seit 1815 sowie das Fehlen ernsthafterer sozialer Probleme sind die Hauptgrundlagen für den hohen materiellen Lebensstandard. Allerdings zeigt sich mittlerweile das Entwicklungsmodell des »sozialen Wohlfahrtsstaates« – ähnlich wie in nordischen Nachbarstaaten – wenigstens in volkswirtschaftlicher Sicht als keineswegs unproblematisch.

Finnlands geographische Lage macht dieses Land zu einem wichtigen Bindeglied zwischen Nordeuropa und Rußland. Jene oft schwierige Brückenfunktion zwischen O und W hat den finnischen Staat in Vergangenheit und Gegenwart entscheidend geprägt. Die heutige gesamte Landesfläche, die sich vom südlichsten Punkt Hankoniemi bei gut 59° N bis in den Raum von Utsjoki bei 70° N erstreckt, umfaßt 337000 km^2 und ist somit größer als Italien oder England und Irland zusammen. Die über 60000 finnischen Seen bedecken allein 31600 km^2 der Staatsfläche. Von den 4,9 Mio. Einw. lebt ein großer Teil in der Region Helsinki (Helsingfors) – Turku – Tampere sowie aber auch nach N hin entlang der Bottnischen Küste.

Kein Staat der Erde hat in dieser hohen geographischen Breite ein so relativ dicht besiedeltes Gebiet wie Finnland. In Alaska, Grönland und im nördlichen Sibirien sind jene Breitenlagen fast unbewohnt, während man in Finnland jenseits des 65. Breitengrades noch eine relativ dichte Besiedlung und bedeutende zentrale Orte wie Oulu, Kemi und Rovaniemi findet. Ein Hauptgrund für diese bessere Erschließung und dichtere Besiedlung Nordfinnlands liegt einfach darin, daß die Finnen zu derartigen Kulturlandschaftserschließungen gezwungen waren. Der Pioniergeist hat demzufolge in Finnland eine lange Tradition. Im Gegensatz zu Norwegen und Schweden gibt es in Finnland keine scharf ausgeprägten landschaftlichen Unterschiede. Kennzeichnend sind die weiten Ebenheiten mit ihren riesigen Nadel- und z. T. auch Birkenwäldern, die von Seen und Mooren und hier und da von Siedlungsinseln durchsetzt werden, wobei jene Waldmarken zugleich eine wichtige Wirtschaftsgrundlage Finnlands darstellen.

Völlig waldlos – wenigstens heute – stellt sich dagegen der Inselstaat *Island* mit seinem rauhen Gebirgscharakter dar. Seine gut 103000 km^2 umfassende Fläche liegt zwischen dem 63. Breitengrad und dem Nördlichen Polarkreis; verglichen mit Norwegen reicht Island im S bis zur Höhe von Trondheim, im N aber noch nicht bis zu der von Bodö.

Island ist also der einzige nordische Staat, der sich kaum über den Polarkreis nach N hinweg erstreckt. Die Entfernungen zu anderen europäischen Ländern sind groß, zur norwegischen und schottischen Küste rd. 1000 bzw. 800 km, während der Seeweg nach Grönland weniger als 300 km beträgt. Aufgrund seiner sehr andersartigen physiographischen bzw. geologischen Struktur (vor allem bezüglich des jungen Vulkanismus) wäre Island kaum zu den skandinavischen bzw. nordeuropäischen Ländern zu rechnen; das verbindende Element liegt jedoch in der Kulturlandschaftsgeschichte, die besonders starke Verknüpfungen mit Norwegen und Dänemark aufweist. Auf Island, das sich erst 1944 aus der Personalunion mit Dänemark löste und eine selbständige Republik wurde, lebten 1985 nur 244000 Menschen. Der Wert der durchschnittlichen Bevölkerungsdichte von 2 Einw./km^2 sagt wenig aus, wenn man bedenkt, daß sich von den 244000 Einw. heute beinahe 50 % auf den Hauptstadtbereich Reykjavik an der Südwestküste konzentrieren, während das innere vulkanische Plateauland zum größten Teil als Sub- und Anökumene angesehen werden muß.

2.1.2 Die naturräumliche Ausstattung in ihrer Bedeutung für die Kulturlandschaftsentwicklung

Das *Relief* Dänemarks, des größten Teils von Südschweden bis zur mittelschwedischen Senke sowie des südlichen und mittleren Finnland wird vom Flachland bestimmt, das im wesentlichen nicht mehr als 100 m üNN erreicht und größtenteils von glazialen Ablagerungen bedeckt wird. Dagegen liegt mehr als die Hälfte der norwegischen Landfläche über 500 m üNN und rd. ein Viertel höher als 1000 m. Im alpinen Fjell Jotunheimens erreichen die Skanden die größten Erhebungen Nordeuropas (Glittertind und Galdhöpiggen mit rd. 2470 m). Flachländereien findet man in Norwegen nur im Bereich der in Schären, Buchten etc. aufgelösten Küstenplattform (Strandflate), im südlichen Finnmark und in den drei agraren Gunsträumen a) des Oslograbens bis zum Mjösasee, b) des Trondheimsfjordes und c) der südwestlichen Küstenlandschaft Jaeren. Das nördliche Schweden von Darlana bis Lappland wird neben den Gebirgszügen der Skanden von dem sog. Norrlandrelief, einem Berg- und Hügelland zwischen 200 und 500 m üNN, bestimmt. Ähnliche Reliefverhältnisse finden wir in Nordfinnland. Demgegenüber zeigt sich der größte Teil Islands als ein Hochland (durchschnittlich 500 m üNN) mit den höchsten Erhebun-

gen in Küstennähe (besonders der Vatnajökull mit über 2100 m) und plateauförmigem Charakter im Inneren, wobei hier mächtige Lavadecken mit unterschiedlichen Vulkanbauten vorherrschen.
Abgesehen von Island und Dänemark wird der größte Teil Nordeuropas von den *alten Gesteinen* des Baltischen bzw. Fennoskandischen Schildes (Gneise, Granite etc.) und den Skanden im Westen (paläozoische Sedimentgesteine) aufgebaut. Mesozoische Sedimente sind in Nordeuropa sozusagen nur in Dänemark und im südschwedischen Schonen anzutreffen. Dänemark und Südschweden sind weiterhin durch zusammenhängende, mächtige *Glazialablagerungen* gekennzeichnet, während in den anderen Räumen die Glazialerosion bei weitem vorgeherrscht hat. Markante Zeugen der pleistozänen Vergletscherungen sind die weit in die Fjellgebiete sich verzweigenden Fjorde Westnorwegens und eines Teiles der isländischen Küsten, die wenigstens in ihren mittleren Abschnitten eine große Übertiefung erfahren haben (z. B. Sogne-, Hardanger- und Nordfjord über 1000 m). Die marinen *Transgressionen* im Spät- und Postglazial und der bis heute andauernde Aufstieg des größten Teiles von Nordeuropa haben in vielen küstennahen Bereichen Norwegens, Schwedens und Finnlands marine Ablagerungen entstehen lassen, die für die ländliche Kulturlandschaft von jeher von großer Bedeutung sind. Die obere Grenze dieser marinen Sedimente schwankt in den einzelnen Küstenregionen von 10 bis mehr als 200 m üNN.
Die *Fjellregionen* lassen sich morphographisch und morphologisch in drei Haupttypen unterscheiden: das kolline Fjell mit meist pleistozän überformten Zügen mittlerer Höhe, das Plateaufjell mit Rumpfflächencharakter (z. B. Dovrefjell, Hardangervidda) und das alpine Fjell mit eigentlichen Hochgebirgsformen (z. B. Jotunheimen und Lofotenbereich). Häufig wird der Begriff »Fjell« auch als Bezeichnung für alle Landflächen benutzt, die über der Grenze des produktiven Waldes liegen.
Die makroklimatischen Verhältnisse werden von einem starken *maritim-kontinentalen Gegensatz* geprägt. In den großen positiven Temperaturanomalien vor allem entlang der west- und nordnorwegischen Küste (Einfluß der Nordatlantikdrift) ist wohl der entscheidende Faktor für die frühe Besiedlung dieser Küstenräume zu suchen (vergl. z. B. Komsakultur vor ca. 10000 Jahren). Nördlich des Polarkreises resultiert die kurze, aber intensive Vegetationsperiode mit reicher Licht- und Wärmeeinstrahlung aus der langen Dauer der Sommertage. Die etwa vom Polarkreis an herrschende Mitternachtssonne prägt hier die kurzen Sommer, sie verdrängt am Nordkap die Nacht für rd. 80 Tage. Der maritim-kontinentale Gegensatz zeigt sich natürlich

auch in der Höhe der Verteilung der Niederschläge, wobei die Skanden eine Barriere zwischen der stark beregneten Westseite (stellenweise über 2500 mm Jahresniederschlag) und dem relativ trockenen Osten (bis um 500 mm) bilden.
Vegetationsgeographisch läßt sich Nordeuropa nach der potentiellen natürlichen *Vegetation* in fünf große Zonen gliedern, die in mehr oder weniger breiten Gürteln von S nach N aufeinanderfolgen. Die beiden südlichsten Zonen, die nordeuropäische Laubwaldregion und die anschließende nordeuropäische Mischwaldzone, keilen infolge der klimatischen Gunst entlang der Westküste weit nach N hin, d. h. bis etwa 64° N, aus. An diese beiden küstenparallel verlaufenden Zonen schließt sich die charakteristische boreale Waldregion mit einer unteren Nadelwald- und einer oberen Fjellbirkenstufe an, deren riesige Ausdehnung im S mit der Eichengrenze (in Südfinnland und Südschweden zwischen 60° und 61° N) und im N mit der Kieferngrenze festzulegen ist. Die Kiefernwaldgrenze verläuft von der westnorwegischen Küste bei ca. 68° N in nordöstlicher Richtung bis ca. 70° N. Die beiden nördlichsten Vegetationszonen sind die subarktische und die arktische Region, wobei letztere als Tundraformation nördlich der heutigen polaren Baumgrenze (Fjellbirken) einen äußerst schmalen Saum des Festlandes sowie die arktischen Inseln einnimmt.

2.1.3 Grundzüge der landesgeschichtlichen Entwicklung

Ohne eine gewisse Kenntnis der landesgeschichtlichen Entwicklung sind die Nordischen Staaten in ihrer heutigen Struktur nicht zu verstehen. Die folgenden kurz gefaßten Bemerkungen dienen daher dem Bemühen, Züge des gegenwärtigen Kulturlandschaftsbildes in ihrer geschichtlichen Bedingtheit zu erklären.
Dänemark gilt von jeher als ein *Brückenland* zwischen Mittel- und Nordeuropa. Diese Mittlerstellung hat den dänischen Staat bis in die unmittelbare Gegenwart entscheidend geprägt. Die Staatsbildung Dänemarks vom 9. bis 11. Jh., also zur Zeit der stürmischen Wikingerexpansion, vollzog sich in einem Raum, der von jeher Hauptdurchzugsgebiet verschiedenster Menschengruppen zwischen N und S sowie O und W gewesen ist. Hauptstützen dieses Seereiches waren und sind Seeland und Jütland bzw. die Cimbrische Halbinsel. Zahllose vor- und frühgeschichtliche *Funde* und *Bodendenkmäler* geben Zeugnis von der Besiedlung und Bewirtschaftung Dänemarks lange vor der Staatswerdung. Mit der Einwanderung der Dänen nach Jütland, Insel-Dä-

nemark und Südschweden im 7. und 8. Jh. wurden die Angeln, Sachsen und Jüten abgedrängt. Anfang des 9. Jh. begann man im Zuge der Staatsbildung mit dem Bau des berühmten Danewerks als Grenzwall gegen das sich ausdehnende Frankenreich. In dieser Zeit hatte auch der alte Siedlungs- und Handelsplatz Haithabu an der Schlei, gegenüber dem heutigen Schleswig, eine weithin überregionale Bedeutung.

Die dänischen *Wikingerzüge* waren vor allem westwärts über die Nordsee nach England gerichtet. So konnte KNUT DER GROSSE zu Beginn des 11. Jh. die englischen Eroberungen, einschließlich des südlichen Norwegen, mit Dänemark zu einem Großreich vereinigen, das jedoch nur kurzen Bestand hatte. Von der *Christianisierung* Dänemarks im 10. Jh., die zugleich die Kultur des mittelalterlichen Europa mit nach Dänemark brachte, zeugt der großartige Runenstein von Jelling, rd. 12 km nordwestlich Vejle. Von der Mitte des 12. bis Ende des 14. Jh. erreichte Dänemark im Kampf um das Ostseegebiet eine bedeutende Machtstellung und Blütezeit, die sich u. a. in der Entwicklung der Stadtkultur und in der Errichtung der Domkirchen von Ribe, Viborg und Roskilde manifestiert.

Von 1397 bis 1523, in der sog. *Unionszeit*, waren die drei nordischen Staaten Dänemark, Schweden und Norwegen in dänischer Hand vereinigt. In dieser Zeit besaß auch der weltliche und geistliche Adel eine große Machtfülle; es sollen sich dort zu Beginn des 16. Jh. rd. drei Viertel des dänischen Bodens in grundherrschaftlicher Hand befunden haben, in deren Abhängigkeit vier Fünftel aller dänischen Bauern standen. In den dänisch-schwedischen Kämpfen um die Ostseevorherrschaft wurde dann Dänemark Schritt für Schritt zurückgedrängt; 1660 mußte an Schweden u. a. auch das fruchtbare Schonen abgetreten werden. Eine neue Blütezeit erlebte Dänemark im 18. Jh. Kopenhagen stieg zu einer der führenden Welthandelsstädte auf. In der Landwirtschaft vollzogen sich tiefgreifende Veränderungen, u. a. die Befreiung der dänischen Bauern, der Übergang zu eigenem Grundbesitz sowie die durch große Flurbereinigungen bedingte Auflösung der mittelalterlichen Dorfgemeinschaften zugunsten einer ausgeprägten Einzelgehöftsiedlung. Damit war der Grundstein für die Entwicklung einer modernen, marktorientierten Landwirtschaft gelegt.

Nach den napoleonischen Kriegen gingen Dänemark, Norwegen und Helgoland verloren, nach 1864 auch Holstein, Schleswig und Lauenburg. 1920 fand gemäß dem *Versailler Vertrag* in Nordschleswig eine Volksabstimmung statt, nach der sich die dortige Bevölkerung (rd. 160000 Menschen, davon 25 % Deutsche) bis hinunter zur heutigen Staatsgrenze für eine Rückkehr nach Dänemark entschied. Die in-

folge der Bevölkerungsminderheiten auf beiden Seiten der Grenze erwachsenen Spannungen sind heute im Zuge eines beiderseitigen Entgegenkommens sozusagen ganz abgebaut. Das Ende des Zweiten Weltkrieges brachte auch für Dänemark bedeutende politisch-territoriale Veränderungen mit sich. Island, das während des Krieges von Dänemark abgeschnitten war, kündigte die Personalunion mit Dänemark und wurde eine *unabhängige Republik*. Die Färöer erreichten eine mehr oder weniger autonome Verwaltung wenigstens der inneren Angelegenheiten. Anders war es mit Grönland. Der Status der einstigen *Kolonie* wurde 1953 aufgehoben und die Insel dem dänischen Staat einverleibt. Aber schon bald verstärkte sich auf Grönland der politische Impuls zur Selbstverwaltung (»Grönlandisierung«), und zwar vor allem im Zuge der Debatte um den EG-Beitritt Dänemarks Anfang der 1970er Jahre und der Frage nach dem Recht auf die grönländischen Fischressourcen und Bodenschätze (Ölsuche im Offshorebereich). Nachdem schon 1972 ca. 70 % der grönländischen Bevölkerung gegen die EG gestimmt hatten, verließ Grönland dann am 1. 1. 85 die EG. Zuvor hatte sich bereits 1979 der Status der größten Insel der Welt geändert, indem Grönland ein selbstverwaltetes Land in Reichsgemeinschaft mit Dänemark geworden war. Auf der Grundlage der einheimischen Ressourcen möchte Grönland in der nächsten Zukunft der völligen Unabhängigkeit entgegengehen.
In den Nachkriegsjahrzehnten vollzog sich in Dänemark eine sehr starke *industrielle Expansion*, die – gemessen an dem Produktionswert und den Erwerbsverhältnissen – Dänemark zu einem Industrieland machte. Die enge Verknüpfung von Außenhandel und politischer Wirksamkeit zeigt sich u. a. in dem 1959 erfolgten Beitritt Dänemarks in die EFTA und in dem 1973 erfolgten EG-Beitritt, wobei letzterer mit der gleichzeitigen Mitgliedschaft seines größten Handelspartners, nämlich Großbritannien, weitgehend gekoppelt war. Gleichzeitig versucht Dänemark, die Zusammenarbeit zwischen den eigentlichen nordischen Staaten in jeder Weise zu fördern, so daß Dänemarks traditionelle Mittlerstellung zwischen Nord- und Mitteleuropa auch heute noch von großer Bedeutung ist.
Der *Name* »Norwegen« als »Weg nach dem Norden« (ursprünglich Seeweg entlang der Küste) verdeutlicht einen der Hauptzüge der norwegischen Landesgeschichte, indem viele Jahrhunderte hindurch die wechselseitigen Beziehungen entlang der Seewege zu den südlicheren und westlichen Ländern stärker waren als zu den östlichen Nachbarn. Die inneren siedlungsarmen Wald- und Fjellregionen gegen die schwedische Grenze haben trennender gewirkt als das Meer im W und S.

Die ältesten Spuren menschlicher Siedlungen in Norwegen hat man im hohen N, u.a. bei Komsa in Finnmark gefunden (Alter rd. 10000 Jahre), wobei es sich um Jäger- und Fischergruppen handelte, die dem zurückweichenden Inlandeis folgten und deren Herkunft bis heute ungewiß ist. In das hellere Licht der Geschichte tritt Norwegen in der *Wikingerzeit*, deren kühne Eroberungszüge hauptsächlich in die Zeit von 800 bis 1000 n. Chr. fallen. Als eine der Hauptursachen jener Expeditionen, die die skandinavischen Wikinger weit in den mediterranen und südrussischen Raum sowie über Grönland (besonders Siedlung Brattalid an der Südwestküste) bis nach Labrador und Neufundland (das sog. Vinland des LEIV ERIKSSON) gebracht haben, nimmt man die Übervölkerung in vielen Teilen des N, vor allem Westnorwegens, an. Von Westnorwegen aus erfolgte auch schon im 9. Jh. eine Besiedlung Islands. In den altnordischen Chroniken, den Sagas, besonders dem berühmten Werk des Isländers S. STURLASON, werden diese Besiedlungsvorgänge beschrieben. Eigentliches Zentrum des hochmittelalterlichen Norwegen war Trondheim, dessen um 1300 fertiggestellter Nidarosdom mit dem Schrein des HL. OLAV das Reiseziel großer Pilgerscharen aus ganz Norwegen und darüber hinaus war. Noch heute weisen die alten Pilger-, Handels- und Königswege z.B. vom Östland über das Dovrefjell hinweg nach Trondheim auf die alte Bedeutung von Nidaros, der Krönungsstätte der norwegischen Könige, hin. Mit der Geschichte der alten norwegischen Klöster der Benediktiner, Zisterzienser und Augustiner ist u. a. die Entwicklung der Landwirtschaft, des Garten- und vor allem des Obstanbaus in den inneren Fjordgebieten (besonders Hardanger) eng verbunden, da die Mönche aus ihren Heimatländern zahlreiche, bis dahin in Norwegen unbekannte Kulturpflanzen und Tiere mitbrachten.
Mitbedingt durch das Norwegen regierende dänische Königtum erlangten die *Hansekaufleute* seit dem 14. Jh. eine immer stärkere Erweiterung ihrer Handelsprivilegien. Die Gründung der »Deutschen Brücke« (*Tyskebryggen*), des Hansequartiers in Bergen, zeugt noch heute von der einstigen Machtstellung der Hanse, die den gesamten Handel West- und Nordnorwegens auf sich zu konzentrieren vermochte. Seit etwa 1550 gingen dann die Macht und das Handelsmonopol der Hanse in Norwegen ständig zurück. Im 17. Jh. vollzog sich ein neuer Aufstieg der norwegischen Wirtschaft. An der Südküste entstand eine Reihe neuer *Hafenanlagen*, von denen sich ein reger Fisch- und Holzhandel vor allem mit den Niederlanden entwickelte. Zugleich wurde damit aber auch der Entwaldungsprozeß im südlichen Norwegen gefördert. Ein charakteristisches Beispiel für jene neuen Hafenstädte des 17. Jh. ist die Sörlandmetropole Kristiansand, deren

streng schematischer Schachbrettgrundriß (1641 auf Geheiß des Dänenkönigs Christian IV. gegründet) sich auch im heutigen Stadtkern fast unverändert widerspiegelt. Ein anderer bedeutender wirtschaftlicher Faktor war der Bergbau, vor allem sind die Silbergruben von Kongsberg (hier um 1770 nicht weniger als 4000 Bergleute, darunter auch viele Deutsche), die Kupferminen von Røros sowie eine ganze Reihe kleinerer Erzgruben im südlichen Norwegen zu nennen. Die Stadtbevölkerung wuchs im Laufe des 18. Jh. von 40000 auf über 100000 Menschen an.
Mit der Industriellen Revolution in der zweiten Hälfte des 19. Jh. begann in Norwegen wie auch in seinen Nachbarstaaten ein großer Umwandlungsprozeß. Die wirtschaftliche Expansion, u. a. die Entwicklung zur eigentlichen *Hochseefischerei* und das enorme Anwachsen der *Handelsflotte*, hielt trotz allem nicht Schritt mit der raschen Bevölkerungszunahme. Die Auswanderungswellen in der zweiten Hälfte des 19. und Anfang dieses Jahrhunderts verbreiteten sich vom westlichen Norwegen und den oberen Abschnitten der inneren Bauerntalungen auf alle Teile des Landes; zwischen 1866 und 1915 wanderten rd. 750000 Norweger nach Nordamerika aus, besonders zum mittleren Westen der USA.
Nach der 1814 erfolgten Loslösung von Dänemark führte die Volksabstimmung von 1905 auch zu einer Lösung der *Union mit Schweden*. Norwegen wurde nun nach den langen Unionszeiten ein selbständiges Königreich, dem nach dem Ersten Weltkrieg u. a. die Oberhoheit über Spitzbergen (Svalbard) und über die Bäreninsel übertragen wurde. Auch einige Gebiete im Südpolargebiet wurden der norwegischen Oberhoheit unterstellt, was einmal auf die norwegischen Walfanginteressen und zum andern auf die norwegischen Antarktisexpeditionen (besonders R. AMUNDSEN 1911) zurückzuführen ist. Norwegens besondere strategische Lage sowie die Ausfuhr schwedischer Erze über Narvik verstrickte das als neutral erklärte Land auch in den Zweiten Weltkrieg, indem es von 1940 bis 1945 von deutschen Truppen besetzt wurde. Nachdem Norwegen in den Nachkriegsjahren zunächst der EFTA beitrat, stand in jüngster Zeit der norwegische EG-Beitritt zur Debatte. Diese Frage wird auch nach dem ablehnenden Volksentscheid 1972 heute noch in den verschiedensten Bevölkerungskreisen lebhaft diskutiert.
In frühgeschichtlicher Zeit war Schweden, wenigstens der südliche Landesteil, von verschiedenen Volksstämmen besiedelt, so von den Dänen in Schonen, den Götar in Götaland und den Svear um den Mälarsee und in Uppland. Letztere gewannen in der Mitte des 8. Jh. das Übergewicht, so daß auch ihr Name (Svearike = Sverige) auf das

ganze Land überging. Schwedische *Wikinger* drangen in den folgenden Jahrhunderten bis weit in das osteuropäische Tiefland ein, wo sie verschiedene »Staaten« gründeten, zunächst am Ilmensee mit dem Hauptort Holmgard (dem späteren Nowgorod) und auch um Kiew. In der zweiten Hälfte des 12. Jh. begannen die sog. »Kreuzzüge« nach Finnland, womit die schwedische Herrschaft dort ihren Anfang nahm.

Vorher war Schweden von englischen und deutschen Mönchen *christianisiert* worden. ANSGAR gründete um 835 die erste christliche Kirche in dem alten Handelszentrum Birka auf einer Insel im Mälarsee. In der Mitte des 13. Jh. entstand dann Stockholm als Hauptzentrum des Landes. Nach der durch GUSTAV WASA beendeten Unionszeit mit Dänemark (1397–1523) umfaßte Schweden das heutige Mittel- und Nordschweden sowie Finnland. Hundert Jahre später erreichte Schweden unter GUSTAV (II.) ADOLF eine *Großmachtstellung*, wobei jedoch die Verwirklichung eines *Dominium maris Baltici*, d.h. eines die Ostsee umfassenden Reiches, von Rußland im späteren Nordischen Krieg (1700–1721) verhindert wurde. Nach dem Nordischen Krieg mußte Schweden die Ostseeprovinzen, die Fürstentümer Bremen und Verden sowie Vorpommern abtreten; Anfang des 19. Jh. verlor es auch Pommern und Finnland. Dem Ende der schwedischen Großmachtzeit folgte auch das Ende der starken Königsmacht, Schweden erhielt nun eine Verfassung, die dem Reichstag entscheidende Macht zuwies.

Auch Schweden hat im 19. Jh. tiefgreifende *Reformen* erfahren. Die Intensivierungsprozesse in der Landwirtschaft brachten u.a. große Flurbereinigungen und die Auflösung der Dörfer und Gruppensiedlungen mit sich. Die Eisen- und Stahlindustrie sowie die holzverarbeitenden Industriezweige entwickelten sich rasch. Trotzdem ist auch Schweden in diesen Jahrzehnten von großen Auswanderungsbewegungen erfaßt worden; zwischen 1850 und 1930 wanderten über eine Million Schweden nach Nordamerika aus. Schwedens Entwicklung zu einem *Wohlfahrtsstaat* in den letzten Jahrzehnten ist einmal auf die enorme wirtschaftliche Entwicklung, zum andern auf eine Reihe sozialer Reformen und nicht zuletzt auch auf die lange Friedenszeit in diesem Land (Neutralität ist heute der Hauptgrundsatz der schwedischen Außenpolitik) zurückzuführen.

Finnland als *Grenzland* zwischen Rußland und Skandinavien erfüllt eine ähnliche Brückenfunktion wie Dänemark. Der Hauptunterschied zwischen dem finnischen Volk und seinen Nachbarn liegt in der Sprache. Allerdings ist Finnland zweisprachig, wobei jedoch nur noch rd. 7% der Gesamtbevölkerung Schwedisch als ihre Muttersprache angeben. Letztere werden im deutschen Sprachgebrauch zur Unterscheidung von den eigentlichen Finnen häufig als »Finnländer« bezeichnet. Bei der Besiedlung des heutigen Finnland durch die sog. »Ostsee-Finnen« (Finnen, Esten und Liven) um Christi Geburt wurde die samische Urbevölkerung zurückgedrängt. Ein eigenes Staatswesen haben die Finnen lange Zeit nicht bilden können. Seit dem 12. und 13. Jh. geriet Finnland unter die Herrschaft Schwedens (sog. »Kreuzzüge« gegen die heidnischen Finnen), von dem es wesentliche Kultureinflüsse erhielt. Nach dem Ende der schwedischen Großmachtstellung im Ostseeraum konnte Rußland Zug um Zug Finnland an sich binden, wobei Finnland den Status als Großfürstentum behalten konnte. Mit dem Sturz der zaristischen Herrschaft erhielt Finnland 1917 seine *Unabhängigkeit*. Im Zweiten Weltkrieg wurde die junge Republik zur Abtretung großer Teile Finnisch-Kareliens (u. a. auch der Raum um Wyborg bzw. Viipuri) an Rußland gezwungen; 1947 ging auch der Petsamodistrikt, d. h. Finnlands einziger Zugang zum Eismeer, an die UdSSR verloren. Auf diese politisch-territorialen Vorgänge ist auch zum großen Teil die starke Landerschließung bzw. Binnenkolonisation nach dem Zweiten Weltkrieg vor allem im nördlichen Finnland zurückzuführen. Finnland mußte nicht nur die rd. 420000 Aussiedler aus seinen verlorenen Ostgebieten ansiedeln, sondern auch einen Ersatz für die rd. 260000 ha verlorenen Ackerlandes schaffen. In der Nachkriegszeit vollzog sich eine relativ günstige Entwicklung der *Beziehungen zur Sowjetunion*, was sich in mehreren Verträgen, in der Räumung des russischen Stützpunktes Porkkala unmittelbar westlich von Helsinki und auch in der 1968 erfolgten Freigabe des Saimaa-Kanals manifestierte. Andererseits konnte Finnland auch eine Assoziierung an die EFTA erreichen. Ende 1972 hat Finnland schließlich als erstes nichtkommunistisches Land direkte Verhandlungen mit dem COMECON über wirtschaftliche Zusammenarbeit aufgenommen. So wird der finnische Staat in seiner nicht einfachen Stellung zwischen West und Ost bis in die unmittelbare Gegenwart von jenen vielfältigen Brückenfunktionen geprägt.

Gegen Ende des 9. Jh. wurde Island von Westnorwegen aus besiedelt. Damals muß Island seinen Siedlern bessere Wirtschafts- und Lebensbedingungen geboten haben, als es etwa im 19. Jh. der Fall war. Aus dem im 13. Jh. verfaßten »Landnámabók« Islands sind wir über die *erste Besiedlung* gut unterrichtet. Kein Land in Europa ist so spät von siedelnden und wirtschaftenden Menschen in Besitz genommen worden wie Island. Vor der dauerhaften Besiedlung im Zuge der Wikingerexpansion waren allerdings schon irische Mönche nach Island gekommen, die sich eine Zeitlang vornehmlich an der Südost-

küste niederließen, dann aber vor den nordischen Siedlern zurückwichen. Das »Landnámabók« berichtet von rd. 400 nordischen bzw. norwegischen Einwanderern oder besser gesagt von Einwandererführern. Diese nahmen sich in der sog. Landnahmezeit (von 874 bis 930 n. Chr.) große Besitztümer vor allem entlang der weide- und fischwirtschaftlich günstigen Fjordarme im W und N der Insel. Ein entscheidender Schritt auf dem Wege zu einem geordneten Staatswesen erfolgte im Jahre 930 mit der Gründung des Althings. Die 100 Jahre zwischen 930 und 1030 sind in die Geschichte Islands als Sagazeit eingegangen. Die Sagas, eine Art Familien- oder Sippengeschichten, geben u. a. Kenntnis von den berühmten Grönland- und Vinlandfahrten Eirik des Roten und seines Sohnes Leif Eriksson, der nahezu 500 Jahre vor Kolumbus Nordamerika entdeckte.
Kurz vor 1100 n. Chr. sollen schon über 4000 Bauernhöfe auf Island bestanden haben. Damit ist wahrscheinlich, daß die Vulkaninsel um 1100 mehr Menschen ernährt hat als um 1700 und 1800, denn die Einwohnerzahlen waren 1700 und 1800 rd. 50000 bzw. nur 47000, während die Schätzungen für 1100 auf weit über 50000 gehen. Für diese hohen Bevölkerungszahlen um 1100 werden vor allem günstigere klimatische und vegetationsmäßige Gegebenheiten sowie politisch-territoriale Stabilität verantwortlich sein, während dann im Spätmittelalter und in der Neuzeit *Naturkatastrophen* (Vulkanausbrüche, Erdbeben), Epidemien, Hungersnöte etc. zu einer Bevölkerungsverminderung geführt haben. Erst in den ersten Jahrzehnten des 19. Jh. nahm die Bevölkerungszahl wieder konstant zu.
Die Geschichte des freien Island mit seinem berühmten, in Thingvellir zusammenkommenden Althing endete 1264 für sechs Jahrhunderte. Es kam zunächst an Norwegen und fiel dann mit Norwegen an die dänische Krone, so daß von nun an jene Personalunion zwischen Dänemark und Island begann, die bis in das 20. Jh. hinein fortdauern sollte. Insgesamt gesehen sind jene Jahrhunderte für Island als eine Zeit des wirtschaftlichen und sozialen Niedergangs einzustufen. 1944 löste sich Island schließlich von Dänemark und wurde eine selbständige Republik.

2.1.4 Jüngere Wandlungen der räumlichen und sozialen Bevölkerungsstruktur

Die sog. Wohlfahrtsstaaten Nordeuropas zählen heute zu der kleinen Staatengruppe mit hochentwickelten Gesellschaften, denen folgende Merkmale zu eigen sind: 1) weiter sinkende Anteile im Primärsektor,

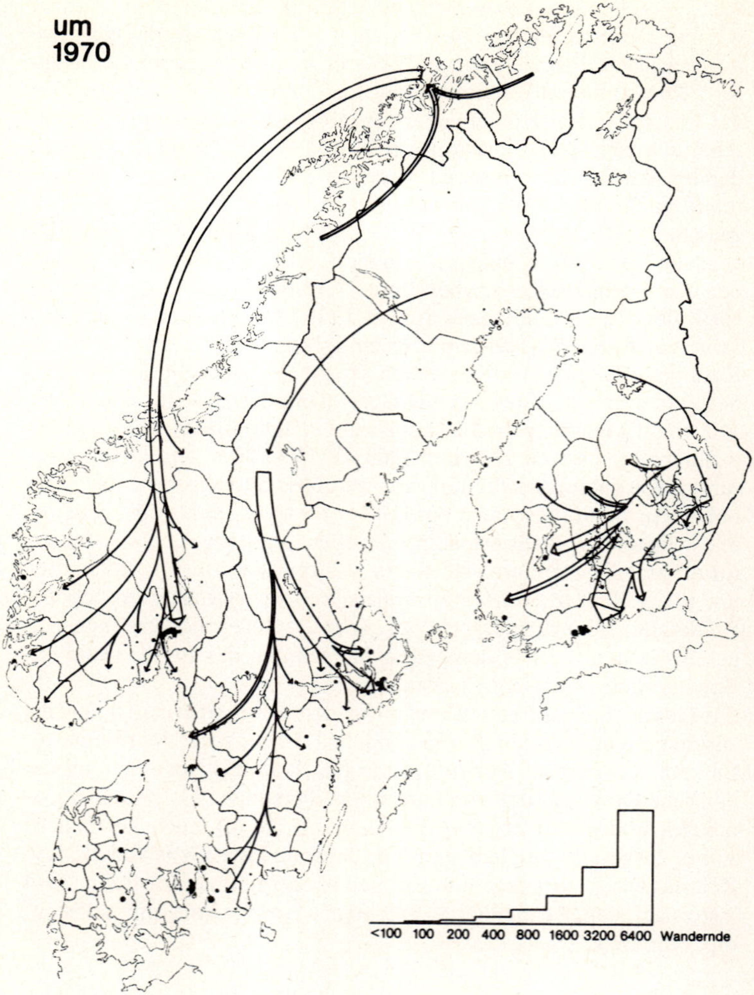
um
1970
<100 100 200 400 800 1600 3200 6400 Wandernde

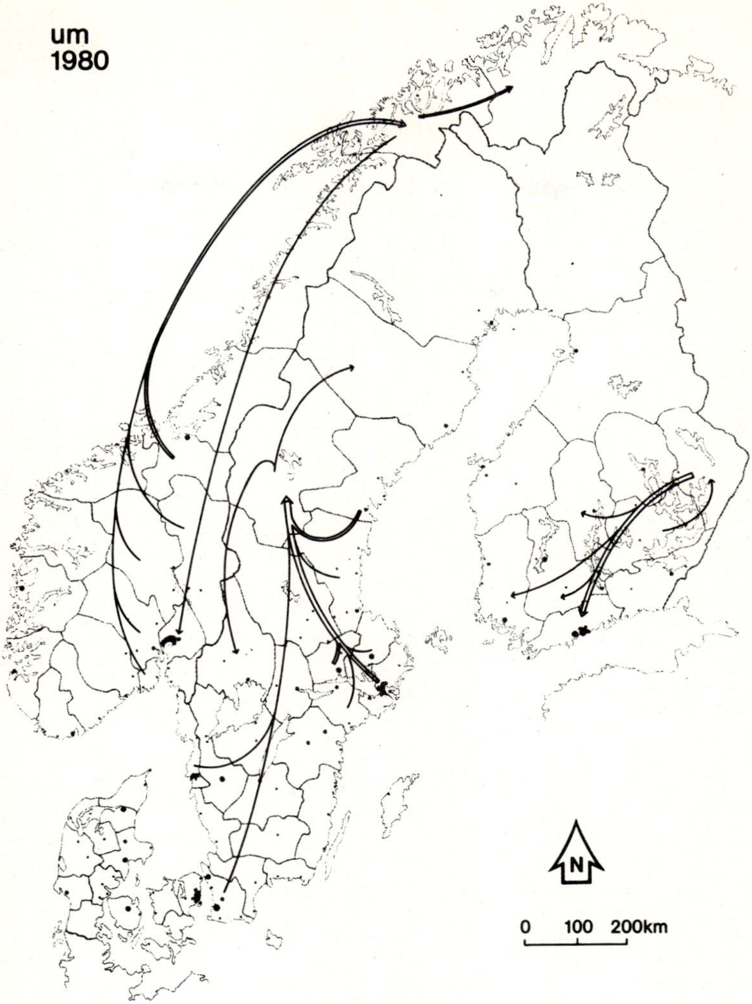

Abb. 18: Interprovinzielle Nettowanderungsströme in Nordeuropa 1970 und 1980 (Quelle: B. BUTZIN 1984, S. 65)

stagnierende oder rückläufige im sekundären und schnell steigende im tertiären Sektor (Schlagworte wie »Entindustrialisierung«, »postindustrielle Gesellschaft« oder »Tertiärisierung« versuchen diesen Trend zu umschreiben); 2) ein geringes natürliches Bevölkerungswachstum, wenn man von Island, Grönland und den Färöern absieht (in Dänemark selbst ist seit 1984 sogar eine Abnahmetendenz festzustellen); 3) ein hoher Lebens- und Ausbildungsstandard (mit zunehmender Freizeit); 4) eine weiterhin starke Urbanisierung, die aber zumindest im Zeitraum 1970–80 nicht mehr auf die großen Städte, besonders die nordeuropäischen Hauptstadtregionen, ausgerichtet ist, sondern mehr auf die kleineren und mittleren zentralen Orte (»tettsteder« bzw. »Dichtorte« ab 200 Einw.).

Das letztgenannte Phänomen mit einem Umverteilungsmuster der Bevölkerung (sog. »counterurbanization« oder »urban turn around-Trend«) ist wohl das augenfälligste Merkmal der jüngsten demographischen Entwicklung im Norden. Während noch im Jahre 1970 die Wanderungsströme aus den Peripher- bzw. Marginalräumen (vor allem aus den nördlichsten Landesteilen Norwegens, Schwedens und Finnlands) auf die Hauptstadtregionen ausgerichtet waren, zeigt sich bereits 1980 ein gegenteiliges Bild, nämlich eine durch andersartige Wanderungsströme bedingte demographische Dezentralisierung, die innerhalb des zentralörtlichen Systems hierarchieabwärts verläuft (vergl. Abb. 18). Bei dieser »counterurbanization« handelt es sich also nicht nur um eine Kern-Rand-Wanderung, sondern vielmehr um Umverteilungsprozesse von Bevölkerung *und* Arbeitsplätzen, die aus dem täglichen Pendelverkehrsbereich einer Großstadt herausführen. Während sich somit die Wanderungssalden der nordischen Hauptstadtregionen in den 1970er Jahren der Nullgrenze nähern (in Kopenhagen und Oslo sogar unter Null reichen), verzeichnen hauptstadtfernere Landesteile erhebliche Wanderungsgewinne in Verbindung mit einem zunehmenden Arbeitsplatzangebot. Besonders charakteristisch ist diese Entwicklung für die Küstenregionen Mittel- und Nordschwedens sowie Mittelfinnlands. Wie lange diese demographische und industriell-gewerbliche Umverteilung weiter andauert, sei dahingestellt. Mehrere Anzeichen in der jüngsten Zeit deuten wiederum auf eine Neubelebung der traditionellen städtischen Hauptzentren hin.

Nach den Zahlen von 1984 beträgt die Bevölkerungsdichte in Dänemark 119 Einw./km^2 (für die hier nicht berücksichtigte Inselgruppe der Färöer werden 32 und für den bewohnbaren Küstensaum Grönlands 0,1 Einw./km^2 angegeben); in Schweden sind es 19, in Finnland 14, in Norwegen 13 und für Island 2 Einw./km^2 (vergl. auch Tab. 22). Diese Durchschnittswerte sagen jedoch wenig aus, zumindest nichts

Tab. 22: Die Bevölkerungsstruktur der Nordischen Länder

	DK	N	S	SF	ISL	GRÖ	BRD zum Vergleich
Bevölkerung (in 1000)							
1900	2450	2240	5136	2656	78	12	29838
1970	4936	3874	8081	4598	204	47	60651
1984	5111	4146	8343	4894	241	53	61175
Wachstum 1900–84 (in %)	109	85	62	84	209	342	105
Natürl. Wachstumsrate 1984 (pro 1000)	– 1,0	1,9	0,4	4,1	10,6	11,7	– 1,8
Bevölkerungsdichte 1984 (in Einw./km²)	119	13	19	14	2	0,1[1] (0,02)[2]	247
Bev. in »Dichtorten« (> 200 Einw.) (in %)							
1970	80	66	81	64	85	73	–
1980	83	70	83	72	88	78	–

[1] nur eisfreie Gebiete [2] auf die Gesamtfläche bezogen
Quellen: Nordisk Statistisk Årsbok 1985 und Statistische Jahrbücher der betreffenden Länder

über die wirkliche Wohndichte. Während in der vorindustriellen Zeit, d. h. in den Epochen einer mehr oder weniger autarken Landwirtschaft, die Bevölkerung über weite Landesteile Nordeuropas verstreut war, haben im Zuge der Industrialisierung sowie Marktorientierung der Agrarwirtschaft eine starke Landflucht und ein Wachstum der städtischen Siedlungen eingesetzt, die heute noch längst nicht abgeschlossen sind. Trotz der oben skizzierten »counterurbanization« in der jüngsten Zeit sind die räumlich-demographischen Disparitäten, d. h. die Gegensätze zwischen Zentrum und Peripherie, groß. Die jahrzehntelangen Abwanderungen aus den Marginalräumen (vornehmlich aus den nördlichen Landesteilen, aus den inneren Tal- und Fjellregionen sowie zahlreichen Inselgruppen) und die starken Urbanisierungstendenzen in bestimmten Küstenregionen führten in der Nachkriegszeit zu einer sehr bedrohlichen Situation. Die Entvölkerung der Binnen- bzw. Abseitsräume vor allem Norwegens und Schwedens (in Finnland wurde bis vor etwa zwei Jahrzehnten die Kolonisationsgrenze noch weiter nordwärts vorgeschoben) brachte derartige Ausmaße mit sich, daß man vielerorts von einer drohenden Katastrophe sprach. Die Entvölkerungsgebiete weisen auch heute noch einen übermäßig hohen Anteil alter Leute auf. In Extremfällen werden ganze Gemeinden zu Altersheimen und geraten damit in die Schwierigkeit, den kommunalen Aufgaben nicht mehr gerecht zu werden.

Tab. 23: Die Bevölkerung in den nordischen Hauptstadtregionen 1977 und 1984

	Bevölkerung in 1000		Anteile an der Gesamtbevölkerung des Landes in %	
	1977	1984	1977	1984
Großraum Kopenhagen[1]	1404	1359	27,7	26,6
Kopenhagen[2]	674	633	13,3	12,4
Großraum Oslo[3]	820	699	20,2	16,9
Oslo	463	447	11,4	10,8
Großraum Stockholm	1375	1420	16,3	17,0
Stockholm	658	653	8,0	7,8
Großraum Helsinki[4]	874	787	18,4	16,1
Helsinki	494	484	10,4	9,9
Großraum Reykjavik[5]	118	130	53,1	54,6
Reykjavik	85	88	38,3	36,6

[1] einschließlich Kopenhagen, Frederiksberg, Gentofte und 25 anderen Vorortsgemeinden
[2] einschließlich Frederiksberg und Gentofte
[3] einschließlich Oslo, Baerum, Asker, Skedsmo und sechs anderen Vorortsgemeinden
[4] einschließlich Helsinki, Espoo, Kauniainen und Vaanta
[5] einschließlich Reykjavik, Kopavogur und Hafnarfjördur
Quellen: Zusammengestellt nach den Statistischen Jahrbüchern der betreffenden Länder sowie nach Angaben des Statistischen Bundesamtes Wiesbaden

Die räumliche Mobilität Nordeuropas wurde und wird aber auch noch von einer anderen Komponente geprägt, nämlich von einer stark zunehmenden saisonalen Rückwanderung zu den begehrten Zweitwohnsitzen abseits der städtischen Verdichtungsräume, etwa in den inneren Tal-, Wald- und Fjellregionen. In Schweden wurden schon in den Jahren 1962/63 rd. 500000 dieser Freizeithäuser gezählt, 1984 bereits über 620000; in Norwegen waren es um 1980 etwa 300000 (einschließlich der aufgegebenen und umgebauten Kleinbetriebe und Seter), von denen allein ca. 50000 rund um den Oslofjord liegen. Die Freizeithausbebauung bringt aber auch zahlreiche Fragen und Probleme mit sich, die man heute durch bestimmte Planungsstrategien bzw. Verordnungen in den Griff zu bekommen versucht.

Tab. 24: Erwerbstätige nach Wirtschaftsbereichen in den Nordischen Ländern (in %)

		DK	N	S	SF	ISL	FÄR	GRÖ	D (BR) zum Vergleich
Land- und Forstwirtschaft, Fischerei	1960	17,8	19,5	13,8	35,5	22,6	34,6	34,4	15,0
	1970	10,6	11,6	8,1	20,2	17,9	23,6	18,6	9,1
	1985	7,4[1]	7,2	4,7	11,5	12,1[2]	..	..	5,2[1]
Bergbau, Industrie, Bau- und Energiewirtschaft	1960	37,0	36,4	45,1	31,5	36,3	25,0	19,3	47,8
	1970	37,7	37,3	40,2	35,7	38,1	30,9	29,5	49,1
	1985	25,3[1]	27,8	29,0	31,7	35,7[2]	..	..	41,8[1]
Handel, Banken, Versicherungen, Gastronomie	1960	14,3	14,4	13,5	11,6	12,8	10,1	10,3	13,9
	1970	15,4	17,8	19,3	15,7	16,7	12,0	11,0	14,5
	1985	23,8[1]	17,0	13,4	14,5	15,2[2]	..	..	15,9[1]
Verkehrs- und Nachrichtenwesen	1960	7,0	11,9	7,5	6,3	7,8	10,3	7,9	5,7
	1970	6,6	10,7	7,2	7,1	8,3	10,8	9,9	5,6
	1985	7,1[1]	8,5	6,8	7,6	7,2[2]	..	..	5,8[1]
Öffentlicher Dienst, soziale u. persönl. Dienstleistungen	1960	24,0	17,8	20,1	15,1	20,5	20,0	28,1	17,6
	1970	29,7	22,6	25,2	21,3	19,0	22,7	31,0	21,7
	1985	36,4[1]	39,5	46,1	34,7	30,0[2]	..	..	31,3[1]

[1] Zahlen von 1984 [2] Zahlen von 1982
Quellen: Nordisk Statistisk Årsbok 1985 und Statistische Jahrbücher der betreffenden Länder

Die Urbanisierung ist in Nordeuropa unverändert stark. So lebten 1980 in Island 88 % der Bevölkerung in »Dichtorten« (»tettsteder« mit über 200 Einw.); in Dänemark und Schweden waren es jeweils 83 %, in Finnland 72 % und in Norwegen 70 %. Trotz der Dezentralisierungsprozesse während der 1970er Jahre verzeichnen auch heute die Hauptstadtregionen noch immer die größten Bevölkerungskonzentrationen Nordeuropas (vergl. Tab. 23). Über ein Viertel der dänischen Bevölkerung, d. h. knapp 1,4 Mio. Menschen, lebte 1984 im Großraum Kopenhagen. Kopenhagen selbst zählte 638000 Menschen, was einem Rückgang gegenüber 1977 von rd. 7 % entspricht. In Island entfielen 1984 sogar rd. 55 % der Einwohner auf den Großraum Reykjavik. Für die übrigen nordischen Staaten Norwegen, Schweden und Finnland betrugen die entsprechenden Anteile an der Gesamtbevölkerung für die Großräume Oslo, Stockholm und Helsinki zwischen 16 und 17 %. Für Oslo ist im Zeitraum 1976–1984 ein Bevölkerungsrückgang von 3,3 %, für Stockholm von 1,5 % und für Helsinki von 1,8 % festzustellen; nur Reykjavik hat eine Zunahme um rd. 3,5 % erfahren.

Eine Skizzierung der räumlichen und sozialen Bevölkerungsstruktur darf die Bevölkerungsminoritäten nicht außer acht lassen. Die Lappen bzw. Samen sind zweifellos die bekannteste Minorität in Nordeuropa. Ihr ist in den letzten Jahrzehnten viel Aufmerksamkeit geschenkt worden. Heute leben die Samen in einem Gebiet, das sich von Nordfinnland durch Schweden bis Ober-Dalarna und in Norwegen von Varanger bis in den Raum der berühmten Kupferbergbaustadt Röros erstreckt. Ihrer Lebens- und Wirtschaftweise nach unterteilt man die Samen in die Berg- bzw. Fjell-Samen, die Wald-Samen und die Küsten- und Fischer-Samen. Die beiden ersten Gruppen sind vorwiegend Rentierhalter. Aber nur die Bergsamen nomadisieren noch zwischen dem Waldgebiet und dem Fjell oder der nordnorwegischen Küstenregion. Die ganze Familie nimmt nur noch selten an diesen Wanderungen teil. Vielmehr leben die Rentierwirtschaft betreibenden Samenfamilien zumindest in der Winterzeit in Dauersiedlungen wie etwa in Kautokeino und Karasjok (N) oder Enontekiö und Utsjoki (SF) oder Jokkmokk (S). Die Sommerlager der samischen Rentierhalter liegen heute vornehmlich in Nähe der Hauptverkehrsstraßen. Dort bietet der wachsende Tourismus etwa durch den Verkauf von Rentierfellen Nebeneinnahmen. In Nordnorwegen mit den Provinzen Nordland, Troms und Finnmark gab es 1970 noch knapp 17000 Personen, die Samisch als ihre erste Sprache angeben, davon allein 13000 in Finnmark (die Samen wurden früher in Norwegen als »finn« bezeichnet). Insgesamt schätzt man die Zahl der Bevölkerung in Nordeuropa mit mehr oder minder starkem samischem Einschlag auf ca. 40000 Personen. Genauere Zahlenangaben sind kaum möglich, da der Assimilierungsprozeß weit fortgeschritten ist. Die samische Kultur kann wahrscheinlich nur noch in geschlossenen samischen Wohngebieten, wie in Karasjok, Kautokeino oder Jokkmokk, überleben. Im Jahre 1984 waren von den genannten 17000 nordnorwegischen Samen nur noch 10 % Rentierhalter, davon die allermeisten in Finnmark. Der überwiegende Teil war also in anderen Berufen tätig. Zentren der samischen Kultur sind Karasjok in der östlichen Finnmarksvidda und Jokkmokk in Nordschweden. In Schwedisch- und Finnisch-Lappland wurden 1984 noch jeweils rd. 800 samische Rentierhalter gezählt;

weitere ca. 2000 Personen betrieben die Rentierwirtschaft im Nebenerwerb. Anders ausgedrückt sollen sich noch ungefähr 20 % aller Samen in Schweden und 30 % in Finnland mit der Rentierhaltung, die heute primär auf Fleischproduktion ausgerichtet ist, hauptberuflich beschäftigen. Für 1984 werden die Rentierbestände in Nordfinnland mit rd. 317000, in Nordschweden mit 262000 und in Nordnorwegen mit 188000 Stück angegeben. Inwieweit sich die ökonomisch wie ökologisch sinnvolle samische Rentierwirtschaft auch als Lebensform in der Nordkalotte zukünftig halten kann (man denke nur an die zunehmenden Arealkonflikte z. B. in Form der Wasserkraftausbauten oder an andere Gefahrenquellen, wie die radioaktive Verseuchung besonders nordschwedischer Weiden durch die Katastrophe von Tschernobyl), sei dahingestellt.

2.1.5 Die Siedlungen

Die Verbreitung der *ländlich-agraren Siedlungen* Nordeuropas ist eng an die naturräumlichen Gegebenheiten angelehnt. Von jeher sind die marinen Transgressionsbereiche, die mit glazialem Lockermaterial angefüllten Taltröge (besonders die sonnenexponierten Talhangmitten), die Seeterrassenränder bis etwa 700–800 m Höhe oder auch die flachen Buckel der westnorwegischen Küstenplattform bevorzugte Siedlungsstandorte gewesen. Daneben spielte die Nähe des fließenden Wassers, von Wald bzw. Waldweideflächen eine entscheidende Rolle. Das heutige ländlich-agrare *Kulturlandschaftsbild* in allen Nordischen Ländern ist fast ausschließlich durch *Einzelhöfe* geprägt. Dennoch ist die Siedlungsgenese im einzelnen sehr differenziert und komplex. Die wichtigste funktionelle Einheit der norwegischen, westschwedischen und isländischen *Agrarlandschaften* ist bzw. war der *gard* (pl. *gardar*). Dieser ist nicht nur eine Hofstelle (*bruk, tun*), sondern häufig eine Hofgruppe. Genaue Auskünfte hierzu geben die Flurbereinigungskarten des 18. und 19. Jh. Die *gardar* mit mehreren Hofstellen bzw. *bruk* (oft 10 und mehr in Westnorwegen) zur Zeit der großen *Flurbereinigungen* (z. B. *storskifte, enskifte, lagaskifte* in Schweden) weisen nur eine rein formale Ähnlichkeit mit den mitteleuropäischen Weilern oder Dörfern auf. Denn die zahlreichen *bruk* sind durch Teilungsprozesse im Laufe der Jahrhunderte aus einer Gehöftstelle, aus einem *gard* mit nur einer Hofstelle, hervorgegangen. Dabei wurden die Teilungsprodukte, d. h. die *bruk* mit ihren in Gemengelage liegenden *innmark*-Parzellen (intensiv genutztes Land in Nähe

der Betriebe; isl. tún), auch weiterhin in der Einheit *gard* festgehalten; u. a. war auch die Nutzung des *utmark*-Landes (oft riesige Wald- und Fjellbereiche, Fisch- und Jagdgerechtsame etc.) weiterhin gemeinschaftlich. Noch heute befindet sich manche *utmark* (unserer früheren Gemeinen Mark gleichzusetzen) besonders in den Binnen- bzw. Abseitsregionen unaufgeteilt in Gemeinschaftsbesitz.
Aber auch *Dörfer* im mitteleuropäischen Sinn hat es vor den großen Orts- und Flurumlegungen der letzten 200 Jahre in Teilen Nordeuropas gegeben. Überreste davon finden sich heute noch im schwedischen Dalarna und im südwestlichen Finnland. In Dänemark und Schonen gab es vor den großen Umstrukturierungen fast nur geschlossene Dörfer. Durch die *bolskifte* (in Schweden als *solskifte* bekannt) haben sich auch regelmäßige *Dorfformen* wie Reihendörfer entwickelt. Dabei war offenbar die Breitenabmessung der Parzellen von entscheidender Bedeutung. Eine besondere Form der regelmäßigen Dorfsiedlung ist das dänische Fortadorf. Der Kern dieser Siedlung ist die *forta*, ein meist rechteckiger, dem mitteleuropäischen Anger ähnlicher Platz, um den sich die Hofstellen gruppieren.
In Schweden hat es dörfliche Siedlungen nicht nur in Schonen, sondern auch in Halland, im Vätterseebereich sowie auf Öland und Gotland gegeben. Einige von diesen entwickelten sich ähnlich wie in Dänemark und Finnland zu kleineren *zentralen Orten*. Sie konnten so einer Auflösung zugunsten einer Einzelhofsiedlung entgehen. Erste Verdichtungen erfuhren diese Gruppensiedlungen ähnlich wie die *gardar* Westskandinaviens oder auch die mitteleuropäischen Dörfer in mittelalterlicher Zeit durch das verstärkte Ansetzen jüngerer, besitzärmerer Siedlerschichten. Jene Häusler, *husmen* oder wie sie sonst bezeichnet werden mögen, nahmen besonders im 18. und 19. Jh. stark zu; die ungünstige sozio-ökonomische Situation dieser Gruppe fand in den *Auswanderungswellen* nach Nordamerika ihren Ausdruck.
Die großen Flurbereinigungen der letzten 200 Jahre führten in allen Nordischen Ländern zu einer völlig neuen Struktur des ländlich-agraren Siedlungsbildes und einer entsprechenden Wirtschaftsstruktur. Allerdings bevorzugte man bei den jüngsten *Kolonisationsvorgängen* in Nordfinnland wiederum die dörfliche Besiedlungsweise. Sie stärkt die notwendigen Nachbarschaftsbindungen in den Randbereichen der Ökumene. Auch die Haus- und Gehöftformen haben sich im Zuge der oben genannten Umstrukturierungen gewandelt. Reste der alten bäuerlichen Wohn- und Wirtschaftsgebäude findet man heute nur noch in den Abseitsregionen, etwa in den oberen Teilen der südnorwegischen Bauerntäler. Im Zuge der landwirtschaftlichen Intensivierungsprozesse, der großen Orts- und Flurumlegungen und des

Übergangs von der autarken zur marktorientierten Landwirtschaft, sind die alten *Haus- und Gehöftformen* in den agraren Gunstgebieten reinen Zweckbauten gewichen. Dabei ist meist auch eine grundsätzliche Trennung von Wohn- und Wirtschaftsteil erfolgt. Die Wirtschaftsgebäude, meist ein großer zusammenhängender Wirtschaftstrakt pro Gehöft, sind in ihrer Konstruktion und Raumaufteilung den Bedürfnissen moderner Landwirtschaft angepaßt. Die Einförmigkeit dieser Gehöftformen ist weitgehend auf die staatliche Landwirtschaftspolitik und die damit verbundenen Subventionen zurückzuführen.

Ein besonderes Charakteristikum der Nordischen Länder sind die *periodischen Siedlungen*. Die heute schon fast vergessenen Wirtschaftsweisen in den weiten Waldgebieten, im Fjell oder entlang der Küstensäume verlangten eigene Wohn- und Wirtschaftsgebäude, die von den Heimhöfen oft weit entfernt lagen. Periodische Siedlungen waren insbesondere bei der Alm- bzw. *Seterwirtschaft* (schwed. Fäbod- und isl. Selwirtschaft), bei der Wildheugewinnung, der Jagd und Fischerei sowie im Bergbau notwendig. Die Almwirtschaft ist in den letzten Jahrzehnten wie in Mitteleuropa sehr stark zurückgegangen. Die meisten Setergebäude, die früher in einem bestimmten Turnus vom Frühsommer bis Herbst bewohnt wurden, sind heute zerfallen. Viele sind in den letzten Jahren auch zu Freizeithäusern ortsfremder Bevölkerung umgebaut worden. Die Wochenend- bzw. Ferienhäuser bilden somit das jüngste Glied der periodischen bzw. episodischen Siedlungen.

Städte, deren Entstehungszeit im Mittelalter und insbesondere unter dem Einfluß der Hanse liegt, gibt es in recht großer Zahl in Dänemark und in Südschweden. In Norwegen liegen die alten Zentren rund um den Oslograben und entlang der Westküste (Stavanger, Bergen und Trondheim) und in Finnland entlang der Südwestküste (Helsinki bzw. Helsingfors, Turku bzw. Åbo und Naantali sowie Pori und Rauma). Die dänischen Städte sind bis zu 80 % mittelalterlichen Ursprungs, in Schweden sind es 38 %, in Norwegen 24 % und in Finnland nur 17 %. Schon vor 1700 erfolgten unter dem Einfluß des Absolutismus und Merkantilismus zahlreiche neue *Stadtgründungen* weiter im N, insbesondere an den Küsten des Bottnischen Meerbusens. Beispiele sind Söderhamre, Hudiksvall, Sundsvall, Härnösand, Umeå, Luleå in Schweden und Tornio, Oulu und Vaasa in Finnland. Zu dieser Zeit wurde auch Reykjavik an der südwestisländischen Fjordküste gegründet. Im 18. und 19. Jh. stieg, besonders in Norwegen und Finnland, die Zahl der Städte weiter an. Die neugegründeten Handelsstädte lagen nunmehr auch weiter im Landesinneren wie Hamar, Gjövik und Lillehammer im östlichen Norwegen und einige Städte auf der finnischen

Seenplatte. Jenseits des Polarkreises entstanden die *Hafenstädte* Bodö, Tromsö sowie Vadsö und Vardö auf der Varanger-Halbinsel in Ost-Finnmark. Auf Island konnte sich bis 1900 neben Reykjavik nur Akureyri an der Nordküste zur Stadt entwickeln. Nach 1900 erfolgte mit den verstärkten Industrialisierungsmaßnahmen und den zunehmenden Binnenwanderungen eine große Zahl von Stadtneugründungen, vornehmlich in Schweden und Finnland, in geringerem Maße auch an den west- und nordisländischen Küsten.

Die Mindestgrenze der Einwohnerzahl kann für viele nordeuropäische Städte nicht als wesentliches Kriterium zur Kennzeichnung einer Stadt gelten. Im Unterschied zu Mitteleuropa haben viele Städte ein großes *Um- und Hinterland* und entsprechende funktionale Bedeutung. So besitzt beispielsweise Stavanger mit rd. 93 000 Einw. (1984) für sein Umland etwa die gleiche funktionale Bedeutung wie Bremen mit 535 800 (1984) Einwohnern für seinen Einzugsbereich.

Von den rd. 5,1 Mio. Einw. Dänemarks (1984) leben mehr als ein Viertel in Groß-Kopenhagen. Die übrigen *Großstädte* über 100 000 Einw., nämlich Århus mit rd. 252 000, Odense 171 000 und Ålborg 155 000 (1985), bleiben weit hinter Kopenhagen (København) zurück. Kopenhagen als *Haupt- und Residenzstadt* sowie als wichtigster Handels- und Industrieplatz Dänemarks liegt zwar für Jütland peripher, für den gesamten Ostseeraum und speziell für die Öresundregion jedoch sehr zentral. Der gesamte Raum zwischen Kopenhagen, Malmö, Helsingborg und Helsingör (Planungsregion Öresund seit 1964) hat in den letzten Jahren eine enorme wirtschaftliche Entwicklung erfahren. In der Öresundregion sind etwa 21 % der Einwohner Schwedens und Dänemarks sowie 12 % der Gesamtbevölkerung Nordeuropas ansässig. Der hier in Städten bzw. stadtähnlichen Siedlungen (tettsteder bzw. tättorter) lebende Anteil der Bevölkerung beträgt über 90 %, wobei allerdings im dänischen Teil, bedingt durch den Großraum Kopenhagen, der Urbanisierungsprozeß stärker ausgeprägt ist als im benachbarten Schonen. Eine Brücke zwischen Kopenhagen und Malmö ist geplant. Etwa 30 km westlich Kopenhagen liegt die alte Bischofsstadt Roskilde, die wie Odense, Viborg und Ribe zu den ältesten und bedeutendsten zentralen Orten Dänemarks zählt. Nach ihrer heutigen Funktion sind die meisten dänischen Städte Handels- und Verkehrszentren, wobei hier insbesondere die Hafen- und speziell die ostjütischen Fördenstädte, wie Randers, Vejle und Kolding, zu nennen sind. Neben diesen alten Hafenstädten haben sich auch reine *Fährstädte* entwickelt, wie vor allem Helsingör, Hirtshals und Frederikshavn oder etwa Nyborg und Korsör zwischen Fünen und Seeland.

In Norwegen sind die tettsteder rund um den Oslograben die am stärksten wachsende Siedlungsverdichtung, obwohl in den letzten Jahren die Bevölkerungszahlen im Großraum Oslo wie in Oslo selbst infolge der bereits skizzierten »counterurbanization« abgenommen haben (vergl. Tab. 23). Daneben gibt es eine städtische Entwicklungsachse am Küstensaum zwischen Stavanger–Sandnes über Haugesund bis Bergen, deren Wachstum vor allem durch den Ölboom im Offshorebereich forciert wird. Die zentralörtliche Bedeutung der west- und nordnorwegischen Küstenstädte wird infolge der Öl- und Gaswirtschaft in der nächsten Zukunft erheblich zunehmen. Trondheim, das berühmte alte Nidaros und heute nach Oslo und Bergen mit 1985 rd. 134000 Einw. drittgrößte Stadt des Landes, vermittelt seit jeher zwischen Süd- und Nordnorwegen. Dort ist Tromsö (1985 knapp 48000 Einw.) das übergeordnete Zentrum und seit 1972 auch Universitätsstadt. Verständlicherweise sind in Nordnorwegen alle Stadtzentren seeorientiert. Das Netz der zentralen Orte ist in der sog. Nordkalotte aber bedeutend weitmaschiger als im dichter besiedelten Süden.

Weit über 80 % der schwedischen Bevölkerung leben heute in Städten oder stadtähnlichen Siedlungen (tättorter); 1930 waren es nur 32 %. Vor allem in Schweden haben während der 1970er Jahre die großen Zentren, d. h. Stockholm (1984 rd. 654000 Einw.), Göteborg (424000 Einw.) und Malmö (229000 Einw.), Bevölkerungsverluste erlitten, die jedoch zu Beginn der 1980er Jahre mehr oder minder zum Stillstand kamen. Die mittelalterlichen Städte als Markt-, Hafen- oder Bischofsstädte, z. B. Lund und Uppsala, heben sich in ihren unregelmäßigen Grundrißformen ab von den planmäßigen *Stadtgründungen* nach 1600, wie zum Beispiel der schachbrettförmigen Anlage von Göteborg. Mit der Industrialisierung und Verkehrserschließung entstanden auch die besonders für Schweden typischen »*Stationsstädte*« entlang der Eisenbahnlinien. In den letzten Jahrzehnten gewann die Konzeption der Gartenstadt in den Randbereichen der Ballungsgebiete eine große Bedeutung. In Verbindung damit stehen auch die modernen *Trabantenstädte* wie Farsta, Vällingby u. a. Stockholm selbst entwikkelte sich seit dem 12. Jh. an einer schmalen Verbindung des Mälarsees mit der Ostsee und trat schon bald nach der planmäßigen Anlage im 13. Jh. die Nachfolge Uppsalas an.

Auch in Finnland leben heute über 70 % der Bevölkerung in städtischen bzw. stadtähnlichen Siedlungen. Allerdings besitzt das Land nur wenige zentrale Orte mit über 100000 Einw. (1984), so Helsinki mit 485000, das industriell geprägte Tampere mit 168000, Turku mit 163000 sowie die zum Großraum Helsinki zählenden Städte Espoo und Vantaa mit 153000 bzw. 142000 Menschen. Von 1950 bis 1984 haben die Einwohnerzahlen von Helsinki um 31, von Tampere um 66 und von Turku um 59 % zugenommen. Ein relativ großes Wachstum haben einige nordfinnische Städte, besonders Oulu mit heute knapp 100000 Einwohnern, erfahren. Finnland ist auch arm an historischen Städten. Nur fünf reichen in die Zeit vor 1500 zurück, nämlich Borga (Borvoo), Björneborg (Pori), Åbo (Turku), Raumo (Rauma) und Nadendal (Naantali). Sie liegen als Handels- und Hafenplätze alle an der Südküste. Die jüngeren städtischen Siedlungen entwickelten sich zunächst an den wichtigen Binnenwasserstraßen, später auch an Eisenbahnknotenpunkten. Einige Industrie- und Handelszentren entstanden auch im nördlichen Landesteil. Ein Beispiel dafür ist Rovaniemi, dessen zentrale Bedeutung weit größer ist, als die Einwohnerzahl (1985 etwa 40000) vermuten läßt. *Hauptzentrum* Finnlands und wichtigste Industriekonzentration des Landes ist Helsinki (Helsingfors). Es wurde 1550 von GUSTAV I. WASA gegründet und ist seit 1812 Hauptstadt des Landes. Wie Stockholm, Kopenhagen oder Oslo greift Helsinki mit seinen starken Wachstumsimpulsen weit auf das Umland aus. Das bekannteste Beispiel hierfür ist wohl die Trabanten- und Gartenstadt Tapiola westlich der Stadt. Eine starke Expansion haben in den letzten Jahren auch das alte Turku, das schon 1229 Bischofssitz geworden war, sowie Tampere erfahren. Tampere als zweitgrößte finnische Stadt (Stadtrechte erst seit 1779) verdankt seine Entwicklung fast ausschließlich der holzverarbeitenden Industrie. Heute ist seine Industriestruktur vielseitiger (Textil-, Papier-, Schuh- und Maschinenfabriken).

Im Großraum Reykjavik lebten 1984 nahezu 130000 Menschen bzw. 55 % der isländischen Bevölkerung, davon 88000 in Reykjavik selbst sowie 14500 bzw. 13000 in den benachbarten Städten (kaupstadir) Kópavogur und Hafnarfjördur. Noch um die Mitte des 19. Jh. wohnten in Reykjavik, das häufig als nördlichste Hauptstadt der Welt bezeichnet wird, nur 1200 Einwohner. Eine besondere zentrale Funktion hat darüber hinaus Akureyri im nördlichen Landesteil mit rd. 14000 Einw. Allerdings erscheint die isländische Unterteilung der städtischen Siedlungen in kauptún und kaupstadir wenigstens nach heutigen stadtgeographischen Gesichtspunkten recht willkürlich. Denn die kaupstadir mit verbrieften Stadtrechten besitzen keineswegs immer eine höhere Zentralität als die kauptún ohne Stadtrecht.

2.1.6 Die wirtschaftlichen Grundlagen und ihre räumliche Gliederung

2.1.6.1 Formen der Land- und Waldwirtschaft

Agrare Gunsträume finden wir in Nordeuropa außer in Dänemark und Schonen, auf die rd. ein Drittel des gesamten Ackerlandes Nordeuropas entfällt, insbesondere in den glazialen und marinen Sedimentationsbereichen. Für Norwegen sind vor allem die Randlandschaften des Oslograbens, des Trondheimsfjordes sowie die südwestliche Küstenlandschaft Jaeren zu nennen; für Schweden der ganze Bereich der mittelschwedischen Senke mit einem nördlichen Ausläufer entlang der Bottnischen Küste und für Finnland insbesondere die südwestlichen Küstenlandschaften. Alle diese Regionen haben eine hinreichend lange *Vegetationsperiode*. Die fast rein weidewirtschaftlich geprägte isländische Landwirtschaft hat ihre Gunsträume im südwestlichen Landesteil und in geringerem Maße auch entlang der nördlichen Fjordarme. Der isländischen Agrarwirtschaft stehen heute nur gut 1 % der Landesfläche als kultiviertes Agrarareal und etwa 20 % als Naturweide zur Verfügung. Schätzungen gehen davon aus, daß insgesamt 33 000 km^2 der Inselfläche unter 400 m Höhenlage intensiver agrarisch, d. h. in der Hauptsache weidewirtschaftlich, nutzbar wären.

Sowohl die kultivierte Landwirtschaftsfläche (LF) wie die Wald- bzw. Forstflächen sind in den Nordischen Ländern sehr unterschiedlich verteilt. Während in Dänemark etwa zwei Drittel der Fläche auf *Ackerland* entfallen, sind es in Norwegen nur 3 % (mit Schwankungen zwischen 20 % rund um den Oslograben und 0,2 % in Finnmark) sowie in Schweden und Finnland jeweils knapp 9 %.

Die Zahlenangaben in Tabelle 25 sind nicht in allen Fällen ganz exakt. So sind vor allem bezüglich des *Dauergrünlandes* die Übergänge zwischen kultiviertem, oberflächlich kultiviertem und »natürlichem« bzw. nichtkultiviertem Grasland in vielen Landesteilen nicht genau und so auch nicht statistisch exakt zu erfassen. Auch hinsichtlich der *Waldanteile* sind Fehlerquellen wegen der unterschiedlich gebrauchten Termini »Wald«, »Gehölz«, »produktiver Wald«, »Waldweide« etc. nicht auszuschließen. Die abgesehen von Dänemark sehr kleinen Anteile an kultivierter LF geben freilich ein nicht ganz klares Bild von der räumlichen Wirksamkeit der nordeuropäischen Landwirtschaft. Von jeher sind die nicht kultivierten Landesteile, die großen *Utmarken*, in agrar-bäuerlicher Hand oder auch die großen *Staatsallmenden*, ein unentbehrlicher Ergänzungsraum für das vorwiegend viehwirtschaftlich betonte nordeuropäische Bauerntum gewesen. Die nordischen Statistiken weisen für Norwegen, Finnland, Nordschweden und Island in der Regel *kleinbäuerliche Besitzstrukturen* auf. Das ist insofern irreführend, als die Statistiken die kultivierten Flächen, die sogenannten *Innmarken*, erfassen. Nicht genannt werden die oft sehr großen *Utmarken* bzw. Waldweideflächen, die oft mehrere 100 ha pro Betrieb umfassen können.

Tab. 25: Die intensiver nutzbare Agrarfläche und die Waldverteilung in den Nordischen Ländern 1964–1984

		DK	N	S	SF	ISL	D (BR) zum Vergleich
Gesamtfläche in 1000 km²		42,4	307,5	411,6	304,6	100,3	248,7
Acker in % der Gesamtfläche	1964	64,7	2,7	7,5[3]	8,9	0,3	31,7
	1974	62,8	2,5	7,3	8,7	1,2	30,5
	1984	62,0	2,9	7,2	8,0	1,3	29,1
Dauergrünland in % der Gesamtfläche	1964	10,3	0,5	1,1[3]	0,3	23,6[4]	23,1
	1974	6,5	0,3	1,7	0,2	23,6[4]	21,3
	1984	5,4	0,3	1,4	0,4	..	18,4
Wald in % der Gesamtfläche	1964	10,3[1]	22,8[2]	45,3[3]	62,9	0,0	28,9
	1974	11,1[1]	27,0[2]	45,1	62,5	0,0	28,9
	1984	11,6	21,7	55,2	66,0	0,03	29,6

[1] 1951 und 1965 [2] 1957 und 1967 [3] 1966 [4] einschließlich Naturweide
Quellen: umgerechnet nach Nordisk Statistisk Årsbok 1975 und 1985 und den Statistischen Jahrbüchern der betreffenden Länder

An den Küsten Islands sowie West- und Nordnorwegens sind bzw. waren die kleinen agrar-bäuerlichen Betriebe traditionell mit der *Fischerei und Fischverarbeitung* verbunden. Diese Kombinationsformen sind stark im Rückgang begriffen. In den inneren Waldlandschaften Finnlands, Schwedens und auch des südöstlichen Norwegens ist die Verbindung von Land- und Forstwirtschaft von großer Bedeutung. Schließlich ist heute entlang der Südküsten oder auch der westnorwegischen Fjordküste wie überhaupt im weiteren Umkreis von städtischen Siedlungen und Bevölkerungsverdichtungen die Kombination Industriearbeit und Nebenerwerbslandwirtschaft stark verbreitet. Infolge der ungünstigen *Betriebs- und Altersstruktur* vieler abseitiger,

d. h. marktferner Landwirtschaftsgebiete sind in Nordeuropa Landwirtschaftspolitik und Sozialpolitik in starkem Maße aufeinander angewiesen. Zahlreiche *Subventionsmaßnahmen* zielen darauf hin, jene Problem- und Passivräume wirtschaftlich und sozial wenigstens am Leben zu erhalten. Auch eine protektionistische Wirtschaftspolitik zum Schutz der eigenen Landwirtschaft spielt, wenn man von dem EG-Mitglied Dänemark absieht, eine beachtliche Rolle. Die ländlich-agrare Wirtschaft in allen Nordischen Ländern ist weiterhin von *genossenschaftlichen Verbänden* und Systemen geprägt.
Der Rückgang der Klein- und Zwergbetriebe ist allgemein auf Veränderungen in den Lebensverhältnissen und speziell auf landwirtschaftspolitische und marktwirtschaftliche *Umorientierungen* zurückzuführen. In Dänemark und Schweden rechnet man heute mit einem

Tab. 26: Die landwirtschaftlichen Betriebsgrößen in den Nordischen Ländern 1950–1984

		Zahl der Betriebe (ab 2 ha)	2 bis 4,9 ha in (%)	5 bis 9,9 ha in (%)	10 bis 19,9 ha in (%)	20 bis 49,9 ha in (%)	über 50 ha in (%)
	1951	184518	11,7	29,9	..	..	2,3
Dänemark	1969	142314	8,7	22,1	32,4	30,9	5,9
	1984	95346	3,2	16,9	26,7	38,8	14,4
	1949	143433	55,9	29,6	10,9	3,3	0,3
Norwegen	1969	121663	45,3	34,7	14,8	4,8	0,4
	1984	92285	31,3	31,9	26,3	9,6	0,8
	1951	282187	34,0	31,8	21,2	10,3	2,7
Schweden	1969	162155	21,9	27,1	24,6	20,3	6,1
	1984	111581	16,7	20,6	22,8	27,2	12,7
	1950	261750	37,9	33,8	20,8	6,9	0,6
Finnland	1969	263684	28,5	37,2	25,8	7,8	0,7
	1984	189998	22,9	32,0	28,6	14,8	1,7
Island	1968	5899[1]	13,6	17,1	38,3		31,0
	1981	6058[1]		26,9	27,4	41,4	4,3
BR Deutschland zum Vergleich	1984	640982	21,4	20,7	25,5	26,8	5,6

[1] Betriebe insgesamt (auch unter 2 ha)
Quellen: Nordisk Statistisk Årsbok 1985 und Statistische Jahrbücher der betreffenden Länder

Rückgang der Gesamtbetriebszahlen von jeweils ca. 6000–7000 Höfen pro Jahr. Für Norwegen erwartet man auch einen weiteren Rückgang, vornehmlich der unrentablen Klein- und Kleinstbetriebe in den Ungunsträumen. In Schweden existierten 1984 nur noch 60 % der Betriebe von 1951, womit sich der seinerzeit prognostizierte Entwicklungstrend voll bestätigte. Demgegenüber hat hier wie in den Nachbarländern eine erhebliche Zunahme der Betriebsanzahl mit über 20 ha kultivierter LF stattgefunden. Besonders im südlichen Schweden, z. B. in Småland, werden zahlreiche Landflächen, die im Laufe der agrarbäuerlichen Kulturlandschaftsgeschichte mühsam gerodet worden sind, wieder bewaldet. Selbstverständlich vollzieht sich der agrare Strukturwandel in den einzelnen Ländern und Landesteilen sehr unterschiedlich. So hat z. B. in Finnland aufgrund der nachkriegszeitlichen Kolonisationsprozesse im nördlichen Landesteil die Betriebsanzahl wenigstens bis zu Beginn der 1970er Jahre noch zugenommen; ein entsprechender Anstieg gilt auch für das weidewirtschaftlich bestimmte Island (vgl. Tab. 25). Auch innerhalb einzelner Landesregionen gibt es sehr unterschiedliche Entwicklungsprozesse. Beispielsweise strebt man seit Jahren in der nordnorwegischen Provinz Finnmark, d. h. in den agrargünstigeren Räumen um Alta, Tana oder Lakselv, eine leistungsstarke Milchviehhaltung auf hinreichend großen Vollerwerbsbetrieben an, die auch nach rein marktwirtschaftlichen Gesichtspunkten (hohe Transportkosten für Milchprodukte aus den südlichen Landesteilen) eine reelle Zukunftschance hat. Demgegenüber wird in dem Hauptmilchviehhaltungsgebiet Norwegens, nämlich in dem südwestlichen Jaeren, heute die Milchproduktion nach einer Art Quotensystem kontingentiert.
Regionen mit mehr oder weniger reinem Dauerackerland herrschen nur in den wenigen weiter oben genannten anbaugünstigen Gebieten vor, speziell in Dänemark und Schonen. Ansonsten sind stark variierende *Rotationen* zwischen Anbau- und Grünland, insbesondere Schnittwiesen zur Heu- und Silagegewinnung, kennzeichnend. Innerhalb des Ackerlandanteiles dominiert in Dänemark und Südschweden sowie im norwegischen Östland und Tröndelag der *Getreideanbau*, hauptsächlich Gerste, z. T. auch Hafer, wobei der Kornanbau in den letzten Jahren sogar beträchtlich angestiegen ist. Auf Island gibt es heute keinen Getreideanbau mehr, wenn man von den gegenwärtigen Gerstenanbauversuchen absieht. In Finnland, Island, Norwegen sowie im mittleren und nördlichen Schweden nimmt der *Futterpflanzenanbau* den größten Teil der Anbaufläche ein. Der arbeitsintensive Hackfruchtanteil, besonders der einst so bedeutende *Kartoffelanbau*, ist stark zurückgegangen.

Der größte Teil des nordeuropäischen Ackerbaus ist auf die *Viehwirtschaft* hin ausgerichtet. Man kann von einer ausgesprochenen Veredelungswirtschaft sprechen. Über 70 % aller Einnahmen der nordeuropäischen Landwirtschaft kommen in der Regel aus der Viehwirtschaft.

Tab. 27: Die Haustierhaltung in den Nordischen Ländern (1000 Stück)

		Pferde	Rindvieh		Schafe	Ziegen	Schweine	Federvieh
			Gesamt	Kühe				
	1950	502	3053	··	61	··	3235	24548
Dänemark	1970	45	2842	1153	70	··	8361	17847
	1984	33	2750	1010	55	··	8717	14415
	1950	191	1237	766	1812	130	442	4985
Norwegen	1970	35	943	424	1753	84	642	3710
	1984	16	976	387	2351	101	781	4407
	1950	419	2565	··	237	8	1161	10181
Schweden	1970	61	1926	758	335	··	2074	7836
	1984	·	1878	656	437	··	2593	6730
	1950	409	1782	1110	1220	6	448	5009
Finnland	1970	90	1873	889	189	··	1047	8264
	1984	36	1658	660	110	··	1382	7958
	1950	42	45	32	415	··	1	97
Island	1970	33	53	34	736	··	1	134
	1984	52	73	33	713	··	2	302
BRD zum Vergleich	1985	370	15959	5445	1752	··	24813	75014

Quellen: Nordisk Statistisk Årsbok 1985 und Statistische Jahrbücher der betreffenden Länder

In Tabelle 27 zeigen sich gewisse Parallelen zur mitteleuropäischen Viehwirtschaft, besonders hinsichtlich der stark gesunkenen Arbeitspferdeanzahl infolge der zunehmenden Mechanisierung der Land- und Forstwirtschaft. Die *Rinderhaltung* hat, wenn man von Island absieht, generell abgenommen. Die Überproduktion von Milch und Milcherzeugnissen wenigstens in bestimmten Landesteilen hat zu einer Umorientierung auf verstärkte Fleischerzeugung (besonders Schweinemast) geführt. In dem bekanntesten nordischen Agrarland

Dänemark entfielen in den letzten Jahrzehnten etwa 50 % der Viehwirtschaftserträge auf die Schweinemast sowie rd. 45 % auf die Rindviehhaltung. Schon vor dem EG-Anschluß gelangten mehr als 70 % des dänischen Exportes an Fleisch und Lebendvieh auf den EG-Markt. Insgesamt gesehen steht in allen Nordischen Ländern die Viehwirtschaft an erster Stelle der Agrarproduktion, wobei in den Marginalräumen, besonders auf den großen Naturweideflächen Norwegens und Islands, die Schafhaltung dominiert. Auf die Rentierwirtschaft in der sog. Nordkalotte ist bereits an anderer Stelle eingegangen worden.

Die früher gerade für die inneren Bauerntalungen lebensnotwendige *Almwirtschaft*, in Norwegen *seter-Wirtschaft* und in Schweden *fäbod-Wirtschaft* genannt (auf Island gab es bis ins 19. Jh. hinein als Sonderform die sel-Wirtschaft), ist in den Nachkriegsjahren wie im alpinen Raum stark zurückgegangen bzw. ganz aufgegeben worden. Almwirtschaften existieren nur noch in verkehrsgünstigen Bereichen, auch dort in der Regel nicht mehr in der klassischen Form. Für die Schafweide gibt es noch die traditionelle Form der *Transhumanz*. Im südwestlichen Norwegen werden noch jährlich über 100000 Tiere zur Sommerweide von den Küstenregionen auf die inneren Hochfjellheiden verschickt. Auch auf Island betreibt man eine derartige Fernweidewirtschaft, indem von Mai/Juni bis September viele tausend Schafe auf die entfernt liegenden inneren Hochweideflächen (afréttir) getrieben werden.

Eine nicht unerhebliche Rolle in der ländlich-agraren Produktion spielen die *Sonderkulturen* wenigstens in einigen Teilen der Nordischen Länder, insbesondere der Obst- und Gemüseanbau sowie die Glas- bzw. Gewächshauskulturen. Größere Obst- und Gemüseanbaugebiete finden wir in Dänemark in den Randbereichen der Großstädte, in Schweden in Schonen und im südlichen Småland sowie in Norwegen in den inneren Fjordgebieten des Vestlands und in einigen Teilen des Östlands, besonders im Mjösaseegebiet. Eine einzigartige Stellung nehmen dabei die inneren Fjordgebiete des Vestlands ein. Hier hat sich vom Boknfjord im S über den Hardangerfjord bis zum Trondheimsfjord im N ein intensiver Stein- und Beerenobstanbau entwickelt. In dieser Breitenlage ist das einmalig auf der Welt. Im südwestlichen Landesteil, besonders auf den Boknfjordinseln, den sog. »Tomateninseln«, sowie in Jaeren sind zudem zahlreiche, leistungsstarke *Glashausbetriebe* entstanden. Hier werden vornehmlich Tomaten und Gurken angebaut. Die isländischen Glashauskulturen vor allem in Hveragerdi südöstlich des Hauptstadtbereiches werden auf der Basis der reichlich vorhandenen Geothermalenergie betrieben. Schon Anfang der 1980er Jahre erzielten die isländischen Gewächshausbetriebe einen Selbstversorgungsgrad mit Gemüsearten wie Gurken, Tomaten u. a. m. von rd. 70 %. Auch in Schweden und in Finnland steigen die Gewächshausflächen.

In der *Wald- und Forstwirtschaft* spielen Finnland und Schweden eine dominierende Rolle. Auch auf dem Weltmarkt haben sie eine starke Position für holzwirtschaftliche Halbfabrikate. Etwa 66 % der finnischen Landfläche sind mit produktivem Wald (fast ausschließlich borealer Wald) bestanden; in Schweden sind es gut 55 %, in Norwegen etwa 22 % und in Dänemark nur knapp 12 % (vorwiegend Aufforstungsflächen in Jütland). Mit der Bezeichnung »produktiver Wald« sind hier jene Holzbodenflächen gemeint, die eine Mindestzuwachsrate an Festmetern Holz pro Vegetationszeit und Flächeneinheit erreichen müssen, nicht dagegen jene Gehölze vor allem in den oberen Fjellbereichen oder in Lappland (meist Fjellbirken), die lediglich als extensive Weideflächen herangezogen werden können. Tab. 28 gibt Auskunft über die recht unterschiedlichen Waldbesitzverhältnisse in den einzelnen Ländern.

Tab. 28: Die produktiven Waldflächen der Nordischen Länder (in 1000 ha und %)

Besitzergruppen	Dänemark 1976	Norwegen 1979	Schweden 1980–84	Finnland 1977–84
Staatswald	150 (30%)	647 (10%)	4425 (19%)	4755 (24%)
Anderer öffentlicher Wald	59 (12%)	404 (6%)	1788 (7%)	844 (4%)
Gesellschaften	59 (12%)	301 (4%)	5630 (24%)	1812 (9%)
Anderer Privatwald	225 (46%)	5308 (80%)	11797 (50%)	12653 (63%)
Gesamtfläche	493 (100%)	6660 (100%)	23639 (100%)	20065 (100%)

Quelle: Nordisk Statistisk Årsbok 1985

Zwar wachsen die Wälder besonders in den nördlichen Landesteilen bedeutend langsamer als etwa in Mitteleuropa, jedoch ist die Holzqualität bedeutend besser. Beispielsweise variieren die jährlichen *Holzzuwachsraten* in Schweden von 8,2 m^3/ha in Schonen bis 1,9 m^3/ha in Schwedisch-Lappland. Insgesamt ist die heutige Forstwirtschaft in Nordeuropa, die häufig mit der traditionellen agrar-bäuerlichen Wirtschaft verbunden ist, sehr hoch entwickelt. Eine hohe Technisierung und Rationalisierung sind kennzeichnend, auch wenn zahlreiche Waldgebiete heute noch in einem überalterten Zustand sind. Die einst vorherrschende *Flößerei* auf dem dichten Fluß- und Seennetz wird heute – wenigstens in Schweden und Norwegen – vom Lastwagen- und Eisenbahntransport verdrängt. Ein großer Teil der anfallenden Holzmasse geht in die Zellstoffabriken. Neben der *Papierherstellung* wird Holz in steigendem Maße als Grundstoff für die chemische Industrie herangezogen. In der zweiten Hälfte der 1970er Jahre zeichnete sich für die nordische Holzindustrie eine Krisensituation ab, die einen starken Rückgang der Holzeinschläge, Betriebsstillegungen, abnehmende Exporterlöse u. ä. m. mit sich brachte. Eine der Hauptursachen für diese Rezession war und ist in der mangelnden Konkurrenzfähigkeit z. B. auf dem Weltzellstoffmarkt gegenüber den nordamerikanischen Produzenten (insbesondere Kanada) zu sehen. Zur Bewältigung der Krise in der nordischen Holzindustrie wären u. a. höhere Veredelungsgrade der entsprechenden Exportprodukte sowie auch intensivere Bemühungen, der wirtschaftlichen Isolierung z. B. in puncto EG-Markt stärker entgegenzuwirken, vonnöten. Immerhin wurden 1984 noch knapp 38 % des finnischen Gesamtexportes von Holz und Holzprodukten (vor allem Papier und ähnliche Stoffe) bestritten; für Schweden lag jener Anteil bei knapp 21 %, während Norwegen und Dänemark nur mit 5 bzw. 7 % vertreten waren.

2.1.6.2 Die Fischwirtschaft

Fischerei und Fischverarbeitung haben die Siedlungs- und Wirtschaftsverhältnisse eines großen Teils der nordeuropäischen Küsten von jeher entscheidend bestimmt. Island, die Küstenstriche Nordnorwegens, die Färöer und andere Gebiete wären nahezu unbewohnt, lägen nicht *fischreiche Schelfgewässer* vor ihren Küsten. Günstige natürliche Voraussetzungen, vor allem das Zusammentreffen der Nordatlantikdrift mit kälteren Gewässern, bieten hervorragende Laich- und Wachstumsbedingungen für eine Vielzahl von Fischarten. Das Europäische Nordmeer nördlich 62 Grad N ist eines der fischreichsten Gewässer der Welt. In diesem Bereich zwischen Island, Ostgrönland, Spitzbergen (Svalbard), Norwegen und dem Nordrand der Britischen Inseln wird fast die Hälfte der Fischfänge im Nordostatlantik getätigt, z. B. 1983 über 4,5 Mio. t. Noch heute spielt die weitgehend vom Saisonfang geprägte Küstenfischerei eine maßgebliche Rolle neben dem Hochseefang. Z. B. gibt es an der westnorwegischen Küste für weite Teile der Küstenplattform (Strandflate) trotz des Öl- und Gasbooms

im Schelfbereich keine Alternative zur Fischwirtschaft. Einen ebenso großen Stellenwert hat die Fischwirtschaft in der isländischen Nationalökonomie inne. So erbrachten noch Anfang der 1980er Jahre Fischprodukte rd. 75 % der Exporterlöse des Inselstaates.
Durch eine Steigerung der Fangmengen bis ins Übermaß (Einsatz immer modernerer Fangtechniken) wurden die Fischbestände auch im Nordostatlantik sehr gefährdet. Konnten z. B. in Norwegen 1956 noch 1,15 Mio. t Winterhering angelandet werden (= 58 % der Gesamtanladungsmenge des Landes), waren es zu Beginn der 1980er Jahre nur noch rd. 17000 t. Innerhalb weniger Jahre war der größte Heringsstamm der Welt und damit eine der wichtigsten Ressourcen der Fischfangnationen im Europäischen Nordmeer nahezu ausgerottet worden. Die einst herausragende Bedeutung des Herings in der Fischwirtschaft der Nordischen Staaten wird schon daraus ersichtlich, daß man in den skandinavischen Sprachen zwischen »sild« (Hering) und »fisk« (Fisch) unterscheidet, der Hering im allgemeinen also nicht unter die Bezeichnung »Fisch« fällt. Aufgrund einer Verbesserung der Bestandssituation des atlanto-skandischen Herings konnte der »Internationale Meeresforschungsrat« (ICES) Anfang der 1970er Jahre eine begrenzte Fangquote freigeben. Nachdem dann für 1985 sogar eine Erhöhung dieser Quote auf 50000 t erfolgte, spricht man in Nordeuropa hier und da bereits wieder von einem neuen »Heringsabenteuer«.
Vor Islands Küsten blieben 1982 die Loddeschwärme (die Lodde bzw. der Kapelan dient leider fast ausschließlich der Fischmehl- bzw. -ölproduktion) aus, so daß die Fangerträge des Inselstaates gegenüber 1981 um 46 % zurückgingen (vergl. auch Tab. 29). Sicher werden für derartige Schwankungen auch ökologische Ursachen zu berücksichtigen sein. Allerdings ist hier ebenfalls ein gravierendes Mißverhältnis zwischen überhöhten Fangkapazitäten und den vorhandenen Fischressourcen nicht von der Hand zu weisen. Die schrittweise Einführung der 200-Seemeilen-Grenze, die in den isländischen Gewässern zu den drei »Kabeljaukriegen« (1960 und Anfang der 1970er Jahre) führte, wurde somit auch mit dem Argument besserer Kontroll- und Schutzmöglichkeiten der Ressourcen durchgesetzt. Für sog. Gemeinschaftsbestände, also Fischressourcen, die sich in verschiedenen Wirtschaftszonen aufhalten, werden auf Empfehlung des ICES seit den 1970er Jahren jährlich bestimmte Fangquoten ausgehandelt. Beispielsweise legte die norwegisch-sowjetische Fischereikommission die Loddequote in der Barentssee für 1984 auf 1,5 Mio. t fest (1983 rd. 2,3 Mio. t), von der Norwegen einen Anteil von 60 % erhielt. Für Island bestimmten die Loddeerträge in den letzten Jahren rd. 50 % des Gesamtfanges. Nach der »Loddekatastrophe« von 1982 kam auch der

für die Speisefischproduktion so wichtige Kabeljaubestand in Gefahr, weil sich dieser Fisch im wesentlichen von der Lodde ernährt. Diese Problematik fällt um so mehr ins Gewicht, wenn man bemerkt, daß der für die Gefrierfischproduktion in Frage kommende Kabeljau bzw. Dorsch auch in den kommenden Jahren die Hauptstütze der isländischen Fischwirtschaft bleiben soll. Insgesamt sind rund um Islands Küsten etwa 100 Gefrierfischfabriken in Betrieb, deren Produkte zu ca. 60 % in die USA exportiert werden. Im Gegensatz zu der meist im Familienbetrieb praktizierten Küstenfischerei mit kleineren Fangbooten hat sich der isländische Hochseetrawlfang in den letzten Jahren als recht krisenanfällig erwiesen; verantwortlich hierfür sind ein hohes Lohnniveau, steigende Betriebskosten und sich häufende Arbeitskonflikte.

Um die für Teile der west- und nordnorwegischen Bevölkerung lebenswichtige Fischwirtschaft aufrechtzuerhalten, dürfen per Gesetz größere Fischereifahrzeuge nur von Personen erworben werden, die mindestens seit drei Jahren Fischer sind und auch weiterhin die Fischerei hauptberuflich betreiben wollen. Mit dieser Maßnahme möchte man vor allem verhindern, daß z. B. Reedereien oder internationale Nahrungsmittelkonzerne den gesamten Fischfang mehr oder minder in die Hand bekommen, was die einheimische Fischereibevölkerung zu einer weiteren Aufgabe ihrer bisherigen Tätigkeit und zu einer stärkeren Abwanderung bewegen würde. Eine Vielzahl von Klein- und Mittelbetrieben im Fangsektor und Verarbeitungsbereich bietet an den peripheren Küstensäumen West- und Nordnorwegens, entlang der isländischen Küste sowie in den bewohnbaren Bereichen der Färöer und Grönlands die bestimmende Existenzgrundlage der dortigen Bevölkerung. Während z. B. in Norwegen 1983 rd. 45000 Personen (davon 27000 Fischer) in der Fischwirtschaft tätig waren (was nur 2,3 % der Gesamtbeschäftigung ausmacht), waren es in den nordnorwegischen Provinzen Nordland, Troms und Finnmark 9,10 bzw. bis zu 20 %.

Der drastische Raubbau an den Beständen der Großwale und anderer mariner Säugetiere sowie die Bemühungen der Internationalen Walfang-Kommission (IWC) um strikte, weltweit geltende Bewirtschaftungsmaßnahmen haben dazu geführt, daß auch im Europäischen Nordmeer der Walfang heute keine bedeutende Rolle mehr spielt. In jüngster Zeit wurde seitens der IWC sogar ein zeitlich nicht determiniertes Walfangverbot proklamiert, mit dem sich allerdings einige Nationen, besonders Japan und die UdSSR, nicht einverstanden erklärten. Der norwegische Walfang hatte seinen Höhepunkt zu Beginn der 1930er Jahre. So wurden in der Fangsaison 1930/31 im Süd- und Nord-

polarbereich insgesamt 40200 Wale erlegt, die 600000 t Öl erbrachten. Nach 1960/61 ging der Walfang in der Antarktis rasch zurück, bis er dort Ende der 1960er Jahre von den Norwegern ganz aufgegeben wurde – nicht zuletzt aufgrund der internationalen Bestimmungen über den Walschutz. In der Nachkriegszeit wurden von isländischer Seite die meisten Wale, nämlich 554 Stück, in der Fangsaison 1971 erlegt; 1986 waren es aufgrund des internationalen Moratoriums zum Schutz der marinen Säugetiere »nur noch« 80 Finnwale und 40 andere Wale. Die in Hvalfjördur (nördlich Reykjavik) hergestellten Walprodukte betrugen 1986 lediglich 1,1 % der isländischen Gesamtausfuhren. Neben dem Großwalfang wurde in den vergangenen Jahren von isländischer Seite noch der Kleinwalfang vor allem entlang der Nord- und Nordwestküste betrieben, der jedoch statistisch in der Regel nicht erfaßt wird.
In bestimmten Küstenzonen, insbesondere Norwegens und Islands, bieten sich gute Voraussetzungen für die Aquakultur, die in den letzten Jahren eine boomartige Entwicklung erfahren hat. Auf Nordeuropa bezogen bedeutet Aquakultur heute in erster Linie Aufzucht und Mast von Lachs und Regenbogenforelle, wobei in Zukunft wohl auch noch andere wertvolle Speisefischarten (z. B. Heilbutt, Steinbutt, Seezunge sowie verschiedene Schalentiere) dazu herangezogen werden. Der gesamte Lebenszyklus, d. h. vom Fischei bis zur Schlachtreife, findet in geschlossenen Systemen unter Kulturbedingungen statt. Im Gegensatz zu diesem »fish farming« kontrolliert das sog. »sea ranching« die Aufzucht nur bis zum Satzfisch. Anschließend wird der so gezogene Lachs zur »Mast« ins Meer ausgesetzt. Da nun der laichreife Lachs an seine Geburts- bzw. Aussetzstelle zurückkehrt, kann man in den kommenden Jahren mit bestimmten Rückkehrquoten rechnen. In Island z. B. hat man in den letzten Jahren Rückkehrquoten von 5–10 % der ausgesetzten Fische pro Jahr erreicht, und zwar Lachse von 3–4 kg nach einem Meeresaufenthalt von einem Jahr und von über 6 kg nach zwei Jahren. In Island sind weiterhin Lachsgehege im Sinne von »fish farming« geschaffen worden, in die geothermal erwärmtes Wasser von Bohrstationen geleitet wird. Auf diese Weise erzeugt man in den marinen Gehegen eine Wassertemperatur von 10–15 °C, die das Lachswachstum beschleunigt. Auf norwegischer Seite werden Anzahl, Standorte und Betriebsgrößen von Aquakulturen durch eine staatliche Konzessionsordnung geregelt. Damit ist primär das Ziel verbunden, eine Vielzahl von lebensfähigen und selbständigen Kleinbetrieben mit Aquakulturen bis ca. 8000 m^3 Wasservolumen und rd. 2–6 Dauerarbeitsplätzen in einer breiteren räumlichen Streuung zu schaffen. Wie sehr das »fish farming« gerade in

Norwegen vorangetrieben wird, mag man aus der Tatsache entnehmen, daß hier 1985 schon 551 Betriebe mit Konsumfischproduktion gezählt wurden gegenüber 169 im Jahre 1973. Optimistische Schätzungen gehen davon aus, daß in diesem Sektor in den nächsten zwei Jahrzehnten 20000–100000 neue Dauerarbeitsplätze geschaffen werden können, was natürlich ein wesentlicher Beitrag zur Lebenserhaltung zahlreicher Marginalräume wäre.

Tab. 29: Die Fischfangerträge Norwegens und Islands 1950–1985 nach den Hauptfangarten in 1000 t

	Norwegen					Island				
	Gesamt	Kabeljau	Hering	Lodde	Übrige	Gesamt	Kabeljau	Hering	Lodde	Übrige
1950	1278,7	195,6	888,7	3,9	190,5	386,4	202,9	58,3	..	125,2
1960	1342,8	213,4	688,1	92,8	348,5	610,1	311,4	136,8	..	161,9
1970	2707,2	310,0	283,8	1301,0	812,4	729,2	308,3	50,7	191,7	178,5
1980	2400,2	281,2	16,4	1118,1	984,5	1514,2	428,3	53,3	760,0	272,6
1981	2538,6	338,9	21,8	1347,3	830,3	1440,8	460,6	39,5	642,4	298,3
1982	2484,9	344,4	40,0	1152,9	947,6	788,5	382,3	56,5	13,3	336,4
1983	2812,7	283,9	68,2	1492,7	967,9	838,9	293,9	58,9	133,5	352,6
1984	2419,5	274,2	154,3	944,0	1047,0	1526,6	281,5	49,7	864,8	330,6
1985	2052,1	237,3	225,8	648,3	940,7	1668,5	319,8	48,8	997,3	302,6

Quellen: Statistische Jahrbücher der betreffenden Länder und INFA (Informationen über die Fischwirtschaft des Auslands) 5/86

Tab. 30: Die Fischverarbeitung in den Nordischen Ländern 1984

	DK	N	S	SF	ISL	FÄR[1]	GRÖ	D (BR) zum Vergleich
Fanggewicht in 1000 t (= 100%)	1807,0	2800,7	221,7	118,3	1531,3	329,9	60,1	276,1
davon verarbeitet								
zu Speisefisch (%)	25,3	30,9	79,4	54,7	43,3	54,2	99,0	91,5
zu Industriefisch (%)	74,7	69,1	20,6	45,3	56,7	45,8	1,0	8,5
Wert in Mill. US-Dollar	332,2	507,7	75,2	33,0	279,2	..	26,8	113,2

[1] Zahlen von 1983

Quellen: INFA (Informationen über die Fischwirtschaft des Auslands) 5/86 und Statistische Jahrbücher der betreffenden Länder

2.1.6.3 Traditionelle Bergbau- und Industriestandorte

Unter den *Bodenschätzen* Nordeuropas waren vor den Öl- und Gasfunden im norwegischen Off-shore-Bereich wirtschaftlich am bedeutendsten die Eisenerze, wobei hier Schweden die dominierende Rolle spielte. Noch Anfang der 1960er Jahre wurden in Schweden jährlich rund 33 Mio. t Erze gefördert, von denen 30 Mio. t auf Eisenerze (= 4 bis 5 % der Weltproduktion) und der Rest auf Sulfiderze (in Verbindung mit Schwefel, Kupfer, Blei, Zink usw.) entfielen. Danach verloren die schwedischen Erzgruben, vor allem die im nördlichen Landesteil, ihre einstige Bedeutung. Zu Beginn der 1980er Jahre mußten sie sogar ums Überleben kämpfen; 1983 betrug die schwedische Fe-Förderung nur noch 13 Mio. t.

Die schwedischen *Eisenerze* konzentrieren sich auf die mittleren und nördlichen Landesteile, namentlich auf Bergslagen und auf den Raum Kiruna–Gällivare–Pajala sowie auf das Skellefte-Gebiet. Das Bergbaugebiet Bergslagen hat eine alte Tradition. Das dortige phosphorarme Erz und die guten Voraussetzungen für die Holzkohlegewinnung ermöglichten schon vor Jahrhunderten die Produktion des weltbekannten Schwedenstahls. Der überwiegende Teil der Erze in Schwedisch-Lappland ist phosphorreich und konnte vor der Einführung des Thomas-Verfahrens Ende des 19. Jh. wirtschaftlich kaum genutzt werden. Allein die Vorräte im Kirunagebiet werden auf rund 2 Mrd. t Erz (Fe-Gehalt 60–70 %), im Gällivaregebiet auf rund 400 Mio. t geschätzt. An den Eisenerzimporten der Bundesrepublik Deutschland hatte die in Nordschweden tätige, nahezu staatliche Bergbaugesellschaft LKAB (Loussavaara-Kirunavaara Aktiebolag) mit 2,1 Mio. t im Jahre 1983 nur noch einen Anteil von 6 %; 1969 waren es noch rd. 12 Mio. t Erzimporte gewesen.

Seit Mitte der 1970er Jahre gerieten der lappländische Eisenerzbergbau und damit vor allem die Städte Kiruna und Gällivare, deren Bevölkerung größtenteils von der LKAB abhängig war und ist (sog. one-company-towns), in eine immer stärkere Krise. Trotz der staatlichen Zuschüsse mußten z. B. der Tagebau Svappavaara 1982 stillgelegt, die Gesamtkapazität von 25 Mio. t auf die Jahresproduktion von 15 Mio. t reduziert und die Beschäftigtenzahl in den Gruben von Kiruna und Gällivare um ca. 1500 Personen auf 3700 gesenkt werden. Mit dieser Entwicklung gerieten natürlich auch zahlreiche Arbeitsplätze im Transportsektor, insbesondere in den wichtigen Exporthäfen Narvik und Luleå, in Gefahr. In den Höchstförderjahren der vergangenen Jahrzehnte, als durchschnittlich 35 Mio. t Eisenerz pro Jahr zusammenkamen, wurden rd. 25 Mio. t über das norwegische Narvik und

10 Mio. t über Luleå an der Norrbottenküste verladen. Während der Hafen von Narvik das ganze Jahr über eisfrei ist, wird Luleå über mehrere Monate des Jahres vom Eis blockiert. Die Verbindung Gällivare–Luleå wurde bereits bis 1892 zu einer leistungsfähigen Erzbahn ausgebaut; die Fertigstellung der Bahnlinie nach Narvik erfolgte dann im Jahre 1902. Von der Bergbaukrise in Nordschweden sind natürlich auch die Erzbahnen nicht verschont geblieben. So hat man in jüngster Zeit versucht, durch weitere Automatisierungen und Personalabbau die Transportkostenproblematik als Folge der stark gesunkenen Erzförderung in den Griff zu bekommen. Entsprechende Umstrukturierungen werden seitens der LKAB vorgenommen, um der reduzierten Erznachfrage auf dem Weltmarkt und den daraus resultierenden Absatzschwierigkeiten begegnen zu können. Darüber hinaus hat eine von der schwedischen Regierung eingesetzte Kommission 1984 einen Entwicklungsplan für die Erzregion vorgelegt, der eine Reihe von Sanierungsmaßnahmen vorsieht.
Im Vergleich zu Schweden ist der norwegische Eisenerzabbau bescheiden. Der Fe-Gehalt beträgt 33 bis 35 % und wird zu einem Konzentrat von 65 % aufbereitet. Der Abbau erfolgt in fünf Gruben, von denen die beiden größten in Südvaranger nahe der sowjetischen Grenze und bei Mo i Rana in Polarkreisnähe liegen. Wichtigster Aufbereitungsort und Exporthafen ist Kirkenes. Neben den genannten Erzen spielen die *Pyritvorkommen* (besonders bei Lökken und Sulitjelma) eine besondere Rolle in der norwegischen, aber auch in der finnischen Wirtschaft, wobei mit den Pyriten häufig Kupfer-, Zink- und Bleierze vergesellschaftet sind und als Nebenprodukte gewonnen werden. Eine Besonderheit für Norwegen bilden auch die Ilmenit- bzw. Titaneisenerzvorkommen, die im südlichen Rogaland, bei Sokndal in der öden Anorthositregion Dalanes, abgebaut werden. Viele kleine Bergwerke im südlichen Landesteil, z. B. die einst berühmten Silberminen von Kongsberg, sind heute längst aufgegeben.
Der finnische Eisenerzbergbau kann nur einen Teil des inländischen Metallbedarfs decken. Wirtschaftlich bedeutender als die bis heute erschlossenen Eisenerzlagerstätten sind die finnischen Pyritvorkommen und in Verbindung damit Kupfer, Zink und Blei. In der Kupfererzeugung steht Finnland (zu nennen sind hier besonders die Gruben von Outokumpu) in Europa nach der UdSSR an zweiter Stelle. Verschiedene Eisen- und Buntmetallhüttenwerke befinden sich an der Südwest- bzw. Westküste, von der Halbinsel Hanko über Harjavalta, Pori bis Raahe.
Dänemark ist arm an Bodenschätzen und mineralischen Rohstoffen. Das hat jedoch die in den letzten Jahrzehnten sprunghafte Entwick-

lung der dänischen *Industrie* wenig beeinflußt. Die auf einen hohen Veredlungsgrad ausgerichtete Industrie ist heute der größte Wirtschaftssektor im Lande. Der Beitrag der dänischen Industrie zum gesamten Nationaleinkommen liegt bei ca. 19 % und beläuft sich somit auf mehr als das Doppelte des Beitrags der Landwirtschaft. Die industrielle Produktion hat heute einen Anteil von rund 75 % (1985) des Gesamtexports. Trotz der mangelnden Rohstoffe ist die *Eisen- und Metallverarbeitung* der wichtigste dänische Industriezweig. Es folgen die *Nahrungs- und Genußmittelindustrie*, die auf die Veredlung der heimischen Agrarprodukte ausgerichtet sind. Weiterhin gibt es die *chemische Industrie* sowie Steine-, Erden- und Glasindustrie. Letztere verarbeiten die inländischen Rohstoffe, so besonders die Moränenlehme in Ziegeleien und die Kreidekalke zur Zementherstellung vor allem im Raum Ålborg.

Zementwerke sind auch für Island von Bedeutung. Die Zementherstellung bei Akranes basiert auf dem Abbau von Muschelbänken in etwa 30 m Meerestiefe in der Faxaflói-Bucht, aus der das Kalkmaterial an die Oberfläche gepumpt wird. In größerem Maße werden Bims und Basaltschlacken für die *Baustoffindustrie* genutzt. Ansonsten basiert die gesamte isländische Industrie auf Fischverarbeitung. Erst in allerjüngster Zeit versucht man in Island verstärkt, den sekundären Wirtschaftszweig zu diversifizieren und damit krisenfester zu machen. Auf Spitzbergen hat Norwegen eine Steinkohlengrube in Betrieb, die ein Kokswerk der Eisenhütte in Mo i Rana versorgt.

In der industriellen Produktion Nordeuropas sind vor allem die metallverarbeitenden Industriezweige (besonders in Schweden und Dänemark), die Holz- und Zelluloseindustrie (vornehmlich Finnland und Schweden), die elektro-, metallurgische und elektrochemische Industrie Norwegens (Aluminium, Magnesium etc.) sowie die Nahrungs- und Genußmittelindustrie hervorzuheben.

In Dänemark konzentrierte sich lange Zeit hindurch etwa die Hälfte der Industrie auf den Großraum Kopenhagen. Hier gab es genügend Arbeitskräfte, einen Hafen und einen aufnahmefähigen Markt. Die andere Hälfte der *Industriestandorte* verteilte sich auf die Städte Ostjütlands mit seiner hafengünstigen Fördenküste und im Raum um Odense auf Fünen. Nach 1950 vollzog sich eine standörtliche Umverteilung. Das lag u. a. am größeren Arbeitskräfteangebot außerhalb des Raumes von Kopenhagen, wie es besonders in verschiedenen Teilen Jütlands vorhanden war. Maschinen wie Werkzeug- und Landwirtschaftsmaschinen sowie Instrumente, meist von hoher Qualität und Präzision, bilden den Hauptteil der Industrieerzeugung. Darüber hinaus ist in den letzten Jahren die Warengruppe Elektronik im Export stark angestie-

gen. Die wichtigsten Abnehmer der dänischen Industrieerzeugnisse sind neben den EG-Partnern, vor allem der Bundesrepublik Deutschland, die Nachbarländer Schweden und Norwegen.
In Norwegen sind die elektrometallurgischen, elektrochemischen und metallverarbeitenden Industrien die für den *Export* wichtigsten Zweige. Grundlage hierfür ist die preiswerte hydroelektrische Energie. Die ersten Schmelzwerke entstanden um 1900 bei Sarpsborg im südöstlichen Landesteil sowie in Meraker bei Trondheim und in Odda am Sörfjord in Hardanger. Das größte norwegische Industrieunternehmen ist der Konzern Norsk Hydro, der ca. 40000 Mitarbeiter (davon die Hälfte außerhalb des Landes) beschäftigt und u. a. die stromintensiven Produkte Magnesium, Aluminium, Kunstdünger herstellt sowie auch in der Öl- und Gasförderung im Off-shore-Bereich tätig ist. Ausgangspunkte des 1905 gegründeten Konzerns waren die Kalkstickstoffwerke von Heröya und Rjukan (Östland) sowie die Aluminium- und Magnesiumfabriken an den vestländischen Fjordarmen. Seine internationale Stellung hat das Unternehmen z. B. 1985 mit der Übernahme der Ruhr-Stickstoff AG weiter verbessern können. Die Konzentration der norwegischen Produktionsstätten auf die Fjordarme des Vestlands beruht darauf, daß sie nahe den Kraftwerken und günstig zu den Häfen liegen müssen. Beispielsweise wurden Mitte der 1970er Jahre in Norwegen um die 650000 t Aluminium produziert, davon 50 % in Årdal und Sunndalsöra, während es 1955 nur knapp 75000 t waren. Der Export von NE-Metallen (Aluminium, Ferrosilizium u. a. m.) betrug 1984 knapp 10 % des Gesamtwertes der norwegischen Ausfuhren. Die zu Norsk Hydro gehörenden Karmöy-Fabriken bei Haugesund gelten mit einer Kapazität von nahezu 220000 t Primäraluminium als Europas größter Aluminiumproduzent. Norwegen stellt heute etwa 20 % der westeuropäischen Primäraluminiumproduktion und 4 % der Weltproduktion. Auch die norwegische *Eisen- und Stahlindustrie* ist in hohem Maße von der Stromenergie abhängig. Das größte Hüttenwerk ist das schon genannte Werk von Mo i Rana, das mit seiner Kapazität von 750000 t pro Jahr und etwa 4000 Beschäftigten allerdings seit über 10 Jahren in den roten Zahlen steht. Gegenüber der mitteleuropäischen Stahlproduktion erscheint die genannte Kapazität recht bescheiden; man muß hierbei aber auch den sozialpolitischen Hintergrund berücksichtigen. Mit diesem und anderen Hüttenwerken konnte man in dem bisher wenig industrialisierten nördlichen Landesteil neue Erwerbsmöglichkeiten schaffen.
Zu den traditionellen norwegischen Industrien gehört der *Schiffsbau*, der allerdings hier wie in anderen westeuropäischen Industriestaaten seit den 1970er Jahren stark zurückgegangen ist. Lieferten norwegi-

sche Werften 1971 Schiffe mit insgesamt 616000 BRT, so waren es 1983 nur noch 121000 BRT. Allerdings hat die norwegische Werftindustrie noch eine relativ gute Position aufgrund der Aufträge aus der Ölwirtschaft (vergl. Kap. 2.1.6.4).
In Schweden sind die *Eisenmetallurgie* und die *Metallverarbeitung* der bedeutendste Industriezweig. Er beschäftigte 1984 etwa 497000 Menschen, das sind etwa 53 % der Erwerbstätigen in Industrie und Bergbau. Die metallverarbeitende Industrie umfaßt vier Hauptgruppen: die Eisenmetallurgie, den Maschinen- und Kraftfahrzeugbau, die Elektrotechnik und den Schiffsbau. Um 1984 betrug der Anteil der Metallindustrie gut 44 % der gesamten industriellen Erzeugung Schwedens. Ihre Standorte sind besonders die Großstadtgebiete von Stockholm, Göteborg und Malmö. Die schwedische *Holzindustrie* trug 1984 mit 21 % zum Export bei. In Südschweden liegt ein großer Teil der Sägewerke, *Papier- und Zellulosefabriken* im Inneren des Landes. Ihr Absatzgebiet ist größtenteils der einheimische Markt. Die Holz- und Holzveredelungsindustrie Nordschwedens ist dagegen ausgesprochen exportorientiert. 1984 wurden allein über 5,2 Mio. t Papier und Pappe sowie 3,2 Mio. t Zellstoff exportiert, davon rund 76 % in die EG- und EFTA-Länder. Trotzdem ist der metallverarbeitende Sektor der größte Industriezweig. Im *Schiffsbau* z. B. stand Schweden Mitte der 1960er Jahre nach Japan und Großbritannien an der dritten Stelle der Welt, wenn man die Leistungen in Tonnen rechnet. So wurden 1964 von den schwedischen Werften, die sich fast ausschließlich an der Westküste (Raum Malmö, Göteborg, Uddevalla) befinden, zum erstenmal über 1 Mio. BRT vom Stapel gelassen; das waren 10 % der Welterzeugung an Schiffen, von denen Tanker mit über 70 % den größten Anteil hatten. Der größte Kunde der schwedischen Werften war Norwegen mit seiner einst so bedeutenden Handelsflotte. In den letzten Jahren hat dann auch die schwedische Werftindustrie einen Rückgang erfahren, allerdings nicht so stark wie in anderen westeuropäischen Industriestaaten.
Die *Industrialisierung* Finnlands erfolgte etwa zwei bis drei Jahrzehnte später als in den Nachbarländern. Ihren entscheidenden Aufschwung nahm die finnische Industrie erst nach 1918, wobei die *Holzverarbeitung* auch heute noch eine sehr bedeutende Rolle im finnischen Wirtschaftsleben spielt. Allerdings steht mittlerweile auch in Finnland die Metallindustrie – Schiffsbau, Kabelherstellung und Maschinen besonders für Zellulose- und Papierfabriken – sowohl nach der Beschäftigtenzahl wie nach dem Bruttowert ihrer Produktion an der Spitze aller Industriezweige. Auch die Nahrungs- und Genußmittel- sowie chemische Industrie haben sich stark entwickelt, so daß wenigstens heute

von einer monostrukturellen, d. h. fast nur auf Holzverarbeitung basierenden Industrie nicht mehr die Rede sein kann. Dennoch spielt die Holzverarbeitung eine sehr bedeutende Rolle in der finnischen Industrie. Im Jahre 1984 betrug ihr Anteil am Gesamtexport der finnischen Industrie nahezu 38 %, wobei allein der Papiersektor mit knapp 24 % vertreten war. Die Produktionsstandorte verteilen sich über das ganze südliche Finnland. Auch bei den anderen Industriezweigen, besonders der Metall-, Textil- sowie Leder- und Gummiindustrie, liegen die wichtigsten *Standorte* im Südwesten. Hier befinden sich rund 70 % der gesamten industriellen Produktion, wobei insbesondere die Räume um Helsinki, Tampere und Turku herausragen.
In Island konzentrieren sich die Hauptstandorte der fischverarbeitenden Industrie verständlicherweise auf die Südwestküste (Reykjavik, Hafnarfjördur, Keflavik, Akranes und Hvalfjördur) und auf den Raum von Akureyri im Norden. Dort liegen auch die Nahrungsmittel- und Textilfabriken. Aufgrund der großen Energiequellen weist Island relativ günstige *Standortbedingungen* für weitere Industriezweige auf. Bisher wird nur ein kleiner Teil des isländischen Energiepotentials (etwa 20 % der geothermalen Energie und 9 % der Wasserkraft) ausgeschöpft. Trotzdem wurden bereits Anfang der 1980er Jahre 75 % der isländischen Bevölkerung mit der umweltfreundlichen geothermalen Heizungsenergie versorgt.

2.1.6.4 Energiequellen und deren Ausbauprobleme

Nordeuropas größte *Energiereserven* sind die Wasserkraft und seit Ende der 1960er Jahre die Erdöl- und Erdgasvorkommen der Nordsee. Von lokaler Wichtigkeit für das isländische Wirtschaftsleben sind die Heißwasser- und Dampfvorkommen, die für die Beheizung von Wohn- und Gewächshäusern und in Zukunft wohl auch zur Elektrizitätserzeugung herangezogen werden.
Aufgrund der starken Reliefenergie, der relativ großen Niederschläge und der vielen Gebirgsflüsse mit ihren Wasserfällen haben Norwegen, Schweden und Island große *Wasserkraftreserven* (vergl. Tab. 31). In Finnland ist das Wasserkraftpotential geringer und auf den nördlichen Landesteil beschränkt. Die norwegische und schwedische Elektrizitätserzeugung hat in den Nachkriegsjahren stark zugenommen. Bei voller Ausnutzung der norwegischen Reserven könnte die jährliche Produktion etwa 120 Mrd. kWh betragen. Die ursprünglich kleinen Kraftwerke in Siedlungsnähe verursachten keine großen Probleme. Anders ist es dagegen bei den modernen, manchmal sehr abgelegenen

Großkraftwerken mit ihren weiträumigen, landschaftsverändernden Ausbauten. Gewöhnlich erfordern die Großkraftwerke, wie der Rjukankomplex in Norwegen, weite Wassereinzugsgebiete, großräumige Speicherbecken und lange Tunnelausbauten.
Der immer größere Ausbau des Wasserkraftpotentials ist besonders in Norwegen heftig umstritten. Die Diskussion konzentriert sich dabei vor allem auf die Frage, wie sich die irreversiblen Ausbauten in den Fjell- und Talregionen auf den Naturhaushalt, auf die ökologische Gesamtsituation sowie letztlich auch auf das Siedlungs- und Wirtschaftswesen in jenen Binnenregionen auswirken.

Tab. 31: Elektrizitätserzeugung und Elektrizitätsverbrauch in den Nordischen Ländern 1984

	DK	N	S	SF	ISL
Energiegewinnung (in Gwh = 100%)	22341	106659	124073	43311	3914
davon in % durch:					
Wasserkraft	–	99,7%	54,9%	30,6%	95,5%
Kernkraft	–	–	41,1%	41,1%	–
Geothermalenergie	–	–	–	–	4,4%
Wärmekraft	100%	0,3%	4,0%	28,3%	0,1%
Energieverbrauch (in Gwh = 100%)	25215	89668	107837	45700	3583
davon in % durch:					
Kraftwerke	5,8%	2,1%	4,2%	–	1,6%
Papierindustrie	1,8%	6,9%	15,7%	32,0%	–
Chemische Industrie	4,8%	8,4%	5,6%	7,6%	–
Metallindustrie	2,9%	28,0%	7,2%	5,5%	53,8%
Andere Industrie	17,6%	7,7%	14,5%	12,9%	15,8%
Transport und Verkehr	0,6%	0,7%	2,3%	0,7%	(2,0%)[1]
Haushalt, Landwirtschaft, Handel usw.	66,5%	46,2%	50,5%	41,3%	26,8%

[1] NATO-Flughafen Keflavik!
Quelle: umgerechnet nach Nordisk Statistisk Årsbok 1985

Für die sozio-ökonomische Entwicklung Norwegens sind die *Öl- und Gasfunde* im Off-shore-Bereich ein entscheidendes Ereignis, das in seiner Tragweite in etwa mit der Industrialisierung des Landes gegen Ende des 19. Jh. zu vergleichen ist. Nach der Aufteilung der Wirt-

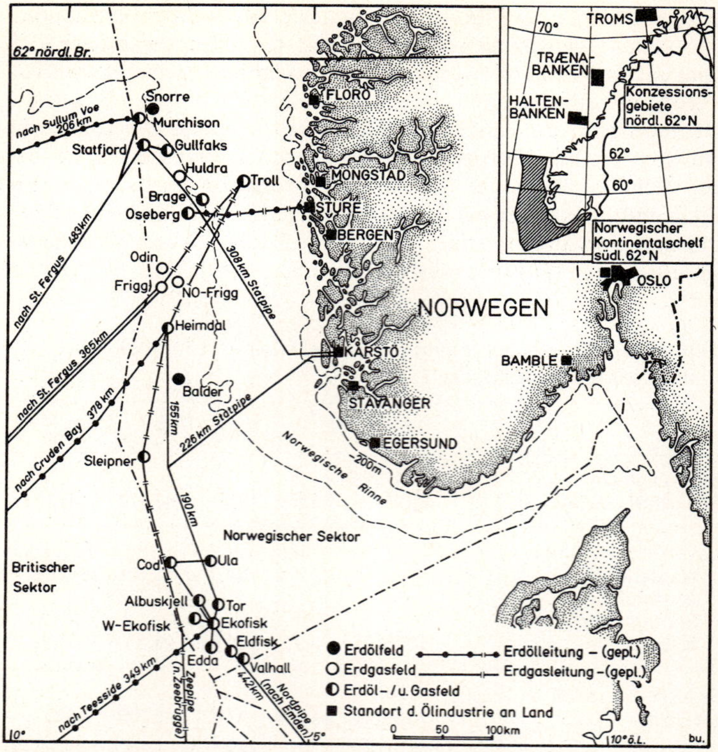

Abb. 19: Übersichtskarte der norwegischen Erdölwirtschaft (Stand Frühjahr 1987)
(nach Unterlagen des Olje- og energidepartementet, Oslo)

schaftszonen in der südlichen Nordsee bis 62 Grad n. Br. (Anfang der 1960er Jahre gemäß der Genfer Konvention von 1958) ließ Norwegen Explorationsbohrungen durchführen. Mit der Entdeckung der Öl- und Gasvorkommen im Ekofiskfeld (etwa 300 km sw von Stavanger) im Jahre 1969 wurde Norwegen schlagartig zu einem Ölland, und zwar mit allen positiven wie z. T. auch negativen Auswirkungen. Im Jahre 1975 erzielte Norwegen erstmals einen Exportüberschuß in Öl und Gas, der danach rasch anstieg, während der Eigenverbrauch schon seit Jahren bei nur 8–9 Mio. t pro Jahr liegt (1983 sogar nur 6,4 Mio. t). Norwegen exportiert also den größten Teil seiner Öl- und nahezu die gesamte Gasproduktion. Beispielsweise belief sich 1986 die Gesamt-

produktion im norwegischen Sektor auf 68 Mio. t Öläquivalente (davon über 42 Mio. t Erdöl; 1 t Öl = ca. 1000 Standardkubikmeter Erdgas). Gleichzeitig erwirtschaftete Festlandnorwegen ein Defizit von rd. 80 Mrd. Kronen (20000 Kronen bzw. rd. 5400,– DM pro Einwohner), das nur durch den Überschuß in der Off-shore-Aktivität ausgeglichen werden konnte. Somit mußte der Ölpreisniedergang in jüngster Zeit (1983 ca. 18 US-Dollar pro Faß; 1986 gut 13 Dollar) die norwegische Wirtschaft besonders treffen. Immerhin wurden 1985 über 35 % des norwegischen Gesamtexportes von Öl und Gas bestritten. Ohne die Off-shore-Ressourcen hätte Norwegen mittlerweile ein chronisches Handelsbilanzdefizit.
Während in Großbritannien, das den Löwenanteil an der Produktion im Off-shore-Bereich südlich 62 Grad n. Br. hat, der Ölsektor nur etwa 3,5 % des Bruttosozialproduktes ausmacht, liegen die entsprechenden Anteile am norwegischen BSP wenigstens 1985 über 19 %. In Großbritannien dienen die Öl/Gasvorkommen zur Importsubstitution (Unabhängigwerden vom Weltmarkt bzw. von der OPEC); in Norwegen dagegen ist man auf den Verkauf von Öl und Gas ins Ausland angewiesen. Der Ölpreisniedergang bringt Norwegen also große Probleme. Nach Berechnungen der staatlichen Ölgesellschaft Statoil werden z. B. die norwegischen Off-shore-Werften mit ihren ca. 10000 Beschäftigten (1986) nur noch 20 % ihrer Kapazität in 1988 ausnutzen können. Demnach muß man mit großen Entlassungen rechnen, falls nicht andere Alternativen gefunden werden. In diesem Zusammenhang ist der sog. »Jahrhundertvertrag« von besonderer Bedeutung, der 1986 zwischen Statoil und sechs europäischen Importeuren aus der Bundesrepublik Deutschland, Belgien, Frankreich und den Niederlanden (unter Federführung der Ruhrgas AG) abgeschlossen wurde und eine Lieferung von über 450 Mrd. m^3 Erdgas im Wert von ca. 150 Mrd. DM vorsieht. Die Gaslieferungen, die 1993 beginnen sollen, laufen bis über das Jahr 2020 hinaus. Sie werden zum größten Teil aus dem ca. 100 km nw Bergen liegenden Trollfeld kommen, das neben dem niederländischen Groningfeld derzeit das größte Gasvorkommen Westeuropas ist. Neben dem Trollfeld soll auch das sw gelegene Sleipnerfeld entwickelt werden, dessen Ressourcen mit rd. 200 Mrd. m^3 Gas zu veranschlagen sind. Der Gastransport wird per Pipeline erfolgen, und zwar nach Emden und zum belgischen Zeebrügge; letztere Pipeline muß noch gebaut werden.
Insgesamt gesehen ist die norwegische Öl- und Gasproduktion im weltweiten Vergleich mit etwa 1,2 % Öl- und 1,8 % Gasanteil (1985) sehr gering. Allerdings hat das norwegische Offshoreöl eine besonders gute Qualität, da es schwefelarm ist. Hinzu kommt, daß jene Ressour-

cen in einer politisch ruhigen Zone und zudem praktisch vor der Haustür der energiehungrigen westeuropäischen Industriestaaten liegen. Während z. B. die Bundesrepublik Deutschland 1975 Gasimporte aus der Nordsee von nur 1 % ihres Gesamtbedarfes bezog, waren es 1986 etwa 17 %. In den kommenden Jahren soll dieser Anteil auf über 20 % ansteigen.

Im Jahre 1986 wurden die im norwegischen Sektor bis 62 Grad n. Br. liegenden Welterdölreserven mit etwa 1,4 % und die Weltgasreserven mit 2,5 % angegeben. Bei einer Produktion von rd. 60 Mio. t Öläquivalenten pro Jahr würden die nachgewiesenen Ressourcen in 57 Jahren erschöpft sein. Andererseits hofft man auf norwegischer Seite auch große Öl- und Gasvorkommen nördlich des 62. Breitengrades erschließen zu können. Mehrere Gasfelder, z. B. »Askeladden« (»Aschenputtel«) nördlich Tromsö, sind bereits entdeckt worden. Die Stadt Harstad am Rande der Lofoten könnte einmal für Nordnorwegen eine Position einnehmen, die in etwa der von Stavanger im südlichen Landesteil vergleichbar wäre. In jüngster Zeit werden z. B. Pläne diskutiert, das nordnorwegische Erdgas in Kraftwerken an der Tromsküste zu verstromen und Energie u. a. nach Mittelschweden zu leiten. Dieser Strom könnte etwa 90 % der Energie decken, die Schweden nach der eventuellen bzw. geplanten Stillegung seiner vier Kernkraftwerke benötigen würde.

Neben den positiven Auswirkungen des Öl-/Gasbooms ist aber auch eine Reihe von Gefahrenquellen bzw. Negativfolgen für Norwegen nicht zu übersehen. Diesbezüglich wären vor allem folgende Punkte zu nennen: a) die mangelnde Konkurrenzfähigkeit verschiedener traditioneller Wirtschaftszweige vor allem durch das hohe Lohnniveau im Ölsektor; b) eine Verschärfung des demographischen Ungleichgewichtes zwischen Zentrum und Peripherie (verstärkte Aufgabe von Arbeitsplätzen in der Peripherie); c) Anheizung des ohnehin angespannten Wohnungsmarktes im Zentrum (vergl. das Beispiel Stavanger); d) soziale Konflikte in der norwegischen Gesellschaft; e) zunehmende Umweltgefahren (mit dem »Bravo-Blowout« 1977 flossen nahezu 32 000 t Öl ins Meer), wodurch u. a. die wichtigen Fischlaichgründe beeinträchtigt werden.

Der norwegische Staat versucht mit gezielten wirtschaftspolitischen Maßnahmen jene Gefahrenquellen zu minimieren. Entsprechende Zielsetzungen sind insbesondere folgende: a) Die Entwicklung der Ölwirtschaft soll sich langsam vollziehen (»Go-slow-Politik«); b) die norwegische Gesamtproduktion soll maximal 90 Mio. t Öläquivalente nicht überschreiten; c) der Erdölsektor soll soweit wie möglich norwegisiert werden, um den Einfluß des Staates und der einheimischen

Tab. 32: Produktion von Erdöl und Erdgas im norwegischen Sektor 1971–1986 in Mio. toe[1]
(nach Angaben des Olje- og energidepartementet, Oslo)

	1970–77 gesamt	1978	1980	1982	1984	1986
Erdöl	41,0	16,9	24,4	24,5	34,9	42,3
Erdgas	2,6	14,2	25,1	24,4	26,3	25,7
Summe	43,6	31,1	49,5	48,9	61,2	68,0

[1] toe = ton oil equivalents (Tonnen Öläquivalente);
1 toe = 1 t Öl oder 1000 Sm^3 (Standardkubikmeter) Gas

Wirtschaft bewahren zu können; d) die Ölwirtschaft soll weiter in die nördlichen Landesteile ziehen, um die Peripherie zu stärken; e) das bestehende Siedlungsmuster und die damit verbundenen Festlandindustrien sollten nicht grundlegend gestört werden; f) die eigene Festlandindustrie soll mit Hilfe der Ölwirtschaft ausgebaut werden; g) die Einnahmen aus den Off-shore-Aktivitäten sollen möglichst vorsichtig in die norwegische Binnenwirtschaft eingeführt werden.

2.1.7 Formen der wirtschaftlichen und sozialen Zusammenarbeit in Nordeuropa

Entsprechend dem Anteil am Welthandel, der Schiffahrt und Weltindustrieerzeugung spielen die fünf selbständigen Länder Nordeuropas mit gut 22 Mio. Menschen, das sind weniger als 0,5 %der Weltbevölkerung, eine gewichtige Rolle in der *Weltwirtschaft.* Der Anteil am Welthandel beträgt immerhin 5 %. Die Volkswirtschaften der Nordischen Länder weisen zwar beträchtliche Unterschiede auf, ihre jüngste Geschichte ist jedoch durch ein schnelles wirtschaftliches *Wachstum* gekennzeichnet. In den internationalen Statistiken haben nur die USA, die Schweiz und Kanada ein höheres Bruttosozialprodukt pro Kopf als der Durchschnitt der Nordischen Länder.
Aufgrund der langen *gemeinsamen Kulturgeschichte* sowie der in vieler Hinsicht gerade heute bestehenden gemeinsamen Interessen und Probleme haben die Nordischen Länder enge Formen der regionalen *Zusammenarbeit* entwickelt. Zunächst wurden die *Rechtssysteme* harmonisiert und koordiniert, was sich besonders in den Handelsrechten manifestiert. 1954 wurde ein gemeinsamer nordischer Arbeitsmarkt

beschlossen. Viele nordeuropäische Erwerbstätige sind daher heute in einem benachbarten nordischen Land tätig, z. B. 1984 allein 144000 Finnen (Erwerbstätige und ihre Familien) in Schweden. Besonders in der Regionalpolitik der Nordischen Länder hat sich eine enge Zusammenarbeit entwickelt. Das gilt vor allem für die nördlichsten Landesteile Norwegens, Schwedens und Finnlands mit ihrer großen sozioökonomischen Problematik. Koordiniert werden hier Straßen- und Flughafenbau, die gemeinsame Wasserkraftnutzung und die Naturschutzpläne. Gemeinsam bemüht man sich auch um die Verbesserung der Lebensbedingungen für die Samen.
Besonders enge Zusammenarbeit zeigt sich in der *Verkehrspolitik*. Beispielsweise gelten im Eisenbahnverkehr seit 1964 weitgehend Einheitstarife. Auch zur Regelung des Schiffsverkehrs sind zahlreiche gemeinsame Schritte unternommen worden. Eines der bekanntesten nordischen Gemeinschaftsprojekte ist die Fluggesellschaft SAS, die den Linienverkehr zwischen den Nordischen Ländern und auf internationalen Strecken betreibt. Weiterhin hat sich eine umfangreiche nordische Zusammenarbeit im Rahmen internationaler Organisationen für kulturelle, soziale und politische Fragen entwickelt. Seit 1950 werden auch gemeinsame Programme in Entwicklungsländern, unter anderem in Südostasien und Ostafrika, durchgeführt. Auch in den Wissenschaften gibt es enge Kontakte und übergreifende Organisationen.
Für den innernordischen *Handel* war das Freihandelssystem innerhalb der EFTA von großer Bedeutung. Heute beträgt der Anteil des innernordischen Handels am gesamten Export etwa 20 %, wobei vornehmlich der Handel hochveredelter Güter stark angestiegen ist. Gegenseitige Erteilung von Produktionslizenzen und Lieferung von Halbfertigwaren für die Weiterveredelung in einem Nachbarland, besonders ausgeprägt bei der Metallindustrie, unterstreichen diese Zusammenarbeit. Daneben gibt es auch eine innernordische Zusammenarbeit in der Energieversorgung. Die entsprechende Organisation NORDEL konstituierte sich bereits 1963.
Die Dachorganisation der nordischen Zusammenarbeit ist der schon genannte *Nordische Rat*, eine beratende Versammlung, der Mitglieder aus allen fünf Ländern angehören. Daneben gibt es ständige politische Konsultationen, die 1962 in Helsinki durch ein Abkommen beschlossen wurden.
Die Vorbildwirkung der Nordischen Länder für die *Integration* anderer Staatengruppen ist nicht zu unterschätzen, vor allem deshalb, weil sie für die Beteiligten auch noch genügend Spielraum nach außen zuläßt, wie dies zum Beispiel die unterschiedlichen Bindungen Dänemarks und Finnlands zeigen.

2.2 Westeuropa

Das Territorium der Länder Europas, die wir hier unter *Westeuropa* zusammengefaßt haben, weicht erheblich von dem Raum, der oben von W. SCHLEGEL aus physisch-geographischer Sicht als »Westeuropa« vorgestellt worden ist, ab. Nur bei den Britischen Inseln ist die Zuordnung eindeutig, wenn freilich auch eingeräumt werden muß, daß in den schottischen Naturlandschaften Züge in Erscheinung treten, die große Ähnlichkeit mit Nordeuropa haben. Bei einer rein physisch-geographischen Betrachtung müßte das Territorium Frankreichs unter Westeuropa, Mitteleuropa und Südeuropa aufgeteilt werden, denn die mediterranen Züge, auch in den Kulturlandschaften Südfrankreichs, widerstreben der Zuordnung zu Westeuropa. Aber der Staat kann nur als Ganzes betrachtet werden, und bei Frankreich müssen wir vom Zentrum des Staates, das im Pariser Becken liegt, ausgehen. Bei den Beneluxländern überwiegt der *Übergangscharakter* zu Mitteleuropa. Physisch-geographisch, vor allem durch den Anteil am nordmitteleuropäischen Tiefland und an der deutschen Mittelgebirgsschwelle, darf das Gesamtgebiet der Niederlande, Belgiens und Luxemburgs zu Mitteleuropa gerechnet werden. Kulturgeographisch überwiegen aber die westeuropäischen Züge, was vor allem in Flandern zum Ausdruck kommt. Dem entspricht auch das Bewußtsein der Bewohner dieser drei Länder, auch im deutschgeprägten Luxemburg.

In unserer Einteilung kommt dagegen nicht zum Ausdruck, daß es in der Tat auch ein Zwischengebiet *»westliches Mitteleuropa«* gibt. Dieses entspricht dem fränkischen Mittelreich, das von den Niederlanden bis nach Burgund reichte. Seine Ostgrenze könnte mindestens am Rhein gezogen werden. Solange Frankreich die *Hegemonie* in Europa anstrebte und politische Interessen in Mitteleuropa verfolgte, kam dies wieder zum Tragen, bis in die Zeit nach dem Ersten Weltkrieg, also als in Westdeutschland Bestrebungen in Richtung auf eine selbständige »Rheinische Republik« von sich reden machten. Das in den fünfziger Jahren angestrebte »Saarstatut« ist ein letzter Nachklang gewesen.

Westeuropa bedeutet viel für Europa, die Wortbildung *»Abendland«*, die hier ihre Wurzel hat, weist über den physisch-geographischen und selbst über den anthropogeographischen Begriff hinaus. So läßt es sich nicht verhindern, daß »West-Europa« neben der geographischen noch zwei weitere Bedeutungen bekommen hat: das Europa der Zwölf und, noch weiter gefaßt, das gesamte nichtsozialistische Europa. Dies ist eine rein politische Sicht, die davon ausgeht, daß Frankreich, Großbritannien und Westdeutschland in diesem Halbinsel-Europa eine führende Rolle spielen.

2.2.1 Die Beneluxländer

2.2.1.1 Einheit und Vielfalt

Die drei Beneluxländer, am Nordwestsaum Kontinentaleuropas gelegen, genießen einen hohen internationalen Bekanntsheitsgrad, trotz ihrer relativ geringen Größe: zusammen knapp 75 000 km^2 (Niederlande 41,5 T., Belgien 30,5 T., Luxemburg 2,6 T. km^2) mit rund 25 Mio. Einwohnern (Niederlande 14,6 Mio., Belgien 9,9 Mio., Luxemburg 0,4 Mio. Einw.). Dies verdanken sie neben ihrer wirtschaftlichen und kulturellen Bedeutung besonders ihrer Lage inmitten der nordwesteuropäischen »Megalopolis«, zwischen Mittel- und Südostengland einerseits und dem Rhein-Ruhr-Verdichtungsraum mit seinen südlichen Fortsetzungen andererseits, sowie ihrer Funktion als Durchgangsländer, als Vermittler zwischen dem atlantischen Verkehr und dem des binnenwärtigen Mitteleuropas. Sie liegen gleichsam am offenen Tor Kontinentaleuropas, mit dessen Mitte sie durch die großen weitverzweigten Systeme von Rhein, Maas und Schelde verbunden sind.

Die Beneluxländer selbst sind als intensiv erschlossene und hochentwickelte Industrieländer stark verdichtet (rund 300 Einw./km^2; Niederlande 350 Einw./km^2, bezogen auf die reine Landfläche ohne Binnengewässer 428 Einw./km^2, Belgien 323 Einw./km^2, Luxemburg 142 Einw./km^2) und verstädtert (städtische Bevölkerung Belgien 89%, Niederlande 83%, Luxemburg 67%). Von den großen niederländischen und belgischen Kolonialreichen der einst bedeutenden See- und Handelsmächte sind freilich nur noch Überreste und manche Belastung für die früheren Mutterländer übriggeblieben. Ihre jüngere politische Bedeutung liegt vor allem auch darin, daß sie gleichsam als Kristallisationskern für die europäische Einigungsbewegung wirkten. Die Wirtschaftsunion Belgien-Luxemburg von 1921/22 kann man noch als das nicht eben seltene Anhängen eines kleines Landes an die Wirtschaft eines größeren Nachbarn interpretieren. Eine neue Dimension erhielten die Bemühungen um wirtschaftliche Integration durch Absprachen der Exilregierungen noch während des Zweiten Weltkrieges 1944 in London, die dann durch die Zollkonvention von 1948 realisiert wurden. Ihr folgte 1960 die umfassendere Wirtschaftsunion. Seitdem sind auch alle Grenz- und Zollformalitäten weggefallen, und 1980 wurde der sogenannte »Sprachbund« geschlossen, der die Vereinheitlichung der niederländischen Schriftsprache im Norden Belgiens und den Niederlanden zum Ziel hat. Das Flämische, das für

60 % der Belgier die Muttersprache ist (neben 30 % französisch sprechenden Wallonen, 9 % Gemischt- und 1 % Deutschsprachigen), ist eine Mundart des Niederländischen, das von etwa 20 Mio. Menschen in den Beneluxländern gesprochen wird. Eine politische Union der Partner, die sich 1830/31 nach dem Aufstand der »südlichen Niederlande« gegen die Bevormundung durch den Norden voneinander getrennt hatten, ist dagegen kein Thema. Dies verbieten schon die überaus schwierigen Sprachgruppen- und Volkstumsprobleme innerhalb Belgiens, die das Königreich zu Zeiten nahe an den Rand der nationalen Existenz getrieben haben. Schon der bloße Schein einer zu befürchtenden Hegemonie der Niederländischsprechenden in einer irgendwie gearteten politischen Vereinigung könnte die Schwierigkeiten nur noch verschlimmern. Die Tatsache, daß die Grenze zwischen den Gebieten der germanischen und der romanischen Sprachen Europas von West nach Ost mitten durch Belgien zieht, die französisch sprechenden Wallonen im Süden und die niederländisch sprechenden Flamen im Norden mehr trennend als miteinander verbindend, ist bis heute für den belgischen Staat schicksalhaft geblieben.
Umgekehrt durchzieht eine konfessionelle Grenze die südlichen Niederlande und trennt die überwiegend protestantisch-reformierten nördlichen von den katholischen Landesteilen im Süden. Doch ist diese Grenze heute kaum noch von politischer Bedeutung. Immerhin aber hat das katholische Belgien in den Anfängen seiner eigenstaatlichen Entwicklung territoriale Ansprüche auf die katholischen Provinzen der Niederlande erhoben (Limburg, Nordbrabant, Seeländisch Flandern), und die sprichwörtliche ökonomische Tüchtigkeit besonders der Holländer wird auch mit dem hohen Anteil von Protestanten und Reformierten im Norden in Zusammenhang gebracht. Indessen gibt es auch im religiösen Bereich Gegensätze innerhalb Belgiens. Die flämischen Katholiken neigen mehr zur spanischen, die wallonischen mehr zur französischen Variante des Katholizismus, wie sie ja überhaupt sehr stark von der französischen Kultur geprägt sind. Natürlich gab und gibt es auch heute noch konkurrierende Interessen zwischen den Beneluxländern, vor allem bei den Häfen und bei der Erschließung ihres Hinterlandes. So kam es z. B. nicht zu einem gemeinsamen Ausbau der Maas zum Schiffahrtsweg in den zwanziger Jahren, sondern statt dessen zu einem getrennten Bau des belgischen Albert-Kanals (1928) und des niederländischen Juliana-Kanals (1930), und erst nach langwierigen Verhandlungen konnte man sich auf den Bau des Rhein-Schelde-Kanals einigen, der die beiden führenden Häfen Rotterdam und Antwerpen seit 1975 miteinander verbindet. Ähnliches gilt für den Gent-Terneuzen-Kanal und den geplanten vom Antwerpe-

ner Gegenufer ausgehenden Balhoek-Kanal, die beide auf dem Weg zur Westerschelde durch niederländisches Gebiet führen, ebenso für die 20-Mio.t-Erdölpipeline von Rotterdam nach Antwerpen.
Einheit und Vielfalt der Beneluxländer, das ist ein facettenreiches Thema, beides ist tief in der Geschichte wie auch in der Natur der Länder verwurzelt. Durch die Lage am Westsaum des großen europäischen Tieflandstreifens, der Ost-, Mittel- und Westeuropa miteinander verbindet, wurde der Lebensraum der Niederländer und Belgier in starkem Maße geprägt.

2.2.1.2 Landesnatur und Ressourcen

Hier mündeten seit dem ausgehenden Tertiär die großen mitteleuropäischen Ströme, die während der früh- bis mittelpleistozänen Kaltzeiten vom skandinavischen Eis – zum Teil auch durch Krustenbewegungen verursacht – zeitweise nach Nordwesten abgelenkt wurden. Die von ihnen aufgeschütteten mächtigen Schwemmfächer wurden während der Warmzeiten teilweise vom Meer überflutet. Das nordische Eis selbst drang, zuletzt in der vorletzten, der Saalekaltzeit, über die nördlichen Niederlande bis etwa zur Linie Nimwegen – Utrecht – Zandvoort vor, wobei es sich gegen den Rand in mehrere Zungen auflöste, die sich in den Talungen stauten und deren Flanken hochpreßten. So entstanden die bis zu hundert Meter hohen Stauwälle (z. B. Veluwe, Utrechter Hügelkette). Beim Abschmelzen des Eises blieb eine Grundmoränendecke zurück, die von einem Kranz etwas mächtigerer Moränenablagerungen durchzogen wird. In der Weichselkaltzeit blieben auch die nördlichen Niederlande eisfrei wie das übrige Gebiet der Beneluxländer während des ganzen Pleistozäns. In dieser letzten Kaltzeit wurden das saalezeitliche Altmoränenland wie auch die Schotterflächen im Süden, die beide in den Niederlanden als Geest (= Heide, Flußgeest und Glazialgeest) bezeichnet werden, unter periglazialen Klimabedingungen nochmals stark umgestaltet, vor allem durch mächtige Sandverschüttungen und -verwehungen, durch Bodenfließen und Talbildung auf gefrorenem Untergrund. Der aus den Kältesteppen ausgeblasene feine Lößstaub wurde weiter landeinwärts verfrachtet und bildet vor allem in den südöstlichen Landesteilen günstige Voraussetzungen für die Landwirtschaft.
Bei dem nacheiszeitlichen Meeresspiegelanstieg (Flandrische Transgressionen), der durch Stillstands- und Rückzugsphasen unterbrochen wurde, kam es zur Bildung von Strandwällen an der Küste, hinter denen sich Lagunen, Watt und weite Strecken feuchten, amphibischen

Landes bis zum Geestrand ausbreiteten. Hier entwickelten sich ausgedehnte Moore, die bei Meereseinbrüchen wiederholt überflutet und teilweise von Meeresklei überdeckt wurden. Sie waren durchzogen von Flutrinnen, deren leicht erhöhte Dammufer innerhalb des flachen Landes später zu Leitlinien von Siedlung, Verkehr und Deichanlagen wurden. Eine ähnliche Bedeutung haben auch die »Donken«, die Überreste eiszeitlicher Binnendünen.

Die jüngste der nacheiszeitlichen Strandwallbildungen zieht heute als weitgehend geschlossener Dünengürtel, der bis zu 5 km breit und stellenweise über 50 m hoch ist, vom Wattenmeer bis zum Rhein-Maas-Schelde-Delta und schützt das dahinter liegende niedrige Land gegen Sturmfluten. Im Norden setzt er sich fort in dem nach Osten schwenkenden Bogen der Westfriesischen Inseln, hinter denen sich das Wattenmeer ausbreitet. Geschlossen ist der Dünenwall auch im Süden an der relativ kurzen belgischen Küste. Im Bereich des Rhein-Maas-Schelde-Deltas konnte das Meer bei schweren Sturmfluten, die sich nach dem Beginn der Zeitrechnung immer wieder ereigneten, tief in das Land eindringen, ebenso im Bereich der Zuiderzee, dem heutigen Ijsselmeer (ndl. zee = Meer, ndl. meer = See), wo sich im Zusammenhang mit einer Landsenkung der riesige Flevosee gebildet hatte. Auch an der Nordküste, in Friesland und Groningen, kam es zu großen Einbrüchen (Middelzee, Lauwerszee, Dollart).

Das Marsch- oder Polderland dahinter entwickelte sich in der ständigen Auseinandersetzung der hier siedelnden Menschen mit dem immer wieder vordringenden Meer. Zunächst half man sich mit künstlichen Erdaufschüttungen auf dem Kleirücken, auf denen man die Häuser erbaute. Man nennt sie hier Terpen (an der deutschen Nordseeküste Wurten oder Warften). Vereinzelt lassen sie sich bereits in der vorrömischen Zeit nachweisen, insgesamt wurden Spuren von über 1200 Terpen festgestellt. In Zeiten, in denen das Meer vordrang, so in der spätrömischen Zeit um 300 sowie im Frühmittelalter um 800–900, wurden sie immer wieder erhöht. Der Deichbau begann noch vor der Jahrtausendwende und diente zunehmend nicht nur zum Schutz gegen das andringende Meer, sondern auch zur Neulandgewinnung. Sie erfolgte an der Nordküste, um die Zuiderzee und im Deltagebiet von Seeland vor allem durch eine Begünstigung der Anlandung mit Hilfe von Buhnen und Winterdeichen wie an der deutschen Nordseeküste. Im mittleren Küstenabschnitt, wo sich hinter dem Dünenwall durch marine Auswaschung und jahrhundertelangen Abbau des Torfes sowie durch natürliche Sackung riesige flache Seen gebildet hatten, sogenannte Plassen, wurde die Methode der Anlage von Binnenpoldern mit Ringdeich und künstlicher Entwässerung angewandt. Dabei spielte zunächst die Entwicklung der Windmühlentechnik, später die Dampfmaschine sowie der Diesel- und Elektromotor zum Antrieb der Pumpen eine wichtige Rolle. So konnte das größtenteils unter dem Meeresspiegel liegende Marschland, das in den Niederlanden zwischen dem Dünengürtel und dem Geestrand eine Breite von über 50 km, in Belgien von etwa 12 km erreicht, durch die Anlage immer größerer Polder für die Landwirtschaft und die Besiedlung nutzbar gemacht werden.

Die große Stromniederung zwischen der »Glazialgeest« im Norden und der »Flußgeest« im Süden diente schon in der letzten Kaltzeit als Abflußrinne für die Maas und einen Teil des Rheinwassers. In der Nacheiszeit wurde hier bei steigendem Meeresspiegel eine breite, überschwemmungsreiche Flußmarsch aufgeschüttet, die Betuwe, an die sich beim Austritt der größeren Rhein- und Maasarme das ausgedehnte versumpfte Binnendelta des Biesbosch anschließt. Auch hier mußte das sehr fruchtbare Land durch Aufhöhung der Donken und Uferdämme sowie durch Deichbauten erst hochwassersicher gemacht werden, bevor es in größerem Maße genutzt und besiedelt werden konnte.

Durch das sich im Süden an die Rhein-Maas-Niederung anschließende Gebiet der »Flußgeest« zieht sich in ungefähr west-östlicher Richtung die belgisch-niederländische Grenze, mit der Provinz Nordbrabant sowie dem nördlichen Limburg im Norden und dem belgischen Kempenland (Campine) im Süden (Provinz Antwerpen, Teile der Provinzen Limburg und Brabant). Hier wurden die Ablagerungen des Maas-Schwemmfächers in der letzten Kaltzeit mit mächtigen, zum Teil zu Dünen aufgehäuften Sanden überdeckt, besonders im Osten. So zeigt das leicht wellige Land ein recht ähnliches Bild wie die Glazialgeest im Norden: Äcker und Wiesen wechseln mit Waldstücken und einzelnen Heideflächen, zum Teil auch mit Hochmoorresten.

Jenseits des Senne-Rupeltals und des Scheldeästuars, also etwa westlich der Linie Brüssel–Antwerpen, schließt sich die weite flandrische Ebene an, die ohne deutliche Stufe in das Polderland an der Küste übergeht. In ihrem nördlichen Teil ist sie ebenfalls von Sand bedeckt, der unmittelbar dem tertiären Untergrund auflagert. Nach Süden zu gewinnen immer mehr Lehmböden die Oberhand, die für die landwirtschaftliche Nutzung günstiger sind, vor allem dort, wo sie noch eine Lößkomponente enthalten. Im Süden wird die Ebene von einer lockeren Kette von über 100 m hohen Tertiärhügeln überragt, die als letzte Reste einer Sedimentdecke erhalten geblieben sind (z. B. Berg Kemmel, Gremmont, St. Aubert). Östlich der Senne haben die flan-

drischen Sand- und Lehmgebiete ihre Entsprechung im Hageland und im feuchten Haspengau, die sich im Süden an den Rand des Kempenlandes anschließen. Weiter im Süden folgen von West nach Ost die teils lößbedeckten Lehmplatten des Hennegaus, der brabantischen Mitte und des trockenen Haspengaus, deren Flüsse sich in den alttertiären und kreidezeitlichen Untergrund zum Teil bis auf das ardennische Grundgebirge eingeschnitten haben. Dazu gehört im Osten auch Südlimburg, das südlichste Anhängsel des niederländischen Staatsgebietes, das also an den folgenden Landschaftsstreifen keinen Anteil mehr hat.
Die relativ scharfe Südgrenze der Tertiär- und Kreideplateaus wird durch eine tektonische Störungszone gezogen, mit der das ardennische System als Teil des Rheinischen Schiefergebirges beginnt. Die Sambre und die Maas nach ihrer Durchbruchsstrecke halten sich in ihrem Lauf an diese Störungszone, die ja vor allem wegen ihrer Kohlenlagerstätten bedeutsam geworden ist. Die eigentlichen Vor- oder Niederardennen beginnen im Süden mit dem Condroz, einer vom Rand und vom Maasquertal her stark zerschnittenen, in 200–250 m Höhe liegenden Rumpffläche, auf der im Wechsel der angeschnittenen Falten Streifen paläozoischer Kalke und Schiefer aufeinanderfolgen. Das Condroz wird im Osten flankiert vom Herver Land, in das, wie auf der Westflanke, die Kreideplateaus vom Norden her noch hereingreifen. Vor den eigentlichen Anstieg der Hochardennen, der allerdings wenig ausgeprägt ist, legt sich noch die Famenne (im Westen Fagne), eine weite, feuchte Mulde mit wenig wasserdurchlässigen Schiefern. Die relativ stark bewaldeten Ardennen bestehen aus unterschiedlich widerständigen paläozoischen Schiefern, Sandsteinen, Grauwacken und Quarziten. Die Quarzitrücken, die oft Hochmoore tragen, erreichen Höhen von über 500 m, im Hohen Venn mit der Botrange 694 m.
Auch die nördliche Hälfte Luxemburgs, der »Ösling«, gehört zu den Hochardennen. Mit dem südlichen offenen »Gutland« reicht das Großherzogtum wie auch der Süden der belgischen Provinz Luxembourg noch in das Lothringer Stufenland hinein und damit bis zum Rand des Pariser Beckens. Im Wechsel von Stufen und Ebenheiten (Trias, Luxemburger Lias-Sandstein) erstreckt sich das Gutland nach Süden bis zur Doggerstufe, deren Minette-Erze zur Grundlage der luxemburgischen Eisen- und Stahlindustrie wurden.
Auch die Vorkommen der übrigen Bodenschätze sind an die Struktur des tieferen Untergrundes gebunden. Die langgestreckten Steinkohlelagerstätten in der Haine-Sambre-Maas-Furche entlang der Ardennenrandverwerfung setzen die Vorkommen der französischen

Nordregion nach Osten fort über die Borinage um Mons, das Centre-Revier um La Louvière sowie die Reviere um Charleroi und Lüttich mit einer Unterbrechung im mittleren Teil um Namur. Hier entstand seit etwa 1830 das erste kontinentaleuropäische Bergbau- und Schwerindustrierevier, eine bis heute aufs stärkste nachwirkende Entwicklung, auch wenn der Kohlebergbau in den komplizierten Lagerstätten unter dem Konkurrenzdruck der billigeren Importkohle, des Erdgases und des Erdöls vor einigen Jahren ganz eingestellt wurde. In dem benachbarten Revier im niederländischen Südlimburg, das erst seit der Jahrhundertwende erschlossen worden war, kam das Aus für die Kohle schon über ein Jahrzehnt früher. Allein im jüngsten belgischen Revier im Kempenland um Genk, dessen Entwicklung nach dem Ersten Weltkrieg begann, wird in fünf Gruben heute noch Kohle gefördert (1985: 5,2 Mio. t; 17000 Grubenarbeiter und Angestellte), allerdings mit erheblichen staatlichen Subventionen aus sozialpolitischen Gründen. Aber auch hier ist die Schließung von drei weiteren Zechen und die Entlassung von über 8000 Grubenarbeitern geplant. Seine Entstehung verdankt dieses im flämischen Landesteil liegende Revier einem alten Gebirgsrumpf in der Tiefe, der bei der variskischen Gebirgsbildung in der Karbonzeit als Widerlager wirkte.
Der Vorsprung Belgiens vor den Niederlanden in der Verfügbarkeit über Energierohstoffe hat sich durch den drastischen Rückgang des Kohlebergbaus seit den ausgehenden fünfziger Jahren und seit der Entdeckung der großen Erdgaslagerstätten in den nördlichen Niederlanden bei Groningen um 1960 und danach ins Gegenteil verkehrt. Durch den Ausbau ihrer Erdgaswirtschaft, neuerdings auch im Offshore-Gebiet vor der Nordseeküste, und dem Aufbau eines weitverzweigten Leitungsnetzes sind die Niederlande zum Energieexporteur geworden. Der geschätzte Vorrat erreicht fast 2000 Billionen m^3, die jährliche Förderung, die heute nicht mehr forciert wird, liegt bei 80 Billionen m^3, wovon die Hälfte ausgeführt wird. Innerhalb der Niederlande deckt das Erdgas den Primärenergiebedarf etwa zur Hälfte, zu über einem Drittel trägt das Erdöl dazu bei, die Kohle hat einen Anteil von unter 10%. Knapp ein Siebtel des Erdölbedarfs stammt aus der eigenen Förderung (Drenthe, zwischen Rotterdam und Den Haag, Off-shore). Belgien hat in seiner viel ungünstigeren Energiesituation vor allem die Kernkraftnutzung ausgebaut, aus der bereits über zwei Drittel seiner Stromerzeugung stammen (1986). Damit steht es zusammen mit Frankreich an der Spitze in der Welt. Den acht bestehenden Kernkraftwerksblöcken in Belgien stehen zwei in den Niederlanden gegenüber, der Bau neuer Kernkraftwerke wird diskutiert.

Erdgas und Erdöl der Niederlande stammen aus einer Tiefe von zum Teil über 3000 m, bis zu welcher die älteren Deckgebirgsschichten im Norden abgesunken sind. Die aus dem produktiven Karbon stammenden Kohlenwasserstoffe haben sich hier unter den undurchlässigen Salzschichten des Zechsteins gesammelt. Stellenweise sind auch Salzstöcke in die Deckschichten aufgedrungen. Sie werden in den niederländischen Salinen von Delfzijl und Hengelo zur Salzgewinnung genutzt (über 3 Mio. t/Jahr).

2.2.1.3 Siedlungs- und Territorialentwicklung

Die heutigen differenzierten Siedlungs- und Territorialstrukturen sind das Ergebnis einer langen Entwicklung, die von den wechselnden natürlichen Bedingungen bestimmt wurde, besonders von den unterschiedlich starken atlantischen Einflüssen, wie auch von gesellschaftlich-politischen Kräften, die zu Zeiten auch stark von außen hereingewirkt haben. Am Beginn der Kulturlandschaftsentwicklung steht die Besiedlung der nicht vom Meer bedrohten Landschaften im Laufe des Neolithikums durch seßhafte, ackerbautreibende Siedler. Zunächst wurden die Lößbörden im Süden besiedelt, dann die Lehmplatten der Vorardennen sowie die Glazial- und Flußgeest und schließlich vereinzelt auch schon die Dünen- und Dammrücken im Westen. Von der mutmaßlichen Hirtenkultur der Bronzezeit gibt es wenige Zeugnisse. Im 8. vorchristlichen Jahrhundert lassen sich zwei Wanderungsströme ausmachen, die mit Vorsicht dem germanischen und dem keltischen Kulturkreis zugeordnet werden können. Die germanischen Gruppen besiedelten bei dem damaligen feuchten Klima erneut die trockneren Gebiete nördlich des Niederrheins bis in die Veluwe hinein. Die weiter im Süden aufeinander folgenden Einwanderer setzten sich zunächst in Limburg und Brabant fest. Möglicherweise reichen also die Anfänge der germanisch-romanischen Sprachgrenze noch in diese Zeit zurück. Außerdem ist ein erster Vorstoß der Friesen gegen Westen in die Groninger Marsch zu registrieren, und zwar anhand der ersten Terpen.
Das Vordringen der Römer um die Mitte des ersten vorchristlichen Jahrhunderts in dieses für sie unwirtliche Land erfolgte vorwiegend aus militärischen und verkehrsstrategischen Gründen. Sie wollten die Einfallspforte der germanischen Stämme nach Gallien und ein Sprungbrett nach Großbritannien in ihre Hand bringen. Nach mancherlei Kämpfen stabilisierte sich die Grenze etwa am Rhein und am nördlichsten seiner nach Westen gerichteten Mündungsarme, dem Alten Rhein. An der die Grenze begleitenden Straße entstanden Militär-

lager, Kastelle und wie im Hinterland Zivilsiedlungen und Städte, so Trajectum (Utrecht) und Noviomagus (Nimwegen). Diese Städte gingen aber alle in der Völkerwanderungszeit wieder unter, und man kann hinsichtlich der mittelalterlichen Städte höchstens von einer Lagekontinuität sprechen. Zwischen 80 und 90 n. Chr. wurden die Niederlande Teil der damals gegründeten Provinz Germania inferior. Aber bereits in der zweiten Hälfte des 3. Jahrhunderts n. Chr. mußten die Römer ihre Grenze vor den aus Norden und Nordosten andrängenden germanischen Stämmen etappenweise zurücknehmen. Am längsten, bis ins 5. Jahrhundert, blieben die Römer im Süden, im heutigen Belgien. In der Völkerwanderungszeit drangen die drei Stämme, von denen die heutige niederländische Bevölkerung hauptsächlich abstammt, weit nach Westen und Süden vor, die Friesen bis zur Scheldemündung, die Sachsen bis zum Lauwersee, die salischen Franken bis nach Flandern und nach Süden zunächst etwa bis zur heutigen germanisch-romanischen Sprachgrenze, die sich auf diese Weise zu formieren begann. Südlich davon blieb das galloromanische Element vorherrschend, auch nachdem die Franken unter den Merowingern ihre Herrschaft auf Gallien ausgedehnt hatten. In der Karolingerzeit wurden ja dann auch die Friesen und die Sachsen in das fränkische Großreich einbezogen, dessen Kerngebiet im rheinisch-niederländischen Raum lag.

Als dieses Reich nach dem Tod Karls des Großen zerfiel und die »Niederlande« i. w. S. 843 bei der Teilung von Verdun dem lothringischen Zwischenreich zugeschlagen wurden, ergaben sich als nachhaltige Konsequenzen für die weitere Entwicklung die Zwischenstellung zwischen den beiden politisch-territorialen Gewalten im Osten und Westen und das Fehlen einer starken Zentralgewalt im Innern des Landes vor allem nach dem Vertrag von Mersen (870), als Flandern an das westfränkische Reich (später Frankreich), das übrige »Niederlothringen« an das ostfränkische (später Deutsche) Reich kam. Niederlothringen zerfiel in die Herzogtümer, Grafschaften und sonstigen feudalen Herrschaften Brabant, Luxemburg, Limburg, Flandern, Hennegau, Namur, Geldern, Holland, Seeland, Friesland, Overijssel sowie die Bistümer Lüttich, Stavelot und Utrecht, an die die heutigen Provinznamen noch erinnern. Weitere Folgen der dezentralen Entwicklung waren die Machtlosigkeit gegen die Einfälle der Wikinger im 9./10. Jahrhundert im Norden sowie die politische Verselbständigung der flandrischen Städte. Auch dem Versuch der Wiederherstellung des Lothringischen Reiches durch die Herzöge von Burgund im 14./15. Jahrhundert, einem Unternehmen, das heute noch im Bewußtsein lebendig ist, war auf die Dauer kein Erfolg beschieden.

Trotzdem nahmen die »Niederlande«, inbesondere Flandern, in der mittelalterlichen Welt eine überragende Stellung ein, als Zentrum des Verkehrs, vor allem der Küsten- und Flußschiffahrt, und der Wirtschaft. Als Mittelpunkte des Tuch- und Leinengewerbes, als Hafen- und Handelsstädte entwickelten sich die flandrischen Städte zu einer Städteprovinz von internationalem Rang, auch in kultureller Hinsicht, mit weltweiten Beziehungen z. B. zur Hanse und zu den oberitalienischen und oberdeutschen Städten. Brügge war mit etwa 50000 Einwohnern das führende Handelszentrum Europas. Von der einstigen Bedeutung der flandrischen Städte zeugen heute noch die Stadthäuser mit ihrem Belfried, die Tuchhallen, die Kirchen und andere Denkmäler städtischen Selbstbewußtseins, die erhalten geblieben sind, so außer in Brügge etwa in Gent, Löwen, Mecheln und Ypern. Dazu kam das Metallgewerbe im Maastal mit den Zentren Lüttich und Dinant.
Wenn die Entwicklung der flandrischen Städte seit dem 16. Jahrhundert stagnierte oder vielfach auch rückläufig war, dann hängt dies u. a. mit der Versandung der Zufahrten zu den Vorhäfen zusammen, des Zwin z. B. im Falle Brügges, mit der wachsenden internationalen Konkurrenz im Textilgewerbe und -handel, vor allem aber mit der Umorientierung des Welthandels vom Italien- zum Überseehandel, von dem vor allem die holländischen Städte profitierten. Als sich zunehmend das wirtschaftliche und auch das politische Schwergewicht dorthin verlagerte, wurden Strukturen angelegt, die zum Teil bis heute nachwirken. Nur Antwerpen, dessen Hafen durch die Öffnung der Scheldemündung bei einer Sturmflut (1405) begünstigt wurde, konnte weiterhin in der neuzeitlichen Entwicklung mithalten. Es übernahm in mancher Hinsicht das Erbe Brügges, was sich z. B. auch darin zeigt, daß die Hanse 1545 endgültig ihre Niederlassung von Brügge nach Antwerpen verlegte.
Entscheidend für die weitere Entwicklung wurde auch, daß nach dem Tod Karls des Kühnen 1477 durch Vermählung seiner Tochter Maria mit Maximilian von Österreich das burgundische Erbe an das Haus Habsburg kam und durch ihren Enkel Karl V. an dessen spanische Linie. Karl V. erreichte dadurch, daß er die spanischen Niederlande durch den Erwerb der Oberhoheit über Flandern, das Bistum Utrecht, Friesland, Geldern und Groningen mit Drenthe räumlich abrundete, die erste territoriale Zusammenfassung des Gebietes der heutigen Beneluxländer, wobei allein das große Territorium des Bistums Lüttich noch fehlte. Diese nur auf das Herrscherhaus bezogene Verbindung brach aber bald wieder auseinander, als sich die überwiegend reformierten sieben nördlichen Provinzen (Holland, Seeland, Utrecht, Geldern, Overijssel, Groningen, Friesland) unter Wilhelm von Ora-

nien gegen die spanische Fremdherrschaft und ihre gegenreformatorischen Maßnahmen erhoben, 1579 zur Utrechter Union zusammenschlossen und 1581 ihre Unabhängigkeit erklärten, die ihnen dann 1609 unter Einschluß der katholischen »Generalitätslande« (Nordbrabant, Seeflandern) auch zugestanden wurde.
So war der erste kapitalistische Handelsstaat in Europa entstanden, dessen Handelsflotte bald führend auf den Weltmeeren war, der im Interesse seiner Handelsstädte die Zufahrt durch die Schelde sperrte und der sich ein Kolonialreich in West- und Ostindien aufbaute (1602 ostindische, 1621 westindische Kompanie als AG gegründet). Damit begann für dieses Land das »Goldene Zeitalter«, vor allem für die jungen Handelsstädte im Westen, die nun einen ungeahnten Aufschwung nahmen, nachdem noch im Spätmittelalter Utrecht die am weitesten im Westen gelegene größere Stadt in den nördlichen Niederlanden gewesen war.
Aber auch für das Hinterland begann eine neue Entwicklungsphase, und zwar dadurch, daß das sich in den Städten akkumulierende Handelskapital u. a. auch in der Trockenlegung der holländischen Seen und Moore eine günstige Anlagemöglichkeit fand. Dies war möglich geworden, weil sich bis dahin die Windmühlen- und Entwässerungstechnik so weit entwickelt hatte, daß auch größere Projekte in Angriff genommen werden konnten. Ihre Rentabilität wurde durch die steigende Nachfrage nach Torf als Brennmaterial und die Entwicklung der Preise für Nahrungsmittel für die wachsende Stadtbevölkerung garantiert. So waren z. B. 1640 bereits 27 große Seen im Norden von Amsterdam trockengelegt, und die Entwicklung schritt rasch weiter voran.
Solche Entwicklungsimpulse fehlten den südlichen Niederlanden zunächst weitgehend, die unter der spanischen Herrschaft verblieben, bis sie nach dem Spanischen Erbfolgekrieg 1713 an Österreich kamen, nachdem das heutige Französisch-Flandern neben Artois, Cambrais und Teilen des Hennegaus in den Reunionskriegen von Frankreich annektiert worden war. Aber auch die »Vereinigten Niederlande« wurden als Welthandelsnation von der englischen und französischen Konkurrenz bald weit überflügelt, wobei auch die zunehmende Benachteiligung der holländischen Häfen durch Versandung der langen Zufahrtsrinnen sowie das Aufkommen immer größerer Schiffe eine Rolle spielten. Allmählich konnten die österreichischen Niederlande ihre wirtschaftliche Stellung verbessern. Es kam zu einer Neubelebung des flandrischen und Brabanter Textilgewerbes wie auch des Waffen- und Kupfergewerbes im Maastal. Der Versuch der Erlangung der Unabhängigkeit von 1790 wurde überholt durch den Einmarsch

der französischen Revolutionstruppen. Es kam zu einer Vereinigung der nördlichen und südlichen Niederlande (»Batavische Republik«), die nach dem Sturz Napoleons durch den Wiener Kongreß 1815 besiegelt wurde. Doch hielt die mit dem Königreich der Vereinigten Niederlande neu gestiftete Einheit nicht lange. Allzu groß waren die konfessionellen Gegensätze und die wirtschaftlichen Interessen – Freihandel im Norden, Befürwortung einer Schutzzollpolitik im Süden zum Nutzen der hier sich entwickelnden Industrie –, und allzu sehr fühlte sich der Süden vom Norden schikaniert und majorisiert. Dem nationalen Aufstand in Brüssel von 1830 folgte 1831 der Vertrag von London mit der Begründung des Königreichs Belgien mit international garantierter Neutralität, wobei sich die Restniederlande mit einem Teil des Herzogtums Limburg die südlimburgische Kohle sicherten. Aus einem Teil des alten Herzogstums Luxemburg entstand das souveräne Großherzogtum. Die Schelde wurde zum Vorteil Antwerpens als internationaler Schiffahrtsweg geöffnet, doch durften die Holländer bis 1863 Zoll erheben.
Damit waren die bis heute gültigen Grenzen festgelegt, wenn man davon absieht, daß nach dem Ersten Weltkrieg noch die deutschsprachigen Gebiete von Eupen und Malmedy an Belgien kamen. Aber auch das wirtschaftliche Potential für die weitere Entwicklung im 19. Jahrhundert war verteilt. Dabei war Belgien mit seinen ausgedehnten Kohlenlagerstätten in der Sambre-Maas-Furche zunächst im Vorteil, während die Niederlande erst durch aufwendige Kanalbauten die Voraussetzungen für die Modernisierung der Häfen des Landes schaffen mußten, die aber durch ihre günstige Verbindung mit einem Hinterland von rasch wachsender wirtschaftlicher Bedeutung ebenfalls gute Entwicklungschancen hatten.

2.2.1.4 Der Sprachenstreit in Belgien und seine ökonomisch-demographischen Hintergründe

Mit der zunächst sehr einseitigen wirtschaftlichen Entwicklung des Bergbaus und der Schwerindustrie im französischsprechenden Landesteil Belgiens wie überhaupt mit der starken wirtschaftlichen und geistig-kulturellen Anlehnung des neuen Königreichs an Frankreich war aber auch der Keim gelegt für die Sprachgruppenprobleme, die bis heute das politische Leben in Belgien irritieren. Im wallonischen Maas-Sambre-Revier griff die britische Industrielle Revolution erstmals auf den Kontinent über. Hier entstand, zum Teil mit Hilfe englischen Kapitals (Cockerill Lüttich-Seraing), ein bedeutendes Bergbau-

und Schwerindustrierevier, dem rasch, teilweise an das traditionelle Gewerbe anschließend, Betriebe der Stahl-, der Metallverarbeitenden, der Glas-, Keramischen und Zementindustrie, aber auch der Chemischen, der Leder- und der Textilindustrie folgten. Bereits 1823 wurde der erste Kokshochofen angeblasen (an der Ruhr 1849), und um die Jahrhundertmitte wurde hier dreimal soviel Kohle gefördert wie im Ruhrrevier. Auch viele Zuwanderer aus dem wirtschaftlich zurückbleibenden Flandern fanden im wallonischen Revier Arbeit, nach 1870, nach der Einführung der verbilligten Arbeiterfahrkarte, auch viele flämische Nah- und Fernpendler. So entfielen 1896 auf die wallonischen Provinzen mit einem Anteil von 32 % der Bevölkerung 57 % der belgischen Industriearbeiter, auf die flämischen Provinzen mit 46 % Bevölkerungsanteil 26,4 % und auf Brabant mit 21 % flämischer und wallonischer Bevölkerung 16,6 % der Industriearbeiter Belgiens. In Brüssel und im wallonischen Revier entwickelte sich eine wohlhabende, Französisch sprechende Oberschicht, gegenüber der die Masse der Fabrikarbeiter, darunter viele Flamen, in beengten Wohn- und sonstigen bedrängten sozialen Verhältnissen lebte. Anders als in Flandern breitete sich hier die sozialistische Arbeiterbewegung rasch aus, und die Kirche verlor zunehmend an Einfluß. Die Geburtenrate ging zurück, während in Flandern die anhaltend hohen Geburtenüberschüsse zu einem stärkeren Bevölkerungswachstum führten und insgesamt in Belgien zu einem wachsenden Übergewicht der Bevölkerung in den flämischen Landesteilen (1830: 57 %, 1880: 49 %, 1910: 50 %, 1947: 53,5 %, 1985: 57,8 %, ohne Brüssel).
In Flandern gab es zwar in einzelnen Städten auch wirtschaftliches Wachstum, so in Antwerpen nach der endgültigen Wiederherstellung der freien Zufahrt zum Hafen auf der Schelde 1863, in Gent durch den Aufbau der Baumwollindustrie, womit hier, wie zum Teil auch in Kortrijk und Umgebung, die alte Textiltradition fortgesetzt werden konnte, oder in Ostende, das sich von der königlichen Sommerresidenz zum Weltseebad und zum Fährhafen entwickelte. Im übrigen aber blieb der flämische Landesteil auf seine Landwirtschaft angewiesen, die nicht sehr einträglich war, auch wenn man versuchte, die Nutzung, z. B. durch den Anbau von Zuckerrüben, Flachs, Tabak, Zichorie oder Hopfen, zu intensivieren. Dies hing außer mit den relativ geringen Betriebsgrößen auch damit zusammen, daß die Erwerbsmöglichkeiten aus dem einst verbreiteten Textilheimgewerbe unter dem Druck der wachsenden Fabrikindustrie mehr und mehr wegfielen. In diesem Zusammenhang verband sich mit dem Flämischen auch in der offiziellen Einschätzung immer mehr der Charakter des Ländlich-Bäuerlichen, des Unbeholfenen und Ungeschliffenen, während

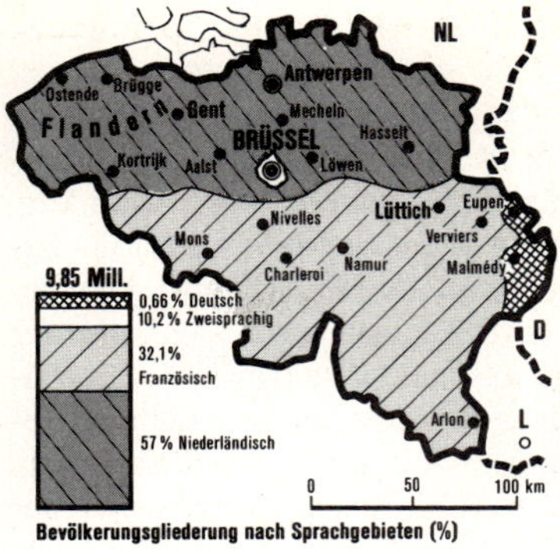

Abb. 20: Bevölkerungsgliederung Belgiens nach Sprachgebieten (Quelle: Der Fischer Weltalmanach 1985, Sp. 243)

das Französische als die Sprache der Politiker, der Beamten, des Bürgertums mit dem Urbanen und mit einer verfeinerten Kultur identifiziert wurde. Der sprachliche Unterschied entwickelte sich zum sozialen Gegensatz; die Flamen schienen außer für die Landwirtschaft allenfalls noch als Arbeitskraftreserve für den wallonischen Süden zu taugen. Die Angehörigen der flämischen Oberschicht konnten sich dieser Entwicklung nur dadurch entziehen, daß sie zweisprachig wurden, eine Notwendigkeit, die in Wallonien weit weniger gegeben war. So wurde in dem von Anfang an zweisprachigen Königreich das Flämische erst 1898 Amtssprache, und die belgische Verfassung wurde erst damals offiziell ins Flämische übersetzt. Daß sich unter solchen Umständen das kirchlich-traditionelle Element in Flandern stärker behaupten konnte, auch innerhalb der Arbeiterbewegung, ist verständlich und erklärt bis heute die politische Kräfteverteilung im Land. Verständlich ist aber auch die Reaktion der Flamen auf das begründete Gefühl, vom französischsprechenden Süden nicht für voll genommen und bevormundet zu werden. So setzten sie u. a. bereits 1921 die administrative Einteilung des Landes in zwei Sprachregionen mit Brüssel als offiziell zweisprachiger Hauptstadt durch.

Der allgemeine Umschwung zugunsten der Flamen, der so weit ging, daß sich heute eher die Wallonen den Flamen gegenüber benachteiligt fühlen, erfolgte dann aber erst nach dem Zweiten Weltkrieg. Auch dies hängt aufs engste mit der weiteren Wirtschafts- und Bevölkerungsentwicklung zusammen.

Zunächst nahm bei allgemeinem Bevölkerungswachstum auf Grund der höheren Geburtenrate der Flamen, die sich erst in jüngster Zeit derjenigen der Wallonen angeglichen hat, der Anteil der Flamen laufend zu und damit auch ihr Selbstbewußtsein und ihre politischen Durchsetzungsmöglichkeiten. Um 1880 waren beide Sprachgruppen mit je 2,5 Mio. etwa gleich stark, heute sprechen ungefähr drei Fünftel der belgischen Bevölkerung Flämisch, d. h. etwa 5,9 Mio.

Noch wichtiger aber waren die Veränderungen in der regionalen Verteilung der Wirtschaftskraft innerhalb Belgiens. Schon mit der Erschließung des Kohlenreviers im Kempenland seit 1917 mit seiner relativ hohen Produktivität auf Grund der günstigeren Lagerung der Kohlenflöze entstand ein gewisses flämisches Gegengewicht zum wallonischen Revier, auch wenn sich daran zunächst kaum größere Folgeindustrien anschlossen, vor allem keine Schwerindustrie. Dem relativ schwach besiedelten Kempenland waren vorwiegend Standorte gefährlicher (Munitionsfabriken) oder stark emittierender Industriebetriebe (Chemische Industrie, Buntmetallhütten) vorbehalten.

Vor allem aber wirkte sich die kräftige Entwicklung Antwerpens als Hafen und moderner Industriestandort nach dem Zweiten Weltkrieg aus, ebenso diejenige Gents, das hauptsächlich durch den Ausbau des Gent-Terneuzen-Kanals (seit 1837) zum zweitgrößten Seehafen Belgiens wurde. Die Bevorzugung der Hafenstandorte kam auch ihrem Hinterland zugute und führte zur Ausbildung von zwei neuen Entwicklungsachsen in Flandern, der zentralen Nord-Südachse Brüssel–Antwerpen und der Achse Gent–Terneuzen. Dazu kommt die durch Maßnahmen der belgischen Regionalpolitik begünstigte Industrieansiedlung in der flämischen Provinz Limburg, besonders im Kempenland, zur Diversifizierung der einseitigen Branchenstruktur und zur Kompensation des stark reduzierten, auf drei (von ehemals 15) Gruben beschränkten Kohlebergbaus, der nur noch mit hohen staatlichen Subventionen aufrechterhalten werden kann. Ähnliches gilt für Westflandern in und um Brügge und Ostende sowie für die ländlichen Teile dieser Provinz.

Demgegenüber hatte die Industrie in der Wallonie wie in anderen kohleständigen Schwerindustriegebieten seit dem Ende der fünfziger Jahre unter der Krise des Kohlebergbaus, der 1984 hier ganz aufgegeben wurde, stark zu leiden wie besonders auch unter der seit den siebziger Jahren andauernden Stahlkrise mit all ihren Folgen. Selbstverständlich bemühte man sich auch hier um eine Umstrukturierung der überwiegend paläotechnischen Industrie, doch konnte man damit trotz unbestreitbarer Erfolge den Vorsprung, den Flandern inzwischen gewonnen hatte, auch nicht annähernd aufholen. So werden heute etwa zwei Drittel der belgischen Industrieproduktion in Flandern erzeugt, in der Wallonie nurmehr 27 % sowie 7 % in Brüssel.

Daß angesichts einer solchen Entwicklung der Sprachgruppenstreit

wachgehalten wurde und sich sogar noch zuspitzte, ist nur zu verständlich. Dabei ging es einmal um die Ausgewogenheit der Regionalpolitik, die dadurch fast unmöglich gemacht wurde, daß jede Maßnahme in einem der beiden Sprachgebiete sofort zur heftigsten Forderung nach einer »Kompensation« im andern Sprachgebiet führte. Beispiele dafür sind etwa der Ausbau des Hafens Zeebrügge für Riesentanker und -frachter sowie als Empfangsstation für Flüssiggastanker mit Hilfe einer Investitionssumme von 3,5 Mrd. DM oder der Bau des Balhoek-Kanals von Antwerpen durch niederländisches Territorium zur Westerschelde, für den die Niederländer als Ausgleich für das im Zusammenhang damit eindringende Salzwasser sauberes Maaswasser verlangen, das nur durch entsprechende Umweltauflagen an die Industriebetriebe in der Wallonie beschafft werden kann.
Zum andern sind es immer wieder kleinräumige Sprachkonflikte, die sich bis zu politischen Krisen steigern können. Sie treten hauptsächlich im Bereich der Sprachgrenze auf, die 1963 vom Parlament festgelegt und mit den administrativen Grenzen in Übereinstimmung gebracht wurde, oder in Brüssel, der zweisprachigen Insel innerhalb des flämischen Sprachgebiets nahe an dessen Südgrenze, deren räumliche Verflechtungen einschließlich der von ihr ausgehenden Suburbanisierungsbewegungen natürlich die Sprachgrenze übergreifen. Schwierig ist die Situation vor allem auch in den 18 Gemeinden an der Sprachgrenze mit größeren Minderheiten der Anderssprachigen, für die ein besonderer Minderheitenschutz besteht, sowie in zwei Gemeinden, die als Sprachinseln im jeweils anderen Sprachgebiet liegen (Comines und Voeren).
In dieser schwierigen Situation beschloß die belgische Regierung eine Art föderalistischer Umorganisation des Staates (1971 bzw. 1980). Die Bevölkerung wurde in drei Sprachgemeinschaften gegliedert (unter Einschluß der entsprechenden Brüsseler), die flämische (ca. 6 Mio.), die französische (ca. 4 Mio.) und die deutschsprachige (ca. 70000), je mit eigenem Parlament (»Rat«) und eigener Exekutive, die für kulturelle und personenbezogene Angelegenheiten zuständig sind (Bildung, Fernsehen, Sport, sonstige kulturelle Belange). Die Kompetenz für regionale Angelegenheiten vor allem auf den Gebieten der wirtschaftlichen Entwicklung und der Raumordnung wurde drei Regionen zugeteilt, der Flämischen, der Brüsseler und der Wallonischen Region, zu der auch das deutsche Sprachgebiet gehörte. Am 7.8.1988 beschloß der Senat eine Verfassungsänderung zur Umwandlung Belgiens in einen Bundesstaat, die Anfang 1989 in Kraft getreten ist. Die Landesteile sollen eine weitgehende Autonomie erhalten, während die Zentralregierung nur noch die »klassischen Staatsaufgaben« wahr-

nehmen wird. Von dieser Lösung erhofft man sich eine Eindämmung des immer noch andauernden Sprachenstreits und eine gerechtere Kompetenzverteilung in Verwaltungs- und Finanzfragen.
Auch in den Niederlanden gibt es eine sprachliche Minderheit, die Friesischsprechenden in der Provinz Friesland. Doch verfolgt die »Friesische Bewegung« keine autonomiepolitischen Ziele. Ihr geht es um die Bewahrung des sprachlich-kulturellen Erbes, das vor allem durch die Massenmedien bedroht ist. Aber auch ohne schwerwiegende Sprachprobleme weisen die Niederlande erhebliche regionale Disparitäten auf, deren Nachteile man in der Nachkriegszeit mit wechselnden Strategien zu mindern versuchte.

2.2.1.5 Die regionale Siedlungs- und Wirtschaftsstruktur der Niederlande

Die jüngere Wirtschafts- und Siedlungsentwicklung besonders im Westen der Niederlande ist in mancher Hinsicht vergleichbar mit der Entwicklung im nördlichen Belgien, auch wenn die Ausgangsposition im ganzen ziemlich verschieden war und die durch keine Notwendigkeit zur Rücksichtnahme auf Sprachgruppenkonflikte behinderte Regionalpolitik in den Niederlanden sehr viel wirksamer sein konnte als in Belgien. Immerhin waren die Niederlande in ihrer industriellen Entwicklung deutlich hinter den Nachbarländern, auch Belgien, zurückgeblieben, obwohl das Land seit dem ausgehenden 19. Jahrhundert durchaus zu den Industrieländern gehörte. Es gab ein traditionsreiches Textilgewerbe in Twente mit dem Mittelpunkt Enschede, dessen Mechanisierung in die Zeit der Abtrennung Flanderns zurückreicht, als die flandrischen Erzeugnisse für den Export nicht mehr zur Verfügung standen. Dazu gesellte sich Maschinenindustrie sowie Chemische Industrie im Zusammenhang mit der Eröffnung einer Saline bei Boekelo – Hengelo.
Der Kohlebergbau in Südlimburg war um die Jahrhundertwende in größerem Umfang aufgenommen worden und konnte in der Zwischenkriegszeit zunehmend den eigenen Bedarf des Landes decken (bis zu 13 Mio. t mit 58000 Bergarbeitern), auch den des hafenständigen Hütten- und Stahlwerkes Ijmuiden, das nach dem Ersten Weltkrieg am Eingang des Nordseekanals gegründet wurde und 1924 die Eisenproduktion aufnahm. In Südlimburg siedelte sich im Zusammenhang mit dem Kohlebergbau im wesentlichen nur die Chemische Industrie an.
In Eindhoven hatte sich neben der Textil- und Tabakindustrie, die

auch sonst in Nordbrabant mit seinem reichlichen Arbeitskräfteangebot verbreitet waren, seit 1891 aus kleinen Anfängen die Glühlampenfabrik Philips zum weltbekannten Elektrokonzern entwickelt. Landwirtschaftliche Produkte wurden im übrigen in Nordbrabant (Lederfabriken) wie auch zerstreut überall sonst in den Niederlanden, wo nach wie vor die Landwirtschaft vorherrschte, verarbeitet und exportiert.
Nur in den holländischen Hafenstädten im Westen kam es zu einer stärkeren Zusammenballung von Industrie. Hier hatte sich ja in der Zeit des Ausbaus der niederländischen Handelsschiffahrt im 16./17. Jahrhundert eine größere Zahl von Städten entwickelt, die aber durch Versandung und ständige Verlegung der Deltagerinne zunehmend Schwierigkeiten mit der Zufahrt zu ihren Häfen bekamen. Neben Amsterdam, Hauptstadt und führender Zuiderzeehafen schon in der Zeit der Vereinigten Provinzen, konnte sich vor allem Rotterdam an die Spitze der anderen Häfen setzen, und zwar dadurch, daß es beiden Städten nach ersten unzureichenden Versuchen (Nordholland-Kanal 1818–25, Voornscher Kanal 1829) gelang, eine effektive direkte Kanalverbindung zur Nordsee herzustellen durch den Bau des Nieuwe Waterweg (1872) und des Nordseekanals (1876). Diese Kanäle, die den Dünengürtel queren und die man bis in die jüngste Zeit laufend vertiefte und erweiterte, wurden zur Leitlinie für die Entwicklung der beiden Häfen, Amsterdam wurde dadurch erst richtig zum Nordseehafen. So war es möglich, daß Amsterdam einen Großteil des Kolonial- und sonstigen Seegüterverkehrs an sich ziehen konnte und zum Hauptstandort für die Herstellung von »Kolonialwaren« sowie zum Hauptfinanzzentrum des Landes wurde. Rotterdam dagegen, das auch nach der Eröffnung des Dortmund-Ems-Kanals noch 90 km näher an Duisburg lag als Emden, wurde zum Haupthafen des rasch wachsenden Ruhrreviers und des westlichen Deutschlands, zumal auf dem Rheim auch größere Binnenschiffe verkehren konnten als auf dem Dortmund-Ems-Kanal. Noch in den 1930er Jahren stammten drei Viertel der in Rotterdam umgeschlagenen Güter aus dem Verkehr mit dem Ruhrgebiet. Außerdem war Rotterdam für seine Werftindustrie und die Herstellung sonstigen Schiffsbedarfs bekannt. Diese Entwicklung machte eine laufende Vergrößerung der Hafenanlagen erforderlich und führte zu einem stürmischen Wachstum der beiden Städte. Amsterdam, das 1622 bereits 100000 Einwohner und 1650 über 150000 (Rotterdam etwa 50000), 1794 schon 217024 Einwohner zählte, war bis 1892 auf 426480 Einwohner angewachsen. Rotterdam war damals etwa halb so groß (1889: 203701 Einw.), bis um 1930 hatte es seine Einwohnerzahl auf 516000 erhöht, Amsterdam auf 647000.

Als Indikator für die weitere Entwicklung eignet sich die Einwohnerzahl der beiden Städte nicht mehr (1.1.1987: Amsterdam 682702, Rotterdam 572642), da sich diese Entwicklung besonders nach dem Zweiten Weltkrieg in starkem Maße außerhalb der Stadtgemeindegrenzen abgespielt hat. Heute haben beide städtischen Agglomerationen je etwas über 1 Mio. Einwohner.
Wenn Rotterdam bis heute zum größten Hafen der Welt mit über 250 Mio. t Jahresumschlag aufgestiegen ist (1973, vor der Erdölkrise, waren es sogar 310 Mio. t, davon 210 Mio. t Erdöl) und sowohl London bereits seit den fünfziger Jahren, New York seit Mitte der sechziger Jahre weit hinter sich gelassen hat, dann hängt dies natürlich vor allem damit zusammen, daß es sich als Folge der Wandlungen in der Energiewirtschaft zum ersten Erdölhafen und -verteiler sowie zum bedeutenden Raffineriezentrum und Standort der Petrochemischen Industrie entwickelt hat. Dafür gab es Ansätze bereits aus der Zeit vor dem Zweiten Weltkrieg durch den Bau des ersten »Petroleumhafens« 1929 in Pernis auf der Insel IJsselmonde und der ersten Erdölraffinerie der Dutch Shell 1936. Übrigens stammt auch der Amsterdamer erste Petroleumhafen aus der Vorkriegszeit, doch hat sich in Amsterdam die Erdöl- und Petrochemische Industrie nur relativ schwach entwickelt mit bloß einer Raffinerie, die inzwischen aufgegeben wurde.
Rotterdam aber ist trotz der starken Kriegszerstörungen, die nicht nur den größten Teil der Altstadt, sondern auch etwa ein Drittel der Kais betrafen, vor allem durch die Erdölwirtschaft, die ständige Anpassung an die wachsende Größe der Tanker und die günstigen Binnenschifffahrtsverbindungen zum Hinterland in den fünfziger und sechziger Jahren in atemberaubendem Tempo gewachsen. Immer neue Erweiterungsprojekte im Anschluß an die älteren Hafenbecken in Stadtnähe und auf den Inseln IJsselmonde und Rozenburg wurden auf der Südseite entlang des Nieuwen Waterwegs in Angriff genommen, so der Europoort, der Brittanie- und Beneluxhafen mit riesigen Flächen für die Raffinerien, deren Zahl auf fünf anwuchs, und für andere Industriebetriebe, der Bau des 11 km langen und 700 m breiten Caland-Kanals für 250000-t-Tanker und Erzfrachter, der Ausbau des Hartelkanals parallel dazu für die Binnenschiffe mit eigenem Hafen und schließlich, als man die Küste erreicht hatte, die künstliche Aufspülung der 2100 ha großen Maasvlakte mit der Ausbaggerung einer Fahrrinne, die erst jüngst für Schiffe bis nahezu 400000 t (74 Fuß Tiefgang) vertieft und deren Informations- und Navigationssystem entsprechend verbessert wurde. Auch sonst ging die Modernisierung des Hafens weiter, z. B. durch den Ausbau der Einrichtungen für den Container-, RoRo- und Lashverkehr. So wurden 1985 fast 2 Mio. Container umge-

schlagen, von denen über 250000 von Binnenschiffen weitertransportiert wurden. Auch die übrige Verkehrs- und sonstige Infrastruktur wurden laufend weiter verbessert. Außerdem versucht man, mit den schwerwiegenden Umweltproblemen, die diese ganze Entwicklung mit sich gebracht hat, fertigzuwerden, z. B. mit dem Problem der zunehmenden Versalzung des Grundwassers oder der unschädlichen Beseitigung des Hafenschlamms. Den Folgen der Einbrüche in der Erdölwirtschaft sucht man dadurch zu begegnen, daß die am Erdgasgeschäft beteiligten Erdölkonzerne aufgrund eines Gentlemen-Agreements mit der Regierung z. B. hohe Investitionen in Anlagen stecken, die den Anteil der gefragten leichter flüchtigen Produkte am Ausstoß der Raffinerien wesentlich erhöhen können.

Aber nicht nur Rotterdam, inzwischen auch der bedeutendste Industriestandort der Niederlande, und Amsterdam, das Rotterdam in dieser Hinsicht immer noch übertrifft, wenn man von der Erdölindustrie absieht, nahmen an diesem Boom der Nachkriegszeit teil, der, obzwar mit Schwankungen, bis zum Anfang der siebziger Jahre anhielt. Durch eine entsprechende Entwicklung an vielen Orten vor allem im Westen des Landes konnten die Niederlande mit schnellen Schritten ganz allgemein ihren Industrialisierungsrückstand aufholen.

Dabei spielte neben der günstigen Lage innerhalb der EG auch eine Rolle, daß die Arbeitskräfte im internationalen Vergleich zunächst noch verhältnismäßig billig waren, was auch ausländisches Investitionskapital in erheblichem Umfang anzog. Dies führte zu einer erneuten starken Bevölkerungsverdichtung in den westlichen Niederlanden, die gespeist wurde durch Binnenwanderung, d. h. eine starke Zuwanderung aus peripheren Landesteilen, aber auch durch Einwanderung vor allem aus den ehemaligen Kolonien. Dadurch wurde das einstige Auswanderungsland für über zwei Jahrzehnte zum Einwanderungsland, was neue gesellschaftliche Probleme mit sich brachte. Die regionalen Disparitäten innerhalb des Landes wurden verschärft, und in den großen Städten des Westens vermehrten sich rasch die Ballungsprobleme. Dazu wurde auch in den Niederlanden die traditionelle Textilindustrie durch die überseeischen Billiglohnländer vom Markt verdrängt und erlebte einen raschen Niedergang, vor allem in der Twente und um Tilburg, und bald begannen auch die Schwierigkeiten der Werftindustrie. Ein weiteres Problemgebiet entstand in Südlimburg, als der Kohlebergbau der dortigen 12 Gruben zwischen 1967 und 1975 aufgegeben wurde und neue Arbeitsplätze für die fast 50000 Beschäftigten geschaffen werden mußten, soweit sie nicht von Vorruhestandsregelungen u. ä. Gebrauch machten oder als Pendler einen Arbeitsplatz in der Bundesrepublik oder Belgien fanden.

Mit der Wirtschafts- und Erdölkrise von 1972/73 setzte ein allgemeiner Rückschlag und eine Phase stagnierender oder rückläufiger Entwicklung ein, die vor allem auch den Boom der Hafenindustrien beendete und mit Schwankungen im Grunde bis heute andauert. Nach kurzer Erholung in der zweiten Hälfte der siebziger Jahre ging die Beschäftigung vor allem in der Industrie stark zurück. Zum Teil hängt dies mit der Produktivitätssteigerung durch Rationalisierung und Automatisierung der Produktion zusammen, aber auch der private Verbrauch und die Investitionsbereitschaft gingen zurück. Dazu wuchs die Zahl der Arbeitskräfte weiterhin, besonders durch eine steigende Beteiligung der Frauen am Berufsleben. Wie in anderen westlichen Industrieländern führte dies alles zu wachsender Arbeitslosigkeit, die von 4,0% 1975 auf 14,0% der Berufsbevölkerung 1984 anstieg (1985: 12,9%; bezogen auf die abhängige Berufsbevölkerung von 5,0% 1975 auf 17,2% 1984; 1985: 15,9%), in peripheren Problemgebieten auf über 20%. Zahlreiche Industriebetriebe besonders unter den größeren und mittleren mußten schließen oder die Produktion stark einschränken, andere suchten durch Zusammenschlüsse ihre Situation zu verbessern. Davon wurden nun nicht nur weitere Betriebe der bisher schon stagnierenden Zweige der Textil- und Bekleidungs-, der Leder- und Papierindustrie, der keramischen Industrie und des Schiffbaus erfaßt, sondern auch Teile der Mineralöl- und Petrochemischen Industrie und vor allem die Bauwirtschaft. Die Branchenzusammensetzung des Landes war in dieser Entwicklungsphase nicht mehr so günstig wie zuvor; und auch die Gunst der Hafenstandorte war durch die allgemeine Entwicklung der Weltwirtschaft zurückgegangen. Relativ gut konnte sich die niederländische Eisen- und Stahlindustrie mit ihren modernen Anlagen an der Nordseeküste in der seit den siebziger Jahren schwelenden Stahlkrise halten und im Unterschied zu den anderen Stahlproduzenten der EG ihre Produktion einigermaßen stabilisieren (1973: 5,6; 1980: 4,3; 1985: 5,5 Mio. t; Belgien und Luxemburg 1973: 21,9; 1980: 13,4; 1985: 14,7 Mio. t). Vor allem aber war es das niederländische Erdgas, das 1960 bei Groningen entdeckt und, rasch erschlossen und vermarktet, die Niederlande zum Energieexportland machte, dem Land über die Erdölkrise hinweghalf und ihm Zurückhaltung beim Bau von Atomkraftwerken erlaubte (je 1 Kraftwerksblock in Borssele, Südbeveland und Dodewaard an der Waal bei Nimwegen). Neuerdings wird die Erdgasförderung eher etwas gedrosselt, um die Vorräte (rund 2000 Bill. m^3) möglichst zu strecken. Die nördlichen Provinzen haben dadurch, daß ein einheitlicher Gaspreis im Lande gilt, von ihrem Erdgasreichtum verhältnismäßig wenig profitiert, nur durch die Ansiedlung einiger energieintensiver Betriebe, so

ein Aluminiumschmelzwerk und einige Chemiefabriken in Delfzijl, die Erdgas und Steinsalz verarbeiten. Neben dem Erdgas behält natürlich die Erdölwirtschaft, besonders die Schwerchemie, ihre große Bedeutung auch für den Export ebenso wie die Ausfuhr landwirtschaftlicher und gärtnerischer Produkte, die zusammen wesentlich zur Aufrechterhaltung des relativ hohen Lebensstandards in den Niederlanden beitragen (Bruttosozialprodukt zu Marktpreisen je Einwohner 1983: Luxemburg 12190, Niederlande 9910, Belgien 9160 US-$).
Die geschilderte Entwicklung hat zu einem starken Wandel in der Branchen- und Regionalstruktur der Industrie geführt. In der einst so bedeutenden Textil- und Bekleidungsindustrie arbeiten heute (1985) nur noch 3,9% der Beschäftigten meist in kleineren Betrieben, während die Metallindustrie mit 39,6% an der Spitze steht. Auf die traditionell ebenfalls starke Nahrungs- und Genußmittelindustrie entfallen immerhin 16,1%, auf die Chemische Industrie 9%.
Die Dezentralisierungsbemühungen der niederländischen Raumordnungspolitik bis in die siebziger Jahre, die staatliche Förderung der Industrieansiedlung in strukturschwachen ländlichen Gebieten im Norden und Osten sowie in altindustrialisierten Gebieten mit Strukturproblemen etwa im Textilrevier der Twente oder in Südlimburg, dazu der allgemeine Rückgang in der Bedeutung der Industrie als Arbeitsplatz haben zu erheblichen Veränderungen der überlieferten Standortstruktur geführt. Dadurch ist es auch zu einer stärkeren Branchen-Diversifizierung, zur Abschwächung oder Auflösung regionaler Spezialisierungen und überhaupt zu einer größeren Streuung der Industriestandorte gekommen. Dazu hat auch die häufige Verlagerung von Betrieben aus dem Kernbereich in die suburbane Zone der größeren Städte und Agglomerationen beigetragen.
Die Standorte der Nahrungs- und Genußmittelindustrie waren immer schon stark gestreut, vor allem dort, wo Agrarprodukte des Landes verarbeitet werden. Wo die Branche konzentriert oder ziemlich allein auftrat, z.B. im Zaangebiet bei Amsterdam oder in Friesland und Groningen, wurde sie ebenfalls stärker aufgelockert. Auch Twente oder die Gegend um Tilburg kann man nicht länger als Textilreviere oder als solche der Lederverarbeitung bezeichnen. Im ehemaligen Bergbaurevier Südlimburgs mischen sich heute die Chemische Industrie (Werke der DSM bei Geleen), eine große Zementfabrik (Werk der ENCI an der Maas), ein Automobilwerk (DAF – VOLVO in Born) und mehrere andere sowie als Ergebnis der staatlichen Dezentralisierungspolitik sogar Bürogebäude des Pensionsfonds für öffentliche Bedienstete und einer Abteilung des Statistischen Zentralamtes; und trotzdem gibt es noch überdurchschnittlich viele Arbeitslose. Rot-

terdam-Rijnmond und Amsterdam-IJmond sind mit ihren hafenbezogenen Industrien, unter denen besonders die Werke in- und ausländischer Großkonzerne hervortreten, nach wie vor die wichtigsten Industriegebiete des Landes, zu denen sich die jungen Standorte an der Westerschelde gesellen (Vlissingen, Terneuzen). Von ähnlichem Rang ist die Nordbrabanter Städtereihe, die sich bis Dordrecht fortsetzt, wobei auch hier die Monostrukturen abgeschwächt sind, z. B. im wichtigsten Standort, der Philips-Stadt Eindhoven. Außerdem sind auch alle Großstädte des Landes trotz Dezentralisierung und Suburbanisierung wichtige Industriestandorte geblieben, so Den Haag, Utrecht – Amersfoort – Hilversum, Groningen – Delfzijl, Arnheim und – stärker reduziert – auch Nimwegen.

Natürlich ist der starke Rückgang der Industriebeschäftigten vor allem auch im Zusammenhang mit dem allgemeinen Strukturwandel der Wirtschaft zu sehen, der für alle hochentwickelten Industrieländer gilt, der Zunahme der Dienstleistungen auf Kosten der Produktionsfunktion. Der in den Niederlanden wegen der großen Bedeutung von Handel und Verkehr traditionell starke Dienstleistungssektor beschäftigt heute knapp zwei Drittel der Arbeitnehmer, das übrige Drittel verteilt sich auf das Verarbeitende Gewerbe und die Landwirtschaft (ca. 5%). Das Arbeitszeitvolumen verteilte sich 1984 (1974) folgendermaßen: Landwirtschaft und Fischerei 6,0 (6,5)%, Verarbeitendes Gewerbe 27,6 (34,7)%, gewerbliche Dienstleistungen 50,2 (46,7)%, Öffentliche Dienste als sog. Quartärer Sektor 16,2 (13,2)%; die Anteile am Nationaleinkommen 1985 (1975): Landwirtschaft und Fischerei 4,1 (4,7)%, Verarbeitendes Gewerbe (einschließlich Gewinnung von Bodenschätzen) 35,9 (36,4)%, gewerbliche Dienstleistungen 45,8 (42,8)%, Öffentliche Dienste 13,9 (16,1)%. Damit entspricht der heutige Anteil der Industrie mit weniger als 30% wieder demjenigen um 1930, als noch etwa ein Viertel der niederländischen Beschäftigten in der Landwirtschaft tätig war. Für die räumliche Entwicklung bedeutete dies eine Verstärkung der Tendenz zur Konzentration der wirtschaftlichen Aktivitäten im Westen des Landes, zumal die Versuche einer Dezentralisierung von Behörden, die man bis Mitte der siebziger Jahre vorhatte, in den Anfängen steckengeblieben sind. So sind heute etwa 80% aller Büroflächen in den Städten der westlichen und mittleren Niederlande konzentriert, am stärksten natürlich im Finanz- und Handelszentrum Amsterdam und im Regierungszentrum Den Haag.

2.2.1.6 Küstenschutz und Neulandgewinnung in den Niederlanden

Schon seit Jahrhunderten bilden die Anstrengungen, mit denen sich die Niederländer vor Überflutungen durch das andringende Meer und den Rückstau im Unterlauf der großen Ströme schützen müssen, wie auch die Maßnahmen zur Aufrechterhaltung der Schiffahrt, zum Kanalbau und zur Gewinnung oder Wiedergewinnung von bebaubarem Land aus dem Meeresboden, aus Watt, Seen und Mooren einen wichtigen Bestandteil des öffentlichen und privaten Lebens. Die niederländischen Fachleute haben sich zu Spezialisten auf diesen Gebieten entwickelt, deren Technik bis heute überall in der Welt gefragt ist. Im Zusammenhang damit wurde vor allem mit den Waterschappen eine Organisationsform geschaffen, die das gesellschaftliche Leben sehr stark bestimmt hat und die ebenfalls bis heute nachwirkt, z. B. in der allgemeinen Einstellung zur öffentlichen Planung. Dies betraf natürlich besonders die Küstenprovinzen, vor allem dort, wo der geschlossene Dünenwall unterbrochen ist, im Deltagebiet, um die Zuidersee und an der nordniederländischen Wattküste, aber durch ihre ausgedehnten Moore mit den Fehnkolonien und ihren Anteil am Rhein-Maas-Tiefland auch die übrigen Provinzen mit Ausnahme von Südlimburg.

Seit dem Beginn der Zeitrechnung haben die Niederlande dem Meer etwa so viel Land wieder abgerungen und durch Trockenlegung von Seen gewonnen, wie ihnen durch die großen Sturmfluten während der spätrömischen, mittelalterlichen und frühneuzeitlichen Transgressionsphasen entrissen worden war. Pläne zur Trockenlegung der tief ins Land eingreifenden Zuidersee, die ja aus einem Binnensee, dem Flavosee, durch riesige Meereseinbrüche entstand, gab es bereits seit der zweiten Hälfte des 17. Jahrhunderts (z. B. Hendrik Stevin 1667). Das erste durchführbare Projekt (1891) stammte von dem Ingenieur und späteren Minister Cornelis Lely (vgl. Lelystad), der die Inangriffnahme seiner Pläne im Jahre 1920 nach einer Flutkatastrophe (1916) und nach den Erfahrungen mit den Versorgungsschwierigkeiten im Ersten Weltkrieg auch durchsetzte. Seine Konzeption wurde dann als staatliches Unternehmen im wesentlichen auch realisiert. Hinter einem 30 km langen Deich zwischen Nordholland und Friesland, der die Meeresausbuchtung zu einem Binnensee machte, sollten fünf Polder hauptsächlich im Süden auf dem dortigen Kleiuntergrund entstehen, im mehr sandigen Norden sollte ein Restsee erhalten bleiben und allmählich aussüßen.

Nachdem man erste Erfahrungen mit einem kleinen Versuchspolder nördlich von Enkhuizen gesammelt hatte, begann man 1927 gleichzei-

tig mit dem Bau des Abschlußdeichs, der 1932 geschlossen wurde, und der Anlage des ersten größeren Polders (20000 ha), des Wieringermeer-Polders im Nordwesten, der sich an den Abschlußdeich anfügt. Dieser und der Nordostpolder wurden noch unmittelbar mit dem »Festland« verbunden. Der Nordostpolder erstreckt sich bis zur einstigen Insel Urk, dem Zentrum des Widerstands gegen das Projekt; doch wurde den Anliegen der Fischer weitgehend Rechnung getragen (drei Kammerschleusen im Abschlußdeich, Finanzhilfen bei der Umstellung, Belebung des Fremdenverkehrs). Die jüngeren Polder Ostflevoland (1950–1957, 54000 ha) und Südflevoland (1959–1968, 43000 ha) blieben durch unterschiedlich breite Randseen vom »alten« Land abgetrennt. Dies dient nicht nur der Erhaltung des Grundwasserspiegels im »alten« Land, sondern die Randseen erwiesen sich auch als bevorzugte Standorte für Freizeit-, Erholungs- und Wassersporteinrichtungen, die ja im Laufe der Zeit immer wichtiger wurden.
Nach dem Abpumpen des Wassers, dem Ziehen der Entwässerungsgräben, dem Tiefpflügen, der Einsaat mit Schilf zur Unterstützung des Austrocknens und einer etwa fünfjährigen Nutzung durch den Staat, hauptsächlich mit Raps und Getreide, wird das Land den Kolonisten zur Bewirtschaftung zugewiesen, meist in der Form der langfristigen Pacht oder Erbpacht, vereinzelt auch als Eigentum. Im Wieringermeer-Polder umfassen die rechteckigen sogenannten Standardparzellen 20 ha, im Nordostpolder 24, in Ostflevoland 30–45, in Südflevoland 60 ha. Inzwischen bewirtschaften viele Betriebe, besonders in den älteren Poldern, zwei Standardparzellen, weshalb die mittlere Betriebsgröße im Wieringermeer-Polder 36 ha beträgt. Im Nordostpolder liegt sie dagegen bei 26 ha, in Ostflevoland bei 39 ha, da hier auch zahlreiche kleinere Gartenbaubetriebe entstanden. Die beiden älteren Polder werden fast ausschließlich agrarisch genutzt. Im Laufe der Zeit traten andere Notwendigkeiten in den Vordergrund, Erholungs-, Wald-, Siedlungs- und Gewerbeflächen spielen in den jüngeren Poldern eine immer größere Rolle, und so ist Südflevoland nur noch etwa zur Hälfte der Landwirtschaft überlassen. Die Zahl der vorgesehenen Siedlungen, bei deren Planung man sich zum Teil an dem zentralörtlichen Modell Walter Christallers zu orientieren versuchte, ist mit zunehmender privater Motorisierung und wachsenden Dienstleistungsansprüchen auf wenige größere Orte reduziert worden. Außerdem wurden die Polder immer mehr in die umfassende Landesplanung einbezogen, vor allem im Zusammenhang mit den Dezentralisierungsbemühungen für die benachbarte Stadt Amsterdam. In Ostflevoland entstand seit 1966 Lelystad (1986: 58000 Einwohner, geplant etwa 100000), die Hauptstadt der zum Jahresbeginn 1986 neu gegründeten

zwölften niederländischen Provinz Flevoland, in Südflevoland ist seit 1975 die mehrkernige Entlastungsstadt Almere im Entstehen begriffen (A.-Haven, A.-Stad, A.-Buiten, A.-Pampus, je mit Gewerbe- und Erholungsgebieten, Gewerbepark De Vaart; 1986: 45000, geplant 150000 bis 250000 Bewohner vor allem aus Amsterdam und aus dem Gooiland).

Tab. 33: Landnutzung der IJsselmeerpolder (%)

	Landwirtschaft	Siedlung	Wald, Erholungsflächen	Kanäle Deiche Straßen
Wieringermeer-Polder (1927–30, 20000 ha)	87	1	3	9
Nordostpolder (1937–42, 48000 ha)	87	1	5	7
Ostflevoland (1950–57, 54000 ha)	75	8	11	6
Südflevoland (1959–68, 43000 ha)	50	25	18	7

Um die Trockenlegung der Markerwaard, des fünften Polders (zum Teil eingedeicht 1975), ist ein heftiger Streit zwischen Gegnern und Befürwortern entbrannt, wobei verschiedene Varianten diskutiert werden, darunter auch eine mit Windturbinen betriebene Pumpspeicheranlage. Eine endgültige Entscheidung wird immer wieder hinausgeschoben.

Durch die Verwirklichung des IJsselmeerprojekts wurden nicht nur große Flächen für Landwirtschaft, Erholung und Siedlungsentwicklung gewonnen, sondern auch ein riesiges Süßwasserreservoir, das im Kampf der Niederlande gegen die zunehmende Versalzung des Grundwassers vom Meer her und durch die Salzfracht des Rheins vor allem aus den elsässischen Kaligruben eine wichtige Rolle spielt. Außerdem erhielten die nordöstlichen Provinzen eine wesentlich bessere Verkehrsanbindung an den westniederländischen Zentralraum. Vor allem aber brachte der Abschlußdeich, der bei der Flutkatastrophe 1953 seine Bewährungsprobe bestand, aber dann doch nochmals erhöht wurde, eine Verkürzung der Meeresküste von 370 auf 45 km und damit eine entscheidende Verbesserung des Schutzes gegen Sturmfluten.

Die Sturmflut von 1953 war auch der Anlaß für die Eindeichung der Lauwerszee an der Wattküste im Norden (1963ff.), aber das heftig umstrittene Riesenprojekt der Trockenlegung des ganzen Wattenmeeres hinter der westfriesischen Inselkette wurde aus Gründen des

Abb. 21: Die niederländischen Deltawerke
(Quelle: Der Fischer Weltalmanach 1988, Sp. 413/414)

Umwelt- und Biotopschutzes schon in einer frühen Phase der Planung endgültig wieder fallengelassen und das Wattenmeer unter besonderen Schutz genommen (Aufteilung an die Provinzen und Gemeinden, Note über die Wattenzee 1978).

Am schlimmsten hatte die Sturmflut von 1953 im Rhein-Maas-Schelde-Delta gewütet und ingesamt 1835 Todesopfer gefordert. Dies war ein Alarmsignal zur Überarbeitung und raschen Verwirklichung bereits vorliegender Pläne zur Sicherung des Deltagebietes. Ein erster Versuch, die Eindeichung der Brielse Maas westlich von Rotterdam, war 1950 bereits erfolgreich gewesen. Es wurde außer einer allgemeinen Erhöhung und Verstärkung der Deiche (»Deltanorm«) beschlossen, alle Deltaausgänge mit Ausnahme der Westerschelde durch ein System von Primär- und Sekundärdämmen mit Süßwasserseen dazwischen gegen das Meer abzuschließen (von Norden nach Süden):

Haringvlietdamm (1971) – Haringvliet – Volkerakdamm (1970) mit Haringvlietbrücke

Brouwersdamm (1972) – Grevelingenbecken – Grevelingendamm (1965) und Philipsdamm (1988)

Oosterscheldedamm (1986) – Oosterschelde mit Seelandbrücke – Oesterdamm (1987)

Veerse Gat-Damm (1961) – Veerse Meer – Zandkreekdamm (1960)

Das Wasser des Rheins, der Waal und der Maas gelangt nur noch durch den Nieuwe Waterweg in die Nordsee, das der Schelde nach wie vor durch die Westerschelde. Im Laufe der Fertigstellung erhob sich von seiten der Naturschutzverbände sowie der örtlichen Fischer und Austernzüchter immer stärkerer Widerstand vor allem gegen den völligen Abschluß und damit die Aussüßung und Abkoppelung der Oosterschelde von der Gezeitenbewegung. Dies veranlaßte die Regierung zu einer Änderung des ursprünglichen Plans, wobei eine gewaltige Kostensteigerung in Kauf genommen werden mußte. Statt des Oosterscheldedamms wurde ein 9 km breites Sturmflutwehr gebaut, das normalerweise für zwei Drittel der Gezeitenströmung durchlässig ist, bei Sturmflut aber geschlossen werden kann. Dies machte den Bau zweier weiterer Sekundärdämme notwendig, die das Süßwasser im Krummen Volkerak und im rückwärtigen Teil der Oosterschelde vom Salzwasser und den Gezeitenbewegungen abschließen. Außerdem wurde vorläufig auf eine völlige Aussüßung des Veerse Meers und des Grevelingenbeckens verzichtet. Damit wurde das Ziel der Sicherheit Seelands vor Sturmfluten durch eine Verkürzung der Küstenlinie um etwa 700 km erreicht. Diesem Ziel diente auch eine Verstärkung und Aufhöhung der Dämme entlang der Westerschelde und des Nieuwe Waterweg. Der zunehmenden Grundwasserversalzung konnte aber nicht so wirkungsvoll entgegengetreten werden, wie dies ursprünglich durch die Umwandlung aller Deltaarme (mit Ausnahme der Westerschelde) in riesige Süßwasserspeicher vorgesehen war. Weitere Vorteile, die sich durch die Realisierung des Deltaprojekts ergaben, sind die bessere Verkehrsanbindung der ehemaligen Deltainseln, die früher ziemlich abgelegen waren, sowie die Schaffung riesiger neuer Erholungsflächen und damit neuer Chancen für die Entwicklung des Fremdenverkehrs. Mit Hilfe dreier Stauwehre konnte nun auch der Niederrhein kanalisiert und eine bessere Regulierung der Wasserführung der IJssel erreicht werden und damit eine Kontrolle des Wasserstandes im IJsselmeer und des Grundwassers in den angrenzenden Gebieten. Die Neulandgewinnung spielte beim Deltaprojekt kaum eine Rolle. Eine ursprünglich vorgesehene stärkere Industrialisierung und Ausdehnung der Hafenaktivitäten in das Deltagebiet vor allem von Rotterdam aus und am Rhein-Schelde-Kanal (Kreekrak, Reimerswaalprojekt) wurden unter dem Eindruck der allgemeinen wirtschaftlichen Entwicklung wieder aufgegeben. Die noch fehlende direkte Verkehrsanbindung Seeländisch Flanderns soll durch eine Überquerung der Westerschelde bei Terneuzen hergestellt werden.

2.2.1.7 Die Landwirtschaft in den Beneluxländern

Wie in anderen Industriestaaten ist auch in den Beneluxländern die Bedeutung der Landwirtschaft im Verhältnis zu den übrigen Wirtschaftszweigen im Zuge der Industrialisierung erheblich zurückgegangen, und zwar noch einmal sehr stark in der Phase der allgemeinen wirtschaftlichen Prosperität der Nachkriegszeit, während sie sich seitdem eher stabilisiert hat. Im Durchschnitt sind heute noch etwa 4% der Beschäftigten in der Landwirtschaft tätig, in Belgien sind es (1985) 2,9%, in den Niederlanden 5,2%, nach dem »Arbeitsvolumen«, d.h. unter Einrechnung der Arbeitsleistung nur zeitweilig Beschäftigter, sogar 6%, der Anteil Luxemburgs liegt mit 4,2% dazwischen. Mit diesen Zahlen läßt sich aber die Bedeutung der Landwirtschaft nicht adäquat erfassen, auch nicht mit ihrem Anteil am Bruttoinlandsprodukt, der in den Niederlanden immerhin noch 4,3% ausmacht, in Belgien 2,7%, in Luxemburg 2,6%. In Belgien werden bei einem Waldanteil von rund 20% über 45% der Landesfläche landwirtschaftlich genutzt, in den Niederlanden (Wald 8% einschließlich Dünen und Heide 13%) und in Luxemburg (Wald 31%) sind es fast 50%. Neben der Bedeutung der Landwirtschaft für die Landschaftspflege, die darin zum Ausdruck kommt, lassen sich auch eindrucksvolle Indikatoren für ihre wirtschaftliche Bedeutung anführen. Die Beneluxländer sind mit über 30% an den Agrarexporten der EG beteiligt (an den Importen nur zu 20%), die Niederlande allein mit 21,9%. Mit Ausnahme von Getreide und Frischobst geht die Agrarproduktion weit über das hinaus, was im Land selbst verbraucht wird, Belgien-Luxemburg müssen auch noch Milchprodukte und Fleisch importieren. Die große Bedeutung der niederländischen Landwirtschaft zeigt sich aber vor allem auch darin, daß Agrarprodukte mit etwa 20% am gesamten Export des Landes beteiligt sind, womit sie gleich hinter dem Erdgas an zweiter Stelle rangieren. Der Agraraußenhandelssaldo ergab 1984 ein Plus von 15 Mrd. Gulden, woran der Export von Zierpflanzen und Blumenzwiebeln in alle Welt mit fast 5 Mrd. Gulden beteiligt war. Dies hängt natürlich vor allem mit dem hohen technischen und organisatorischen Stand des Gartenbaus zusammen, der 1985 mit 10% in der Landwirtschaft Tätigen einen Exporterlös von 8,6 Mrd. Gulden erzielte. Aber auch abgesehen von der Sonderstellung des niederländischen Gartenbaus hat die Landwirtschaft der Beneluxländer allgemein einen sehr hohen Stand der Entwicklung und der Intensität der Nutzung erreicht. So gilt die Arbeitsproduktivität der niederländischen Landwirtschaft als die höchste in der Welt. Ein Landwirt

in den Niederlanden vermag 112 Menschen zu ernähren (in Dänemark 100, in den USA 79, in der SU 14).
Nicht nur im Vergleich der drei Beneluxländer, sondern auch innerhalb ihrer Grenzen weist die Landwirtschaft große regionale Unterschiede auf. Dies hängt einmal mit den sehr unterschiedlichen natürlichen Ertragsbedingungen, aber auch mit agrarsozialen und wirtschaftsräumlichen Unterschieden zusammen. Das Acker-Grünland-Verhältnis ist in Belgien fast ausgeglichen (51,5 : 48,5), in Luxemburg überwiegt das Ackerland noch etwas stärker (54,3 : 45,7), in den Niederlanden das Dauergrünland (42,2 : 57,8). Auf den für den Ackerbau günstigen Standorten, d. h. hauptsächlich auf den Lößlehm- und Lehmböden Mittelbelgiens, auf den Kleiböden der jüngeren Polder und zum Teil auf den Grundmoränenböden in den nordöstlichen Niederlanden werden hauptsächlich Weizen und Zuckerrüben, auch etwas Gerste, Roggen und Hafer sowie Kartoffeln angebaut. Die wichtigsten Grünlandgebiete mit einer meist milchwirtschaftlich orientierten Rinderhaltung oft auf mit Wallhecken umzäunten Weiden sind die feuchteren Marsch- und Seengebiete Frieslands und die entsprechenden Teile der anderen Provinzen rund um das IJsselmeer sowie teilweise auch die Flußmarsch, ferner die Ardennenhochflächen mit ihrem unmittelbaren Vorland, soweit sie nicht bewaldet sind. Die ausgedehnten Gebiete mit vorherrschenden sandigen Böden im belgischen Kempenland, in den niederländischen Provinzen Nord-Brabant, Gelderland und Overijssel sowie in der westflandrischen »Geest« weisen eine stärker gemischte Landwirtschaft auf, vor allem in den Bereichen mit überwiegenden Kleinbetrieben. Hier tritt neben die Rinderhaltung, die teilweise ebenfalls als Weidewirtschaft betrieben wird, auch eine starke Schweinehaltung. Auf dem Ackerland spielen neben dem Getreide, besonders in den Niederlanden, Kartoffeln und neuerdings vor allem Futtermais eine wichtige Rolle, der letztere übrigens auch in den Gebieten mit vorherrschendem Ackerbau.
Dieses grobe Grundmuster einer agrarräumlichen Gliederung wird überlagert und differenziert durch regionale Spezialisierungen, die vor allem durch sozial- und wirtschaftsräumliche Einflüsse bedingt sind. Dazu gehört z. B. die starke Massentierhaltung, die sich als weitgehend bodenunabhängige agrarische Produktionsform in Bereichen mit günstigen Bezugsmöglichkeiten für Futtermittel entwickelt hat, d. h. in der Nähe der Importhäfen, besonders dort, wo die Betriebsgrößen für eine Tierhaltung auf der Basis selbstangebauter Futtergewächse heute nicht mehr ausreichen. So wurde Westflandern zum wichtigsten Schweinemastgebiet mit der Hälfte des belgischen Schweinebestandes und einer starken Konzentration der Futtermittelindu-

strie sowie der Schlächtereien. In den Niederlanden läßt sich, wenn auch nicht ganz so konzentriert, eine ähnliche Entwicklung z. B. in Nordbrabant beobachten mit etwa einem Drittel des Schweinebestandes im Land, wozu hier noch eine starke Massenhühnerhaltung kommt. Zu den Problemen, die sich aus einer solchen Konzentration ergeben, gehört vor allem der Massenanfall an Dünger, der sich ohne Gefährdung des Grundwassers und ohne unerwünschte Überdüngungsfolgen bei der pflanzlichen Produktion in den betreffenden Regionen nicht mehr unterbringen läßt. So wurde z. B. in Nordbrabant eine »Mistbank« eingerichtet, die staatlich subventionierte Düngertransporte über größere Entfernungen zwischen Überschuß- und Bedarfsgebieten vermittelt.

Die Intensivierung der landwirtschaftlichen Produktion durch Kulturen, die einen entsprechenden Arbeitsaufwand verlangen, hat in den Beneluxländern Tradition. Davon wird auch heute noch Gebrauch gemacht, etwa durch den Anbau von Flachs und Hopfen, z. B. in Flandern, aber auch in den Niederlanden, von Tabak und Feldgemüse und durch Baumschulen. Einen noch höheren Einsatz von Arbeit und Kapital erfordert der Obst- und Gartenbau (Niederlande ca. 115000 ha, Belgien ca. 36000 ha), besonders in seiner intensivsten Form der Unterglaskultur, die in den Niederlanden inzwischen eine Fläche von gut 9000 ha, in Belgien von etwa 2000 ha einnimmt. Auf dem Gebiet des Obst- und Gartenbaus haben sich die Beneluxländer, am meisten aber die Niederlande, zu ausgesprochenen Spezialisten entwickelt, deren Erzeugnisse auf dem Weltmarkt gefragt sind: Brüsseler Trauben, Artischocken, Chicoree und Begonien, Zier- und Obstgehölze aus Belgien, Blumenzwiebeln, Schnitt- und Topfpflanzen, Tomaten, Gurken, Paprika und sonstiges Feingemüse aus den Niederlanden. Diese gärtnerischen Kulturen finden sich in den Niederlanden vor allem im Westen der beiden holländischen Provinzen, in der Betuwe, dem Stromtiefland der Rheinarme und der Maas, auf Südbeveland und im anschließenden westlichsten Nordbrabant sowie in Südlimburg, in Belgien hauptsächlich in der Mitte des Landes in einem breiten Streifen zwischen Antwerpen und Brüssel bis zur Südgrenze der Region Flandern, wo sich um Hoeilaart und Overijse die größten Unterglaskulturen ausdehnen, um Mecheln, Löwen, Aarschot, aber auch um Gent, im Haspengau und im Herver Land nordwestlich und nordöstlich von Lüttich. Neben den geringen Betriebsgrößen und auch gewissen Boden- und Klimaansprüchen ist es also vor allem die Nähe der großen Städte mit ihren Absatzmöglichkeiten, aus der sich die Verbreitung dieser intensivsten Bodennutzungsformen erklärt. Die jüngste Form der Glashauskultur, die sog. Substratkultur, die heute in den

Niederlanden bereits auf über 2000 ha praktiziert wird, hat sich sogar ganz vom »Boden« gelöst. Hier werden die Pflanzen in Steinwolle gezogen, die, vom Computer exakt gesteuert und dosiert, mit den erforderlichen Nährlösungen getränkt wird. Aber dies ist nur ein Beispiel für die hochentwickelte Technik des Gartenbaus vor allem im Westland zwischen Den Haag und Rotterdam. Sorge machen den Computer-Gärtnern vor allem die steigenden Energiepreise für die Heizung der Gewächshäuser, die schon über ein Viertel der Produktionskosten ausmachen, und so versuchen sie sich z. B. zu helfen, indem sie Sorten verwenden, die einen möglichst geringen Wärmebedarf haben, oder auch schon durch den Einsatz von Windgeneratoren. Dazu kommt die perfekte Organisation des Absatzes über die großen, genossenschaftlich betriebenen Versteigerungshallen, von denen aus heute z. B. schon über die Hälfte aller Topfpflanzen und etwa zwei Drittel aller Schnittblumen, die auf den Weltmarkt gelangen, vertrieben werden. Über Aalsmeer südwestlich von Amsterdam am Rand des Flughafens Schiphol, dem größten der 12 Versteigerungs- und Absatzzentren für Schnittblumen und Topfpflanzen, laufen allein 42 % der niederländischen Produktion, fast ein Drittel über Naaldwijk im Westland, das früher hauptsächlich Gemüse erzeugte und wo sich heute Blumen- und Gemüsebetriebe die Waage halten. Neuerdings hat vor allem der Export nach Nordamerika stark zugenommen. Mit einem Anteil von 59 % am Welthandel mit Blumen stehen die Niederlande konkurrenzlos an der Spitze (mit je 7 % folgen Dänemark und Kolumbien). Darin ist auch der Handel mit Blumenzwiebeln eingeschlossen, die überwiegend von der »Bollenstreek« zwischen Harlem und Leiden kommen, einem Gebiet im Bereich der alten Dünen, das auch als vielbesuchtes Ausflugsziel bekannt ist.
Die anderen Zweige der Landwirtschaft der Beneluxländer arbeiten ebenfalls mit einem relativ hohen Kapitaleinsatz, etwa die niederländische Milchwirtschaft (moderne Stall- und Melkanlagen), auf die 12 % der Milchproduktion der EG entfallen, oder die Produktion von Silomais oder Zuckerrüben, bei der Präzisionssä- und Vollerntemaschinen verwendet werden. Nur durch teure »Vorleistungen«, z. B. beim Dünge- und Futtermitteleinsatz, können die Landwirte ihre hohen Erträge erzielen, die in den Niederlanden etwa beim Weizen (64,5 dz/ha) oder bei der Milchleistung (über 5000 l/Jahr je Kuh) weit über, in Belgien um den EG-Durchschnitt liegen. Im hohen Mitteleinsatz und in der Produktivität liegt auch die Bedeutung der Landwirtschaft für die Zuliefer- wie auch für die Verarbeitungsindustrie und das Absatzgewerbe.
Angesichts der hochproduktiven Zweige und Regionen der Landwirt-

schaft darf man aber nicht vergessen, daß es in den Beneluxländern auch agrarische Problemgebiete mit erheblichem Einkommensrückstand gibt. Dazu gehört vor allem der Südosten, d. h. die Ardennen, Belgisch-Lothringen und das Großherzogtum Luxemburg, die auf Grund ihrer natürlichen Ungunst und der allgemeinen wirtschaftlichen Verhältnisse dort auch von der EG als benachteiligte Gebiete anerkannt und unterstützt werden. Dazu gibt es nationale Programme für eine umfassende Weiterentwicklung dieser peripheren ländlichen Gebiete.

Allgemeine Probleme für die Landwirtschaft ergeben sich natürlich auch aus der Übersättigung des EG-Agrarmarktes, besonders in den für die Beneluxländer wichtigen Bereichen der Milchwirtschaft und der Schweinemast. Dazu kommt die relativ geringe Betriebsgröße in verschiedenen Landesteilen, im Durchschnitt liegt sie heute zwischen 12,5 ha (Belgien) und 15 ha (Niederlande; Luxemburg über 25 ha). Seit Anfang der sechziger Jahre hat die Zahl der Betriebe allgemein um mehr als die Hälfte abgenommen, die mittlere Betriebsgröße hat sich etwa verdoppelt. Wie der Anpassungsprozeß weitergeht, wird die Zukunft zeigen, doch dürfte der vollbäuerliche Familienbetrieb überall der Normalfall bleiben.

2.2.1.8 Die räumliche Ordnung

Jedes der drei Beneluxländer hat die nur ihm eigentümliche Binnenstruktur in die Staatengemeinschaft eingebracht, die auch innerhalb dieser Gemeinschaft ihre volle Bedeutung behält. Sie wird hauptsächlich bestimmt durch das jeweilige Städtesystem und das Verhältnis der städtischen Zentren zu den peripheren Landesteilen. Zwar gibt es seit dem Inkrafttreten der Wirtschaftsunion 1960 ein gemeinsames Büro in Brüssel, doch hat dies vor allem kommunikative, jedenfalls keine lenkenden Funktionen.

In den *Niederlanden* drängen sich mehr als zwei Fünftel der Bevölkerung (1985: 6116000 = 42,3 %) und fast die Hälfte aller Beschäftigten (1983: 1932000 = 48,8 %) in der Randstad Holland zusammen, einem Kranz von Städten und hochgradig verstädterten Gemeinden, der sich von der Küste bis gegen die Landesmitte in Form eines nach Südosten einigermaßen offenen Hufeisens um einen noch stärker ländlich gebliebenen inneren Bereich legt, das sog. »Grüne Herz«. Diese »Ringstadt« besteht neben einer Anzahl mittlerer und kleinerer Städte wie Delft, Alkmaar und Gouda aus 10 großstädtischen Agglomerationen, darunter Haarlem (215000), Dordrecht/Zwijndrecht (200000), Leiden (180000), Zaanstreek (140000), Velsen/Beverwijk (125000) und Hilversum (105 000); die größten sind Rotterdam und Amsterdam mit je über 1 Mio. sowie Den Haag mit 680000 und Utrecht mit 515000 Einwohnern. Drei der großen Agglomerationskerne und mit Einschränkung auch der vierte können als die traditionellen niederländischen Teilhauptstädte gelten, auf die sich die führenden Funktionen für das ganze Land verteilen. Die alte Bürgerstadt Amsterdam, die größte Stadt des Landes und sein Wirtschafts- und Finanzmittelpunkt, ist auch die offizielle Hauptstadt und – das ist bezeichnend – nicht die Residenz. 's-Gravenhage oder Den Haag, der heutige Regierungssitz und Standort weiterer nationaler und internationaler Behörden und Gerichte, der erst zu Anfang des 19. Jahrhunderts Stadtrecht erhielt und bis dahin als das »größte Dorf Europas« galt, ist bis heute mit seinem Seebad Scheveningen auch das gesellschaftliche Zentrum des Landes geblieben. Rotterdam ist als der Haupthafen auch die führende Handels- und Industriestadt und wie Amsterdam ein Hauptverkehrsknoten. Utrecht, der alte Bischofssitz, heute Sitz zweier Erzbischöfe, ist auch mit seiner bekannten Universität so etwas wie ein geistiger und geistlicher Mittelpunkt der Niederlande, auch wenn es seine Funktion als Hochschulstandort mit einer ganzen Reihe anderer Städte teilt, so etwa mit Leiden, das die älteste Universität des Landes besitzt, mit Groningen oder mit Delft, Eindhoven und Enschede (Technische Universitäten) und anderen Standorten fachlich spezialisierter oder konfessioneller Hochschulen. Als wichtiger Verkehrsknoten, in dem die Bahnlinien im Süden der ehemaligen Zuidersee aus West und Ost zusammenlaufen, wurde Utrecht auch Sitz der staatlichen Eisenbahnverwaltung und entsprechender technischer Einrichtungen sowie bedeutender Industriestandort. Die vier größten Städte und Agglomerationskerne sind in jeder Hinsicht die höchstrangigen Zentralen Orte des Landes, ohne daß sich unter ihnen eine eindeutige Rangstufung zeigt. Allenfalls könnte man sagen, daß Amsterdam und Rotterdam um die Spitzenposition konkurrieren. Bedingt u. a. durch die exzentrische Lage der Primärzentren innerhalb des Landes kommt auch den übrigen Großstädten sowie darüber hinaus einigen etwas kleineren Provinzhauptstädten ('s-Hertogenbosch, Zwolle, Leeuwarden) der Rang von wichtigen Regionalzentren zu, die erwartungsgemäß im weniger dicht besiedelten Norden und Osten sowie im äußersten Südwesten und Südosten eine größere Streuung zeigen.

Die historisch angelegten Strukturen der Randstad und ihre Beziehungen untereinander und zum übrigen Staatsgebiet erfuhren durch die jüngere Entwicklung, z. B. im Eisenbahnzeitalter, vor allem aber auch in der Nachkriegszeit, eine weitere Akzentuierung. Davon profi-

tierten auch die einst bedeutenden westholländischen Städte, die in der Entwicklung des 18. und 19. Jahrhunderts zurückgeblieben waren, so Haarlem, Leiden, Delft oder Dordrecht, und reihten sich als Agglomerationskerne in den Wachstumsgürtel der Randstad ein.
Dem steigenden Wachstumsdruck, dem die Randgebiete und auch das »Grüne Herz« ausgesetzt waren, und den wachsenden Verdichtungsproblemen innerhalb der Randstad stand eine anhaltend starke Abwanderung mit ihren negativen Folgen in den peripheren Landesteilen gegenüber. Dieser Entwicklung trat die Regierung seit Anfang der sechziger Jahre (1. Raumordnungsbericht 1960) mit einer Regionalpolitik der Dezentralisierung entgegen. Einerseits sollte durch die Ausweisung von Wachstumskernen und Entlastungsorten vor allem für den Wohnungsbau das unvermeidliche Wachstum gelenkt und damit ein unbegrenztes Ausufern der Städte und ein vollständiges Zusammenwachsen der einzelnen Glieder der Randstad sowie eine Überbauung der grünen Mitte verhindert werden, andererseits wollte man durch eine finanzielle Begünstigung der Ansiedlung von Industriebetrieben in den strukturschwachen Provinzen, zu denen mit der Einstellung des Kohlenbergbaus auch das südliche Limburg kam, die Abwanderung stoppen und möglichst sogar eine Umkehr der herrschenden Wanderungstrends bewirken. Diesen Bemühungen war nur ein begrenzter Erfolg beschieden. Wenn es im Laufe der siebziger und achtziger Jahre doch zu einer sehr starken Bevölkerungsabwanderung aus den Randstadzentren kam – Amsterdam verlor zwischen 1969 und 1985 über 170000, Rotterdam fast 130000, Den Haag 120000 und Utrecht über 45000 Einwohner –, dann ist dies hauptsächlich auf den allgemeinen Suburbanisierungstrend der Großstadtbevölkerung zurückzuführen, die aus der Enge der Kerngebiete in die Randbereiche der Agglomerationen drängte. Hier lockten die angenehmeren Wohnungsverhältnisse, und die Arbeitsplätze sowie das Versorgungs- und kulturelle Angebot der Zentren sind immer noch relativ leicht zu erreichen.
Diese Bevölkerungsumschichtung, die auch mit der zunehmenden Nachfrage nach Wohnungen für die rasch wachsende Zahl der Kleinhaushalte und zum Teil auch mit dem Streben nach Wohnungseigentum wie überhaupt mit den allgemein steigenden Wohnansprüchen zusammenhängt, kam also kaum den peripheren Regionen des Landes zugute. Die Agglomerationskerne nahmen ab, die Agglomerationen als Ganzes wuchsen aber weiterhin, übrigens auch die außerhalb der Randstad. Am meisten profitierten die ausgewiesenen Wachstumskerne und Entlastungsstädte, aber auch viele ländliche Siedlungen, so daß es zu einer weiteren Zersiedelung zum Teil auch der grü-

nen Mitte der Randstad kam. Ein Beispiel dafür ist Zoetermeer, die Entlastungsstadt für Den Haag, die 1987 bereits über 85000 Einwohner zählte. Ein Teil der Abwanderer, vor allem aus Amsterdam, ließ sich auch in den neuen Flevoland-Städten Lelystad und Almere nieder (1987: 59000 und 51000 Einwohner). Zum Teil folgen die Arbeitsstätten ebenfalls diesem Suburbanisierungstrend, doch kam es erst in jüngster Zeit auch zu einer Abnahme der Zahl der Arbeitsplätze in den Kerngebieten.

Diesem allgemeinen Entwicklungstrend tritt die niederländische Raumordnungspolitik seit dem Ende der Wachstumsperiode, d. h. seit der Mitte der siebziger Jahre, mit dem dritten Raumordnungsbericht (1974–1981) und vor allem mit der Konkretisierung der Planungen in der sog. Strukturskizze von 1984 entgegen. Die Politik der Dezentralisierung und damit auch der Wachstumskerne und Entlastungsorte soll auslaufen. Das neue Ziel ist die dezentralisierte Konzentration, die kompakte Stadt. Der Wohnungsbau soll wieder auf die Kernbereiche konzentriert werden, wo die Flächen vieler aufgegebener Nutzungen, aber auch noch sonstige Freiflächen für eine Überbauung zur Verfügung stehen. Im Zusammenhang mit der Sanierung der Altstädte soll auch eine große Zahl von Wohnungen modernisiert werden. Außerdem gibt es dort eine ausgebaute, aber nicht mehr voll genutzte Infrastruktur, die ohne großen Investitionsaufwand wieder ausgelastet werden kann. Das Beispiel der vier großen Randstadzentren kann zeigen, wie die Planziele für den Wohnungsbau durch die Strukturskizze von 1984 gegenüber dem Verstädterungsbericht von 1978 erhöht wurden, für Amsterdam von 9000 auf 25000, für Rotterdam von 6500 auf 20000, für Den Haag von 4000 auf 8000 und für Utrecht von 2000 auf 6500 Wohnungen. So finden sich die zahlreichen Baustellen heute vor allem in den alten Innenstädten, und auch in der Statistik läßt sich der Wandel nachweisen. Seit 1985 haben die Einwohnerzahlen von Amsterdam, Rotterdam und Den Haag nach vielen Jahren erstmals wieder leicht zugenommen, in anderen Städten hat sich die Abnahme sehr verlangsamt.

In den peripheren Regionen wird derzeit die Ansiedlung von Gewerbebetrieben nur noch dort gefördert, wo anhaltend hohe Arbeitslosigkeit herrscht, in Friesland und Groningen, in der östlichen Drente und in der Twente, im Raum Nimwegen – 's Hertogenbosch – Tilburg sowie in Teilen der Provinz Limburg. Im übrigen konzentriert sich die Raumordnungspolitik im ländlichen Raum wie auch in den Städten vor allem auf Probleme des Umwelt- und Landschaftsschutzes (National- und Naturschutzparks), auf Ver- und Entsorgungsprobleme, vornehmlich auf das für die Niederlande so wichtige Problem der Wasserversorgung, aber auch auf die Bereitstellung und Ausgestaltung von Erholungsgebieten für die urbanisierte Bevölkerung. Außer um die Naherholungsgebiete geht es dabei auch um die Erhaltung der traditionellen niederländischen Gebiete für die Wochenend- und Ferienerholung, also um die Seebäder an der langen Küste mit ihren Sandstränden, um die unzähligen Gelegenheiten zum Wassersport innerhalb des Landes und um die Wandergebiete in den höheren, stärker bewaldeten, zum Teil von Heideflächen durchsetzten Hügelländern z. B. der Veluwe oder Südlimburgs.

Aber nicht nur die Ziele und Inhalte der Raumplanung haben sich geändert. An die Stelle der früheren Verordnungsplanung ist eine weithin offene, stark partizipatorisch orientierte und daher reichlich komplizierte Planung getreten, die ihre Ergebnisse vor allem aus der Diskussion mit den Betroffenen bezieht. Dies ist in jüngerer Zeit z. B. in den Diskussionen um den Oosterscheldedamm, die Markerwaardeinpolderung und die Erhaltung der Wattensee sichtbar geworden.

Eine räumliche Gliederung der Niederlande, die sich am niederländischen Städtesystem orientiert (Atlas van Nederland, neue Ausg. 1, Bevolking, 1984, 14) zeigt um die Randstad eine breite Übergangszone, die im Süden bis an die Landesgrenze, im Osten weit nach Gelderland und Overijssel hineinreicht und die Peripherie Nord von der Peripherie Süd trennt. Außerdem gibt es noch einige abliegende kleinere städtische Zentren mit ihrem Umland und mehrere ländliche Gebiete als Inseln inmitten des verstädterten Landes sowie an seinem Saum im Norden, Osten und Südwesten. Dies ist ein Abbild der reichgegliederten Vielfalt, die dem Land trotz der allgemeinen hochgradigen Verstädterung geblieben ist.

Der »Vierte Bericht über die Raumordnung in den Niederlanden« vom 17. 3. 1988 sieht vor allem folgende Schwerpunkte für die künftige räumliche Entwicklung vor: 1. soll sie an die internationalen Verbindungen vor allem über Rotterdam-Europoort und den Flughafen Schiphol anknüpfen; 2. soll sie an die großen Städte in der Randstad und in den angrenzenden Provinzen, vor allem entlang der Verkehrswege nach Belgien und in die Bundesrepublik Deutschland, gebunden sein (»Städtering der zentralen Niederlande« einschließlich Arnheim–Nimwegen und Breda–Tilburg–Eindhoven); 3. außerdem soll sie sich in den drei peripheren Agglomerationen Groningen im Norden, Hengelo/Enschede im Osten und Maastricht/Heerlen im Süden konzentrieren.

Die Regionalstruktur *Belgiens* ist, wenn man einmal vom Sprachgruppendualismus absieht, vor allem darin von derjenigen der Niederlande verschieden, daß hier alles sehr stark auf das eine überragende Zentrum Brüssel bezogen ist. Brüssel, eine der bedeutenderen flandrischen Städte, die schon in burgundischer und habsburgischer Zeit gewisse Verwaltungsfunktionen für die südlichen Niederlande auf sich vereinigte, konnte sich nach 1830 als Residenzstadt zur einzigen und unangefochtenen Hauptstadt des nach französischem Vorbild zentralistisch regierten Königreichs entwickeln (1830: 99522, 1910: 720007 Einw.). Innerhalb der flämischen Region liegend, wurde es durch die bereitwillige Aufnahme französischer Art und Kultur zum Klein-Paris des 19. Jahrhunderts und kann so heute neben der Staatsregierung und der Verwaltung der die Sprachgrenze übergreifenden Provinz Brabant sowohl den Flämischen Rat als auch den Rat der Französischen Gemeinschaft beherbergen, dazu die Spitzenbehörden der EG und sonstige internationale Behörden und Verbände. Die relativ geringe Einwohnerzahl der eigentlichen Stadtgemeinde Brüssel von knapp 140000 Einwohnern hängt damit zusammen, daß es außer im Norden im Zusammenhang mit dem Ausbau des Hafens kaum zu Eingemeindungen kam. Die 1971 begründete zweisprachige Region Brüssel besteht aus 19 Gemeinden und hat knapp eine Million Einwohner. Die Agglomeration Brüssel mit etwa 1,3 Mio. Einwohnern reicht weit darüber hinaus und bis in die Wallonische Region hinein, woraus sich spezifische Probleme für den Suburbanisierungsprozeß ergeben, der bis 1980 sehr heftig war. Er führte zu einer laufenden Abnahme der Wohnbevölkerung in der Stadtgemeinde, die 1947 noch 185000 Einwohner gezählt hatte, und in der Region Brüssel (seit 1967 um mehr als 100000). Dieser Verlust konnte durch die Zuwanderung von Ausländern, die heute gut ein Viertel der Regionsbevölkerung mit 41% der Geburten ausmachen (in Wallonien 13%, in Flandern 4% Ausländer), nicht mehr ausgeglichen werden. Trotzdem ist die wirtschaftliche Situation Brüssels unter den drei Regionen am günstigsten, vor allem auf Grund des stark expandierenden Dienstleistungssektors, wozu auch die zahlreichen internationalen Einrichtungen beitragen. Die Region Brüssel als überragendes nationales Zentrum zieht mehr als 4 Mio. oder etwa 40% der Belgier in ihren Bann, und Pendler fast aus dem ganzen Land strömen hier zusammen, einschließlich der Wochenendpendler aus den peripheren Landesteilen, z. B. aus den Ardennen und aus Belgisch-Lothringen. Dies wird dadurch begünstigt, daß Brüssel auch zum dominierenden Verkehrszentrum in jeder Hinsicht ausgebaut wurde.

Zu den Zentren des nächst niedrigeren Ranges, die mit weitem Abstand auf Brüssel folgen, gehören die flämischen Städte Antwerpen und Gent sowie das wallonische Lüttich. Oft wird auch Charleroi, die einstige Festung, dann wallonisches Bergbau- und Schwerindustriezentrum des 19. Jahrhunderts, noch zu dieser Kategorie gezählt, mit einer Agglomerationsbevölkerung – je nach Abgrenzung – von 325000 bis 350000, doch erreicht es wohl nicht ganz den zentralörtlichen Rang der drei anderen Zentren. An deren Spitze steht heute eindeutig Antwerpen als Haupthafen und Hafenindustriestandort mit dem stärksten Wachstum bis zur Mitte der siebziger Jahre. Die jüngere Bevölkerungsentwicklung läßt sich nicht genau verfolgen, weil hier die Gemeindereform von 1977, durch welche die Zahl der belgischen Gemeinden von 2359 auf 589 reduziert wurde, im Zusammenhang mit den Hafenausbauplänen erst 1983 abgeschlossen wurde. Danach hat die vergrößerte Stadtgemeinde 487000 (1985), die Agglomeration zwischen 650000 und 750000 Einwohner. Der Hafenumschlag (1938: 35 Mio. t) erreichte 1972 mit 99 Mio. t seinen Höchststand. Nach dem Rückgang durch den Bau der 20-Mio.-t-Pipeline nach Rotterdam und die Erdölkrise hat er sich inzwischen wieder auf 90 Mio. t erhöht (1984). Stadt und Hafen Antwerpen hatten in ihrer Geschichte ein sehr wechselhaftes Schicksal. Als eine der bedeutenden flandrischen Textilstädte und dann als Hafen der habsburgisch-spanischen Niederlande auch für Kolonialimporte wurde es begünstigt durch seine Lage an der offenen Schelde bis zu deren Sperrung durch die Vereinigten Provinzen und zu den Zerstörungen und Vertreibungen im Zusammenhang mit den Glaubens- und Freiheitskriegen des 16. Jahrhunderts. Dem kurzen Aufschwung seit der französischen Zeit und als südlichster Hafen der Vereinigten Niederlande folgte ein erneuter Rückschlag durch die Wiedereinführung des Scheldezolls (1839–1863). Die weitere Entwicklung ist gekennzeichnet durch den Ausbau zur belgischen Hauptfestung (seit 1859) und nach deren Schleifung 1918 durch den modernen Hafenausbau, der Antwerpen neben Rotterdam und Hamburg zu einem der wichtigsten Häfen des Kontinents machte. Für die Entwicklung seiner bedeutenden Industrie wurde – ähnlich wie in Amsterdam – vor allem der Kolonialverkehr wichtig (u. a. Zucker-, Tabak-, Textilindustrie, Brennereien, Diamantschleifereien und -handel). Wegen seiner im Vergleich zu Rotterdam ungünstigeren natürlichen Hinterlandverbindungen auch zum wallonischen Revier war für Antwerpen der Ausbau des dichten belgischen Eisenbahnnetzes und der Bau des Albert-Kanals (seit 1928) und weiterer Kanäle von besonderer Bedeutung. In der Nachkriegszeit führte eine großzügige Hafenerschließungs- und Industrieansiedlungspolitik dazu, daß mit starkem Einsatz ausländischen Kapitals u. a. eine moderne Erdölraffinerie- und Petrochemische sowie eine beachtliche Automontageindustrie entstand, eine Entwicklung, die

allerdings, ähnlich wie in Rotterdam, Anfang der siebziger Jahre ins Stocken geriet.
Für die belgische Regionalstruktur wie auch für die Flämische Region ist Antwerpen als Gegenpol zu Brüssel am Nordende der zentralen Entwicklungsachse bedeutsam. Als Regionalzentrum ist die Stadt für das ganze östliche Flandern zuständig, soweit es sich im Süden gegen Brüssel durchsetzen kann. Eine ähnlich bedeutsame Funktion für das westliche Flandern hat Gent, das andere flämische Regionalzentrum an der dritten Spitze des belgischen Zentralraumes, des sog. »Goldenen Dreiecks«. Die Stadt hat nach der Gemeindereform 235000 (1985), die Agglomeration etwa 350000 Einwohner. Der Hafen, seit 1837 durch den Gent-Terneuzen-Kanal mit der Westerschelde verbunden, ist mit 27 Mio. t (1984) der zweitgrößte Seehafen Belgiens, doch ist er auch nach dem jüngsten Ausbau nur für Schiffe bis zu 60000 t befahrbar. Am Umschlag sind vor allem das Stahlwerk Sidmar, zwei Raffinerien, petrochemische und andere Fabriken beteiligt, die sich an der 13 km langen Kanalstrecke bis zur Grenze niedergelassen haben und die mit den Betrieben auf der niederländischen Seite bis Terneuzen eine zweite moderne Industrieachse bilden. Gent ist ein altes städtisches Zentrum, neben Brügge die bedeutendste der flandrischen Städte, Sitz der Grafen von Flandern, mit über 50000 Einwohnern schon im Spätmittelalter. Es konnte im 19. Jahrhundert sein altes Textilgewerbe durch den Ausbau zum wichtigsten Standort der belgischen Baumwoll- und Juteindustrie wieder beleben. Gent war um 1830 die zweitgrößte Stadt Belgiens, wurde jedoch bald von Antwerpen und Lüttich, später auch von Charleroi überflügelt, behielt aber seine Bedeutung als wirtschaftliches und geistig-kulturelles Zentrum (flämische Reichsuniversität seit 1816, Bischofssitz).
Das Gegenstück zu den flämischen Regionalzentren bildet Lüttich am Ostende der Sambre-Maas-Achse, mit Einschränkung auch die Industriestadt Charleroi inmitten des wallonischen Reviers und von dessen Krise trotz staatlicher Gegensteuerungsmaßnahmen hart betroffen. Lüttich, der frühe Bischofssitz und spätere Mittelpunkt eines großen fürstbischöflichen Territoriums, konnte auch nach dessen Einbeziehung in die Niederlande und dann in das Königreich Belgien als größte wallonische Industriestadt seine zentrale Position im östlichen Wallonien behaupten und ausbauen (1985: 202000, Agglomeration ca. 550000 Einw.; staatliche Universität, TH, weitere Hochschulen und kulturelle Institutionen). Als Regionalzentrum kann es auch mit Brüssel konkurrieren, das mit seinem Einflußbereich im westlichen Teil der Region die Einzugsgebiete von Charleroi (1987: 213000, Agglomeration ca. 350000 Einw.) und von Namur (1985: 102000 Einw., ohne

ehemaligen Bergbau und ohne Schwerindustrie), dem neuen Zentrum der Wallonischen Region, überlagert. Zu den großen Regionalzentren kommt noch eine Reihe weiterer bedeutender Zentraler Orte, von denen die Regionalstruktur des Landes stark bestimmt wird. Im flämischen Norden gehen sie auf das flandrische Städtewesen zurück wie vor allem Brügge (1985: 118000 Einw.), die einst größte unter diesen Städten, im 19./20. Jahrhundert lange eine Art Freilichtmuseum, für das die Zeit stillzustehen schien, bis die Stadt hauptsächlich durch den Ausbau des Hafens Zeebrügge zum Tiefseehafen zunehmend auch an der modernen Entwicklung teilnahm. Dazu gehören auch Löwen (1985: 85000 Einw.), das im Zusammenhang mit dem Sprachenstreit die spektakuläre Abspaltung eines wallonischen Zweigs von seiner katholischen Universität mit neuem Standort in der Wallonischen Region erlebte, sowie Mecheln (1985: 76000), das wie Löwen und auch Aalst von der Nähe Brüssels begünstigt wurde, außerdem viele weitere Mittel- und kleinere Städte, darunter Ostende (1985: 69000), das seinen Aufstieg der Entwicklung als Seebad und Fährhafen verdankt, und Kortrijk (1985: 76000), das Zentrum des Textilreviers an der Leie. Im Kempenland konnte auf Grund des Kohlebergbaus und der staatlichen Diversifizierungsbemühungen entlang des Albert-Kanals das Doppelzentrum Hasselt-Genk (1985: 65000 + ca. 60000 Einw.) entstehen.

Im wallonischen Süden ist die Städtedichte geringer, die größeren Städte haben sich hauptsächlich im Sambre-Maas-Revier entwickelt, zum Teil aus älterer Wurzel, wie – außer den bereits genannten – vor allem Mons (1985: 91000 Einw.) in der Borinage, die alte Residenz der Hennegaugrafen. In Verviers (1980: 56000 Einw.), dem späteren Zentrum der belgischen Wollindustrie im Vesdretal östlich von Lüttich, führte der Engländer Cockerill bereits 1798 die erste Wollspinnmaschine und wenig später den ersten mechanischen Webstuhl ein.

Die historisch bedingte starke Streuung städtischer Zentren hat verhindert, daß in Flandern großräumige regionale Disparitäten entstanden sind, die etwa mit denen in den Niederlanden vergleichbar wären. Natürlich gibt es auch hier ländliche Regionen, die hinter der allgemeinen Entwicklung zurückgeblieben sind, so das westliche und südwestliche Westflandern, wo nicht, wie in den Seebädern an der belgischen Küste, der Fremdenverkehr zusätzliche Verdienstmöglichkeiten bietet, oder in dem Hügelland des südlichen Flanderns und des nördlichen Hennegaus, einer ländlichen Peripherie, die die Sprachgrenze übergreift. Dazu kommen die Problemgebiete der stark rückläufigen flandrischen Textilindustrie südlich von Gent mit hohen Arbeitslosenzahlen sowie diejenigen im limburgischen Kempenland, im

Norden und Südosten der Provinz Antwerpen und im östlichen Brabant, die teils durch die noch stark ländlich-agrarische Struktur, teils durch die Krise des kempenländischen Kohlebergbaus bedingt sind. Diese flämischen Problemgebiete sind jedoch kaum so abgelegen, als daß nicht in zumutbarer Pendlerentfernung Arbeitsplätze erreichbar wären, die freilich seit Mitte der siebziger Jahre allgemein sehr knapp geworden sind.
In Wallonien dagegen stehen einander das altindustrialisierte Maas-Sambre-Revier, welches das Land von Westen nach Osten durchzieht, mit seinen bisher nur sehr unzureichend gelösten Umstrukturierungsproblemen und der ausgedehnte, noch sehr stark ländliche ardennische Süden gegenüber, wo auch der Fremdenverkehr, um den man sich sehr bemüht, nicht den nötigen Ausgleich schaffen kann. Gerade bei den Bemühungen um eine Überwindung der durch diese Situation gegebenen Schwierigkeiten sind bisher die Gegensätze zwischen Nord und Süd in Belgien hart aufeinandergeprallt, was sicher manchen Lösungsversuch erschwert oder gar verhindert hat. Daß sich auf der Ebene der Region, auf die nun die regionalplanerischen und -politischen Kompetenzen übergegangen sind, die anstehenden Probleme leichter, rascher und umfassender lösen lassen, bleibt zu hoffen. Der Streit um die Verteilung der Mittel auf die drei Regionen wird jedoch kaum aufhören.
Zu einer konsistenten Raumordnungspolitik ist es bisher in Belgien auch deshalb nicht gekommen, weil man gemäß einer allgemein sehr liberalen Einstellung mit staatlichen Eingriffen sehr zurückhaltend ist. Dies hat z. B. dazu geführt, daß der zunehmenden Ausuferung der Städte und auch rasch wachsender ländlicher Orte nicht entschieden entgegengetreten wurde. Daher ist die flächenhafte Verstädterung und die Verbauung der freien Landschaft in Belgien vor allem entlang der Ausfallstraßen sehr viel weiter fortgeschritten als etwa in den Niederlanden. Dazu hat wesentlich beigetragen, daß der Eigenheimbau in der ganzen Nachkriegszeit besonders gefördert wurde. So ist auch der Suburbanisierungsprozeß kaum eingedämmt worden. Dem entsprach häufig eine Kahlschlagsanierung in den Vierteln der Altstadtkerne, deren Wohnungen den steigenden Ansprüchen nicht mehr gerecht wurden. Als krassestes Beispiel gilt die Phalanx der Hochhäuser, für die rücksichtslos eine breite Schneise vom Nordbahnhof aus in die Brüsseler Altstadt hineingeschlagen wurde. Doch die Zeiten, in denen so etwas möglich war, sind auch in Belgien vorbei. Ausgehend von den Erhaltungs- und Sanierungsbemühungen in vielbesuchten flandrischen Städten wie Brügge und Gent, wurden die gesetzlichen Grundlagen und finanziellen Voraussetzungen für eine Sanierung der belgi-

schen Altstadtkerne auf breiter Basis geschaffen (Gesetz zur Stadt- und Dorferneuerung 1978; Erlaß der Flämischen Exekutive 1982/83). Dies ist Teil einer Politik, die auch in Belgien, wie in den Niederlanden, die Kehrtwendung von einer immer weitergehenden Ausdehnung der Stadtrandgebiete zu einer Wiederbelebung der Stadtkerne vollzogen hat.
Dasselbe gilt übrigens auch für das *Großherzogtum Luxemburg*, dessen Regionalstruktur in gewisser Hinsicht mit der Belgiens vergleichbar ist. Auch hier steht einem sehr starken Landeszentrum (ca. 80000 Einw.), das als Finanzplatz sowie als Sitz des EG-Parlaments und -Gerichtshofs auch übernationale Funktionen ausübt, ein industrieller Verdichtungsraum im Süden gegenüber. Dort hat sich auf der Grundlage der Minette-Erze des Doggers wie im benachbarten Belgisch-Lothringen eine Eisen- und Stahlindustrie von für das kleine Land erstaunlicher Dimension entwickelt, die auf dem relativ ungünstigen Standort durch die anhaltende Stahlkrise ebenfalls unter starken Druck geraten ist (1985 [1960]: 3 [30] Hochöfen, 3 [7] Stahlwerke, 6 [7] Walzwerke; Schließung des letzten Erzabbaus 1982). Doch ist es hier bis jetzt gelungen, durch eine rechtzeitige Diversifizierungs- und Industrieansiedlungspolitik unter starker Beteiligung ausländischen Kapitals, durch Produktivitätssteigerung und Spezialisierung sowie durch ein erfolgreiches Krisenmanagement (»Luxemburger Modell«) nicht nur mit den Schwierigkeiten der Schwerindustrie fertigzuwerden, sondern auch die regionalen Disparitäten innerhalb des Landes abzubauen. Das kleine Luxemburg gehört heute, noch vor den Niederlanden und Belgien, zu den EG-Ländern mit dem höchsten Wohlstandsniveau.

2.2.2 Frankreich

Die *Republik Frankreich* ist nach der Sowjetunion der flächenmäßig größte europäische Staat, gemessen an der Einwohnerzahl der fünftgrößte. Die Bevölkerung verteilt sich mit Ausnahme einiger Dichtezonen namentlich im NO relativ gleichmäßig über das Land. Eine Sonderstellung nimmt die verstädterte Pariser Region um die Hauptstadt ein. Dort ist ein knappes Fünftel der französischen Bevölkerung auf engem Raum konzentriert.
Infolge der beherrschenden Position von *Paris* ist die Verstädterung im übrigen Land, in der *»Provinz«*, schwächer fortgeschritten. Nur die Rhône-Linie ist Trägerin der städtischen Verdichtungsräume von

Lyon und Marseille mit jeweils etwas über einer Mio. Einw. Die Agglomeration Lille mit Roubaix und Tourcoing liegt bei etwa 900000 Einw. Weitere dreizehn Stadtregionen erreichen 300000–650000 Einw. und liegen, außer dem Seinehafen Rouen und den Industrieagglomerationen Lille–Valenciennes–Lens und Roubaix–Tourcoing, mindestens 350 km von Paris entfernt. Daß trotz des relativ großen Staatsgebietes, anders als in Großbritannien und in der Bundesrepublik Deutschland, nur wenige regionale Großagglomerationen entwickelt sind, ist auf die verhältnismäßig späte Industrialisierung des Landes und die relativ geringere Ausstattung mit Grundstoffindustrie zurückzuführen. Gleichwohl haben kräftige Impulse in jüngerer Zeit das Land unter den Industriestaaten der Erde in eine führende Position gebracht.

Tab. 34: Anteil ausgewählter Wirtschaftszweige am Bruttosozialprodukt 1960–1985 (in %)

	Bergbau, Energie, verarbeitendes Gewerbe					Land- und Forstwirtschaft, Fischerei				
	1960	1965	1970	1975	1984	1960	1965	1970	1975	1984
Frankreich[1]	41,3	38,6	36,0	29,6	35,8[2]	9,7	8,3	6,3	5,1	4,1
Großbritannien und Nordirland	42,7	39,5	37,3	34,9	40,8	4,1	3,3	2,9	1,9	1,7
Bundesrepublik Deutschland	44,4	42,9	44,6	40,7	40,9	6,9	5,3	3,8	2,9	1,9

[1] Fischerei im verarbeitenden Gewerbe enthalten [2] Fischerei nicht enthalten
Quellen: Statistisches Jahrbuch der Bundesrepublik Deutschland 1964, 1969, 1972, 1977; Annual Abstracts of Statistics 1976; EUROSTAT, Statistische Grundzahlen der Gemeinschaft, 24, 1987

Zwar verfügt Frankreich über eine Reihe bedeutender Rohstoffe, doch die Gewinnungskosten schränken die internationale Konkurrenzfähigkeit wesentlich ein. So ist der Anteil an der Bereitstellung von Eisenerz (Eiseninhalt) von 1952 bis 1985 von 12,1 auf 1,0% zurückgegangen. Auch die Gewinnung von Bauxit für die Aluminiumerzeugung und von Steinkohle hat sich anteilig deutlich verringert. Schließlich ist die Metallerzeugung (Eisen und Stahl, Blei, Zink) auf Anteile von 2–4% zurückgefallen. Andererseits haben verschiedene Zweige der verarbeitenden Industrie, wie Land- und Luftfahrzeugbau, einen bedeutenden weltwirtschaftlichen Rang.

Das *Agrarwesen* erfreut sich insgesamt gut nutzbarer natürlicher Grundlagen und gewährleistet auf vielen Gebieten die Selbstversorgung seiner Bevölkerung und die Erwirtschaftung von Ausfuhrüberschüssen. Auch die allgemeine kulturelle und politische Stellung mit ihren Wurzeln in Paris verschafft Frankreich unter den Staaten der Erde eine herausgehobene Position. Hierzu tragen auch die engen Beziehungen zu einer Reihe von Staaten Nord- und Zentralafrikas bei.

2.2.2.1 Der natürliche Eignungsraum als Potential wirtschaftlicher Nutzung

Die Wertung der *Lagequalitäten* eines Gebietes oder eines Ortes unterliegt dem Wandel der historischen Abläufe, und sie hängt zudem von der jeweiligen spezifischen Nutzung der regionalen Ressourcen in einem weitgefaßten Sinn ab. Das trifft auch und gerade für Frankreich zu. Es ist zwar nicht, wie insbesondere Deutschland, durch eine im kulturgeographischen Sinne sicherlich in mancher Hinsicht begünstigende zentrale Lage ausgezeichnet, doch hat es mit verschiedenen Landschaftseinheiten Kontakt. So ist Frankreich in seinem Südteil nicht nur dem *mediterranen Kulturraum* (Italien, Iberische Halbinsel, Nordafrika) zugewandt, sondern hat selbst Anteil an ihm. Recht eng sind die Bindungen mit *Mitteleuropa* über eine lange Landgrenze. Sein N schließlich stößt auf aktive Gegenküsten Britanniens und der westlichen Hemisphäre. Die namentlich aus diesen drei Richtungen wirkenden Kräfte laufen im nach N versetzten Kernraum des Pariser Bekkens zusammen und verknoten sich hier zu einem Gefüge dessen, was das Wesen Frankreichs als eines eigenständigen Kulturkreises in Europa ausmacht. Im SO und SW sind die Grenzregionen durch *Hochgebirge* geprägt; denn Oberitalien ist durch die Westalpen, die Iberische Halbinsel durch die Pyrenäen von Frankreich geschieden. Nur die Küstensäume beiderseits der Pyrenäen bei Cerbère–Port Bou und Hendaye–Irun sowie der Riviera bei Menton–Ventimiglia und einige Alpenpässe gestatten den Übergang in die Nachbarländer. S, W und N werden durch Mittelmeer, Atlantik und den Kanal mit der Straße von Dover (Pas de Calais) begrenzt. Im NO und O gibt es keine physisch-geographisch bestimmten Grenzen; sie sind weitgehend historisch festgelegt. Dort vermischen sich die benachbarten Kulturräume, was sich auch im Verlauf der französischen *Sprachgrenze* widerspiegelt.
Frankreich läßt sich in folgende *Großlandschaften* gliedern:
- die an der Peripherie gelegenen *Faltengebirge* der Pyrenäen (Carlitte 2921 m, Pic du Midi d'Ossau 2884 m, Pic Long 3132 m und Pic de Vignemale 3298 m, auf spanischer Seite das Maladetta-Massiv mit 3404 m Meereshöhe) sowie der Westalpen, die die französische

Ostgrenze von der Mittelmeerküste bis zu den Savoyer Alpen bilden (Mont Blanc 4807 m, Barre des Écrins du Pelvoux 4102 m, Mont Pelat 3051 m) und dem Durchgangsverkehr in die oberitalienische Tiefebene nur wenige Pässe (Montgenèvre 1849 m und Mt. Cenis 2083 m, Kleiner St. Bernhard 2188 m) bieten;
- der Französische und Schweizer *Jura*;
- die paläozoischen *Rumpfgebirge*: Vogesen (Großer Belchen 1424 m) und Ardennen; das nur geringe Höhen erreichende armorikanische Massiv; das Zentralplateau, das in den aufgesetzten Vulkanen des Mont Dore bis zu 1886 m Höhe (Puy de Sancy) aufragt. Das Zentralplateau wird von N durch die tektonisch angelegten Beckenlandschaften der Limagne und des Forez, denen heute Allier und Loire folgen, aufgeschlossen;
- das *Aquitanische Becken*, jüngere Aufschüttungsebene zwischen Pyrenäen und Zentralmassiv;
- die *Rhône-Saône-Furche*, die über die Burgundische Pforte mit dem Oberrheingraben verbunden ist;
- das *Pariser Becken* mit seinem tertiären Kern und den durch Landstufen gegliederten mesozoischen Tafeln, die in die Nachbarländer übergreifen.

In dieser Gliederung ist bereits das *Fern-* und *Durchgangsverkehrssystem* Frankreichs vorgezeichnet (siehe Abb. 22). Während die Randgebirge und das Zentralplateau verkehrshemmend wirken, konzentrieren sich im Norden die Verkehrswege auf den Kern des Pariser Beckens. Von dort bestehen zur Kanalküste und nach Südengland ebensowenig Schwierigkeiten wie nach NO über Belgien ins Rheinland und nach Mittel- und Osteuropa. Über das Plateau von Langres wird das Saône-Rhône-System erreicht, das die Mittelmeerküste (Marseille) und die Iberische Halbinsel (Barcelona–Perpignan) über Belfort (Burgundische Pforte) mit Süddeutschland und dem Rheinsystem verbindet. Das ganze atlantische Frankreich ist unmittelbar mit Paris verknüpft. Damit erweist sich Frankreich als ein Verkehrsdurchgangsland mit ausgezeichneten Qualitäten, dessen innere Erschließung, namentlich von Paris aus, weithin höchsten Ansprüchen genügt.
Dies ist auch von den frühen Kanalbauern des 18. und 19. Jahrhunderts ausgenutzt worden, die alle wichtigen Stromgebiete miteinander verbanden. Wenn auch gegenwärtig die Kapazität der meisten *Kanäle* nicht mehr den Anforderungen genügt, so haben sie zur Erschließung des Landes doch viel beigetragen.
Die großen *Eisenbahnlinien* folgen den Hauptverkehrsrichtungen.

Dort konzentriert sich der Verkehr. Im übrigen ist das Netz in seinen Grundanlagen, im Gegensatz zu Deutschland, relativ weitmaschig (1 km auf 15 km^2). Zudem ist die Zentralisierung des Systems auf Paris bis heute nicht überwunden. Seit 1983 sind Paris und Lyon durch die Trains à grande vitesse (TGV) auf neuer Trasse in zwei Stunden Reisezeit verbunden. Weitere Neubaustrecken nach Le Mans und Tours folgen Ende der achtziger Jahre. Außerdem sollen London durch den Bau eines Kanaltunnels, Brüssel, Amsterdam und Köln über Schienenschnellbahnen mit Paris verbunden werden.
Ein großer Teil des Verkehrs wird heute auf dem *Straßennetz* abgewickelt, das, häufig römischen Trassen folgend, in napoleonischer Zeit begründet und später großzügig ausgebaut worden ist. Das Autobahnnetz (1985: 5900 km) hat sich in Frankreich, besonders zur besseren Erschließung des Pariser Raumes, in den letzten Jahrzehnten zügig entwickelt.
Die hervorragende Verkehrsposition und die allseits gute Erreichbarkeit von Paris sowie die *zentralistische Staatsgestaltung* begründen auch das in den nachfolgenden Abschnitten immer wieder anzusprechende Problem einer gewissen Unverhältnismäßigkeit zwischen Hauptstadtraum und »Provinz«, deren Nebensinn gerade hier besonders betont sei, besteht doch die »Provinz« aus einer Reihe von Landschaftsräumen mit durchaus eigenständigem Gepräge. Es wird an späterer Stelle zu prüfen sein, inwieweit den Bemühungen der Gegenwart, die Entwicklungen zu weiterer Zentralisierung zu bremsen, Erfolg beschieden sein kann.
Die Lage Frankreichs zwischen 51° und 43° N (Korsika 41–43°) einerseits sowie der intensive atlantische Einfluß andererseits begünstigen in klimatischer Hinsicht die Wirtschaft des Landes, namentlich seine *Landwirtschaft*, im Vergleich mit den süd- und mitteleuropäischen Nachbarräumen. Die nordsüdliche Erstreckung von etwa 1000 km läßt es an dem atlantisch gemäßigten Westwindgürtel ebenso Anteil haben wie am mediterranen Klima mit milden feuchten Wintern und heißen trockenen Sommern. Die atlantische Mäßigung des Witterungsablaufs im offenen N und W des Landes schafft die Voraussetzung für relativ geringe Abweichungen vom normalen Verlauf. Dieser Spannweite ist das Anbauprogramm angepaßt, wobei die frostempfindlichen subtropischen Kulturen durch gelegentliche nördliche Kaltlufteinbrüche über die Rhône-Saône-Senke stark geschädigt werden können. Mehr als 60% des Landes liegen unter 250 m und mehr als 80% unter 500 m Meereshöhe, so daß der Verbreitung rauher Hochlands- und Gebirgsklimate, im wesentlichen auf den O des Landes beschränkt, enge Grenzen gezogen sind.

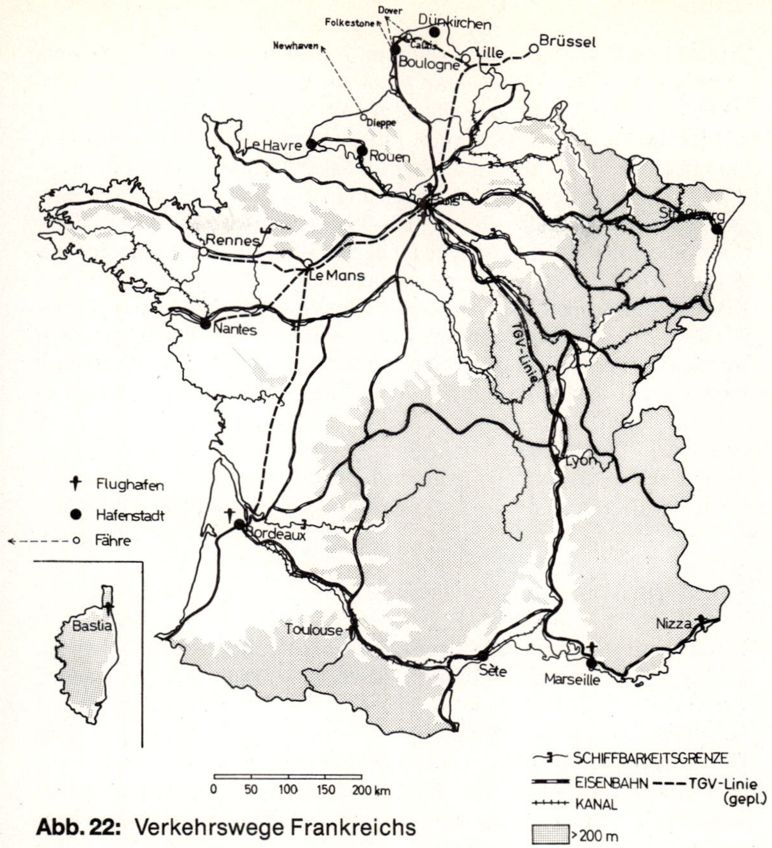

Abb. 22: Verkehrswege Frankreichs

Die paläozoischen Grundgebirge Frankreichs bergen eine Reihe von *Steinkohlenlagerstätten*. Von ihnen hat allerdings nur das nordfranzösische Vorkommen um Douai und Valenciennes, das sich in das große von Westfalen über das Rheinland und Belgien nach England erstrekkende System einordnet, überregionale Bedeutung, und zwar sowohl hinsichtlich seiner Größe als auch wegen des Sortenreichtums. Weniger gilt dies für die fettkohlearmen lothringischen Lagerstätten. Die übrigen Vorkommen sind in kleineren Becken vor allem an den Flanken des Zentralmassivs verbreitet, versorgen aber in der Regel nur lokale Märkte. Lokale Bedeutung hat der Braunkohlenbergbau in zwei Revieren; bei Gardanne (Aix-en-Provence) besteht ein Verbund mit der Aluminiumerzeugung.

Wie in den deutschen Mittelgebirgen finden sich auch in Frankreich zahlreiche gestreute *Eisenerzlagerstätten*, namentlich im Zentralmassiv, die die Eisengewerbe in Gang setzten. Sie reichen für die moderne Großindustrie, wie sie sich im 19. Jahrhundert entwickelte, nicht mehr aus. Frankreich verfügte jedoch im Dogger Lothringens über sekundäre Erzlagerstätten, deren Verwertung, abgesehen von ihrem relativ geringen Metallgehalt von etwa 25–35 % (daher *Minette*), der relativ hohe Phosphoranteil entgegenstand. Mit dem Einsatz neuer Techniken entwickelte sich die Eisenerzlagerstätte zu einem der größten Eisenerzbergbaugebiete, dessen Bedeutung infolge überseeischer Konkurrenz, die im Zuge selektiver Verbilligung der Seefrachten wirksam werden konnte, seit 1973 stark rückläufig ist. Die Vorkommen in der Normandie mit höherem Fe-Gehalt sind indes enger begrenzt.
Außerdem sind bedeutende *Erdgasvorkommen* im Vorland der Pyrenäen erschlossen worden, während Erdöl außer im Aquitanischen Becken bisher in größerem Umfang nicht gefunden werden konnte.

2.2.2.2 Historisch- und bevölkerungsgeographische Grundlagen

Frankreich gehört zu den alterschlossenen Kulturräumen Europas. Zahlreiche prähistorische Funde zeichnen namentlich den atlantischen Westen (Bretagne und Aquitanien) aus. In der Ausprägung und Ordnung der agrarisch bestimmten Kulturlandschaft spiegeln sich im wesentlichen drei Strömungen: Die Einwanderung der *Kelten* aus nordöstlicher Richtung, die im größten Teil Frankreichs gesiedelt und die älteren Bewohnergruppen – Ligurer und Iberer – assimiliert haben; die Ausbreitung der *römischen* Kultur mit neuen Impulsen in der Organisation und in der Produktionsrichtung der westeuropäischen Landwirtschaft; schließlich das Eindringen *germanischer* Stämme, insbesondere der Franken, mit insgesamt geringeren, aber in den nördlichen Randgebieten stärkeren Einflüssen.
Die großzügig gegliederte Agrarlandschaft zeigt mit vorwiegend geschlossenen *dörflichen Siedlungen* auf Kalkuntergrund sowie auf Löß- und Lehmplatten des NO, wo die Wasserversorgung schwieriger ist, verwandte Züge zu Mitteleuropa; in der feuchten Champagne sind Weiler und *Einzelhöfe* stärker vertreten. Im NW dominieren durch Hecken begrenzte blockartige Flurtypen (*bocage*) mit Weilern und Einzelhöfen, während im S mediterrane Einflüsse das Siedlungsbild prägen; auch hier überwiegt Streusiedlung; im Weinbaugebiet des Languedoc und an der provençalischen Mittelmeerküste finden sich

jedoch dicht besiedelte geschlossene Dörfer; im NO und O überwiegen Haufendörfer mit Gewannfluren (*champs ouverts*). Durch Rationalisierungsmaßnahmen hat sich das agrarisch geprägte Siedlungsbild teilweise gewandelt.

Das System der *Städte*, in der gallo-romanischen Zeit durch die Einrichtung von Garnisonen, Umschlagplätzen und Verkehrsetappen sowie von lokalen Zentren kräftig entwickelt, lehnt sich vor allem an große Verkehrswege an. Im Mittelalter kamen, insbesondere im 11. und 14. Jh., Residenzstädte und geistliche Zentren hinzu, die später noch durch Festungen, Residenzen und Handelszentren ergänzt wurden, ehe schließlich neue städtische Funktionen im 19. und 20. Jh. (Bergbau, Industrie, Kur- und Bäderorte) das Netz der Städte weiter verdichtet haben.

Trotz der frühen Entwicklung eines über das ganze Land gespannten Netzes zentraler Orte sind nur wenige in der Gegenwart zu bedeutenden Agglomerationen herangewachsen, weil Paris schon seit dem 10. Jh. als *Hauptstadt* des ganzen Territoriums in der Hierarchie des französischen Städtewesens eine überragende Stellung errungen hatte, die sich im Zusammenhang mit den zunehmenden Tendenzen des Gewinns an typisch städtischen Funktionen außergewöhnlich verstärken konnte. Dieses Ungleichgewicht im Rang der französischen Städte ist sicherlich ein Kriterium, das die Industrialisierungsvorgänge im Lande entscheidend mitbestimmt hat.

Zur Zeit der Wirtschaftspolitik des *Merkantilismus* im 17. und 18. Jh., die durch COLBERT besonders gefördert worden war, nahm Frankreich eine führende Stellung im vorindustriellen Gewerbe der damaligen Zeit ein. Von den Erzeugnissen der *Manufakturen* wurden vor allem Luxusgüter wie Seiden-, Glaswaren und Porzellan exportiert. Im Rahmen dieser Politik und zur Ersparnis von Devisen wurde eine eigene Handelsflotte in Dienst gestellt und die Kolonialpolitik aktiviert, um die Versorgung der einheimischen Gewerbe mit preisgünstigen Rohstoffen zu gewährleisten. Indes gelang es nicht, diese industriegewerblichen Ansätze im 19. Jh. für eine *Industrialisierung* auf breiter Grundlage zu nutzen. Frankreich entwickelte sich als Industrieland trotz vorhandener Bodenschätze und trotz guter gewerblicher Voraussetzungen langsamer als England und Wales, aber auch langsamer als Belgien und Deutschland. Für die politische und wirtschaftliche Entwicklung Europas stellte die Französische Revolution 1789 einen entscheidenden Einschnitt dar; sie führte zu großen Auseinandersetzungen um die wirtschaftliche Vormacht zwischen Großbritannien und Frankreich. Die *Kontinentalsperre* lenkte die Interessen Großbritanniens auf die Konsolidierung der überseeischen Besitzungen, wo es

sich auch Märkte für die Versorgung mit Rohstoffen und den Absatz seiner Industrieprodukte sicherte.
Die Entwicklung Frankreichs verlief hingegen im 19. Jh. in wirtschaftlicher Hinsicht ruhiger; es blieb in starkem Maße *Agrarland*. Aus der Französischen Revolution ging der Bauernstand gestärkt hervor; insgesamt basierte die Landwirtschaft auf einer breiten Grundlage von klein- und mittelbäuerlichen Betrieben mit gesunder innerer Struktur. Erst seit Mitte des 20. Jh. werden intensive Anstrengungen unternommen, die Gewichte in der Grundstruktur der Wirtschaft entscheidend zugunsten der Industrie zu verändern. Die *Bevölkerungsentwicklung* Frankreichs in den letzten beiden Jahrhunderten entspricht in den großen Zügen der dargelegten wirtschaftlichen Situation. Die auch in diesem Zeitraum lange vorherrschende Agrarstruktur bedingte eine relativ gleichmäßig über das Land gestreute Besiedlung mit nur geringen Veränderungen und Verschiebungen, die sich im wesentlichen im Gebiet der Pariser Agglomeration, in dem industriellen Norden um Lille, Lothringen und an der Côte d'Azur zeigten.

Tab. 35: Bevölkerungsentwicklung
in ausgewählten Wirtschaftsräumen Frankreichs

		Einwohner in 1000				Bevölkerungsdichte je km²		
	km²	1861	1921	1968	1975	1861	1968	1975
Frankreich insg.	547026	37386	39210	49779	52567	·	90	96
Rég. Paris (Île de France)	12008	2819	5683	9251	9863	235	770	821
Région Nord	12378	2027	2778	3815	3917	164	308	316
Côte d'Azur	15406	1018	1493	2748	3077	66	178	200
»Lothringen«	11499	875	1093	1677	1729	76	146	151
Loire-Atlantique (Nantes)	6893	580	650	862	936	84	125	136
Gironde (Bordeaux)	10000	667	819	1009	1060	67	101	106
Loire (St. Etienne)	4774	518	637	722	742	109	151	155
Rhône (Lyon)	3215	662	957	1326	1429	206	412	444
Verstädterte und Industriegebiete	77315	10555	15643	23349	·	137	302	·
Restliches Frankreich	471964	26831	23567	26430	·	57	56	·

Quelle: Etudes et Conjoncture: L'espace économique Français, 3. Aufl. Teil 1, Paris 1965; Recensement de 1968: Population de la France, Paris (1968); Annuaire Statistique de la France, 1976

Tab. 36: Bevölkerungsentwicklung in ausgewählten Regionen Frankreichs

	Fläche in 1000 km²	1950	1960	1970	1980	1984
Frankreich insg.	544,0	41829	45684	50772	53880	54947
Île de France (Paris)	12,0	6947	8242	9479	10014	10180
Nord-Pas-de-Calais (Lille)	12,4	3293	3609	3855	3921	3938
Lothringen	23,5	1858	2137	2296	2319	2316
Aquitaine (Bordeaux)	41,3	2202	2292	2494	2631	2697
Rhône-Alpes (Lyon)	43,7	3567	3934	4551	4956	5109
Provence-Alpes, Côte d'Azur	31,4	2337	2729	3430	3895	4021
Übriges Frankreich	379,7	21625	22741	24667	26144	26686

	Bevölkerungsdichte je km²				
	1950	1960	1970	1980	1984
Frankreich insg.	76	84	93	99	101
Île de France (Paris)	579	687	790	835	847
Nord-Pas-de-Calais (Lille)	266	291	311	316	317
Lothringen	79	91	98	99	98
Aquitaine (Bordeaux)	53	55	60	64	65
Rhône-Alpes (Lyon)	82	90	104	113	117
Provence-Alpes, Côte d'Azur	74	87	109	124	128
Übriges Frankreich	57	60	65	69	70

Quellen: EUROSTAT: Regionalstatistik, 1978; Regions, 1986

In 16 der 22 *Planungs-»Regionen«* Frankreichs betrug die relative Änderung der *Bevölkerungszahl* von 1851 bis 1954 weniger als 20%. Mehr als die Hälfte der Departements, nämlich 52 von 95, hatte einen Bevölkerungsrückgang zu verzeichnen. In erster Linie wurde davon das Zentralplateau betroffen, außerdem die Pyrenäen, die provençalischen Alpen und die Dauphiné, die Mittelgebirge im NO, die Normandie und Picardie sowie weitere städtearme Gebiete in verkehrsgeographisch abseitiger Lage.
Wie sich der Tabelle 35 entnehmen läßt, hat die *Bevölkerungsentwicklung* mit Ausnahme der Industriegebiete in Lothringen, dem Loirebecken und im Raum Lille sowie von Groß-Paris, der Côte d'Azur und

den Departements mit den Städten Lyon, Nantes und Bordeaux von 1861 bis 1921 in Frankreich bei nur schwacher Zunahme der Bevölkerung insgesamt einen Rückgang aufzuweisen, der erst in den letzten Jahrzehnten durch einen umgekehrten Trend unterbrochen wurde. Die neue, seit 1945 durch den Staat kräftig begünstigte Aufwärtsentwicklung der Bevölkerung kommt insbesondere den Städten zugute, während die ländliche Bevölkerung weiterhin zurückgeht. Hauptsächliche Ursache dieser besonderen Bevölkerungsentwicklung innerhalb des westlichen Europa war, wie schon angedeutet wurde, die relativ schwache Industrialisierung, wodurch die Herausbildung von Großagglomerationen gehemmt wurde. Namentlich die zahlreiche Arbeitskräfte anziehende Großindustrie und die arbeitsintensive Verarbeitungsindustrie waren in Frankreich schwächer vertreten. Die neue Wirtschaftspolitik widmet daher gerade der weiteren und umfassenden Industrialisierung des Landes ihre besondere Aufmerksamkeit.

Tab. 37: Der Altersaufbau in ausgewählten französischen Regionen 1962 (Zahlen in %)[1]

	0–14	15–29	30–44	45–64	65 u. älter
Frankreich	26,06	19,82	20,09	22,23	11,80
Limousin	21,65	16,96	19,28	25,75	16,36
Basse-Normandie	30,48	19,95	19,20	20,53	9,84
Lothringen	30,20	21,09	20,24	19,70	8,77
Paris	23,00	19,78	22,22	23,33	10,67
Burgund	26,13	18,37	18,49	22,52	14,49

[1] Die unterstrichenen Ziffern sind die jeweils auftretenden Minimal- bzw. Maximalwerte aller 22 Regionen des Landes
Quelle: Etudes et Conjoncture: L'espace économique Français, 3. Aufl., Teil 1, Paris 1965

Soweit sich Erfolge dieser Politik gezeigt haben, sind sie in einer gewissen Dynamisierung der *Bevölkerungsverteilung* auch außerhalb des Groß-Pariser Raumes zu erkennen. Hierdurch wird auch der Altersaufbau in den einzelnen Teilen des Landes differenziert; dies wird die weiteren regionalen Entwicklungsmöglichkeiten in bestimmter Weise lenken. Tabelle 37 enthält ausgewählte »Regionen« mit Extremwerten des Altersaufbaus. Die ländlichen Gebiete (Limousin) geben so starke Kontingente junger Bewohner ab, daß sich Tendenzen der Überalterung zeigen, während in Paris die arbeitsfähigen Altersgruppen besonders stark vertreten sind (s. Tab. 38). Der kräftigste Sog geht vom größten französischen Arbeitsmarkt im Raum Paris aus. Dagegen verlassen viele Bürger die Hauptstadt nach dem Ende der Berufszeit wieder, um in die Provinz zurückzukehren oder sich in landschaftlich reizvollen Orten zur Ruhe zu setzen. In den in Tab. 38 erfaßten Jahren zeigt sich, daß die Pariser Region insgesamt steigende Wanderungsverluste erleidet, wobei sich der Süden, insbesondere die Côte d'Azur als ein Gebiet großer Anziehungskraft, das alle Altersgruppen erfaßt, erweist.

Tab. 38: Binnenwanderungssalden ausgewählter französischer Regionen

	Durchschnitt der Jahre 1968–1975	**1983**
Île de France (Paris)	– 23982	– 63349
Nord-Pas-de-Calais	– 19201	– 18449
Lothringen	– 11938	– 12737
Aquitaine	+ 3671	+ 12414
Rhône-Alpes	+ 10315	+ 6446
Provence-Alpes-Côte-d'Azur	+ 30324	+ 28940
Limousin	+ 209	+ 2780
Basse-Normandie	– 3604	– 1577
übrige Provinzen	+ 14206	+ 45532

Quellen: EUROSTAT: Regionalstatistik, 1977; Regions, 1986

2.2.2.3 Die gegenwärtige Struktur

Die Entwicklung der Bevölkerung ist zum Teil zwar eine Folge von außerwirtschaftlichen Ereignissen und wirtschaftlichen Abläufen, beeinflußt diese ihrerseits aber auch. Sie ist daher ein gewichtiger Indikator für die Beurteilung des *Wirtschaftslebens* eines Landes und seiner Teilräume. PINCHEMEL (1964) verweist einerseits auf die Auswirkungen besonders der beiden Kriege dieses Jahrhunderts, die direkt und indirekt das Wachstum der Bevölkerung gehemmt haben. Zum anderen führt er die *crise de fécondité* im ersten Drittel des 19. Jh. an. Mit ihr dürften die vergleichsweise langsam voranschreitenden Prozesse der Industrialisierung in Verbindung zu bringen sein, zumal der Bevölkerung eine wesentlich größere landwirtschaftlich nutzbare Fläche zur Verfügung stand und steht als den früh industrialisierten Ländern England, Wales und Belgien. So war im 19. Jh. die Geburtenziffer erheblich niedriger als in den genannten Ländern, die Sterbeziffer lag dagegen leicht höher.

Nach 1945 wurden im Rahmen eines großen *Sozialprogramms* auch Maßnahmen verwirklicht, die insbesondere größeren Familien zugute kamen. Seitdem war die Zuwachsrate der Bevölkerung in Frankreich spürbar angestiegen, fällt aber seit den 60er Jahren allmählich wieder ab. Zugleich wurden Wiederaufbau und Entwicklung der französischen Wirtschaft der Nachkriegszeit durch staatliche *Wirtschaftspläne*, deren erster als *Monnet-Plan* bekannt ist, beeinflußt. Diese *planification* ist – mit allen ihren Vorzügen und Nachteilen – dem marktwirtschaftlichen System untergeordnet. Besonders sollen das Verkehrswesen verbessert und die Industrialisierung vorangebracht werden. Die Grundstoffindustrien, namentlich die Eisen- und Stahlindustrie, haben unter staatlicher Regie aufgeholt, und in der Flugzeugindustrie hat Frankreich eine führende Stellung im Westen Europas inne. Die Maßnahmen zu Beginn der achtziger Jahre mit dem Ziel, den marktwirtschaftlichen Kurs zugunsten umfangreicher Verstaatlichungen und weiterer staatlicher Eingriffe deutlich zu verändern, sind 1986/87 weitgehend rückgängig gemacht worden.
Wie die meisten anderen Industrieländer der Erde steht Frankreich im Prozeß einer *strukturellen Neuordnung*, die zwar schon seit Jahrzehnten im Gang ist, aber in jüngster Zeit mit größerer Beschleunigung abläuft. Der Anteil der Landwirtschaft am Bruttoinlandsprodukt ist ebenso wie die Zahl der in der Landwirtschaft Tätigen rückläufig zugunsten der Industrie und der dispositiven Tätigkeiten und der Dienstleistungen, die als typisch städtische Berufe immer stärker die Bevölkerungsströme der beruflich aktiven Bevölkerung bestimmen.

Tab. 39: Anteile der Beschäftigtenzahlen in den drei Wirtschaftssektoren Frankreichs

Wirtschaftssektor	1931	1954	1962	1968	1975	1980	1985
Land- und Forstwirtschaft, Fischerei	37,0	28,0	19,9	15,0	10,8	8,2	7,6
Industrie und Handwerk, Bergbau, Bauwesen, öffentliche Arbeiten	33,9	36,8	38,2	39,0	36,7	32,3	32,0
Handel, Verkehr, Dienstleistungen, Verwaltungen	29,1	35,2	41,9	46,0	52,5	59,5	60,4

Quellen: Études et Conjoncture, Numéro spécial: L'espace économique Français, Teil 2, 3. Aufl. Paris 1967; Statistisches Jahrbuch für die Bundesrepublik Deutschland 1972, 1973, 1982; Statistisches Bundesamt Wiesbaden: Länderkurzbericht Frankreich, 1976; EUROSTAT: Statistische Grundzahlen der Gemeinschaft, 24, 1987

2.2.2.3.1 Die Landwirtschaft

Von der gesamten Fläche Frankreichs werden durch die *Landwirtschaft* 57% genutzt (Bundesrepublik Deutschland 48%). Weitere 27% sind bewaldet. Um die Mitte des 19. Jh. waren 78% der Flächen landwirtschaftlich genutzt, 17% Wälder. Das Ackerland ist, wie in anderen europäischen Staaten auch, in den letzten Jahrzehnten bis etwa 1970 verringert worden zugunsten der Wiesen und Weiden, die sich sowohl absolut als auch relativ ausgedehnt haben. Seitdem ist diese Entwicklung zum Stillstand gekommen. Die Wein- und Obstbaumkulturen sind dagegen in ihrem Bestand insgesamt verhältnismäßig stabil geblieben. Ihr Anteil an der Landnutzungsfläche ist größer als in den nördlicher, dagegen kleiner als in den südlicher gelegenen europäischen Nachbarländern. 1984 kamen in Frankreich 175 Einwohner auf einen Quadratkilometer landwirtschaftlich genutzter Fläche, in der Bundesrepublik Deutschland hingegen 507. Aus dieser unterschiedlichen agrarischen Bevölkerungsdichte läßt sich eine differenzierte Gestaltung des Binnenmarktes wie des Außenhandels ableiten.

Die Änderungen im *Nutzflächengefüge* ordnen sich einerseits in die großen Zusammenhänge der gegenwärtigen technischen und wirtschaftlichen Entwicklungen in den Industrieländern ein; andererseits folgen sie dem durch die Agrarpolitik der Europäischen Wirtschaftsgemeinschaft stark beeinflußten Wandel der Marktbedingungen. Sie beschränken sich daher nicht nur auf Anpassungen des Produktionsprogrammes, sondern ebenso der innerbetrieblichen Struktur. Dabei

Tab. 40: Die agrarische Landnutzung in Frankreich 1840–1985

	1840		1910		1948		1980		1985	
	Mio. ha	%	Mio. ha	%	Mio. ha	%	Mio. ha	%	Mio. ha	%
Ackerland	25,7	62,5	23,7	66,6	18,4	57,0	17,3	54,7	17,9	57,0
Dauergrünland	13,4	32,6	10,1	28,4	12,3	38,1	12,9	40,8	12,2	38,9
Dauerkulturen (vor allem Weinreben)	2,0	4,9	1,8	5,0	1,6	4,9	1,4	4,5	1,3	4,1
Landwirtschaftl. Nutzfläche insgesamt	41,1	100	35,6	100	32,3	100	31,6	100	31,4	100

Quellen: Annuaire Statistique de la France, 1976; EUROSTAT: Statistische Grundzahlen der Gemeinschaft 20, 1982, 24, 1987

ist auch hier die innerstaatliche Gliederung in Agrar-Wirtschaftsräume zu beachten, in denen die lagemäßige und klimatische Differenzierung zu charakteristischer Arbeitsteilung geführt hat.

Tab. 41: Die landwirtschaftlichen Betriebsgrößen in Frankreich 1956 und 1984 (Bundesrepublik Deutschland zum Vergleich)

	Zahl der Betriebe in 1000 (in %) 1956	1984	D (BR) in % 1984	Betriebsflächen in 1000 ha (in %) 1956	1984	D (BR) in % 1984
1– 5	643 (30,4)	199 (19,2)	31,2	1710 (5,3)	505 (1,7)	4,9
5–10	472 (22,3)	135 (13,0)	18,1	3458 (10,8)	1030 (3,5)	8,1
10–20	532 (25,1)	212 (20,4)	22,3	7536 (23,5)	3185 (11,0)	19,9
20–50	375 (17,7)	336 (32,3)	23,4	11167 (34,8)	10760 (37,1)	43,6
über 50	95 (4,5)	157 (15,1)	4,9	8201 (25,6)	13546 (46,7)	23,5
insgesamt	2117 (100)	1039 (100)	100	32071 (100)	29026 (100)	100

Quellen: Statistisches Jahrbuch über Ernährung, Landwirtschaft und Forsten 1975; EUROSTAT: 24, 1987

Die *Besitzstruktur* der landwirtschaftlichen Betriebe Frankreichs hat sich über einen längeren Zeitraum nur wenig verändert. Der Anteil der reinen Pachtbetriebe hat zugenommen und umfaßt knapp ein Fünftel der Betriebe und zwei Fünftel der Betriebsflächen. Das *Pachtwesen* findet sich besonders im NO und W des Landes sowie im Pariser Umland. Demgegenüber ist das *Teilbausystem*, das vor allem noch im Aquitanischen Becken vorkommt, rückläufig. Die landwirtschaftlichen Betriebe Frankreichs sind im Vergleich mit den meisten süd- und mitteleuropäischen Ländern durchschnittlich größer. Die auch hier vorhandenen zahlreichen *Kleinbetriebe* werden, abgesehen von intensiven Sonderkulturen, Obst- und Gemüseanbau sowie Blumenzucht, insbesondere um Paris und im atlantischen Küstenbereich, vornehmlich im Nebenberuf bewirtschaftet; ähnlich ist es in den nördlichen Industrierevieren.

Im Zeitraum von 1956 bis 1984 ist in Frankreich die durchschnittliche Betriebsgröße ohne Berücksichtigung der Betriebe unter 1 ha von 15,15 auf 29,5 ha angewachsen; in der Bundesrepublik Deutschland wurden 1984 im Durchschnitt 16,3 ha erreicht. Die Betriebsgrößen sind nur aussagekräftig in Kombination mit der Produktionsrichtung. Die großen Betriebe über 50 ha sind vor allem im NO in den offenen Ackerbaulandschaften verbreitet: in der Champagne und der Picardie, in der Beauce, den Ländchen Brie und Berry. Das mittel- und kleinbäuerliche Gefüge wird insbesondere durch die Bretagne, die Gascogne, die Auvergne und die Mittelgebirge des O repräsentiert. Seit der Jahrhundertwende ist die Zahl der Agrarbetriebe mit mehr als 1 ha Betriebsfläche halbiert worden; die Betriebe unter 1 ha haben sich von über 2 Mio. auf etwa 90000 in den siebziger Jahren vermindert. 1986 betrug die Zahl der in der Landwirtschaft Tätigen 1,4 Mio. (6,7 % aller Erwerbstätigen). Ihr Anteil liegt also höher als in den west- und mitteleuropäischen Industrieländern. Die Bedeutung der französischen Landwirtschaft ist auch aus dem Beitrag zu erkennen, den sie zum Bruttoinlandsprodukt beisteuert, der allerdings trotz steigender Leistung relativ rückläufig ist (s. Tab. 34). Auf die pflanzliche Erzeugung entfielen im Durchschnitt der Jahre 1969–1974 reichlich zwei Fünftel des Produktionswertes (44,2 %; 1980–85: 48,1 %; in der Bundesrepublik Deutschland 1971–75: 29,5 %; 1980–85: 31,9 %). Seit 1976 stieg die landwirtschaftliche Gesamtleistung (in ECU) in Frankreich um 79 %, in der Bundesrepublik Deutschland dagegen nur um 49 % an.

Unter den Ackerbauerzeugnissen ist der *Winterweizen* das dominante Anbaugut und für Westeuropa das Hauptbrotgetreide. Sein Anbau erstreckt sich über das ganze Land mit Schwergewicht in der Picardie, der östlichen Normandie, der Beauce und Île de France. Bis in die sechziger Jahre war die Intensität des Anbaus gegenüber den nordöstlichen Nachbarländern niedriger und hatte zur Folge, daß deren Flächenerträge nicht erreicht wurden. Sie haben sich aber beim Weizen seit Anfang der 50er Jahre in Frankreich verdreifacht und liegen gegenwärtig durchschnittlich bei 55–62 dt/ha. Auf leicht verringerter Anbaufläche sind in den letzten Jahren die Weizenernten im bedeutendsten europäischen Erzeugerland nach der Sowjetunion kräftig auf 29,5 Mio. t (Durchschnitt 1984/86; 1972/75: 17,5 Mio. t) angestiegen. Neben dem Weizen sind *Gerste* (11,0 Mio. t) und Körnermais (11,5 Mio. t), dieser besonders im S, die wichtigsten Getreidearten. In den klimatisch für diese Getreide weniger geeigneten Gebieten wird Hafer angebaut. Der Roggen tritt in Frankreich ganz zurück. Der in den Mittelmeerraum eingedrungene *Reisanbau* beschränkt sich auf die Camargue im Rhônedelta und hat bis in die achtziger Jahre abnehmende Bedeutung gehabt. Der Getreideanbau deckt nicht nur den Eigenbedarf, sondern gestattet auch den Export insbesondere von Weizen, Gerste und Mais. Die Selbstversorgung wurde bei den Getreiden insgesamt 1984/85 um 120 % überschritten. Überschüsse werden außerdem beim Zuckerrübenanbau, bei Milcherzeugnissen, Geflügel und in der Regel beim Wein erzielt. Nahezu ausgeglichen sind

Tab. 42: Die Erträge landwirtschaftlicher Erzeugnisse in Frankreich 1958–1961, 1970–1974 und 1980–1984

	Anbaufläche in 1000 ha			Erträge in 1000 t			Erträge in 100 kg/ha			D (BR) (zum Vergleich) Erträge in 100 kg/ha	
	∅1958–61	∅1970–74	∅1980–84	∅1958–61	∅1970–74	∅1980–84	∅1958–61	∅1970–74	∅1980–84	∅1969–74	∅1980–84
Weizen	4352	3955	4821	10433	16688	25930	24,0	42,2	53,6	42,9	54,3
Gerste	2030	2752	2374	4988	9653	10453	24,5	35,1	44,3	38,2	45,7
Körnermais	·	1774	1679	2266	8834	9901	·	49,8	59,0	50,3	59,9
Getreide insgesamt	9106	9374	9685	20998	37825	49186	23,1	40,4	50,8	50,3	47,3
Rebland	1281	1224	·	72120[1]	70761[1]	·	56,3[2]	57,8[2]	·	101,4[2]	107,2[2]
Kartoffeln	885	336	211	13541	7867	6248	153	234	295,6	284,0	289,8
Zuckerrüben	385	465	551	13226	21719	29400	342	467	533,4	446,0	494,0

[1] 1000 hl [2] hl/ha

Quellen: Statistisches Jahrbuch für die Bundesrepublik Deutschland, 1976; Annuaire Statistique de la France, 1976; Statistisches Jahrbuch über Ernährung, Landwirtschaft und Forsten, 1962, 1975, 1982, 1985

im Inland Angebot und Nachfrage viehwirtschaftlicher Erzeugnisse, die im wesentlichen dem NW und W des Landes sowie den Mittelgebirgsregionen entstammen. Die Schweinezucht ist gegenüber Deutschland weniger bedeutend als die Rinderhaltung.

2.2.2.3.2 Bergbau und Industrie

Hinsichtlich seines *Industrialisierungsgrades* nimmt Frankreich heute unter den Industrieländern eine hervorragende Stellung ein. Dazu haben wesentlich der Ausbau der Verarbeitungsindustrie und die Verstärkung der Grundstoffindustrien nach 1945 beigetragen.
Im wesentlichen sind fünf Rohstoffe zu erwähnen, deren Gewinnung das Gesicht des französischen *Bergbaues* prägen oder geprägt haben: Steinkohle, Erdgas, Eisenerz, Bauxit und Kalisalz.
Im französischen *Steinkohlenbergbau* sind, wie schon in den zwanziger Jahren, von 1950 bis 1966 jährlich mehr als 50 Mio. t (Höchstergebnis 1958/1959) gefördert worden. Seitdem sind die Förderleistungen stark zurückgegangen und bis 1986 auf 14,4 Mio. t gefallen. Unter den sieben Revieren ragen das nordfranzösische Becken um Valenciennes, Douai und Lens (6 Zechen) und das Lothringische Becken (6 Zechen) heraus. Dort werden knapp 80% der gesamten Steinkohle gefördert und über 90% des Zechenkokses erzeugt. In den Revieren im Centre Midi förderten 1985 noch 7 Betriebe Steinkohle. Indes reicht, namentlich für die lothringische Schwerindustrie, die Koksgewinnung nicht aus. Auch kann der Kohlebedarf bestimmter Qualitäten nicht aus eigener Förderung gedeckt werden. So muß Frankreich Kohle und Koks in der Größenordnung von jährlich 18–21 Mio. t (1983/85) importieren, insbesondere aus dem Ruhr- und Saarrevier (1974: 6,7 und 3,9 Mio. t; 1985: 3,1 und 1,3 Mio. t) sowie aus Polen, den Vereinigten Staaten von Amerika und der Sowjetunion. Die weniger rationell arbeitenden Steinkohlenzechen in den verschiedenen Revieren werden seit den sechziger Jahren Zug um Zug stillgelegt. So werden auch in den meisten kleinen Revieren, besonders in Zentralfrankreich, die Bergarbeiterplätze verlorengehen. Von 1957 bis 1984 ist die Beschäftigtenzahl im Steinkohlenbergbau von 202000 auf 51000 reduziert worden. Von 1957 bis 1975 ist die Leistung je Mann und Schicht unter Tage von 1682 auf 2761 kg (Bundesrepublik Deutschland von 1599 auf 4062 kg) gesteigert worden; seitdem hat sie nur noch wenig zugenommen. Die Rationalisierung ist im französischen Steinkohlenbergbau, der verstaatlicht ist, erst relativ spät vorangetrieben worden.
Der Steinkohlenbergbau steht in allen mittel- und westeuropäischen

Ländern in Konkurrenz mit dem importierten *Erdöl.* Der Mangel an geeigneten Kokskohlenvorkommen erschwert die Situation im französischen Steinkohlenbergbau zusätzlich. Das einst relativ geringere Gewicht der französischen Reviere gegenüber Wales oder Südbelgien bewirkt weniger tiefe Einschnitte in das Gesamtgefüge; die *Stillegung* der isolierten Zechen in Zentral- und Südfrankreich kann jedoch das lokale Wirtschaftsleben der kleinen Reviere erschüttern. In Lothringen wird die Situation durch den zurückgehenden Eisenerzbergbau und die Krise in der Eisen- und Stahlindustrie verschärft. So sind in Frankreich ebenso wie in anderen europäischen Revieren neben Bestrebungen zur Reaktivierung ehemaliger Bergbaugebiete durch Industrieansiedlungen Sozialpläne für die ausscheidenden Bergleute geschaffen worden.

Die *Eisenerzförderung* ist auf Lothringen konzentriert, wo die phosphorhaltige *Minette* gefördert wird. Ihr relativ geringer Eisengehalt hat die Gründung der Schwerindustrie auf diesen Vorkommen begünstigt, zumal die Transportkosten für Steinkohle wegen der sinkenden spezifischen Einsatzmenge tendenziell abgenommen haben. Weniger Bedeutung haben die Vorkommen in der Normandie und im Pyrenäenvorland. 1968–1974 wurden durchschnittlich etwa 55 Mio. t Eisenerz mit 17 Mio. t Eiseninhalt gefördert. Damit zählte Frankreich zu den größten Förderländern der Erde. Damals wurde Eisenerz besonders ins Ruhr- und Saarrevier exportiert. Seitdem ist die Eisenerzgewinnung kräftig auf 11,3 Mio. t (mit etwa 3,7 Mio. t Eiseninhalt) gesunken. Der Erzbergbau ist der überseeischen Konkurrenz nicht mehr gewachsen. Frankreich ist inzwischen ein Nettoimportland von Eisenerzen geworden.

Die sicheren *Erdgasvorräte* sind mit 35 Mrd. m^3 relativ gering. Das bedeutendste Erdgasvorkommen befindet sich um Lacq im Aquitanischen Becken. Die Rohgasgewinnung ist von 0,4 Mrd. m^3 (1957) auf 8,6 Mrd. m^3 1968 angestiegen; nach leichtem Rückgang wurden 1976 10,5 und 1987 3,9 Mrd. m^3 erreicht. Das Erdgasvorkommen hat neben der Erdgasaufbereitung weitere Betriebe der Veredelung (Erdgas-Chemie) und Verwertung (Kraftwerk und Aluminiumhütte) herangezogen und ein lokales Industriegebiet geschaffen. Die Erdölförderung, besonders in den Landes, ist – gemessen am Bedarf – sehr gering und lag (1987) bei 3,3 Mio. t im Jahr. Frankreich ist damit fast ausschließlich auf Importe (1974: 125 Mio. t, 1984: 61 Mio. t) angewiesen, die im wesentlichen aus Nordafrika und dem Vorderen Orient im Hafen von Marseille, daneben in den Seinemündungshäfen umgeschlagen werden.

Während der letzten Jahrzehnte hat Frankreich seine Sekundärener-

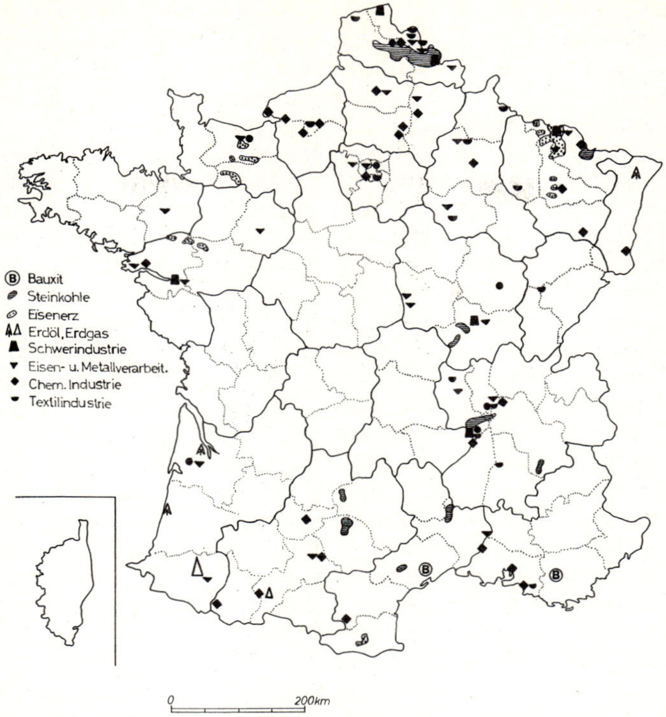

Abb. 23: Lagerstätten und Industrie in Frankreich

giebasis in großem Umfang ausgebaut, und zwar im wesentlichen durch Kernkraftwerke. 1984 waren diese mit 58,7 % an der gesamten Elektrizitätserzeugung (1985: 64,9 %; Bundesrepublik Deutschland 31,0 %) beteiligt. Hierdurch ist das Land in der Lage, in absehbarer Zeit erhebliche Überschüsse zu erzielen.

Im Elsaß sind bei Mülhausen in den ersten Jahrzehnten dieses Jahrhunderts *Kalisalzvorkommen* erschlossen worden. Sie haben, ohne den Umfang der Gewinnung in den mitteldeutschen Revieren zu erreichen, doch deren Monopolstellung beseitigt. Mit etwa 1,7 Mio. t hat Frankreich gegenwärtig einen Anteil von etwa 7 % an der Weltförderung. Schließlich sind noch die Bauxitvorkommen in Südfrankreich (Förderung 1984: 1,5 Mio. t) als Grundlage der Aluminiumerzeugung zu erwähnen.

Frankreich hat etwa 50000 (1979; ohne Baugewerbe) Industriebetriebe mit mehr als 20 Beschäftigten. Durch den Ausbau der Grundstoffindustrien, insbesondere der Schwerindustrie, ist eine wesentliche Grundlage für die weitere Industrialisierung Frankreichs geschaffen worden.

Die lothringischen Eisenerzvorkommen wurden wegen ihres geringen Metallgehaltes standortbestimmend für die *Schwerindustrie*. Da die nahe gelegenen lothringischen und saarländischen Kohlevorkommen den Koksbedarf der Schwerindustriebetriebe weder qualitativ noch quantitativ zu befriedigen vermögen, hatte sich ein sehr intensiver Verbund mit dem Ruhrrevier herausgebildet: die von dort eintreffenden Kohlen- und Kokstransportzüge wurden in Lothringen mit Eisenerzen in entgegengesetzter Richtung beladen. Diese Verflechtungen sind seit den sechziger Jahren im Rückgang begriffen. Weder die lothringischen Erze noch die deutsche Steinkohle, noch die Erzeugnisse der Schwerindustrie sind international konkurrenzfähig.

Die Verhüttung der phosphorhaltigen Minette war erst nach Einführung des Thomas-Verfahrens möglich, so daß der Ausbau des lothringischen Schwerindustriegebietes erst später als in anderen europäischen Industriegebieten in Gang kam. Der Wechsel der politischen Zugehörigkeit hat sich ebenfalls auf die Entwicklung nachteilig ausgewirkt. Das Industrierevier liegt zwischen Nancy und Longwy.

Bedeutendere, jetzt stark spezialisierte Standorte der Schwerindustrie finden sich außerdem in St. Étienne und Le Creusot, dem ältesten Ort der Eisen- und Stahlerzeugung Frankreichs. Die übrigen Betriebe sind im Lande gestreut; die *Stahlwerke* arbeiteten mit dem Siemens-Martin-Verfahren. Diese kleineren Erzeugungsstätten haben keine optimalen Standorte; sie werden daher durch spezialisierte Verarbeitungszweige ergänzt und im Laufe der Zeit ersetzt werden. Seit den siebziger Jahren ist auch die mangelnde Konkurrenzfähigkeit der lothringischen Hütten offenkundig geworden. Massenroheisen und -stahl kann in europäischen Binnenstandorten nicht mehr rentabel produziert werden. Seit den 60er Jahren haben sich in der französischen Schwerindustrie zwar die moderneren Verfahren, insbesondere die Sauerstoffblasverfahren, weitgehend durchgesetzt und von 1965 bis 1985 ihren Anteil von 13 auf 81 % (der Rest entfällt auf Elektrostahl) erhöht; es dürfte jedoch notwendig sein, die Produktion zu modernisieren, weiter zu spezialisieren und insgesamt einzuschränken, wenn die Dauerkrise im Montanbereich Frankreichs und der betroffenen anderen EG-Staaten beendet werden soll.

Als moderne *Küstenstandorte* entwickelten sich, ausgerichtet auf überseeische Rohstoffe, Dünkirchen und Fos sur Mer. Namentlich die

Entwicklung von Fos wird durch das Fehlen eines engen Raumverbunds, insbesondere mit Großabnehmern, und infolge wachsender überseeischer Konkurrenz gebremst.
Die *Stahlproduktion* betrug 1913 ohne Lothringen 4,7 Mio. t, 1937: 7,4 Mio. t und erreichte 1974: 27 Mio. t (Roheisen 22,5 Mio. t). 1975 fiel die Stahlproduktion, teils konjunkturell, teils strukturell bedingt, auf 21,5 Mio. t zurück (1987: Roheisen 13,4 Mio. t; Rohstahl 17,4 Mio. t). Damit steht Frankreich noch vor Großbritannien, aber nach Italien und seit 1985 nach Brasilien an 8. Stelle in der Produktionsrangfolge der Industriestaaten der Erde.
Der älteste Zweig der modernen Industrialisierungsphase ist auch in Frankreich die *Textilindustrie*, die durch die englische Entwicklung stark beeinflußt wurde. Das räumliche Schwergewicht der Textilindustrie liegt in Nordfrankreich. Zentrum der Baumwoll- und Leinenindustrie ist Lille; die Wollverarbeitung ist weiter gestreut, hat aber ebenfalls im Raum Lille ihre wichtigsten Standorte in Roubaix und Tourcoing, daneben im Elsaß und in einigen anderen Räumen. Namentlich über die Leinenindustrie (Lille-Armentières) wird Anschluß an das flandrische Textilindustrierevier Belgiens gefunden. Weit verbreitet war die Baumwollverarbeitung auch in den Vogesen. Die Seidenindustrie ist immer noch im Rhônetal, wo die Seidenraupenzucht betrieben wurde, konzentriert. Lyon ist ihr Zentrum und wichtigster Verarbeitungsort. Auf die Regionen Nord (Roubaix, Tourcoing, Lille), Lothringen, Elsaß und Rhône-Alpes mit Lyon konzentrieren sich 60% der 275000 (1979) in der Textilindustrie Beschäftigten.
Eine hervorragende Stellung mit wachsenden Anteilen an der französischen Industrie überhaupt nehmen verschiedene Zweige der *Metallverarbeitung* ein. Insbesondere die Kraftfahrzeug- und Flugzeugindustrie haben sich Weltgeltung verschafft. Ebenso ist auch die Stellung der elektronischen und der chemischen Industrie beachtlich. Diese spezialisierten und von den Grundstoffen hinsichtlich des Standortes weniger abhängigen Industrien sind in großem Umfang außerhalb der nordöstlichen Industriegebiete zu finden, so die Flugzeugindustrie in Toulouse, die absatzorientierte Kraftfahrzeugindustrie besonders im Pariser Wirtschaftsraum in verkehrsgeographisch hervorragender Lage und in der Franche Comté. Hier sind staatlich gesteuerte Streuungstendenzen erkennbar. *Paris* ist der überragende Standortraum für zahlreiche Industrien, die sich zum Teil aus den alten staatlichen Manufakturen (Porzellan Sèvres – St. Cloud) und aus den auf die Bedürfnisse der Residenz ausgerichteten handwerklichen Gewerben (Bijouterie) entwickelt haben. Von den in der Verarbeitenden Industrie

tätigen 4,7 Mio. Menschen (1979) ist allein 1 Mio. im Pariser Großraum beschäftigt.
Die *Erdölraffinerien* bevorzugen in Frankreich die Häfen und weniger die Binnenstandorte. So ist die größte Raffinerie in Lavéra bei Marseille gelegen, andere finden sich in Le Havre und Dünkirchen. Die großen Binnenzentren, namentlich Paris, werden durch leistungsfähige Rohrleitungen versorgt.
Die Nahrungsmittelindustrie – auf der breiten Basis des reichhaltigen Angebots der französischen Landwirtschaft – ist demgemäß auch weit gestreut. Hier seien nur als besondere Zweige die vielseitige Käsezubereitung sowie die Veredelung von Wein (Champagner um Reims, Cognac in Cognac) hervorgehoben.
Das Bestreben, die *Industriestandorte* im Lande stärker zu dezentralisieren, ist von einem gewissen Erfolg gekrönt. Für den Zeitraum von 1958 bis 1968 entfielen von etwa 6000 neuen Betriebsniederlassungen und 600 000 Arbeitsplätzen nur 130 Betriebe mit 14 500 Arbeitsplätzen auf die *Région parisienne*, weitere fast 200 000 aber auf die angrenzenden Planungsregionen. Es sollte allerdings berücksichtigt werden, daß einer industriellen Standortstreuung mit Einsatz öffentlicher Mittel dort Grenzen gesetzt sind, wo die Standorte selbst eine nachhaltige Wirtschaftlichkeit nicht gewährleisten.

2.2.2.4 Das Städtewesen

Die Tendenzen der *Verstädterung* sind begründet in dem Rückgang der Beschäftigung in der Landwirtschaft und dem wachsenden Bedarf an Dienstleistungen und Gütern, deren Angebot sich in den Städten konzentriert. Im Zusammenhang mit der etwas schwächeren Industrialisierung und stärkeren landwirtschaftlichen Komponente ist der Anteil der in großen Städten wohnhaften Franzosen wesentlich geringer als in einigen anderen europäischen Industrieländern. Aber seit den letzten Jahrzehnten entwickeln sich die großen Agglomerationen stärker.
Es ist indes zu berücksichtigen, daß das Städtewesen Frankreichs nur unter Berücksichtigung der besonderen Stellung von *Paris* gedeutet werden kann. Die Zentralität dieser Stadt hebt sich ebenso wie ihre regionale und interregionale Attraktivität ohne Vergleich im Lande heraus. Sie konzentriert nicht nur die Kräfte des ausgeprägten *Zentralismus*, sondern auch der kulturellen und geistigen Strömungen des Landes und seiner wirtschaftlichen Kräfte. Die Multifunktionalität ist hier in höchster Potenz verifiziert. Im übrigen hat Paris auch einen

internationalen zentralen Rang, so daß der Begriff »Weltstadt«, so wenig er im allgemeinen aussagt, hier absolut zutreffend ist. Die Sammlung aller jener Kräfte im Kern des Pariser Beckens, der Île de France, von der aus große Teile des Landes verkehrsgeographisch beherrscht werden und die durch die Seine auch eine überdurchschnittlich leistungsfähige Verbindung zum Meer hat, schließlich die zwar innerhalb Frankreichs eher exzentrische, innerhalb der nordwest-mitteleuropäischen Kernräume aber doch vorteilhafte Lage ist die Ursache für die Zusammenballung von nahezu 10 Mio. Menschen, also knapp 20 % der französischen Bevölkerung.

Demgegenüber stehen nur zwei weitere *städtische Agglomerationen* –

Tab. 43: Die französischen Großstädte (über 200 000 Einw.) und Agglomerationen (über 300 000 Einw.) 1982 im Vergleich mit 1975 (in 1000)

	1970 Kern-städtische Bevölkerung in % der Agglomeration	Einwohnerzahl der Stadt	Einwohnerzahl der Agglomeration	1975 Kern-städtische Bevölkerung in % der Agglomeration	Einwohnerzahl der Stadt	Einwohnerzahl der Agglomeration	1984 Kern-städtische Bevölkerung in % der Agglomeration
Paris	31,8	2300	8424	28,0	2189	8707	25,1
Lyon	49,1	454	1153	39,4	418	1221	34,3
Marseille	93,2	901	1004	89,7	879	1111	79,1
Lille (mit Roubaix/Tourcoing)	21,8	171	929	18,4	174	936	18,6
Bordeaux	48,1	221	591	37,4	211	640	33,0
Toulouse	84,3	371	495	74,9	354	541	65,5
Nantes	65,7	252	438	57,5	247	465	53,2
Nizza	81,9	331	438	74,6	338	449	75,3
Toulon	51,5	180	379	47,5	182	410	44,3
Grenoble	48,8	165	389	42,4	160	392	40,7
Rouen	32,4	113	389	29,0	105	380	27,7
Straßburg	74,3	251	355	70,7	252	373	67,5
Valenciennes	·	42	224	18,8	41	350	11,7
Lens	·	40	313	12,8	38	328	11,7
Nancy	·	107	279	38,3	99	307	32,2
Le Havre	81,0	217	264	82,2	200	254	78,7
Rennes	·	194	273	71,1	200	234	85,5
Montpellier	·	178	205	86,8	201	221	90,9

Quelle: The Statesman's Year-Book 1979/80, 1986/87

Lyon und Marseille – mit etwa einer Mio. Menschen. In jüngerer Zeit sind Bordeaux und Toulouse sowie Nantes und Nizza zu bedeutenden städtischen Zentren herangewachsen; alle liegen aber in angemessener Entfernung zur Metropole. Eine Sonderstellung innerhalb Frankreichs nimmt Lille (mit Roubaix und Tourcoing) ein, das als einzige größere Industrieagglomeration über 936000 Einwohner (Zählung v. 1982) umfaßt. Die französischen Städte haben meist sehr kleine Verwaltungsgebiete, so daß zahlreiche Stadtteile durch die Einwohnerzahl nicht erfaßt werden. Dennoch gibt es relativ wenige größere »Agglomerationen«, außer Paris nur fünf mit mehr als 500000 Einw.; dem stehen in der Bundesrepublik Deutschland 12 Städte mit mehr als einer halben Mio. Einwohnern gegenüber. Die Bergbau- und Industrieagglomerationen haben häufig nur relativ kleine Zentren bilden können (siehe Valenciennes und Lens).
Der *Verstädterungsgrad* Frankreichs geht also zu einem wesentlichen Teil auf das Konto des Pariser Großraumes. Diese Tatsache erfüllt die Staatsverwaltung mit der Sorge um eine hypertroph-einseitige Entwicklung des französischen Kernraumes zu Lasten einer regional ausgeglichenen Entwicklung im übrigen Land. So ist man bestrebt, das Wachstum nach Kräften zu bremsen, indem man Restriktionen, zum Beispiel bei neuen Industriegründungen, einführt und echte Verlagerungen von Unternehmen aus dem Kernraum heraus und Neuansiedlungen in der »Provinz« fördert. Die Erfolge dieser Maßnahmen scheinen, soweit erkennbar, in ihrer Gesamtwirkung relativ begrenzt. Es dürfte freilich schwierig sein, wenn die Eingriffe nicht zu scharf durchgeführt werden, eine ökonomisch begründete Entwicklung im Rahmen der ohnehin wirksamen Verstädterungstendenzen entscheidend zu hemmen.

2.2.3 Großbritannien und Nordirland

Das *Vereinigte Königreich (United Kingdom)* setzt sich aus Großbritannien (England und Wales sowie Schottland) und Nordirland zusammen. Hinsichtlich Fläche und Einwohnerzahl liegt es in einer mit der Bundesrepublik Deutschland vergleichbaren Größenordnung. Bevölkerung und regionale Wertschöpfung sind nicht gleichmäßig über die Territorien verteilt. Bei insgesamt hoher Besiedlungsdichte sind der gesamte N und Teile des W sowie die Inseln mit Ausnahme der Kanalinseln relativ dünn bevölkert.

Tab. 44: Die Bevölkerungsentwicklung von Großbritannien und Nordirland

	Fläche in km²	Einwohner in Mio. 1750	1851	1951	1975	1984	Einwohnerdichte je km² 1951	1975	1984
England	130477	6,5	16,9	41,2	46,5	49,8	316	356	329[3]
Wales	20766		1,0	2,6	2,8		125	133	
Schottland	78775	1,4	2,9	5,1	5,2	5,1	65	66	65
Großbritannien[1]	229988	7,9	20,8	48,9	54,4	54,9	234	237	239
Nordirland	14120	2,4[2]	1,4	1,4	1,5	1,6	106	109	112
Republik Irland	70283	·	5,1	3,0	3,0	3,5	41	43	50
Großbritannien und Nordirland	244108	·	22,3	50,2	56,0	56,5	206	229	231
Insel Man und Kanalinseln	783	·	·	0,16	0,19	0,20	204	243	254

[1] z. T. ohne Militärzugehörige [2] 1754 [3] 1981: England 351, Wales 132
Quellen: Statistisches Jahrbuch der Bundesrepublik Deutschland 1954, 1969, 1973, 1982, 1986; New Statesman's Year-Book 1969/70, 1972/73; Annual Abstract of Statistics 1976

Die moderne *Industrie* hat in England ihren Ausgang genommen (vgl. Einleitung). Die sehr viele Arbeitskräfte erfordernden Zweige des Bergbaus, der Schwerindustrie und der Textilindustrie haben schon frühzeitig im 19. Jh. die Bildung von großen Agglomerationen begünstigt. Mit einem Anteil von weniger als 2 % des Bruttosozialproduktes ist der Beitrag von Land- und Forstwirtschaft sowie Fischerei in Großbritannien, von Stadtstaaten abgesehen, der geringste aller Staaten überhaupt.

Demgegenüber haben Steinkohlen- und Erzbergbau sowie zahlreiche Industriezweige eine für die moderne Industriewirtschaft prägende und entscheidende Rolle gespielt, die sie in Großbritannien bis heute aufrechterhalten haben. Lange Zeit war es der *Industriestaat* par excellence und Anreger und Vorbild für industrielle Entwicklungsländer. Wenngleich sich die politischen und wirtschaftlichen Voraussetzungen ganz wesentlich verändert haben, so zählt das Land doch, nach den Vereinigten Staaten von Amerika, der Sowjetunion, Japan, der Bundesrepublik Deutschland und Frankreich, zu den führenden Industrienationen. Großbritannien exportiert besonders Maschinen, Kraftfahrzeuge, Erzeugnisse der chemischen und der Kunststoffindustrie.

Die Geschichte der Britischen Inseln ist mit dem *Seeverkehr* aufs engste verknüpft. Auch wenn die Weltgeltung des Imperiums von einst reduziert worden ist, so spielt doch die Seefahrt noch immer eine

Tab. 45: Die Großstädte in Großbritannien[1] und Nordirland (1951–1984) mit über 300000 Einw. (Angaben in 1000)

	1951	1961	1971	1978[2]	1981[2]	1984[2]
Birmingham	1113	1107	1013	1041	1006	1009
Glasgow	1079	1055	908	·	762	744
Leeds	506	511	495	728	704	712
Sheffield	513	494	520	547	536	541
Liverpool	789	746	607	528	510	497
Manchester	703	662	541	489	449	455
Edinburgh	471	468	465	·	419	440
Bradford	292	296	294	463	457	464
Bristol	443	437	425	411	387	397
Kirkless	·	·	·	378	371	378
Belfast	444	416	360	·	327	319
Wirral	·	·	·	344	339	337
Coventry	258	306	335	340	314	314
Sandwell	·	·	·	309	307	305
Wigan	·	·	·	311	308	307
Wakefield	·	·	·	308	311	311
Sefton	·	·	·	301	300	299
Newcastle upon Tyne	292	270	222	291	277	281

[1] Ohne London [2] Zahlen für die administrativen Einheiten nach dem 1. 4. 1974
Quelle: The Statesman's Year-Book, 1972/73, 1976/77, 1980/81, 1982/83, 1986/87

große Rolle. Die Insellage bedingt, daß – trotz der Entwicklung im Luftverkehr – immer noch der größte Teil des Güterverkehrs über die Häfen, insbesondere über London, Liverpool und Manchester, abgewickelt wird.

2.2.3.1 Der natürliche Eignungsraum als Potential wirtschaftlicher Nutzung

Dominantes und prägendes Merkmal der historischen und wirtschaftlichen Entwicklung Großbritanniens ist die *Insellage*. Dabei ist es sicherlich ein Vorzug, daß die wesentlichen räumlichen Kräfte auf zwei Hauptinseln konzentriert sind; seit der Verselbständigung der Republik Irland leben nur 3% der Bevölkerung nicht auf der dem Kontinent zugewandten Hauptinsel. Dem Vorteil der Distanz von politischen Vorgängen auf dem europäischen Kontinent stehen auch Nachteile entgegen, nämlich das Fehlen des unmittelbaren Anschlusses. Immerhin verfügt Großbritannien über zahlreiche wirtschaftlich

aktive *Gegenküsten*, in der Nähe die französisch-belgisch-niederländische Küste, sodann Skandinavien, die deutsche Küste sowie jenseits des Atlantiks die Ostküste Nordamerikas.
Großbritannien reicht von der sehr milden Kanalküste in 50° (Lizard Point) bis zu den rauhen Shetland-Inseln in nahezu 61° nördlicher Breite. Entsprechend der *Vielfalt* des geologischen Aufbaus sind die Britischen Inseln reich gegliedert. Zunächst kann man Tiefland *(Lowland)* und Hochland *(Highland)* unterscheiden. Zum ersteren gehören SO- und Mittelengland mit einigen Küstenstreifen. Das Hochland des Westens besteht aus dem Armorikanischen und Kaledonischen Massiv, das sich bis nach Schottland erstreckt.
Die Hauptinsel ist durch Buchten, Flußästuare und Firthe weiter aufgegliedert. Als besondere Teilräume sind Nordirland und die Inselwelt, namentlich im N, hervorzuheben. Auch die innere Erschließung Großbritanniens ist von der Inselgestalt vorgezeichnet. Nirgends werden große Entfernungen zur *Küste* erreicht, so daß der Küstenverkehr einen bedeutenden Rang hat. Die teurere Binnenerschließung durch Landwege ist nur auf kurze Distanzen notwendig. Dennoch sind die Kernräume des Innern ausgezeichnet durch Eisenbahnen und Landstraßen erschlossen.
Der *Schiffahrt* sind zahlreiche Möglichkeiten geboten. Die Einwirkungen des Golfstromes, die starken Meeresströmungen, die Gestalt der Küsten und die Fahrwassertiefe der mündenden Flüsse gestatten eine Auswahl von geeigneten Hafenplätzen, unter denen Liverpool am Mersey, London an der Gezeitengrenze der Themse und Bristol am Severnästuar herausragen. Daneben aber stehen zahlreiche andere Häfen, die sich durch spezifische Voraussetzungen für bestimmte Nutzungen eignen. Die Exposition des SO zum europäischen Festland und die besondere Lage der britischen *Hauptstadt* im Londoner Bekken und an der bis London Bridge von den Gezeiten erfaßten und schiffbaren Themse hat ihre Entwicklung als Hauptort derart begünstigt, daß es die Verkehrssysteme weitgehend auf sich ausgerichtet hat. Insoweit kommt der in bezug auf Großbritannien peripherisch gelegenen Stadt ein ähnlicher Rang wie Paris zu. Indes lassen sich bemerkenswerte Unterschiede zur französischen Verkehrserschließung feststellen.
Die ausgedehnte *Küstenlinie* mit der reichen Buchtengliederung ist Standort von 27 Großstädten und industriellen Großagglomerationen, die durch Seeverkehr erschlossen und durch die Küstenseeschifffahrt miteinander verbunden sind.
Im übrigen wird namentlich Mittelengland von einem dichten *Eisenbahnnetz* überzogen, das die verschiedenen industriellen Verdich-

tungsräume verbindet. Zwar ist das englische Eisenbahnnetz, einst eines der dichtesten überhaupt, wesentlich reduziert worden. Doch hat es immer noch eine große Bedeutung für den Binnenverkehr. Das schon im 18. Jh. angelegte *Kanalsystem* ist wegen seiner geringen Kapazität und der zahlreichen Schleusen für eine rationell zu betreibende Binnenschiffahrt, zumal für den Transport von Massengütern, zu einem großen Teil völlig ungeeignet. Das Midland-Kanalnetz hat sich nahezu vollständig aufgelöst. Allein im Kernraum Birmingham gab es über 160 Schleusen.

Trotz der gegenüber Mitteleuropa sehr stark nach N versetzten Lage Großbritanniens lassen die ausgeglichenen Temperaturen des ozeanischen Klimas eine *Landnutzung* zu, wie wir sie aus Mitteleuropa kennen. Milden Wintern stehen relativ kühle Sommer gegenüber. Die Dauer der Vegetationsperiode ist in den Tieflandsgebieten für die Kulturpflanzen der mittleren Breiten ausreichend. An der Kanalküste und in Südirland gedeihen einige immergrüne Pflanzen des mediterranen Klimagürtels. Mit dem *ozeanischen Klima* sind allerdings auch heftige Winde und Stürme verbunden. Sie bedingen das rauhe Klima der westlichen Gebirge. Dort sind die ganzjährig fallenden Niederschläge am höchsten und erreichen mehr als 3000 mm. Im Lee der Gebirge und nach Osten nehmen sie ab. In England fallen durchschnittlich über 800 mm, in Wales und Schottland nahezu 1300 mm im Jahr. Die klimatischen Grundlagen bedingen eine deutliche Gliederung der Hochlandsgebiete, deren hohe Niederschläge und hohe relative Luftfeuchtigkeit den Ackerbau beeinträchtigen, die Grünland- und Weidewirtschaft begünstigen, soweit nicht Heide- und Ödlandgebiete (*moorlands*) die Nutzung äußerst einengen. Für das Tiefland gilt ähnliches, doch ist dort Ackerbau möglich und auch verbreitet. Dazu tragen die besseren Voraussetzungen der Bodenqualitäten, namentlich im SO, bei. Der Anbau von Weizen und Zuckerrüben konzentriert sich beispielsweise im SO der Hauptinsel, wo die Zahl der Niederschlagstage und die Regenmenge am niedrigsten sind.

In keinem Land der Erde waren die Vorkommen an *Steinkohle* und *Eisenerz* wirtschaftshistorisch so bedeutende Faktoren wie in Großbritannien. Sie sind wesentliche Voraussetzungen für den Beginn des modernen *Industriezeitalters* gewesen, das hier seinen räumlichen Ursprung hat (vgl. Einleitung). Bis in die Gegenwart war die Steinkohle die nahezu einzige Energiegrundlage Großbritanniens, da die Wasserkräfte knapp sind. Erdöl- und Erdgasvorkommen werden erst seit jüngster Zeit erschlossen. So hat die Kohle bis in die Gegenwart die gesamte industrielle und die übrige wirtschaftliche Entwicklung getragen.

Die *Kohlenvorräte* werden auf etwa 170 Mrd. t geschätzt. Die weitverbreiteten Kohlenfelder lassen sich in das süd-, mittel- und nordenglische sowie das schottische Revier gliedern.
In der vorindustriellen Zeit wurden oberflächennahe Vorkommen, besonders bei Newcastle, genutzt. Gegenwärtig wird die Kohle zu über 87% (1983/84) im Tiefbau abgebaut. Im S sind vor allem die Vorkommen der südwalisischen Oberkarbonmulde *(coalmeasures)* zu nennen, die sich durch Sortenvielfalt von kohlenstoffreichem, gasarmem Anthrazit bis zu den Gaskohlen auszeichnet. Hierzu rechnen auch die Lagerstätten von Somerset und Forest of Dean. Im äußersten SO sind die Vorkommen von Kent aufgeschlossen. Die mittelenglischen Abbaugebiete liegen an den Flanken der Pennines namentlich in den östlichen und westlichen Midlands mit den Revieren von Yorkshire, Nottinghamshire und Derby, die die bedeutendsten sind, mit South Lancashire, North Wales, North Staffordshire, South Staffordshire und Shrospshire sowie mit East Warwick und Leicester. Ähnlich gelagert sind die nordenglischen Vorkommen mit West Cumberland westlich der Pennines und Northumberland-Durham östlich davon. Die schottischen Reviere erstrecken sich in südwest-nordöstlicher Richtung zwischen Firth of Clyde und Firth of Forth. In Irland sind nur Reste des Oberkarbons erhalten geblieben. Der dortige Abbau ist vergleichsweise gering. Einige der Vorkommen, besonders in Wales und Schottland sowie bei Newcastle, liegen in unmittelbarer Küstennähe (»Admiralitätskohle«).
Neben der Steinkohle haben die weitverbreiteten *Eisenerzlagerstätten* lange wesentlich zur industriellen Entwicklung beigetragen. Schon seit Jahrhunderten werden sie genutzt. In der jüngeren Geschichte der Eisenwirtschaft war zunächst Rot- und Brauneisenstein des karbonen Kohlenkalks vor allem im Forest of Dean, aber auch in Lancashire, Northumberland, gewonnen worden. Seit aber mit Hilfe des Gilchrist-Thomas-Verfahrens die minetteartigen phosphorhaltigen Juraerze aufbereitet und für den Hochofenprozeß nutzbar gemacht werden konnten, bildeten diese Vorkommen die Grundlage heimischen Eisenerzbergbaus. In Großbritannien sind früher auch andere Bodenschätze wie *Blei, Kupfer* und *Zinn* gewonnen worden. Abgesehen vom Zinnbergbau spielt die Gewinnung sonstiger bergbaulicher Erzeugnisse keine Rolle. Im britischen Schelfbereich der Nordsee sind Bohrungen auf *Erdöl* und *Erdgas* in größerem Umfang fündig geworden. Seit 1975 werden Erdöl (1976: 11,6 Mio. t, 1977: 37,8 Mio. t; 1987: 122,0 Mio. t) und Erdgas (1987: 44,5 Mrd. m^3) in steigenden Mengen gewonnen. Für einige Jahrzehnte wird Großbritannien von Einfuhren unabhängig sein.

2.2.3.2 Historisch- und bevölkerungsgeographische Grundlagen

Die Britischen Inseln sind immer wieder das Ziel von Einwanderergruppen aus dem europäischen Festland gewesen. Die *Kelten* sind seit dem 8. Jh. v. Chr. eingedrungen, zuletzt die Britannier, vor allem im SO. Sie sind später von den *Römern*, die vor allem die englischen Tieflandsgebiete bis zur Linie Solway Firth–Newcastle besetzt hielten, sowie im 4. Jh. von den *Angeln* und *Sachsen* in die Bergländer von Wales und Schottland abgedrängt worden. Dort wie auf der Westseite Irlands haben sich bis heute keltische Sprachgebiete erhalten. Der angelsächsische Einfluß war zunächst vor allem auf die englischen Lowlands gerichtet, dehnte sich aber auch auf die übrigen Teile Großbritanniens und Irlands aus. Dennoch sind sowohl in Wales, mehr noch in Schottland und in Irland, eigenständige Züge ausgeprägt. Diese haben besonders Irland in Gegensatz zu England gebracht und nach jahrhundertelangen Auseinandersetzungen zur Unabhängigkeit (1921 als Dominion, 1949 *Eire*) geführt. Schottland, seit dem 17. Jh. mit der englischen Krone verbunden, gehört seit 1707 zum britischen Königreich. Auch in Schottland und Wales gibt es einen ausgeprägten Regionalismus. Tiefgreifende Auseinandersetzungen in Nordirland prägen die 70er und 80er Jahre.

Die moderne *Industrialisierung* Englands seit der Mitte des 18. Jh. geht auf eine Reihe von Faktoren zurück. Dabei schuf die Errichtung des *»Britischen Weltreiches« (British Empire)* Möglichkeiten zur Umgestaltung der eigenen Wirtschaft. Zunächst wurde der Anbau in der Landwirtschaft intensiviert. Durch Mechanisierung wurden Arbeitskräfte freigestellt. Bei steigenden Geburtenüberschüssen als Folge sinkender Sterblichkeit waren sie ein Potential für die sich schnell entwickelnde Industrie. Die Einführung moderner Techniken, vor allem die Erfindung und vielseitige Anwendung der Dampfmaschine in Produktion und Verkehr, wurde durch die wachsende Kapitalkraft im Mutterland des Imperiums gefördert.

So nahm die *Bevölkerungsentwicklung* in Großbritannien einen bemerkenswerten Verlauf. Es erlebte den ersten größeren Bevölkerungsanstieg der jüngeren Geschichte. Die Lebenserwartung erhöhte sich durch die sinkenden Sterberaten. Die Geburtenraten sanken erst Ende des 19. Jh. spürbar ab, so daß damit die natürliche Bevölkerungszunahme abgebremst wurde. Wesentlich für die weitere Entwicklung war die Frage nach der *Verteilung* der stark anwachsenden Bevölkerung an den Produktionsstandorten, zumal trotz Maschineneinsatzes in den Fabriken der frühen Industrialisierungsphase arbeitsintensiv produziert wurde. Das gilt insbesondere für die zur Agglomeration neigenden Betriebe der Textil- und Eisenindustrie, die sich in der Nähe der Kohlevorkommen konzentrierten. So wurde der Bevölkerungsüberschuß des Landes, zunächst als Ergebnis steigenden Geburtenüberschusses, später auch der Extensivierung in der Landwirtschaft, von den Industriegebieten und von London aufgesogen.

Tab. 46: Temperaturen und Niederschläge in ausgewählten Stationen auf den Britischen Inseln

		Temperaturen in Grad C			Niederschläge			
		Januar	Juli	Jahr	Jahr mm	Max.	Min.	Zahl der Regentage
Scilly		8	16	11				207
Valentia (Irland)	51° 56′ N 9 m	6,8(II)	15,8(VIII)	10,8	1398	XII	IV	195
Oxford	51° 46′ N 63 m	3,7	17,1	10,1	652	XI	III	168
Durham	54° 46′ N 102 m	2,8	15,3	8,7	668	VII	III	
Glasgow	55° 52′ N 6 m	3,1	15,1	8,9	1035	X/I	IV	155
Aberdeen	57° 12′ N 58 m	2,4	14,0	7,9	837	VII/XI	IV	214
Ben Nevis	56° 49′ N 1343 m	−4,6(II)	5	− 0,3	4084	XII	VI	140
Manchester	53° 21′ N 76 m	3,3	15,8	9,5	799	VIII	III	
London	51° 28′ N 5 m	4,2	17,6	10,5	594	XI	III	113
Aldergrove (N Irland)	54° 39′ N 67 m	3,7	14,7	9,1	846	VII	IV	
Dublin	53° 22′ N 48 m	4,4	15,1	9,4	768	VIII	IV	142

Quelle: C. C. WALLEN 1970

Die räumliche Verteilung der Kohlevorkommen war die Ursache der Herausbildung einer ganzen Reihe von *Verdichtungsräumen* neben London in England, Südwales und in Schottland, die in Großbritannien als *Conurbations* bezeichnet werden. Da die Verwaltungsgrenzen der Städte und Industrieorte in den meisten Fällen sehr eng gezogen waren, gaben die Einwohnerzahlen keinen zutreffenden Anhalt für die Wertung der Ortsgrößen. Die Sanierung der älteren Stadtviertel und die Verstärkung städtischer Funktionen haben zudem zu einer Bevölkerungsabnahme in den *Kernräumen* geführt. In Groß-London ist diese Entwicklung bereits bis in die Vororte fortgeschritten, so daß trotz weiteren Funktionszuwachses die Einwohnerzahlen dieses Raumes innerhalb seiner Verwaltungsgrenzen seit mehr als zwanzig Jahren rückläufig sind, der gesamte städtische Raum aber zunächst noch weiter anwuchs.

Die Tabelle 48 zeigt, daß in den sieben größten *Bevölkerungsagglomerationen* trotz sehr differenzierter innerer Struktur die Bevölkerung innerhalb der letzten 50 Jahre stagniert und ihr Anteil an der gesamten Bewohnerzahl zurückgegangen ist. Das liegt vor allem daran, daß sich die Konurbationen weiter aufgelockert haben und die Randgebiete in den Verdichtungsprozeß einbezogen werden. Es kommt aber hinzu, daß besonders die Agglomerationen in den Steinkohlenrevieren und den Textilindustriegebieten infolge struktureller Änderungen absolute Verluste erlitten haben. In der Gegenwart vollzieht sich also in gewissem Umfang eine Korrektur der Ergebnisse der Binnenwanderungen im 18. und 19. Jh., weil sich die Standortvoraussetzungen für industrielle Niederlassungen vielfach bemerkenswert geändert haben. So gewinnen als Industriestandorte auch abseits der Kohlenvorkommen namentlich im östlichen und südlichen England gelegene Plätze an Bedeutung.

Tab. 47: Geburten- und Sterbeziffern der Bevölkerung Großbritanniens (1750–1984) je 1000 Einw.

	1750	1800	1820	1850	1900	1950	1975	1984
Geburten	36,9	37,3	36,6	35,2	28,2	16,2	12,5	12,9
Sterbefälle	33,0	26,9	22,1	22,4	18,4	11,8	11,8	11,4
Geburtenüberschuß	3,9	10,4	14,5	12,8	9,8	4,4	0,6	1,5

Quellen: Annual Abstract of Statistics, 1976; Statistisches Jahrbuch für die Bundesrepublik Deutschland 1986

In England und Wales insgesamt ist die *Bevölkerungszahl* von 1951 bis 1961 um 5,3 % gestiegen, in der Süd- und Ostregion jedoch um 15,5 und 20,6 %, in Süd-Wales dagegen nur um 2,1 %. Dabei haben dort die Orte am Bristol-Kanal eine Zunahme, die alten Revierorte im südlichen Bergland dagegen eine kräftige Abnahme zu verzeichnen. Gegenüber dem Süden zeigt die Kurve der Bevölkerungsentwicklung in Schottland, Nordirland und Nordengland einen wesentlich geringeren Anstieg; sie wurde auch von Rückschlägen nicht verschont. Seit der Jahrhundertwende stieg in England und Wales die Bevölkerung um 53 %, in Schottland um 16 %. Mit Ausnahme der Dichtezone zwischen Glasgow und Edinburgh verliert das übrige Territorium, vor allem der abseits gelegene und unzureichende wirtschaftliche Grundlagen bietende Norden, unablässig an Bedeutung. Lediglich die Ölwirtschaft

Tab. 48: Die Einwohnerzahlen der großen Conurbations (seit 1974: Metropolitan Counties) Großbritanniens 1901–1984 (in Mio. Einw.)[1]

	1901	1911	1921	1931	1951	1961	1972	1972[2]	1976[2]	1986[2]
Greater London	6,586	7,256	7,488	8,215	8,348	8,172	7,354	7,345	7,028	6,775
South East Lancashire (Greater Manchester)	2,117	2,328	2,361	2,427	2,423	2,427	2,389	2,734	2,684	2,580
West Midlands (Birmingham)	1,483	1,634	1,773	1,933	2,237	2,344	2,364	2,793	2,743	2,642
West Yorkshire (Leeds)	1,524	1,590	1,614	1,655	1,693	1,702	1,735	2,080	2,072	2,053
Merseyside (Liverpool)	1,030	1,157	1,263	1,347	1,382	1,386	1,246	1,640	1,578	1,468
Tyneside, Newcastle (Tyne and Wear)	0,678	0,761	0,816	0,827	0,835	0,852	0,800	1,205	1,183	1,136
Central Clydeside	1,343	1,461	1,638	1,690	1,760	1,802	1,728	0,948[3]	0,897[3]	0,744[3,4]
South Yorkshire									1,318	1,303
7 Conurbations insg.	14,761	16,187	16,953	18,094	18,678	18,685	17,616	18,745	19,503	18,701
7 Conurbations in % der Bevölkerung von Großbritannien	39,9	39,6	39,6	40,8	38,2	36,4	32,5	34,6	34,8	31,7

[1] Conurbation Südost-Wales: 1968: 1,941 Mio. Einw., 1972: 1,8 Mio. Einw.
[2] Neue Abgrenzungen: Metropolitan Counties
[3] City of Glasgow
[4] 1985
Quellen: The Statesman's Year-Book 1969, 1972/73, 1982/83, 1986/87; Butler-Freeman 1968; Annual Abstract of Statistics 1976

hat vor allem der Ostküste (Aberdeen) Impulse gebracht. Damit hat sich das Schwergewicht der Bevölkerung immer mehr nach Südosten verlagert; dieser Prozeß dauert an. Die Bevölkerung ist in Abwanderungsgebieten relativ überaltert, wie in Wales (z. B. Merionethshire und Cardiganshire). Die hohen Quoten älterer Bevölkerungsgruppen an der Kanalküste sind auf die Niederlassung von Rentnern und Pensionären zurückzuführen. In London und den anderen verstädterten Gebieten ist die Gruppe der Arbeitsfähigen (15–64) überdurchschnittlich stark vertreten.

2.2.3.3 Die gegenwärtige Struktur

Die Eigenart der Bevölkerungsentwicklung und der gegenwärtigen *Siedlungs- und Wirtschaftsstruktur* Großbritanniens steht in engem Zusammenhang mit dem Aufbau und späteren Verlust des Britischen Weltreiches sowie der frühen Industrialisierung. Beides sind Faktoren, die wirtschaftlich und technisch entscheidende zeitliche Vorsprünge gegenüber anderen Staaten begründet, andererseits aber in manchem zur Verzögerung der Durchsetzung von Innovationen in den letzten Jahrzehnten beigetragen haben. Die beiden Kriege des 20. Jh. haben sich ebenfalls auf verschiedensten Sektoren tiefgreifend ausgewirkt. Teile der britischen *Wirtschaft*, wie Kohlenbergbau, Energiewirtschaft und Verkehrswesen, wurden verstaatlicht. Diese Maßnahmen haben insgesamt nicht den erhofften Erfolg gebracht. Die einst führende Position in der Schwerindustrie ist seit langem verlorengegangen.
Die britische *Landwirtschaft* ist die erste, die die Funktion der vollständigen Versorgung des eigenen Staatsgebietes aufgegeben hat, gestützt auf die Importe aus Übersee und die Exportüberschüsse, die die Industrie und das Dienstleistungswesen des Landes erzielte. Dennoch liefert die englische Landwirtschaft namhafte Beiträge an den inländischen Markt. Die Zahl der Betriebe und der in diesem Zweig Tätigen geht jedoch immer mehr zurück, da die Rationalisierung weitere Arbeitskräfte freisetzt. Mit etwa 2,5 % in der Landwirtschaft Beschäftigten ist die niedrigste Ziffer aller Staaten, die Landwirtschaft betreiben, erreicht. Wie in allen »älteren« Industrieländern, beginnt jetzt die Quote der in der Industrie Beschäftigten zugunsten des Dienstleistungswesens im weitesten Sinne zurückzugehen.

Tab. 49: Beschäftigtenzahlen und ihre Anteile an den drei Wirtschaftssektoren des Vereinigten Königreichs (in Mio und %)

	1901	1931	1954	1970	1980	1984
Land- und Forstwirtschaft,	2,243	1,312	1,164	0,780	0,637	0,622
Fischerei	12,6%	7,3%	5,0%	3,1%	2,6%	2,6%
Industrie u. Handwerk, Bergbau, Bauwesen, Energie-	8,336	7,658	11,267	11,559	9,270	7,787
erzeugung	46,8%	42,8%	48,7%	46,5%	37,9%	32,9%
Handel, Verkehr, Dienstleistungen,	7,347	8,919	10,717	12,518	14,491	15,237
Verwaltungen	40,6%	49,9%	46,3%	50,4%	59,4%	64,4%
Beschäftigte insg.	17,826	17,889	23,148	24,857	24,397	23,646

Quellen: The British Economy, Key Statistics 1900–1966, Tabelle F; Annual Abstract of Statistics, 1975; EUROSTAT: Statistische Grundzahlen der Gemeinschaft, 1981, 1985

2.2.3.3.1 Die Landwirtschaft

Die *Landwirtschaft* Großbritanniens wird in ihrer gegenwärtigen Struktur im wesentlichen durch zwei Faktoren bestimmt: Das feuchte, im N zudem kühle ozeanisch geprägte *Klima* schließt Wärme und Trockenheit liebende Kulturpflanzen aus oder schränkt ihre Verbreitung auf die relativ wärmeren und trockeneren Gebiete ein. Ackerbau ist also stärker im SO konzentriert, Grünlandwirtschaft findet sich in erster Linie im W und N der Britischen Inseln. Die kräftige *Industrialisierung* schränkte die landwirtschaftlichen Aktivitäten ein und zwang zur Rationalisierung und teilweise zur Intensivierung.
Ohne die *Rough Pastures* wird etwa die Hälfte der Landfläche durch die Landwirtschaft genutzt. Das *Ackerland* nimmt relativ geringere Flächen ein als zum Beispiel in der Bundesrepublik Deutschland, hat sich aber in den letzten Jahrzehnten vor allem in England ausgedehnt. Die britische Landwirtschaft ist seit langem nicht mehr in der Lage, die eigene Bevölkerung allein zu versorgen. Dies ist schon durch die seit dem 19. Jh. stark angestiegene Bevölkerung verhindert worden. Dazu kam, daß die Landwirtschaft Großbritanniens schon frühzeitig in den ökonomischen Verbund mit der Industrie einbezogen wurde und den Anschluß an den Markt des Britischen Weltreiches fand. So ist die Landwirtschaft nicht vernachlässigt worden, sondern hat sich im Gegenteil schon lange vor anderen europäischen Wirtschaftsgebieten an die Konkurrenzlage auf dem Arbeitsmarkt und die überseeischen An-

Tab. 50: Die landwirtschaftliche Flächennutzungsart im Vereinigten Königreich

	1936 Mio. ha	1965 Mio. ha	1975 Mio. ha	1984 Mio. ha	Bundesrepublik Deutschland 1975 Mio. ha	Bundesrepublik Deutschland 1984 Mio. ha
Ackerland	5,213 (= 26,9%)	7,496 (= 38,2%)	6,957 (= 37,4%)	6,923 (= 37,0%)	8,059 (= 60,6%)	7,267 (= 60,2%)
Wiesen und Weiden	14,201 (= 73,1%)	4,912 (= 25,0%)	5,074 (= 27,3%)	11,767[1] (= 63,0%)	5,244 (= 39,4%)	4,811 (= 39,8%)
Gebirgsweiden	· ·	7,215 (= 36,8%)	6,555 (= 35,3%)	· ·	· ·	· ·
Landwirtschaftlich genutzte Fläche	19,414 (= 100%)	19,623 (= 100%)	18,586 (= 100%)	18,690 (= 100%)	13,303 (= 100%)	12,078 (= 100%)

[1] Wiesen und Weiden einschließlich Gebirgsweiden
Quellen: Errechnet nach Statesman's Year-Book, 1969/70; Statistisches Jahrbuch für das Deutsche Reich, 1938; Statistisches Jahrbuch für die Bundesrepublik Deutschland, 1976; Annual Abstract of Statistics, 1976; EUROSTAT: Statistische Grundzahlen der Gemeinschaft, Ausgabe 1982, 1985

Tab. 51: Die landwirtschaftliche Nutzung in den Landesteilen des Vereinigten Königreichs 1968

	Fläche insgesamt	Landwirtschaftliche Nutzfläche Mio. ha	Ackerland Mio. ha	Ackerland %	Wiesen Weiden Mio. ha	Wiesen Weiden %	Gebirgsweiden Mio. ha	Gebirgsweiden %
England	13,036	9,966	5,414	54,3	3,283	32,9	1,269	12,7
Wales	2,076	1,697	0,328	19,3	0,724	42,6	0,645	38,0
Schottland	7,876	6,659	1,307	19,6	0,426	6,4	4,926	74,0
Nordirland	1,415	1,186	0,115	9,7	0,721	60,8	0,350	29,5
Vereinigtes Königreich	24,403	19,508	7,164	36,7	5,154	26,4	7,190	36,9

gebote anpassen müssen. In den Nachkriegsjahren sind nun die Voraussetzungen durch Subventionen und Preisgarantien des Staates erneut verändert worden. 1966/1967 sind über 265, 1975 einschließlich Forstwirtschaft und Fischereiwesen 1702 Mio. £ dafür aufgewendet

Tab. 52: Erträge der Landwirtschaft im Vereinigten Königreich

	Ø 1934–1938			Ø 1964–1968			Ø 1980–1984		
	1000 ha	1000 t	100 kg/ha	1000 ha	1000 t	100 kg/ha	1000 ha	1000 t	100 kg/ha
Weizen	754	1743	23,1	947	3723	39,3	1645	10625	63,8
Gerste	374	782	20,9	2308	8279	35,9	2200	10494	48,5
Hafer	989	2019	20,4	405	1243	30,7	137	598	43,9
Kartoffeln	296	5011	169,3	290	6948	239,6	197	6705	339,6
Zuckerrüben	ca. 100	·	·	183	6615	361,5	204	8258	406,4

		Ø 1934–38	Ø 1965/66	Ø 1972–75	Ø 1980–84
Milch	Mio. hl.	70,7	124,5	·	·
Hühnereier	Mio. St.	6828	14640	15475	13476
Rind- und Kalbfleisch	1000 t	578	884	996	1033
Hammel- und Lammfleisch	1000 t	195	259	237	278
Geflügel	1000 t	89	401	640	775

Quellen: Statistisches Jahrbuch über Ernährung, Landwirtschaft und Forsten, 1972, 1975, 1985; Annual Abstract of Statistics, 1976

worden. Im Zusammenhang damit und mit der Veränderung der politisch-wirtschaftlichen Konstellation des Weltreiches ist die Ausweitung der Ackerbauflächen im Inland zu sehen. Die Subventionen dienen insbesondere auch der Rationalisierung der Landwirtschaft, die in Großbritannien bereits große Fortschritte gemacht hat. Auch die Veränderungen in der Struktur der Betriebe wirken in dieser Richtung.
Lange war in der Landwirtschaft das *Pachtwesen* vorherrschend, da die Landeigentümer über große Flächen verfügten, die sie nicht selber bewirtschafteten; heute werden mehr als 50% der Betriebe vom Eigentümer bewirtschaftet. Eine große Zahl kleinerer Betriebe wird nebenberuflich geführt. Die 242000 landwirtschaftlichen *Betriebe* (1984; über 1 ha) sind im Durchschnitt 77 ha groß. Diese an sich günstig zu bewertende Zahl wird durch die vor allem in Schottland und Wales verbreiteten Gebirgsweiden beeinflußt, die nur eine extensive Nutzung gestatten.
Die physisch-geographischen Faktoren und gewisse traditionsgebundene Gewohnheiten sorgen für eine charakteristische *räumliche Ordnung des Anbaus* und der Viehwirtschaft, die zudem in ihrer Intensität von den jeweiligen Marktkonstellationen bestimmt werden. Der Akkerbau dominiert in Ost- und Südostengland, besonders in Lincolnshire, East Anglia und Kent sowie an der schottischen Ostküste. In Süd- und Mittelengland (Sussex, Worcestershire, Midlands) ist der Ackerbau mit Gebieten der Schafzucht und der Rinderzucht, vornehmlich Molkereiwirtschaft, gemischt. In den Gebirgsregionen von Wales und Schottland und im feuchteren W sowie in Nordirland herrscht die Viehwirtschaft eindeutig vor. Sie wird zum Teil ergänzt durch den Anbau von Gerste und vor allem Hafer zu Futterzwecken. Auch das Hügelland der Chiltern und Cotswold Hills dient vorwiegend der Weidewirtschaft. In der Nähe der Großmärkte werden Gemüse und Obst zum Teil in höchster Intensität (Glashauskulturen) gezogen. Unter den Getreiden nahm vor dem Krieg der Hafer im Ertrag die erste Stelle ein. Obwohl am weitesten verbreitet, sind Anbaufläche und Erträge stark zurückgegangen, besonders zugunsten von Gerste und Weizen, von denen im Durchschnitt der Jahre 1984–1986 10,3 (Gerste) und 13,7 (Weizen) Mio. t geerntet wurden. 1984 wurden 15 Mio. t Weizen (76,3 dt/ha) erzielt. Auch die Zuckerrübenerträge sind gestiegen und liegen über 8 Mio. t.
Die Erträge der *Viehwirtschaft* zeigen ebenfalls eine kräftige Zunahme. Bei Fleisch ist ein Selbstversorgungsgrad von 80% (1984; vor dem Krieg 50%), bei Kartoffeln von 96% erreicht, während die eigene Getreideerzeugung im Durchschnitt über 100%, 1984/85 sogar 139% (vor dem Krieg 23%), die Zuckergewinnung 64% (17%) und

die Butter- bzw. Fettversorgung nur insgesamt 31 % des Bedarfs deckt. Es zeigt sich also, daß die Landwirtschaft in Großbritannien und Nordirland an Produktivität gewonnen hat und einen bemerkenswerten Anteil an der Wertschöpfung der inländischen Wirtschaft innehat. Zudem sind Auswirkungen der EG-Agrarordnung erkennbar.

2.2.3.3.2 Bergbau und Industrie

Die *Industrialisierung* Großbritanniens beruht ganz wesentlich auf den Steinkohlenvorkommen, die in England, Wales und Schottland in neun Revieren verbreitet sind. Erst seit wenigen Jahren erhält die Steinkohle als Energierohstoff Konkurrenz durch importiertes Erdöl, durch die jüngst erschlossenen Erdöl- und Erdgasvorkommen und durch die Stromerzeugung in Kernkraftwerken, deren Entwicklung hier schon frühzeitig fortgeschritten war. Gegenwärtig ist Großbritannien mit einem Anteil der Kernkraftwerke von 19,3 % (1985) an der gesamten Elektrizitätsversorgung gegenüber der Bundesrepublik Deutschland (31,0 %), Belgien (60,3 %) und Frankreich (64,9 %) zurückgefallen. Allerdings stagnierte auch der Bedarf über eine Reihe von Jahren, da energieintensive Verbraucher der Industrie Strukturprobleme aufweisen.
Die einzelnen *Steinkohlenlagerstätten* sind nach mehreren Gesichtspunkten zu beurteilen und haben daher auch unterschiedliche Entwicklungen genommen. Solche Merkmale sind:
- Tiefe, Mächtigkeit und Lage der kohlefördernden Flöze,
- Qualität (Artenreichtum) und Quantität der Vorkommen und
- wirtschaftsgeographische Lage zu den Abnehmern in Küstennähe oder relativer Küstenferne.

Bis etwa 1914 erreichte die Stellung der Reviere in Schottland, Durham, Süd- und Nordwales sowie Lancashire ihren Höhepunkt. Der Kohlenabsatz bei der Seeschiffahrt und der überseeische Export begünstigten die küstennahen Lagerstätten. Demgegenüber erreichten namentlich die Reviere in Yorkshire und den East-Midlands erst in den fünfziger Jahren ihre höchsten Förderleistungen und über 40 % der britischen Förderung. Freilich ergibt sich für die wichtigsten Konsumenten, die Schwerindustrie, eine Auswahl der Vorkommen mit verkokbarer Kohle. Die findet sich in bester Qualität in Südwales und in Durham, in geringerem Umfang in Yorkshire und bei Stoke on Trent.
Der *Konsumwandel* einiger Kohlenverbraucher im In- und Ausland hat auch die Kohlenwirtschaft Großbritanniens erfaßt, obwohl hier

Tab. 53: Die Steinkohlenreviere Großbritanniens

	1965[1]	1975[1]	1984	1965–1984 in %
Schottland (Fife, Lanark, Lothians, Ayrshire)	14,9	9,7	5,3	– 64
Northumberland, Durham	29,7	14,4	10,9	– 63
Yorkshire, Doncaster, Barnsley	41,2	31,4	26,1	– 37
Derbyshire, Nottinghamshire,	37,5	28,0	24,9	– 34
Staffordshire	10,3			
Northwestern	11,6	11,9	9,1	– 21
South Midlands	10,7	8,3	6,7	– 37
Südwales, Forest of Dean, Bristol, Somerset	17,0	8,3 }	6,6	– 64
Kent	1,5	0,7 }		
Großbritannien	174,6	112,6	89,5	– 49

[1] Zum Verkauf zur Verfügung stehend, Förderung 1965: 188 Mio. t; 1975: 126 Mio. t
Quelle: Annual Abstract of Statistics, 1976, 1986

die Elektrizitätserzeugung seit langem und auch heute noch wesentlich auf der Steinkohle beruht. Neben den allgemein wirksamen technischen Veränderungen (geringerer Kohlebedarf zur Erzeugung einer Einheit Roheisen, Gas oder Elektrizität) stehen die Umstellungen auf Erdölprodukte. Die Bunkerkohle war einst ein wichtiger Zweig des Absatzes, der in den zwanziger Jahren noch 17 Mio. t erreichte, wovon ein Teil als Export Devisen einbrachte. Daneben nahm der *Export* eine außergewöhnliche Stellung ein: 1913 wurden fast 100 Mio. t Steinkohlen exportiert, ein großer Teil in europäische Länder, 1929 noch mehr als 60 Mio. t. Heute ist der Export auf 6,9 Mio. t (1983/84; 1984/85: 3,5 Mio. t) abgesunken. Ein Teil dieses verlorenen Absatzes ist durch den gestiegenen Verbrauch der Dampfkraftwerke und der Schwerindustrie ausgeglichen worden. Elektrizitätswerke und Schwerindustrie verbrauchen etwa 80%; der Rest verteilt sich auf Industrie, Hausbrand und den Export. Seit 1952, dem Jahr der höchsten britischen Nachkriegsförderung, ist die Kohlengewinnung bis 1975 um 50% zurückgegangen, von 230 auf 113 Mio. t. Seitdem stagnierte der Absatz, bis – streikbedingt – 1984 mit 49 Mio. t ein markanter Tiefpunkt erreicht wurde. 1985 wurden nach einer strukturellen Bereinigung wieder 91 Mio. t, 1987 102 Mio. t Steinkohle gefördert. Zahlreiche unrentable Zechen sind *stillgelegt* worden, so daß die Produktivität im Steinkohlenbergbau insgesamt angestiegen ist. Der *Tagebau*, besonders in Südwales, ist mit 10 Mio. t am Gesamtergebnis beteiligt.

Seit 1951 (700000 Beschäftigte, 1913: 1,1 Mio.) ist die Zahl der *Bergleute* auf 175000 (1984/85) reduziert worden. Da es insbesondere in den monostrukturellen Steinkohlerevieren schwierig ist, die verlorengegangenen Arbeitsplätze durch andere zu ersetzen, ergab sich die Notwendigkeit regionalstruktureller Maßnahmen, wenn man einerseits die Arbeitslosigkeit beschränken, andererseits aber Abwanderungen verhindern und das Regionaleinkommen nicht zu stark sinken lassen möchte. Diese Bemühungen stoßen dort auf große Schwierigkeiten, wo die Standortvoraussetzungen nur im Hinblick auf die Kohlevorkommen reizvoll waren, während nun das räumliche Spiel der Kräfte, durch andere Faktoren bestimmt, zu neuen Standortgruppierungen führen kann.
Nachdem die Bohrungen im Nordsee-Festlandssockel Großbritanniens auf umfangreiche *Erdöl-* und *Erdgasvorräte* gestoßen waren, ergab sich ein völlig neues Bild im Bereich der Primärenergieversorgung. Die bis 1973 auf 113 Mio. t angestiegenen Importsalden sind seitdem zurückgegangen; seit 1981 ist Großbritannien Nettoexporteur (1983: 43 Mio. t; 1985: 48,5 Mio. t) von Rohöl und Mineralölprodukten. 1985 wurde ein Exportüberschuß von 8 Mrd. Pfund erzielt. Abgesehen von der Entlastung des Devisenhaushalts kommt der Erdölwirtschaft auch eine regionale Bedeutung insofern zu, als sie in Schottland und den nördlichen Inseln Entwicklungsimpulse (z. B. Einrichtungen zur Versorgung der Bohrinseln) zu vermitteln vermögen. 1985 erreichte die Erdölförderung 128,5 Mio. t, das höchste Ergebnis im westlichen Europa. Das vorwiegend leichte Erdöl wird zum Teil exportiert. Die Vorräte wurden 1985 auf 1,8, 1987 auf 0,7 Mrd. t geschätzt. Seit der Mitte der sechziger Jahre stieg auch die Erdgasgewinnung kräftig an (1987: fast 45 Mrd. m^3, entsprechend etwa 54 Mio. t Steinkohleeinheiten). Gleichwohl ist das Land noch Erdgasnettoimporteur.
1986 wurden 303 Mrd. kWh *Elektrizität* (Bundesrepublik Deutschland: 408 Mrd. kWh) erzeugt. 1983 wurden 77 Mio. t Steinkohle neben Erdöl, Erdgas und Kernbrennstoffen eingesetzt. Nur etwa 1,5–2% der Kraftwerkskapazität entfallen auf Wasserkraftwerke in Schottland und Wales. In den bestehenden kommerziellen Kernkraftwerken (weitere sind im Bau) wurden 1986 etwa 52 Mrd. kWh Elektrizität erzeugt. Die *Kernkraftwerke* sind zunächst, mit Ausnahme von Trawsfynydd in Nordwales, an der Küste errichtet worden. Sie befinden sich meist in dünn besiedelten Gebieten. Damit ergeben sich in Zukunft für energieintensive Abnehmer neue Gesichtspunkte der Standortorientierung, da sich die herkömmlichen Wärmekraftwerke auf Kohlebasis auch zugleich bei den Kohlenlagerstätten angesiedelt hatten.

Die *Erdölraffineriekapazitäten* haben sich von 1955 bis 1976 von 31 auf 149 Mio. t erhöht (Bundesrepublik Deutschland von 14,7 auf 159 Mio. t im Jahr 1978), die Raffinerieerzeugung ist von 25,2 Mio. t auf 103 Mio. t (1974) angestiegen. Seitdem sind die Kapazitäten um 40% auf 90,1 Mio. t 1987 (in der Bundesrepublik Deutschland entsprechend seit 1978 Rückgang um 51%) zurückgegangen. Die Produktion ist um etwa 30% geschrumpft. Die Raffinerien haben ebenfalls die Standorte in der unmittelbaren Nähe von geeigneten Hafenorten gesucht, die zugleich auch ein aufnahmefähiges Hinterland haben.
Die »Industrielle Revolution« ist untrennbar mit der Entwicklung der modernen *Schwerindustrie* verbunden, die ihren Ausgang in Großbritannien genommen hat. Bis kurz vor der Jahrhundertwende war es das führende eisenerzeugende Land, das dann von den Vereinigten Staaten von Amerika und seit kurz nach 1900 vom Deutschen Reich übertroffen wurde. Heute steht es an 10. Stelle der Eisen- und Stahlproduzenten. Seit den 60er Jahren stagniert die Produktion, deren Ergebnis unter dem von Frankreich und Italien liegt. Abgesehen von den Kohlevorkommen verfügt Großbritannien auch über Eisenerze, die in den sechziger und zu Beginn der siebziger Jahre etwa zu einem Viertel der Versorgung der eigenen Industrie dienten, 1975 aber nur noch einen Anteil von 1/7 bis 1/8 hatten. In den Jahren 1965 bis 1971 wurden 3,4 bis 3,9 Mio. t Fe (11,9 bis 15,7 Mio. t Erze), 1972–1975 nur noch

Tab. 54: Erzeugung von Roheisen und Rohstahl in Großbritannien und Anteil an der Welterzeugung

	Roheisen in Mio. t	%	Rohstahl in Mio. t	%
1900	9,1	22,0	5,0	·
1938	6,9	8,4	10,6	9,6
1950	9,8	7,1	16,6	11,8
1960	16,0	6,3	24,7	7,2
1970	17,7	4,2	28,3	4,7
1973	16,8	3,4	26,6	3,8
1975	12,0	2,6	20,0	3,1
1976	13,9	2,8	22,4	3,3
1980	6,3	1,2	11,3	1,6
1982	8,5	1,8	13,7	2,1
1984	9,6	2,0	15,2	2,1
1985	10,5	2,1	15,7	2,2

Quelle: Statistisches Jahrbuch der Eisen- und Stahlindustrie, 1986

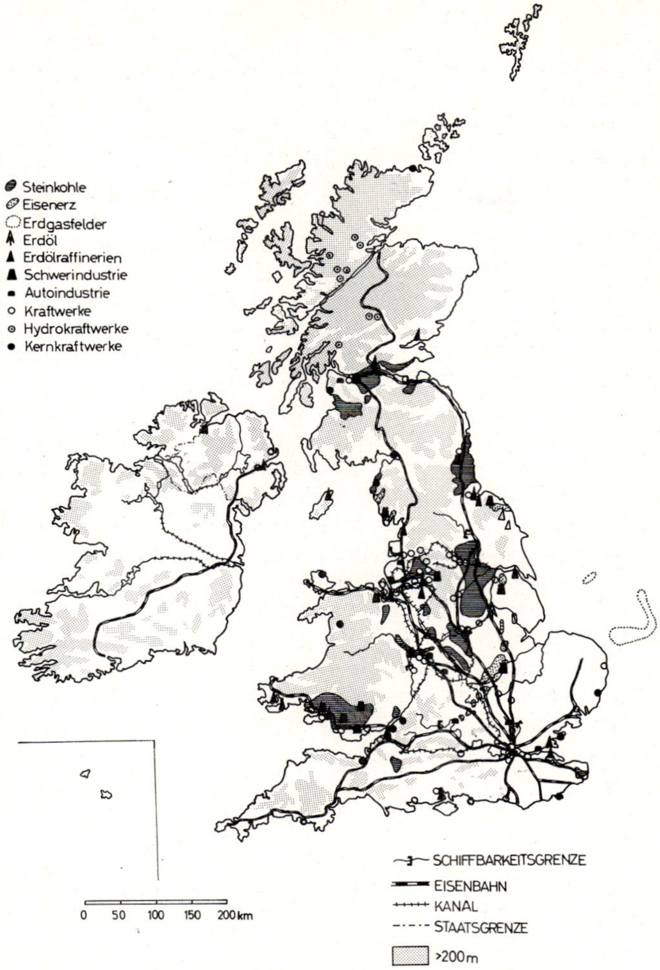

Abb. 24: Lagerstätten und Industrie in Großbritannien

2,5–1,3 Mio. t (9,2–4,0 Mio. t Erze), vor allem Juraerze aus Lincolnshire und Northamptonshire, gefördert. Heute spielen die eigenen Erze keine Rolle mehr. 1984 wurden noch 0,3 Mio. t gewonnen.

Die *Standorte* der Hütten- und Stahlwerke wurden außer auf die Steinkohlen- und Erzlagerstätten auf die Küstennähe (Erzimport; Export von Erzeugnissen) ausgerichtet. Die wichtigsten Schwerindustriezentren sind die Midlands (Leicestershire und Northamptonshire (Scunthorpe), Sheffield, Südwales (Cardiff, Ebbw Vale), Middlesbrough und Consett in Nordostengland, Irlam und Shotton in Lancashire sowie Glasgow. Jünger sind die Standorte auf der Basis der Juraerze, außerdem vom Staat gefördert in Ebbw Vale im südwalisischen Bergland und schließlich am Manchester-Schiffskanal und in Flint am Dee-Ästuar.

Zwei *Industriezweige* sollen besonders herausgehoben werden, die Metallverarbeitung und die Textilindustrie, die die räumliche Ordnung und Struktur des Landes entscheidend geprägt haben. Beide stehen in unmittelbarem Zusammenhang mit dem Beginn der Industrialisierung, die Textilindustrie als Anregerin, die Metall- und Maschinenindustrie als die Grundlage der weiteren Entwicklungen. Ein wichtiger Zweig war die Erzeugung von Dampfmaschinen, Textilindustriemaschinen, wie mechanische Webstühle, die schon frühzeitig zur Aufsplitterung und damit zur Spezialisierung führten; damit wurde gerade durch diese Zweige der britischen Industrie ein wesentlicher Vorsprung eingeräumt und ihre heutige Weltstellung begründet, und zwar auch unter Berücksichtigung der inzwischen eingetretenen strukturellen Veränderungen.

Die *Textilindustrie* hatte ihre Blütezeit im 19. Jh. bis zum Beginn des Ersten Weltkrieges. Ein Drittel aller Baumwollspindeln stand um 1910 in Großbritannien, und zwei Drittel des Weltexportes von Baumwollerzeugnissen stammten von dort. Seitdem sind erhebliche Veränderungen eingetreten, die im wesentlichen darauf zurückzuführen sind, daß die Textilindustrie derjenige Zweig ist, der als erster in jungen Industrieländern aufgebaut wird. So war der Handel mit Baumwollerzeugnissen schon im 19. Jh., als noch die Hälfte des britischen Exports Erzeugnisse der Textilindustrie waren, auf der Suche nach neuen Märkten. Deutschland, die Vereinigten Staaten von Amerika, seit der Jahrhundertwende verstärkt auch Japan und Indien sowie weitere Länder besonders in Europa bauten eine eigene Textilindustrie auf, die zunächst dem Eigenbedarf diente, dann aber auch auf Export gerichtet war. So haben sich die Gewichte der Produktion räumlich verlagert (siehe Tab. 55/56).

Bis 1984 ist die Zahl der in der Baumwollindustrie Beschäftigten auf 42 000 zurückgegangen. Im selben Jahr wurden noch 265 Mio. laufende m Tuche produziert (Annual abstracts 1986).

Auf dem Wollsektor ist Großbritannien für hochwertige Erzeugnisse das bedeutendste *Exportland* geblieben. Zentrum der Wollverarbeitung ist Leeds; im übrigen ist dieser Zweig räumlich weniger stark

Tab. 55: Verlagerung der Baumwollindustrie

		Groß-britannien	Indien/ Pakistan
Baumwollverbrauch 1913 in Mio. Ballen		4,3	2,2
Baumwollspindeln 1912 in Mio.		55,7	6,1
Erzeugung von Baumwollgeweben in Mio. lfd. m	1967:	681	4773
	1975:	509	4688

Tab. 56: Baumwollindustrie in Großbritannien

	Beschäftigte in 1000	Erzeugung von Garnen 1000 t	Erzeugung von Tuchen Mio. lfd. m	Export von Garnen 1000 t	Export von Geweben Mio. lfd. m
1912	622	623	7361	111	6321
1937	360	623	3771	72	1757
1957	251	397	2096	17	417
1968	·	171	668	·	·
1975	107[1]	94	405	·	·
1984	42	·	265	·	·

[1] einschließlich Beschäftigte in der Leinen- und Kunstfaserweberei
Quelle: Statistisches Jahrbuch für das Deutsche Reich, 1938, für die Bundesrepublik Deutschland, 1971, 1977; Annual Abstracts 1986

konzentriert als die Baumwollindustrie. Nordirland ist besonders in der Leinenherstellung zu nennen. Zudem haben die synthetischen Fasern einen wesentlichen, stark zunehmenden Anteil an der Versorgung des Marktes errungen. Insgesamt ist die Textilindustrie noch mit 4% am Export beteiligt. Derzeit sind Export und Import von Textilerzeugnissen (ohne Rohstoffe) im Wert ungefähr ausgeglichen. Diese sich innerhalb weniger Jahrzehnte abspielenden Prozesse der *Rezession* namentlich der Baumwollverarbeitung haben sich räumlich fühlbar ausgewirkt. Die zur Agglomeration neigende Textilindustrie hat sich besonders in Lancashire konzentriert: im NO die Weberei, im SO die Spinnerei. Kommerzielles Zentrum ist Manchester; der Exporthandel wurde über Liverpool, wo auch die Baumwollbörse ihren Sitz hatte, abgewickelt. In diesem Raum ist durch diesen Wirtschaftszweig ein bemerkenswertes Industriegebiet begründet worden, das nun auf neue Grundlagen gestellt werden muß. Der allmählich verlaufende

Rückgang ermöglichte die Anpassung an die Veränderungen, begünstigt durch die von der Textilindustrie ohnehin schon angeregte Ansiedlung der Maschinen-, Bekleidungs- und chemischen Industrie. 1979 waren in der gesamten Textilindustrie Großbritanniens nur noch 366000 Menschen beschäftigt.

Die verschiedenen Zweige der *metallverarbeitenden Industrie*, besonders der Maschinen- und Fahrzeugindustrie, sind – vor allem in England, Südwales und im schottischen Industriegürtel – weit gestreut und vielfältig spezialisiert. Herauszuheben sind Kraftfahrzeug- und Flugzeug- sowie insbesondere Flugmotorenindustrie in Birmingham und Coventry, Lancashire und dem Londoner Raum, die als Wachstumsindustrien auch die künftige Industrieentwicklung prägen werden. Der Export dieser Industriegruppen erreichte 1975 mehr als 40 %, der Import knapp 20 % der gesamten Einfuhren. Auch der Schiffbau hatte eine traditionell bedeutende Stellung inne; sie ist längst verlorengegangen. 1984 war Großbritannien noch mit 1 % am Weltschiffbau beteiligt.

In der Geschichte der verschiedenen Zweige der britischen Industrie zeichnen sich *Wandlungen* ab, die ihren Ursprung in tiefgreifenden technischen Umstellungen und Substitutionen, in Änderungen der Konsumgewohnheiten und den räumlichen Absatzbedingungen haben. So zeigt sich eine *Gewichtsverlagerung* von den schweren, rohstoffnahen Industriezweigen, die ihren Standort in der Nähe von Kohlen und Erzen, wenn möglich auch des Absatzes, suchen mußten, zu den rohstoff-ferneren, hochspezialisierten Zweigen, bei denen die Fachkraft, die Verkehrserschließung, das Vorhandensein von Handelseinrichtungen und andere Gesichtspunkte gegenüber den Rohstoffen den größeren Ausschlag für die Standorte geben mögen. Damit wandelt sich auch das räumliche Bild der industriellen Verteilung. Einst blühende Industriereviere, so Süd-Wales, werden zu Entwicklungsgebieten, und alle »alten« Industriegebiete, deren Elastizität nicht groß genug war, sich modernen Entwicklungen anzupassen, spüren die Notwendigkeit, den alten Bestand zu sanieren. Das trifft ebenso Industriegebiete und -verfahren, wie auch und vor allem die zugehörigen Siedlungsgebiete. So sind beispielsweise die Industriegebiete in Lancashire jetzt in einem bemerkenswerten Umbruch: große Teile der ehemaligen Textilindustriestandorte einschließlich der Arbeiterwohngebiete liegen brach und werden flächenhaft saniert.

Das *Planungswesen* hat wesentlichen Anteil an der Neuordnung. So ist man bestrebt, die Wirtschaftsräume mit überdurchschnittlich hohen Arbeitslosenzahlen durch Neuansiedlungen von Industriebetrieben zu fördern, besonders also Südwales, den englischen N und Teile

Schottlands, und zugleich die weitere Verdichtung in Agglomerationsräumen, besonders im Londoner Großraum und den Midlands, zu hemmen. Diese Bemühungen können insofern erfolgreich sein, als die *veränderten Standortbedingungen* auf neuer Energiebasis dem entgegenkommen. Im übrigen gilt aber auch hier die Überlegung, ob es nicht in einigen Fällen sinnvoller ist, die Arbeitskräfte in begünstigte Standorträume wandern zu lassen, um alle optimalen Raumbedingungen auszunutzen.

2.2.3.4 Das Städtewesen

Die Eigenart der britischen Wirtschaft mit ausgeprägter Industrialisierung sowie Handels- und Verwaltungsfunktionen für das einstige Weltreich und gegenwärtige Commonwealth hat die *Verstädterung* sehr stark begünstigt. So ist nicht nur insbesondere England städtereich, sondern London ist auch die erste Weltstadt des modernen Industriezeitalters und auch heute noch eine der größten Städte der Erde. So teilen sich die die Städte betreffenden Probleme in London und die übrigen Städte. Die großen Städte sind in aller Regel nicht nur *zentrale Orte*, sondern vor allem Industrie-, Bergbau- oder Hafenstädte. Demgegenüber gibt es eine Reihe kleinerer und mittlerer Städte, die als alte Grafschaftssitze auch heute noch vorwiegend Verwaltungsfunktionen ausüben.
Die Städtestatistik erschwert dabei den Überblick und den Vergleich, da in Großbritannien *Eingemeindungen* selten sind. Erst in den 60er Jahren ist Bewegung in die kommunalen Grenzen gekommen, besonders in den Midlands. 1974 hat wiederum eine Verwaltungsreform stattgefunden, die zum Teil zu tiefgreifenden Veränderungen geführt hat.
Die großen Konurbationen *(conurbations)* städtischer Siedlungen (in anderer Abgrenzung als die Metropolitan Counties, s. Tab. 48) sind in

Tab. 57: Veränderung der Stadtbevölkerung

	1951	1961	1968	1974	1981	1984
Dudley	64463	62965	179510	298700	299351	300600
Walsall	114535	118498	184060	271100	266128	264400
West Bromwich	87981	96041	172350	–	–	–
Wolverhampton	162672	150825	264840	268200	252447	254000

Quellen: Statesman's Year-Book 1982/83, 1986/87

erster Linie im Zusammenhang mit agglomerationsbildenden Gewerbezweigen entstanden, so Manchester auf der Grundlage der Baumwollindustrie. Diese Stadt hat innerhalb ihrer unveränderten Grenzen seit 1951 über 250000 Einwohner verloren, während der gesamte Agglomerationsraum auf etwa 2,7 Mio. Einw. angewachsen war; inzwischen hat auch er eine Bevölkerungseinbuße von 0,5 Mio. hinnehmen müssen. Der Raum um Leeds (Agglomeration 1,7 Mio. Einw.) verdankt seine Verdichtung der Wollindustrie. Der Agglomerationsraum Birmingham, in relativer Küstenferne, einst auf der dortigen Kohlengewinnung aufbauend, zeichnet sich durch stark gegliederte, spezialisierte Metallverarbeitung aus. Hier leben ebenfalls 2,2 Mio. Einw. Auf den Kohlevorkommen entwickelten sich auch die Städtegruppen um Newcastle (Agglomeration 0,7 Mio. Einw.) und in Südwales. Handels- und Verwaltungsfunktionen stehen an der Mündung des Mersey im Vordergrund. Die Agglomeration umfaßt 1,5 Mio. Einw., der Hauptort Liverpool 500000 (seit 1951 minus 290000).
Der größte Verdichtungsraum hat sich um *Groß-London* gebildet. Die Verwaltungsgliederung ist kompliziert, und verschiedene Verwaltungsgrenzen sind verändert worden. Die *City of London* umfaßt 2,74 km^2 (mit etwa 5000 Bewohnern). Die *Grafschaft London* hat auf 303 km^2 etwa 3,1 Mio. Einw. (1921: 4,5 Mio.) Der *äußere Ring* hat dagegen seit 1920 2 Mio. Einwohner hinzugewonnen (5 Mio.), so daß insgesamt in *Greater London* (1869 km^2) etwa 6,7 Mio. Einwohner leben. Auch diese erweiterte Region hat bereits wieder um über 1 Mio. Einwohner abgenommen, denn die Bevölkerung drängt immer mehr in die äußeren Bereiche. Damit wachsen die Probleme städtischer Organisation trotz eines ausgezeichneten *Nahverkehrssystems*, das für größere Entfernungen und die wichtigsten Verbindungen durch ein höchst intensiv betriebenes Schnellbahnsystem im Süden und U-Bahnnetz getragen und das durch Bus- und Schnellbuslinien ergänzt wird.
Obgleich also Großbritannien wesentlich mehr verstädtert ist als etwa Frankreich, hebt sich auch die britische *Hauptstadt* als besonderer Komplex deutlich von den übrigen Verdichtungsräumen im Lande ab. Das Wachstum Londons steht wesentlich im Zusammenhang mit den hauptstädtischen Funktionen, die für Jahrhunderte überregional bedeutsam für das *Weltreich* waren. Darauf gründeten sich auch wirtschaftlich-zentrale Aufgaben, die zeitweise weltweite Bedeutung hatten oder noch haben (Börse, Bank of London). Die im 18. und 19. Jh. begründete wirtschaftliche Stellung Großbritanniens hat insbesondere seine Geltung als Finanzzentrum (die »City«) bewirkt. Hinzu kommt, daß der Londoner Überseehafen einer der größten Um-

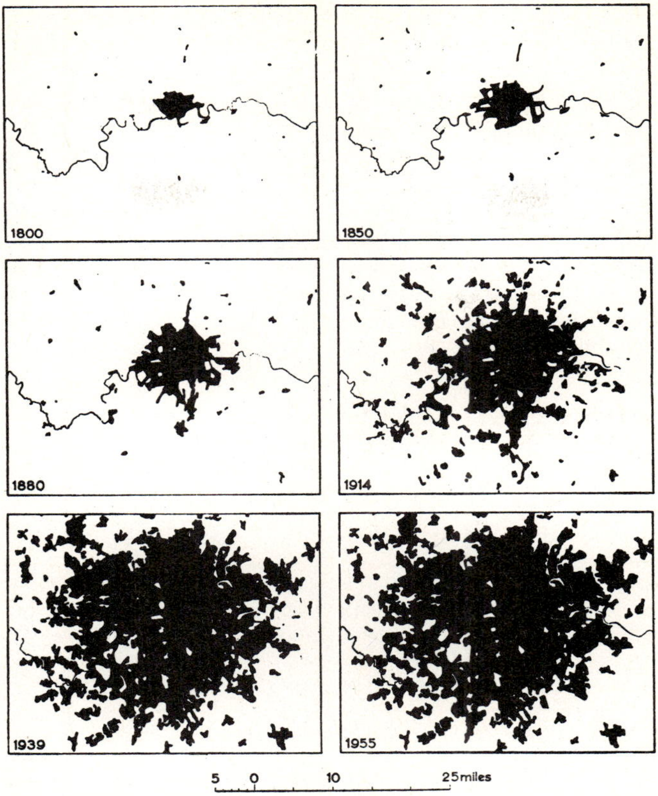

Abb. 25: Die Expansion von London 1800–1955
(nach JOHNSON)

schlagplätze der Erde ist und schließlich von der Kohle wenig abhängige Industrien vielfältigster Richtung im Londoner Großraum ihren Standort gefunden haben.

Trotz gewisser Funktionsverluste im Zusammenhang mit der Umgestaltung des britischen Weltreiches hat sich die Anziehungskraft der Stadt erhalten. Die Planung wollte jedoch diese Entwicklung stoppen und in andere Richtung lenken. So entstand die Konzeption der *New Towns*, die in einem äußeren Ring um London herum, später auch an anderen Stätten geplant worden sind. Diese Städte sind als solche jedoch nur lebensfähig, wenn sie Industrien auf gesicherter räumlicher

Grundlage beherbergen und in angemessener Entfernung auch zentrale Funktionen entwickeln können. Von 23 *New Towns* in England liegen 8 im Londoner Einflußgebiet.

2.2.4 Die Republik Irland

Nachdem 1916 in Irland die *Republik* ausgerufen worden war, wurde Süd-Irland, das 26 Grafschaften umfaßte, 1921 von Großbritannien der *Dominions-Status* zuerkannt. Für Nord-Irland (6 Grafschaften) wurde ein eigenes Parlament eingerichtet. Heute gliedert sich die irische Republik in folgende Provinzen:

Tab. 58: Provinzen der Republik Irland

		Einwohner in 1000				**Einw./ km²**	**Einw. 1981 in % von**
	km²	**1841**	**1901**	**1971**	**1981**	**1981**	**1841**
Leinster	19632	1973,7	1152,8	1498,1	1790,0	91	90,6
Munster	24124	2396,2	589,3	882,0	998,0	41	41,6
Connacht	17122	1418,9	646,9	390,9	424,0	52	29,8
Ulster	8013	740,0	345,9	207,2	230,0	28	31,1
insgesamt	68891	6528,8	2734,9	2978,2	3442,0	50	52,7

Quellen: The Statesman's Yearbook, 1976/77, 1986/87; Statistical Abstracts of Ireland, 1955

1984 wird die *Bevölkerung* auf 3,5 Mio. Einw. geschätzt. Hinsichtlich seiner geographischen Grundlagen ordnet sich Irland in das Gefüge der Britischen Inseln ein. Allerdings ist seine *Lage* auf der dem europäischen Kontinent abgewandten Seite Großbritanniens von Nachteil. So konnten im Laufe der Geschichte Neuerungen von der Hauptinsel aus nicht immer voll durchdringen. Die geographische Lage ist sicherlich eine wesentliche Ursache, die zur Entfremdung und zur *Verselbständigung* Irlands geführt hat. An der entscheidenden industriellen Entwicklungsphase Großbritanniens konnte Irland ebenfalls nicht voll teilhaben, da es hier an den dafür notwendigen Bodenschätzen mangelte und die Verkehrserschließung der Insel im Inselstaat nicht ausreichend war. Andererseits stieg die Bevölkerung im 19. Jh. sehr stark an. Um 1840 wurden mehr als 6 Mio. Einw. gezählt. Da die wirt-

schaftliche Basis unzureichend war, hat Irland über Jahrzehnte erhebliche Bevölkerungsteile durch *Auswanderung*, besonders nach England und Nordamerika, verloren (siehe Einleitung). Zwischen 1871 und 1951 sind über 2,6 Mio. Personen ausgewandert. Vor dieser Periode, zwischen 1841 und 1871, waren die Verluste noch größer. Erst in den letzten Jahrzehnten hat sich die Bevölkerung wieder stabilisiert, ohne daß jedoch die Abwanderungen zum Stillstand gekommen wären.
Der Grund für die negative Wanderungsbilanz liegt in dem Mißverhältnis zwischen anwachsender Bevölkerungszahl und weniger zunehmenden *Arbeitsplätzen*. Im Bereich der Britischen Inseln ist Irland, namentlich der republikanische Süden, das industriearme Gebiet, so daß der Zuwachs an Arbeitsplätzen im Vergleich mit anderen europäischen Räumen unterdurchschnittlich niedrig war. Daher suchten die Iren, die in der zeitweise überbelasteten Landwirtschaft keine Beschäftigung finden konnten, Arbeitsplätze in anderen Teilen des Königreiches und insbesondere in Nordamerika, wo sie zum Teil erhebliche Anteile an der weißstämmigen Bevölkerung erreichen.

Tab. 59: Die landwirtschaftliche Nutzfläche Irlands

	1861		1936		1951		1981		1984	
	1000 ha	%	1000 ha	%	1000 ha	%	1000 ha	%	1000 ha	%
Ackerland	1307	25,4	1308	27,8	1262	26,9	978	17,1	1087	19,0
Grünland	3848	74,6	3386	72,2	3427	73,1	4733	82,9	4623	81,0
insgesamt	5155	100	4694	100	4689	100	5711	100	5710	100

Quellen: Statistisches Jahrbuch für das Deutsche Reich, 1938, und für die Bundesrepublik Deutschland, 1973; Statistical Abstracts of Ireland, 1955; Statistisches Bundesamt Wiesbaden: Länderkurzbericht Irland, 1975; Statistisches Jahrbuch über Ernährung, Landwirtschaft und Forsten 1975, 1982, 1985

Die klimatischen Gegebenheiten begünstigen – unter der Voraussetzung eines funktionierenden internationalen Handels – die Ausrichtung der *Landwirtschaft* auf die Viehhaltung. Der Anteil des Ackerbaus hat sich seit den 30er Jahren bis in die siebziger Jahre hinein bei etwa ¼ gehalten. Bis 1984 ist er auf knapp 20% zurückgegangen. Da er aber sehr stark verbessert und kapitalintensiv betrieben wird, sind die Erträge trotz der exponierten Lage Irlands bedeutend gesteigert worden, und die Flächenerträge erreichen Spitzenwerte. So hat sich der Flächenertrag von Weizen von 1965 bis 1985 verdoppelt. Entsprechendes gilt für die Viehwirtschaft. Die starke agrarwirtschaftliche Betonung der irischen Wirtschaft findet ihren Niederschlag im *Außenhandel.* Während auf Nahrungsmittelimporte nur reichlich 10% entfallen, erreicht der Export von Agrarerzeugnissen noch ein Viertel der gesamten Ausfuhr. Um die Mitte der siebziger Jahre erreichte die landwirtschaftliche Ausfuhr allerdings noch 50%.

Tab. 60: Ackerbauerträge und Viehbestand Irlands

	Anbaufläche in 1000 ha				Erträge in 1000 t			
	1861	1931–1935	1971–1974	1980–1984	1860–1869	1931–1935	1971–1974	1980–1984
Weizen	132,8	28	67	57	148	76	272	377
Gerste	78,4	50	248	319	138	129	928	1500
Hafer	574,9	250	50	24	787	599	168	102
Kartoffeln	349,2	139	48	36	122	2554	1291	824

	Flächenerträge dt/ha					Viehbestand in 1000 St.			
	1860–1869	1931–1935	1971–1974	1980–1984		1938	1974	1980	1984
Weizen	14,3	27,4	40,5	64,3	Rinder	3556	7074	5824	5835
Gerste	18,8	25,7	37,4	47,3	Schweine	806	1050	1095	1019
Hafer	15,2	24,0	33,7	43,3					
Kartoffeln	67,2	183,7	269,7	230,4					

Quellen: Statistisches Jahrbuch für das Deutsche Reich, 1938; Statistical Abstracts of Ireland, 1955; Statistisches Bundesamt Wiesbaden: Länderkurzbericht Irland, 1975; Statistisches Jahrbuch über Ernährung, Landwirtschaft und Forsten 1982, 1985

So deutet sich in der Entwicklung aber zugleich eine wertmäßige Schwächung der landwirtschaftlichen Position im Verhältnis zur Industriewirtschaft an.

Die *Industrialisierung* Irlands hat um so größere Chancen, je geringer die Abhängigkeit der einzelnen Industriezweige von standortgebundenen Rohstoffen ist. Weitere Faktoren, etwa der Lebensstandard und die Lohnhöhe besonders im Konkurrenzverhältnis zu Großbritannien, aber auch zu den übrigen EG-Staaten, treten hinzu. In den siebziger Jahren war der Nachholbedarf noch recht groß, und das Außenhandelsdefizit industrieller Erzeugnisse wuchs an. 1970 hatte es – ohne Erdölimporte – 288,8 Mio. £ (= 69% des gesamten Exports) erreicht. Mitte der achtziger Jahre war der Außenhandel mit Industrieerzeugnissen fast ausgeglichen. Unter den Industriezweigen steht die Verarbeitung landwirtschaftlicher Erzeugnisse im Vordergrund (knapp 50% des gesamten Industrieumsatzes). Danach folgen verschiedene Zweige der Metallverarbeitung, besonders Maschinen- und Fahrzeugindustrie. Im übrigen sind verschiedene Zweige der konsumnahen Verarbeitungsindustrie vorhanden. Insgesamt sind über 300000 Personen in der Industrie beschäftigt; etwa 60% konzentrieren sich in Dublin, Cork, Limerick und Waterford. Die staatlich geförderte Ansiedlung *ausländischer Industrieunternehmen* zur Vermehrung der Arbeitsplätze und Verbesserung der Devisenbilanz zeigt gewisse Erfolge.

Tab. 61: Die Anteile agrarischer Erzeugnisse am irischen Außenhandel in %

	1924	1955	1963	1970	1975	1980	1984
Einfuhr	42,9	17,7	15,7	12,2	11,2	12,2	12,1
Ausfuhr	82,6	59,9	57,2	46,4	44,6	36,6	25,7

Quellen: Yearbook of International Trade Statistics, 1975; Statistisches Jahrbuch über Ernährung, Landwirtschaft und Forsten, 1982, 1985

2.3 Südeuropa – der Mittelmeerraum

Südeuropa ist von allen Teilräumen Europas am schwierigsten abzugrenzen, weil es keinen zusammenhängenden Bereich bildet und die *Übergänge* zu Westeuropa, Mitteleuropa, Südosteuropa und Kleinasien fließend sind. Man versteht darunter die *drei Halbinseln* am Mittelmeer: die Iberische, die Apenninen- und die Balkanhalbinsel. Die Staaten Südeuropas sind demnach Spanien, Portugal, Italien, Griechenland, Cypern und Malta. In der internationalen Statistik wird die Türkei kurioserweise auch zu Europa gerechnet, eine Erinnerung an die Rolle Konstantinopels in der europäischen Geschichte. Südeuropa wird oft mit *Mittelmeerraum* gleichgesetzt, wobei allerdings bedacht werden muß, daß das Mediterraneum als Naturraum und als geschichtlich gewordener Kulturraum rund um das Mittelmeer reicht und damit auch die nordafrikanische Küste und die Levante einschließt. Schließlich müßten, wollte man ausschließlich physisch-geographischen Kriterien folgen, auch die mediterranen Anteile Frankreichs und Jugoslawien sowie Albanien in die Betrachtung einbezogen werden, während der Alpenanteil Italiens und selbst die Lombardei zu

Mitteleuropa, die Pyrenäen zu Westeuropa und das Landesinnere Albaniens zu Südosteuropa zu rechnen sind.
Vor allem sind es *Klima und Vegetation*, welche dem europäischen Mittelmeerraum seine gemeinsame Charakteristik verleihen. Das Winterregenklima und die Verbreitung der immergrünen Hartlaubgewächse deuten Züge an, die sonst in Europa nicht auftreten.
In geschichtlicher Zeit wurde der europäische Mittelmeerraum durch die Tradition der Antike und den Prägestock des Römerreiches gestaltet. Der Begriff »Europa« entstand hier erstmals als Pendant zu den afrikanischen und asiatischen Gegenküsten.
Auch der westliche und der östliche Mittelmeerraum zeigen Unterschiede. Das Überwiegen der romanischen Völker auf den beiden westlichen Halbinseln und das Völkergemisch im östlichen Mittelmeerraum stehen sich gegenüber. In Spanien und Portugal überwiegen die atlantischen Bindungen, während Griechenland mit seinem Inselkranz schon auf den kleinasiatischen Festlandsockel ausgreift.
Auch einige Kulturpflanzen wie der Wein, die Agrumen und vor allem der Ölbaum sind typisch, namentlich die nördliche Ölbaumgrenze und die Verbreitung des Hohlziegeldaches werden dem mediterranen Kulturlandschaftstyp assoziativ zugeordnet. Das frühe Erblühen von Kultur und Wirtschaft hat zu nicht wieder rückgängig zu machenden nachteiligen Veränderungen im Landschaftshaushalt geführt, denn durch die Abholzung der Wälder kam es zu folgenreichen Erosionserscheinungen und zum Aufkommen wilden Dorngestrüpps anstelle der Forsten, die unter der Bezeichnung *Macchie* am besten bekannt sind.
Aber auch die gesellschaftlichen Verhältnisse in den Mittelmeerländern unterscheiden sich von denen in Mittel- und Westeuropa. Die Industrialisierung wurde trotz eines verhältnismäßig hohen Verstädterungsgrades lange hinausgezögert. So kommt es, daß gerade die Gastarbeiterfrage hier so akut geworden ist. Allerdings haben gerade diese Arbeiterwanderungen zur Folge, daß Südeuropa und der gesamte Mittelmeerraum sich in vieler Hinsicht den anderen Teilen Europas angleichen werden.

2.3.1 Die Iberische Halbinsel

Die Iberische Halbinsel liegt klimageographisch in einem *atlantisch-mediterranen Übergangsgebiet*. Die dadurch bedingte Differenzierung von Temperatur und Niederschlag wird durch das Relief nochmals grundlegend modifiziert. Eine geschlossene Landmasse mit Hochflächen zwischen 700 und 1000 m üNN wird von schmalen, nur wenige Zehnermeter über dem Meeresspiegel gelegenen Küstenebenen umrahmt. Dieser Höhenunterschied bedingt eine bemerkenswerte klimageographische Situation: Die Meseta des Landesinneren besitzt ein fast kontinentales Klima mit heißen, trockenen Sommern und kalten Wintern; die Küstenniederungen sind dagegen maritim beeinflußt, atlantisch im N und W, mediterran im O und S. Ergeben sich daraus zwei verschiedene Raumtypen, die sich im *zentral-peripheren* Formenwandel (H. LAUTENSACH) scharf voneinander abheben, so wird diese Gliederung von einem ausgeprägten *planetarischen*, also nordsüd gerichteten Wandel von Niederschlagsverhältnissen und Luftmassenverteilung überlagert: einem fast immer feuchten äußersten N stehen die sommertrockenen zentralen und südlichen Teile der Halbinsel gegenüber.

Dieser naturgeographische Gegensatz zwischen N und S sowie zwischen Küste und Zentraliberien, der in erster Linie große Unterschiede in der landwirtschaftlichen *Bodennutzung* bedingt, wurde nun durch die *politisch-historische* und *wirtschaftliche Entwicklung* verstärkt. Dazu trugen folgende Ereignisse bei: Iberien hatte seit dem frühen Mittelalter zwar umfangreiche Einflüsse aus dem N, von West- und Zentraleuropa her zu verzeichnen; Wirtschaftsstruktur und Sozialgefüge wurden jedoch in großem Umfang auch von der aus S, von Nordafrika übergreifenden, 700 Jahre andauernden islamisch-maurischen Herrschaft geprägt, deren Folgen durch die von König, Kirche und Adel wiederum von N herangetragene Reconquista nicht völlig beseitigt wurden. Das Widerspiel der Kräfte aus N und S hinterließ nicht nur zahlreiche arabische Relikte in der Kulturlandschaft, es verursachte vor allem die für Spanien charakteristische, bis an die Schwelle der Gegenwart herrschende *Feudalstruktur*, die engen Bindungen zwischen Staat und Kirche sowie die regional unterschiedliche Verteilung und Verfügungsgewalt am Grundeigentum.

Alle drei Faktorenkomplexe haben auf den Mesetahochflächen zusammen mit den hier schwierig zu nutzenden natürlichen Grundlagen Wirtschaftsräume entstehen lassen, die aufgrund aufwand- und ertragsextensiver Bodennutzung (Trockenfeldbau) bis Ende der siebziger Jahre nur wenig gesamtwirtschaftliche Prosperität erlangt haben. Im Zentrum sowie in Andalusien und in S-Portugal herrschte Großeigentum vor, bewirtschaftet mit Lohnarbeitskräften oder auf Basis von Pachtbetrieben. Der N Iberiens wird auch heute noch vom Minifundium geprägt, also kleineren landwirtschaftlichen Gehöften. Demgegenüber konnten in den Küstenebenen das bäuerliche *Kleineigentum* mit flächenintensiver Bodennutzung (künstliche Bewässerung) und die wesentlich mobileren Stadtgesellschaften durch Entwicklung von Markt und Gewerbe – ökonomisch gesehen – wesentlich dynamischere Räume schaffen, von denen stets bedeutende Entwicklungsimpulse ausgegangen sind. Diese zwar naturgeographisch angelegte, stärker jedoch sozialökonomisch bedingte *Disparität der Produktionsverhältnisse* im räumlichen Gegensatz von Küstenniederung und Meseta-Hochflächen bieten damit einer wirtschaftsgeographischen Regionalanalyse den für Iberien entscheidenden Problemansatz.

Die Iberische Halbinsel liegt also im Übergangsbereich vom humiden atlantisch-westeuropäischen Klimaraum, der von fast ständig feuchten *Westwinden* gekennzeichnet ist, zum mediterran-nordafrikanischen, in dem während des Sommers *trocken-warme Luftmassen* vorherrschen und Niederschläge auf Herbst und Frühjahr, im S auf den Winter konzentriert sind. Die Grenze zwischen beiden Klimagebieten verlagert sich zwar im Jahresgang von N (Sommer) nach S (Winter). Das langjährige Niederschlagsmittel und die räumliche Verteilung der Vegetationsformationen lassen ihre Lage jedoch eindeutig am Südfuß der kantabrisch-asturischen Gebirgsregion und der Pyrenäen erkennen. Nördlich davon erstreckt sich das »immerfeuchte Iberien«, nach S fortschreitend nimmt die Länge der sommerlichen Trockenzeit schnell zu, das Niederschlagsrisiko steigt, am stärksten in den Flußniederungen, schwächer ausgeprägt in den Gebirgsregionen. Benutzt man als Indikator für die räumliche Differenzierung des klimatischen und damit auch weitgehend des agronomischen Jahresgangs die *Aridität*, so steigt die Zahl der Trockenmonate von 2–4 in Nordkastilien über 5 im Ebrobecken sowie stellenweise auf der Südmeseta (z. B. Mancha) auf schließlich 6–8 im trockenen südostspanischen Küstensaum (Almeria). Die atlantische Küste Portugals ist insgesamt feuchter, sie weist im S (Algarve) jedoch immerhin auch 3–5 aride Monate im Sommer auf. Kommt damit der bereits angesprochene Nord-Süd-Wandel zum Ausdruck, so ergibt sich zwischen den fast kontinentalkalten Wintertemperaturen auf der Meseta und den sehr wintermilden Luftmassen der Küsten- und Randlandschaften, in denen häufig ganzjähriger landwirtschaftlicher Anbau möglich ist, ein dominanter zentral-peripherer Gegensatz. Eine *agrarwirtschaftliche Inwertsetzung* dieser Gegebenheiten erfolgt zwar nicht im Rahmen eines »Naturzwanges«. Eine Anpassung der Bodennutzungssysteme an die nach S stärker wirksam werdende Sommertrockenheit war und ist jedoch auf der Meseta, soweit künstliche Bewässerung noch nicht möglich ist, unumgänglich. Jedoch gerade die Art und Weise dieser »Anpassung« hat sich in historischer Zeit häufig geändert. Die Folge waren sehr unterschiedliche *Phasen der Kulturlandschaftsentwicklung*, deren Relikte in der gegenwärtigen wirtschaftsräumlichen Differenzierung Iberiens noch voll sichtbar sind (BREUER 1982).

2.3.1.1 Der historische Gang der wirtschaftlichen Erschließung und Kulturlandschaftsentwicklung

Die politische, ökonomische und gesellschaftliche Entwicklung der Iberischen Halbinsel, in deren Verlauf die natürliche Ausstattung des Raumes eine durchaus unterschiedliche Bewertung erfahren hat, schlägt sich in vier Phasen der *Kulturlandschaftsgenese* nieder:
- römische Kulturlandschaft,
- maurische Periode,
- postmaurische Phase der Reconquista,
- neuzeitliche Kulturlandschaftsentwicklung.

Die heute gegebenen Grundzüge der Bevölkerungsverteilung, insbesondere der Gegensatz zwischen dünn besiedelter, durch spärlichen Getreidebau genutzter Meseta und dicht bewohnter Küstenniederung mit höherer Ernährungskapazität, ist bereits aus der *Antike* bezeugt. Die gegenwärtig noch wichtigen Feldbauprodukte Getreide, Wein und Olive brachten auch in den hispanischen Meseta-Provinzen des *Imperium Romanum* Wohlstand und Reichtum, die Bewässerungswirtschaft der Küstenebenen war jedoch damals bereits rentabel.
Die westgotische Herrschaft verursachte zwar das bäuerliche Kleineigentum mit Erbteilung im NW der Halbinsel, hat aber sonst wenig Gegenwartsbezug. Hingegen sind *maurisch-arabische* Strukturelemente im heutigen Kulturlandschaftsgefüge stellenweise noch dominant. Von 711 bis 718 drangen arabisierte Berber aus dem nordafrikanischen Trockenraum auf die Iberische Halbinsel ein und stießen bis nach Südfrankreich vor. Mit Ausnahme des NW der Halbinsel gestalteten sie die Agrarlandschaft insbesondere in den Küstenebenen um. Die in Nordafrika bereits zu bemerkenswertem Erfolg gelangte *Bewässerungstechnik* fand auf den feuchten Schwemmlandniederungen und grundwasserreichen Schotterflächen am Gebirgsrand der Küstenniederungen ideale Bedingungen und entwickelte die aus spätrömischer Zeit noch vorhandenen *Huerta*-Gebiete zu großer Blüte. Rasch nahmen die Randlandschaften unter arabischer Regie im Gegensatz zu den zentralen Landesteilen einen bedeutsamen wirtschaftlichen Aufschwung. Allerdings trug die Einführung *neuer Anbauprodukte* hierzu erheblich bei: Bittere Apfelsine, Aprikose, Baumwolle, Reis

und Dattelpalme kamen über die Meerenge von Gibraltar. Der ebenfalls eingeführte Maulbeerbaum bildete die Grundlage für Seidenraupenzucht und Feintextilgewebe. Zukunftsweisend waren auch neue betriebliche Organisationsformen: Das Wasser zur künstlichen Bewässerung stand jedem Besitzer landwirtschaftlicher Nutzflächen unentgeltlich zur Verfügung, eine äußerst soziale Einrichtung gegenüber den postmaurischen Perioden, als das Wasser zum teuer verkäuflichen Produktionsmittel in der Hand weniger, kapitalakkumulierender Personen wurde. Eine bessere Ausnutzung der Grundwasserreserven durch neuangelegte Brunnen *(Noria)* hatte eine starke flächenhafte Ausdehnung der Bewässerungswirtschaft zur Folge (arabisch: *vega*; spanisch: *huerta*). Insgesamt brachte die maurische Periode der Kulturlandschaftsentwicklung im Agrarraum der Iberischen Randlandschaften eine bedeutsame Steigerung der Tragfähigkeit, die eine Ausdehnung der materiellen Existenzbasis mit entsprechender Bevölkerungszunahme bewirkte.
Auch der *städtische Lebensraum* erhielt vielseitige neue Impulse. Die maurische Stadt im S der Iberischen Halbinsel war nicht nur Pflegestätte arabischer und antiker Wissenschaft und Kunst, sondern auch Freiraum für die Entfaltung von Handwerk, Gewerbe und Handel zu höchster Blüte. Der unmittelbare Kontakt mit dem islamisch-arabischen Orient, mit Nordafrika, dem gesamten Mittelmeerraum sowie mit Zentral- und Westeuropa vermittelte für die Textil- und Papierherstellung, die Leder- und Metallverarbeitung ständig neue Produktionsmethoden und einen geradezu weltweiten Absatzmarkt. Träger dieses ökonomischen Aufschwungs waren die Mauren, ferner islamisierte Gruppen der autochthonen spanischen Bevölkerung (Muladies) und nicht zuletzt auch Juden.
Die langsame von N nach S fortschreitende Zurückdrängung der arabischen Mächte aus Iberien, die als *Reconquista* bezeichnet wird, führte mit gleichzeitiger Etablierung christlicher Territorien im urbanen wie im agraren Bereich der Kulturlandschaft zu *Verfallserscheinungen*. Besonders betroffen waren die sommertrockenen Hochflächen Kastiliens. Dazu trugen folgende Umstände bei: Die Meseta war großenteils Kronland; aus diesem Fundus wurden in der Regel ansehnliche Teile den eigentlichen Trägern der Wiedereroberung als Entschädigung für geleistete Kriegsdienste übereignet. Adel und Ritterorden *(Calatrava, Alcantara)* verpachteten dieses *Großgrundeigentum* in der Regel weiter, da sie an dessen Selbstbewirtschaftung kein Interesse hatten, oder sie ließen die Ländereien von Tagelöhnern extensiv mit Getreide oder durch Viehhaltung bewirtschaften. Damit schufen sie die noch heute vorherrschende Agrarstruktur: kleinere

Adelssitze zwischen Großdörfern mit kleinen bäuerlicher Pächtern und Landarbeiterproletariat neben Großbetrieben. Im Gegensatz zu Zentral- und Südkastilien blieb nur im nördlichen Teil Altkastiliens, im galicisch-asturischen Gebirge, in Nordportugal bis zur Tejomündung, z. T. auch noch in der Algarve das bäuerliche Kleineigentum erhalten. Neben dem ertragsextensiven Feldbau fand die *Fernweidewirtschaft (Transhumance)* in den wiedereroberten Gebieten erhebliche Ausdehnung. Sie wurde von adligen Besitzern sehr großer Schafherden seit 1270 im organisatorischen Verbund der *Mesta* bis 1830 betrieben und sicherte bei wenig Aufwand beachtliche Einkünfte und dem Königtum hohe Steuereinnahmen. Bedeutende Reste dieser agraren Bodennutzung sind bis in die Gegenwart erhalten geblieben, wenn auch die Viehwanderungen zwischen Sommer- und Winterweiden (Gebirge-Meseta) nicht mehr auf den breiten Weidewegen *(cañadas)* vor sich gehen, sondern mit Bahn und Lastwagen bewerkstelligt werden. Der ausschlaggebende Grund für die vorliegende Art der Inwertsetzung der Mesetalandschaft ist jedoch in der ökonomischen Interessenlage der neuen Bodeneigentümer zu sehen. Die adligen Großgrundbesitzer sahen in arbeitsintensiver Nutzung keinen Sinn, da einerseits Arbeitskräfte fehlten, andererseits trotz unterlassener Kapitalinvestition ein relativ guter Gesamtertrag gesichert war. Die historisch entstandene *Feudalstruktur* bedingte deshalb auf den Mesetahochflächen wichtige Grundstrukturen der agrarökonomischen und agrarsozialen Verhältnisse der Gegenwart.
In den Randlandschaften der Iberischen Halbinsel bestehen die in maurischer Zeit entstandenen Kleineigentums- und *Kleinpachtverhältnisse* bis in die Gegenwart fort. Auf der Basis der günstigen Bewässerungsmöglichkeiten entwickelte sich eine sehr produktive und gegenwärtig sogar exportorientierte Bodennutzung (Orangen). Selbst die individuellen Einkommensverhältnisse der bäuerlichen Betriebsinhaber sind trotz mancher Pachtauflagen wesentlich besser als diejenigen der Lohnarbeiter im Landesinneren.
Die *Städte* der Küstenniederungen haben in postmaurischer Zeit ihre unter arabischer Herrschaft begründete wirtschaftliche Aktivität bewahrt. Im Gegensatz dazu überwogen in den während der Reconquista von den christlichen Territorialherren gegründeten, meist sehr stark befestigten Städten Inneriberiens feudale Sozialstrukturen bis in die Neuzeit. Ein Stadtbürgertum hatte dort in der Regel kaum politische und wirtschaftliche Bedeutung.
Die aus der Neuen Welt eingeführten Agrarprodukte, namentlich der Mais, verursachten im 17. Jh. eine tiefgreifende *Agrarrevolution*. Die agrarische Tragfähigkeit sowie die Bevölkerungszahl stiegen zunächst

an. Auch der Kapitalrückfluß aus der Neuen Welt mußte sich in zunehmendem Reichtum des Adels und einiger stadtbürgerlicher Unternehmergruppen niederschlagen. Zudem wuchs die weltwirtschaftspolitische Bedeutung von Portugal und Spanien. Ein starker Strom aktiver Bevölkerungsgruppen wanderte nach Übersee aus. In den eroberten Kolonialgebieten boten sich ihnen so gute Existenzchancen, daß sie das Interesse an wirtschaftlichen Aktivitäten und Investitionen im Mutterland verloren. Gewerbe, Handel und frühe *Industrieansätze* wurden deshalb nicht mehr gefördert, sondern verloren weitgehend ihre unternehmerisch aktivste Basis. Dieser Entwicklung folgte nun die endgültige und restlose Vertreibung der Juden. Kurze Zeit später wurden auch die Moriskos des Landes verwiesen, jene im christlichen Herrschaftsbereich verbliebenen Araber, die u. a. in der Seidenraupenzucht und im Textilgewerbe eine führende Rolle gespielt hatten (1609).

Der Niedergang der Textilproduktion schränkte die Schafhaltung ein. Der gesamte Agrarsektor der Mesetahochflächen Inneriberiens wurde geschädigt. Die Städte spiegelten, soweit sie weiter wuchsen, nur den überseeischen Glanz der beiden Kolonialmächte Spanien und Portugal wider.

Der wirtschaftsräumliche Gegensatz zwischen den sozialökonomisch zur Stagnation neigenden Zentralräumen und den durch Gewerbereichtum, Marktbeziehungen und die flächenproduktive Agrarstruktur wesentlich dynamischeren Küstenlandschaften verstärkte sich fortschreitend bis zur Gegenwart. Diese *Disparität* fand zunehmend in demographischer und sozialgeographischer Hinsicht Bedeutung und zeigte sich auch in einer räumlichen Differenzierung des Wirtschaftsgeistes (A. RÜHL). Ein Beispiel dafür ist die sehr viel agilere Aufgeschlossenheit der Katalanen und der Bevölkerung der übrigen Küstenniederungen hinsichtlich wirtschaftlicher Aktivität, im Gegensatz zu den auch gegenwärtig noch stärker konservativ eingestellten Kastiliern.

2.3.1.2 Bevölkerungsentwicklung, Wanderungsvorgänge, Verstädterung

Ausdruck und Folge der geschilderten wirtschaftsräumlichen Entwicklung auf der Iberischen Halbinsel sind die *Bevölkerungsverhältnisse* der Gegenwart. Verteilung und Dichte spiegeln in vielfältiger Hinsicht das Wirkungsgefüge zwischen wirtschaftsgeschichtlich bedingter Kulturlandschaftsgenese und naturräumlichen Grundlagen

wider. Regionen starker Bevölkerungskonzentration sind die agrarisch intensiv genutzten, an Städten und ländlichen Siedlungen reichen Küstenniederungen. Als *Verdichtungsräume* treten besonders hervor: der atlantische Saum Portugals und Galiciens (kleinbetriebliche Agrarstruktur), die Stadtregionen von Porto und Lissabon fügen sich als Schwerpunkte in dieses Bild zwanglos ein, die Industriegebiete des N mit Barcelona und dem Baskenland und die Bewässerungsgebiete an der gesamten Ost- und Südküste mit starker Verstädterung, Industrialisierung und Fremdenverkehrsentwicklung. Im Gegensatz zu den Randlandschaften weisen die inneren Hochflächen geringere Siedlungs- und Bevölkerungsdichtewerte auf, lediglich modifiziert durch den Verdichtungsraum der Provinz Madrid (1986: 4,7 Mio. Einw.). Mit diesem Verteilungsmuster hängen die Gesamtzunahme der Bevölkerung seit etwa 1900 und die Wanderungsvorgänge der beiden letzten Jahrzehnte eng zusammen.
Die *Bevölkerungszunahme* hat seit Beginn des Jahrhunderts bis 1985 in Spanien trotz hoher Auswanderungsverluste zu einer Verdoppelung der Einwohnerzahl geführt. Da die Sterberate seit 1900 auch in Spanien und Portugal schneller gesunken ist als die Geburtenrate, stieg die natürliche Bevölkerungszunahme. Sie beträgt in Portugal und Spanien für 1961–1970 jährlich 12‰, sank in Spanien bis 1975 auf 10,9‰, in Portugal auf 8,2‰ und verringerte sich bis 1985/87 weiter (Spanien 6,0‰, Portugal 4,5‰).
Wanderungsvorgänge sind innerhalb Spaniens bereits vor dem Zweiten Weltkrieg aus wirtschaftlichen Gründen ausgelöst worden, verstärkt haben sie nach 1945 eingesetzt. Wanderungsziele sind die industriellen Wachstumsgebiete in Katalonien, das Baskenland, Valencia und Madrid. An dieser *Binnenwanderung* waren im Jahrzehnt 1960–1970 jährlich 300000 bis 400000 Personen beteiligt. Seitdem ist eine Verringerung eingetreten. Allein der Verdichtungsraum Barcelona verzeichnete von 1960 bis 1970 eine mittlere jährliche Zuwanderung von etwa 70000 Personen. Von 1970 bis 1985 stieg die Einwohnerzahl der Provinz Barcelona von 3,3 Mio. auf 4,7 Mio. an. Die Abwanderungsgebiete, d. h. alle zentralspanischen Provinzen außer Madrid, Zaragoza, Valladolid, Rioja und Burgos, haben heute (1987) eine geringere Bevölkerungszahl als 1930 (MERTINS 1986). Die Wirtschaftskrise reduzierte jedoch die Binnenwanderung seit 1984.
Im Rahmen der Wanderungsvorgänge sind zwei weitere Prozesse wichtig, die die erwähnte Land-Stadt-Migration überlagern. Noch bis in die jüngste Gegenwart hinein ist eine kurzfristige *Saison-Arbeiter-Wanderung* in die großen Getreide- und Weinbaugebiete zur Erntezeit zu beobachten. Als gesamtvolkswirtschaftlich relevant muß auch die

Gastarbeit in west- und mitteleuropäischen Ländern eingestuft werden; sie erfaßte ursprünglich vorwiegend in der Landwirtschaft unterbeschäftigte Arbeitskräfte, konzentrierte sich dann aber seit Beginn der Rezession der Industrieländer auf beruflich bereits gut Ausgebildete. Ab 1982 setzte jedoch eine stärker werdende Remigration nach Spanien und Portugal ein. Zieht man das Fazit aus diesen bevölkerungsgeographischen Fakten, so wird deutlich, daß die sich derzeit vollziehenden politischen Strukturveränderungen in enger Verzahnung mit Binnenwanderung, Reduzierung des Agrarsektors und Verstädterung gesehen werden müssen. Beide Prozesse prägen gemeinsam den sozialökonomischen Umbruch Spaniens und Portugals zur Moderne. Folge dieser räumlich relevanten gesellschaftlichen Verhaltensweisen ist der Umbau überkommener Kulturlandschaftsmuster. Seit Ende der Franco-Ära schreitet er mit zunehmender Intensität voran.

2.3.1.3 Der städtisch-industrielle Wirtschaftsraum

Fragt man nach Motivation und Anlaß der umfangreichen Wanderungsprozesse, so erweist sich die starke räumliche Konzentration des industriellen Wachstums auf wenige *Ballungsgebiete* als wesentlichster Ursachenkomplex. Der gewerblich-industrielle Wirtschaftssektor ist auf der Iberischen Halbinsel wesentlich jünger als in Italien. Eine eigentliche *Industrialisierungsphase* begann in Spanien erst seit Ende des Ersten Weltkrieges, in Portugal sogar erst 1950. Eine der Ursachen hierfür ist der Mangel an unternehmerischer Initiative bei allen Gruppen der spanischen und portugiesischen Oberschicht.
Relativ leicht war es infolge liberaler Gesetzgebung ab 1825 *ausländischem Kapital* gelungen, im Bergbau Spaniens Fuß zu fassen. Englische Gesellschaften bauten die kupferhaltigen Schwefelkiese am Rio Tinto ab, Franzosen und Belgier förderten den Steinkohlen- und Eisenerzbergbau, Grundlage der Schwerindustrie im Baskenland. Innerspanische Initiativen erlagen schnell der ausländischen Kapitalkonkurrenz. Jedoch bewirkte die eigenaktiv dynamische Wirtschaftsmentalität der katalanischen und baskischen Bevölkerung seit dem Ende des Ersten Weltkrieges beachtliche industrielle Impulse. Die übrigen Regionen Spaniens, vornehmlich die kastilischen Provinzen, blieben bis nach 1945 ohne wesentliches Industriepotential, obwohl seit 1941 das *Instituto Nacional de Industria* versucht, mit staatlichen Kapitalbeteiligungen größere Unternehmen des Bergbau- und Hüttenwesens sowie der Chemieindustrie zu fördern. Von der Marshall-

Plan-Hilfe der USA war Spanien als faschistische Diktatur ausgeschlossen. Bis in die fünfziger Jahre orientierte sich die spanische Wirtschaftspolitik an einer gewissen *Isolation*. Erst mit zunehmendem strategischen Interesse der NATO an militärischen Standorten auf der Iberischen Halbinsel begann für die politische und ökonomische Führung Spaniens ein nachhaltiger Anreiz, schrittweise übernationale marktwirtschaftliche Bindungen einzugehen. Dieser Trend außenwirtschaftlicher *Liberalisierung* wurde nach Beginn der politischen Neuorientierung verstärkt fortgesetzt und erreichte seit dem Beitritt Portugals und Spaniens zur Europäischen Gemeinschaft (1986) eine umfassende Öffnung nach außen.

In Portugal setzte ein vergleichbares staatliches Engagement mit den *Wirtschaftsentwicklungsplänen* ab 1953 ein. Die industriellen Kapazitäten waren jedoch selbst in den beiden wichtigsten Standorten (Lissabon und Porto) im Vergleich zu Spanien bis zur Demokratisierung noch schwach. Die politische Situation danach hat die wirtschaftliche Expansion zunächst nicht wesentlich fördern können. Die Wirtschaftspläne zeigen jedoch, daß mit zwei großen Investitionsprogrammen vor allem Bauwesen, Landwirtschaft und Staatsbetriebe gefördert werden konnten. Auch auf eine Belebung der Privatinvestitionen hofft man. Die räumliche Differenzierung der Industrie auf der Iberischen Halbinsel hängt immer noch sehr stark von Energieangebot und Technologiefortschritt ab.

Umfangreiche *Bodenschätze* treten geologisch vorwiegend in den gebirgigen Randlandschaften Iberiens auf (Braunkohle, Steinkohle, Erzlager). Die Eisenerzförderung wurde durch staatliche Investitionspläne (1976–1979) im Interesse des Ausbaus der Stahlproduktion vorangetrieben. Die Erschließung von Uranlagern erfolgte in Spanien und Portugal ab 1970.

Die Erzeugung *elektrischer Energie*, die sich in beiden Ländern von 1960 bis 1985 verdreifacht hat, stützt sich in Spanien zu 40%, in Portugal zu 45% auf Wasserkraft. Eine rasche Umstellung auf Wärmekraftwerke mit Öl-Basis ist im Gang. Die installierte Leistung zur Erzeugung von Elektrizität wird laufend vergrößert. Der Energieplan 1981 sah Ausbau der Kernkraftwerke, Abbau des Erdölanteils am Energieverbrauch sowie eine erneute Steigerung der Kohleförderung vor. Während die erste Phase industrieller Entwicklung ausschließlich an die bedeutenden Bergbaugebiete bzw. an Küsten- und Hafenorte gebunden war, erlauben die dezentralisierten Energieangebote (Pipelines) in den zentralen und südlichen Provinzen Industrieanlagen. Die spanische Raumordnungspolitik könnte auf diese Weise eine Abschwächung der Agglomerationstrends in den vorhandenen

großen Ballungsgebieten (Barcelona, Bilbao und Madrid) erreichen.
Die *verkehrsgeographischen Grundlagen* Spaniens wurden im vergangenen Jahrzehnt entscheidend verbessert. Nachdem das Straßennetz früher unter Vernachlässigung der peripheren Querverbindungen ausschließlich auf Madrid orientiert war, wurde es nach 1955 mit amerikanischer Kapitalhilfe auch in Nebenstrecken ausgebaut und übertrifft heute hinsichtlich der Transportkapazität das recht weitmaschige Breitspur-Eisenbahnnetz. Der fortschreitende Ausbau von Autobahnen und Nationalstraßen ab 1975 verringerte die ökonomischen Distanzen der Zentralprovinzen zur Küste erheblich. Mit den Hafenorten Bilbao, Barcelona und Lissabon besitzt die Wirtschaft der Iberischen Halbinsel gute Kontakte zum europäischen und überseeischen Handelsnetz. Insgesamt ergibt sich damit auch aus verkehrsgeographischer Sicht eine räumliche Erweiterung der Standortmöglichkeiten für Industriebetriebe.
Neben Rohstoff, Energie, Verkehrserschließung bildet die Verfügbarkeit von *Arbeitskraft* einen vierten wichtigen Standortfaktor für die Industrie. Prinzipiell ergibt sich aus der für alle portugiesischen und spanischen Provinzen charakteristischen hohen natürlichen Zuwachsrate eine relative Gleichverteilung von Arbeitskräften auch in der nahen Zukunft. Die deutlichen regionalen Unterschiede im Pro-Kopf-Einkommen erzwingen jedoch die oben bereits näher beleuchtete Migration. Zieht man den Wert des Pro-Kopf-Einkommens von Madrid als Vergleich heran, so werden im südlichen Landesinnern z. B. 60 % weniger verdient, an der südlichen Küste nur etwa halb soviel. Die höchsten Pro-Kopf-Einkommen werden in Madrid, Katalonien und in den vier baskisch sprechenden Provinzen erreicht (1986). Der Kaufkraftstandard beträgt bezogen auf alle Regionen der EG (= Index 100) in Madrid 91, in Valencia 92, in Estremadura 46, in Portugal im Landesmittelwert 56 (1983). Je stärker die innerstaatliche *Migration*, desto vielfältiger steht Arbeitskraft zur Disposition und desto geringer ist die Neigung der privaten Industrie zu Investitionen in wirtschaftlichen Passivräumen. Daneben bewirken auch andere Agglomerationsvorteile eine fortschreitende Konzentration der Industrie in den drei großen Verdichtungsräumen Madrid, Bilbao und Barcelona. Durch die Förderung von dezentral gelegenen »Entwicklungs-Polen« versuchte die Regionalpolitik die wirtschaftsräumlichen Gegensätze zu mildern (z. B. Zaragoza, Huelva, Sevilla).
Aufgabe einer staatlichen *Raumordnungspolitik* müßte es deshalb weiterhin sein, arbeitsintensive Industrien auch dezentral einzurichten. Bevor die Problematik der diesbezüglich wichtigen Maßnahmen

dargestellt wird, liegt es nahe, zunächst die Industriezweige sowie die industriellen Ballungsgebiete darzustellen.

Eisenindustrie und Stahlerzeugung beherrschten bereits zu Anfang des Jahrhunderts die küstennahen Regionen um Bilbao; weitere Standorte haben sich in anderen Küstenstädten entwickelt (Stahlproduktion Spaniens 1975: 11,1 Mio. t; 1985: 18,6 Mio. t). Portugal verfügt seit 1961 über ein erstes Stahlwerk in der Nähe von Lissabon (1984: 680000 t). Die verwandte Metallverarbeitung im Maschinenbau, in Schiffswerften und Kraftfahrzeugindustrie besitzt ein relativ breites Spektrum und kann den Bedarf beider Länder decken. Hauptproblem ist die Überalterung der Produktionsstätten mit gravierenden Folgen für die Luftverschmutzung (Bilbao).

Der traditionsreichen *Textilindustrie* kommt in Portugal mit einem Anteil von 15% (1985) am Export produzierter Güter auch nach der Revolution eine bedeutende Stellung zu, die nach staatlicher Förderung der Baumwollverarbeitung eigener Ernten noch gesteigert werden soll. Der Maschinen- und Fahrzeugexport erreichte 1983 erstmals ebenfalls einen Wert von 15%. In Spanien macht sich jedoch gerade auf diesem Sektor wegen häufig überalterter maschineller Ausrüstung und meist sehr geringer Betriebsgrößen die Konkurrenz importierter Synthetikgewebe bemerkbar. Die industriemäßige Verarbeitung von Agrarprodukten und Fischereierzeugnissen hat mit Exportorientierung im letzten Jahrzehnt erheblich zugenommen und macht in Portugal z. B. 10% der Gesamtausfuhr aus (1985).

Staatlicherseits erfährt die *chemische und petrochemische Industrie* eine bedeutsame Förderung. Katalonien, einige Küstenstädte, vor allem aber Madrid, das durch zwei Pipelines mit Erdöl versorgt wird, weisen seit 1975 die größten Wachstumsraten auf (Düngemittel mit wachsendem Exportanteil, Pharmazeutika, Kunststoffe). Auch in Portugal ist die chemische Industrie in Entwicklung begriffen, nachdem die Raffinerie von Lissabon (Cabo Ruivo) die notwendigen Rohstoffe liefert. Dominant sind jedoch in Portugal Nahrungs- und Textilprodukteindustrie mit fast 50% der 500000 im verarbeitenden Gewerbe Beschäftigten.

2.3.1.3.1 Industriezentren und Stadtregionen

Aus der relativ jungen Industrialisierungsgeschichte der Iberischen Halbinsel wird verständlich, daß sich nur wenige städtische Zentren zu *Agglomerationen* entwickelt haben. Im wesentlichen lassen sich fünf Regionen mit mehr oder weniger starker Verdichtung des industriellen Potentials erkennen (RUPPERT 1986):

- Die Agglomeration Barcelona mit Hinterland (5,7 Mio. Einwohner 1985)
- die baskisch-asturischen Industrieregionen als Schwerpunkt der spanischen Schwerindustrie (Bilbao mit Hinterland 2,5 Mio. Einwohner 1985 und Oviedo/Gijon mit 1 Mio. Einw.),
- die urban-industrielle Agglomeration um die Hauptstadt Madrid (4,7 Mio. Einwohner 1985),
- das portugiesische Industriegebiet um die Hauptstadt Lissabon und Setúbal (2,4 Mio. Einwohner 1985),
- die Mittelmeerküste zwischen Ebro und Cartagena mit 4 Mio. Einwohnern und vielseitiger Industrie meist in kleineren Betrieben.

In der *Agglomeration Barcelona-Badalona* herrschen metallverarbeitende Produktionszweige sowie Chemie- und Textilindustrie vor. Gute Verkehrsverbindung zu den übrigen iberischen Wirtschaftsräumen, eine aktive Hafenfunktion mit mediterraner und überseeischer Zielrichtung sowie eine historisch dynamische Entwicklung von Handwerk, Gewerbe und Handel bilden die wichtigsten Grundlagen, die zur Konzentration einer branchenreichen Industrie und eines vielseitigen Dienstleistungssektors geführt haben. Heute entsteht in diesem Raum ein Viertel der spanischen Industrieproduktion. Die spezifische *Aktivität* der katalanischen Bevölkerung hat Barcelona einen großen Entwicklungsvorsprung verliehen. Barcelona hat stets die entscheidenden industriellen Impulse ausgestrahlt. Diese Tatsache hat bis zur Gegenwart eine gewisse Rivalität zwischen Barcelona und Madrid genährt: Zweifellos überragt die katalanische Metropole im Hinblick auf wirtschaftliches und speziell industrielles Potential die Landeshauptstadt um ein Vielfaches. Auch die Wertschöpfung des tertiären Wirtschaftsbereiches steht derjenigen Madrids nicht nach. Selbst kulturell dürfte Barcelona eine vorrangige Position einnehmen. Versucht man die gegenwärtige Wirtschaftsstruktur Barcelonas hinsichtlich der zukünftigen Leistungsfähigkeit zu analysieren, so besitzen zwei Branchen tragende Bedeutung. Der *Handel* im weitesten Sinne wird in Verbindung mit der Hafen- und Exportfunktion eine steuernde Rolle spielen. Daneben erfährt der produzierende Sektor durch die chemische Industrie augenblicklich bedeutende *Wachstumsimpulse*. Die kapitalstärkste und an Steueraufkommen reichste Industrieregion Spaniens besitzt mit ihren urbanisierten Randzonen und Nahbereichen eine Einwohnerzahl von fast 6 Mio. (1985).
Das *demographische Wachstum* der Provinz und Area Metropolitana Barcelona basiert auf Geburtenüberschüssen, im Mittelwert von 1960–1970 betrug es 9,5‰. Der überwiegende Anteil der Bevölke-

rungszunahme resultiert jedoch aus der Zuwanderung, die bereits gegen 1860 mit Beginn der Industrialisierung Arbeitskräfte aus Katalonien nach Barcelona führte. Sozialökonomisch aufschlußreich ist die gruppenspezifische Motivation der *Zuwanderer* (vgl. COURTOT-FERRAT, 1969): Etwa die Hälfte kommt im Alter zwischen 16 und 35 ohne Angehörige, Familien mit 3–4 Kindern stellen die zweite Gruppe. Während die Zuwanderer aus dem Süden, etwa ein Drittel der Gesamtzahl, keine qualifizierte Berufsausbildung besitzen, gehören die Migranten aus Katalonien fast ausnahmslos spezialisierten Berufsgruppen des Dienstleistungssektors an. In jedem Fall ist der Wunsch nach einem sozialökonomischen Aufstieg Hauptursache der Wanderung. Heute richtet sich die Zuwanderung hauptsächlich in die Randbereiche der Area Metropolitana, ist insgesamt jedoch seit 1980 in Abnahme begriffen (BÄHR/GANS 1986). Ihren sichtbaren Niederschlag findet die Zuwanderung in hohen Wohndichten der inneren Stadtquartiere und im ständigen *Wachstum von Wohnsubstanz* in der suburbanen Peripherie Barcelonas. Diese Bebauung vollzieht sich in den zwei verschiedenen Grundtypen der Verstädterung in Ländern mit nachholender Industrialisierung. Einer ungeplanten Ansammlung kleiner, schnell errichteter Hütten mit *bidonville*-Charakter wie Santa Coloma de Gramanet stehen nutzungsintensive Wohnblockanlagen gegenüber, dies sind kleine Satelliten-Städte mit bis zu 16000 Wohneinheiten.

Raumordnungspolitisch stellen sich für diesen Raum wichtige Aufgaben. Augenblicklich wird eine Dezentralisierung des wachsenden Industriepotentials angestrebt, um Agglomerations-Nachteile zu vermeiden. Weiterhin geht es der provinzialen Administration um Errichtung leistungsfähiger, gleichmäßig verteilter Versorgungszentren. Schließlich versucht man, bislang unbebaute Restflächen im Nahbereich Barcelonas vor weiterer Überwucherung durch industriell-urbane Funktionen zu schützen, um der Agglomeration eine leistungsfähige Grundstruktur zu bewahren. Seit 1979 verfügt Katalonien über regionale Autonomie.

Etwas spezieller auf Schwerindustrie und Metallverarbeitung ausgerichtet bildet die baskisch-asturische Industrieprovinz mit *Bilbao* und *Oviedo/Avilès* weitere Schwerpunkte industrieller Produktion und urbaner Expansion. Etwa 50% der Gesamtbevölkerung der baskischen Provinzen Viszcaya und Guipúzcoa sind in Bergbau und Industrie beschäftigt. Denn diese Industriezweige haben hier im vergangenen Jahrzehnt eine stürmische Entwicklung genommen, die sich im höchsten Elektro-Energieverbrauch aller vergleichbaren Industrieregionen Spaniens dokumentiert.

Aus der technologisch-ökonomischen Standortkombination älterer Eisenschmieden und der Hafenfunktion hat sich von 1880 bis zur Gegenwart die drittgrößte urban-industrielle Agglomeration Spaniens entwickelt. Mit Nahbereich umfaßt Bilbao-Baracaldo etwa 800000 Einw. (1985). Die *Schwerindustrie* beherrscht die gewerbliche Struktur dieses Raumes vollständig: Stahlerzeugung, Schiffbau, Schwermaschinenbau. Daneben haben Konsumgütererzeugung und neuerdings auch die chemische Industrie nur nachrangige Bedeutung hinsichtlich des Wertes der produzierten Güter. Wirtschaftliche Leistungsfähigkeit, regionalistisches Bewußtsein und der noch als zu stark empfundene Zentralismus gelten als wichtige Ursachen des politischen Autonomiestrebens. Der Hafenumschlag Bilbaos liegt an zweiter Stelle nach Barcelona. Hierin ist wohl auch ein Anreiz für weitere Industrieansiedlung zu sehen.
Ein noch jüngeres, aber fast ebenso leistungsfähiges Industriezentrum hat sich in Oviedo (Asturien) entwickelt. 1964 lief die Produktion eines modernen Stahlkombinates in Avilès an, das von der *Empresa Nacional Siderúrgica* angelegt worden ist. Zusammen mit Neben- und Folgeindustrien war diese Entwicklung bereits in der Lage, die Abwanderung aus Asturien zu reduzieren. Insgesamt sieht das *Programa Siderúrgica Nacional* 1974/1982 eine Erhöhung der Stahlproduktion von ca. 11 Mio. t auf etwa 20 Mio. t pro Jahr vor. Diese Steigerung wird vornehmlich von den nördlichen Industrieregionen zu leisten sein.
Verglichen mit der Industrieentwicklung in Lissabon ist auch diejenige der *urban-industriellen Agglomeration Madrid* sehr jung. 1561 hatte die bis dahin schwach befestigte, ursprünglich arabische Gründung die Funktion als Regierungssitz erhalten. Von Philipp II. bis zum Ende des Ersten Weltkrieges bewahrte Madrid seine Grundstruktur als Residenzstadt, deren Sozialgefüge wenig Raum für gewerblich tätige Gruppen ließ. Die Konzentration von Macht und Kapital induzierte zwar rege Bautätigkeit, deren verschiedenste Epochen noch heute das Stadtbild prägen. Die ökonomische Gesamtstruktur der Metropole wurde jedoch stets von Konsum, nie von Produktion bestimmt. Geringfügige Lokalgewerbe änderten an dieser Situation nur wenig. Administration und *Regierungsfunktion*, höfische und private Dienstleistung, gesellschaftliche Selbstdarstellung des spanischen Adels, seit 1830 zunächst geringer, dann sich verstärkender Einfluß eines Merkantil- und Bildungsbürgertums (1836 Verlegung der Universität nach Madrid), schließlich – ab etwa 1900 – die Wirkung finanzwirtschaftlicher Aktivitäten waren bis an die Schwelle der Gegenwart die wichtigsten gestaltenden Kräfte der spanischen Hauptstadt.
Eine Änderung dieser Struktur begann sich mit dem *Eisenbahnbau*

anzubahnen, als Madrid nach 1860 in das innerspanische Netz einbezogen wurde. Kommunikation mit anderen Wirtschaftsräumen trat – wenn auch sehr langsam – an die Stelle kastilischer Isolation. Erste Ansätze einer *Industrialisierung*, auf die unmittelbare Güternachfrage der Stadt hin orientiert, sind seit 1900 zu beobachten. Weitere Impulse folgten um 1920, Weltwirtschaftskrise und Bürgerkriegswirren verhinderten jedoch zunächst eine weitere Entwicklung.

Vergleichsweise stürmisch verlief die Metamorphose Madrids schließlich nach dem Zweiten Weltkrieg. 1935 hatte Madrid die Millionengrenze erreicht, brauchte dann zur Verdoppelung seiner *Einwohnerzahl* 25 Jahre (bis 1960) und erreichte die dritte Million in nur knapp einem Jahrzehnt. 1985 zählte die Provinz Madrid 4,7 Mio. Einwohner. Das Wachstum der Einwohnerzahl resultierte seit 1945 weitestgehend aus einem positiven Wanderungssaldo. Von 1940–1950 betrug der Zuzug pro Jahr durchschnittlich 22000 Personen, 35000 zwischen 1951 und 1960 und nach 1960 weit über 40000 (vgl. M. A. HUETZ DE LEMPS, 1972). Die Abwanderung ist zu zwei Dritteln in die neuen Wohngebiete außerhalb der Stadtgrenze gerichtet. Funktional stößt Madrid ständig in sein ehemals rein agrarisches Umland vor. Satelliten-Siedlungen mit städtischen Kernen umgeben die *Metropole* kranzartig und sollen die urbane Überlastung des Zentrums abfangen. Zwischen den geplanten Wohnblockflächen etablieren sich besonders an der südlichen und östlichen Peripherie illegale Ansiedlungen vom Typ der *bidonvilles* mit einer Fülle von hygienischen, städtebaulichen, versorgungstechnischen und sozialen Problemen. Die Herkunft der Zuwanderer konzentriert sich regional auf Neukastilien, Andalusien und Estremadura, also auf Gebiete mit überwiegend agrarischer Struktur. Entsprechend ist die sozioökonomische Struktur der Zuwanderer zunächst noch stark von primärwirtschaftlichen Verhaltensweisen geprägt: Abwanderer aus der großen Gruppe des saisonal arbeitslosen, teilweise unterbeschäftigen Landarbeiterproletariats der aufwandextensiv bewirtschafteten Getreideebenen Kastiliens. Die Hoffnung auf sozialen Aufstieg ist nicht das alleinige Motiv für den Entschluß zur Abwanderung. Madrid bietet daneben vielfältige Bildungsmöglichkeiten und Qualifizierungschancen. Seit 1980 ist jedoch insgesamt eine Verringerung der Wanderungsbilanzüberschüsse erkennbar.

Sieht man die schnelle *Bevölkerungsentwicklung* Madrids als Indikator und Gradmesser einer fast überstürzten Verstädterung an, so drängt sich die Frage nach ihren Ursachen auf. Welche speziellen Funktionen besitzt Madrid heute als städtische Agglomeration und welche haben sich seit dem Zweiten Weltkrieg entscheidend verändert? – Als herausragende Aufgabe kommt der Metropole ihr höchst-

zentraler *Dienstleistungsbereich* als Sitz der Regierung und der übrigen nationalen politischen und administrativen Entscheidungsgremien zu. Die raumordnerisch und gesamtwirtschaftlich so bedeutsamen, seit 1941 erfolgten Einrichtungen wie das *Instituto Nacional de Industria* (INI) sowie das *Instituto Nacional de Colonizacion* haben diese zentralen Funktionen noch verstärkt. Große *Reichweite* besitzt Madrid als Kapital- und Finanzzentrum. In Verbindung mit Börse und staatlichen Finanz- und Planungsinstitutionen gehen von hier entscheidende Impulse für die ökonomische, vor allem für die industrielle Entwicklung ganz Spaniens aus. Die Wirkung der kulturellen Institutionen Madrids hat im vergangenen Jahrzehnt eine vielseitige Steigerung erfahren. Das Konzept des Universitäts-Viertels ist beispielhaft. Hinsichtlich der Gesamtbedeutung dieses Sektors scheint Barcelona die Metropole jedoch noch zu übertreffen.
Seit Kriegsende haben sich tiefgreifende Veränderungen im gewerblichen Bereich vollzogen. War die *Industrie* Madrids vor 1950 überwiegend nur auf den lokalen Markt bezogen, so erlangte sie danach rasch größere Reichweite. Innerhalb seines branchenmäßig sehr weit gespannten Fächers finden im sekundären Sektor heute knapp 40 % aller Erwerbspersonen Madrids Arbeit und Existenz (Dienstleistungen etwa 60 %). Metallverarbeitung und Maschinenbau verzeichneten nicht nur die größten Zuwachsraten, sondern bieten auch die meisten Arbeitsplätze an. *Barreiros*, kontrolliert durch amerikanisches Kapital, und *Pegaso*, bedeutende Firmen des Fahrzeugbaus, symbolisieren die neue ökonomische Entwicklung der spanischen Hauptstadt besonders. Chemie-Industrie (Pipeline von Malaga!), Textil- und Lebensmittelverarbeitung, Papier, Polygrafie, Holzverarbeitung sowie Elektrotechnik gehören zu den weiteren wichtigen Branchen, die auch das vordem schwach entwickelte Handwerk im Zuge einer Rückkopplung neu belebten.
Zweifellos ist das rasche urbane Wachstum Madrids nicht allein dem industriellen Sektor zuzuschreiben, zumal seine Gesamtkapazität derjenigen Barcelonas bei weitem nicht gleichrangig ist. Die Verstädterung Madrids nach 1950 ist ein Beispiel für den Selbstverstärkungseffekt eines Agglomerationsprozesses in ökonomisch noch schwach entwickelten Gebieten. Er bewirkte, daß Madrid im gesamten Innerspanien der einzige bedeutende *Entwicklungsschwerpunkt* geblieben ist, trotz vereinzelter Versuche zur Initiierung industrieller Nebenzentren. Die Gefahr einer weiteren einseitigen Verstärkung des auf Madrid orientierten Konzentrationsprozesses wird durch das stark zentralistisch gelenkte Verwaltungssystem Spaniens noch verstärkt. Einer Raumordnungspolitik stellt sich deshalb als primäre Aufgabe eine

räumliche *Dezentralisierung* des sekundären Wirtschaftssektors (Industrie). Nur durch dezentrale Beschäftigungsmöglichkeiten läßt sich die für die wirtschaftlichen Passivräume Spaniens substanzzehrende Abwanderung von Arbeitskräften reduzieren und die regional besonders hohe Werte erreichende Arbeitslosigkeit abbauen.
Expansionsorientiert sind auch die beiden *portugiesischen Industriezentren*; billige Arbeitskräfte und ausreichende Elektroenergie induzierten in Porto Metallverarbeitung, Möbel-, Papier-, Textil- und Lebensmittelindustrie. Desgleichen hat sich in Lissabon neben *Hauptstadtfunktion* und politisch-administrativen Zentralaufgaben ein industrieller Schwerpunkt entwickelt. Stahlproduktion, Erdölverarbeitung, Schiffbau und Konsumgüterindustrie bilden in vertikaler und horizontaler Verflechtung die Basis der starken Bevölkerungszunahme des Großraumes Lissabon–Setúbal–Barreiro. Die Ölraffinerie nördlich von Lissabon (Cabo Ruivo) ist entscheidende Grundlage der in ihrem Nahbereich konzentrierten chemischen und pharmazeutischen Industrie. Die Stahlerzeugung in Seixal bildet die Grundlage der portugiesischen metallverarbeitenden Industrie. Auch Konsumgüterindustrie entwickelt sich seit dem Bau der Tejobrücke (1966) zunehmend südlich des Mündungstrichters und trägt damit zum Wachstum der größten Agglomeration Portugals (2,4 Mio. Einw. 1985) entscheidend bei.

2.3.1.3.2 Die Problematik der Raumordnungspolitik und der sozialökonomische Wandel

Die Abwendung der angedeuteten Schwierigkeiten sowie eine Forcierung der Industrialisierung durch Bereitstellung von Kapital und geeigneter Infrastruktur waren die Hauptaufgaben des 1941 gegründeten *Instituto Nacional de Industria*. Ähnliche Ziele verfolgte der *erste Entwicklungsplan* (1963–1968). Er sollte die Grundlagen zu einem gesamtnationalen Wachstum des industriellen Sektors legen und durch eine ausgewogene Regionalpolitik einen Ausgleich der gebietlich sehr unterschiedlichen Pro-Kopf-Einkommen anbahnen. Im *zweiten Entwicklungsplan* (1969–1975) ging es in Verbindung mit Strukturverbesserungen in der Landwirtschaft um die Weiterentwicklung der *Polos de desarollo*, das heißt der industriellen Kerne, durch Förderung von Bildungseinrichtungen und Wohnungsbau. Neu geplant sind kleine *Polos de promoción*, das sind die Förderpole, denen die Ausbreitung von industriellen Arbeitsplätzen in zuvor rein agrarischen Regionen zugedacht ist. Nachdrücklich wird staatlicherseits die Privatindustrie durch Subventionen zur Investition in strukturschwachen Gebieten angehalten. Ähnliche Ziele verfolgte auch der *Wirtschaftsplan* von 1977; Inflationsbekämpfung, Reduzierung der Arbeitslosigkeit und Exportförderung mit dem Ziel, das Außenhandelsdefizit abzubauen, bilden jedoch gleichwertige Aufgaben. Steigende Inflation, konjunkturelle Krisen und strukturelle Mängel behinderten die Entwicklung der einzelnen Wirtschaftszweige. Die Ziele der jüngeren Pläne wurden nicht erreicht. Die Dezentralisierung von Industriepotential in periphere Räume war bislang nur wenig erfolgreich.

Der Verstädterungsprozeß und die Land-Stadt-Wanderung lenken den Blick auf den *Umbruch der sozialökonomischen Struktur*, der sich in Spanien und Portugal wie in anderen Mittelmeerländern, besonders seit etwa 1955, in großem Umfang vollzieht. Als Indikator dieser Veränderungen dient der Anteil der *Erwerbstätigkeit* in den einzelnen Wirtschaftssektoren. In beiden Ländern dominiert die starke Abwanderung aus Landwirtschaft und Fischerei. Im letzten Jahrzehnt hat sich der Agrarsektor in Spanien um rund 1,7 Mio. Arbeitsplätze verringert. Trotzdem waren 1985 noch immer 17% aller Erwerbstätigen Spaniens im primären Sektor beschäftigt (1900: 68%); sie erbringen aber nur 6,4% (1984) des Bruttoinlandsproduktes (1971: 13,5%). Diese Disparität unterstreicht die geringe Produktivität des spanischen Agrarsektors. Die Abwanderung aus den Agrarregionen kann jedoch nur dann zur Produktivitätssteigerung beitragen , wenn es gelingt, die infolge der raschen Mechanisierung der landwirtschaftlichen Großbetriebe auf der Meseta unvermittelt freigestellten Arbeitskräfte mit nichtagraren Erwerbsmöglichkeiten zu versorgen. Dies ist um so schwieriger, als auf Grund der breiten jugendlichen Basis der Bevölkerungspyramide die Zahl der zivilen Erwerbspersonen Spaniens stark angestiegen ist: 1979: 8%, 1984: 20%. Immerhin ist die Arbeitsplatzkapazität im Dienstleistungssektor beträchtlich erweitert worden. Das Wachstum der Verdichtungsräume ist hierfür der sichtbare Niederschlag (vgl. Tab. 62).

Ausdruck des gesamtgesellschaftlichen Umbruchs, in dem sich Spanien befindet, sind die vielen *Doppelexistenzen* in allen Wirtschaftsbereichen. Etwa 40% aller Beschäftigen gehen zur Sicherung des Lebensunterhalts zwei oder drei Berufen gleichzeitig nach. Nur der erste davon wird statistisch erfaßt. In Portugal vollzieht sich die Abwanderung aus der Landwirtschaft nicht wesentlich langsamer (vgl. Tab. 63). Die Eingliederung in andere Berufe scheint jedoch weitaus schwieriger, da das entsprechende Angebot geringer ist. Offensichtlich liegt auch das Bildungsniveau niedriger. Die Zahl der Arbeitslosen lag unmittelbar nach der Revolution (1974) sehr hoch, sank dann jedoch wieder ab. Zugenommen hat seitdem nur die Zahl der Arbeitsplätze im Dienstleistungssektor um ca. 500000 (vgl. Tab. 63). Betrachtet man die Leistungsfähigkeit des Arbeitsmarktes in Portugal, so wird die Lage an der Peripherie deutlich. Außerdem müssen für die ca. 1 Mio. große Gruppe von Rückwanderern aus Angola und Moçambique Existenzmöglichkeiten geschaffen werden.

Tab. 62: Veränderung der Wirtschaftssektoren Spaniens

	Erwerbstätige in % und absolut in %				in 1000		Beitrag zum Bruttosozialprodukt in %		
	1900	1960	1974	1985	1974	1985	1961	1971	1984
Landwirtschaft, Fischerei	68	41	26,5	16,9	3400	1760	26,5	13,5	6,4
Gewerbe, Industrie, Bau, Energie	15	30	38,0	32,1	4880	3350	33,0	34,4	36,4
Handel, Banken, Dienstleistungen	17	29	35,5	50,9	4560	5300	40,5	52,1	57,2

Quellen: Notes et Etudes Documentaires, 1971, Nr. 3788/89, S. 14; Bolletin Mensual de Estadistica; Etudes Economiques de l'OCDE-Espagne, 1976, S. 6.; EUROSTAT 1987

Tab. 63: Veränderung der Wirtschaftssektoren Portugals

	Anteil der Erwerbstätigen in %			in 1000	Entstehung des Bruttoinlandproduktes in %		
	1950	1974	1984	1984	1961	1973	1983
Landwirtschaft, Fischerei	49	28,8	23,8	970	24,3	14,6	8,2
Gewerbe, Industrie, Bau, Energie	25	33,8	34,0	1380	41,3	49,0	37,7
Handel, Banken Dienstleistungen	26	37,4	42,2	1720	34,4	36,4	54,1

Quelle: Statistische Grundzahlen der Gemeinschaft, 4., 14. und 23. Auflage.

2.3.1.4 Agrarräumliche Differenzierung der Iberischen Halbinsel

Die *agrarräumliche Differenzierung* der Iberischen Halbinsel ist eine Folge der historisch entstandenen Besitz- und Eigentumsverhältnisse, der regional unterschiedlichen Bodennutzungssysteme bei variierenden Produktionszielen sowie des Entwicklungsstandes der modernen Agrarkolonisation.

Im gesamten gebirgigen Norden Iberiens, dem nördlichen Teil der altkastilischen Meseta und in Nordportugal bis zur Tejomündung herrscht seit dem Frühmittelalter *Kleineigentum* vor, das durch Realerbteilung ständig weiter zersplittert wurde. Die Betriebe, oft unter 1 ha groß, werden unmittelbar vom Eigentümer, teilweise auch auf Pachtbasis mit langfristigen Verträgen bewirtschaftet. Die früher übliche, produktivitätszehrende Mehrfachverpachtung über drei bis vier Personen hinweg ist heute verboten. Die geringe Betriebsgröße erfordert zur Abwehr von Klima- und Marktrisiken einen vielseitigen Anbau. Er ist auf Grund ausreichender Sommerfeuchte und wintermilder Temperaturen weitgehend ganzjährig möglich. Eine Veränderung der *traditionellen Agrarstruktur* bahnt sich jedoch an (MÜLLER 1987). Kleineigentum, Kleinbetrieb, Flurzersplitterung erschweren eine Flurbereinigung. Der Ertrag pro Flächeneinheit und Arbeitskraft ist gering. Die Küstenniederungen der östlichen und südlichen Randlandschaften Iberiens weisen ebenfalls ausschließlich Kleineigentum und Kleinpacht auf. Ihre ökonomische Situation ist jedoch insofern besser, als die arbeitsintensive Bodennutzung auf der Basis des Bewässerungsgartenbaus einen wesentlich höheren Geldrohertrag pro Flächeneinheit liefert. Hier reichen schon kleine Betriebsgrößen zur Erlangung des Familiennahrungsminimums aus. Angebaut werden die wichtigsten agraren Exportprodukte: Apfelsinen, Frühgemüse, Obst.

Im Gegensatz zu Nordiberien und den Randlandschaften herrschen auf den zentralen Hochflächen (Meseta) und in Niederandalusien großflächiges Grundeigentum und *Latifundienwirtschaft* vor. Hier konzentriert sich die Verfügungsgewalt über Grund und Boden derjenigen rund 1200 spanischen Familien, die etwa 40% der gesamten landwirtschaftlichen Nutzfläche Spaniens besitzen. Sozialstruktur und Mentalität der bodenbesitzenden Klasse bedingen jedoch auch eine *hohe Verpachtungsquote* mit gewöhnlich kurzen Pachtfristen. Der Pachtzins ist in der Regel unabhängig von Konjunkturschwankungen. Daraus resultiert weitgehend die soziale und wirtschaftliche Verelendung der Pächter. Nur etwa 30% der landwirtschaftlichen Nutzfläche werden von bäuerlichen Eigentümern selbst bewirtschaftet. Nicht wesentlich besser gestellt ist das Landarbeiterproletariat, die *braceros*, zu dem noch 1960 etwa 50% der landwirtschaftlich Erwerbstätigen zu zählen waren. Bäuerliche Kleineigentümer und landwirtschaftliche Tagelöhner sind in dieser Situation die am meisten belasteten Opfer der überkommenen Agrarstruktur. Sie leiden unter teilweise nur saisonaler Beschäftigung, geringen Löhnen und Mangel an Gelegenheiten zum Nebenerwerb. Das sind auch die wichtigsten Gründe für die *Verelendung* dieser Sozialgruppe und ihre Abwanderung in die Städte. Der Abwanderungsprozeß wird durch die fortschreitende Mechanisierung der landwirtschaftlichen Mittel- und Großbetriebe weiter beschleunigt. Dadurch steigt zwar die einzelbetriebliche Profitrate, ob dadurch aber die zukünftige gesamtwirtschaftliche Entwicklung positiv beeinflußt wird, muß offen bleiben.

Eine grobe räumliche Gliederung der *Bodennutzungssysteme* und ihrer wichtigsten Produktionsziele läßt drei verschiedene *Agrarlandschafts-Typen* erkennen, die sich regional weitgehend mit den Gebieten jeweils homogener Eigentumsstrukturen decken. Im immerfeuchten Iberien des Nordens herrschen in den Fußstufen der Gebirge und auf den schmalen Küstenterrassen vielfältige und ganzjährige Fruchtfolgen vor. Hier werden im Sommer Mais, im Herbst und Winter Kartoffeln, Roggen, Kohl und Feldfutter angebaut. Stallviehhaltung und Koppelwechselweide dienen vorwiegend der Milcherzeugung.

Am Südfuß des Kantabrischen Gebirges setzen jenseits eines nur sehr schmalen Übergangssaumes *Trockenfeldbausysteme* ein, die mit zunehmender Zahl der sommerlichen ariden Monate komplizierter werden und eine Verschiebung ins Winterhalbjahr erfahren. Die Fruchtfolgen sind traditionsreich, zwei Grundtypen herrschen vor: Eine einfache *Dreifelderwirtschaft (cultivo-al-tercio)* ging ursprünglich von zwei Jahren Brache zur Bodenregeneration und Feuchtespeicherung aus. Danach folgte ein Jahr Getreideanbau. In manchen Regionen des Großgrundeigentums hat sich eine *Zweifelderwirtschaft* durchgesetzt *(cultivo año-y-vez)*, bei der einem Anbaujahr ein Brachjahr vorausgeht. Die Brachflächen werden heute weitgehend mit Feldfutter, Rotklee und Luzerne bebaut. Vereinzelt trifft man auf Feldberegnungsanlagen. Sonnenblumen-, Zuckerrüben- und Hopfenanbau befinden sich regional in Ausbreitung (BREUER 1986). Zunehmend wird auch Qualitätswein angebaut. Die *Viehhaltung* konzentriert sich auf eine in der Regel vom Feldbau betrieblich getrennte Weidewirtschaft. Die mit der Bodennutzung auf den sommertrockenen, nicht bewässerbaren Flächen, dem *Campo secano*, verbundene Problematik ist vielfältig. Mit der nach Süden zunehmenden Niederschlagsunsicherheit steigt das Ernterisiko. Außerdem ist der Düngeraufwand gering. Gerade deshalb wird jedoch die Betriebsführung relativ rentabel, obwohl die Hektarerträge nicht so groß sind. Diese aufwandextensive Getreidelatifundienwirtschaft konnte deshalb schon seit den 30er Jahren die Bevölkerung Spaniens nicht mehr voll mit Getreide versorgen. 1975 belief sich der Anteil von Nahrungsmitteln am Gesamtimport auf 10%. Dafür reichten die Deviseneinnahmen aus dem gesamten Südfrüchte-, Wein- und Gemüseexport, dem wichtigsten Ausfuhrposten Spaniens, nur zu 60% aus (1975). Gegenwärtig liegt der Selbstversorgungsgrad bei Grundnahrungsmitteln jedoch bei 100%. Ein weiteres wichtiges Produkt des sommertrockenen Iberiens ist die *Olive*. Spanien erzeugt 25% der Welternte, größtenteils exportbestimmt. Die dritte Form der Bodennutzung auf den Mesetahochflächen ist wie früher neben Getreide und Olive die Schafhaltung. Sie geht zwar leicht zurück, wird aber noch immer nach dem System der *Transhumanz* betrieben, und zwar im jahreszeitlichen Wechsel zwischen Sommer- und Winterweideflächen.

Der *Bewässerungsfeldbau (Campo regadio)* der Randlandschaften, naturgeographisch begünstigt und in historischer Zeit bereits voll entwickelt, trägt mehr zur agrarischen Wertschöpfung bei als die Landwirtschaft Inneriberiens. Ein großer Teil der hier geernteten Orangen und des Gemüses wird nach Mitteleuropa exportiert. Darüber hinaus gedeihen bei sehr milden Wintertemperaturen Reis, Erdnüsse, Melonen, Zwiebeln, Alfalfa, Tomaten, Baumwolle, Tabak und Blumen.

Die wirtschaftliche Prosperität der Bewässerungsregionen war Vorbild und Anlaß, seit 1950 auch in anderen Gebieten Iberiens durch Ausdehnung der Bewässerung eine *»innere Kolonisation« (Colonización interior)* durchzuführen. Die jährliche Zunahme der *Bewässerungsfläche* beträgt in Spanien seit 1960 im Mittel jährlich 70000 ha. Insgesamt werden rund 3,0 Mio. ha, das sind 11% des Ackerlandes, bewässert.

Im Ebrobecken vollzieht sich dieser Vorgang teilweise im Zusammenhang mit staatlich geleiteter *Boden- und Eigentumsreform*, mit Einführung neuer Anbauprodukte, mit der Errichtung von Vermarktungsgenossenschaften und nahrungsmittelverarbeitenden Industriebetrieben. Voraussetzung für die Ausdehnung des *Campo regadio* sind umfangreiche Stausee- und Kanalbauten. Die optimalen Standorte hierfür sind das Pyrenäen-Vorland, die Randgebirge der Meseta und die meist sehr tief eingeschnittenen, nach Westen entwässerten Flußsysteme des Duero, Tajo und Guadiana. Hier und im Ebrobekken entwickelten sich die flächenmäßig größten Meliorationsgebiete. Westlich und nördlich Valladolid erstrecken sich ausgedehnte bewässerte Zuckerrübenkulturen. Im Gebiet des Plan Badajoz (Guadiana)

wurde Anfang der sechziger Jahre Baumwolle angebaut, heute kultiviert man Tomaten, Mais und Feldfutter sowie Mais als Basis für die Viehhaltung. Reis gedeiht sowohl in den alten levantischen Vegas (Valencia) als auch in den jungen Anlagen am unteren Guadalquivir und am unteren Tejo. In allen Regionen moderner Agrarkolonisation entstanden auch *neue Siedlungen*, in denen die derzeitigen Pächter und späteren Eigentümer der jüngst erschlossenen Anbauflächen eine neuzeitliche agrare Wohn- und Arbeitswelt vorfinden. Allerdings sind Teile der Neusiedlungen durch Abwanderung auch wieder verlassen.
Die Planungsgrundlagen für diese *Entwicklungsgebiete* umfassen das gesamte Spektrum agrargeographisch wichtiger Faktoren wie Bodenverhältnisse, Wasserfragen, Energiegewinnung, Grundeigentumsreform, Siedlungsplanung und Absatzorientierung. Zu diesen Maßnahmen gehört auch die Flurbereinigung, die auf 8 Mio. ha, das sind etwa 50% des Ackerlandes, durchgeführt wurde. Damit ist in Teilbereichen der Iberischen Halbinsel die jahrhundertealte Agrarstruktur aufgebrochen und eine tiefgreifende Agrarreform eingeleitet worden, die jedoch nicht immer wunschgemäß und erfolgreich verlief (TYRAKOWSKI 1978).
Neuere Entwicklungen des Agrarsektors in Portugal sind zunächst nur im Alentejo zu beobachten. Etwa 15% der landwirtschaftlich nutzbaren Fläche ehemaligen Großeigentums wurden in Kooperativen umgewandelt. In den übrigen Agrargebieten und besonders bei den in Nordportugal vertretenen klein- und mittelbäuerlichen Betrieben haben sich bislang kaum Änderungen ergeben, seitdem die neue Staatsform des *demokratischen Sozialismus* das Salazar-Regime abgelöst hat. Hauptziel des portugiesischen Agrarsektors ist jedoch ebenfalls eine erhebliche Ertragssteigerung, damit die Außenhandelsdefizite wenigstens vom Nahrungsmittelimport entlastet werden können. Erst nach einer Übergangs- und Anpassungsfrist soll die Landwirtschaft Portugals voll in die EG integriert werden. Wie in Spanien hofft man deshalb auf den Tourismus, dessen Devisenquellen der gesamten Wirtschaft Impulse verleihen könnten.

2.3.1.5 Der Fremdenverkehr als Wirtschaftsfaktor

Vor dem Anstieg der Erdölpreise 1973 war die Warenaußenhandelsbilanz stets negativ. Dieses Defizit wurde jedoch durch Devisenzuflüsse aus drei Quellen ausgeglichen: durch die Überweisungen spanischer Gastarbeiter im Ausland, durch ausländische Investitionen in der spa-

nischen Wirtschaft und in Immobilien (Zweitwohnsitze) sowie vor allem durch die finanzwirtschaftlichen Auswirkungen des *Ausländertourismus*.
Der *Fremdenverkehr* war damit nicht nur Ursache für die Veränderung der ökonomischen und sozialen Regionalstruktur in bestimmten Teilbereichen des levantinischen Küstensaums, auf Balearen und Kanaren; er bewirkte nicht nur eine Fülle neuer Beschäftigungsmöglichkeiten in Bauwirtschaft und Hotel-Dienstleistungen. Er konnte als Devisenbringer die negative Außenhandelsbilanz aufwerten und dürfte auf diese Weise sowohl für die Strukturverbesserung des Agrarsektors als auch für einen gezielten Produktionsmittel-Import im gewerblichen Bereich der entscheidende Motor gewesen sein. Mit Ölpreisanstieg, Rückgang der Gastarbeiterüberweisungen und Einbußen auf dem Tourismusmarkt begann die spanische Außenhandels- und Devisenbilanz seit 1974 defizitär zu werden. Erst das Jahr 1976 brachte wieder steigende Zahlen von Touristen und *Deviseneinnahmen* von mehr als 3 Mrd. US-Dollar, die etwa ein Drittel des Warenaußenhandelsdefizits (8,5 Mrd. US-Dollar) decken konnten. Der Tourismus brachte im Mittel der Jahre 1982–1985 etwa 7 Mrd. US-Dollar *Deviseneinnahmen*, denen rechnerisch die Hälfte des Außenhandelswarendefizits entspricht. Der Tourismus ist damit Spaniens wichtigster Exportartikel. Man muß jedoch auch seine Nachteile in der dichter werdenden Bebauung an der Mittelmeerküste mit Hotelsiedlungen und Ferienhausgebieten *(urbanizaciones)*, in steigenden Bodenpreisen und Flächennutzungskonkurrenzen beachten.

2.3.1.6 Raumtypen und Entwicklungsaspekte

Wirtschaftsräumlich gesehen besitzt die Iberische Halbinsel eine Dreigliederung: *Inner-Iberien* besitzt ein noch teilweise traditionell geprägtes Wirtschaftsgefüge, obwohl die örtlich verwirklichten Agrarreformen, z. B. der Badajoz-Plan, grundlegende Änderungen eingeleitet haben. Die *Küstenniederungen* Spaniens konnten ihre dynamische Entwicklung im Bereich des Agrarsektors und im Fremdenverkehr fortsetzen, in Portugal dürfte die eingetretene Stagnation durch Aufwärtstrends abgelöst werden. Beträchtlich sind jedoch die Umweltbelastungen in den Ebenen der spanischen Levanteküste. Verstädterung, Verkehr, Emissionen und Flächenkonkurrenz heben stellenweise die landschaftlichen und ökologischen Vorteile bereits auf. Die Meeresverschmutzung wirft in Küstennähe bereits große Probleme auf. Die stärksten sozio-ökonomischen Wandlungen vollzogen

sich in den industriell-urbanen *Verdichtungsräumen* Barcelona, Madrid, Bilbao, Lissabon und Porto, aber auch in Städten wie Malaga und Valencia.
Trotz der überall zu beobachtenden Wandlungen unterscheidet diese drei Raumtypen jedoch noch immer ein auffälliges Einkommensgefälle. Außerdem ist der höchst kopflastige Sozialaufbau bislang nicht grundsätzlich verändert worden. Noch immer können etwa fünf Prozent der Bevölkerung über rund ein Drittel des Volkseinkommens verfügen. Hieraus ergeben sich *gesellschaftspolitische Probleme*, die der Demokratisierung des Staates sicherlich nicht förderlich sind. Gleichzeitig erfuhren die separatistischen Tendenzen seit Beendigung des Franco-Regimes eine markante Belebung. Dieser Vorgang könnte die unbedingt notwendige Ausgewogenheit der wirtschaftlichen Entwicklung in den einzelnen Teilräumen Spaniens stören. Nur ein gleichmäßiges, regional aufeinander abgestimmtes ökonomisches Wachstum bietet in Verbindung mit zugeordneten politischen Maßnahmen eine Chance, die historisch entstandenen sozialen Konflikte zu lösen und die hohe Arbeitslosigkeit zu reduzieren. Ein differenziertes, die regionalen Besonderheiten berücksichtigendes *Raumordnungskonzept* könnte die sozialen und wirtschaftsräumlichen Disparitäten vermindern.

2.3.2 Die Apenninen-Halbinsel

Die Entwicklung der Kulturlandschaft auf der *Apenninen-Halbinsel* ist entsprechend der Vielzahl von außen kommender politischer, sozialer und kultureller Einflüsse regional und strukturell höchst komplex. Drei historische Perioden haben das Kulturlandschaftsgefüge Italiens entscheidend geprägt:

- das *antike Erbe* und seine Entwicklung bis ins *Mittelalter*;
- die *wirtschaftsräumlich* im Norden und Süden Italiens *ungleichgewichtig wirkenden Impulse* seit 1800;
- der auf diesen Grundlagen beruhende *Wandel in der Gegenwart*.

Die Kulturlandschaft der Apenninen-Halbinsel empfängt infolge ihrer Erstreckung zwischen mitteleuropäischen und südmediterranen Klimagebieten, der damit verbundenen nach Süden sich verlängernden sommerlichen Trockenzeit sowie der im Gebirge wirksamen Höhenstufung von Vegetation und Landwirtschaft eine nachhaltige Differenzierung seitens der physisch-geographischen Grundlagen des Landschaftshaushaltes (TICHY 1985).

2.3.2.1 Die Ursachen der räumlich unterschiedlichen Entwicklung von Sozial- und Wirtschaftsstruktur in Nord- und Süditalien

Die folgenden Ausführungen widmen sich der für die Gegenwart Italiens wichtigen Frage nach den Ursachen der wirtschaftsräumlichen und sozialen Kontraste zwischen Norden bzw. Mitte der Halbinsel einerseits und dem Süden *(Mezzogiorno)* andererseits. Sowohl sozioökonomische als auch naturgeographische Problemkreise sind dabei zu berücksichtigen.

Wichtige Elemente der heutigen *Sozialstruktur* Süditaliens, insbesondere das Latifundienwesen, sind antikes Erbe. Überformt während der byzantinischen und staufischen Epochen hat sich auf seiner Grundlage vornehmlich im S Italiens eine feudal geprägte Agrargesellschaft entwickelt, die bis an die Schwelle der Gegenwart nur geringen Wandlungen unterworfen war und zumindest in Sizilien noch dominant ist. Süditalien wird unterschiedlich abgegrenzt: Während in sozialgeschichtlich-kulturlandschaftsgenetischer Sicht das Gebiet des einstigen Kirchenstaates und Teile Umbriens einbezogen werden, umfaßt der *Mezzogiorno* heute in Anlehnung an die moderne Verwaltungsgliederung eine etwas kleinere Fläche, nämlich die Regionen Abruzzen, Molise, Kampanien, Apulien, Basilikata, Kalabrien, Sizilien und Sardinien.

Der *Stadtentwicklung* war im S Italiens während der Normannen- und Stauferzeit nur eine kurze Blüte beschieden. Danach hatten die z. T. auf griechischen Gründungen und byzantinischen Festungsausbau zurückgehenden bevölkerungsreichen Küstenstädte eher lokale als regionale Bedeutung als Standort eines wenig differenzierten Marktes. Lediglich Bari, Neapel, Gaeta, Sorrent, Amalfi und Palermo erhielten sich durch Schutz und Förderung ihres agrarischen Umlandes als Stadtstaaten eine bedeutendere wirtschaftlich-politische Reichweite. Die im Inneren Süditaliens lebenden feudalen Grundherren waren dagegen am wirtschaftlichen Fortschritt des Landes wenig interessiert, denn die naturale Bodenrente garantierte auf der Basis eines aufwandextensiven Getreidebaus ein durchaus gesichertes Einkommen. Deshalb dauerte hier die *rentenkapitalistische* Sozialstruktur der Spätantike fort: Abhängig durch Lohnarbeit oder von komplizierten, mehrstufigen Pachtsystemen lebte die agrarische Bevölkerung in der Regel in Großsiedlungen, die eines gewissen städtischen Grundcharakters zwar nicht entbehrten, keinesfalls jedoch urbane politische Funktionen besaßen. Die *soziale und ökonomische Benachteiligung* der Masse der agrarischen Bevölkerung des S ist allerdings nicht allein ein Ergebnis der gesellschaftlichen Entwicklung. Vielmehr haben die

geographischen und klimatischen Faktoren ebenfalls eine Rolle gespielt: Die nach S zunehmende Trockenheit verbindet sich mit steigender Niederschlagsunsicherheit. Sie führt damit zu Ernterisiken, die von Latifundienbetrieben leichter abgefangen werden können, als dies Kleinbauern oder Pächtern möglich ist. Namentlich bei gleichbleibenden Zinsabgaben verstärkte sich wirtschaftliche und soziale Abhängigkeit schnell. Insofern hat die naturgeographische Ausstattung des Raumes die historische Entwicklung der Sozialstruktur im Mezzogiorno nachhaltig mit beeinflußt.
Völlig andere Leitlinien kennzeichnen die *Kulturlandschaftsgenese* Mittel- und Norditaliens. Der städtische Lebensraum war hier Innovationszelle einer auch das agrarische Umland durchdringenden und umgestaltenden wirtschaftlichen Dynamik. Insbesondere den Städten Mittelitaliens war es in ihrem Einflußbereich gelungen, im Zuge der Auseinandersetzungen zwischen Kaisertum und Papsttum die Feudalordnung abzuwerfen. Wie F. DÖRRENHAUS (1971) am Beispiel der Toskana beschrieben hat, weiteten die tonangebenden stadtbürgerlichen Sozialgruppen ihren privatrechtlichen Zugriff auf stadtnahe landwirtschaftliche, ehemals feudale Grundeigentumsflächen aus. Große Gemarkungen, im Falle Arezzos 300 km^2 *(contado)*, wurden wirtschaftlich von den städtischen Zentren aus neu geordnet: Die *Stadt* brauchte das Land. Urbane Bevölkerungszunahme, sich spezialisierendes Gewerbe und ausgreifender Handel machten eine Intensivierung der Erzeugung von Nahrungsmitteln und agrarischen Marktprodukten notwendig. Um eine Steigerung der Produktivität der Bodennutzung zu erreichen, wurden bäuerliche Halbpächter aus älteren sich auflösenden Großdörfern in Einzelgehöfte ausgesiedelt. Hier bestimmte der Bodeneigentümer (Verpächter) weitgehend über Anbauziele, stellte auch Teile von Kapital und Ausstattung, der Pächter steuerte die Arbeitskraft bei. Die Teilung des Ertrages gewährleistete auch die Teilung des Risikos. Damit ist das System der Halbpacht *(mezzadria)* im Gegensatz zu den durch Fix-Zins die abhängige Pächterbevölkerung ausbeutenden Pachtsystemen Süditaliens ein Motor der wirtschaftlichen und sozialen Dynamik. Gleichzeitig aber entstand ein von den freien *Comunen* gesteuerter Wirtschaftsraum, in dem Wertschöpfung und Kapitalbildung Grundlage für weitere Verfeinerung und technologische Entwicklung frühkapitalistischer Gewerbeorganisation und überregionalen Handels sein konnten. Mag nicht in allen Teilen Oberitaliens die Entfaltung der Sozialstruktur mit gleicher Dynamik der Wirtschaft verbunden gewesen sein wie in der Toskana, in der Lombardei und im Piemont war die Situation mit Sicherheit ähnlich. Hier war es nicht zuletzt die Realerbteilung des bäuerlichen Eigen-

tums, die bei abnehmender Größe des Betriebes zu nichtagrarem, handwerklichem Zuerwerb zwang.
Grundlegenden Einfluß auf die zentralen und östlichen Mittelmeerländer hatten die Entdeckung Amerikas und die in der Folgezeit sich über den Atlantik erstreckenden Handelsbeziehungen. Die mediterranen Wirtschaftsräume gerieten deshalb in *Abseits-Lage*, zumal der Orient- und Levante-Handel Italiens während der Zeit des Osmanischen Reiches an Bedeutung stark verlor. Insbesondere für den Mezzogiorno begann sich die periphere Lage negativ bemerkbar zu machen, da die spanisch-habsburgische Herrschaft über Süditalien (1516–1734) nur Interesse an einer Art Gewinnabschöpfung, nicht jedoch an Schutz und Mehrung der Wirtschaft hatte. Dagegen überstand der N Italiens auf Grund verkehrsräumlicher Nähe zu Mittel- und Westeuropa sowie infolge der bereits entwickelten stadtwirtschaftlichen Kapazitäten die Umorientierung besser als der Süden. Diese welt- und handelspolitisch bedingte sowie durch staatlich-herrschaftliches Desinteresse prononcierte ökonomisch erschwerte Lage des Königreiches Neapel-Sizilien wird in jüngeren italienischen Arbeiten als ein entscheidender Grund dafür genannt, das *Mezzogiorno-Problem* nicht nur als nationale Frage Italiens, sondern als gesamteuropäisches Problem zu sehen.
Die Grundzüge der heutigen ökonomischen *Raumstruktur* Italiens hängen ferner mit der politischen Entwicklung seit Beginn des vorigen Jahrhunderts eng zusammen. Die wirtschaftsräumlichen Unterschiede zwischen Nord- und Süditalien traten, obwohl in ihrer Grundanlage wesentlich älter, seit der staatlichen Einigung Italiens 1861 besonders ins Rampenlicht. Die hierfür wichtigsten Ursachen seien im folgenden kurz skizziert. Bis 1850 herrschte in den Städten Norditaliens noch traditionelle, handwerkliche Gewerbeorganisation vor. Nur an wenigen Schwerpunkten hatte die moderne Industrie bereits Fuß gefaßt. An der ligurischen Küste, später auch in Mailand und Turin, entstanden erste größere *Industriekomplexe*. Mit ihnen wuchsen um die mittelalterlich-frühneuzeitlichen Stadtkerne Wohnquartiere mit steigenden Bevölkerungsdichten. Beginnende Land-Stadt-Wanderung löste – zögernd zunächst – einen Prozeß aus, der im urbanen Bereich zu einer schrittweisen Änderung der Sozialstruktur führte.
Obwohl die Hauptphase der Industrialisierung Italiens im Vergleich zu den mittel- und westeuropäischen Ländern relativ spät einsetzte, zeigten ihre frühen Anfänge bereits ihre heute beherrschend gewordene Konzentration auf die nördlichen Regionen, insbesondere Piemont und Lombardei. Welche Standortvoraussetzungen boten diese

Räume aufgrund ihrer wirtschafts- und sozialgeschichtlichen Entwicklung? Analysiert man die Situation um die Mitte des vorigen Jahrhunderts, so treten sieben industriefördernde Aspekte in den Vordergrund.

Überlieferte *Arbeits-* und *Organisationserfahrung*, handwerkliche Leistungsfähigkeit und ein gut funktionierender Nah- und Fernhandel des norditalienischen Städtewesens bildeten eine Grundvoraussetzung für die Ausformung eines Wirtschaftsgeistes, der einer sich technologisch entwickelnden industriellen Produktionsweise stark entgegenkam. Die relativ große *Kaufkraft* der Bevölkerung in den Städten der Poebene und der Toskana bildete für die ersten Unternehmen der Konsumgüterbranche einen sicheren Markt. So konnten sich die Fertigungszweige der Textilindustrie nachfrageorientiert weitgehend als Folgegewerbe der traditionellen Tuchproduktion in den oberitalienischen Städten wie Padua, Vicenza, Bergamo, Vercelli, Novara, Florenz und Prato entfalten. Absatzmarktgesteuerte Arbeitsteilung und Spezialisierung förderte die Vielfalt von Branchen und Standorten. Die sozialgeschichtlich bedingte Konzentration von *Kapital* und *Unternehmerinitiative* im Kreis der stadtbürgerlichen Sozialgruppen Oberitaliens bewirkte entscheidende Impulse. Daneben aber wurde um die Mitte des vorigen Jahrhunderts bereits in zunehmendem Umfang ausländisches Kapital zum Träger der ersten größeren industriellen Unternehmen: Eisengießereien, Schiffswerften, Maschinenfabriken in der Hand englischer, französischer und deutscher Industrieller. Rohstoffe wie Eisenerz spielten für die Lokalisation des Industrialisierungsprozesses in Italien wegen der spärlichen Lagerstätten keine Rolle. Die Basisrohstoffe mußten importiert werden. Wie in anderen rohstoffarmen Ländern war deshalb die Entwicklung des Verkehrsnetzes sehr wichtig. *Hafenstädte*, teilweise die Küstenebenen, vor allem aber die Poebene mit ihrem alten Straßennetz boten wichtige räumliche Ansatzpunkte für die Industrie. Das Eisenbahnnetz war schon recht früh, bereits vor der ersten Phase der Industrialisierung erstaunlich ausgedehnt. *Verkehrsorientierung* sollte damit bis in die Gegenwart einer der wichtigsten Standortfaktoren der Industrie Norditaliens bleiben. Als entscheidender Vorteil wirkte sich die in Norditalien im Gegensatz zum Mezzogiorno relativ kostengünstig verfügbare *elektrische Energie* aus. Die nahen alpinen Hochgebirgsflüsse wurden früh zur Stromgewinnung genutzt. Nicht zuletzt bildete eine im Lauf der Jahrhunderte zu immer höherer Leistungsfähigkeit geführte *Landwirtschaft* der Poebene und der Toskana für eine rasch zunehmende Bevölkerung als Versorger mit Grundnahrungsmitteln eine der wichtigsten Vorbedingungen der späteren, räumlich wie bran-

chenmäßig differenzierten industriellen Expansion. In Süditalien hatte sich zwischen 1840 und 1860 nur am Golf von Neapel ein Zentrum industriellen Wachstums entwickelt. Auch hier basierten die ersten Anfänge der Industrialisierung – ähnlich wie in Norditalien – auf der *Textilbranche* (Seiden-, Hanf- und Wollverarbeitung). Die handwerklichen Kleinunternehmen der Golfmetropole hatten bereits eine arbeitsteilige Massenfertigung betrieben. Ab 1830 interessierte die Regierung Neapel-Siziliens französisches und englisches Kapital für die Errichtung von Maschinenfabriken und Schiffswerften. Die Stahl- und Metallverarbeitung erhielt so mit Neapel auch in Süditalien einen wenn auch räumlich isolierten Schwerpunkt. Der im Königreich Neapel-Sizilien garantierte Zollschutz ermöglichte in einzelnen Branchen kurzfristig einen wirtschaftlichen Gleichstand mit dem Norden.
Eine weitere Phase sozial und wirtschaftlich erneut sehr divergenter Entwicklung wurde für Süd- und Norditalien durch die *politische Neuordnung* ab 1861 ausgelöst. Die Einbeziehung des Königreiches Neapel-Sizilien in den neugegründeten gesamtitalienischen Staatsverband führte zu einer fortgesetzt verstärkten Konzentration wirtschaftlicher Aktivitäten auf Norditalien. So enthusiastisch die staatliche Einigung vorher gewünscht worden war, so lebhaft beklagte der S bereits wenige Jahre nach 1861 seine *Benachteiligung* gegenüber dem N. Die nationale Einigung war zuvor offensichtlich nicht als wirtschaftliches und soziales Problem gesehen worden. Als nun jedoch »zwei in ihrer sozialen und wirtschaftlichen Struktur völlig verschiedene Landesteile« (F. SCHINZINGER, 1970) aneinandergefügt wurden, mußte die ökonomische Disparität schärfer ins allgemeine politische Bewußtsein treten. Die Ursachen für diese Wendung lassen sich in drei Punkten zusammenfassen:
- der Wegfall der Binnenzölle,
- die Konzentration der Investitionen und
- die »Südfrage«.

Mit dem *Wegfall der Binnenzölle* stieß die junge Industrie des Mezzogiorno auf die norditalienische Konkurrenz, die infolge ihrer Nähe zu den Absatzmärkten und begünstigt durch bessere Verkehrsbasis, umfassendere Kapitalgrundlage und höhere Kaufkraft der Bevölkerung größere Entwicklungsfortschritte machte. Außerdem lag Norditalien der mitteleuropäischen Kohle näher und verfügte in den Alpen über gute Möglichkeiten für Gewinnung hydroelektrischer Energie. Obwohl der bis 1887 praktizierte Freihandel auch der südlichen Landwirtschaft, namentlich dem Weinbau angesichts der Reblauskrise in Frankreich, willkommene Exportgewinne beschert hatte, sanken

doch sehr bald mit den Getreidepreisen die gesamten agrarwirtschaftlichen Einkommen gerade im S mindestens um ein Drittel. Die Einführung der Schutzzollpolitik (1887) kam wiederum in erster Linie der bis dahin bereits wohlgefestigten Industrie Norditaliens zugute. Der Mezzogiorno sank dann schnell zu einem wenig kaufkräftigen, fast rein agrarisch orientierten Wirtschaftsraum ab: Sämtliche *Investitionen* des industriellen Sektors konzentrierten sich ab 1860, die dort vorteilhafteren Gewinnchancen ausnutzend, ausschließlich auf den N Italiens. Der S begann jedoch nicht nur unter Kapitalflucht zu leiden; fast alle hier vorhandenen Industriezweige versanken infolge fehlender Investitionstätigkeit in Bedeutungslosigkeit. Zuerst erlag die Textilindustrie der stärkeren nördlichen Konkurrenz, dann folgte die metallverarbeitende Industrie am Golf von Neapel. Die Facharbeiterschaft wanderte ab. Selbst Agrarprodukte des Mezzogiornos wurden im N verarbeitet (Konservenindustrie).
Die süditalienische Wirtschaft erhielt ihren folgenschwersten Schlag schließlich durch die Übertragung der Verwaltungsorganisation und der Steuergesetzgebung des sardinisch-piemontesischen Musterstaates auf den *Mezzogiorno* ohne Rücksicht auf seine historisch und geographisch bedingten anderen Sozial- und Wirtschaftsstrukturen. Dadurch wurden die Steuereinnahmen im Mezzogiorno von 1860 bis 1900 auf das 2,5fache gesteigert, während gleichzeitig Wertschöpfung und Einkommen der Bevölkerung absanken. Um nur ein Beispiel zu nennen: So wurde das Mahlen von Weizen, dem flächenmäßig wichtigsten Agrarprodukt des Mezzogiorno, besonders hoch besteuert, während der fast nur in Norditalien angebaute Mais steuerlich nur wenig belastet wurde. Das Resultat der politischen Entwicklung seit 1861 war letztendlich die vollkommene *wirtschaftliche Stagnation* des S. Demgegenüber begann in Norditalien eine Periode der allgemeinen Prosperität, die mit graduellen Unterschieden fast alle Schichten der Bevölkerung erfaßte. Für den Mezzogiorno trat damit die an sich wesentlich ältere *»Südfrage«* (VÖCHTING 1951) voll ins Rampenlicht: Das schnelle Wachstum der Bevölkerung und ihre Armut an Kapital und Produktionsmitteln kennzeichnen sowohl im agrarischen als auch im gewerblichen Bereich das Grundproblem, das für ein Jahrhundert vielfältige Raumwirksamkeit erlangen sollte. Unmittelbare Folgen zeigten sich etwa ab 1880 in der zunehmenden Auswanderung aus Süditalien nach Übersee. Es ist deshalb notwendig, kurz die Bevölkerungsstruktur Italiens zu analysieren.

2.3.2.2 Die Bevölkerungsentwicklung und der sozialökonomische Wandel

Die *Bevölkerung* Italiens hat sich zwischen 1871 und 1984 verdoppelt (1871: 27,7 Mio.; 1984: 57 Mio.). Davon entfallen 36,3 Mio. auf Nord- und Mittelitalien, 20,8 Mio. auf Süditalien, das folgende Regionen umfaßt: Abruzzen, Molise, Kampanien, Basilikata (Lukanien), Apulien, Kalabrien, Sizilien, Sardinien. Der historisch alte Begriff Mezzogiorno = Süden wird heute am besten mit dem Aktivitätsbereich der Entwicklungspolitik der staatlichen *Cassa per il Mezzogiorno* gleichgesetzt, der zusätzlich zu den genannten Regionen noch das südliche Latium sowie die Inseln Giglio, Elba und Capraia umfaßt (vgl. F. SCHINZINGER, 1970).

Tab. 64: Natürliche Bevölkerungszunahme in Italien 1881–1985 (in ‰)

	1881 bis 1890	1901 bis 1910	1921 bis 1930	1941 bis 1945	1946 bis 1950	1951 bis 1960	1961 bis 1970	1971 bis 1975	1976 bis 1980	1981 bis 1985
Mezzogiorno[1]	10,8	9,8	13,7	8,7	16,1	14,3	12,5	9,8	6,3	5,2
Norden/Mitte	10,6	11,2	10,7	3,2	7,0	4,5	5,2	4,3	0,2	– 1,5

[1] Mezzogiorno umfaßt folgende Regionen: Abruzzen, Molise, Kampanien, Apulien, Basilikata, Kalabrien, Sicilien, Sardinien.
Quellen: Statistiche sul Mezzogiorno, SVIMEZ, Rom 1954, S. 62 und Annuario di statistiche demografiche, jährlich

Um das demographische Wachstum der Bevölkerung voll beurteilen zu können, muß berücksichtigt werden, daß seit 1871 etwa 26 Mio. Italiener *ausgewandert* sind. Nur ein Teil davon kehrte zurück. Seit 1966 sank der Geburtenüberschuß ab, so daß sich auch die Gesamtzunahme des italienischen Volkes verlangsamte. Regional gibt es allerdings bedeutsame Unterschiede, die beim Vergleich der Geburtenraten zwischen Nord- und Süditalien im zeitlichen Längsschnitt deutlich werden (vgl. Tab. 64). Um 1880 war die Differenz der *Geburtenüberschüsse* noch sehr gering. Seitdem stieg der natürliche Zuwachs im Mezzogiorno an, im N sank er kontinuierlich. Eine Unterbrechung erfuhr dieser Trend um 1965 während der Periode des *»italienischen Wirtschaftswunders«*, setzte sich danach aber fort. Ab 1975 erfolgte in Nord- und Mittelitalien eine schnelle Verringerung der natürlichen Bevölkerungszunahme. Seit 1981 sind die Gestorbenenraten höher als

die Geborenenziffern (vgl. ACHENBACH 1981). Die Ursache für die wachsende natürliche Bevölkerungszunahme Süditaliens in der Zeit von 1920 bis 1955 resultiert aus einer *Phasenverschiebung* der Geborenen- und Gestorbenenkurven gegenüber Norditalien. Während sich der Norden bis gegen Ende des 19. Jh. bereits demographisch weitgehend an die Industrieländer Mittel- und Nordwest-Europas angeglichen hatte, verharrten die südlichen Provinzen der Apenninen-Halbinsel hinsichtlich des generativen Verhaltens noch in einer typisch vor- und frühindustriellen Phase. Die Geburtenraten der süditalienischen Provinzen weisen den Mezzogiorno noch heute als eines der großen demographischen Wachstumszentren Europas aus. Die Geburtenrate der Provinz Neapel ist z. B. 1965–1985 von etwa 27‰ auf 20‰ abgesunken. Die breite jugendliche Basis der Bevölkerung erfordert hinsichtlich der Arbeitsplatzbeschaffung größte Anstrengungen. Der Prozentsatz der arbeitsfähigen Bevölkerung Italiens liegt bei 40%. Damit erreicht das Land einen in Europa sehr niedrigen Anteil der Erwerbspersonen an der Gesamtbevölkerung.
Eng mit der zwischen Nord- und Süditalien sehr unterschiedlichen demographischen Grundstruktur hängt die *Wanderung von Arbeitskräften* innerhalb Italiens und über seine nördlichen Grenzen hinaus nach Mittel- und Westeuropa zusammen. Diese Migration vollzieht sich in drei Grundtypen:

- vom Gebirge zur Küste,
- aus ländlich-agrarischen Gebieten in nahegelegene Stadtregionen und
- vom Süden nach Norden.

In zahlreichen Gebirgsgebieten des Mezzogiorno, z. B. Avellino und Benevent östlich von Neapel, wurde bis etwa 1980 je Gemeinde trotz hoher Geburtenüberschüsse eine *absolute Verminderung der Wohnbevölkerung* von 10 bis 30% ausgewiesen. Diese inneritalienische Wanderung führt zu starkem Bevölkerungswachstum der verstädterten Verdichtungsräume. In einer Reihe von Stadtregionen des S stehen den Wanderungsgewinnen jedoch auch bedeutende Migrationsverluste gegenüber. Zentrengerichtete und *Süd-Nord-Wanderungen* verlagern sich hier also, weil trotz absoluter Zunahme des Arbeitsplatzangebotes in den Städten des Mezzogiorno die Nachfrage nach Beschäftigungsmöglichkeit nicht befriedigt werden kann. Während noch 1930 nur 17% der italienischen Bevölkerung in *Städten* mit mehr als 100000 Einw. lebten, waren es 1951 etwa 20%, gegenwärtig (1987) 35%. Obwohl diese Werte keine Spitzenpositionen innerhalb Europas einnehmen, muß doch die Schnelligkeit der Veränderung als

Indikator des raschen *Verstädterungsprozesses* beachtet werden. Wirtschafts- und sozialpolitisch wichtig ist die Frage, ob die umfangreiche Süd-Nord-Wanderung von Arbeitskräften einen Beitrag zur Verringerung des sozio-ökonomischen Abstandes der Mezzogiorno-Regionen von den nördlichen *industriellen Verdichtungsgebieten* leisten konnte. Sicher erlangt ein großer Teil der aus dem Süden Abwandernden eine Einkommensverbesserung. Migration war jedoch die schlechthin einzige Chance, den persönlichen wirtschaftlichen Status anzuheben. Die Zahl der Alternativen zur Abwanderung blieb für die Mezzogiorno-Bevölkerung bis zur Gegenwart noch immer sehr klein. Mit einer Verbesserung der Einkommensverhältnisse am Wanderungsziel (im N) ist freilich nicht automatisch auch sozialer Aufstieg verbunden. Andererseits ist die gleichsam erzwungene *Mobilitätsbereitschaft* der südlichen Arbeitsbevölkerung u. a. ein kostenminimierender Standortfaktor für ein Verbleiben der Industrie in den norditalienischen, verkehrsgünstigen Ballungsräumen, wo alle Agglomerationsvorteile wahrgenommen werden können. Diese »spontane« Abwanderung junger und qualifizierter Altersgruppen aus den nur schwach industrialisierten Südregionen trägt damit mehr zu einer Verstärkung der *wirtschaftsräumlichen Nord-Süd-Gegensätze* Italiens als zu ihrer Abschwächung bei. Die Abwanderung ist fast als »Kontereffekt« (G. MYDRAL, 1974) gegen die wirtschaftliche Entwicklung Süditaliens aufzufassen. Generatives Verhalten und Wanderungen müssen in engem Zusammenhang mit den gesamtwirtschaftlichen Veränderungen Italiens gesehen werden.

Seit 1975 wird die nordwärts gerichtete Wanderung von der Remigration überlagert. Steigende Arbeitslosigkeit in den norditalienischen und mitteleuropäischen Wirtschaftsräumen zwingt teilweise zur Rückkehr in die Herkunftsgebiete. Auch Jugendliche, die in Deutschland aufgewachsen sind, versuchen in Süditalien wieder Fuß zu fassen, haben dabei jedoch bereits Anpassungsprobleme.

Versucht man den *sozialökonomischen Wandel* Italiens im Zeitraum von 1911 bis zur Gegenwart zu charakterisieren, so ist die Bedeutungsabnahme des Agrarsektors seit dem Ende des Zweiten Weltkrieges hervorzuheben. Es sank sowohl die Zahl der Beschäftigten in der Landwirtschaft (vgl. Tab. 65) als auch ihr Beitrag zum Bruttoinlandsprodukt (1976: 8,5 %; 1985: 5,2 %). Gleichzeitig stieg die Zahl der Erwerbstätigen in der Industrie von 27 % auf knapp 45 %, um danach wieder auf 33 % – relativ – zu schrumpfen. Noch schneller stieg der Anteil des Industriebeitrages zum Bruttoinlandsprodukt, nämlich von 30 % im Jahr 1930 auf 42,3 % (1976), sank danach jedoch zugunsten des Dienstleistungsbereiches auf 39 % (1985). Der Anteil der Beschäftigten an der Gesamtbevölkerung geht auffallend zurück. Die Veränderung des Beschäftigtenanteils der einzelnen Wirtschaftsbereiche demonstriert den Wandel der sozialökonomischen Grundstruktur Italiens: aus dem Agrarland mit untergeordneter Industrie ist ein *Industrieland* mit einer für den Export dennoch nicht unbedeutenden Agrarproduktion geworden. Der Dienstleistungssektor stellt allerdings mit (1985) 11,3 Mio. doppelt so viele Arbeitsplätze wie die Industrie (6,8 Mio. 1985).

Wenn in den folgenden Abschnitten die Industriestruktur und die Landwirtschaft Italiens näher beleuchtet werden, so kann dies nur mit dem Blick auf die *sozialgeographischen Prozesse* geschehen, die den gesellschaftlichen und ökonomischen Umbau begleiten. Obwohl die Disparität zwischen dem industriellen N und dem stärker agrarisch geprägten S bis heute erhalten geblieben ist, sind doch Auswirkungen des *Industrialisierungsvorganges* überall in Italien zu beobachten: Nicht nur das Wachstum der Stadtregionen, die Zunahme von Industrieflächen, die Verdichtung der Verkehrsströme, sondern auch der Übergang zu ertragsintensiver, z. T. exportorientierter Agrarproduktion in einigen der landwirtschaftlich neu erschlossenen Küstenebenen ist Anzeichen für partielle Überwindung traditioneller Produktionsweisen. Als Folge des Industrialisierungsprozesses im weiteren Sinne ist auch die Wandlung des landwirtschaftlichen Anbaugefüges und der agrarsozialen Struktur zu deuten, die sich beispielsweise in der Toskana vollzieht. Geradezu dramatisch aber sind die Fernwirkungen dieser Entwicklung im Gebirgsbereich verschiedener Apennin-Provinzen, wo Felder und Weiden nicht mehr bewirtschaftet werden. Die Industrialisierung Norditaliens sowie das Arbeitsplatzangebot in Mitteleuropa haben die ökonomischen und sozialen Verhaltensweisen aller Bevölkerungsgruppen geändert. Die dadurch bedingte, sozialgruppenspezifisch allerdings unterschiedlich vorgenommene *Neubewertung der Daseinsgrundfunktionen*, etwa Wohnen und Arbeiten, lassen äußerst kontrastreiche Strukturmuster in der Kulturlandschaft entstehen. Wie weiter unten noch zu zeigen sein wird, stehen sich im sozialen und ökonomischen Gefüge Italiens ein moderner Teilbereich und ein noch überwiegend traditioneller fast polar gegenüber. Letzterer wird jedoch seit knapp zwei Jahrzehnten mehr und mehr durch verschiedene Formen der Schattenwirtschaft *(economia sommersa)* verdrängt. Obwohl steuerlich nicht erfaßt, trägt sie einen bedeutenden Anteil zur Wertschöpfung bei. Dieses *Nebeneinander* geht quer durch alle Wirtschaftsbereiche und ist als Ursache für die schwierige Stellung Italiens innerhalb der Europäischen Gemeinschaft zu sehen. Heute liegt Italien (nach Angaben des Statistischen Amtes der EG in

Brüssel) hinsichtlich des *Pro-Kopf-Einkommens* an 5. Position vor Spanien, Irland, Griechenland und Portugal. Aber auch innerhalb Italiens haben sich die regionalen Einkommensunterschiede zwischen dem S und dem N des Landes nicht abgeschwächt. Das Bruttoinlandsprodukt pro Einwohner lag 1985 mit dem Index 91 nur knapp unter dem Mittelwert der EG, die Lombardei erreichte dabei mit 111 den höchsten Rang; Apulien (65), Basilikata (62) und Kalabrien (57) bleiben dagegen weit zurück. Trotzdem gibt es Anzeichen für ein langsames Aufholen des Südens gegenüber dem Norden Italiens.

2.3.2.3 Industrielles Wachstum und seine räumliche Differenzierung

Neben der Steuerung der *Arbeitskräftesituation* bildete die Bereitstellung von Rohstoffen eine entscheidende Voraussetzung für die Entwicklung Italiens nach 1944 zum Industrieland. Der *Ressourcenmangel* konnte einzig auf dem Importweg ausgeglichen werden. Die hierfür erforderlichen Devisen waren nur durch intensive Steigerungen der Ausfuhr von Fertigwaren bereitzustellen. Exportindustrie mußte damit vor allen Dingen *Wachstumsindustrie* sein, also z. B. Metallverarbeitung, Fahrzeugbau, Petrochemie und Elektronik. Die rasche, forcierte Expansion dieser Zweige leitete nach dem Zweiten Weltkrieg das »italienische Wirtschaftswunder« ein, das von hohen jährlichen Zuwachsraten des Bruttosozialproduktes begleitet war. Zwischen 1948 und 1962 bewegten sich die jährlichen Zuwachsraten zwischen 5 % und 7,5 %, erst danach sanken sie ab. Entsprechend der Angebotspalette des genannten Branchenspektrums wickelte Italien seinen Außenhandel zu 70 % mit anderen hochentwickelten Industrieländern ab. Diese Tatsache erklärt die zweite Notwendigkeit, vor die Italiens Wachstumsindustrien nach 1950 gestellt waren: der technologische Standard der Angebotsprodukte mußte im Interesse der Konkurrenzfähigkeit auf ausländischen Märkten höchsten Anforderungen angepaßt werden.
Liberalisierung des *Außenhandels*, technologisch-wissenschaftlicher Fortschritt, schnelle Zunahmeraten der exportfähigen Bruttoproduktion und Rohstoffimporte waren deshalb die vier wichtigsten Ziele der italienischen Industrie- und Wirtschaftspolitik ab 1950. Diese in einen Regelkreis eingefügten Teilziele ließen sich jedoch nur so lange erreichen, wie drei Bedingungen erfüllt waren: unbegrenzte Auslandsnachfrage, billige Rohstoff- und Erdölimporte, geringe Lohnkosten. Als über diese drei Prämissen aus verschiedensten Gründen nicht

mehr uneingeschränkt verfügt werden konnte, traten die Schwierigkeiten einer ausschließlich auf exportorientierter Wachstumsindustrie gegründeten *Wirtschaftspolitik* zutage. Die Probleme der siebziger Jahre wurden erst 1983 durch einen Sozialkontrakt *(contratto sociale)* zwischen Regierung, Gewerkschaften und Industriearbeitgebern gemildert. Die im internationalen Vergleich überdurchschnittlichen Anstiege von Löhnen und Preisen konnten damit gebremst werden.
Probleme stellten sich aber nicht nur in außenwirtschaftlicher Hinsicht ein. Die gesamte Wirtschaft Nachkriegsitaliens wurde infolge der schnellen und einseitigen Förderung der Wachstumsindustrien in zwei Typen gespalten: Einem technologisch höchst modernen, kapitalintensiven Sektor von *großindustriellen Betrieben* und einigen äußerst produktiven Zweigen der Landwirtschaft stehen heute funktional relativ unverbunden, ja sogar kontaktlos die traditionell kapitalschwachen, arbeitskräftemäßig überbesetzten und technologisch wenig entwickelten Branchen mit geringer Produktivität und kleinbetrieblicher Organisationsform gegenüber. Italien ist damit nicht nur hinsichtlich des wirtschaftsräumlichen Nord-Süd-Gegensatzes, sondern auch sektoral und unternehmensgrößenmäßig von einem *Dualismus* geprägt, der Ursache und zugleich Erklärung für wichtige soziale und ökonomische Probleme der Apenninen-Halbinsel ist. In regionaler Sicht schlagen sie sich in bis zur Gegenwart (1987) weiterbestehenden wirtschaftsräumlichen Ungleichgewichten zwischen Nord-, Mittel- und Süditalien nieder.
Die Erzeugung *elektrischen Stroms* hat sich in Italien zwischen 1939 und 1975 versiebenfacht. 1985 wurden in Italien (brutto) 185 Mrd. kWh Strom erzeugt (BR Deutschland: 408 Mrd. kWh). Die *Wasserkraft*, die im italienischen Alpenraum heute fast vollständig ausgenutzt wird, lieferte (1985) 25% der produzierten Elektroenergie; Wärmekraftwerke auf Kohle- und Erdölbasis waren mit 69% beteiligt, 10 *Atomkraftwerke* und Geothermische Zentralen (Larderello/ Toskana) steuern 6% zum Energieaufkommen bei. Der klassische Energieträger *Kohle* spielte für den Industrialisierungsprozeß in Italien wegen seines geringen natürlichen Vorkommens stets eine nur sehr untergeordnete Rolle als Standortfaktor.
Die *Steinkohleförderung* beträgt jährlich knapp 0,4 Mio. t (BR Deutschland 1985: 89 Mio. t), die aber nur in Kraftwerken verwendet werden können. 22 Mio. t Steinkohle wurden 1985 eingeführt. Die Steinkohlelager von Sulcis (Sardinien) wurden 1972 wegen geringer Rendite stillgelegt, könnten nach neueren Untersuchungen jedoch jährlich etwa 2 Mio. t liefern. *Braunkohle* förderte man u. a. im Val-

darno in der Toskana und in Umbrien. Italien insgesamt: 1,9 Mio. t 1985 (BR Deutschland 1985:120 Mio. t, DDR 1985: 250 Mio. t). Der *Kohlenimport* aus Großbritannien und den USA war wegen der Geringfügigkeit der eigenen Vorräte seit Beginn der Industrialisierung von großer Bedeutung. Seit dem Ende des Zweiten Weltkrieges schoben sich *Erdöl und Erdgas* als Energieträger und auch als Basis für die petrochemische Industrie immer stärker in den Vordergrund. Der Eigenverbrauch an Rohöl betrug in Italien 1980/1985 durchschnittlich etwa 75 Mio. t (BR Deutschland 1980/1985 86 Mio. t). Davon wird jedoch nur ein kleiner Teil auf den vorwiegend in Sizilien liegenden Feldern in Italien selbst gewonnen (1,2 Mio. t besonders bei Ragusa, Gela). Zahlreiche neue Raffinerien entstanden in küstennahen Standorten Nord-, besonders aber Süditaliens im Lauf des vergangenen Jahrzehnts zur Verarbeitung der Rohölimporte. Die größte dieser Anlagen wurde in Milazzo/Sizilien mit einer Jahreskapazität von 10,4 Mio. t errichtet. Die Raffineriekapazität Italiens liegt mit 128 Mio. Jahrestonnen (1985) vor Frankreich und der Bundesrepublik auf dritter Position nach den USA, der UdSSR und Japan. Ein Teil der Erdölderivate geht wieder in den Export. Ein vielverzweigtes *Pipeline-Netz* durchzieht heute ganz Italien und schafft dadurch nicht nur zahlreiche neue Standorte für die chemische Industrie, sondern erweitert auch das Energieangebot in den früher diesbezüglich stark benachteiligten Regionen des Mezzogiorno. Die seit 1945 in der Poebene bei Piacenza, Cortemaggiore, Ferrara und Ravenna erschlossenen Erdgaslager gehen gegenwärtig zur Neige. 1974 förderte man noch 14 Mrd. m^3; neue Erdgasvorkommen wurden 1974 etwa 16 km vor der Adriaküste bei Rimini entdeckt (Azakea 1). Insgesamt schätzt man die Vorräte hier und in der Poebene auf 311 Mrd. m^3. Verflüssigtes Methangas aus Libyen geht nach der Weiterverarbeitung bei La Spezia der Industrie zu. Im Hausbrandsektor hat heute das Erdgas die traditionellen Hausbrandmittel (Holzkohle) in fast allen Teilen Italiens verdrängt (Flaschentransport).

2.3.2.3.1 Gebiete mit starker urban-industrieller Verdichtung

Faßt man die verschiedenen *Industrieregionen* Italiens ins Auge, so fällt der *westliche Teil der Poebene* (Lombardei–Piemont) mit der höchsten Konzentration nichtagrarer wirtschaftlicher Aktivitäten – innerhalb eines allerdings auch landwirtschaftlich hochproduktiven Gebietes – ins Auge. Bedeutende Bevölkerungsdichte, eine große Anzahl von traditionell gewerbereichen Städten, eine seit Jahrhunderten vielseitig entfaltete und noch heute bedeutende Textilproduktion, Handelsverflechtungen mit West- und Mitteleuropa sowie eine sehr gute Verkehrserschließung bilden die Grundlagen für die Entwicklung dieses leistungsstärksten Industriegebietes Italiens. Kerne dieses Raumes bilden Mailand und Turin. Im Zentrum der Lombardei gelegen, war Mailand bereits im Mittelalter durch *Textilgewerbe*, Handel und Finanzwesen zu einem wirtschaftlichen Machtzentrum geworden und hatte andere Kommunen der Poebene überflügelt. Seidenspinnerei und Baumwollverarbeitung veranlaßten die ebenfalls alte *Metallverarbeitung*, sich auf die Herstellung von textilverarbeitenden Maschinen zu konzentrieren. Daraus entstand die heute verzweigte Maschinenbauindustrie. Nachfolgegewerbe wurden im Zuge starker Spezialisierung bis in die Gegenwart so aufgefächert, daß die Region Mailand die differenzierteste Produktion aller italienischen Industriegebiete aufweist. Neben den traditionellen Branchen Maschinen-, Fahrzeugbau- und Textilindustrie haben sich seit 1950 *Elektronik, chemische Industrie* mit vier großen *Raffinerien* und Werke der *Lebensmittelverarbeitung* im weiteren Umkreis Mailands etabliert. Infolgedessen war nicht nur das einfache Handwerk der lombardischen Kleinstädte tiefgreifenden Veränderungen unterworfen; auch die gesamte agrarsoziale Struktur und das landwirtschaftliche Anbaugefüge im Einflußbereich der Metropole lassen Reaktionen auf die industrielle Entwicklung erkennen. Seit 1918 (600000 Einw.) hat sich die Einwohnerzahl Mailands verdreifacht: 1,6 Mio. (1985). Die Bevölkerung des Großraumes (35 Gemeinden) wuchs von 1,3 Mio. (1951) auf 2,8 Mio. (1985). Der gesamte Einflußbereich Mailands erfaßt heute ein Gebiet mit etwa 5 Mio. Menschen (Ruhrgebiet: 11 Mio.). Als Wanderungsziel erreicht die Lombardei mit Mailand im Zentrum Spitzenwerte. Hervorzuheben sind jedoch nicht nur die Zunahme der industriellen Produktionskapazitäten, das urbane Wachstum der Stadt und die Bevölkerungszunahme, sondern auch die Funktion Mailands als *Steuerungszentrum* der gesamten Wirtschaftsentwicklung seit 1950. Alle großen privaten Konzerne richteten hier ihre Hauptverwaltungen ein (Montedison, Pirelli, Falck, Borlatti, Philips). Sie trugen damit zur schnellen Vergrößerung des Dienstleistungssektors bei. Die City Mailands dokumentiert diese Entwicklung durch Abwanderung der Wohnbevölkerung und durch die hohe Dichte der Büro-Hochhäuser. Das Pro-Kopf-Einkommen liegt in Mailand doppelt so hoch wie im Landesdurchschnitt. In den beiden Regionen Lombardei und Piemont werden derzeit etwa 85% des Bruttoinlandsproduktes erzeugt (1985).

Auch die Industrieregion im Umkreis *Turins* weist ähnlich schnelle

Wachstumsraten auf (1985: 1,2 Mio. Einw.). Waren die historischen Bedingungen und die Lagemomente ebenso günstig wie in Mailand, so ist die Industriestruktur doch nicht ganz so vielseitig. Die *Kraftfahrzeugproduktion* Italiens konzentriert sich hier zu 80% (FIAT mit Lancia). Daneben konnten *chemische und pharmazeutische Industrie* (Farmitalia) in jüngster Zeit an Bedeutung gewinnen. Stahlerzeugung, Waggonbau, Elektrogeräteproduktion sowie Textil- und Genußmittelerzeugung sorgen jedoch auch hier für eine Verbreiterung der Basis. Das Aostatal ist mit *Eisen- und Stahlerzeugung* ein nicht unwichtiges industrielles Nebenzentrum. Neben den beiden großen Metropolen haben sich im nordwestitalienischen Industrierevier zahlreiche selbständige Schwerpunkte gebildet, in der Regel in Anlehnung an kleinere und mittelgroße, auch früher schon gewerblich ausgeprägte Städte. Ivrea (Olivetti: Büromaschinenindustrie), Vercelli (Textil- und Lebensmittelindustrie), Novara (Maschinenbau, Ölraffinerie), Brescia (Textilindustrie, Maschinen-, Fahrzeugbau-, Flugzeugbau), Lodi (Erdgasvorkommen), Alessandria (Maschinenbau, Messen) sind verkehrsmäßig untereinander sowie mit Turin und Mailand sehr eng verbunden.

Eine ähnlich vielseitige Struktur des verarbeitenden Gewerbes kennzeichnet die Provinz Varese nördlich Mailand. Hier hatten sich Anfang des 19. Jh. die ersten mechanischen *Webereien* entwickelt, die den Anfang der italienischen Textilindustrie bildeten. Parallel dazu entstanden Metallverarbeitung, Maschinenbau, Lebensmittelverarbeitung, Leder- und Papierwarenbranchen. *Kunststoff und Elektronik* kamen später hinzu. Mittelgroße Betriebe mit höchster Produktivität machen die Provinz zu einem der leistungsfähigsten Wirtschaftsräume Italiens.

Mit den drei übrigen norditalienischen Industrieregionen um Venedig-Mestre, Genua und Florenz ist der Verkehrskontakt durch den Ausbau der Autobahnen wesentlich verbessert worden. Obwohl Genua durch die Ligurischen Alpen von der westlichen Poebene getrennt ist, hat es sich – nach Überwindung der Konkurrenz Venedigs – doch zum *Hauptausfuhrhafen* des lombardisch-piemontesischen Industrieraumes und gleichzeitig zum wichtigsten Hafen Italiens entwickeln können, der gegenwärtig allerdings bestimmte Funktionen an Neapel abgibt. In seiner Ausdehnung reliefmäßig äußerst beengt, wurde Genua aber trotzdem Zentrum eines küstennahen Industriereviers, das von Savona im Westen bis La Spezia im Osten punktuell sogar bis Livorno reicht. Verarbeitung von Agrarprodukten, Maschinen- und Schiffbau bilden die traditionellen Industriezweige; die Stahlproduktion bei Cornegliano und Savona (Italsider) sowie die Petrochemie wurden erst nach 1950 voll ausgebaut. Bedeutende Funktion haben der *Erdölhafen* (Pipeline der ENI-CEL nach Ingolstadt) und die Raffinerien.

Tab. 65: Veränderung der Beschäftigtenstruktur der einzelnen Wirtschaftssektoren Italiens und der EG

Wirtschafts-	Italien in %						EG in %		
bereich	1911	1931	1951	1961	1971	1985	1962	1971	1985
Landwirtschaft	55	49	42,2	29,1	19,7	11,2	18,9	10,0	8,6
Industrie	27	29	32,1	40,6	43,8	33,6	43,5	44,7	33,8
Dienstleistung	18	22	25,7	30,3	36,5	55,2	37,6	45,3	57,6

Quelle: Annuario Statistico Italiano, ISTAT, Rom, jährlich; Eurostat, Stat. Amt der EG, Brüssel

Der auf den Hafen von *Venedig-Mestre-Marghera* orientierte Industrieraum ist wesentlich kleiner: Ferrara und Mantua mit den ersten Petrochemie-Kombinaten Italiens (1950) Chioggia, Ravenna. Traditionelle Gewerbe (Glaswaren, Goldschmiedehandwerk) haben heute nur noch geringe Bedeutung im Vergleich zur industriellen Produktion im Hafen von Marghera: Hier stehen wichtige *Raffinerien* Italiens, an die eine umfangreiche Chemieproduktenkette angeschlossen ist. Auch die Stahl- und Aluminiumerzeugung sind transportorientiert, obwohl die natur- und hydrogeographischen Verhältnisse die Verkehrsverbindung an das Hinterland der Poebene erschwert haben (DÖPP 1986).

Die Industrieregionen *Mittelitaliens* sind im Vergleich zur Poebene von geringerer Bedeutung. Man kann eigentlich nur von kleineren Industrieballungen und vereinzelt industrialisierten Städten sprechen. In Florenz und seiner nahen Umgebung besaß die *Wollverarbeitung* bis zum 17. Jh. hervorragende Bedeutung; ihre Produkte wurden nach ganz Europa und in den Vorderen Orient vertrieben; die stärkere lombardische und venezianische Textilindustrie zwang die Gewebeproduzenten am Arno zu intensiver Spezialisierung, die noch heute bemerkenswert ist. In Prato verarbeitet man in großem Umfang Altmaterial und Lumpen (großteils importiert) zu Reißwolle, die dann mit neuen Rohstoffen gemischt wird. Neben den traditionellen Keramik-, Schmuck- und Lederwaren haben sich nach 1960 auch Zweige der Chemie- und Pharmaindustrie entwickelt. Eine Erdgasleitung verbindet sie mit Ravenna, eine Produktenpipeline mit dem Hafen von Livorno. Im mittleren Valdarno hat sich auf Braunkohlelagern Schwerindustrie und Maschinenbau entwickelt, ihre Gesamtkapazitäten sind jedoch wie im toskanischen Erzgebirge westlich von Siena gering geblieben. Als komplex strukturierte Industrielandschaften können die apuanische Küstenebene von Carrara mit Naturstein-, Marmor- und Kunststeinindustrie und der Golf von Follonica mit dem Stahlwerk Piombino im Zentrum gelten.

Einen Sonderfall unter den Städten Italiens bildet *Rom*. Erst ab 1860 erhielt Rom wieder staatliche *Regierungsfunktionen*, nachdem es seit dem frühen Mittelalter lediglich Zentrum der römisch-katholischen *Christenheit* gewesen war. Die schnelle Bedeutungszunahme der Stadt im Laufe des vergangenen Jahrhunderts wird am Anstieg der Bevölkerungszahl deutlich: 1860: 185000 Einw., 1985: 2,8 Mio. Einw., in der verstädterten Region ca. 4 Mio. Aber nicht die Industrie, sondern der tertiäre Sektor (Verwaltung, Dienstleistungen, kulturelles Angebot) war Grundlage für das wirtschaftliche Wachstum Roms nach 1950, zumal hier eine reiche, kaufkräftige und konsumfreudige Oberschicht vielfältige Impulse gibt. Die Industrie beschäftigt hier noch nicht einmal 10% der Erwerbspersonen. Die politische Bedeutung der Stadt auf nationaler Ebene, ihre Lage im Zentrum des Mittelmeerraumes, die Institution von Verkehr und Handel, ihre Funktion als *Sitz übernationaler Organisationen* (FAO, Internationale Handelskammer), der *Fremdenverkehr* und nicht zuletzt ihre hohe *Zentralität in kirchlich-geistlicher Sicht* prägen die Sozialstruktur. Die Metropole wirkt höchst attraktiv auf Zuwanderer, vornehmlich aus dem S. Das rasche, weitgehend unkontrollierte Wachstum Roms schuf tiefgreifende städtebauliche und soziale Probleme, die durch Mittel der herkömmlichen Administration nicht lösbar zu sein scheinen (SERONDE-BABONAUX 1980).

Die Struktur der *Industriegebiete Süditaliens* zeigt besonders deutlich den ökonomischen Dualismus, das kontrastreiche, unverbundene Nebeneinander einerseits traditionell schwach produktiver und andererseits kapitalintensiv-hochautomatisierter Produktionsweisen. Der *Großraum Neapel* ist Beispiel für beide Typen. Hohe Bevölkerungsdichte, herausragende Kaufkraft, intensive Umlandbeziehungen und eine leistungsfähige Agrarproduktion im Nahbereich kennzeichnen seine wirtschaftsgeschichtliche Entwicklung ebenso wie frühzeitig einsetzende Arbeitsteilung, spezialisierte Arbeitserfahrung und Kapitalkonzentrationen. Die bourbonische *Schutzzollpolitik* hatte vor 1860 sogar Ansätze der Schwerindustrie, vor allem aber die Textilverarbeitung gefördert. Nach der staatlichen Einigung Italiens waren diese Branchen jedoch einem vernichtenden Konkurrenzkampf durch die leistungsfähigere Industrie Norditaliens ausgesetzt. Die mit daraus resultierende wirtschaftliche Stagnation förderte die *Auswanderung* nach Übersee zwischen 1880 und 1920. Erst nach dem Zweiten Weltkrieg setzte ein gewisser industrieller Aufschwung im Großraum Neapel ein. Insbesondere wuchsen die traditionell arbeitsintensiven Betriebe der Metallverarbeitung. Die kleinbetriebliche Struktur mit geringer Leistungsfähigkeit blieb allerdings weitgehend erhalten. Hier liegt eine wichtige Ursache für die Tatsache, daß von dem alten gewerblichen Zentrum Neapels aus keine industriellen *Wachstumsimpulse* (z. B. Zweigbetriebe) auf die peripheren Räume Kampaniens oder den übrigen Mezzogiorno ausgestrahlt worden sind. Selbst die modernen Großbetriebe Neapels (Olivetti, Alfa-Sud, Stahlwerk Bagnoli, Chemiekombinate) haben ebenfalls keinen umfangreichen räumlichen Multiplikatoreffekt bewirkt. Höchstgradig entwicklungshemmend müssen die historisch bedingten, städtebaulichen und sozialen Probleme Neapels eingestuft werden, die trotz einer Reihe von Maßnahmen keine nachhaltige Verbesserung erkennen lassen (WAGNER 1985).

Eine ganz andere Struktur besitzen die zahlreichen seit 1950 durch vielfältige *staatliche Förderungspolitik* induzierten industriellen Entwicklungspole im S Italiens als Beispiel für den zweiten Typ. Als Starthilfe wirkten die Maßnahmen der staatlichen *Cassa per il Mezzogiorno* (Südkasse), die zunächst vorwiegend die Infrastruktur verbesserten (Agrarstruktur, Verkehr, Energie- und Wasserversorgung, Bildungseinrichtungen, Fremdenverkehr). Große Steuervorteile, billige Darlehen und verlorene Kapitalzuschüsse regten zu großen Investitionen im Mezzogiorno an. Seit 1957 sind alle Staatsunternehmen verpflichtet, mindestens 40% ihrer geplanten Investitionen in den Süden des Landes zu lenken. So entstanden vorwiegend kapitalintensive, großindustrielle, nach modernen Gesichtspunkten der Automation arbeitende Petrochemiekombinate und Erdöl-Raffinerien in Küstennähe (verkehrsorientierte) in Syrakus-Augusta, Gela, Ragusa, Milazzo, Priolo (Sizilien), Brindisi (Apulien), Sarroch, Porto Torres (Sardinien). Noch nach 1974 hat die italienische Großchemie gegen die Pläne des Entwicklungsministeriums ihre kapitalintensiven, jedoch insgesamt wenig neue Arbeitsplätze bereitstellenden Großprojekte durchzusetzen vermocht. Auch im Bereich der *Schwerindustrie* verzeichnet man umfangreiche Investitionen. In Tarent wurde 1964 das zum staatlichen IRI-Konzern gehörende Stahlwerk mit einer Rohstoffkapazität von 2,7 Mio. Jahrestonnen in Betrieb genommen; nach mehrmaligem Ausbau auf eine Leistung von ca. 10 Mio. t Rohstahl ist das Stahlwerk jetzt eines der bedeutendsten der Erde, das größte der

EG. Seit 1980 arbeitet es jedoch nur dank großzügiger Subventionen (LEERS 1985). Italien hat sich durch die Steigerung von 17,2 Mio. t (1970) auf 24 Mio. t Rohstahlerzeugung pro Jahr auf den sechsten Platz der Weltrangliste vorgeschoben (1985).

Versucht man die Bedeutung aller dieser neuen Projekte für die gesamtwirtschaftliche Entwicklung des Südens zu würdigen, so fällt das *geringe Arbeitsplatzangebot* bei hoher Automation auf. Obwohl Industrieinvestitionen auch zahlenmäßig in den beiden letzten Jahrzehnten in wachsendem Umfang in den Mezzogiorno geflossen sind, blieb doch die erwartete Entwicklung von weiterverarbeitenden Industriebranchen aus, ein eigentlicher Industrialisierungsprozeß kam nicht generell in Gang. Seit 1951 hat die Gesamtzahl der Arbeitsplätze in Süditalien trotz Bevölkerungszunahme abgenommen. Seit 1968 stagniert sogar die Vermehrung von Arbeitsplätzen im Industriesektor. Zahlreiche der kleineren neuen industriellen Entwicklungspole wurden zwischen 1984 und 1987 wieder stillgelegt, z. B. im Basentotal (Basilikata). Andere Projekte stehen heute wegen der von ihnen ausgehenden Umweltbelastung im Kreuzfeuer der Kritik (im Tal des Sele NE von Salerno).

Es gibt jedoch auch positive Gegenbeispiele: Das Industrie-Areal von Bari beweist, daß bei Ansiedlung von – jetzt auch durch die Gesetzgebung mit Priorität geförderter – arbeitsintensiver Industrie in mittelgroßen, gleichwohl modern organisierten Betrieben die Ankurbelung eigenaktiver industrieller Expansion möglich ist. Der *Industrie-Park* von Bari demonstriert, wie statt konzernorientierter Wachstumspolitik eine regionalwirtschaftlich wirksame *Entwicklungspolitik* mit Erfolg betrieben werden kann. Hier ist der ökonomische Dualismus durchaus überwunden worden (WAGNER 1977).

2.3.2.3.2 Entwicklungstrends der Industrie

Hinsichtlich ihres Beitrages zum Bruttoinlandsprodukt steht die *Metallverarbeitung* an erster Stelle. Die größten Wachstumsraten weisen jedoch *chemische Industrie* und *Stahlproduktion* auf, zwei Branchen, die in besonderer Weise von außenhandelswirtschaftlichen Bedingungen abhängig sind. Die Industrie insgesamt trägt etwa 39% zum Bruttoinlandsprodukt (BIP) bei (1985). Die Außenhandelsbilanz im Warenverkehr war im vergangenen Jahrzehnt stets negativ, *Tourismus und Dienstleistungsverkehr* sorgten bis 1973 noch für einen Bilanzausgleich.

Hemmend wirkt sich für die allgemeine industrielle Entwicklung die

Betriebsstruktur aus. 90% der Industrieunternehmen haben weniger als 10 Beschäftigte. Dieser große Anteil von *Kleinbetrieben* erklärt sich aus dem wirtschaftsgeschichtlichen Werdegang einzelner Industriebranchen. In wirtschaftlichen Krisenzeiten des letzten Jahrzehnts erwiesen sich diese Kleinbetriebe jedoch oft stabiler als Großunternehmen. Der Staat fördert betrieblichen Zusammenschluß, Kooperation und Kapitalkonzentration. Zu diesem Zweck wurden *Finanzierungsgesellschaften* als Staatsunternehmen gegründet. Seit 1933 besteht das IRI *(Istituto per la Ricostruzione Industriale)*, heute der drittgrößte Industriekonzern Europas, dem zahlreiche staatliche Tochtergesellschaften unterstehen: Finsider (mit 90% der italienischen Stahlindustrie), Finmare (mit 80% des italienischen Schiffbaus), Finelettrica, Alitalia, Alfa Romeo, Rundfunk und Fernsehen (RAI). 1953 wurde die *Ente Nazionale Idrocarburi* (ENI) als staatliche Energiebehörde gegründet. Ihre Aufgabe zielt auf den Ausbau des Erdöl- und Erdgasleitungsnetzes der petrochemischen Industrie. Für die Entwicklung der gesamten italienischen Wirtschaft haben die *Staatskonzerne* durch hohe Investitionen überragende Bedeutung.
Die realen Zuwachsraten des Bruttoinlandsproduktes sind seit 1967 laufend geringer geworden, seit 1980 jedoch relativ stabil geblieben. Diese Tatsache führte zu einer Erholung der Wirtschaft Italiens gegenüber früheren Jahrzehnten. Zieht man das Fazit aus den Beobachtungen der gewerblichen Wirtschaft, so ist festzuhalten, daß Italien seit 1950 große Zuwachsraten im industriellen Sektor aufzuweisen hat und heute eines der führenden Industrieländer Europas ist. Allerdings konzentriert sich der Wertschöpfungszuwachs regional vornehmlich auf den Norden, branchenmäßig auf die moderne Großindustrie. Der Mezzogiorno konnte auch nicht annähernd die um 1955 erstmals umfassend angesetzten, später mehrfach reduzierten gesamtwirtschaftlichen Zieldaten erreichen. Die weltweite *Rezession*, Lohnkostensteigerungen, Sozialkonflikte, Streiks und Inflation bedrohen vor allem die Exportkapazitäten, die der italienischen Wirtschaft nach 1945 den entscheidenden Wachstumsimpuls gegeben hatten.

2.3.2.4 Der ländlich-agrare Wirtschaftsraum

Seit dem Ende des Zweiten Weltkrieges hat sich Italien vom Agrarland mit untergeordneter Industrie zum Industrieland entwickelt. Die Zahl der in der Landwirtschaft Beschäftigten nahm von 42% (1951) auf 11,2% (1985) ab (vgl. Tab. 65). Ebenso sank der Beitrag des Agrarsektors zum BIP: 1961: 17,4%; 1971: 9,8%; 1975: 8,5%; 1985:

5,2%. Diese Werte liegen im EG-Maßstab relativ hoch; sie müssen jedoch vor dem Hintergrund geringer Gesamtproduktivität des Agrarsektors Italiens gesehen werden. Sie ergibt sich aus dem klimageographisch bedingten Nord-Süd-Gegensatz, d. h., nach S hin zunehmender Trockenheit und steigendem Niederschlagsrisiko; sie ist auch Folge vielseitiger historischer Einflüsse, die zu einer Konservierung überalterter agrarsozialer und agrarökonomischer Strukturen geführt haben. Die daraus resultierenden Probleme werden im folgenden dargelegt.

2.3.2.4.1 Betriebsstruktur, Eigentumsverteilung, Bodennutzungssysteme

Die Betriebsstruktur mit Eigentumsverteilung belastet alle italienischen Agrarregionen mit einer Hypothek der agrarhistorischen Entwicklung. *Realerbteilung* und *Kleinpacht* haben im Vergleich zu den übrigen Ländern der Europäischen Gemeinschaft überdurchschnittlich viele *Klein- und Kleinstbetriebe* entstehen lassen, die in viel größerem Umfang als in den anderen EG-Ländern volle Existenzbasis für ganze Familien nicht mehr sein können.
Erschwerend für eine mögliche Verbesserung der wirtschaftlichen Lage bei Kleinbetrieben wirken sich die *Pachtsysteme* aus, die besonders bei nur kurzfristiger Vergabe von Flächen jede Eigeninitiative des Pächters ersticken: Die Pachtsysteme sind vornehmlich in Süditalien nur für den Verpächter vorteilhaft; denn bei Mißernten und Absatzschwierigkeiten muß der Pächter in der Regel den vollen, fixierten Pachtzins zahlen. Die *Mezzadria* (Halbpacht), die in der Toskana und in der Poebene meist mit vielseitigem Anbau (coltura mista, Stockwerkkultur) verbreitet ist, verteilt das Risiko dagegen besser auf beide Partner: Die Ernte wurde früher im Verhältnis 50 : 50, in der jüngsten Vergangenheit etwa 47 : 53 zugunsten des Pächters geteilt. Der Pächter stellt die jetzt höher eingeschätzte Arbeitskraft, während der Bodeneigentümer – vielfach städtischer Bürger – Wohn- und Wirtschaftsgebäude, Saatgut und teilweise auch Geräte und Arbeitstiere einbringt.
Trotzdem ist die im 14. und 15. Jh. im Einflußbereich der Stadtwirtschaft freier *Comunen* entstandene Mezzadria für die Belange der modernen Agrarproduktion relativ schwerfällig, da sie rasche Marktorientierung behindert, den Einsatz moderner Anbaumethoden erschwert und die Anpassungsbereitschaft der Bauern (Pächter) einengt. Deshalb ist die Mezzadria seit 1975 in der Toskana stark zurückgegangen und hat monostrukturartigem Anbau Platz gemacht.

Die *Boden- und Eigentumsreform* der 60er Jahre muß namentlich im Innern Süditaliens weitgehend als gescheitert angesehen werden. Moderne Agrarstrukturen finden sich nur in den jungen Meliorationsgebieten der Poebene und in Teilbereichen der Küstenniederungen Mittel- und Süditaliens. Hier ist auch das *Genossenschaftswesen* gut entwickelt, das die Versorgung der Landwirte mit Geräten, Saatgut und Düngemitteln sowie sicheren Absatz ihrer Erzeugnisse organisiert. Werbung für neue Anbauprodukte, Beratung und Versuchswesen bilden hier ein wichtiges Tätigkeitsfeld. Zur Zeit ist man bestrebt, auch im mittelitalienischen Berg- und Gebirgsland die traditionellen Agrarstrukturen (z. B. Mezzadria auf Basis von Mischkulturen) zu beseitigen und durch vereinfachte Betriebssysteme zu ersetzen (PRIKKING 1985).

Die traditionellen Bodennutzungsprobleme sind in großen Teilen der italienischen Agrarlandschaften unverändert bis in die Gegenwart beibehalten worden. Flächen- und Arbeitsproduktivität sind deshalb gering. Der Schlepperbesatz pro ha LN hat den EG-Mittelwert zwar erreicht, der *Düngeraufwand* liegt dagegen mit 81 kg pro ha LN nur bei 50 % des EG-Wertes. Die *Hektarerträge* liegen deshalb weit unter EG-Durchschnitt: Weizen 28 dz/ha (1980/1985). Zum Vergleich: BR Deutschland 60 dz/ha; DDR 40; Niederlande 66; Polen 22. Italien trägt deshalb nur bei bestimmten Erzeugnissen zur Überproduktion bei. Der Selbstversorgungsgrad bei Getreide lag 1984/85 bei 82 %. Spezialisierung des Anbaus und Erzeugung von marktwirksamen Qualitätsprodukten unterliegen nur geringer Förderung. So wird zwar auf 5 % der landwirtschaftlichen Nutzfläche der Apenninen-Halbinsel bis in 900–1000 m üNN die *Rebe* angebaut und mengenmäßig steht Italien hinsichtlich der Traubenernte sogar an der Spitze aller europäischen Länder, aber nur relativ wenige Lagen erbringen marktgerechten Wein und damit entsprechende Exporterlöse. Der *Export* von Nahrungsmitteln, Getränken und Tabak betrug 1970–1975 wertmäßig die zweieinhalbfache Menge des Exportes von landwirtschaftlichen Erzeugnissen, in den 80er Jahren beträgt die Relation von Ein- und Ausfuhr von Nahrungsmitteln jedoch nur noch 2 : 1. Eingeführt werden: Getreide, Mais, Schlachtvieh. Dagegen gehen ins Ausland: Frischgemüse, Tomatenkonserven, Obst, Agrumen, Blumen.

Der in der Industrie sichtbar gewordene *Nord-Süd-Gegensatz* läßt sich auch in agrargeographischer Sicht beobachten. 75 % des Getreides, 95 % der Zuckerrüben und 70 % der Viehwirtschaftsprodukte werden in Norditalien erzeugt. Die Hektarerträge liegen im Mezzogiorno weit unter denjenigen der Poebene. Der Mezzogiorno (d. h. Kampanien, Molise, Abruzzen, Basilikata, Kalabrien, Apulien, Sizilien, Sardinien) liefert nur 36 % der marktfähigen Agrarproduktion, obwohl hier die Maßnahmen der *Cassa per il Mezzogiorno* seit 1950 durch die Förderung von Verkehrsausbau, Wasserversorgung, Siedlungsplanung und Kapitalhilfe bereits eine bedeutsame Leistungssteigerung bewirkt haben. Die Unterschiede zwischen N und S beruhen nicht nur – wie gelegentlich angenommen wird – auf der klimatischen Benachteiligung des Mezzogiorno (3–4 vollaride Monate), sondern resultieren vor allem aus den hier historisch entwickelten *sozioökonomischen Bedingungen* der Bodennutzung. In diesem Rahmen fehlt den Eigentümern der aufwandextensiv wirtschaftenden *Latifundien* vielfach das Interesse an Bodenreform und Veränderung der Nutzung; Kleinpächter und bäuerliche Kleineigentümer verfügen nicht über die hierfür notwendigen Kapitalreserven.

2.3.2.4.2 Die regionale Gliederung der Agrarlandschaft

Auf der Apenninen-Halbinsel heben sich auf Grund des Jahresganges der Klimaelemente, der unterschiedlichen Meereshöhe, der vorherrschenden Bodennutzungssysteme vier *Agrarlandschaftstypen* räumlich voneinander ab.

- Die Gebirgsgebiete (Alpen, Hochapennin) außerhalb des im engeren Sinn mediterranen Klimas mit überwiegender Viehhaltung,
- die mittelhohen Bergländer im Mediterranklima, d. h. mit ausgeprägter sommerlicher Trockenperiode (Randbereiche des Apennin sowie Sizilien und größtenteils Sardinien mit Getreidetrockenfeldbau und Rotklee als Futter in Zwischenfrucht, Feld-Baum-Mischkulturen und Rebflächen,
- die Küstenebenen mit traditionellem oder modernem Bewässerungsfeldbau und
- die Poebene, die nicht mehr zum mittelmeerischen Klimabereich gehört, mit äußerst ertragreichem, auf die Industrieballungsräume ausgerichtetem Feldbau und leistungsfähiger Stallviehhaltung.

Der Gebirgsbereich der Alpen trägt nur in geringem Umfang zum agrarwirtschaftlichen Gesamtprodukt Italiens bei. Das im Rückgang befindliche *Bergbauerntum* stützte sich auf Almwirtschaft und kleinflächigen Ackerbau zur Eigenversorgung. Diese traditionelle Existenzbasis verliert heute infolge besserer Erwerbsmöglichkeiten im *Fremdenverkehr* und in der Industrie der Alpentäler mehr und mehr von ihrer früheren Bedeutung. In den größeren Tälern (Etsch) und an den Alpenrandseen wirkt auch der Tourismus strukturverändernd;

allerdings vollzog sich gerade hier eine marktorientierte Spezialisierung des landwirtschaftlichen Anbaus auf Qualitätsobst. Gleichfalls nicht zum vollmediterranen Klimaraum gehört die *Gebirgshöhenstufe des Apennin*. Die Gipfelbereiche seiner nördlichen Ketten (Emilianischer, Toskanischer Apennin) sind relativ reich bewaldet (30–40% der Gesamtfläche). Edelkastanienbestände, deren Früchte früher gesammelt wurden, steigen bis auf 1200 m über den Meeresspiegel. Der Ackerbau in kleinen, in Streulage befindlichen Betrieben ist ertragsextensiv, Weidewirtschaft wird nur stellenweise noch heute im Wald betrieben. Mediterrane Kulturpflanzen (Olive, Rebe) fehlen in dieser Höhenstufe. Die Bodennutzung in den Hochregionen der südlichen Apenninketten ist anders, da die Obergrenze der mediterranen Fußstufe mit Fruchtbaum- und Rebkulturen mit 800/900 m üNN größere Höhen als im N erreicht. Die Rebflächen werden von Getreidebaugebieten und Ölbaumhainen aufgelockert. In der eigentlichen Gebirgsstufe findet man Buchen-, Tannen- und Kastanienwälder, dazwischen grüne Matten. Besonders in den Abruzzen, dem höchsten Teil des Apennin, erstrecken sich *Sommerweiden* für Schafherden, die im Rahmen jahrhundertealter Fernweidenwirtschaft aus Apulien noch immer ins Gebirge gebracht werden. Eine Verringerung des Weideauftriebs ist allerdings deutlich erkennbar. Von jüngeren Veränderungen fast unberührt ist demgegenüber der einfache, flächen- und ertragsextensive Feldbau in den höchsten *Gebirgsbereichen Sardiniens*. Auf kleinen Parzellen wird an steilen Hängen Ackerbau betrieben; daneben deckt die saisonale Schaf-Höhenweidewirtschaft (Transhumanz) ein wesentlich größeres Areal.

Die *Berglandgebiete* der Apenninen-Halbinsel überragen im Gegensatz zu den Hochgebirgsstufen nirgends die Obergrenze des vollmediterranen Klimas. Herbst- und Winterregen und 3–4 sommerliche Trockenmonate zwingen zu einem seit der Antike gebräuchlichen, im Süden besonders komplizierten Trockenfeldbausystem, bei dem durch verschiedene Pflugvorgänge die Verdunstung des im Boden versickerten Regenwassers herabgesetzt wird. Die früher unbebauten Brachflächen dienen heute jedoch dem Rotkleeanbau zur Verbesserung der Stallviehhaltung. In der *Toskana* ist seit dem 14./15. Jh. ein ertragsintensiver Anbau im Rahmen der *Coltura mista* heimisch. Stockwerkartig übereinander wachsen Fruchtbäume, an denen sich in mittlerer Höhe Rebgirlanden ranken, während der Boden selbst mit Getreide oder Futter bestellt wird. An den Feldparzellengrenzen standen früher Pappeln, Ulmen und Maulbeerbäume, deren Laub als Viehfutter diente und Grundlage der Seidenraupenzucht bildete. Grund und Bo-

den befanden sich weitgehend in der Verfügungsgewalt stadtbürgerlicher Gruppen. Deshalb entwickelte sich schon früh das Halbpachtsystem der *Mezzadria*, innerhalb dessen sich Bodeneigentümer und Bewirtschafter (Pächter) in Ernte und Risiko teilten zu einer kapitalintensiven, auf Ertragssteigerung orientierten Form der Bodennutzung. *Coltura mista* und *Mezzadria* lassen heute starke Anzeichen der Reduzierung erkennen, da sie für eine moderne Betriebswirtschaft zu wenig anpassungsfähig sind. Dennoch ist das soziale, wirtschaftliche Grundgefüge und dessen Niederschlag in der Kulturlandschaft seit dem Spätmittelalter bis zur Gegenwart erhalten geblieben. Insbesondere die Siedlungsstruktur, das Nebeneinander urbaner Zentren und in Streulage befindlicher, den Anbauflächen nahe gelegener Einzelgehöfte, unterstreicht diesen Sachverhalt.
Für das *Innere Süditaliens und Siziliens* ist der Weizenbau auf freien Flächen ohne wesentliche Baumkulturen charakteristisch. Der *Trokkenfeldbau* muß sich hier durch Einschub von ein- oder zweijährigen Brachen, die der Ansammlung und Speicherung des im Boden versikkerten Niederschlagswassers dienen, an die sommerliche Trockenzeit anpassen. Auch hier hat sich der Rotklee im Winter und Frühjahr auf den Brachflächen als Zwischenfrucht durchgesetzt. Die Bauern sind entweder Kleineigentümer oder Pächter kleiner Betriebsflächen. Die Siedlungsweise konzentriert sich fast ausschließlich auf einwohnerreiche *Landarbeiterstädte (Agrostädte)*, von denen der Weg zu den Feldern oft sehr weit ist. Neben dem Agrarlandschaftstyp des Getreidelatifundiums sind Baum- und Rebkulturflächen für die Berglandgebiete des S charakteristisch. Oliven, Wein und Fruchtbäume, teilweise in monokulturartigen, spezialisierten Pflanzungen (Apulien) liefern exportfähige Erträge.
Die Küstenebenen der Apenninen-Halbinsel weisen im Gegensatz zu Gebirge und Bergland eine höchst vielfältige landwirtschaftliche Produktion auf. Fast überall sind auch im Sommer Möglichkeiten für Dauerbewässerung vorhanden; zudem lassen die milden Wintertemperaturen besonders in Süditalien einen ganzjährigen Anbau zu. Reben in Verbindung mit zahlreichen Fruchtbaumkulturen *(Coltivazione promiscua), Bewässerungsgartenbau* (meist Gemüse) in Ligurien, Kampanien und in den süditalienischen Küstenbuchten auf Basis meist sehr kleiner Betriebe, erfordern großen Arbeitsaufwand, liefern jedoch hohe Erlöse pro Flächeneinheit. Insbesondere die Winterkulturen mit konkurrenzlos frühen Ernteterminen (Februar, März) bringen gute Exportgewinne ein. Große Teile der Küstenebenen wurden erst vor wenigen Jahrzehnten neu für die landwirtschaftliche Bodennutzung erschlossen. Ehemals malariaverseuchte Sumpfgebiete (Ma-

remmen) an der Westküste sind nach ihrer Trockenlegung zu Intensiv-Viehzuchtgebieten mit modernster *Agrarkolonisation* geworden. Städte und Dörfer der Küstenniederungen bilden seit dem Zweiten Weltkrieg Wanderungsziel der Apenninbevölkerung. Die sich verändernde Sozial- und Wirtschaftsstruktur wirkt auch auf den Agrarsektor zurück und verleiht ihm gerade in den Küstenebenen eine höchst anpassungsbereite Dynamik (ROTHER 1986).

Die Poebene besitzt als Agrarraum infolge ihres fast mitteleuropäischen Klimajahresganges innerhalb Italiens eine Sonderstellung. Daneben bewirkt aber noch stärker die Nähe der urban-industriellen Zentren ein anderes Gefüge der Bodennutzung sowie der agrarsozialen Struktur. Ackerbau und Viehhaltung werden hier mit höherem Aufwand (z. B. an Dünger und Bodenbearbeitung) betrieben, Erträge und Rentabilität gestalten sich wesentlich besser als in Mittel- und Süditalien. Die naturräumlichen Grundlagen (Relief, Hydrographie) ließen zwei modifizierte Agrarlandschaftstypen entstehen. Die höheren, trockeneren Randbereiche der Poebene sind Gebiete mit meist *spezialisierten Polykulturen*: Gemüse, Getreide, Feldfutter, Fruchtbäume finden sich hier in innigem Wechsel auf den schmalen Parzellen der 3–5 ha großen Betriebe (Eigentümer oder Teilpächter). Die gute Verkehrserschließung erleichtert die *Marktorientierung* des Anbaus. Ein Viertel der Anbaufläche dient *Industriekulturen*, die zum Teil bewässert werden: Zuckerrübe, Tomate, Tabak, früher Hanf und Maulbeere (Seidenraupenzucht). Dauerweiden werden ebenfalls ausreichend bewässert und bilden neben den Luzerneflächen die Futterbasis für *Milchviehhaltung und Fleischviehzucht*. Weizen (früher Mais) liefert bei steigenden Hektarerträgen die wichtigsten Grundnahrungsmittel. Die inneren und östlichen Teile der Poebene sind erst jung melioriert (Bonifica). Der Anbau ist deshalb modern organisiert, stark spezialisiert und äußerst flächenproduktiv. Die *Reisbaugebiete* der Lombardei liefern nach Spanien die zweithöchsten Hektar-Erträge (40 dz/ha). Die Milchwirtschaft auf der Grundlage der *Marcite*-Wiesen (Dauerbewässerung, 6–7 Grasschnitte pro Jahr) trägt wesentlich zum Export bei (Käseproduktion: Gorgonzola). Die Anbauflächen in den Poldern und Bonifica der Polesine erbringen bei fortschrittlicher Betriebsführung höchste Erträge (Weizen, Zuckerrüben). *Obstkulturen* bei Ferrara sind zu einer entscheidenden Konkurrenz mitteleuropäischer Obstbaugebiete geworden.

2.3.2.5 Beurteilung und Ausblick

Bei der auf den vorangehenden Seiten konzipierten *wirtschaftsgeographischen Regionalanalyse* Italiens standen sozialökonomische Prozesse im Vordergrund, die im räumlichen Gefüge der Kulturlandschaft sichtbare Veränderungen verursacht haben. Das Ergebnis läßt sich in drei Punkten zusammenfassen:

- Der jahrhundertealte *Nord-Süd-Gegensatz*, durch die nach der staatlichen Einigung (1861) fortschreitende Industrialisierung verstärkt, bestimmt bis in die Gegenwart die wirtschaftsräumliche Gesamtstruktur Italiens. Zwar sollten seit 1945 umfangreiche Entwicklungsmaßnahmen des Staates die Abschwächung und schließlich die Beseitigung aller regional-ökonomischen Disparitäten bewirken, aber die vorwiegend im Bereich kapitalintensiver Industrien geleisteten Investitionen erweisen sich als nicht genügend tragfähig, um im Mezzogiorno eine genügend eigenaktiv wirtschaftliche Entwicklung auszulösen. Die erhoffte Multiplikatorwirkung blieb bislang – abgesehen von einigen erfolgreichen Industriepolen – aus. Aus gegenwärtiger Sicht der Entwicklung wird man wohl drei sozialökonomisch unterschiedliche Raumeinheiten Italiens sehen müssen: die Poebene, Zentralitalien (mit Rom) und den Mezzogiorno. Jüngste Beobachtungen lassen einige Tendenzen zur Abschwächung der regionalen Ungleichgewichte erkennen.
- In Verbindung mit der zunehmenden sozialen und regionalen Mobilität der Bevölkerung und dem besonders im alten Gewerbe der Städte Norditaliens wurzelnden *Kapitalfundus* haben die hier entwickelten Agglomerationsvorteile eine rasche Verdichtung des Industriepotentials ermöglicht. Italien ist heute ein Industrieland. Der sekundäre Wirtschaftssektor (Industrie) trägt mit etwa 40% (1985) erheblich zur Entstehung des Bruttoinlandsproduktes bei.
- Weil die *Handelsbilanz* im wesentlichen auf Grund von Lebensmittel-, Erdöl- und Rohstoffimporten negativ ist, bleibt die erneute Steigerung der Leistungsfähigkeit der bislang exportstarken Branchen des Fahrzeug- und Maschinenbaus ein entscheidendes wirtschaftspolitisches Ziel.

2.3.3 Griechenland

2.3.3.1 Die natürliche Ausstattung

Das griechische Staatsgebiet umfaßt eine *Landfläche* von fast 131 000 km^2, knapp ein Fünftel des Staatsgebietes wird von Inseln eingenommen, deren äußerste – Rhodos – fast 400 km vom Festland entfernt liegt. Die etwa 1200 km lange *Landgrenze* Griechenlands gegen Albanien, Jugoslawien, Bulgarien und die Türkei verläuft zumeist in Gebirgen, die nur in der Axios-Furche und im Strymontal eine gute Verkehrsverbindung nach Norden erlauben. Von der über 15 000 km messenden *Seegrenze* Griechenlands entfallen über 4000 km auf die Festlandsküste. Diese im Verhältnis zur umschlossenen Landfläche lange Küstenlinie zeigt die reiche Küstengliederung, die auf der Ostseite besonders ausgeprägt ist. Kein Punkt Griechenlands ist mehr als 140 km vom Meer entfernt.
Küstengliederung und Inselwelt Griechenlands erklären sich wie die Grundzüge des *Reliefs* aus den geologischen Bedingungen des Raumes. Den im O gelegenen kristallinen und metamorphosierten Kernen (Kykladen-Masse, Thrakische Masse) wurden von der Kreide bis zum Jungtertiär im Westen nach außen immer jünger werdende Gebirge angefaltet. Zu den jüngsten Gliedern dieses *Faltengebirgssystems* der Dinariden und Helleniden gehört die Olonos-Pindos-Zone, deren parallele Ketten sich von Albanien bis zur Südspitze der Peloponnes erstrecken und über Kreta bis Rhodos fortsetzen. An ihrer Außenseite bilden sie eine relativ buchten- und inselarme Längsküste. Zwischen die mit Hochgebirgsformen bis über 2500 m üNN aufragenden Kalkketten (Grammos 2520 m, Taygetos 2407 m, Psiloritis auf Kreta 2456 m) sind schmale ackerbaulich nutzbare Flysch-Hügelländer eingeschaltet, in tektonischen Einsenkungen sind jüngere Schwemmländer entstanden. Die älteren Faltengebirgsstränge biegen schon im Festlandsbereich nach Osten um. Nach dem Einbruch der Kykladenmasse im Tertiär haben sie die reich gegliederte Querküste Ostgriechenlands hervorgerufen. Auch der östliche Festlandsbereich wird in seinem Relief durch die junge *Bruchtektonik* bestimmt. Er ist aufgelöst in die Beckenfluchten Makedoniens, Thessaliens, Böotiens und der Argolis, die von zumeist altgefalteten und kristallinen Gebirgen überragt werden, z. B. vom Olymp (2918 m), und entlang der Küstenhöfe und über einige Pässe miteinander verbunden sind. Als Bereiche junger Sedimentation und aufgrund ihrer geringen Höhenlage sind diese *Becken* für den Ackerbau besonders geeignet.

Insgesamt ist Griechenland überaus reich gekammert. Gebirge nehmen den größten Teil der Landfläche ein; auch auf den verbreiteten welligen Rumpfflächen sind die Möglichkeiten des Ackerbaus durch das vorherrschende Kalkgestein stark eingeschränkt. So wird nur weniger als ein Drittel der Gesamtfläche ackerbaulich genutzt. Die jungen tektonischen Vorgänge, die das Großrelief Griechenlands geschaffen haben, sind noch nicht abgeschlossen, wie die *Erdbebenhäufigkeit* in diesem Raum bezeugt.
Das *mediterrane Klima* bewirkt durch den Einfluß des Subtropenhochs und die an seiner Ostseite von N zuströmenden kontinentalen Luftmassen sommerliche Trockenheit bei starker Sonneneinstrahlung und großer Erhitzung, vor allem im Inneren des Festlandes. Im Winter gerät das Land in den Einfluß der Westwindzone. Westliche Luftströmungen bringen die Hauptniederschläge, die zum großen Teil als Starkregen fallen. So empfängt vornehmlich die Westseite Griechenlands ein hohes Maß an winterlicher Feuchtigkeit, während die Ostseite im Regenschatten der Pindosketten weniger davon betroffen wird und mehr der kalten und trockenen kontinentalen Luft ausgesetzt ist. Die Regenzeit hält zwar im N Griechenlands länger an als im S, aber der daraus resultierende meridionale Unterschied in der jährlichen Niederschlagsmenge ist weit weniger ausgeprägt als der zwischen West- und Ostseite. Thermisch bewirkt die kontinentale Luft im O relativ kalte Winter mit zahlreichen Frosttagen, während der maritime W milde Winter aufweist. Der Meereseinfluß wirkt an den Küsten und vor allem auf den Inseln mildernd auf die Extremtemperaturen des Sommers wie des Winters, während Beckenlage, besonders in größerer Meereshöhe, die thermische Kontinentalität steigert.
Die *natürliche Vegetation* ist stärker als in den meisten anderen Gebieten Europas durch menschliche Eingriffe zurückgedrängt oder überhaupt vernichtet worden. An die Stelle der mediterranen Laub- und Nadelwaldgebiete sind als Folge der *Waldzerstörung*, Überweidung durch Schaf- und Ziegenherden und der *Bodenerosion* weithin Buschwälder, immergrüne *Macchie* mit Oleander, Lorbeer, Kermeseichen u. a. und Phrygana mit xerophilen blattarmen und dornigen Halbsträuchern und Stauden getreten. Eine Fläche von 2,6 Mio. ha, das sind etwa 20% der Gesamtfläche, welche die Statistik für 1983 als Wald ausweist, bezieht großenteils Macchie und schüttere Baumbestände mit ein. Forstwirtschaftliche Maßnahmen bemühen sich sowohl um die Aufforstung – 1963 bis 1984: 93000 ha – als auch um eine geordnete Nutzung der Bestände vor allem in den Gebirgen.
Als eine dem mediterranen Klima und vor allem der sommerlichen Trockenheit besonders gut angepaßte Kulturpflanze gilt der *Ölbaum*.

Er ist zugleich empfindlich gegen längere Winterkälte und findet daher seine Verbreitungsgrenze etwa an der 15 °C-Jahresisotherme, fehlt somit in Höhen über etwa 800 m und in den kontinentaleren Gebieten Griechenlands. Höhere thermische Ansprüche stellen die *Agrumen*. Ihr Verbreitungsgebiet wird etwa durch die 4 °C-Januar-Isotherme begrenzt, ist also vor allem auf die Küstenregionen beschränkt, wobei zusätzlich künstliche Bewässerung zur Überbrückung der sommerlichen Trockenzeit in den meisten Anbaugebieten notwendig ist. Das Klima begünstigt den Anbau von *Wein*, der bei genügend Frühjahrsfeuchtigkeit auch auf trockenen, steinigen und kalkreichen Böden gedeiht und dessen Reifung die sommerliche Trockenheit zugute kommt. Seine Höhengrenze liegt in Südgriechenland bei 1250 m. Gut geeignet ist das Klima auch für den *Tabak-* und *Getreideanbau*, wobei der feuchte W für den Maisanbau, der trockenere O für den Weizen- und Gerstenanbau günstiger ist.
Mit *Bodenschätzen* ist Griechenland schlecht ausgestattet. Die vorwiegend aus sedimentären Kalken aufgebauten Faltengebirge bergen *Bauxitlagerstätten,* vor allem um Parnaß und Giona. Daneben stellen Nickel- und Chromerze wichtige metallische Rohstoffe dar. Diese liegen wie abbauwürdige Lager von Mangan, Magnesit, Eisen- und Kupferpyrit, Blei-, Eisen- und Zinkerzen im Grundgebirgsbereich des O. In einigen tertiären Einbruchsbecken, vor allem in Westmakedonien, wird Braunkohle abgebaut.
Durch die *natürliche Ausstattung* erweist sich so das östliche Griechenland als der bevorzugtere Landesteil, denn hier liegen die für den Akkerbau günstigen Beckenlandschaften. Zwar wirkt die sommerliche Trockenheit sich als nachteilig für den Anbau mancher Früchte aus, aber Getreide- und Tabakanbau sind gut möglich, und in den küstennahen Gebieten gedeihen auch Ölbaum und Agrumen. Vorteilhaft ist auch die relativ gute Verkehrsdurchgängigkeit dieser Region und die Hafengunst der Küsten, dazu kommt das Schwergewicht der Rohstoffvorkommen. Der größere Gebirgsanteil an der Westseite zeigt sich für menschliche Nutzung weniger günstig. Die hohen Winterniederschläge machen die Sommertrockenheit zwar weniger zu einem Problem für die Landwirtschaft, aber nur in den Küstenebenen ist eine entsprechende Nutzung, z. B. in Form der Agrumenkultur und des Tabakanbaus, möglich. Die Voraussetzungen für die Verkehrserschließung dieses Raumes sind, durch die Gebirgsmauern bedingt, ziemlich ungünstig. Auf der Peloponnes kehren sich die *Gunst- und Ungunstverhältnisse,* die zwischen Ost- und Westseite Nord- und Mittelgriechenlands bestehen, eher um. Durch Relief und geologischen Bau ist hier neben der Argolis der W mit weiten Ebenen auf tertiären

Sedimenten mit einem milden, nicht zu trockenen Klima das bevorzugte Ackerbaugebiet. Ähnliche Vorteile weisen die Küstenhöfe Kretas auf, während die kleineren Inseln nur selten den geeigneten Untergrund für eine gute agrarische Nutzung bieten.

2.3.3.2 Die Inwertsetzung des Raumes

Die natürliche Ausstattung der einzelnen Landesteile hat schon die Besiedlung des Landes in der *Antike* wesentlich beeinflußt. Auf der Ostseite Griechenlands stießen die eindringenden indogermanischen Stämme nach S vor und bebauten die Ebenen der Becken, die sie von den auf randlichen Erhebungen gelegenen Burgen aus beherrschten. Die Kleinkammerung Griechenlands hat die Entstehung zahlreicher *Kleinstaaten* begünstigt. Die Bewohner Griechenlands waren auf den Seeweg angewiesen, wenn es galt, mächtigeren Einwanderern auszuweichen, neues Siedlungsland zu finden, Handelsverbindungen anzuknüpfen. So entstanden die griechischen Siedlungen in Kleinasien und die Kolonien in Unteritalien. Für die *Seeherrschaft* in der Ägäis gewannen die Kykladen ihre große Bedeutung, und die alte Kultur Kretas wurde letztlich durch Seeherrschaft und Seehandel ermöglicht. Die so gegebenen Handelsfunktionen haben auch die Entwicklung der auf bäuerlicher Kultur begründeten *Stadtstaaten* des antiken Griechenlands wesentlich gefördert. Sie alle lagen im O des Landes, während der W im Altertum ohne größere Bedeutung blieb. Auch der Schwerpunkt des letzten großen griechischen Reiches lag im O, in Makedonien.
Die Öffnung nach O, die dem Land während seiner Blütezeit so viele Vorteile brachte, machte es zugleich auch leicht feindlichen *Einfällen* zugänglich, angefangen von den Perserkriegen bis zur Unterwerfung durch die Türken. Die Öffnung zum Meer zog die fränkischen Eroberer und die Venezianer an, die hier Stützpunkte für weitere Fahrten anlegten. Für die auf den Landweg beschränkten Wanderungen slawischer Volksstämme und der Albaner wurde Griechenland dagegen zur Sackgasse. Seine *Brückenlage* zwischen Europa und Asien bewirkte so eine vielfältige Völkerverschmelzung, die im Menschenbild, in Sprache und Kultur ihre deutlichen Spuren hinterlassen hat.
Die Entwicklung *Neugriechenlands* setzte 1821 mit den Befreiungskriegen gegen die türkische Herrschaft ein. 1832 bestand es aus Mittelgriechenland, der Peloponnes und den Kykladen. 1864 kamen die Ionischen Inseln dazu, und nach und nach mußte die Türkei weitere Gebiete abtreten: 1881 Thessalien und Epirus, 1913 Makedonien, Kreta

und die Ägäischen Inseln. 1922 ging Westthrakien aus bulgarischem Besitz an Griechenland über. Seine Ansprüche auf Ostthrakien und den Bezirk Smyrna konnte Griechenland gegen die Türkei jedoch nicht durchsetzen. Nach einer katastrophalen Niederlage seiner Truppen mußte das 1922 nur 5 Mio. Einw. zählende Land etwa 1,5 Mio. *Flüchtlinge,* vornehmlich aus Kleinasien, aufnehmen, während gleichzeitig über 500000 Türken und Bulgaren vor allem aus Makedonien und Westthrakien abgeschoben wurden. Schwere Rückschläge für die innere Entwicklung Griechenlands brachten der *Zweite Weltkrieg* mit der Besetzung durch deutsche und italienische Truppen (1941–1944) und der anschließende, bis 1949 andauernde *Bürgerkrieg.*
Die *Bevölkerungszahl* Griechenlands ist seit Erringung der Selbständigkeit durch Gebietsgewinne, Flüchtlingsansiedlung und natürliches Wachstum ständig angestiegen. 1838 hatte Griechenland 752000 Einwohner, 1890 schon 2,2 Mio., 1928 6,2 Mio. und 1983 schließlich 9,85 Mio. Einwohner. Die Bevölkerungsdichte nahm in der gleichen Zeit von knapp 16 Einw./km^2 auf 75 Einw./km^2 zu.
Bis heute lebt ein Drittel der Bevölkerung auf dem Lande. Die wirtschaftliche Bedeutung der *ländlichen Bereiche* zeigt sich am ehesten im Anteil der in Land- und Forstwirtschaft Beschäftigten an der Zahl der Erwerbstätigen von knapp 30 % und im Anteil dieses Wirtschaftszweiges am Bruttoinlandsprodukt von 18,4 % (1984), das sind zwei Drittel vom Anteil des produzierenden Gewerbes. Die Grundlage des *Ackerbaus* bilden in Griechenland von jeher Getreide, Wein und Oliven. Der Getreideanbau nimmt fast die Hälfte der Ackerfläche ein, davon entfallen fast zwei Drittel allein auf Weizen. Der durchschnittliche Ertrag für Weizen ist aber mit weniger als 3 t/ha nur knapp halb so groß wie der in der Bundesrepublik Deutschland. Auch die Hauptanbaugebiete Thessalien und Makedonien liegen nur wenig über dem Durchschnitt.
172000 ha, 5 % der Gesamtanbaufläche Griechenlands, entfielen 1985 auf *Rebland.* Davon diente über die Hälfte der Erzeugung von Wein, über ein Drittel der Produktion von *Korinthen* und *Rosinen,* der Rest wurde zur Ernte von Tafeltrauben genutzt. Getrocknete Trauben und Tafeltrauben sind vorwiegend für den Export bestimmt, während der Wein, vor allem als Rezina (geharzter Wein), zum großen Teil im Lande verbraucht wird. Die Weinrebe ist in Griechenland nach der Olive die extensivste Dauerkultur. Höheren Arbeitsaufwand erfordern die Tafeltrauben, die meistens bewässert werden müssen, und die Korinthen und Rosinen. Zwar findet sich Rebland in fast allen Regionen Griechenlands, aber die nördliche Peloponnes, Attika, Kreta und einige der Ionischen und Ägäischen Inseln heben sich als deutliche

Schwerpunkte des Anbaus ab und liefern zusammen etwa drei Viertel der gesamten Weinproduktion. Korinthen und Rosinen werden vor allem auf der Peloponnes und auf Kreta, Tafeltrauben dort und in Makedonien erzeugt.
Die *Olivenkulturen* haben in Griechenland seit der Antike eine hervorragende Bedeutung. Geschlossene Pflanzungen nehmen knapp 520000 ha ein (1985), etwa 13 % des gesamten kultivierten Landes. Die Anbauflächen werden zum Teil gleichzeitig mit Getreide oder Gemüse bestellt. Fast 125 Mio. Olivenbäume wurden 1983 gezählt. Die Produktion belief sich auf 1,3 Mio. t zur Ölgewinnung mit 293000 t Olivenöl und 132000 t Tafeloliven und liegt damit erheblich unter der Spaniens und Italiens. Hauptanbaugebiete sind die küstennahen Regionen Mittelgriechenlands und der Peloponnes, Kreta sowie die Ionischen und östlichen Ägäischen Inseln.
Zu diesen in Griechenland alteingesessenen Kulturpflanzen kamen, durch die Handelsbeziehungen zum Orient begünstigt, schon sehr früh fremde Gewächse, die heute längst einen festen Platz in der griechischen Agrarlandschaft einnehmen. Zu nennen sind vor allem die *Agrumen*, deren Kulturen 1982 eine Fläche von 45000 ha mit über 23 Mio. Bäumen ausmachten. Die Produktion betrug 1985 875000 t. Sie kommt bei den Orangen zu 40 % von der Peloponnes, zu 30 % aus der Ebene von Arta. Die Zitronen werden zu etwa zwei Dritteln in der nördlichen und nordwestlichen Peloponnes geerntet.
Als Industriepflanzen sind *Tabak*, *Baumwolle* und *Zuckerrüben* in Griechenland heimisch geworden. Auf sie entfallen 12 % des Ackerlandes und 20 % der pflanzlichen Produktion. Seit der Gewinnung Makedoniens 1913 spielt der Tabakanbau in Griechenland eine gewisse Rolle. Größere Bedeutung erhielt er, als 1922 mit Westthrakien ein führendes Tabakanbaugebiet an Griechenland fiel und als gleichzeitig der besonderen Anbaubedingungen kundige Umsiedler aus Kleinasien einwanderten. Thrakien und Makedonien sind auch heute die wichtigsten Tabakanbaugebiete Griechenlands, vor allem wegen der besonderen Eignung der Böden für bestimmte Sorten. Als weiteres großes Erzeugungsgebiet ist das Akarnanisch-Ätolische Küstenland zu nennen. Während die Anbaufläche der Tabaks mit 93400 ha (1983) nur 3 % der gesamten Ackerfläche des Landes beansprucht, erreicht ihr Anteil in den Hauptanbaugebieten 15–27 %. Die Tabakproduktion belief sich 1984 auf 142000 t. Der Tabak hat einen Anteil von ca. 20 % an den Agrarexporten Griechenlands. Die Anbaufläche der Baumwolle ist von etwa 62000 ha im Jahre 1938 auf 138600 ha im Jahre 1983 angewachsen, die Produktion in der gleichen Zeit von etwa 44000 t auf 400000 t. Produktiver Baumwollanbau erfordert in Grie-

chenland im allgemeinen *künstliche Bewässerung*. So liegen die wichtigsten Anbaugebiete in den Flußebenen des Aliakmon, Axios und Strymon in Makedonien und in der Kopaissenke. Dies sind großenteils Flächen, die erst in jüngerer Zeit durch Entwässerung urbar gemacht worden sind: frühere Überschwemmungsgebiete großer Ströme und ehemalige Karstseen und -sümpfe. Die *Landgewinnung* wurde bei der ohnehin knappen Ackerfläche besonders durch die Flüchtlingsansiedlung dringend. Einen wirklichen Erfolg hatte sie erst, als nach dem Zweiten Weltkrieg auch die Malaria erfolgreich bekämpft wurde.

Hinsichtlich der *Besitzstruktur* ist Griechenland ein *Kleinbauernland*. Über 40 % des Ackerlandes gehört Betrieben unter 5 ha. Nur 6 % der Betriebe wiesen 1981 eine Betriebsgröße über 10 ha auf. Sie bewirtschaften zusammen nicht einmal ein Drittel der Ackerfläche des Landes. Kleine Parzellen in Gemengelage behindern weithin eine rationelle Bewirtschaftung des Landes. Der Grund für diese Besitzverhältnisse wurde unter osmanischer Herrschaft durch die sogenannte *Tschiftlikwirtschaft* gelegt; das Land von Gutsherren, in der Regel Türken, wurde von mehreren kleinen Pächtern bewirtschaftet. Der neugriechische Staat verteilte den türkischen *Großgrundbesitz* in Form von Kleinbauernstellen. Spätere Bodenreformen, vor allem im Zusammenhang mit der Ansiedlung der kleinasiatischen Flüchtlinge, und Erbteilungen festigten diese Besitzstruktur. Die Bedeutung des Reliefs für die Besitzgrößen wird in der größeren Zahl mittlerer und größerer Betriebe in Makedonien, Thessalien und Thrakien deutlich, wo ca. 40 % der landwirtschaftlichen Betriebe mit über der Hälfte der gesamten Anbaufläche Griechenlands liegen. Die Kleinbauern sind vornehmlich auf Eigenversorgung eingestellt. Sie betreiben einen gemischten Anbau, wobei zu den oben aufgeführten Anbaupflanzen noch verschiedene Gemüse, vor allem Bohnen, kommen.

40 % der Gesamtfläche Griechenlands, also über 5,2 Mio. ha, wurden 1983 als *Dauerweideland* ausgewiesen. Aber nur ein verschwindend geringer Teil davon stellt wirkliches Grasland dar. Es handelt sich vielmehr fast ausschließlich um Phrygana, Macchie und dürftige Bergweiden. Da Wiesen fast gänzlich fehlen, ist winterliche Einstallung kaum möglich. Die *Viehhaltung* ist eine reine extensive Weidewirtschaft. Unter den kärglichen Bedingungen finden fast nur Schafe und Ziegen hinreichend Nahrung. *Rindviehhaltung* ist vor allem in den Ebenen Makedoniens und Thrakiens zu finden, darunter auch die Haltung von Wasserbüffeln. Im übrigen Griechenland sichern Schafe und Ziegen die Versorgung mit Fleisch, Käse, Milch, und auch das Spinnen von Schafwolle für den Eigenbedarf ist noch weit verbreitet. In den Berg-

ländern ist eine Art *Almwirtschaft* mit sommerlichem Gebirgsaufenthalt der Herden verbreitet. Daneben existiert noch die *nomadische Viehwirtschaft* der Aromunen und Sarakatsanen, die in temporären Siedlungen und bodenvagen Hütten leben und im Sommer die höheren Gebirgsbereiche, im Winter die Brachfelder der Niederungen bis zur Küste mit ihren Herden beweiden. Nicht zuletzt als Auswirkung einer Intensivierung der Landwirtschaft mit Hilfe staatlicher Förderungsmaßnahmen geht die *Fernweidewirtschaft* (Transhumanz) heute zurück. Etwa 9 % der 8,3 Mio. Schafe und 5,5 % der 4,7 Mio. Ziegen wurden 1973 noch den Herden der Wanderhirten zugerechnet. Die traditionelle extensive Viehwirtschaft stellt zwar in den Bergländern Griechenlands weithin noch eine wichtige Wirtschaftsbasis dar, aber ihr gesamtwirtschaftlicher Nutzen kann doch als sehr fragwürdig erscheinen, wenn man die damit verbundene Förderung der Entwaldung und ihre verheerenden Folgen bedenkt. Bemerkenswert ist schließlich die große Zahl von Arbeitstieren – vor allem Maultieren und Eseln – in der griechischen Landwirtschaft, ein Spiegel der *geringen Mechanisierung*.

Im Bild der ländlichen Siedlungen herrscht das *Haufendorf* mit verwinkeltem Grundriß als Dorfform, als Flurform die *Kleinblockflur* vor. Nur selten noch werden auf dem Lande historische Einflüsse deutlich, etwa in den heute meist schon verlassenen Turmhäusern der Halbinsel Mani, einst als Schutzbau entstanden, oder in den um einen Platz mit den Resten eines alten Herrensitzes gruppierten Häusern eines alten *Tschiftlikdorfes,* wie man es gelegentlich noch in Makedonien oder Thessalien finden kann. Relikte historischer Verhältnisse sind die zahlreichen *Doppeldörfer* Griechenlands. Unter dem Druck der Fremdherrschaft zog sich die ländliche Bevölkerung vielfach ins Gebirge zurück, bewirtschaftete aber außer den Äckern um das dort errichtete Stammdorf auch noch Felder am Gebirgsfuß, und zwar von dort gelegenen, nur zur Zeit der Feldbestellung bewohnten Filialdörfern, den *Kalyvien,* aus. Die Viehhaltung erforderte dazu Wanderungen der Herden und ihrer Hirten zwischen den oberhalb des Stammdorfes gelegenen Sommerweiden und den Winterweiden in den Ebenen. Heute wird – in Umkehrung der ursprünglichen Verhältnisse – das Stammdorf nur noch gelegentlich zur Bestellung der dort verbliebenen Äcker und im Zuge der Weidewirtschaft aufgesucht, ist im allgemeinen aber dem Verfall preisgegeben, während das Filialdorf zur ständigen Siedlung geworden ist.

Zur Produktion des ländlichen Bereiches sind zu einem Teil auch die Erträge der *Fischerei* zu rechnen. Neben den 83 Fischereifahrzeugen zwischen 100 und 2000 BRT (1984), die zumeist in den großen Häfen

Piräus, Thessaloniki und Patras beheimatet sind, gibt es über 5000 kleinere Schiffe, die die Fischerei in den Küstengewässern, z. T. aber auch im offenen Mittelmeer betreiben, und die wie die zahllosen nicht motorisierten Fischerboote ihren Hafen zu einem Großteil in den zahllosen kleinen Küstendörfern haben. Wenn daher der Gesamtertrag der griechischen Fischerei mit 100000 t (1984) auch verhältnismäßig gering ist und nicht zur Deckung des Eigenbedarfs ausreicht und wenn auch der Beitrag zum Bruttoinlandsprodukt mit unter 0,5 % kaum wiegt, so muß doch gerade der Fischfang der ländlichen Fischer als wichtiger Bestandteil der Eigenversorgung beachtet werden. Die früher auch für den Export bedeutende *Schwammfischerei* ist mit der Herstellung von Kunstschwämmen und durch die Meeresverschmutzung stark zurückgegangen. Sie wird heute vor allem von drei Zentren aus betrieben: den Ägäischen Inseln Kalimnos und Limnos, Trikeri-Volos und dem Dodekanes.

11,6 % der griechischen *Bevölkerung* (1,13 Mio.) lebten 1981 in Orten zwischen 2000 und 10000 Einwohnern, 58,1 % (5,66 Mio.) in Städten über 10000 Einwohnern, davon allein 3,03 Mio. in Groß-Athen, 706000 in Groß-Thessaloniki, 155000 in Groß-Patras. Dem anhaltenden Wachstum der großen Städte (Athen 1961–1981: + 63 %) steht eine starke Abwanderung aus dem ländlichen Bereich gegenüber, am stärksten auf den Ionischen und Ägäischen Inseln mit – 14 % und – 10 % (1961–1981).

Stärker als etwa in westeuropäischen Städten wird die Funktion der Städte Griechenlands durch Handel, Kleingewerbe und Verwaltung bestimmt. Auch im Landesdurchschnitt ist der Dienstleistungssektor mit 42,8 % der Erwerbstätigen deutlich stärker vertreten als das produzierende Gewerbe mit 27,8 %. Die fünf größten Städte (Athen mit Piräus) und die Hälfte aller Städte über 20000 Einwohner sind *Seestädte*. Darin spiegelt sich noch einmal die Bedeutung des Meeres für Griechenland wider, aber auch der Einfluß, den der Handel auf die Entwicklung der Städte seit je gehabt hat. In den Funktionen sind die Binnenstädte ähnlich wie die Seestädte ausgerichtet, jedoch weniger an weiterreichende Handelsverbindungen angeschlossen. Ihre Bedeutung hängt vor allem von der Bedeutung ihres agrarischen Umlandes ab. Sie liegen zumeist in den größeren fruchtbaren Becken, wie Larissa oder Serres. Die stärkste Stellung nehmen schließlich die Städte ein, bei denen Meerlage und wertvolles agrarisches Hinterland zusammentreffen, abgesehen vom *Hauptstadteffekt* bei Athen.

Die meisten griechischen *Städte* blicken auf eine lange und wechselvolle Geschichte zurück, deren Zeugnisse uns in den Bauwerken von den antiken Tempeln bis zu den türkischen Moscheen noch deutlich entgegentreten; aber das sind Ausnahmen. Das heutige Bild der griechischen Städte ist geprägt von der Entwicklung seit der Erringung der Selbständigkeit, zumal die damit verbundenen Kämpfe ältere Bausubstanz vielfach auslöschten. Das wird in der *planmäßigen Anlage* vieler seit dem 19. Jh. aufgebauten Städte deutlich, etwa in Athen, Patras oder Sparta. Andere Stadtbilder sind noch jünger, nach Brand- oder Erdbebenkatastrophen entstanden, wie der Kern Thessalonikis, Korinth oder Volos.

Ungeachtet des Gewichts der Handelsfunktionen der größeren Städte konzentriert sich in ihnen zugleich auch die Industrie des Landes. Weit über ein Drittel aller Industriebetriebe mit etwa 50 % der Beschäftigten liegen in Groß-Athen, etwa ein Zehntel mit 12 % der Beschäftigten in Thessaloniki. Kennzeichnend für die griechische Industrie sind die Kleinbetriebe. Im verarbeitenden Gewerbe beschäftigte 1978 nur 2 % der Betriebe 30 und mehr Mitarbeiter, 85 % hatten dagegen weniger als 5 Beschäftigte. Nach der Zahl der Beschäftigten standen 1978 drei Zweige im verarbeitenden Gewerbe an der Spitze: das Leder-, Textil- und Bekleidungsgewerbe (27 %), das Ernährungsgewerbe und die Tabakverarbeitung (18 %) und die Metallerzeugung und -verarbeitung (14 %). Die beiden zuerst genannten Industriezweige haben einen Anteil am Wert der Industrieproduktion von ca. 20 % bzw. 15 % und erbringen den Hauptanteil des verarbeitenden Gewerbes am Export. Sie basieren auf der Landwirtschaft und ihren speziellen Produktionsgebieten, und so liegen ihre Standorte vor allem in Makedonien und Thrakien, bei der Nahrungsmittel- und Getränkeindustrie auch in der Peloponnes und auf Kreta.

Marktorientierung bestimmt die Standortwahl fast aller anderen Industrien, die sich im Bereich der größeren Städte, vor allem aber in und um Athen häufen. Das gilt vor allem für die *metallverarbeitende Industrie* (einschließlich Maschinen- und Schiffsbau), die im letzten Jahrzehnt erheblich angewachsen ist und einen Anteil an der Industrieproduktion von knapp 20 % aufweist. Ihre Erzeugnisse werden im wesentlichen im Inland abgesetzt.

2.3.3.3 Griechenland als europäisches »Entwicklungsland«

Griechenland ist oft ein europäisches *Entwicklungsland* genannt worden, ungeachtet seines kulturellen und zivilisatorischen Standes. Wirtschaftlich gesehen ist es ein Agrarland ohne Produktion nennenswerter Überschüsse, es ist sogar auf den Import von Agrarprodukten angewiesen. Es ist *industriell unterentwickelt,* verfügt in den meisten Berei-

chen nur über unzureichende technische Ausstattung und besitzt weder das Kapital zur Änderung dieser Verhältnisse, noch kann es das Kapital aus eigener Kraft beschaffen.
Die *Überbevölkerung* des ländlichen Bereiches wird gekennzeichnet durch eine Ackerfläche von kaum mehr als 2 ha pro Kopf der landwirtschaftlichen Erwerbstätigen. Dabei sind auch dürftigste steinige Äkker mitgerechnet. Die vergleichsweise geringe agrarische Flächenproduktion verschärft noch die Situation. Außerdem ist Griechenland mit dem größten Teil seiner Agrarexporte auf dem europäischen Markt nur wenig konkurrenzfähig, einerseits aus Qualitätsgründen, wie bei den Zitrusfrüchten, andererseits wegen seiner ungünstigen Lage zum europäischen Markt. Dennoch sind frische, getrocknete und konservierte Früchte ein wichtiger Exportartikel mit einem Anteil am Export von knapp 9 % (1984). Weitere 4 % der Exporteinnahmen bringt der Rohtabak, für den vor allem Deutschland immer ein guter Abnehmer war.
Die industrielle Entwicklung krankt an der mangelnden Rohstoff- und Energiebasis. Eigene *Rohstoffe* spielen lediglich in der Nahrungs- und Genußmittel- sowie in der Textilindustrie eine entscheidende Rolle. Das Bauxit wurde 1983 nur zu etwa 25 % im Lande verarbeitet. *Kapitalmangel* für die Erstellung entsprechender Verarbeitungsanlagen und Mangel an elektrischer Energie sind die Hauptgründe dafür.
Im Pro-Kopf-Wert des *Außenhandelsumsatzes* liegt Griechenland am Ende der Skala der europäischen Länder. In der Warenbilanz besteht ein Defizit, das durch Auslandshilfen und durch Dienstleistungen nur teilweise ausgeglichen wird. Hier ist die *Schiffahrt* zu nennen, vor allem wegen ihrer beträchtlichen Deviseneinnahmen durch Fahrten für fremde Rechnung. Ende 1983 umfaßte die griechische *Handelsflotte* 3863 Schiffe mit 36,8 Mio. BRT und war damit die viertgrößte der Welt. Hinzu kommen Schiffe griechischer Eigner, die unter fremder Flagge, aber zu einem Großteil mit griechischer Besatzung fuhren. Die Einnahmen aus dem *Fremdenverkehr,* der in den letzten Jahren erheblich zugenommen hat, beliefen sich 1986 auf 1,8 Mrd. US-Dollar, ein Betrag, der fast der Hälfte der gesamten Export-Einnahmen entspricht und der dringend erforderlich ist, um das Handelsbilanzdefizit wettzumachen.
Die Situation der Bevölkerung spiegelt die wirtschaftliche Lage des Staates wider. Vor allem das Einkommen der Bevölkerung auf dem Lande, und dort besonders in den Bergdörfern, überschreitet selten das lebensnotwendige Minimum. Dem stehen extrem hohe Gewinne einzelner gegenüber. Die *Arbeitslosenquote* von 7,5 % (1986) verschleiert noch die Tatsache, daß vor allem auf dem Lande ein großer

Teil der Arbeitskräfte unterbeschäftigt ist und ein entsprechend vermindertes Einkommen hat. Das Leben in den Bergdörfern wird durch unzureichende zivilisatorische Einrichtungen zusätzlich erschwert, vor allem durch mangelhafte Verkehrsverbindungen.
Diese ungünstigen Verhältnisse haben die erwähnte *Wanderung* in die Städte verstärkt. Aber auch hier reicht das Arbeitsplatzangebot nicht aus, so daß gerade für die aktive Bevölkerung nur die *Auswanderung* als letzte Möglichkeit bleibt. Von 1960–1972 sind im Jahresdurchschnitt 75000 Griechen emigriert. Seit 1971 ging allerdings die Auswandererzahl stark zurück und betrug 1976 nur noch 20000. Ihnen standen aber auch 32000 Rückwanderer gegenüber. Dies ist die Folge sowohl restriktiver Maßnahmen wie auch der Förderung der Ansiedlung von Handwerk und Industrie von seiten des griechischen Staates; denn es ist zu befürchten, daß das weitere wirtschaftliche Wachstum Griechenlands durch Engpässe auf dem *Arbeitsmarkt,* vor allem bei den qualifizierten Arbeitskräften, negativ beeinflußt werden könnte. Positiv für die griechische Wirtschaft wirken sich die Deviseneinnahmen aus den Überweisungen der Auswanderer in ihr Heimatland aus, die 1984 eine Höhe von ca. 900 Mio. US-Dollar erreichten. Häufigstes Zielland der Auswanderung waren früher die USA. Seit 1960 hat die Bundesrepublik Deutschland diesen Platz inne und nimmt mehr als ein Drittel der Emigranten (einschließlich der *Gastarbeiter* mit mindestens einjährigem Aufenthalt) auf. Aber auch hier überwiegt zur Zeit die Rückwanderung nach Griechenland die Einwanderung.
Die wirtschaftlichen Probleme sind die Hauptursache für soziale Spannungen und eine anhaltende labile innenpolitische Situation, auch nach der Ablösung der von 1967 bis 1974 herrschenden Militärdiktatur durch eine parlamentarische Demokratie und dem Ende der Monarchie. Außenpolitisch sind die historisch angelegten, fortdauernden Spannungen mit dem NATO-Partner Türkei, die im Zypern-Konflikt und im Streit um Erdöl-Lagerstätten in der Ägäis zum Ausdruck kamen, zu einer ständigen Belastung für die gesamte westliche Allianz geworden. Sie beeinträchtigen auch eine stetige Entwicklung der griechischen Wirtschaft.
Anzeichen langsamer *Wandlungen* sind vorhanden und haben sich deutlich verstärkt. In der Landwirtschaft kommt es – verbunden mit der Abwanderung – zur Aufgabe unproduktiver Flächen, zu ersten Nutzflächenkonzentrationen und zur Steigerung der Erträge durch künstliche Düngung und Bewässerung. Die bewässerte Fläche könnte noch wesentlich vergrößert werden. Sie machte 1981 mit 955000 ha über ein Viertel der gesamten Ackerfläche aus. Eine Steigerung würde zugleich die notwendige Erhöhung der landwirtschaftlichen Flä-

chenproduktivität erwarten lassen. Wichtig sind auch die bisher noch wenigen und mühsamen Aufforstungsmaßnahmen. Der Wald wird sich insgesamt als produktiver erweisen als die bisher auf diesen Flächen betriebene extensive Weide. Schließlich trägt die zunehmende *Verkehrserschließung* durch moderne Straßen zur Verbesserung der Situation auch in den peripheren Gebieten bei.
Im industriellen Bereich verhelfen vor allem auch ausländische *Investitionen* zu mehr Arbeitsplätzen und günstigerer Wirtschaftsstruktur. Wichtig wäre vor allem die Errichtung arbeitsintensiver Industrien. Chemische Industrie und Energiegewinnung, die besonders gefördert worden sind, können den Arbeitsmarkt nur wenig entlasten, sind aber sonst für die Volkswirtschaft außerordentlich wichtig. Die Energieversorgung wird mit Auslandshilfe durch jüngst entstandene und im Bau oder in Planung befindliche Anlagen wesentlich verbessert. Auch nach dem am 1.1.1981 erfolgten und im Lande umstrittenen EG-Beitritt Griechenlands bleibt es schwer, die Strukturprobleme der Wirtschaft wenigstens teilweise zu lösen. Den möglichen Vorteilen erweiterter Absatzmöglichkeiten, des Zuflusses von Fördermitteln und vermehrter ausländischer Investitionen stehen u.a. ein wachsender Importdruck und die wenigstens vorübergehend für den Arbeitsmarkt negativen Folgen der notwendigen Rationalisierungen gegenüber. Es wird in jedem Falle für Griechenland äußerst schwierig bleiben, den Anschluß an das wirtschaftliche Niveau der anderen EG-Staaten zu gewinnen.

2.3.4 Malta und Cypern

Malta und Cypern sind *Mittelmeerstaaten,* die schon am Rande Europas liegen; Cypern wird in manchen internationalen Statistiken sogar schon zu Asien gerechnet. Durch die britische Kolonialherrschaft wurde der Europäisierungsprozeß jedoch bestärkt. Die Zugehörigkeit zu mehreren europäischen Organisationen, vor allem aber das Auftreten anläßlich der KSZE-Verhandlungen in Helsinki 1975 haben uns deutlich gemacht, daß die Selbsteinschätzung der Inselbewohner und ihrer Regierungen in Richtung Europa zielt. Malta ist ein *Inselstaat,* der aus der Hauptinsel (246 km^2) mit der Hauptstadt Valletta sowie den kleinen Inseln Gozo, Comino und Cominetto besteht. Die Gesamtfläche beträgt 316 km^2. Die Inseln liegen verkehrsgünstig im zentralen Mittelmeerraum, sowohl auf dem Wege von Sizilien nach Libyen wie auch auf der Route vom Suez-Kanal zum Tor von Gibraltar.

Für die Entfaltung des Britischen Weltreiches war der Besitz der Inselgruppe von großer Bedeutung, wie sich während des Zweiten Weltkrieges zeigte. Die durch Steilküsten ausgezeichneten Inseln bestehen aus tertiären Kalkmassen, die einst eine Landbrücke zwischen Europa und Afrika bildeten. Markante Karsterscheinungen bestimmen den *Landschaftscharakter* und setzen der Landwirtschaft ihre Grenzen. Das mediterrane Klima mit heißen und trockenen Sommern, milden und feuchten Wintern und heftigen Winden setzt den Rahmen für die landwirtschaftliche Produktion, die allerdings die Inselbewohner nur drei Monate lang ernähren könnte.
Die heutige *Bevölkerung* (345 000 Einw.) ist ein Mischvolk aus Arabern, Sizilianern, Normannen und Briten. Die Sprache gehört zur maghrebinischen Dialektgruppe des Arabischen, ist allerdings stark vom griechischen und lateinischen Substrat beeinflußt. Die meisten Malteser sind mehrsprachig (Englisch, Italienisch). Der Lebensstil der Landbevölkerung mutet zwar durchaus arabisch an, doch hat die katholische Kirche großen Einfluß auf die Geisteshaltung und das öffentliche Leben. Somit ist Malta kulturgeographisch zu Südeuropa zu rechnen.
Im 19. Jh. gehörte Malta zu den am dichtesten besiedelten Gebieten Europas. Die gegenwärtige *Bevölkerungsdichte* von 1095 Einw./km^2 wird nur in Stadtstaaten wie Monaco und hervorragenden Industriegebieten erreicht. Die Industrialisierung steht erst am Anfang. Das weist auf die einstige Bedeutung des Handels hin, der später durch die britischen Streitkräfte abgelöst wurde, die viele Arbeitsplätze schufen.
Das Bild der *Landwirtschaft* ist gekennzeichnet durch einige Bewässerungsflächen, die kargen Kalkböden sind – wie im italienischen und dinarischen Karst – meist mit Lesesteinhaufen eingesäumt, Hauptausfuhrwaren sind Kartoffen und Zwiebeln, doch muß ein Großteil der Nahrungsmittel eingeführt werden, vor allem aus Großbritannien und Irland. Die Viehzucht beschränkt sich auf Schafe und Ziegen. Auch die Fischerei ist nicht in der Lage, den Eigenbedarf zu befriedigen.
Die Küste ist reich an Naturhäfen vom Rias-Typ. Hier wurden die britischen Marinewerften angelegt, die heute in Handelswerften umgewandelt sind. Zahlreiche Schiffe laufen die Inseln zur Reparatur an. Die bescheidene *Industrie* produziert Textil- und Tabakwaren, Gummiwaren, kunstgewerbliche Artikel und Kraftfahrzeugteile. Da nicht genügend Arbeitsplätze zur Verfügung stehen, wandert der Bevölkerungsüberschuß nach N ab. Wichtige Einnahmequellen bilden nach wie vor die Ausgleichszahlungen für die britischen Flottenstützpunkte und der Fremdenverkehr.
Cypern (Zypern) ist nach Sizilien und Sardinien die drittgrößte Mittel-

meerinsel, sie liegt nur 65 km von der Südküste Kleinasiens entfernt.
Die heutigen Geschicke des *Inselstaates* werden bestimmt durch seine Lage im östlichen Mittelmeer, durch die 620 km lange und wenig gegliederte Küste, durch die mediterrane Landesnatur, die Konflikte zwischen den griechischen und türkischen Bevölkerungsteilen und nicht zuletzt durch die Interessen westlicher Großmächte.
Geologisch steht Cypern in engem Zusammenhang mit der äußeren Faltungszone des Taurus-Systems. Der *Bergbau,* der schon in vorgeschichtlicher Zeit betrieben wurde, ist eine wichtige Stütze der Wirtschaft. Gefördert werden Eisenpyrite, Chromerze, Asbest, Gips, Kochsalz und Umbra.
Die Insel ist in drei *Landschaftseinheiten* gegliedert: die küstenparallele Kette des Kyrenia-Gebirges, die in der Halbinsel Karpassos ihre tektonisch vorgezeichnete Fortsetzung findet, die zentrale Ebene, die über die Hälfte des Territoriums einnimmt, und das Troodos-Massiv, das im Olympos eine Höhe von 1952 m erreicht. Die vulkanischen Tuffe und Laven in dessen Vorbergen und die rege Erdbebentätigkeit weisen darauf hin, daß die Hebungsvorgänge noch nicht abgeschlossen sind. Der zur Römerzeit wichtigste Hafen der Insel, Paphos, verlor aufgrund mehrerer Erdbeben im 15. Jh. endgültig seine Bedeutung.
Nicht unwesentlich für die Entwicklung der Landwirtschaft, aber auch des Fremdenverkehrs, sind die Eigenarten des *Mittelmeerklimas.* Die kontinentalen Komponenten sind hier stärker ausgebildet als auf den westlicher gelegenen Mittelmeerinseln. Die sommerliche Hitzeperiode dauert über sieben Monate an, wobei die Temperaturen auf über 40 °C ansteigen, die Flüsse versiegen, die Landschaft verdorrt und halbwüstenhafte Züge annimmt. Im Winter fallen in den Gebirgen über 1000 mm Niederschläge, die in Höhen über 1000 m als Schnee niedergehen können.
Die ursprüngliche *Vegetation* ist nur in Resten erhalten. Die sich ständig ablösenden Beherrscher der Insel holzten den Wald, vorwiegend für den Schiffsbau, rigoros ab. Bergbau, Waldbrände und die Waldweide taten das ihrige dazu. Die vorherrschenden Sekundärformationen bestehen größtenteils aus eingewanderten Arten. Die Auswirkungen der Bodenerosion sind verheerend. Trotzdem ist der Waldanteil heute aufgrund planmäßiger Aufforstungen relativ groß (19 %). In den einst malariaverseuchten Senken wurden nach der Trockenlegung Eucalyptushaine angelegt.
Die gegenwärtigen Zustände sind vorgeprägt durch eine wechselvolle *Geschichte.* Die Urbevölkerung besteht aus achäisch-mykenischen

Griechen, die Cypern zu einem der ältesten Kulturländer der Erde machten. Aber die Insel war zu schwach, um sich gegen mächtige Eroberer zu verteidigen: Nacheinander eroberten Phönikier, Assyrer, Ägypter, Perser, schließlich Römer, Byzantiner, Kreuzfahrer, Venetianer, Türken und Briten die Insel. Die Zeitgeschichte ist hinlänglich bekannt. Nachdem die Türken 1570 die Insel erobert hatten, siedelten sie 30000 Soldaten an und führten den Islam ein. Das ist eine der Ursachen für die gegenwärtigen Konflikte. Die andere Ursache geht auf die Briten zurück, denen die Insel 1878 übereignet wurde. Sie bauten die Insel zu einem militärischen Stützpunkt aus, der noch heute besteht, obwohl sich die Inselrepublik längst von der britischen Vorherrschaft gelöst hat. Seit der Invasion durch die Türken 1974 ist der Staat praktisch geteilt.

Die *Bevölkerung,* deren Zahl zuletzt mit 670000 (72,4 Einw./km^2) angegeben wurde, besteht zu 80 % aus Griechen, zu 18 % aus Türken, der Rest sind Minderheiten. Für die nationale Zuordnung ist weniger die Sprache als die Konfession entscheidend. Außerdem hat Cypern etwa 70000 Libanon-Flüchtlinge aufgenommen.

Seit der Mitte des 19. Jh. stieg die natürliche Zuwachsrate der Bevölkerung stärker an, mit bedingt durch das Nachlassen der kriegerischen Belastungen. Dabei verschoben sich die Relationen zugunsten der Inselgriechen. Die *Türken,* die ursprünglich über die ganze Insel verteilt waren, konzentrierten sich zunehmend in den Städten und im N der Insel.

Der Anteil der *Griechen* am Landbesitz ist größer als ihr Anteil an der Bevölkerung. Griechen bestimmen als Bankiers, Kaufleute, aber auch in der Landwirtschaft und im Fremdenverkehrswesen das Wirtschaftsleben. Die rezente Abwanderung hat dazu geführt, daß ein Drittel der cypriotischen Bevölkerung in der Hauptstadt Nikosia sowie in den Distriktstädten Limassol, Famagusta, Larnaca, Paphos und Kyrenia lebt.

Die Ereignisse des Jahres 1974 haben nicht nur über 5000 Menschenleben gekostet, sondern auch großes *Flüchtlingselend* über die Insel gebracht. Im N der Insel wurde ein »Türkisch-Cypriotischer Bundesstaat« ausgerufen, der fast 40 % des Areals der Insel ausmacht und wichtige Ressourcen enthält. Dieser Separatstaat, der sich inzwischen als »Türkische Republik Nordcypern« bezeichnet, wird allerdings nur von der Türkei anerkannt. 9000 Türken aus dem Südteil der Insel wurden hierher umgesiedelt, außerdem wurde mit der Aussiedlung von Türken aus Anatolien begonnen. Wie es heißt, sollen hier nur noch 10000 griechische Cyprioten geduldet werden. Insgesamt stehen die Aussichten für die griechischen Cyprioten sehr schlecht. Ein Massen-

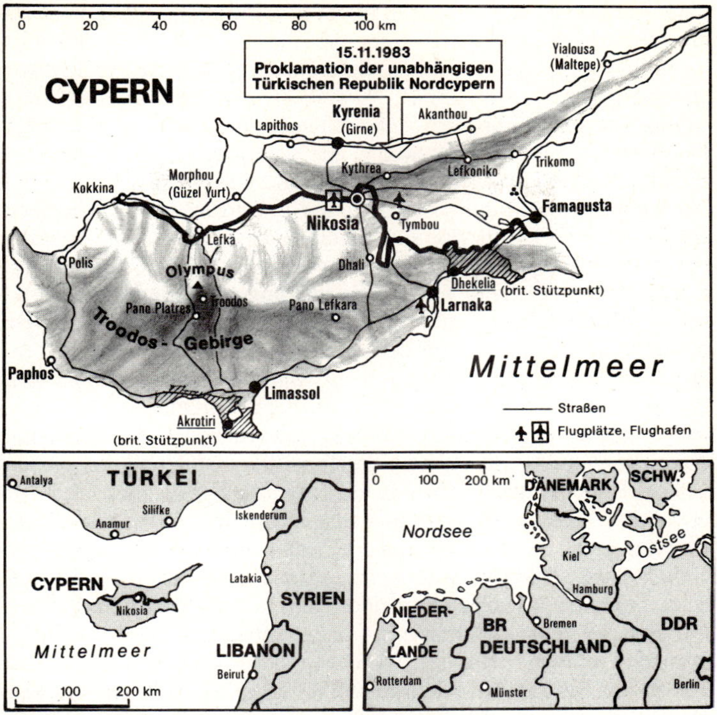

Abb. 26: Das geteilte Cypern. Die Einbettung in die Nahostregion (mit Größenvergleich)
(Quelle: Der Fischer Weltalmanach 1985, Sp. 147/148)

exodus hat begonnen, wobei der Anteil der Frauen besonders groß ist.

Die *Landwirtschaft* ist nach wie vor der wichtigste Wirtschaftszweig, allerdings kann der Bedarf an Grundnahrungsmitteln nicht gedeckt werden. Die Produktivität ist noch immer gering, was eine Folge der historischen Fesseln ist. Die Besitzzersplitterung ist groß. In der Ebene begegnet man kilometerlangen Riemenstreifen, die oft nicht breiter als 1 m sind. Die veralteten Anbaumethoden mit Brache können erst verbessert werden, wenn der geringe Bildungsstand der Landbevölkerung angehoben wird. Inzwischen wird das Bewässerungsland ausgedehnt, Staudämme und Kanäle werden angelegt. Während der Baumwollanbau rückläufig ist, nimmt die Fläche der Tabakfelder zu.

Der Weinanbau, der in Höhen bis 1400 m ansteigt, wurde einst von den Ordensrittern gefördert. Daneben gibt es große Oliven- und Obsthaine und -plantagen. Trauben, Sultaninen und andere Früchte werden exportiert.
Infolge der Ausdehung des Ackerlandes geht die Viehzucht zurück. Durch das Verbot der Waldweide, das sehr streng gehandhabt wird, nimmt auch der Export von Schafwolle und -käse ab.
Die *Industrie* steckt immer noch in den Anfängen, was mit der industriefeindlichen Politik der Kolonialherren zusammenhängt. Zu den traditionellen gewerblichen Produkten wie Teppichen, Spitzen und Keramik kommen heute einige Verarbeitungsindustrien wie Textilbetriebe u. ä. Die Insel verfügt über ein gut ausgebautes Straßennetz, was nicht zuletzt auch militärische Gründe hat.
Trotz der unerfreulichen politischen Umstände ist Cypern zu einem Zentrum des *Fremdenverkehrs* im östlichen Mittelmeerraum geworden. Die Regierung des unabhängig gewordenen Staates erkannte diese Perspektive und förderte die Touristik kräftig und mit großem Erfolg. Dabei entwickelten sich verschiedene Formen des Fremdenverkehrs: Badetourismus an den ausgedehnten Sandstränden, Wandergelegenheiten in den wiederaufgeforsteten Waldgebirgen, an einigen Stellen sogar Wintersport, Anlaufstelle für Kreuzfahrten, Bildungsreisen zu antiken Ruinen und mittelalterlichen Burgen. Mittelpunkt des Strandwesens ist Famagusta geworden. Im Troodos-Gebirge nimmt der Wochenendtourismus die erste Stelle ein. In den vergangenen Jahren wurden zahlreiche Hotels und Pensionen erbaut, was sich auf die Bauindustrie und die Bodenpreise auswirkte. Die Ereignisse des Jahres 1974 brachten schwere Rückschläge für das Hotelgewerbe, das sich erst allmählich wieder etwas erholt hat.

2.4 Mitteleuropa

Der Begriff *Mitteleuropa* ist vielschichtig und erweckt, je nachdem ob er im physisch-geographischen Sinne, unter politisch-geographischen Gesichtspunkten oder, wie hier, als länderkundlicher Begriff gebraucht wird, verschiedene Vorstellungen. Die länderkundliche oder regional-geographische Betrachtungsweise erfordert den Rückgriff auf die *historische, kulturlandschaftliche und sozialgeographische Einheit* des mittleren Europas bzw. der Staaten, die wir dazu rechnen wollen:

- die Bundesrepublik Deutschland,
- die Deutsche Demokratische Republik,
- Österreich und
- die Schweiz.

Als physisch-geographischer Begriff wurde Mitteleuropa schon Anfang des 19. Jh. entdeckt. A. ZEUNE (*»Erdansichten oder Abriß einer Geschichte der Erdkunde«*) versteht darunter »Karpatenland, Hercinialand und Sevennenland«. Damit steht also der Großraum vom Donaubecken bis einschließlich Frankreich zur Diskussion. Diese Abgrenzung wurde, nach dem damaligen Stand der Kenntnisse, durch den geologischen Bau Europas begründet. So übernahm ihn auch C. RITTER in sein länderkundliches Konzept, und A. PENCK (*»Physikalische Skizze von Mitteleuropa«,* 1887) greift im Westen weit über die Grenzen des damaligen Deutschen Reiches hinaus. Auch J. PARTSCH (*»Mitteleuropa«,* 1904) kommt ein neuer Gedanke dazu: Der *Dreiklang Alpen, Mittelgebirgsland, Tiefland,* der die »Symphonie des mitteleuropäischen Länderbildes« bestimme. J. G. HUBBARD (zuerst 1937) bringt dazu noch klimageographische Gesichtspunkte ins Spiel, um die Abgrenzung Mitteleuropas vom atlantischen und kontinentalen Europa deutlich zu machen. Damit ist der Weg für eine faktorenanalytische Betrachtung geöffnet, wie sie durch W. SCHLEGEL in der Einleitung dieses Bandes (vgl. Kap. 1.2.2.4) versucht wird.
Dem allen entgegengesetzt ist das Ergebnis, das der polnische Physiogeograph J. KONDRACKI (1968) im Anschluß an seine *physisch-geographische Regionalisierung* Europas vorgetragen hat. Hier gibt es überhaupt kein Mitteleuropa mehr, und Westeuropa stößt, etwa an der heutigen Ostgrenze Polens, gleich an Osteuropa. Man mag hier unterstellen, daß auch eine politische Absicht dahintersteckt: das Bekenntnis des polnischen Volkes zum Abendland. Das reicht jedoch nicht aus. Erinnern wir uns nämlich an die von PENCK (1915) getroffene Unterscheidung in *»Halbinsel-Europa«* und *»Inner-Europa«* oder *»Vorder-Europa«* und *»Hinter-Europa«*, dann kommen wir auf eine ähnliche Grenzlinie.
In das 19. Jh. zurück reichen auch die politisch-geographischen Spekulationen von einem mitteleuropäischen *Kernraum*. Erstmals Gestalt gewann dieses politisch-geographische Mitteleuropa, als F. LIST und der österreichische Handelsminister VON BURCK ihre Gedanken über eine zollpolitische Einigung im mittleren Europa formulierten. Noch weiter aber ging P. DE LA GARDE 1853, der ein gemeinsames Schutz- und Trutzbündnis, gemeinsames Zollsystem, Heerwesen und eine gemeinschaftliche Regelung der Kolonialfrage forderte. Sein politisches

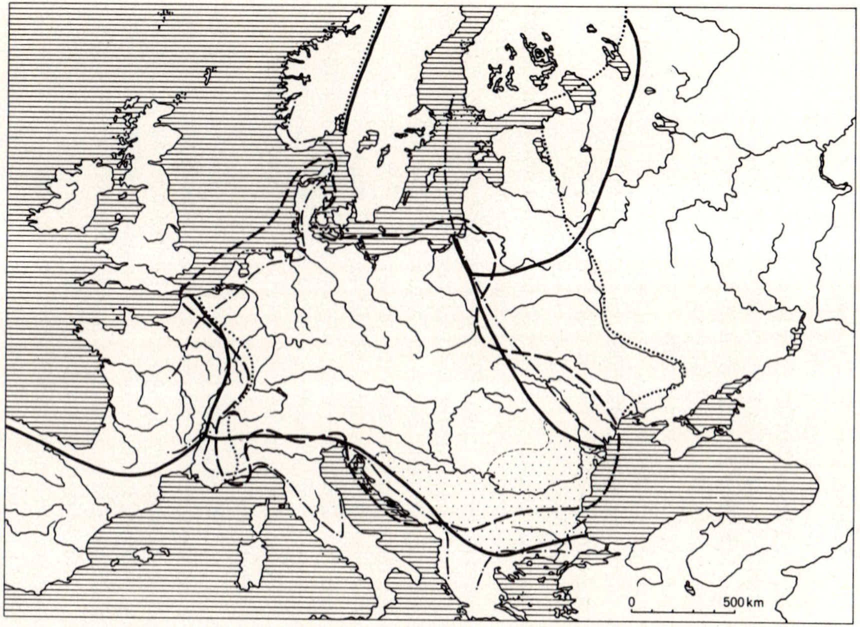

Abb. 27: Mitteleuropa (Nach K.-A. Boesler)

Mitteleuropa umfaßte die Länder des Deutschen Bundes mit Ausschluß Oberitaliens, aber mit Elsaß und Lothringen, Triest, Ungarn und Russisch-Polen.
Während des Ersten Weltkrieges wird Mitteleuropa mit der Dominanz des Deutschen Reiches oder des *deutschen Lebensraumes* zu einem politischen Programmpunkt. Ein Beleg dafür ist das bekannte Buch *Mitteleuropa* (1915) von F. NAUMANN. Der französische Historiker M. LHÊRITIER (1928) stellt dem sein Konzept von »l'Europe centrale« entgegen, worunter er in erster Linie die Nachfolgestaaten der Habsburger Monarchie verstanden wissen will. Dieses Selbstverständnis, zum zentralen Europa zu gehören, ist in der Tschechoslowakei, in Ungarn, in Jugoslawien und selbst in Rumänien bis heute eine stereotype Denkform geblieben.
Wichtig aber sind auch die Überlegungen von H. HASSINGER (1917), der selbst aus diesem Raum stammt. Er stellt das kulturgeographische Landschaftsbild in den Mittelpunkt und betont dabei den deutschen Kultureinfluß, was heute leicht als »völkisch« mißverstanden werden könnte. Zugleich räumt er aber ein, daß auch sein länderkundlicher Mitteleuropa-Begriff inhaltlich zeitgebunden sei, ganz abgesehen davon, daß nach der heute überwiegend vertretenen Auffassung die landschaftskundliche Methodik Hassingers nicht mehr als hinreichendes Raumgliederungskriterium angesehen werden kann.
Greifen wir noch einmal zurück auf die Auffassung, die A. KIRCHHOFF (1905) vorgetragen hat: »Zwischen Dänemark und Italien, Frankreich im W, Rußland und Ungarn im O liegt das Herzland Europas. Man könnte diesen ungefähr quadratischen Raum noch heute Deutschland nennen, denn deutsch ist die Hauptmasse seiner Bevölkerung, aus dem Schoß des mittelalterlichen deutschen Reiches sind seine Staaten herausgewachsen, weil aber seit 1851 dem jüngsten dieser Staaten, unserem neuen Deutschen Reich, schon durch seine Verfassungskunde der traulicher, geographischer klingende Name Deutschland als gleichbedeutender, zweiter Name beigelegt worden, so empfiehlt es sich wohl, jenes Herzland unseres Erdteiles nur als Mitteleuropa zu bezeichnen.«
In vorausschauender Weise ist hier eine Antwort auf die nach dem Zweiten Weltkrieg aufgetauchte *Kritik am deutschen Mitteleuropa-Begriff* vorweggenommen worden: Mitteleuropa ist nicht identisch mit dem deutschen Lebensraum. »Mitteleuropäisch« ist vielmehr eine *Lebensform,* an der auch andere Völker teilhaben, dies um so mehr, als der polnische Lebensraum bis an die Oder-Neiße-Linie und der tschechoslowakische Lebensraum bis an den Böhmerwald reicht. In gleicher Weise dürfen wir nicht vergessen, daß seit dieser Aussage sich auch der französische Sprachraum nach O hin ausgeweitet hat.

Mitteleuropa ist demnach in erster Linie ein politisch-geographischer Begriff. Er spiegelt sehr stark die wechselnden Ideologien des 19. und 20. Jh. wider. Auch die Versuche, die Fassung dieses Begriffes physisch-geographisch oder landschaftskundlich zu begründen, haben, wie wir am polnischen Beispiel gesehen haben, ihre Wurzeln in politischen und historischen Vorstellungen. Mitteleuropa ist als *geographische Raumeinheit* in der Gegenwart nicht mehr existent, dies belegt schlagend die Teilung des früheren Deutschen Reiches in zwei Staaten, die verschiedenen gesellschaftlichen und wirtschaftlichen Systemen angehören. Dennoch ist der Begriff wegen seiner räumlich-genetischen Aussagekraft nicht als inhaltslos zu bezeichnen. E. OTREMBA (1957) scheint seine heutige Bedeutung richtig wiederzugeben: »Im Zuge größerer Kräfteballung in der politischen Welt der Gegenwart verlieren die vermittelnden kleinen Kräftegruppen, zu denen auch Mitteleuropa gehört, an Gewicht. Sie werden zu politisch-geographisch passiven Räumen, bleiben aber trotzdem in der Passivität bedeutsam genug. In der Zuordnung pendelnd teilt sich der politisch-geographische Raum unter der benachbarten Herrschafts- und Anziehungskraft.« Die unterschiedlichen politischen und *gesellschaftlichen Raumwirksamkeiten* haben unterschiedliche wirtschafts- und sozialgeographische Strukturen bis hinein in die Feinheiten des Siedlungs- und Agrargefüges entstehen lassen. Ohne Zweifel sind aber überkommene Raumstrukturen eine wesentliche Grundlage dieses Prozesses räumlicher Differenzierung. Sie werden von den herrschenden Sozialgruppen unterschiedlich bewertet und sind damit auch Objekte unterschiedlicher Staatseingriffe.

Im Mittelpunkt der Überlegungen dieses Beitrags haben daher – im Sinne einer modernen, anthropozentrisch ausgerichteten Länderkunde – vier Fragenkomplexe zu stehen:
- Welche Raumvorstellungen sind in den heute in Mitteleuropa bestehenden Gesellschaftssystemen vorhanden?
- Wie werden dabei überkommene Kulturlandschaftsstrukturen und natürliche Ressourcen bewertet?
- Welche Raumeinflüsse haben die heute bestehenden politischen und ökonomischen Paktsysteme?
- Welche gegenwärtigen wirtschafts- und sozialräumlichen Strukturen sind als Ergebnis dieser räumlichen Bewertungsprozesse und ordnungspolitischen Vorstellungen festzustellen?

Es mutet recht erstaunlich an, daß Mitte der achtziger Jahre wieder eine neue Mitteleuropa-Diskussion aufgekommen ist. Gerade im östlichen Mitteleuropa, das sich nach der Teilung Europas als »Osteuropa« abqualifiziert fühlte, kamen die ersten kritischen Stimmen auf, und zwar in Prag (J. KUNDERA) und Budapest (G. KONRÁD). Auch das politische Schlagwort von der »Verantwortungsgemeinschaft« der zentraleuropäischen Staaten, das im Zuge der internationalen Friedensbemühungen einen gewissen Inhalt, sehr häufig aber auch einen Mangel an Realitätssinn zeigte.

In Deutschland ist der Begriff Mitteleuropa in jüngster Zeit im Zusammenhang mit den Vorstellungen einer »Mittellage« unter sicherheitspolitischen Aspekten wieder aufgenommen worden. Die dabei formulierte These lautet: »Die große Konstante der deutschen Geschichte ist die Mittellage in Europa« (M. STÜRMER, 1982). Diesem im Grunde genommen unhistorischen Raum- und Lagedeterminismus ist von der Politischen Geographie allerdings zu Recht sehr deutlich widersprochen worden (H.-D. SCHULTZ, 1987; G. SANDNER, 1988). Eines ist sicher unumstritten: Als Ergebnis des Zweiten Weltkrieges hat diese »Mittellage« eine entscheidende Veränderung erfahren. Der Krieg hat einen Verlust des weltpolitischen Gewichts Europas und die Bildung zweier neuer Mittelpunkte – der USA und der Sowjetunion – mit sich gebracht. Mit den Gründungsakten der beiden deutschen Teilstaaten von 1949 und ihrer Integration in ein ost-westliches Weltsystem ist aus der einstigen politischen »Mittellage« eine doppelte Peripherie geworden. Davon unberührt ist sicher das Gebot der Präambel des Grundgesetzes, das Ziel der Wiedervereinigung Deutschlands anzustreben. Das Bundesverfassungsgericht hat in seinem Urteil vom 21. Oktober 1987 nochmals bestätigt, daß es die »verfassungsrechtliche Pflicht (sei), die Identität des deutschen Staatsvolkes zu erhalten« und die Einheit des deutschen Volkes als des Trägers des völkerrechtlichen Selbstbestimmungsrechtes zu bewahren. In der Realität ist jedoch die Bundesrepublik Deutschland des Westens Osten geworden, die DDR des Ostens Westen. Aus dem Mitteleuropa-Gedanken eine »Begründung neuer deutscher Sonderwege« im Sinne einer »Äqui-Distanz gegenüber Osten und Westen« (J. KOCKA 1986) herzuleiten, ist sicher eine politische Utopie.

Daß Berlin 1988 zur »Europäischen Kulturhauptstadt« erwählt wurde, eröffnet ebenfalls Perspektiven, wenn auch mit gedämpften Hoffnungen angesichts der politischen Realitäten. Zu den wachsenden Wirtschaftsbeziehungen zwischen Europäischer Gemeinschaft und dem Rat für gegenseitige Beziehungen gesellen sich zunehmend kulturelle Verbindungen, die konkretes Bewußtsein erwecken. K. SCHLÖGEL (1986) hat richtig festgestellt: »Die Mitte liegt ostwärts« –

das neue Zentraleuropa wird anders sein als das Mitteleuropa der Jahrhundertwende!

2.4.1 Deutschland

Deutschland als territorialer, politischer, kultureller und geographischer Begriff ist in den fast 900 Jahren, seit er in einer Urkunde als *Diutschland* erstmalig erwähnt wurde, in sehr unterschiedlichem Sinn und mit sehr unterschiedlicher territorialer Basis verwandt worden (E. MEYNEN, 1935). Sicherlich kann *Deutschland* nicht mehr als Bezeichnung für den gesamten deutschen *Sprach- und Kulturraum* verwandt werden. Ohne damit die völkerrechtliche Diskussion zu berühren, verstehen wir in dieser länderkundlichen Darstellung unter Deutschland die beiden deutschen Staaten, die sich im Anschluß an den letzten Weltkrieg auf dem Territorium des Deutschen Reichs der Gegenwart gebildet haben.
Besteht Deutschland in diesem territorialen Umfang als einheitliches Objekt geographischer Betrachtung? Die Frage wäre zu bejahen, ginge man von den Tatbeständen der naturräumlichen Ausstattung, etwa von dem vielgenannten *Dreiklang Alpen, Mittelgebirge, Flachland,* oder von der kulturlandschaftlich-genetischen Gliederung in Ober-, Mittel- und Nieder-Deutschland aus. Sie ist jedoch zu verneinen, stellt man raumwirksame Prozesse in den Mittelpunkt der Länderkunde. Die völlig unterschiedlichen Wirtschafts- und Gesellschaftssysteme – soziale Marktwirtschaft auf der einen und Zentralverwaltungswirtschaft auf der anderen Seite – haben ehemals vorhandene struktur- und funktionsräumliche Zusammenhänge weitgehend zerstört. Das historisch gewordene Kulturlandschaftspotential ist durch verschiedenartige Entwicklungstendenzen in den beiden Staaten ebenfalls bereits sehr unterschiedlich umgeformt worden. Es wird unsere Aufgabe sein, diesen *systembedingten räumlichen Entwicklungsproblemen* in beiden deutschen Staaten unsere besondere Aufmerksamkeit zu widmen.

2.4.1.1 Die Bundesrepublik Deutschland

Die Wirtschafts- und Gesellschaftsordnung in der Bundesrepublik Deutschland ist seit 1948 im wesentlichen durch die Merkmale der Marktwirtschaft, genauer gesagt des Ordnungstyps der *»sozialen*

Marktwirtschaft« (A. MÜLLER-ARMACK) gekennzeichnet. Sinn der sozialen Marktwirtschaft ist es, das Prinzip der Freiheit auf dem Markt mit dem des sozialen Ausgleichs zu verbinden. Damit ist bereits eine gewisse Rahmenordnung auch für räumliche Prozesse gegeben: Räumliche Freizügigkeit, eine freie Standortwahl für wirtschaftliche Betätigungen und der Wettbewerb zwischen Standorten und Regionen sind Grundelemente der räumlichen Ordnung. Der Gedanke des *sozialen Ausgleichs* macht aber zugleich staatliche Korrekturen im Sinne einer Verminderung des regionalen Wohlstandsgefälles und der Herbeiführung der sozialen Chancengleichheit und Sicherheit in möglichst allen Landesteilen erforderlich. Eine ganze Reihe von Faktoren trägt dazu bei, daß ein System reiner Marktwirtschaft unter den heutigen ökonomischen und technischen Bedingungen nicht die regional optimale Grundstruktur im gesellschaftlichen und wirtschaftlichen Bereich zu schaffen vermag. Wichtigstes Beispiel hierfür ist die Tatsache, daß durch die wirtschaftliche Tätigkeit an einem Standort häufig indirekt Verluste oder Nachteile – sog. Sozialkosten – entstehen, die von einem einzelnen oder der Öffentlichkeit zu tragen sind, z. B. im Bereich der Umweltbelastung. Der Staat – das bedeutet in diesem Zusammenhang Bund, Länder und Gemeinden – greift daher steuernd in die räumlichen Entwicklungsprozesse ein und versucht, insbesondere durch den Einsatz der öffentlichen Finanzmittel, einen Abbau oder zumindest eine Abschwächung des *regionalen Gefälles* zu erreichen, das in der Versorgung mit öffentlichen Leistungen, im Wirtschaftswachstum, im Arbeitsplatzangebot und in der Qualität der natürlichen Umwelt besteht. Wichtigste Beispiele der gesetzlichen Grundlagen für dieses staatliche Handeln sind das Bundesraumordnungsgesetz von 1965 und das Bundesimmissionsschutzgesetz von 1974.
Zur Analyse der bisherigen sozial- und wirtschaftsräumlichen Entwicklung des Bundesgebietes und der Abschätzung künftiger Entwicklungstrends gehen Wissenschaft und Praxis von drei *Raumtypen* aus, die auch als »siedlungsstrukturelle Gebietstypen« bezeichnet werden:

- den Regionen mit großen Verdichtungsräumen,
- den Regionen mit Verdichtungsansätzen,
- den ländlich geprägten Regionen.

Zu den Bevölkerungszahlen ist folgendes anzumerken: In der Bundesrepublik Deutschland hat zwischen 1970 und 1987 keine Volkszählung stattgefunden. Die Daten der im Mai 1987 durchgeführten Volkszählung werden daher dringend erwartet, liegen aber voraussichtlich frühestens 1989 vor. Alle aktuellen Angaben über die Bevölkerungszahl

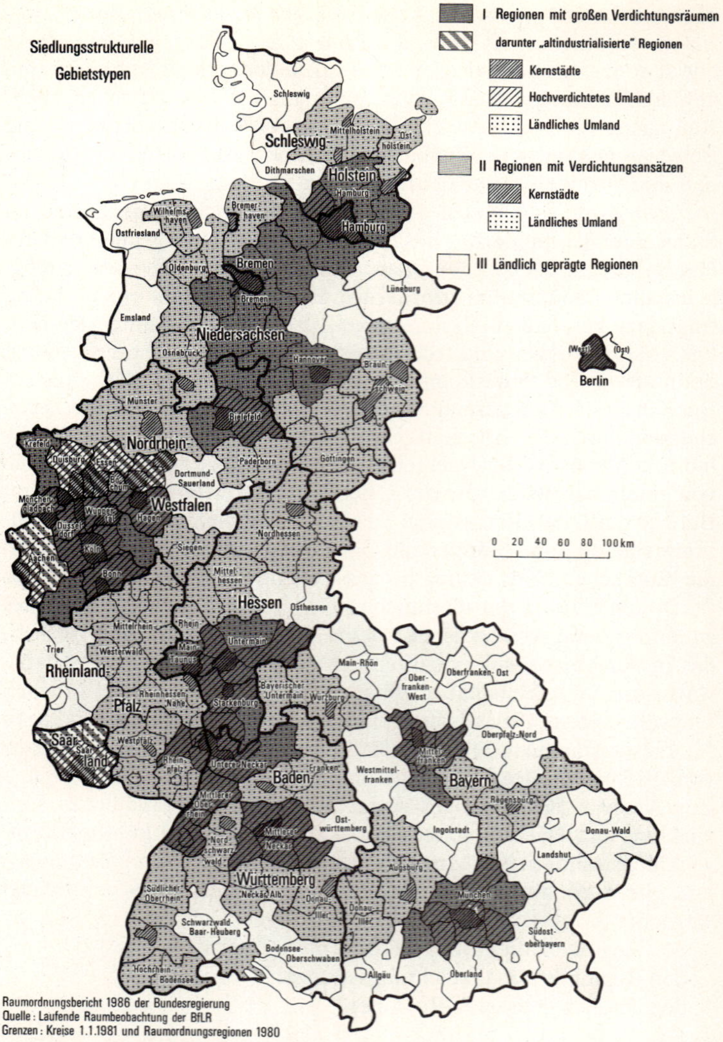

Abb. 28: Siedlungsstrukturelle Gebietstypen (Grenzen: Kreise 1.1.1981 und Raumordnungsregionen 1980) – (Quelle: Laufende Raumbeobachtung der BfLR)

Tab. 66: Abgrenzungskriterien und statistische Kennwerte der siedlungsstrukturellen Gebietstypen 1985

Siedlungs-strukturelle Gebietstypen	Abgrenzungs-kriterien	Anzahl der Kreise	Fläche 1985		Bevölkerung 1985		E/km² 1985
			km²	in %	in 1000	in %	
I. Regionen mit großen Verdichtungsräumen	über 300 E/km² und/oder OZ über 300000 E	119	67565	27,2	33858	55,5	501
darunter: »altindustrialisierte« Regionen	»altindustrialisiert«, starke Arbeitsplatzverluste, hohe Arbeitslosigkeit, Wanderungsverluste	24	8714	3,5	6674	10,9	766
Kernstädte	Kreisfreie Städte mit über 100000 E	40	7726	3,1	16292	26,7	2109
Hochverdichtetes Umland	Umlandkreise mit einem höheren bzw.	49	28273	11,4	12300	20,2	435
Ländliches Umland	niedrigeren Verdichtungsgrad als der Durchschnitt aller Umlandkreise des Regionstyps	30	31566	12,7	5266	8,6	167
II. Regionen mit Verdichtungsansätzen	Durchschnittlich über 150 E/km² und i.d.R. ein OZ über 100000 E	119	96262	38,7	17522	28,7	182
Kernstädte	Kreisfreie Städte mit über 100000 E	21	2885	1,2	3302	5,4	1144
Ländliches Umland	Umlandkreise	96	93376	37,5	14220	23,3	152
III. Ländlich geprägte Regionen	Geringe Verdichtung (ca. 100 E/km²) und kein OZ über 100000 E	90	84887	34,1	9640	15,8	114
Bundesgebiet		328	248713	100,0	61021	100,0	245

Quelle: Raumordnungsbericht 1986

sind Fortschreibungen auf der Basis der Volkszählung von 1970. Sie haben daher – insbesondere was die regionale Verteilung betrifft – nicht die wünschenswerte Genauigkeit. Darüber hinaus liegen diese Fortschreibungszahlen bedauerlicherweise auch nur für »Raumordnungsregionen« vor.

2.4.1.1.1 Regionen mit großen Verdichtungsräumen

Verdichtete Räume gibt es in Mitteleuropa seit den *Agglomerationsprozessen* von Industrie und Bevölkerung im 19. Jh. Von 1871 bis 1939 hat sich auf dem heutigen Territorium der Bundesrepublik die Bevölkerung verdoppelt; sie stieg von rund 20 auf rund 40 Mio. an. Die

Landgemeinden haben an diesem Bevölkerungszuwachs nicht nur keinen Anteil gehabt, sondern sogar über 800000 Einw. oder 6,5 % ihres Bevölkerungsanteiles von 1871 eingebüßt. Demgegenüber ist in den Städten über 100000 Einw. bereits bis 1939 eine Zunahme der Bevölkerungszahl von 0,5 Mio. auf 13 Mio. zu verzeichnen. Dieser Verdichtungsprozeß ist im Zusammenhang mit der Konzentrationsbewegung vieler Gewerbe von den peripheren Räumen an die vom Verkehr, besonders von der Eisenbahn, begünstigten Standorte zu sehen. Nach der Terminologie von F. VOIGT bildeten sich im Laufe dieses Konzentrationsprozesses in Deutschland drei Raumtypen unterschiedlichen Wirtschaftswachstums heraus:

- *Entwicklungsgebiete,* in denen das Verkehrssystem starke wirtschaftliche Wachstumsprozesse auslöste;
- *Entleerungsgebiete,* aus denen Gewerbebetriebe und Bevölkerung in die Entwicklungsgebiete abwanderten;
- *Indifferenzgebiete,* die als reine Agrargebiete von dem Konzentrations- und Entleerungsvorgang weitgehend unberührt blieben.

Der wesentlichste Teil der *Entleerungsgebiete* lag in den deutschen Mittelgebirgen (K. A. BOESLER, 1969). Hinzu kam in steigendem Maße schon bis 1939 die Verminderung der landwirtschaftlichen Bevölkerung, in der damaligen Zeit meist als *»Landflucht«* bezeichnet.

Dieser Verdichtungsprozeß wurde durch den Zweiten Weltkrieg unterbrochen, setzte aber um 1950 wieder ein.

Fragt man nach den Ursachen der zunehmenden Verdichtung in den 50er und 60er Jahren dieses Jahrhunderts, kann die Auffassung von H. WEYL (1974) sicher als zutreffende Antwort angesehen werden, der darin einen »primär technologischen und ökonomisch gesteuerten Prozeß« sieht, der hauptsächlich folgende Gründe hat: die Einführung der Automation in weite Bereiche der gewerblichen Wirtschaft, die Entwicklung neuer Transportsysteme (Pipelines, Container), die Vergrößerung der optimalen Betriebsgrößen in der gewerblichen Wirtschaft, die Entwicklung leistungsfähiger Systeme für den individuellen und öffentlichen Fern- und Nahverkehr sowie die Herausbildung besonderer »Fühlungsvorteile« in den Verdichtungsräumen.

Die Verdichtungsräume weisen unterschiedliche, historisch begründete *Strukturmerkmale* auf. Man kann monozentrische und polyzentrische Verdichtungsräume unterscheiden. Die monozentrischen Verdichtungsräume – wie z. B. Hannover oder München – sind meist durch einen alten *historischen Siedlungskern* charakterisiert. Polyzentrische Verdichtungsräume – wie z. B. das Ruhrgebiet, das Rhein-Main-Gebiet oder der Rhein-Neckar-Raum – haben meist ihre Hauptwachstumsphasen im Zuge der *industriellen Konzentration* des 19. Jh. erfahren.

Auch Richtung und Ausmaß der gegenwärtigen Entwicklungsprozesse sind in den Verdichtungsräumen uneinheitlich. Wachstum herrscht in der Regel überall dort vor, wo eine Mischung von industriellen Wachstumsbranchen mit einem hohen Anteil von Arbeitsplätzen im tertiären Sektor vorhanden ist. Stagnierende und zum Teil sogar schrumpfende Wirtschaftskraft stellen wir demgegenüber meist in den Industrieballungen des 19. Jh. fest, in denen sich aus ökonomischen oder technologischen Gründen die Standortgunst entscheidend verschlechtert hat. Beispiele für wachsende Verdichtungsräume sind München, Stuttgart, Rhein-Main und Rhein-Neckar sowie Teile der *»Rheinschiene«* in Nordrhein-Westfalen, Beispiele für »altindustrialisierte« Verdichtungsräume sind das Ruhrgebiet und der Verdichtungsraum Saar.

Die Grenzen des Wachstums der Verdichtungsräume sind aber auch durch den allgemeinen Rückgang der Einwohnerzahlen in der Bundesrepublik Deutschland gesetzt. Vielfach wird von einer »Tendenzwende« der räumlichen Entwicklung gesprochen: 1972 war die Geburtenbilanz erstmals nach dem letzten Kriege negativ, die Außenwanderungsbilanz ist es seit 1974. 1980–1985 überstieg die Zahl der Todesfälle die der Geburten im gesamten Bundesgebiet um 640000. Nach den aktuellen demographischen Modellrechnungen des Statistischen Bundesamtes wird die Bevölkerung im Bundesgebiet von ca. 61 Millionen (1985) auf rund 60,5 Millionen im Jahr 2000 zurückgehen. Erst danach ist mit einem stärkeren Sinken der Bevölkerungszahl zu rechnen.

Die seit 1974 zu beobachtende Tendenzwende in der Entwicklung der Verdichtungsräume läßt sich folgendermaßen zusammenfassen: Nahezu alle Verdichtungsräume sehen sich einer stetigen Verminderung ihrer Einwohnerzahl gegenüber. Der *Sterbeüberschuß* wird größer. Hinzu kommt ein erheblicher *Wanderungsverlust* bei deutschen Einwohnern. Die *Ausländerzuwanderung* gleicht nicht mehr die Verluste an deutschen Einwohnern aus. Schwerer als der zahlenmäßige Einwohnerverlust wiegt aber die nachhaltige Deformation der Einwohnerstruktur nach Alter und Lebenszyklusgruppe. Die Wanderungsverluste, insbesondere aus der Stadtrandwanderung (Suburbanisierung), treten hauptsächlich bei zwei Einwohnergruppen auf: den jungen, wachsenden Haushalten und den Familien in konsolidierten Lebensverhältnissen. Gerade diese beiden Gruppen stellen aber die erwerbswirtschaftliche *»Aktivbevölkerung«* dar, ohne deren Steuerleistung sich die Kerne der Verdichtungsräume auf die Dauer

kaum erhalten können. Die Prognose für das Jahr 2000 rechnet damit, daß die Verdichtungsräume von allen Gebietstypen auch weiterhin den relativ stärksten Bevölkerungsverlust haben werden.
Ein besonderes Problem der Verdichtungsräume stellen die *ausländischen Bevölkerungsgruppen* dar. Vor allem die Kerne der Verdichtungsräume haben zwischen 1960 und 1974 einen starken Zustrom von Arbeitskräften, insbesondere aus den Mittelmeerländern, erfahren. Aus vielerlei Gründen sind der Aufnahmefähigkeit Grenzen gesetzt. Diese werden zur Zeit bei einem Ausländeranteil von 10–12 % der Bevölkerung gesehen, ein Wert, der in zahlreichen Verdichtungskernen der Bundesrepublik Deutschland bereits erreicht ist. Neben Berlin (West) sind es alle Verdichtungsräume Süddeutschlands, das Rhein-Main-Gebiet sowie die Rheinschiene zwischen Duisburg und Köln, die Werte um 12 % erreichen. Insgesamt lebten 1984 im Bundesgebiet 4,36 Mill. Ausländer. Ihre Zahl ist seit 1980 rückläufig.
Das »*Gastarbeiterproblem*« ist erst in den 60er Jahren akut geworden. Vor dem Bau der Berliner Mauer im Jahre 1961 war der steigende Bedarf nach Arbeitskräften in der Wirtschaft der Bundesrepublik durch die Flüchtlinge aus der DDR gedeckt worden. Bis 1961 betrug die Zahl der registrierten Flüchtlinge 3,1 Mio.
Innerhalb der Verdichtungsräume zeigen die einzelnen Strukturzonen sehr unterschiedliche Wachstumsprozesse. Bis 1956 waren es vor allem die *Kernstädte* innerhalb der Verdichtungsräume, deren Bevölkerung relativ am stärksten anwuchs. Seit den 60er Jahren verlagerte sich aber das Wachstum auf die Randzonen und die Ergänzungsgebiete, während die Kernstädte in ihrem Wachstum relativ zurückblieben oder sogar absolut an Bevölkerungszahl verloren. Hierfür gibt es mehrere Gründe. Der Wiederaufbau der kriegszerstörten Ballungskerne war abgeschlossen. Die Kernstädte verloren durch das rapide Steigen der Baulandpreise, durch die ständige Zunahme der Bürogebäude, durch die Umweltbelastungen, durch Abgase und Lärm sowie durch die Etablierung von Ausländer-Wohnquartieren stark an Attraktivität. Demgegenüber machte die Motorisierungswelle und die Förderung des sozialen Wohnungsbaus, speziell der Eigenheime, die *Randzonen* zu einem begehrten Wohngebiet.
Besonders augenfällig ist die strukturell bedingte unterschiedliche Entwicklung innerhalb der Verdichtungsräume im Rhein-Ruhr-Gebiet. Seit dem Beginn der *Kohlenbergbaukrise* im Jahre 1957 und der Stahlkrise in der zweiten Hälfte der 70er Jahre wird ein großer Teil des Ruhrgebiets als industrielles Problemgebiet angesehen. Insbesondere die Emscher-Städte sind davon betroffen.
So hat beispielsweise in den Jahren 1965–1985 Castrop-Rauxel 13,4 %

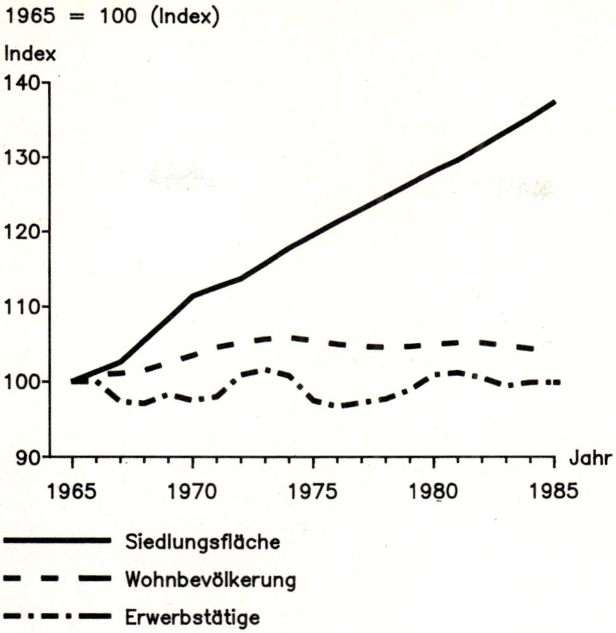

Anmerkung: Die Siedlungsfläche ist ab 1979 nur annähernd mit der Siedlungsfläche vorheriger Jahre vergleichbar.

Raumordnungsbericht 1986 der Bundesregierung

Quellen: Statistisches Bundesamt, Bodennutzung und Ernte, FS B, Reihe 1, 1965–1975; Statistisches Bundesamt, Pflanzliche Erzeugung, FS 3, Reihe 3, 1976–1978; Statistisches Bundesamt, Erwerbstätigkeit, FS 1, Reihe 4.1; Statistische Jahrbücher für die Bundesrepublik Deutschland, 1965–1985

Abb. 29: Entwicklung der Siedlungsfläche, der Wohnbevölkerung und der Anzahl der Erwerbstätigen 1965–1985 (Quelle: Raumordnungsbericht 1986 der Bundesregierung)

Die Oberbereiche (BfLR-Bereiche) wurden nach der Erreichbarkeit von Oberzentren im Individualverkehr, angeglichen an Kreisgrenzen 1.1.1975, unter Berücksichtigung von Regionalen Arbeitsmärkten und von Planungsregionen der Länder abgegrenzt.

- 10 (Linie): Grenzen und Nummern der BfLR-Bereiche
- ●: Oberzentren
- ○: Zentrale Orte mit Teilfunktionen eines Oberzentrums (mögliche, noch nicht voll entwickelte Oberzentren)
- • ∘: Zusätzlich ausgewiesene (mögliche) Oberzentren

BfLR-Bereiche — Stand 1.1.1975

01	Flensburg	28	Trier
02	Kiel - Neumünster	29	Koblenz - Limburg (Lahn)
03	Lübeck	30	Wiesbaden - Mainz
04	Hamburg	31	Kaiserslautern
05	Emden	32	Saarbrücken
06	Oldenburg (Oldenburg) - Wilhelmshaven	33	Mannheim - Ludwigshafen am Rhein - Heidelberg - Darmstadt
07	Bremerhaven	34	Karlsruhe
08	Bremen	35	Heilbronn
09	Lüneburg - Uelzen	36	Pforzheim
10	Osnabrück - Lingen	37	Stuttgart
11	Hannover	38	Freiburg im Breisgau
12	Braunschweig	39	Konstanz - Villingen-Schwenningen
13	Göttingen	40	Reutlingen/Tübingen
14	Münster (Westf.)	41	Ulm/Neu-Ulm - Memmingen
15	Bielefeld	42	Ravensburg
16	Duisburg	43	Würzburg - Aschaffenburg
17	Essen - Bochum	44	Schweinfurt
18	Düsseldorf - Wuppertal - Mönchengladbach - Krefeld	45	Bamberg - Coburg
19	Dortmund - Hagen	46	Bayreuth - Hof
20	Paderborn	47	Ansbach
21	Aachen	48	Nürnberg/Fürth/Erlangen
22	Köln	49	Amberg - Weiden i.d.OPf.
23	Bonn	50	Augsburg
24	Siegen	51	Ingolstadt
25	Kassel - Bad Hersfeld	52	Regensburg
26	Gießen - Marburg - Fulda - Wetzlar	53	Kempten (Allgäu)
27	Frankfurt (Main) - Offenbach (Main) - Hanau - Rüsselsheim - Friedberg/Bad Nauheim	54	München
		55	Landshut
		56	Passau - Straubing
		57	Rosenheim
		58	Berlin (West)

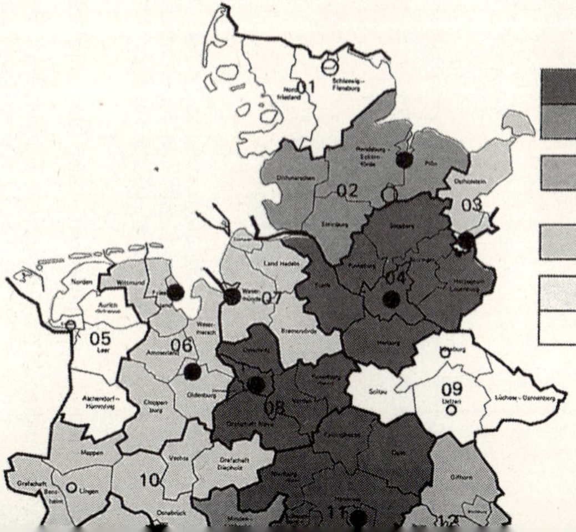

- Bereiche mit national bedeutsamen Verdichtungsräumen (VR) (>700 000 Einwohner)
- Bereiche mit größeren Verdichtungsräumen (Bevölkerung im VR: 280 000 bis unter 700 000 Einwohner)
- Bereiche mit national bedeutsamen und größeren Verdichtungsräumen sowie industriellen Monostrukturen (Bevölkerung im VR: > 320 000 Einwohner)
- Bereiche mit kleineren Verdichtungsräumen oder mit Ansätzen zur Verdichtungsraumbildung (Bevölkerung im VR: > 280 000 Einwohner)
- Bereiche ohne Verdichtungsräume mit industriellen Monostrukturen
- Bereiche ohne Verdichtungsräume

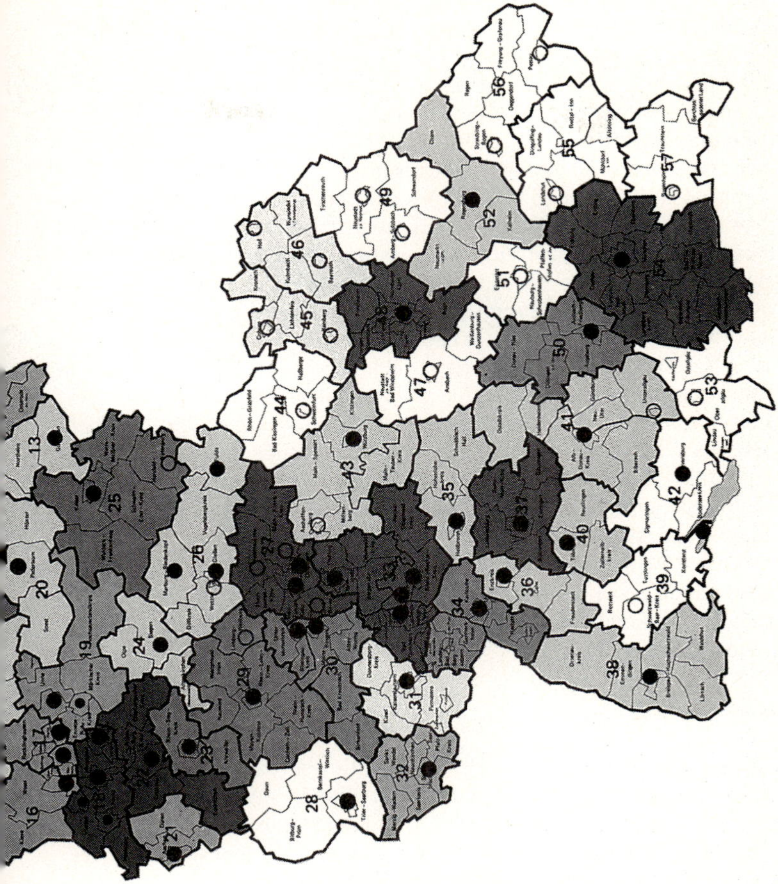

Abb. 30: Raumordnungsregionen – Ordnungs- und Verdichtungsräume, Zentrale Orte (Quelle: Bundesforschungsamt für Landeskunde und Raumordnung)

seiner Bevölkerung verloren. In den vielseitiger strukturierten Hellweg-Städten hat sich die Strukturkrise geringer ausgewirkt: Wattenscheid verlor 1,0 % und Bochum 2,4 % seiner Bevölkerung.
Auf der anderen Seite hat an der Rheinschiene zwischen Düsseldorf und Bonn der tertiäre Sektor bis in die Mitte der 70er Jahre den auch hier festzustellenden Verlust an industriellen Arbeitsplätzen ausgleichen können; seitdem ist dies nicht mehr der Fall.
Bemerkenswert ist, daß trotz des Bevölkerungsrückgangs der Flächenverbrauch weiter angestiegen ist.
Ursache dafür ist, daß sich der »spezifische Flächenbedarf« (Wohn- bzw. Siedlungsfläche je Einwohner) seit 1965 mehr als verdoppelt hat: Nicht nur die Wohnansprüche sind gestiegen, sondern auch der Bedarf an Freizeit- und Verkehrsflächen (insbes. Parkflächen).
Als Instrument der Raumordnung hat die Abgrenzung der Verdichtungsräume wenig Effekte gehabt, da es sich bei ihnen lediglich um eine Raumabgrenzung nach statistischen Dichtekriterien handelt. Um eine Anpassung an Ausdehnung und räumliche Entwicklungsprozesse dieser Gebiete zu erreichen, schien eine Neuabgrenzung erforderlich. Diese stößt jedoch nicht zuletzt durch die vollzogene Gemeindereform auf große Schwierigkeiten. Die tatsächlichen Grenzen der Verdichtungsräume können auf die neuen kommunalen Einheiten nicht mehr bezogen werden. Daher hat die Ministerkonferenz für Raumordnung 1978 die Verdichtungsräume mit ihren Randgebieten, in denen eine besonders schnelle, von den Verdichtungsräumen ausgehende Dynamik stattfindet, zusammengefaßt und sie als Ordnungsräume bezeichnet.

2.4.1.1.2 Regionen mit Verdichtungsansätzen

Im Unterschied zu den großen Verdichtungsräumen handelt es sich bei diesem Raumtyp um kleinere Stadtregionen, deren Umland häufig weitgehend ländlich geprägt ist. Die Kernstädte haben fast immer einen hohen Anteil tertiärer Arbeitsplätze. Beispiele sind Freiburg, Würzburg, Göttingen, Münster oder Kiel.
Tab. 67 zeigt sehr klar die Unterschiede in der Entwicklung zu den großen Verdichtungsräumen seit 1980.
Die Kernstädte dieses Raumtyps haben eine relativ geringere Abnahme der Bevölkerung und Arbeitsplatzzahl. Insofern kann man von einem relativen Bedeutungsgewinn gegenüber den großen Verdichtungsräumen sprechen. Dabei sind die Suburbanisierungstendenzen hier besonders stark: Die Siedlungsflächenentwicklung in den Umlandbereichen belegt dies klar.

2.4.1.1.3 Ländlich geprägte Regionen

Die ländlich geprägten Regionen sind sehr schwer zu definieren, da unter diesem Begriff sehr heterogene Räume mit sehr unterschiedlichen Funktionen und sehr verschiedener Wirtschaftskraft zusammengefaßt werden. Gemeinsam ist ihnen das Fehlen von Agglomerationsvorteilen. Die ländlich geprägten Regionen haben meist eine periphere Lage, wie z. B. das Emsland, Eifel und Hunsrück oder weite Teile Oberbayerns.

Nach H. SPITZER (1985) können wir für den ländlichen Raum der Bundesrepublik Deutschland sechs Merkmale feststellen:

- Der ländliche Raum ist vor allem Freiraum, in ihm verbinden sich Fläche und Natur,
- der ländliche Raum ist Naturregenerationsraum, er hat Schutzwirkungen für die Naturerhaltung in Klima-, Boden- und Wasserschutz,

Tab. 67: Bevölkerungs-, Beschäftigten- und Siedlungsflächenentwicklung nach siedlungsstrukturellen Gebietstypen 1980 bis 1985

Siedlungsstrukturelle Gebietstypen	Bevölkerungsentwicklung		Beschäftigtenentwicklung[1]		Siedlungsflächenentwicklung[2]	
	in 1000	in v. H.	in 1000	in v. H	in km²	in v. H.
Regionen mit großen Verdichtungsräumen	– 494,2	– 1,4	– 426,9	– 3,4	648	5,6
– darunter: »altindustrialisierte« Regionen	– 212,0	– 3,1	– 149,1	– 6,8	114	5,4
– Kernstädte	– 679,7	– 4,0	– 383,7	– 5,0	146	3,9
– Hochverdichtetes Umland	103,0	0,8	– 34,4	– 1,0	276	6,1
– Ländliches Umland	82,5	1,6	– 8,8	– 0,7	225	6,6
Regionen mit Verdichtungsansätzen	26,7	0,2	– 104,7	– 1,9	755	7,3
– Kernstädte	– 66,3	– 2,0	– 71,8	– 4,5	42	4,4
– Ländliches Umland	93,0	0,7	– 33,0	– 0,8	713	7,6
Ländlich geprägte Regionen	49,1	0,5	– 17,1	– 0,6	377	5,1
Bundesgebiet	– 418,5	– 0,7	– 548,8	– 2,6	1779	6,1

[1] Sozialversicherungspflichtig Beschäftigte
[2] 1981 bis 1985
Quelle: Raumordnungsbericht 1986, S. 24

- der ländliche Raum hat eine disperse Siedlungsstruktur, seine Siedlungen sind meist Orte mit niedrigen zentralörtlichen Funktionen,
- die Bevölkerungsdichten des ländlichen Raumes sind vergleichsweise niedrig,
- im ländlichen Raum ist die Zahl der sozialen Schichten klein, die Sozialstruktur somit einfach aufgebaut und überschaubar.
- Charakteristische Wirtschaftszweige, die ihre Standorte im ländlichen Raum haben, sind: Landwirtschaft, Forstwirtschaft, Jagd, Fischerei, große Teile der Fremdenverkehrswirtschaft, Wasserwirtschaft, Abfallwirtschaft, oberflächennaher Lagerstättenabbau, ein Teil der kleineren und mittleren Industriebetriebe.

Der ländliche Raum hat Anteil an allen naturräumlichen Großraumeinheiten von den Alpen und dem Alpenvorland im S über die Mittelgebirgsschwelle bis hin zu den Bördengebieten und den Marsch- und Geestgebieten Norddeutschlands. Die Bedingungen der *Landesnatur* sind also höchst verschieden und dazu oft auf kleinem Raum noch einmal sehr differenziert. Betrachten wir zunächst den ländlichen Raum als *Standort landwirtschaftlicher Betriebe*. Die Stellung der *Landwirtschaft* in der Volkswirtschaft der Bundesrepublik ist durch folgende Aufgaben gekennzeichnet:
- Die *Produktionsfunktion:* Die primäre wirtschaftliche Aufgabe der Landwirtschaft ist es, Nahrungsgüter und Rohstoffe zu erzeugen. Diese Aufgabe wird von hauptberuflichen und von nebenberuflichen Landwirten erfüllt.
- Die *Sozialfunktion:* Die Landwirtschaft der Bundesrepublik ist auf ein breitgestreutes Bodeneigentum begründet und besitzt von allen Wirtschaftsbereichen den größten Anteil an Familienbetrieben. Diese Arbeitsverfassung und das bodenbezogene Besitzverhalten der landwirtschaftlichen Bevölkerung ist von allen Regierungen der Nachkriegszeit als wünschenswert und förderungswürdig angesehen worden. Das Leitbild des bäuerlichen Familienbetriebes hat die Agrarpolitik der Bundesregierungen stets bestimmt.
- Die *Wohlfahrts- und Schutzfunktion:* Nahezu alle Formen der Landbewirtschaftung, die pfleglich und ordnungsgemäß erfolgen, sind als ein Beitrag zur Landschaftspflege anzusehen.

Die Landwirtschaft ist derjenige Wirtschaftszweig in der Bundesrepublik, der am stärksten durch staatliche Eingriffe bzw. Vorschriften der Europäischen Gemeinschaft beeinflußt wird. Ohne Übertreibung kann man feststellen, daß diese Eingriffe von der Agrarpreispolitik über die Agrarstrukturpolitik bis hin zur Festlegung von Produktionsmengen (Quotenregelung bei der Milchproduktion, »Mitverantwortungsabgabe« im Getreidesektor) die wesentlichste agrarraumprägende Kraft darstellen. Die Grundlagen der Staatseingriffe sind im Landwirtschaftsgesetz von 1955, in den Römischen Verträgen von 1957 und im Raumordnungsgesetz von 1965 festgelegt. Im wesentlichen lassen sich daraus für die Landwirtschaft der Bundesrepublik vier Entwicklungsziele herleiten:

- Die Teilnahme der Landwirtschaft an der fortschreitenden *Entwicklung der Volkswirtschaft,* das heißt die gleichartige Entwicklung des paritätischen Einkommens pro Faktoreinheit in der Landwirtschaft und in der übrigen Wirtschaft.
- Sicherung der bestmöglichen *Versorgung der Bevölkerung,* was auch bedeutet: Sicherung einer möglichst billigen Versorgung der Bevölkerung des Territoriums.
- Förderung des bäuerlichen Familienbetriebes, das heißt eines *Vollerwerbsbetriebes,* der in der Konkurrenzsituation im gesamten EG-Bereich in der Lage ist, seinem Inhaber und dessen Familie eine paritätische Einkommensentwicklung zu sichern.
- »Die Landeskultur soll gefördert werden.« Dieser Satz in Paragraph 2 des Bundesraumordnungsgesetzes, der von vielen zunächst als Leerformel aufgefaßt worden ist, erhält durch das Bemühen um eine *Erhaltung der Umweltqualität* und des naturökologischen Gleichgewichts Bedeutung und Wirkungskraft.

Inwieweit können die landwirtschaftlichen Betriebe an den sehr unterschiedlichen ökonomischen und naturökologischen *Standorten* der Bundesrepublik diese Aufgaben erfüllen? Zunächst ist festzustellen, daß nach dem Zweiten Weltkrieg angesichts der überkommenen *Betriebsgrößenstruktur* und der Ausstattung der landwirtschaftlichen Betriebe die Erzielung eines mit der Industrie vergleichbaren Einkommens nicht möglich war. Daher verließen zunächst Lohnarbeitskräfte und mithelfende Familienangehörige die Betriebe. Schließlich wechselten auch Betriebsinhaber den Beruf und gaben ihren landwirtschaftlichen Betrieb entweder ganz auf oder führten ihn auf verkleinerter Wirtschaftsfläche nebenberuflich weiter. In vielen Fällen lösen deren Erben die Höfe auf. Diese Entwicklung hat dazu geführt, daß seit 1949 in der Bundesrepublik die Zahl der landwirtschaftlichen Betriebe um rund 930000 zurückging, sich die landwirtschaftlich genutzte Fläche um rund 900000 ha verminderte und heute 4 Mio. Erwerbspersonen weniger in der Landwirtschaft tätig sind als damals. Im Jahr 1985 hat sich die Zahl der landwirtschaftlichen Betriebe um

Tab. 68: Landwirtschaftliche Betriebe[1] nach Größenklassen

Betriebsgröße von ... bis unter ... ha LF	Zahl der Betriebe (1000) 1975	1984	1985[2]	1985 gegen 1975[3] in %	1984 in %
1 bis 10	490,7	361,8	354,2	− 3,2	− 2,1
10 bis 20	211,7	163,3	159,3	− 2,8	− 2,4
20 bis 30	106,6	95,3	93,7	− 1,3	− 1,7
30 bis 50	69,5	76,1	76,3	+ 0,9	+ 0,3
50 bis 100	22,3	30,9	32,1	+ 3,7	+ 3,8
100 und mehr	3,9	5,0	5,2	+ 2,8	+ 2,7
zusammen	904,7	732,5	720,8	− 2,2	− 1,6
Betriebe unter 1 ha LF[4]	71,4	39,0	37,5	–	–

[1] Hauptproduktionsrichtung Landwirtschaft (einschließlich Gartenbau-, aber ohne Forstbetriebe).
[2] Vorläufig.
[3] Jährlicher Durchschnitt nach Zinseszins.
[4] Einschließlich Betriebe ohne LF.
Quelle: Agrarbericht 1986, S. 9

11675 verringert; das ist eine Abnahmerate von 1,6 %. Diese Rate entspricht dem Durchschnitt der letzten Jahre. Von diesen Abwanderungs- und Auflösungserscheinungen waren besonders die Betriebe mit einer landwirtschaftlichen Nutzfläche unter 10 ha betroffen.
Es handelt sich bei diesen Zahlen um Durchschnittswerte, die aufgrund sehr unterschiedlicher Entwicklungen in den einzelnen Teilgebieten der Bundesrepublik Deutschland zustande gekommen sind. Schon die in den Agrarberichten der Bundesregierung aufgeführten Ländererergebnisse weisen große Unterschiede auf. Die Entscheidung der Landwirte über *Fortführung* und *Marktanpassung* ihrer Betriebe wird in der Bundesrepublik im wesentlichen von fünf Faktoren beeinflußt (F. RIEMANN, 1972):

- Die von der örtlichen Wirtschaftsstruktur abhängige außerlandwirtschaftliche *Einkommensentwicklung;*
- die *Leistungsfähigkeit* des eigenen landwirtschaftlichen Betriebes;
- die berufliche *Mobilitätsbereitschaft* des einzelnen Landwirtes;
- die *örtliche Agrarstruktur* und das Verhalten der übrigen Landwirte;
- die staatliche *Förderungspolitik.*

Tab. 69: Arbeitskräfte in der Landwirtschaft[1]

Jahr[2]	Familienarbeitskräfte: im Betrieb und/oder Haushalt des Betriebsinhabers beschäftigt	davon im Betrieb: vollbeschäftigt	davon im Betrieb: teilbeschäftigt	Familienfremde Arbeitskräfte: Ständige Arbeitskräfte: im Betrieb und/oder Haushalt des Betriebsinhabers beschäftigt	davon im Betrieb: vollbeschäftigt	davon im Betrieb: teilbeschäftigt	Nichtständige Arbeitskräfte	Betriebliche Arbeitsleistung
	1000 Personen							1000 AK-Einheiten
1970	2821,0	877,9	1597,9	138,3	83,1	47,5	101,4	1525,6
1975	2440,5	599,5	1517,0	110,7	52,7	53,2	124,0	1168,5
1980	2125,7	497,4	1330,5	97,0	71,0	21,9	85,3	986,9
1983	1975,3	454,9	1234,2	99,3	72,3	22,1	84,6	927,4
1984	1971,5	456,9	1227,5	95,6	69,1	22,1	78,2	912,2
1985[3]	1921,2	446,9	1192,7	104,5	76,2	23,5	81,8	901,8
	jährliche Veränderung in %							
1985 gegen 1970[4]	– 2,5	– 4,4	– 1,9	– 1,9	– 0,6	– 4,6	– 1,4	– 3,4
1985 gegen 1975[4]	– 2,4	– 2,9	– 2,4	– 0,6	+ 3,8	– 7,8	– 4,1	– 2,6
1985 gegen 1984	– 2,5	– 2,2	– 2,8	+ 9,3	+ 10,2	+ 6,4	+ 4,6	– 1,1

[1] In Betrieben der Hauptproduktionsrichtung Landwirtschaft (einschließlich Gartenbau-, aber ohne Forstbetriebe).
[2] Arbeitskräfteerhebungen im April; 1970 Berichtsmonat Juli.
[3] Vorläufig.
[4] Jährlicher Durchschnitt nach Zinseszins.
Quelle: Agrarbericht 1986, S. 8

Die *naturökologischen Verhältnisse* schränken die Entscheidungsmöglichkeiten der Landwirte zwar ein, es gibt jedoch keine Region der Bundesrepublik Deutschland, in der aus natürlichen Gründen das Fortbestehen der Landwirtschaft von vornherein gefährdet wäre. Das *Klima* des agrarischen Produktionsraumes der Bundesrepublik ist ein sommerwarmes und winterkühles mit Niederschlägen zu allen Jahreszeiten. Dieses Klima erlaubt ganz generell den Anbau von Getreidepflanzen ebenso wie den von feuchtigkeitsliebenden Hackfrüchten

und von Futterpflanzen auf ein und demselben Standort. Es gibt nur relativ wenige Gebiete, in denen aus klimatischen Gründen kein rentabler Getreide- oder Hackfruchtanbau mehr möglich ist. Das sind die ganz hohen Lagen der deutschen Mittelgebirge und des Alpenanteils. Es gibt auch keine Gebiete in der Bundesrepublik, in denen der Niederschlag nicht für einen sommerlichen Futterbau ausreichen würde. Vielmehr können wir nur relativ begünstigte und relativ weniger begünstigte Teilräume feststellen, in denen sich die Anpassungsmöglichkeiten des Landwirtes an den Markt und damit die Flexibilität in seiner Produktion erweitern oder einschränken. Daraus ergibt sich, daß in allen *natürlichen Zonen* und bei allen *Betriebssystemen* Landwirte die Chance haben, ihre Betriebe zu *Vollerwerbsbetrieben* auszubauen, die die Erzielung eines mit anderen Berufen vergleichbaren Einkommens ermöglichen. Allerdings sind dazu sehr häufig Flächenvergrößerungen, Umstellungen in den Produktionsrichtungen und Erhöhung des Kapitaleinsatzes notwendig.
Auf der anderen Seite gibt es aber gegenwärtig in der Bundesrepublik Deutschland Gebiete, in denen die Landbewirtschaftungsform aus Gründen des Umweltschutzes geändert werden muß.
Der Sachverständigenrat für Umweltfragen gibt in seinem Sondergutachten vom März 1985 »Umweltprobleme der Landwirtschaft« folgende Bewertung der durch die Landwirtschaft verursachten wesentlichen Umweltbelastungen (BT-Drucksache 10/3613 v. 3. Juli 1985):

- Die schwerwiegendste Auswirkung ist der Rückgang von wildlebenden Pflanzen- und Tierarten, insbesondere durch Beeinträchtigung und Zerstörung ihrer Lebensstätten.
- Die Gefährdung des Grundwassers durch Eintrag von Nitrat, vor allem durch unsachgemäße Gülleausbringung und neuerdings vereinzelt von Pestiziden, wird als zweitgrößtes Problem dargestellt.
- Dritter Problembereich ist der Ackerboden (Unterbodenverdichtungen, Gefügeschäden, Bodenerosion, stoffliche Belastungen).

Die Problemgebiete sind Regionen mit intensivem Pflanzenanbau

- wie Mittel- und Ostholstein,
- Hildesheimer und Soester Börde,
- Niederrheinisches Tiefland,
- Rhein-Main-Gebiet,
- Würzburger Becken,
- Niederbayern.

Hinzu kommen die intensiv genutzten Flächen der traditionellen Weinbauregionen an Rhein, Mosel, Main und Neckar sowie die Gebiete mit hoher Konzentration der Tierproduktion in NW-Deutschland. Diese Gebiete liegen in der Nähe der Häfen Hamburg, Bremen und Rotterdam, wo Futtermittel billig importiert werden können. Bei Viehdichten von 300 Großvieheinheiten je 100 ha – wie besonders im Kreis Vechta – kann man schon von einer industriellen Viehproduktion sprechen. Eines der größten Umweltprobleme stellt die Gülleausbringung bei hoher Viehdichte dar, durch die der Nitratgehalt des Grundwassers erheblich erhöht wird.
Innerhalb des ländlichen Raumes nehmen die *»Gebiete, die hinter der allgemeinen Entwicklung zurückgeblieben sind oder zurückzubleiben drohen«* (Bundesraumordnungsgesetz) eine Sonderstellung ein. Bestimmung und Abgrenzung dieser zurückgebliebenen Gebiete erfolgt in der Bundesrepublik seit 1951 mit wechselnden Indikatoren und Bezeichnungen: Sanierungsgebiete, Fördergebiete, Bundesausbaugebiete, hinter der allgemeinen Entwicklung zurückgebliebene Gebiete. Diese Gebiete zeichnen sich durch ein geringes Bruttoinlandsprodukt je Kopf der Wirtschaftsbevölkerung, eine geringe Realsteuerkraft je Einw., einen niedrigen Industriebesatz und geringe Bevölkerungsdichte aus.
Es ist das erklärte Ziel aller Bundesregierungen nach dem letzten Weltkrieg, daß die *Abwanderung* der Bevölkerung aus diesen Gebieten möglichst aufgehalten werden soll. Aus diesem Grunde versuchen Bund und Länder durch *regionalpolitische Maßnahmen* Wirtschaftskraft und Standortqualität dieser Gebiete zu stärken. Drei regionalpolitische Instrumente werden dabei bevorzugt angewandt: die Förderung der Ansiedlung und Standortsicherung von Industriegebieten, eine verstärkte Agrarstrukturpolitik und der gegenüber anderen Teilen des Bundesgebietes bevorzugte Ausbau der wirtschaftsnahen Infrastruktur.
Besonders mit dem Gesetz über die Gemeinschaftsaufgabe *»Verbesserung der regionalen Wirtschaftsstruktur«* aus dem Jahre 1969 versuchen Bund und Länder mit der Schaffung und Sicherung von gewerblichen Arbeitsplätzen in diesen Gebieten wirksam zu einer besseren regionalen Wirtschaftsstruktur beizutragen. Dabei bedient man sich neuerdings des Prinzips der Schwerpunkt-Orte. Es wurden 32 übergeordnete Schwerpunkte mit besonders guten Entwicklungsmöglichkeiten und beträchtlicher Ausstrahlungskraft auf das umliegende Gebiet ausgewählt. In diesen Gebieten können bis zu 25 % der Investitionskosten industrieller Betriebe von der öffentlichen Hand übernommen werden. In den Jahren 1982 bis 1985 sind auf diese Weise 155 400 neue

gewerbliche Arbeitsplätze in diesen zurückgebliebenen Gebieten geschaffen worden, 293400 gefährdete Arbeitsplätze wurden gesichert. Allerdings ist die Kausalität zwischen Fördersummen und Förderergebnis nur schwer zu belegen.

2.4.1.1.4 Berlin (West)

Ein Gebiet besonderer politischer wie geographischer Problematik ist das *Land Berlin (West)*, das zum Wirtschafts- und Sozialsystem wie auch zum Geltungsbereich des Grundgesetzes der Bundesrepublik Deutschland gehört. Berlin (West) hat 480 km^2 Fläche und rund 1,85 Mio. Einw. Seine länderkundliche Problematik läßt sich in drei Punkten zusammenfassen:
- *keine Ausdehnungsmöglichkeit* in das Umland;
- kein Ersatz für die frühere *Reichshauptstadtfunktion;*
- *überalterte Bevölkerungsstruktur.*

Es besteht ein Mißverhältnis zwischen der nicht vorhandenen räumlichen Ausdehungsmöglichkeit und den *ständig wachsenden Flächenansprüchen* für die städtebauliche und wirtschaftliche Entwicklung. Reservefläche für den Wohnungsbau, die Industrie-Ansiedlung und die städtebaulichen Folgeeinrichtungen sind nur noch in sehr beschränktem Umfange vorhanden. Dies ist bei der oben genannten Relation von Fläche und Einwohnerzahl an sich überraschend. Man muß jedoch bedenken, daß nur ein kleiner Teil der Wohnbaufläche Berlins, vorwiegend der »wilhelminische Großstadtgürtel«, einen hohen städtebaulichen Ausnutzungsgrad aufweist. In der gesamten Außenzone mit ihrer sehr uneinheitlichen Bebauung herrscht der Trend zur Gartenstadt vor. Dort ist der Ausnutzungsgrad außerordentlich niedrig. Die Geschoßflächenzahl liegt meist unter 0,2.
Vor dem letzten Krieg war Berlin zwar die größte Industriestadt Deutschlands, seine Hauptfunktionen lagen aber in *Regierung und Verwaltung* und in der Wirtschaftsleistung. Nach 1945 gingen diese Funktionen für Berlin (West) überwiegend verloren, während Berlin (Ost) als *»Berlin – Hauptstadt der DDR«* weitere Funktionen auf sich konzentrieren konnte. Die Erhaltung der Arbeitsplätze und die Erhöhung des Sozialproduktes war also nur durch eine Steigerung der Zahl der industriellen Arbeitsplätze möglich. 1970 betrug der Beitrag des produzierenden Gewerbes zur Brutto-Wertschöpfung 50,5 %. Seitdem ist er auf 42,3 % (1980) bzw. 42,5 % (1983) gesunken. Es ist also nach wie vor eine Industrie-Ansiedlungspolitik notwendig. Diese er-

folgt besonders durch das Berlin-Hilfe-Gesetz, das ansiedlungswilligen Unternehmen in Berlin (West) Standortvorteile in Form von Steuererleichterungen und Investitionskrediten bietet. Die Standortnachteile, die in höheren Transportkosten und in der geringen Flächenausdehnungsmöglichkeit bestehen, müssen dadurch ausgeglichen werden.
Der Altersaufbau der Bevölkerung von Berlin (West) ist ausgesprochen ungünstig. 1983 betrug der Anteil der über 65jährigen 20%. Die natürliche Bevölkerungsbilanz ist negativ, so daß die Stadt auf einen Wanderungsgewinn angewiesen ist. Aus diesem Grund wird die Zuwanderung von jüngeren erwerbstätigen Bevölkerungsgruppen nach Berlin (West) staatlich gefördert (vgl. hierzu auch: Fischer Länderkunde Europa 1978, S. 347). Insgesamt dürfte sich die Altersstruktur der Berliner Bevölkerung derjenigen der großen Verdichtungsräume des übrigen Bundesgebietes angleichen.

2.4.1.1.5 Einflüsse der Europäischen Gemeinschaft auf räumliche Entwicklungsprozesse in der Bundesrepublik Deutschland

Die EG hat seit vielen Jahren verschiedene raumwirksame Tätigkeiten entfaltet, die einen nicht zu übersehenden Einfluß auf die räumliche Entwicklung in der Bundesrepublik Deutschland haben.
Allerdings haben die Römischen Verträge eine gemeinschaftliche Regional- oder Raumordnungspolitik zunächst nicht vorgesehen. Das ökonomische Denken der 50er Jahre war geprägt von Wiederaufbau, Wachstum und Vollbeschäftigung. Regionale Wohlstandsunterschiede waren zu diesem Zeitpunkt kein Gegenstand, für den es einen politischen Handlungsbedarf gab. Bei der Vereinbarung der Römischen Verträge beschränkte man sich auf eine sehr allgemeine Formulierung in Art. 2 und in der Präambel des Vertrages: »In dem Bestreben, ihre Volkswirtschaften zu einigen und deren Abstand zwischen den einzelnen Gebieten und den Rückstand weniger begünstigter Gebiete zu verringern...«
Insbesondere nach den Beitritten Griechenlands, Spaniens und Portugals, durch die sich diese Wohlstandsunterschiede erheblich vergrößerten, wurde die Regionalpolitik in zunehmendem Maße Ausdruck der Solidarität innerhalb der Gemeinschaft und Instrument für eine ausgewogenere und gerechtere Entwicklung der Lebensbedingungen in ihren Teilregionen.
1957 entschloß sich der Ministerrat der EWG zur Gründung eines Re-

gionalfonds und zu einer Koordinierung der nationalen Regionalpolitiken. Die Mittel dieses Regionalfonds sollen zur »Unterstützung der Regionalpolitik der Mitgliedsstaaten« eingesetzt werden. Mit dem Regionalfonds war zunächst keine eigenständige gemeinschaftliche Regionalpolitik beabsichtigt. Nach bestimmten Quoten erhalten die Mitgliedsstaaten Zuschüsse zu Programmen, die in ihrer Verantwortung liegen; daher spricht man auch von der »quotengebundenen Abteilung« des Regionalfonds. Auf diese Abteilung entfällt der weitaus größte Teil der Gesamtmittel.
Seit 1979 besteht jedoch eine zweite, quotenfreie Abteilung. Sie repräsentiert nur 5 % der Fondsmittel. Diese neue Abteilung deutet eine neue Tendenz in der gemeinschaftlichen Regionalpolitik an:

1. die Mittel werden nicht nach nationalen Quoten den Mitgliedsländern zugeteilt, sondern ohne Nationalitätenproporz in den Regionen eingesetzt, in denen besondere Probleme auftreten;
2. die zu fördernden Vorhaben werden nicht von den nationalen Regierungen vorgeschlagen, sondern von der EG-Kommission. Sie hat das Initiativrecht;
3. aus der quotenfreien Abteilung werden nicht mehr einzelne Projekte gefördert, sondern in sich kohärente mehrjährige Entwicklungsprogramme für bestimmte Gebiete, Programme, die ein ganzes Paket von Vorhaben umfassen;
4. aus der quotenfreien Abteilung werden nicht nur Investitionen, sondern auch sogenannte »software« gefördert, etwa Unternehmensberatung, Marktanalysen, Feasibility-Studien, Verbreitung von Informationen über neue Produkte oder Produktionsverfahren.

Ziel ist es, die Mittel der quotenfreien Abteilung weiter aufzustocken. Die Konsequenz für die Bundesrepublik Deutschland besteht ohne Zweifel darin, daß der Anteil, den sie aus dem Regionalfonds erhält, weiter sinken wird. Für die Bundesrepublik Deutschland hat also der Regionalfonds der EG nicht so große grundsätzliche Bedeutung wie für Länder, die den größten Teil der Mittel aus dem Fonds zu erwarten haben, also beispielsweise Italien, Irland, Spanien und Griechenland. Im Sinne der Solidarität insbesondere mit den neuen Mitgliedsländern nach der Süderweiterung ist eine solche Entwicklung sicher erforderlich.
Außerhalb der Regionalpolitik finden sich aber besonders in der Zollunion und in der Agrarpolitik Bereiche außerordentlicher Raumwirksamkeit auch für die Bundesrepublik Deutschland.
Die Zollunion ist das Fundament für den Aufbau eines Binnenmark-

tes; ohne Zollunion gäbe es keine Europäische Gemeinschaft – sie ist die Grundvoraussetzung dieser Gemeinschaft.
Der innergemeinschaftliche Warenverkehr hat sich von 1958 bis 1981 mehr als verzwanzigfacht, während der Handel der Gemeinschaft mit der übrigen Welt nur um das Zehnfache stieg.
Da für den gemeinsamen Agrarmarkt ein gemeinsamer Außenschutz gilt, werden die Verbraucher vor Preisschwankungen – wie sie auf dem Weltmarkt gang und gebe sind – in der Gemeinschaft verschont.
Im einzelnen ist hervorzuheben:

- für rund 70 % der Erzeugnisse gibt es eine Absicherung des innergemeinschaftlichen Preisniveaus und einen gemeinsamen Außenschutz. Für die wichtigsten Getreidearten sowie Reis, Zucker, Milcherzeugnisse, Rind- und Schaffleisch werden alljährlich sogenannte Interventionspreise festgelegt. Zu diesem Preis kaufen staatliche Stellen landwirtschaftliche Produkte auf, wenn sie auf dem Markt keine Käufer gefunden haben oder das Niveau der Marktpreise zu stark absinkt und dadurch das Einkommen der Landwirte gefährdet ist.
- 25 % der Erzeugnisse verfügen nur über einen gemeinsamen Außenschutz und werden nicht durch ein innergemeinschaftliches Preisniveau abgesichert (z. B. bestimmte Obst- und Gemüsesorten, Blumen, Eier und Geflügel).

Das Hauptproblem der Agrarpolitik der EG ist die Überproduktion. Deswegen hat man z. B. zur Begrenzung der Milchproduktion im Jahre 1984 EG-weit eine Garantiemengenregelung eingeführt, mit der der Produktionsanstieg gestoppt und der Produktionsumfang insgesamt vermindert wurde. Aufgrund dessen steckt die Landwirtschaft der Bundesrepublik Deutschland zur Zeit in einer schweren Krise. Die Lage der landwirtschaftlichen Unternehmer wird durch stagnierende, sogar sinkende Einkommen gekennzeichnet. 1983/84 betrugen die Einkommenseinbußen durchschnittlich 18 v. H.

2.4.1.2 Die Deutsche Demokratische Republik (DDR)

Die DDR befindet sich nach ihrem eigenen Selbstverständnis gegenwärtig in einem *»entwickelten gesellschaftlichen System des Sozialismus«*. Diese Formel wurde auf dem VII. Parteitag der SED 1967 geprägt. Das System ist gekennzeichnet durch *Verstaatlichung* der Produktionsmittel, durch die Herrschaft der SED und durch ein im wesentlichen nach dem Prinzip der *Zentralverwaltungswirtschaft* aufgebautes System staatlicher Planung, Leitung und Kontrolle der Volkswirtschaft. Hauptinstrument ist die Aufstellung einer sogenannten naturalen Bilanz des volkswirtschaftlichen Gesamtprozesses. Sie besteht in den Salden von Bedarfsbilanzen, die für alle Güter, Kapazitäten und Arbeitskräfte aufzustellen sind. So wird beispielsweise für jedes Gut eine Bedarfsmenge errechnet, die zusammen mit dem geplanten Export die rechte Seite einer solchen Bedarfsbilanz bildet. Ihre linke Seite enthält den möglichen Anfangsbestand, die geplanten Importe, so daß sich als Saldo die zu produzierende Fehlmenge ergibt.

Damit im Zusammenhang steht die zentrale länderkundliche Aussage für die DDR: Die *raumwirksamen Entwicklungsprozesse* werden ganz überwiegend von zentralen staatlichen Planungsinstanzen bestimmt. Die *zentrale Planung* legt die regionale Verteilung der Infrastruktur, der Siedlungs- und Wirtschaftstätigkeit fest, sie bestimmt die Größenordnung der Produktion in nahezu allen Wirtschaftssektoren, und sie legt den Rahmen der einzelbetrieblichen Planung zur Erreichung dieser Ziele fest. Innerhalb der auf diese Weise vorgegebenen Plankennziffern können die örtlichen Staatsorgane »eigenverantwortlich« *territoriale Planung* betreiben. Auch die Betriebe besitzen in diesem Rahmen eine gewisse eigene Gestaltungsmöglichkeit. Um die Betriebsleitungen und Betriebskollektive an der Erfüllung der als Planauflagen übergebenen Kennziffern zu interessieren, wird in der DDR das Prämienprinzip angewandt. Für die Erfüllung und Übererfüllung der Plankennziffern erhalten Betriebsleiter und Beschäftigte je nach Grad der Planerfüllung Prämien, die einen erheblichen Teil des individuellen Einkommens ausmachen können. Wegen der Bindung der Prämienzahlungen an den Vergleich von *Plan-Soll* und *Plan-Ist* sind jedoch die Betriebspläne das entscheidende Instrument zur Standortverteilung und damit zugleich für die funktionalen Beziehungen im Sozial- und Wirtschaftsraum. Praktisch ist also der Spielraum dezentralisierter Entscheidungsträger im Wirtschafts- wie im Verwaltungsbereich außerordentlich gering.

Wie in allen anderen sozialistischen Staaten, hat man auch in der DDR im Laufe der letzten 15 Jahre versucht, das System der Zentralverwaltungswirtschaft durch *Reformen* ökonomisch effektiver zu machen und seine Produktivität der der marktwirtschaftlich orientierten Staaten anzupassen. 1963 hatte man mit dem *»neuen ökonomischen System«* eine gewisse Dezentralisierung und Liberalisierung versucht. Mit dem 1967 beschlossenen *»ökonomischen System des Sozialismus«* (ÖSS) erfolgte wieder eine Zentralisierung des Planungssystems und zugleich seine Ausweitung über die rein ökonomischen Daten hinaus auf gesamtgesellschaftliche Prozesse. Das »ökonomische System des Sozialismus« ist durch vier Punkte gekennzeichnet:

- Die *SED* nimmt wieder eine *zentralere Stellung* ein. Sie bestimmt die Zielgrößen und die Planungsinstrumente in Wirtschaft und Gesellschaft.
- Das ökonomische System führt zu einer wieder verstärkten *Zentralisierung* der staatlichen Leistungs- und Lenkungsfunktionen. Die Planungs- und Leitungsaufgaben der Wirtschaft werden wieder mehr der staatlichen Führung unterstellt.
- Parallel zur verstärkten Zentralisierung aller Führungsaufgaben bei der SED läuft ein Prozeß der *Dezentralisation* untergeordneter Planungs- und Leitungsaufgaben. Die unteren Staatsorgane und die Betriebe sollen am Entscheidungsprozeß der Wirtschaft interessiert werden, damit sie in größerem Umfang eine wirtschaftliche eigene Leistung erbringen.
- Den Produktionsbetrieben, die als »Grundeinheiten der sozialistischen Produktion« bezeichnet werden, wird im neuen System eine größere Beachtung als bisher entgegengebracht. Es soll eine eigene *sozialistische Betriebswirtschaftslehre* entwickelt werden.

Daraus ergeben sich direkte Konsequenzen für die *raumwirksame Staatstätigkeit* und für die Wandlungen in der Industrie-, Agrar- und Siedlungsstruktur der DDR. Kennzeichnend für die raumwirksame Staatstätigkeit in der DDR ist die Widersprüchlichkeit zwischen sektoraler und territorialer Planung.
Nach der Gründung der DDR stand zunächst die *sektorale Planung* ganz im Mittelpunkt. Es ergaben sich Widerstände gegen die Einführung und Berücksichtigung des *Territorialprinzips,* die auf folgenden Argumenten beruhten:

- Die Existenz *eigenständiger Wirtschaftsgebiete* innerhalb des Staatsverbandes der DDR wurde bestritten.
- Die staatliche Planungskommission faßte die gesamte Republik als ein *Makrorayon* im Sinne der sowjetischen Wirtschafts-Terminologie auf, das keiner weiteren Untergliederung bedürfe.
- *Territoriale Planung* wurde als Nachfolgerin der Landesplanung und damit als ein *Überbleibsel des kapitalistischen Systems* angesehen.

Auf der 7. Tagung des Zentralkomitees der SED 1964 wurde von ULBRICHT das *Verhältnis zwischen sektoraler und territorialer Planung* festgelegt und damit die Widerstände in seiner Partei gegen territoriale Planung zumindest in der Theorie beseitigt: »Die staatliche Planung beruht auf dem Territorialprinzip. Die Leitung der Wirtschaft jedoch beruht auf dem Produktionsprinzip und dem Territorialprinzip. Der Leitungstätigkeit der Partei [...] liegen das Territorialprinzip und das Produktionsprinzip zugrunde.« Damit sollte wohl zum Ausdruck gebracht werden: ökonomisches Wachstum und Erreichung sektoraler Planziele sollte nicht mehr in dem bisherigen Umfang auf Kosten der Gebietsentwicklung erfolgen. Die komplex-territoriale Planung war zwar schon 1958 gesetzlich festgelegt, die Aufhebung des Gegensatzes zwischen Stadt und Land und die Verminderung des regionalen Gefälles gefordert worden, die Verwirklichung dieser Ziele hatte sich jedoch den ökonomischen Wachstumszielen unterordnen müssen.

Die praktischen wirtschaftsräumlichen *Standort- und Kapazitäts-Entscheidungen* haben gezeigt, daß die Territorialplanung in den räumlichen Entscheidungsprozeß erst dann eingreift, wenn unter sektoralen Gesichtspunkten die Beschlüsse weitgehend gefaßt sind. Der Territorialplanung kommt also kaum ein eigener effektiver Steuerungsmechanismus zu. Vielmehr scheint es in der Regel so zu sein, daß die territorialplanenden Organe wirtschaftspolitische Entscheidungen mit ihren räumlichen Vorstellungen koordinieren müssen. Dies gilt insbesondere für die Bezirksplanungskommissionen, die bei der Erstellung von Gebietsprogrammen die Programmplanung für die führenden Zweige der Volkswirtschaft ergänzen und durch gebietswirtschaftliche Maßnahmen sichern sollen, daß der volkswirtschaftliche Aufwand zu ihrer Durchführung möglichst niedrig ist.

Die *Vorrangstellung sektoraler Planungsziele* ist aus der wirtschaftlichen Situation der DDR nach der Spaltung der ursprünglich arbeitsteilig eng verflochtenen deutschen Volkswirtschaft völlig verständlich (G. LEPTIN, 1980). In beiden deutschen Staaten waren wirtschaftsräumliche Disproportionen entstanden. Diese erwiesen sich aber für die Wirtschaft der DDR im Vergleich zu der der Bundesrepublik als wesentlich gravierender. Die DDR war aufgrund ihrer neuen Standortbedingungen zur Umstrukturierung und Ergänzung ihres Produktionspotentials gezwungen, ohne daß – wie in der Bundesrepublik – ein entwickeltes schwerindustrielles Zentrum als Basis vorhanden gewesen wäre. Während im Raum der Trizone, der späteren Bundesrepublik Deutschland, der größte Teil der Grundstoffindustrien und der Schwermaschinenbau des Reiches konzentriert waren, lagen in der sowjetisch besetzten Zone vor allem Standorte von verarbeitenden Industrien. Legt man die Produktionsziffern des Jahres 1936 zugrunde, dann betrug der Anteil des heutigen Territoriums der DDR an der Produktion des Deutschen Reiches bei Eisenerz 5,0 %, bei Steinkohle 2,3 %, in der eisenschaffenden Industrie 6,6 %, in den Gie-

ßereien jedoch fast 22 % und in der Eisen- und Stahlwarenindustrie sogar 24,5 %. Lediglich in der Kali- und Braunkohlenförderung bestand eine ausreichende Basis. Demgegenüber bestand aber in der DDR eine gut ausgebaute, stark spezialisierte, arbeitsintensive metallverarbeitende Industrie. Der Büromaschinenbau war mit 82 %, der Textilmaschinenbau mit 68 % und der Werkzeugmaschinenbau mit 50 % an der deutschen Produktion des Jahres 1936 im Wirtschaftsraum der DDR beteiligt. Daneben bestand eine bedeutende, wenn auch produktionsmäßig sehr einseitige chemische Industrie, eine hochqualifizierte optische und feinmechanische Industrie sowie eine bedeutende Textil- und Bekleidungsindustrie. Insgesamt läßt sich also feststellen: Der Wirtschaftsraum der DDR besaß nach der Spaltung eine sehr unausgeglichene und uneinheitliche industrielle Struktur mit beträchtlichen Über- und Unterkapazitäten in den einzelnen Sektoren.
Die *Volkswirtschaft der DDR* war also zunächst vom Binnenhandel mit der Bundesrepublik abhängig. Die *Wirtschaftspläne* waren aber von vornherein darauf ausgerichtet, diese Abhängigkeit zu beseitigen. Dies konnte zum Teil dadurch erreicht werden, daß man sich im Außenhandel auf die Sowjetunion und die anderen ost- und südosteuropäischen Staaten orientierte. Zum anderen aber versuchte man, durch eine umfassende sektorale Industrieplanung besonders im Bereich der Grundstoff- und Investitionsgüter-Industrie neue Kapazitäten zu schaffen.
Zu Beginn der 50er Jahre begann man also mit der *Errichtung neuer Industriewerke* und damit mit der *Schaffung neuer Industriestandorte* sowie mit einer Erweiterung des Produktionsprogramms im Maschinenbau. Dabei traten jedoch drei grundlegende volkswirtschaftliche Mängel auf, die auch bis heute noch nicht vollständig behoben werden konnten: die unzureichende Rohstoff- und Energiebasis, die Arbeitskräfte- und Kapitalknappheit, verbunden mit einer unzureichenden Investitionseffizienz. Der Wirtschaftsraum der DDR besitzt nur sehr geringe Rohstoffvorkommen. Die Förderung von Steinkohle und Eisenerz ist gering, der Kupferbergbau kann den Eigenbedarf nicht decken. Das im Erzgebirge gewonnene Uran mußte in die Sowjetunion ausgeführt werden. Bei Braunkohle und Kali gibt es größere Vorkommen. Die Anteile von Braunkohle, Steinkohle und Koks am Primärenergie-Aufkommen waren 1982 mit 67,1 % außerordentlich hoch. Erdöl und Erdgas waren demgegenüber mit 28,7 % beteiligt. Der Vergleich zur Bundesrepublik Deutschland, wo 1982 die entsprechenden Anteile bei 29,6 % (Steinkohle und Braunkohle) und 64,3 % (Erdöl, Erdgas) lagen, zeigt die besondere Stellung der *Energiewirt-*

schaft der DDR: Grundlage ist die Braunkohle. Die DDR ist mit einer Förderung von 296,0 Mio. t (1984) der größte Braunkohlenproduzent der Welt. Die Schätzungen über die abbauwürdigen Vorkommen belaufen sich auf etwa 45 Mrd. t, von denen beim heutigen Stand der Technik aber nur 18 Mrd. t wirtschaftlich gewinnbar sind; davon befinden sich 11 Mrd. t im Lausitzer (also östlich der Elbe) und 7 Mrd. t im Leipziger Revier. Der Schwerpunkt der Entwicklung lag in den letzten Jahren östlich der Elbe, besonders im Bezirk Cottbus. Diese Tatsache hat die Standortplanung im industriellen Bereich und in den Folgebereichen in hohem Maße beeinflußt.

Die Arbeitskräfteknappheit ist ein weiteres ökonomisches Hauptproblem der DDR. Auf dem Territorium der DDR leben (1984) mit 16,6 Mio. fast genauso viele Menschen wie 1939. In der Bundesrepublik Deutschland fand dagegen ein Bevölkerungszuwachs von 18 Mio. statt. Durch die Fluchtbewegung bis 1961 verringerte sich die Bevölkerungszahl in der DDR seit 1949, als dort noch 18,9 Mio. Menschen lebten, ständig. Infolge des niedrigen Geburtenüberschusses wird der Bevölkerungsverlust auch in den nächsten Jahren nicht ausgeglichen werden können. Dies gilt vor allem für die erwerbsfähige Bevölkerung. Ihr Anteil beträgt gegenwärtig etwa 64 %, während der Anteil der Personen im Rentenalter mit rund 17 % wesentlich höher ist als in der Bundesrepublik (1983: 14,8 %). Die Wirtschaftsplanung der DDR hat versucht, die Arbeitskräfteknappheit durch eine sehr hohe Beschäftigungsquote auszugleichen. Heute liegt das Land im Anteil der Erwerbstätigen an der erwerbsfähigen Bevölkerung an der Spitze aller Industriestaaten. 82,5 % der Bevölkerung im arbeitsfähigen Alter sind erwerbstätig, in der Bundesrepublik liegt dieser Wert bei 57,6 %.

Schließlich stellt auch die geringe Arbeitsproduktivität sowohl in der Landwirtschaft als auch in der Industrie ein Wachstum hinderndes ökonomisches Problem dar. Die Hauptursachen dafür liegen neben dem Kapitalmangel in der langjährigen Bevorzugung standortgünstiger Grundstoffindustrien sowie in *systembedingten Mängeln des Planungsapparates*. Erst durch die Reformen des ökonomischen Systems des Sozialismus versucht man, nicht nur eine Vergrößerung des industriellen Ausstoßes, sondern auch eine Erhöhung der Arbeitsproduktivität zu erreichen.

Von besonderer Bedeutung ist in diesem Zusammenhang die *Integration der DDR in den Wirtschaftsblock der RGW-Staaten* (COMECON). Wirtschaftsgeographisch gesehen handelt es sich dabei um die politisch begründete Eingliederung der DDR in einen ökonomisch relativ schwächer entwickelten Wirtschaftsraum. Die DDR ist durch ein Sy-

stem von *Handelsverpflichtungen* und gemeinsamer sektoraler Wirtschaftsplanung an einen Wirtschaftsraum gebunden, der ihr technisch und ökonomisch wenig Impulse geben kann, dem sie vielmehr selbst in großem Maß Entwicklungshilfe zukommen lassen muß (W. BRÖLL, 1973). Mehr als 68 % des Außenhandels der DDR werden mit den RGW-Staaten abgewickelt, davon allein 38 % mit der UdSSR. Die Sowjetunion wurde der wichtigste Rohstoff- und Energie-Lieferant der DDR. Sie deckt den Importbedarf mit ca. 90 % bei Baumwolle, Erdöl, Eisenerz, NE-Metallen und Holz, mit 80 % bei Walzstahl und Blechen. Neben der Außenhandelsbindung bestehen die Folgen der Mitgliedschaft im RGW in der Schaffung eines teilweisen Verbundnetzes der Energieversorgung zwischen den Mitgliedsstaaten und in der Bildung eines gemeinsamen Güterwagenparkes. Die wissenschaftlich-technische Zusammenarbeit, die Gründung einer RGW-Investitionsbank haben in der DDR zur Beschleunigung des Ausbaus einzelner Produktionseinrichtungen, wie z. B. der Chemie und des Maschinen- und Fahrzeugbaus, geführt.
Der Anteil des Westhandels ist seit 1960 kontinuierlich angestiegen. Diese Entwicklung ist Ausdruck des Strebens der Staatsführung der DDR, über den Westhandel den Bedarf an hochproduktiven Industrieanlagen und technisch-organisatorischem Know-how zu decken. Der Westhandel wird als Wachstums- und Produktivitätsfaktor angesehen.

Tab. 70: Entwicklung des Außenhandelsumsatzes der DDR nach Ländergruppen (in %, Basis effektive Werte)

	1970	1975	1980	1985	1986
Sozialistische Länder	72,0	69,7	66,5	66,1	67,4
darunter:					
RGW-Länder	67,0	66,2	62,7	63,6	65,0
UdSSR	39,0	35,7	35,5	38,8	38,8
ČSSR	9,5	9,2	7,8	7,2	7,3
Polen	7,3	8,9	6,4	5,4	6,0
Ungarn	5,1	5,4	5,2	4,9	5,1
Kapitalistische Länder	24,0	26,0	27,4	29,4	28,2
darunter:					
BR Deutschland	8,6	6,7	6,1	6,3	5,9
Entwicklungsländer	4,0	4,3	6,1	4,6	4,4

Quelle: Statistisches Taschenbuch der DDR 1987

2.4.1.2.1 Ballungsgebiete

Angesichts dieser Wachstums- und Strukturprobleme spielten die Zielsetzungen für die raumordnungspolitische Entwicklung der *Gebietskategorien* in der DDR nur eine untergeordnete Rolle. Dennoch ist ein regionales Gefälle im Ausstattungsniveau mit Infrastruktureinrichtungen, im Wohnungsbau und damit in der Versorgung der Bevölkerung mindestens im gleichen Maße vorhanden wie in der Bundesrepublik. Nach der Definition von D. SCHOLZ (1972) bestehen in der DDR vier *Ballungsgebiete,* die in etwa mit den Verdichtungsräumen der Bundesrepublik vergleichbar sind.

- Ein geschlossener Ballungsraum, der das Vogtland, das westliche Erzgebirge und das sächsische Hügelland umfaßt. Dieses Ballungsgebiet hat zwei Kerne, Karl-Marx-Stadt mit 317000 und Zwickau mit 122800 Einwohnern.
- Der Ballungsraum Halle–Leipzig. Er zeigt eine ausgesprochen polyzentrische Struktur: Ein Strang hoher Bevölkerungsdichte zieht sich von Bitterfeld–Wolfen über Halle nach Merseburg. Daneben hebt sich der Schwerpunkt Leipzig (562000 Einwohner) mit seinem Umland heraus. Eine Verbindung der beiden Ballungskerne ist nur im Südteil des Verdichtungsraumes in Form einer Industriegasse von Leipzig über Borna–Altenburg–Zeitz–Weißenfels–Merseburg–Halle sichtbar.
- Berlin (Ost): Der Ostsektor Berlins (1,15 Mio. Einwohner) bildet zusammen mit Königswusterhausen, Fürstenwalde, Rüdersdorf, Bernau–Oranienburg–Henningsdorf, Potsdam, Teltow, Ludwigsfelde einen monozentrischen, relativ geschlossenen und funktional engverflochtenen Verdichtungsraum. Die Pendelbeziehungen reichen noch weit über diesen Raum hinaus. Insgesamt pendeln etwa 10 % der in Ost-Berlin Beschäftigten täglich ein.
- Dresden: In diesem relativ kleinen Verdichtungsraum der DDR um die Kernstadt Dresden (516000 Einwohner) sind die funktionalen Verflechtungen auf einen Ballungskern konzentriert, nämlich die 1945 weitgehend zerstörte und seitdem zu erheblichen Teilen wieder aufgebaute alte sächsische Landeshauptstadt.

In der DDR sind 77 v. H. der Bevölkerung in Städten konzentriert. Auf die 15 Großstädte und die 190 kleineren Mittelstädte mit zwischen 10000 und 50000 Einwohnern entfallen jeweils etwa 25 v. H. der Gesamtbevölkerung. In Berlin (Ost) leben allein 9 v. H. der gesamten Stadtbevölkerung. Die 17 großen Mittelstädte mit 50000–100000 Einwohnern umfassen dagegen nur ein Fünfzehntel der Bevölkerung. Die

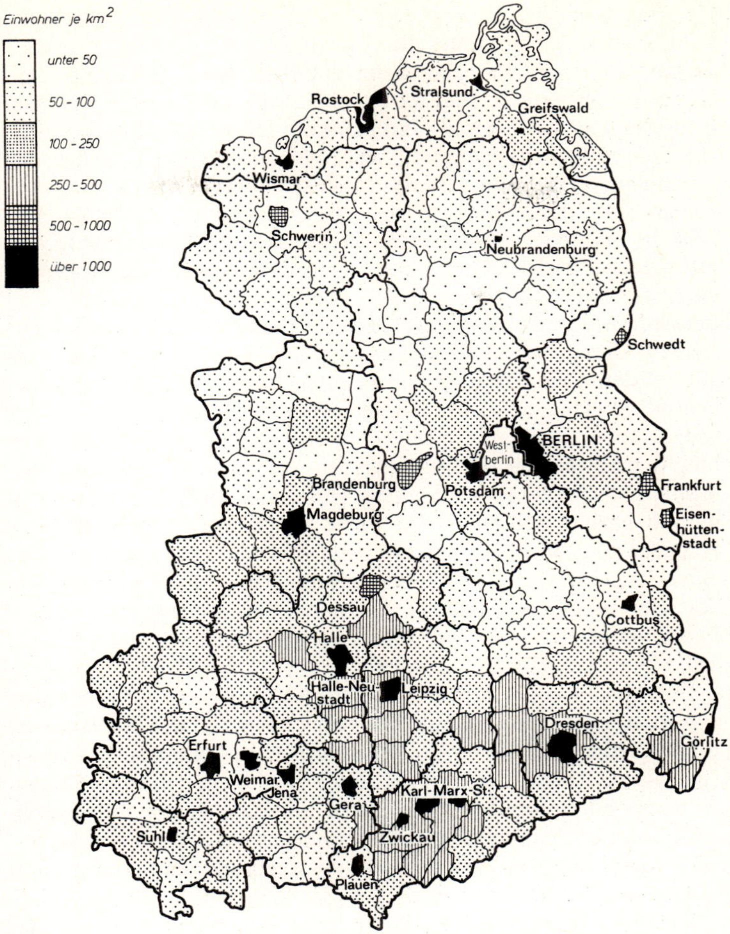

Abb. 31: Bevölkerungsdichte der DDR nach Kreisen 1976 (nach BÖNISCH 1980, S. 187)

innere Struktur der Verdichtungsräume zeigt völlig andere Entwicklungstendenzen, als wir sie in der Bundesrepublik festgestellt haben. Mit Ausnahme von Ost-Berlin haben seit 1953 alle Verdichtungsräume der DDR kontinuierlich an Bevölkerung verloren. Dies gilt auch für den Zeitraum seit 1962. Im völligen Gegensatz zu der Ent-

wicklung in der Bundesrepublik haben jedoch die Verdichtungskerne während dieses Zeitraumes ihre Einwohnerzahl durch Wanderungsgewinn erhöhen können, wenn auch jährlich nur um 0,3 %. Dies gilt bis etwa 1966 besonders für die Kerne Leipzig und Dresden, seit dem Ende der 60er Jahre hat der Ballungskern Halle, insbesondere durch den Bau von Halle-Neustadt, eine wesentlich größere Bedeutung gewonnen. Demgegenüber zeigen die verstädterten Zonen und Randzonen der Verdichtungsräume starke Wanderungsverluste. Das Schwergewicht der Abwanderung im Verdichtungsraum Halle–Leipzig lag dabei meist in Industriestädten, deren ökonomische Grundstruktur relativ einseitig durch die Grundstoffindustrie geprägt ist. Ziel der Abwanderer waren überwiegend die Verdichtungskerne Halle und Leipzig. Diese Entwicklung ist, wenn auch in abgeminderter Stärke, in allen anderen Verdichtungsräumen zu beobachten. Die Ursachen liegen auf der Hand, denn der staatliche Wohnungsbau erfolgte zum überwiegenden Teil in den Verdichtungskernen. Über die regionale Verteilung der Mittel für den Wohnungsbau und durch die Tatsache, daß Wohnortwechsel einer Zuzugsgenehmigung bedürfen, haben die Planungsbehörden der DDR eine nicht unerhebliche Möglichkeit zur Steuerung der Bevölkerungsverteilung. 40 % des Wohnungsneubaues entfallen gegenwärtig auf die Ballungsgebiete. Allerdings sind gerade dort Wohnungsangebot und Wohnqualität vielfach ungenügend.
In der *industriellen Standortstruktur* der DDR fallen drei Grundsätze auf:

- Das *Nord-Süd-Gefälle der Industriedichte,* das in erster Linie wirtschaftsgeschichtlich bedingt und teilweise auch durch Rohstoffvorkommen vorgezeichnet ist. Die industriellen Schwerpunkte liegen im Raum Leipzig–Halle, den man früher als den mitteldeutschen Industriebezirk bezeichnete, sowie im Bereich der thüringisch-sächsischen Städtereihe zwischen Eisenach und Plauen.
- Die *Sonderstellung von Ost-Berlin* mit seiner starken Konzentration an verarbeitender Industrie.
- Die *Gründung neuer Industriestandorte,* wie etwa Eisenhüttenstadt und »Schwarze Pumpe«.

Besonders bemerkenswert ist die Bildung *neuer industrieller Schwerpunkte* an der Ostgrenze der DDR, besonders im Bezirk Cottbus. Unmittelbar an der Grenze zur Volksrepublik Polen wurde das »Eisenhüttenkombinat Ost« in Eisenhüttenstadt, dem früheren Fürstenberg, an der Oder errichtet. Die Standortwahl ist eher politisch als ökonomisch zu verstehen; sie zeigt die von den Planungsinstanzen der DDR erwünschte und auch inzwischen weitgehend vollzogene Einbindung

der Industrie der DDR in die RGW-Staaten. Das Hüttenkombinat, dessen Ausbau durch ein Konverterstahlwerk und ein Kaltwalzwerk in den letzten Jahren weiter vorangetrieben wurde, hat eine wirtschaftlich ungünstige Rohstoffbasis, da das Eisenerz auf dem Landwege aus dem 1000 km entfernten Krivoj Rog (UdSSR) und der Steinkohlenkoks aus dem oberschlesischen Revier herangeführt werden muß. Aus eigenen Erzlagerstätten, vorwiegend aus dem Raum Schmalkalden, werden nur in geringem Umfange Erze eingesetzt. Angeschlossen ist ein Kraftwerk, eine Zementfabrik und ein Werk für Betonfertigteile.
In gleicher Weise ist die *Erdölraffinerie* in Schwedt an der Oder als Orientierung der Wirtschaft der DDR auf die Rohstoffbasen der RGW-Staaten zu beurteilen. Auf der Basis langfristiger Handelsverträge bezieht die DDR den größten Teil ihres Erdöls aus der Sowjetunion. Im Jahre 1963 wurde die Erdölfernleitung aus dem Ural-Wolga-Gebiet nach Schwedt fertiggestellt. 1973 wurde der zweite Strang dieser Leitung in Betrieb genommen. Durch das 5330 km lange Rohrleitungssystem ist die DDR direkt mit den westsibirischen Erdölfeldern verbunden. Daneben gelangt Erdöl über Rostock in die DDR. Von dort besteht eine Pipelineverbindung zum Stammbetrieb des »VEB Petrochemisches Kombinat Schwedt«. Ende 1967 wurde dann eine 340 km lange Leitung von Schwedt nach Leuna, dem Zentrum der chemischen Industrie der DDR, in Betrieb genommen.

2.4.1.2.2 Die ländlichen Gebiete

Die *ländlichen Gebiete* der DDR haben gegenüber den Verdichtungsräumen und den neugeschaffenen Industrieschwerpunkten ein erhebliches Ausstattungsdefizit zu verzeichnen. Dieses *Stadt-Land-Gefälle* zeigt sich besonders in den ländlichen Wohnverhältnissen, aber auch in der jahrzehntelang vernachlässigten Infrastrukturausstattung. Mitte der 60er Jahre hatten beispielsweise in den Gemeinden unter 2000 Einwohnern lediglich 25 % der Wohnungen Netzanschlüsse für Wasser, 3 % der Wohnungen Netzanschlüsse für Gas, 4 % Anschluß an die Kanalisation. Insgesamt kann man sagen, daß ein großer Teil des ländlichen Raumes, besonders im N der DDR, ein erhebliches Ausstattungsdefizit an Infrastruktureinrichtungen hatte oder immer noch aufweist. Dies gilt ganz besonders für das südliche Mecklenburg und das nördliche Brandenburg, also für den Teilraum zwischen Havel und Spree im S und der Linie Schwerin–Güstrow–Neubrandenburg, dies entspricht dem Bezirk Neubrandenburg.

Hier kann man von einem *»hinter der allgemeinen Entwicklung zurückgebliebenen Gebiet«* sprechen, obwohl weder Regionalplanung noch Wissenschaft in der DDR mit einer solchen Gebietskategorie arbeiten. In diesem Raum kommt zu einer relativ niedrigen Bevölkerungsdichte eine völlig unzureichende Ausstattung mit Mittel- und Oberzentren. Die traditionellen Unterzentren, im wesentlichen die Kreisstädte, können die Funktionen höherer Zentralität nicht übernehmen.
Die Ziele für die Gestaltung des Siedlungsnetzes im ländlichen Raum werden unter dem Begriff *»Sozialistische Umgestaltung der Siedlungen«* zusammengefaßt. Dabei schwebt der Territorialplanung der DDR die Lösung in Form einer *»Agrarstadt«* vor, also eines ländlichen Siedlungszentrums, das den Anforderungen der Kooperation in der Landwirtschaft sowie den Bedürfnissen der Versorgung entspricht. Dafür sind aber bisher nur erste Ansätze erkennbar. Beispiele sind Berlstedt im Landkreis Weimar und Ferdinandshof im Landkreis Ükkermünde (Bezirk Neubrandenburg). Berlstedt ist ein Haufendorf mit ehemals mittel- und kleinbäuerlicher Struktur, wie es für die ländlichen Siedlungen am Rande des Thüringer Beckens typisch gewesen ist. In diesem Dorf hat sich der Standort der *Kooperationsgemeinschaft* gebildet, zu der sich sieben landwirtschaftliche Produktionsgenossenschaften und ein Volkseigenes Gut aus zwölf Dörfern 1966 zusammengeschlossen haben. Auch der staatliche Wohnungsbau ist hier konzentriert. Zugleich mit der gemeinsamen Organisation der Feldwirtschaft dieser Kooperative hat man sich bemüht, die landwirtschaftliche Bevölkerung der zwölf Dörfer hier weitgehend zu konzentrieren. Dies hat nicht nur zu einer Neuordnung der Flurformen geführt, sondern auch dazu, daß die ehemaligen bäuerlichen Gehöfte im Bereich der Kooperative funktionslos geworden sind. Die landwirtschaftliche Bevölkerung lebt also dort bereits in mehrgeschossigen Wohnblöcken. Ganz ähnlich ist die Entwicklung im Beispiel Ferdinandshof erfolgt, wo die Einwohner von 26 Dörfern in einer »Agrarstadt« konzentriert werden.
In viel stärkerem Maße als in der Bundesrepublik Deutschland ist in der DDR die Organisation des ländlichen Raumes auf die *Produktionsfunktion der Landwirtschaft* ausgerichtet. Nach dem Abschluß der Zwangskollektivierung im Jahre 1960 hat man sich besonders darum bemüht, die landwirtschaftlichen Produktionszahlen insgesamt zu erhöhen, die Flächenproduktivität zu verbessern und einen möglichst hohen Selbstversorgungsgrad bei Nahrungsmitteln zu erreichen. 1967 war der Selbstversorgungsgrad mit 86 % bereits außerordentlich hoch. Die Bevölkerung der DDR kann mittlerweile mit Fleisch, Trinkmilch und Eiern ausreichend aus eigenem Aufkommen versorgt

werden. Der agrargeographisch wichtigste Prozeß in der DDR war die totale *Veränderung der Eigentumsverhältnisse* der landwirtschaftlichen Bevölkerung und neue, sozialistische Organisationsformen der landwirtschaftlichen Produktion. Die Landwirtschaft der DDR ist durch genossenschaftliche Eigentumsformen gekennzeichnet. 90,5 % der landwirtschaftlichen Nutzfläche (1982) werden von den Landwirtschaftlichen Produktionsgenossenschaften (LPG), 7,4 % von den Volkseigenen Gütern, der Rest von Nebenerwerbswirtschaften der LPG-Mitglieder eingenommen. Seit Abschluß der Kollektivierung im April 1960 gibt es kein selbständiges Bauerntum in der DDR mehr.
Die von den landwirtschaftlichen Produktionsgenossenschaften bewirtschaftete Fläche blieb seit 1960 weitgehend konstant, jedoch setzte eine starke Konzentration ein; die Zahl der landwirtschaftlichen Produktionsgenossenschaften verminderte sich von 17906 (1961) auf 5764 (1974) und 3949 (1982). Die durchschnittliche Betriebsgröße der LPG liegt 1982 bei etwa 1354 ha. Ein weiteres Kennzeichen der DDR-Landwirtschaft ist die grundsätzliche Arbeitsteilung zwischen Pflanzen- und Tierproduktion, d. h. die planmäßig durchgesetzte Auflösung des betrieblichen Verbundes pflanzlicher und tierischer Produktionszweige und die Errichtung selbständiger spezialisierter Betriebe der Pflanzenproduktion einerseits und der Tierproduktion andererseits. 1982 bestanden 1423 Betriebe der Pflanzenproduktion, mit einem durchschnittlichen Flächenumfang von 4057 ha LN pro Betrieb, 3396 Betrieben der Tierproduktion mit einem durchschnittlichen Viehbestand von 1576 GV (GV = Großvieheinheit; 1 GV entspricht 500 kg Lebendgewicht) pro Betrieb sowie weitere 86 Betriebe mit spezialisierter Pflanzenproduktion (Zierpflanzen, Baumschulen). Rein betriebstechnisch gesehen, sind damit beste Voraussetzungen für einen effektiven Kapitaleinsatz, für rationellen Arbeitseinsatz und günstige Vermarktungschancen gegeben. Dennoch ist die Flächenproduktivität der Landwirtschaft in der DDR beim Getreidebau um etwa 20 % und in der Viehwirtschaft um etwa 18 % niedriger als in der Bundesrepublik. Insbesondere aus Gründen der Kapitalknappheit ließen sich also die durch die Betriebsgrößen gegebenen potentiellen Rationalisierungsmöglichkeiten nicht wahrnehmen.
Bemerkenswert ist der *hohe Arbeitskräftebesatz* je Flächeneinheit. Im Durchschnitt entfielen in der Pflanzenproduktion 5,4 Beschäftigte auf 100 ha LN und in der Tierproduktion 7,1 Beschäftigte auf 100 GV. Verglichen mit anderen hochindustrialisierten Ländern erscheint der landwirtschaftliche Arbeitskräftebesatz in der DDR, umgerechnet auf Vollarbeitskräfte (AK), mit durchschnittlich rd. 12 AK ja 100 ha LN unangemessen hoch. In der vom bäuerlichen Familienbetrieb geprä-

ten Landwirtschaft der Bundesrepublik beträgt der AK-Besatz je 100 ha LN im Durchschnitt aller Betriebsgrößen rd. 8 AK, in der Betriebsgröße von 50 und mehr ha sogar nur 3 AK. Darin drückt sich nicht nur der unterschiedliche volkswirtschaftliche Entwicklungsstand der beiden Staaten in Deutschland aus, sondern diese Situation ist zugleich ein Indiz für Unterschiede in der landwirtschaftlichen Arbeitsproduktivität.
H. IMMLER (1973) schließt aus der Struktur des Arbeitskräftebesatzes, daß allein für Verwaltungs- und Kontrollarbeiten 3,3 AK je 100 ha landwirtschaftlicher Nutzfläche oder 20 % der landwirtschaftlichen Arbeitskräfte benötigt werden. Man kann also feststellen, daß die landwirtschaftlichen Großbetriebe in der DDR ihren strukturbedingten Vorteil gegenüber den Mittel- und Kleinbetrieben westlicher Länder nicht wahrnehmen können. Der hohe Arbeitskräfteaufwand für Verwaltungsaufgaben ist jedoch auch aus anderen sozialistischen Ländern bekannt und muß teilweise auch historisch erklärt werden. Dies geht schon daraus hervor, daß in den traditionell mittel- und großbäuerlich strukturierten Agrargebieten des N mit gleich günstigen Bodenbedingungen der AK-Besatz wesentlich niedriger ist als in den früher klein- und mittelbäuerlichen Gebieten wie etwa der Niederlausitz oder des Eichsfeldes. Auf diesen, zum Teil auch ökologisch benachteiligten Standorten übersteigt der AK-Besatz häufig die Zahl 30. In diesem Zusammenhang ist es auch interessant, daß noch heute ein Teil der älteren Genossenschaftsbauern in den südlichen Gebieten der DDR ihrem traditionellen Nebenerwerb (Industrie, Forstwirtschaft, Fremdenverkehr) nachgehen. Auch die Lößgebiete mit einem hohen Ackerland-Anteil – wie die Magdeburger Börde, die Lommatzscher Pflege, das Thüringer Becken – weisen einen hohen Arbeitskräftebesatz auf. Hier ist das Vorherrschen von Intensivkulturen dafür verantwortlich zu machen.
Die jüngsten *agrarräumlichen Wandlungen* beruhen auf den agrarpolitischen Konsequenzen, die aus der Konzeption des ökonomischen Systems des Sozialismus gezogen werden. Im Mittelpunkt steht die horizontale und vertikale Kooperation in der Landwirtschaft. Unter *horizontaler Kooperation* wird dabei die Zusammenarbeit von Betrieben gleicher Produktionsrichtung und Produktionsstufe verstanden. Sie wird angewendet, wenn bestimmte Produktionsaufgaben von mehreren landwirtschaftlichen Produktionsgenossenschaften besser gemeinschaftlich erfüllt werden können. Als *vertikale Kooperation* wird die Zusammenarbeit von verschiedenen Produktionsrichtungen aufgefaßt, die der Landwirtschaft vor- oder nachgelagert sind. Dazu gehören Einrichtungen der Beschaffung und der Finanzierung sowie

vor allen Dingen industrielle Verarbeitungsbetriebe für die landwirtschaftlichen Produkte. Sehr häufig wird das Produktionsprogramm einer LPG durch Wirtschaftsverträge mit der weiterverarbeitenden Industrie oder mit der Absatzorganisation festgelegt. Dieses System ist vergleichbar mit dem Vertragsanbau in einigen westdeutschen landwirtschaftlichen Betrieben, der besonders im Feldgemüseanbau angewandt wird. In der DDR jedoch sollen diese Wirtschaftsverträge ein generelles Bindeglied zwischen staatlicher Leitung und einzelbetrieblicher Planung in der Landwirtschaft darstellen.
Seit 1973 ist der Prozeß der Kooperation insbesondere in der Pflanzenproduktion rasch fortgeschritten. In diesem Jahr trat das *»Musterstatut für kooperative Einrichtungen«* in Kraft, durch das die auf eine bestimmte Pflanzenproduktion ausgerichteten Genossenschaften oder Genossenschaftsabteilungen betriebswirtschaftlich miteinander verknüpft wurden. 1982 bewirtschafteten 1119 LPG Pflanzenproduktion, 73 VEG Pflanzenproduktion, 46 spezialisierte LPG Pflanzenproduktion und 86 spezialisierte volkseigene Güter Pflanzenproduktion schon 95,6 % der landwirtschaftlichen Nutzfläche der DDR. Neben dem Ziel der effektiveren Wirtschaftsweise und der besseren Planerfüllung und Plankontrolle kann man in diesen zwischengenossenschaftlichen Einrichtungen die Absicht sehen, ein auf dem Nutzungsrecht basierendes sozialistisches Eigentumsdenken zu entwickeln.

2.4.2 Österreich

Die *Wirtschafts- und Sozialordnung* der Republik Österreich und die auf ihr beruhenden räumlichen Prozesse sind, ähnlich wie die der Bundesrepublik Deutschland, weitgehend an den Prinzipien der *Marktwirtschaft* orientiert. Allerdings hat sich seit den Reformen der Staatsorganisation unter der Herrschaft MARIA THERESIAS, JOSEPH II. und LEOPOLD II. eine spezifische Mischung zentralstaatlicher und föderalistischer Lenkungsmethoden entwickelt, die die räumlichen Entwicklungsprozesse bis in die heutige Zeit hinein geprägt haben. Durch diese Reformmaßnahmen, die sich von 1742 an jahrzehntelang hinzogen, wurde die feudale Staatsstruktur durch einen Behördenapparat mit Berufsbeamten abgelöst. Zugleich wurde der Kameralismus das ökonomische Grundkonzept der Wirtschaftspolitik und brachte die Wirtschaft in vielfache Abhängigkeit vom Staat. So entstand ein Staatswesen, dessen zentralistisches Prinzip bis 1867 ungebrochen vorherrschte und das nach Einführung des österreichisch-ungarischen

Dualismus in beiden Reichshälften weiterbestand. Die von MARIA THERESIA eingerichteten Kreisbehörden zogen eine Fülle von Aufgaben an sich und machten den Staat zum Träger vielfältiger Leistungen. Aus den Gegensätzen zwischen den Zentralstaatstendenzen und partikularistischen Kräften der einzelnen Regionen entstand ein Provinzialsystem der Verwaltung, die eine ganze Reihe von Ländereigenheiten weiterbestehen ließ. Auf diese Weise finden wir heute stärkere *föderalistische Tendenzen*, die sich in der eigenständigen Entwicklung der einzelnen Bundesländer niederschlagen, und zugleich einen *»milden Zentralismus«* (A. BURGHARDT, 1973).

Das Österreich der Zweiten Republik kann als eine »funktionierende repräsentative Demokratie« (E. BODZENTA) angesehen werden. Als Folge des Demokratisierungsprozesses seit mehr als sechs Jahrzehnten fielen alle gesetzlichen Schranken der Handelsprivilegien. Österreichs heutige Ausdehnung und territoriale Gestalt, seine funktionsräumliche Gliederung und seine räumlichen Entwicklungsprozesse sind daneben in starkem Maße aus dem wechselhaften Prozeß der *politischen Raumbildung im Donauraum* seit dem späten Mittelalter zu erklären. Für die Einzelheiten der Entwicklung des Österreich-Begriffes und der territorialen Zugehörigkeiten sei auf die kurzen Zusammenfassungen bei ZÖLLNER (1965) und STIGLBAUER (1985) verwiesen.

Die österreichisch-ungarische Monarchie, 1867 durch den sogenannten *»Ausgleich«* geschaffen, wurde nach der Niederlage der Mittelmächte im Ersten Weltkrieg zerstört. 1918 konstituierten sich die deutschen Abgeordneten des Reichsrates als »provisorische Nationalversammlung für Deutsch-Österreich«. In einer Staatserklärung vom 22. 11. 1918 wurde der Umfang dieses *»Rumpfstaates«* Österreich definiert. Wie auch die anderen Nachfolgestaaten der österreichisch-ungarischen Monarchie stand er vor sehr schwierigen räumlichen Umstellungs- und Neuorientierungsproblemen:

- Ein großer Teil der österreichischen *Industrie* verlor seine Rohstoff- und Halbfabrikatbasis.
- Der *Binnenmarkt* für die verbliebene Industrie änderte sich grundlegend: Eisen-, Elektro- und Papierindustrie waren überdimensioniert und wurden exportabhängig.
- Das System der tertiären Standorte wurde stark beeinträchtigt. Der Rumpfstaat besaß *Überkapazitäten* besonders im Bereich der öffentlichen und privaten Verwaltungen, des Bank- und Versicherungswesens. Wien mit seinen zentralörtlichen Einrichtungen für den gesamten ehemaligen Staatsraum hatte einen erheblichen Teil seines Einzugsbereiches verloren.

Damit besaß die *»Republik Deutsch-Österreich«* im Jahre 1918 nur noch 12 % des ehemaligen Staatsgebietes der Gesamtmonarchie, 13 % der Wohnbevölkerung und 30 % der Industriearbeiter. Die schlesischen Kohlengruben, die galizischen Erdöllager, die böhmische Textilindustrie sowie die ertragreichen ungarischen und kroatischen Agrargebiete verblieben den Nachfolgestaaten, während zahlreiche Industriezweige, die öffentliche Verwaltung und das Bank- und Versicherungswesen innerhalb der Grenzen der Republik Österreich überdimensioniert waren. Die *Abhängigkeit vom Außenhandel*, eine schwere Inflation 1921/22 und zahlreiche Zusammenbrüche im Bank- und Versicherungsgewerbe führten zu einer starken strukturellen Arbeitslosigkeit, die teilweise Quoten bis zu 10 % der Gesamtbevölkerung erreichte. Dies änderte sich erst 1938, im Jahr der Okkupation durch Deutschland. Die Einbeziehung in den reichsdeutschen Wirtschaftsraum und die kriegswirtschaftlich orientierte Planung leitete ein stürmisches *Wirtschaftswachstum* ein. Es beruhte auf der Errichtung mehrerer Großkraftwerke, der Anlage von Großindustrien und dem Ausbau des Verkehrsnetzes. Nach dem Zweiten Weltkrieg beschloß Österreich, den durch die Kriegswirtschaft eingeleiteten wirtschaftsräumlichen Strukturwandel fortzusetzen. Die begonnenen Kraftwerke wurden vollendet, wie beispielsweise das 1954 fertiggestellte Kraftwerk Kaprun. Die als Erbe der Kriegswirtschaft vorhandenen Großbetriebe der metallerzeugenden und chemischen Industrie in Oberösterreich – zum Beispiel die Vereinigte Österreichische Eisen- und Stahlwerke (VÖEST) und Stickstoffwerke in Linz, das Aluminiumwerk in Ranshofen und die Zellwolle Lenzing – wurden nach 1945 weiter ausgebaut. Auf diese Weise zählte Österreich, besonders in den Jahren 1950 bis 1960, zu den Ländern mit dem stärksten Wirtschaftswachstum in Europa.

Die heutige *wirtschafts- und sozialräumliche Struktur* Österreichs läßt sich durch folgende Punkte kennzeichnen:

- In seinen Bundesländern besitzt Österreich Teilgebiete mit einer sehr ausgeprägten *Individualität* und sehr unterschiedlichen räumlichen Entwicklungsprozessen. Diese Kleinkammerung ist durch den föderalistischen Staatsaufbau bedingt und teilweise auch durch die Oberflächenformen vorgezeichnet.
- Die *überregionale Infrastruktur* hat diese Eigenständigkeit der Bundesländer nicht beseitigt.
- Es besteht ein ausgeprägtes *West-Ost-Gefälle* im Wirtschaftswachstum und in den Einkommensverhältnissen. Dies hängt zum Teil mit der Zoneneinteilung der Nachkriegszeit zusammen. Beispielsweise bekam Oberösterreich mit Linz, das von US-amerikanischen Trup-

pen besetzt war, schon früh die Marshallplan-Hilfe, während in der sowjetisch besetzten Zone noch demontiert wurde. Zum anderen Teil ist es aber auch auf Distanzunterschiede zu den wirtschaftlichen Zentren des westlichen Europas zurückzuführen.

- Neben der *Metropole Wien* fehlen ausgeprägte größere Verdichtungsräume.

Österreichs *Territorium* besitzt eine Ost-West-Erstreckung von rund 600 km, dagegen beträgt die maximale Nord-Süd-Ausdehnung nur 260 km, auf etwa einem Drittel der Längserstreckung sogar nur 60 km. Diese Ost-West-Erstreckung wird noch durch die ausgeprägte zonale Gliederung der Ostalpen (Flyschzone, nördliche Kalkalpen, Grauwackenzone, Zentralalpen, südliche Kalkalpen) mit den dazwischen liegenden großen Längstalfluchten (Inn-, Alszach-, Ennstal; Mur- und Mürztal; Drautal) sowie durch das Tal der Donau im Norden verstärkt.

Demgegenüber besteht nur eine bedeutende Nord-Süd-Verbindung im Osten des Landes in der Semmering-Linie Wien–Graz. Der hohe Anteil des *Alpenraumes* (rund 60 %) am Gesamtterritorium von rund 83 800 km^2 schafft besondere Voraussetzungen für die Verteilung der Bevölkerung und der wirtschaftlichen Standorte wie auch für die Kommunikation zwischen den einzelnen Teilräumen. Hinzu kommt der *föderalistische Staatsaufbau*, der gerade im Bereich der raumwirksamen Staatstätigkeit den Ländern und auch den Gemeinden gegenüber dem Bund sehr weitgehende Kompetenzen gibt. Die Kompetenzverteilung zwischen Bund und Ländern gestaltet sich wesentlich komplizierter als in der Bundesrepublik Deutschland. Nach einem Urteil des österreichischen Verfassungsgerichtshofes steht die Gesetzgebungskompetenz auf dem Gebiet der *Raumordnung* insoweit den Ländern zu, als es sich nicht um Angelegenheiten handelt, die das Bundesverfassungsgesetz als Aufgabe des Bundes bezeichnet. So waren es die Bundesländer (ausgenommen Wien), die seit 1956 Landesplanungsgesetze und Raumordnungsgesetze aufgestellt haben, die die eigenständige Entwicklung der einzelnen Regionen noch verstärkt haben. Zwar hat die Bundesregierung »Leitlinien für die von der Bundesregierung anzustrebende Raumordnungspolitik« (1969) veröffentlicht, sie konnten bisher jedoch nicht rechtswirksam werden. Seit 1971 besteht die »österreichische Raumordnungskonferenz« (ÖROK), ein permanentes gemeinsames Organ von Bund, Ländern und Gemeinden, das sich die Ausarbeitung eines Raumordnungskonzeptes zum Ziel gesetzt hat. Allerdings ist dies bis heute nicht verabschiedet.

Seit 1974 ist das Bundesministeriengesetz in Kraft, das dem Bundes-

Tab. 71: Die Entwicklung der Bevölkerung zwischen 1910 und 1981 in Stadtregionen mit mehr als 100 000 Einwohnern (1971); unter Konstanthaltung der für 1971 ermittelten Regionsgrenzen

	1910		1981		Bevölkerungsentwicklung 1910–1951 (1910=100)			Bevölkerungsentwicklung 1951–1981 (1951=100)		
	Kernstadt	Gesamte Stadtregion	Kernstadt	Gesamte Stadtregion	Gesamte Stadtregion	Kernraum[1]	Außenzone	Gesamte Stadtregion	Kernraum[1]	Außenzone
Wien	2083630	2468800	1515666	1973000	81,5	79,5	100,4	98,1	96,6	110,0
Graz	193790	278500	243405	374200	117,4	119,2	114,7	114,4	112,2	121,2
Linz	97852	204500	197962	410900	149,1	189,3	117,6	127,7	124,0	135,0
Salzburg	56423	93100	138213	224500	167,9	182,4	135,4	143,6	141,5	150,0
Innsbruck	65221	102200	116100	204900	145,5	146,8	141,3	137,8	134,1	150,3
Klagenfurt	45161	72400	86303	128200	139,5	150,8	116,4	126,9	129,1	121,3

[1] Kernraum: Kernstadt und »Ergänzungsgebiet«.
Nach FINDL (1982): Volkszählung 1981: Entwicklung der Stadtregionen. In: Statistische Nachrichten, 37. Jg. (Neue Folge), H. 7, S. 320–328, Wien.
Quelle: STIGLBAUER, 1985, S. 152

kanzleramt die wirtschaftliche Koordination einschließlich der zusammenfassenden Behandlung der Angelegenheiten der Strukturpolitik sowie die Koordinierung in Angelegenheiten der Raumordnung zur Aufgabe macht.

Dennoch lassen sich allgemeingültige Grundsätze in der Entwicklung der österreichischen *Siedlungsstruktur* und *Bevölkerungsverteilung* feststellen. Diese sind in folgenden Punkten zusammenzufassen:

- Der Anteil der in den Gemeinden mit weniger als 2000 Einw. lebenden Bevölkerung an der Gesamtbevölkerung Österreichs ist von rund 50 % in der Mitte des vorigen Jahrhunderts auf etwa 23 % (1982) abgesunken.
- Der Anteil der in den Gemeinden mit einer Einwohnerzahl zwischen 2000 und 5000 lebenden Bevölkerung ist seit der Mitte des vorigen Jahrhunderts mit etwa 17 % konstant geblieben. Er ist erst in jüngster Zeit auf 22 % (1982) gestiegen.
- Eine ähnliche Tendenz ist für die Gemeinden mit einer Einwohnerzahl von 5000 bis 10000 festzustellen: Ihr Anteil ist im Laufe der letzten 120 Jahre von 5 % auf 10 % (1982) gestiegen.
- Das stärkste Wachstum hatten die Mittelstädte mit einer Einwohnerzahl zwischen 10000 und 100000 Einw. In ihnen ist im letzten Jahrhundert der Bevölkerungsanteil von 5 % auf 15 % (1982) gestiegen, was mehr als eine Verdreifachung der Bevölkerungszahl dieser Gemeinden bedeutet.

In den Städten mit mehr als 100000 Einw. hat sich im letzten Jahrhundert eine sehr unterschiedliche Bevölkerungsentwicklung abgespielt. Ein starkes Wachstum hatten die Städte Linz, Salzburg, Klagenfurt und Innsbruck. Auch Graz hat seine Bevölkerungszahl erhöht, hingegen hat die Einwohnerzahl Wiens seit 1910 abgenommen. Nachdem diese einzige Millionenstadt Österreichs in der Gründerzeit ein stürmisches Wachstum zu verzeichnen hatte, haben sich nach der Aufteilung der Donaumonarchie nicht nur Funktions-, sondern auch starke Bevölkerungsverluste durch Abwanderung ergeben. Dennoch stieg insgesamt der Anteil der in den fünf österreichischen Großstädten lebenden Gesamtbevölkerung von 25 % auf 29 %.

2.4.2.1 Groß- und mittelstädtische Regionen

Groß- und mittelstädtische Regionen haben sich in Österreich in Anlehnung an hochrangige zentrale Orte (zum Beispiel Wien–Wiener Becken), als verhältnismäßig isolierte Industriezonen mit Spezialisie-

rung auf Montan-Industrie oder Textilindustrie (z. B. Mur-Mürz-Furche) oder infolge beider Impulse (Rheintal) entwickelt. Im allgemeinen werden folgende sieben derartige Regionen unterschieden:
- Bregenz–Dornbirn–Feldkirch (Rheintal)
- Innsbruck–Kufstein (Inntal)
- Salzburg–Hallein
- Villach–Klagenfurt
- Wels–Linz–Steyr (Oberösterreich)
- der zweigeteilte steierische Zentralraum mit den Bereichen Leoben–Bruck a. d. Mur bzw. Graz und
- Wien–Wiener Neustadt.

Diese verdichteten Siedlungsräume, in denen 64 % der Gesamtbevölkerung des Landes leben, haben eine sehr unterschiedliche innere Struktur, die teilweise durch die Orographie vorgegeben ist. Im Vorarlberger und Tiroler Verdichtungsraum ist eine bandförmige Anordnung der Siedlungsteile festzustellen. In Salzburg, Oberösterreich, Steiermark und Kärnten zeigen sich Ringe von wachsenden Gemeinden in konzentrischer Anordnung um die Kernstädte. Die flächenmäßig größte Ausdehnung einer Wachstumszone ist im oberösterreichischen Verdichtungsraum entlang der Verkehrsachsen festzustellen. Die groß- und mittelstädtischen Regionen Österreichs haben ganz ähnliche innere Wachstumsdifferenzierungen aufzuweisen wie die Verdichtungsräume der Bundesrepublik Deutschland. Die Schwerpunkte des Wachstums haben sich von den Kernstädten in die Umlandgemeinden verlagert. Auch dabei zeigt sich ein West-Ost-Gefälle. In den Regionen Wien und Graz haben die Kernstädte bereits Verluste erlitten, in Westösterreich sind sie nur in ihrem Wachstum relativ zurückgeblieben.

Tab. 72: Bevölkerungsveränderung in den Stadtregionen und ländlichen Gebieten Österreichs (in %)

1971–1981	Stadtregionen	Kernstädte	Außenzonen	ländliche Gebiete
Gesamtösterreich	+ 0,8	– 1,1	+ 7,5	+ 0,9
Ostösterreich	– 2,7	– 4,2	+ 5,3	– 2,4
Südösterreich	+ 0,7	– 0,5	+ 3,9	– 0,6
Westösterreich	+ 5,0	+ 4,6	+ 11,7	+ 5,0

Quelle: LEIDLMAIER, 1983, S. 53

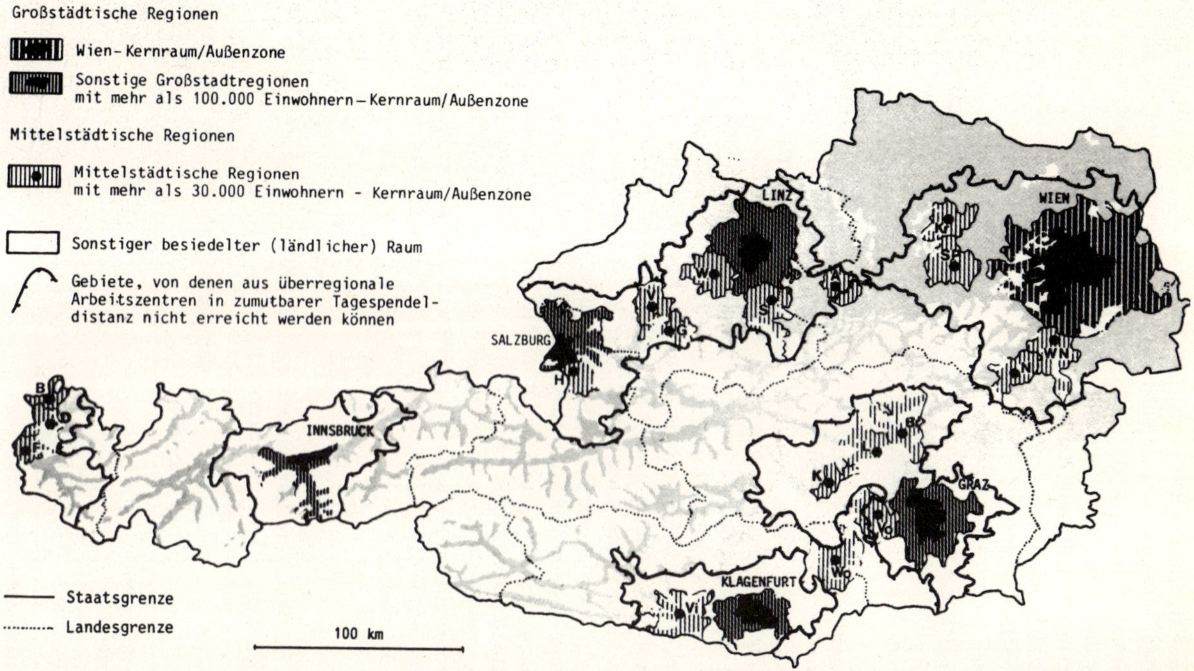
Großstädtische Regionen
Wien- Kernraum/Außenzone
Sonstige Großstadtregionen
mit mehr als 100.000 Einwohnern – Kernraum/Außenzone
Mittelstädtische Regionen
Mittelstädtische Regionen
mit mehr als 30.000 Einwohnern - Kernraum/Außenzone
Sonstiger besiedelter (ländlicher) Raum
Gebiete, von denen aus überregionale Arbeitszentren in zumutbarer Tagespendeldistanz nicht erreicht werden können
Staatsgrenze
Landesgrenze
100 km
WIEN
LINZ
SALZBURG
INNSBRUCK
GRAZ
KLAGENFURT

Die Randwanderungsprozesse haben teilweise auch in Österreich zu einer starken Verformung der Altersstruktur der städtischen Wohnbevölkerung geführt. Dies gilt in besonderem Maße für Wien, das eine generative Struktur der Bevölkerung aufweist, wie sie sonst in Mitteleuropa nur West-Berlin hat. Die Überalterung der Bevölkerung ist sehr stark, mehr als 30% der Bevölkerung sind über 60 Jahre alt. Der Sterbeüberschuß ist mit 7,0% auf 1000 Einw. dementsprechend. Der Ausgleich der Bevölkerungsbilanz der Stadt erfolgt also durch die zugewanderte Bevölkerung, die zu annähernd 50% unter 25 Jahre alt war. Der Bevölkerungsrückgang der Stadt, der aufgrund des Sterbeüberschusses zu erwarten gewesen wäre, konnte deshalb von 1971–1981 um etwa ein Sechstel vermindert werden.
Die sieben Stadtregionen Österreichs sind zugleich auch die wesentlichsten Standorte der Industrie des Landes. Auch hier gilt wieder das Prinzip der föderalen Eigenständigkeit. Bis auf das Burgenland sind alle Landeshauptstädte zugleich auch wichtige Industriestandorte. Allerdings bestehen hier quantitative Unterschiede. Die Stadtregionen Wien–Niederösterreich, Oberösterreich und Steiermark haben den weitaus größten Anteil an der österreichischen Industrie. Fast 40% der gesamten gewerblichen Gütererzeugung des Landes sind in Wien und im Wiener Becken konzentriert. Dabei weist die Wiener Industrie eine sehr breite Branchenstreuung über alle Bereiche der Fertigwaren-Industrie auf. Die Struktur der oberösterreichischen Industrie wird stark von den im Zweiten Weltkrieg und danach entwickelten Großbetrieben der Metallindustrie und der chemischen Industrie bestimmt. Im obersteirischen Industriegebiet, der Industriekette in der Mur-Mürz-Furche, dominieren demgegenüber die rohstofforientierte Eisenindustrie und der Bergbau. Die Standortprobleme sind hier, im Bereich des Alpenhauptkammes und des südöstlichen Alpenvorlandes, durch die Randlage zu den Absatzgebieten Mitteleuropas und die zunehmende Emissionsbelästigung, besonders in der Grazer Bucht, sehr groß. Demgegenüber treten die Anteile von Vorarlberg, Tirol, Kärnten und Salzburg an den Industriebeschäftigten des Landes weit zurück. Sie liegen zwischen 4 und 5%. Allerdings ist gerade in den westlichen Stadtregionen nach dem letzten Krieg das wirtschaftliche Wachstum auch der Industrie relativ besonders stark gewesen.
Damit ist bereits eines der wesentlichen Probleme der heutigen *regionalen Entwicklung* des Landes angesprochen. Die westlichen Bundes-

Abb. 32: Regionale Struktur der Lebensräume in Österreich (nach STIGLBAUER, 1985, S. 187)

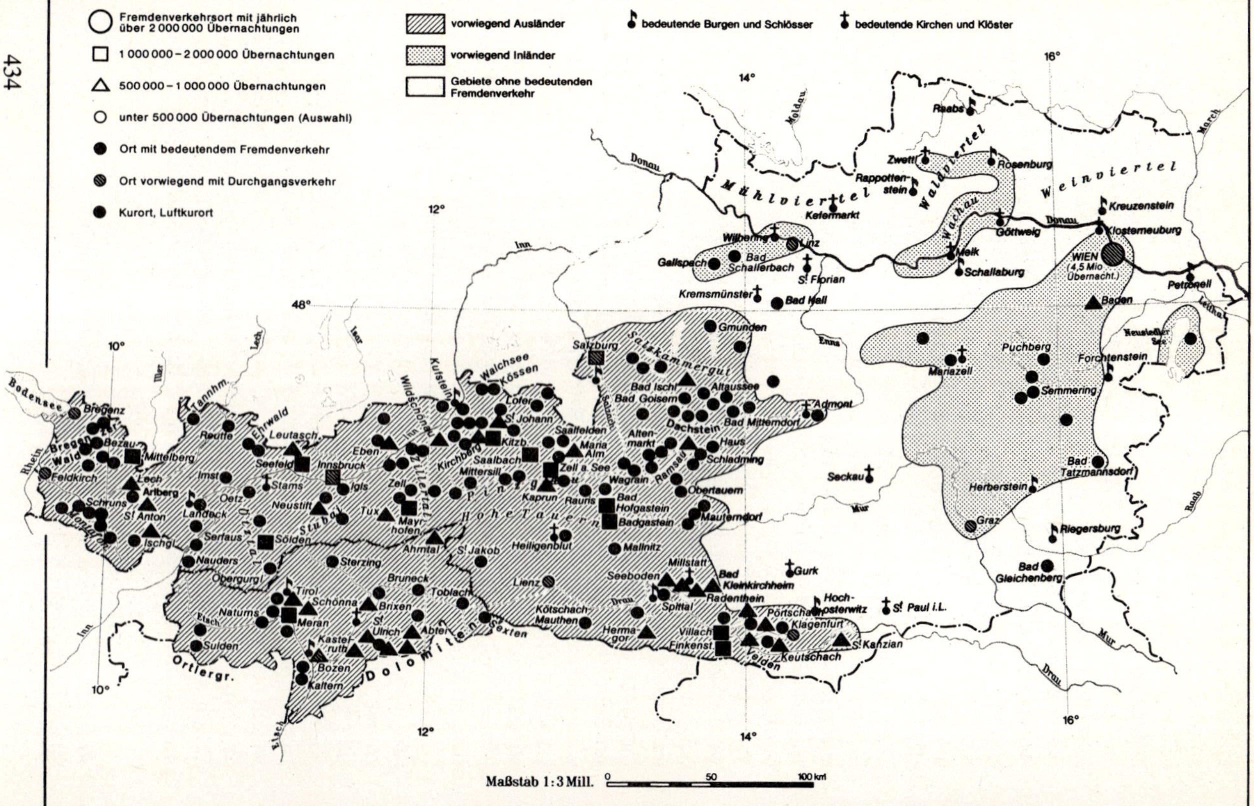

Quellen: Österreich. Bundesregierung Wien, Statist. Handbuch für die Rep. Österreich 1981; Landesverkehrsamt für Südtirol Bozen, Amt für Wirtschaftsstudien Bozen 1982

länder und vor allen Dingen ihre Stadtregionen hatten seit dem letzten Krieg bessere ökonomische Entwicklungsmöglichkeiten als die Landesteile im O und SO. Dies gilt vor allem für die Bundesländer Vorarlberg, Tirol und Salzburg sowie für große Teile Oberösterreichs. Diese Landesteile waren von den Kriegsfolgen (Kampfhandlungen, Demontagen, Besatzungsregime) weitgehend verschont. Während der Besatzungszeit hatten zahlreiche Betriebe ihren Standort aus den sowjetisch besetzten Gebieten in die westlichen Landesteile verlagert. Sie kehrten nach dem Abzug der Besatzungstruppen nur teilweise zurück. Hinzu kommt die Nähe der westlichen Landesteile zu den Industrie- und Dienstleistungszentren der Bundesrepublik Deutschland, der Schweiz und Oberitaliens, aus denen sich wichtige Kontaktvorteile ergeben. Filialgründungen großer Unternehmen aus diesen Wirtschaftsräumen sind meist in den westlichen Zentralräumen Österreichs angesiedelt worden. Eine wesentliche Ursache dafür ist sicherlich in der starken Verbesserung der Verkehrsverbindungen zu sehen. Der Verschiebung des österreichischen Wirtschaftspotentials durch die starken Wachstumsraten in die westlichen Stadtregionen sind jedoch seit etwa 1960 durch die dortige Arbeitskräfteknappheit und die starke Konkurrenz des Fremdenverkehrsgewerbes Grenzen gesetzt. Überhaupt wurde der Fremdenverkehr in vielen Landesteilen zur wichtigsten »Wachstumsindustrie«, wobei auch in diesem Sektor die westlichen Landesteile die dynamischeren waren. Die Zahl der Übernachtungen, die 1954 erstmalig wieder den Vorkriegsstand erreicht hatte, hat sich seitdem vervielfacht.

2.4.2.2 Fremdenverkehrsgebiete

1984 wurden in Österreich 15,1 Mio. ausländische Gäste registriert. Die Zahl der Übernachtungen betrug 114,6 Mio., davon 86,7 Mio. von ausländischen Besuchern und 27,9 Mio von Inlandsgästen. Österreich steht damit an der Spitze des Ausländertourismus in Europa. Dieser *Fremdenverkehrsstrom* kam hauptsächlich den westlichen Bundesländern und auch dem Bundesland Kärnten zugute, deren landschaftliche Reize und infrastrukturelle Ausstattung sie für die Reisenden attraktiv machten. Zu diesen *Hauptfremdenverkehrsgebieten* Österreichs, die wirtschaftlich primär vom Fremdenverkehr abhängig sind, zählt

Abb. 33: Fremdenverkehr in Österreich und Südtirol
(nach LEIDLMAIR, 1983, S. 79)

P. BERNECKER (1970) folgende Bereiche: die Gemeinden in den Höhenlagen nördlich und südlich des Arlberges bis an die Staatsgrenze, die Höhenregionen an der Nord- und Südgrenze des Landes Tirol, das Wettersteingebirge, das Karwendel- und Sonnenwendgebirge sowie südlich des Inn die Gebiete der Ötztaler und Stubaier Alpen, das Stubaital, die Zillertaler Alpen, die Kitzbühler Alpen und das Kaisergebirge. Hinzu kommt das Gebiet der Hohen Tauern und die verkehrserschlossenen Teile der Radstädter Tauern sowie das Gebiet um den Dachstein. Die zweite Gruppe der Hauptfremdenverkehrsgebiete sind die Landschaften an den Badeseen, wie der oberösterreichisch-salzburgische Teil des äußeren Salzkammergutes und die Gebiete um die Kärntner Seen. Schließlich spielen auch die ausgesprochenen Kurorte im Fremdenverkehr eine große Rolle, so vor allem Bad Gastein, Bad Hall, Bad Gleichenberg und andere.
Betrachtet man die regionale Verteilung der Übernachtungszahlen, so ergibt sich auch hierbei ein starkes West-Ost-Gefälle. Für 1981 wurden folgende Zahlen gemeldet: Tirol 40,8 Mio. Übernachtungen, Salzburg 22,5 Mio., Kärnten 18,8 Mio., Steiermark 9,4 Mio., Vorarlberg 8,4 Mio., Oberösterreich 8,3 Mio., Niederösterreich 6,2 Mio., Wien 4,7 Mio. und das Burgenland 2,1 Mio. Übernachtungen.
Die große *wirtschaftliche Bedeutung* des Fremdenverkehrs und seine Attraktivität für Arbeitskräfte und Kapital haben dazu geführt, daß in den Hauptfremdenverkehrsgebieten der in anderen europäischen Ländern zu beobachtende räumliche Prozeß der Verstärkung des Stadt-Land-Gefälles nicht festzustellen war. Der Fremdenverkehr hat die Konzentrations- und Verdichtungsprozesse von Arbeitskräften und Kapital in großen Teilen Österreichs nicht in dem sonst zu erwartenden Ausmaß entstehen lassen. Probleme der Bevölkerungsabwanderung und ihrer Folgewirkungen bestehen also in dem vom Fremdenverkehr bestimmten ländlichen Gebieten Österreichs nicht. Weiterhin steigender Bedarf nach Erholungsgebieten und Fremdenverkehrseinrichtungen läßt ein Ende dieses Prozesses noch nicht absehen.

2.4.2.3 Agrar- und Problemgebiete

Diese Feststellung gilt jedoch nicht für alle *ländlichen Gebiete* Österreichs. Agrargebiete ohne nennenswerten Fremdenverkehr und mit geringem Industriebesatz, insbesondere im nördlichen Niederösterreich, im Burgenland und in Teilen der Steiermark und Kärnten sind als hinter der allgemeinen Entwicklung zurückgebliebene Gebiete anzusehen. Die österreichische Raumplanung spricht hier seit dem Ende der 50er Jahre von *»entwicklungsbedürftigen Gebieten«*. Diese Gebiete haben zwischen 1951 und 1961 bis zu 20 % ihrer Wohnbevölkerung verloren. Ihre Infrastrukturausstattung ist schlecht, die Agrarstruktur stark verbesserungsbedürftig. Es bestehen hier also die gleichen räumlichen Entwicklungsprobleme wie in der Bundesrepublik Deutschland. Die Länder und teilweise auch der Bund setzen seit etwa 1959 finanz- und investitionspolitische Instrumente zur Stärkung der Wirtschaftskraft und des Wirtschaftswachstums dieser entwicklungsbedürftigen Gebiete ein. Insbesondere das *Finanzausgleichsgesetz* von 1959 enthält Bestimmungen zur Verminderung des regionalen Gefälles. Dort heißt es in Art. III: »Der Bund kann den Ländern zur Förderung von wirtschaftlich unterentwickelten Gebieten – insbesondere auch unter Bedachtnahme auf die geographische Lage dieser Gebiete – zweckgebundene Zuschüsse bis zu dem im jeweiligen Bundesfinanzgesetz festgesetzten Höchstausmaß gewähren.« Im einzelnen dienten diese Mittel folgenden Zwecken:

- dem Ausbau der Infrastruktur, insbesondere der Erschließungs-Infrastruktur;
- der Förderung der Ansiedlung oder Erweiterung von industriellen oder gewerblichen Betrieben;
- dem Ausbau des Fremdenverkehrs;
- der Besitzfestigung von kleinen Landwirten und Kleingewerbetreibenden, soweit diese Maßnahmen der Produktivität oder der Sicherung bestehender bzw. Schaffung zusätzlicher Arbeitsplätze dienen.

Im Finanzausgleichsgesetz 1967 wurden diese Maßnahmen weiter umfassend ausgebaut. In den letzten Jahren tauchten als neue regionalpolitische Probleme *industrielle Gebiete* auf. Die Obersteiermark ist ein typisches Beispiel dafür. Hier ergeben sich Schwierigkeiten in der regionalen Wirtschafts- und Beschäftigungsstruktur durch das fast völlige Ausschöpfen der Lignitlager in Fohnsdorf, die ungünstige Lage der Eisenerzlager in Eisenerz und Radmer sowie Kosten- und Absatzprobleme in der Eisen- und Stahlindustrie sowie bei den Eisenbahnreparaturwerkstätten und Magnesitbergwerken. Ähnliche Probleme haben sich im südöstlichen Teil Niederösterreichs ergeben.

Sehr tiefgreifend sind auch die Wandlungsprozesse, die sich in der Landwirtschaft Österreichs vollzogen haben. 1983 hatte die Land- und Forstwirtschaft immerhin noch 315900 Erwerbspersonen, das sind 9,6 % aller Erwerbstätigen des Landes. Jedoch verlor die Landwirtschaft seit dem Zweiten Weltkrieg kontinuierlich an Erwerbstätigen, von 1975 bis 1983 waren es 54100 (14,6 %). Damit teilt die Landwirtschaft Österreichs die Problematik aller marktwirtschaftlich orientierten Länder Europas. Das Einkommensgefälle zwischen landwirtschaftlichen und gewerblichen Tätigkeiten konnte trotz staatlicher Preis- und Agrarstrukturpolitik kaum vermindert werden. Ursache dafür ist in erster Linie die ungünstige *Betriebsgrößenstruktur* und die *Zersplitterung des Bodenbesitzes*. Von den 1980 noch bestehenden 308246 land- und forstwirtschaftlichen Betrieben bewirtschafteten 36 % weniger als 5 ha und 48 % weniger als 10 ha landwirtschaftlicher Nutzfläche. Diese Zahl ist selbstverständlich regional stark differenziert. Im Hochalpen- und Voralpengebiet sowie am Alpen-Ostrand sind die Betriebe von 10 bis 50 ha am stärksten vertreten, im Wald- und Mühlviertel, also im Mittelgebirge, sind die Größengruppen von 10–20 ha und 1–5 ha vorherrschend. Im Alpenvorland dagegen stellen die Betriebe mit 2–5 ha landwirtschaftlicher Nutzfläche die größte Gruppe. Die durchschnittliche Betriebsgröße zeigt ebenfalls sehr unterschiedliche Zahlen zwischen den einzelnen Produktionsgebieten: Hochalpen-Gebiet 52 ha, Voralpen-Gebiet 37 ha, Alpen-Ostrand 26 ha, Wald- und Mühlviertel 14 ha, Kärntner Becken 21 ha, Alpenvorland 13 ha, südöstliches Flach- und Hügelland 8 ha, nordöstliches Flach- und Hügelland 10 ha je Betrieb. Die Tendenzen der Betriebsentwicklung zwischen 1970 und 1980 lassen klar den Rückzug der Landwirtschaft auf die wirtschaftlich besseren Standorte erkennen, nämlich die natürlich besten Standorte des Flach- und Hügellandes bzw. des alpinen Raumes sowie auf die Standorte in der Nähe der Stadtregionen und auf solche Gebiete des Hochgebirges, in denen die Landwirtschaft mit dem Fremdenverkehrsgewerbe verknüpft ist.

Bei der Beantwortung der Frage nach den natürlich begünstigten und besonders benachteiligten Standorten der landwirtschaftlichen Produktion ergibt sich ein sehr differenziertes Bild. Vertikale und horizontale Komponenten führen in Verbindung mit der Gesteinsunterlage zu einer derartigen *Vielfalt ökologischer Standortbedingungen*, wie wir sie sonst in Mitteleuropa auf engstem Raum nur selten antreffen. Ökologisch besonders benachteiligt ist der Anteil Österreichs an der Böhmischen Masse im Mühl- und Waldviertel. Dort ist ein rauhes und kühles Klima mit nährstoffarmen, flachgründigen und damit ertragsschwachen Böden kombiniert. Günstige Standorte sind demgegenüber das Nördliche Alpenvorland und große Teile des Wiener Beckens. Im Alpenraum, der fast zwei Drittel des österreichischen Staatsgebietes einnimmt, sind durch die vorherrschende West-Ost-Streichrichtung der alpinen Gebirgszüge in den Tälern und Becken ökologisch außerordentlich unterschiedliche Standorte gegeben. Die

Exposition der Hänge spielt dafür eine große Rolle, ebenso lokale Windverhältnisse. Die Höhengrenze des Getreideanbaus liegt daher in den Tiroler Zentralalpen zwischen 1100 und 1300 m und erreicht in einzelnen Lagen sogar 1600–1700 m.

Ziel der *Raumordnungspolitik* ist es, die Grenzertragsböden aus der landwirtschaftlichen Nutzung auszuschalten und nach Möglichkeit aufzuforsten. Andererseits sollen die leistungsfähigeren Böden in zunehmender Intensität genutzt werden. Allerdings ist dieses Ziel mit den konkurrierenden Flächenansprüchen von Bau- und Industrieland in Übereinstimmung zu bringen. Ein besonderes Problem Österreichs stellen die zahlreichen erosionsgefährdeten Gebiete dar. Nach einer Kartierung des Bundesversuchsinstituts für Kulturtechnik und technische Bodenkunde haben als erosionsgefährdet nicht nur die Steilhänge und die tonig-mergeligen Sedimente des Alpenraumes zu gelten, sondern auch lößbedeckte Hänge im Weinviertel in Niederösterreich und zahlreiche Rebhänge des Burgenlandes.

Ein besonderes Problem stellt, genau wie im bayerischen Alpengebiet, das *Auflassen von Almbetrieben* dar. Allerdings ist im Gegensatz zu Bayern der Anteil der aufgegebenen Bergbauernbetriebe im Vergleich zu den Agrarbetrieben der anderen landwirtschaftlichen Regionen Österreichs relativ gering. Zwischen 1970 und 1980 ging die Zahl der Betriebe in den Ländern Tirol um 7% und in der Steiermark um 6% zurück, gegenüber 10% im österreichischen Durchschnitt. Die stärkere Verbindung zum Fremdenverkehrsgewerbe dürfte hierfür die Ursache sein. Ca. 70% aller Fremdenübernachtungen fallen in die alpinen Berggebiete. Insgesamt haben rund 124577 (1982) Betriebe bergbäuerlichen Charakter. Diese Zahlen zeigen, daß das *Bergbauernproblem* nicht ausschließlich ein agrarpolitisches, sondern auch ein gesamtwirtschaftliches und sozialpolitisches Problem ist. Landespflegerisch besonders kritisch ist der Rückgang in der Nutzung der Bergmähder. Die Bezirksbauernkammern geben an, daß teilweise 50–60% dieser Flächen nicht mehr genutzt werden. Es ist die Frage, in welchem Umfang diese Flächen für eine *Hochlagen-Aufforstung* in Frage kommen. E. FRANZ (1970) schätzt die für die Hochlagen-Aufforstung anstehenden Flächen insgesamt auf rund 100000 ha, davon allein 25000 ha in Tirol und 20000 ha in der Steiermark.

Der österreichische Bauer genießt nicht ganz die gleiche agrarpolitische Förderung wie sein Kollege in der Bundesrepublik Deutschland. Dennoch ist durch die Förderungspolitik der letzten Jahre Erhebliches für eine Modernisierung der Betriebe, für die Bergbauernwirtschaft, den Ausbau der ländlichen Infrastruktur und die Verbesserung der Absatz- und Marktstruktur geschehen. Von 1961 bis 1983 wurden dafür insgesamt 24,56 Mrd. S. bereitgestellt, seit 1970 waren es 19,52 Mrd. S. Darüber hinaus wurden 1961–1983 37,15 Mrd. S. für zinsverbilligte Agrarkredite an 150 000 Betriebe vergeben.

2.4.3 Die Schweiz

Das *Sozial- und Wirtschaftssystem* der Schweiz wird seit dem Beginn des 19. Jh., zumindest aber seit dem Inkrafttreten der Bundesverfassung von 1848, durch zwei Grundzüge bestimmt:
- Die Schweiz ist das mitteleuropäische Land mit dem am stärksten ausgeprägten *liberalen Charakter*.
- Ein starker *Föderalismus* und die mehrstufige Ausübung der direkten Demokratie haben zu stark differenzierten räumlichen Entwicklungsprozessen geführt.

Bis zur Jahrhundertwende war wie wohl in keinem anderen Lande Europas die *Handels-, Niederlassungs- und Gewerbefreiheit* verfassungsmäßig garantiert. Um 1900 beginnt ein gewisser staatlicher Interventionismus, der sich in der Verstaatlichung der Eisenbahn, der Errichtung kantonaler Banken, dem Bau öffentlicher Elektrizitätswerke und anderen Eingriffen der Bundesregierung äußert. Erst die Revision der Wirtschaftsartikel der Bundesverfassung aus dem Jahre 1947 ermächtigt den Bundesgesetzgeber, die Handels- und Gewerbefreiheit einzuschränken, wenn dies zur Sicherung der nationalen Existenz, zur Hebung der Volksgesundheit, zum Schutz des Bauern- und Mittelstandes sowie zu sozialen, konjunkturellen und wehrwirtschaftlichen Zwecken erforderlich erscheint. Diese liberale Grundhaltung hat auch lange Zeit die Möglichkeiten raumordnungspolitischer Eingriffe stark eingeschränkt. Zwar hat es seit der Jahrhundertwende zahlreiche Initiativen des Heimatschutzes, der Innenkolonisation und der Architekten zur Etablierung einer Landesplanung, insbesondere einer Steuerung der Siedlungsentwicklung, gegeben, jedoch wurde erst am 14.9.1969 durch Volksabstimmung die *nationale Planung* in der Bundesverfassung verankert. Der 1969 beschlossene neue Artikel 22 der Bundesverfassung stellt fest: »Der Bund stellt auf dem Wege der Gesetzgebung Grundsätze auf für eine durch die Kantone zu schaffende, der zweckmäßigen Nutzung des Bodens und der geordneten Besiedlung des Landes dienende Raumplanung [...] er berücksichtigt in Erfüllung seiner Aufgaben die Erfordernisse der Landes-, Regional- und Ortsplanung.« In der Praxis sind jedoch auch nach die-

ser Änderung der Bundesverfassung die Möglichkeiten einer *Raumordnungspolitik* auf Bundesebene sehr begrenzt. Gegen das Bundesgesetz über Raumplanung von 1974 wurde das Referendum ergriffen; 1976 wurde das Gesetz abgelehnt. Gründe dafür waren wohl Bedenken gegen die Ausdehnung der Befugnisse des Bundes und gegen die Beschränkung der Eigentumsrechte. Erst ein zweites Raumplanungsgesetz, gegen das kein Referendum beantragt wurde, konnte 1980 in Kraft treten. Seitdem besteht ein Bundesamt für Raumplanung.
Seit der Annahme der Bundesverfassung von 1848 besteht die schweizerische Eidgenossenschaft aus 22 Kantonen; 1978 kam nach einer Abstimmung der Jura-Kanton hinzu. Von den 23 Kantonen sind 3 in Halb-Kantone geteilt: Unterwalden, seit früher Zeit in Ob- und Nidwalden, Appenzell infolge der Reformation seit 1587 in Außer- und Innerrhoden und Basel nach einem Bürgerkrieg wegen der Vorrechte der Stadt seit 1833 in Stadt und Landschaft. Die Halb-Kantone wählen je einen Ständerat, besitzen sonst aber alle Rechte eines Kantons. Somit besteht der schweizerische Bundesstaat praktisch aus 25 *souveränen Einzelstaaten*. Der damit gegebene stark föderalistisch orientierte Staatsaufbau folgt der sprachlichen, kulturellen und topographischen Vielfalt des Landes. Die *vier Landessprachen* – deutsch, französisch, italienisch und rätoromanisch – kennzeichnen die starke kulturräumliche Gliederung des Landes.

Tab. 73: Bevölkerung der Schweiz nach der Muttersprache

	insgesamt		Schweizer		Ausländer	
	in 1000	in %	in 1000	in %	in 1000	in %
Deutsch	4140,9	65,0	3986,9	73,5	153,9	16,3
Französisch	1172,5	18,4	1088,2	20,1	84,3	8,9
Italienisch	622,2	9,8	241,8	4,5	380,5	40,3
Rätoromanisch	51,1	0,8	50,2	0,9	0,9	0,1
Andere	379,2	6,0	53,8	1,0	325,4	34,4

Der *Föderalismus* wird in der Schweiz jedoch stets in einer doppelten Bedeutung gesehen: in der Beziehung zwischen Bund und Kantonen und zwischen Kantonen und ihren Gemeinden. Nicht nur die Kantone berufen sich also auf eine Autonomie gegenüber dem Bund, sondern auch die Gemeinden fühlen sich gegenüber den Kantonen in ihrer räumlichen Entwicklungsplanung als selbständige Körperschaften. Hinzu kommt eine außerordentliche Vielgestaltigkeit des *Gemeindewesens*. Fast in allen Kantonen gibt es Gemeinden mit unterschied-

lichen sachlichen Befugnissen: Einwohner- oder politische Gemeinden, Bürger- oder Ortsgemeinden, Schul-, Kirchgemeinden usw. Diese Gemeinden besitzen in den einzelnen Kantonen sehr weitgehende, im einzelnen unterschiedliche Rechte der Selbstbestimmung. Die Entscheidungen über fast alle wesentlichen raumwirksamen Investitionen und Entwicklungen stehen den Gemeindebürgern, den Kantonsbürgern und den Bundesbürgern in direkter Abstimmung im jeweils festgelegten Kompetenzbereich zu. H. LÜTHY kennzeichnet den Geist des schweizerischen Föderalismus sehr treffend folgendermaßen: »Zum Inhalt des schweizerischen Bundesstaates ist die vielstufige Ausübung der direkten Demokratie geworden. Es scheint oft, daß wir das Ereignis des Bundesstaates noch immer nicht recht verdaut haben, daß unser Föderalismus im Grunde ein Anti-Föderalismus geblieben ist und daß der Bund, wenn nicht der Feind, so doch ein notwendiges Übel geblieben ist, mit dem wir zwar Kompromisse schließen, vor dem wir manchmal sogar kapitulieren, dem wir aber ungern eine positive Bestimmung beimessen; wo der Bund tätig wird außer in Außenpolitik und in Kriegszeiten sehen wir nicht das Gemeininteresse, das wahrgenommen wird, sondern den Föderalismus, der wieder einmal den Rückzug antritt.«
Der Föderalismus ist danach also nichts anderes als das einfache Prinzip, daß die Gemeinden ihr Gemeindeinteresse wahren, die Kantone ihr Kantonsinteresse, daß aber das Landesinteresse den Landesbehörden anvertraut ist. Dies hat zur Folge, daß rechtliche Möglichkeiten und praktische Gestaltung im Bereich der *räumlichen Entwicklungsplanung* von Kanton zu Kanton, aber in der Regel darüber hinaus in den Kantonen von Gemeinde zu Gemeinde stark voneinander abweichen. Insgesamt zählt die Schweiz heute 3029 Gemeinden.
Dieser Tatbestand hat zu einer raumordnungspolitisch schwierigen Gesamtsituation des Landes geführt: Auf der einen Seite ist *Raumordnung* zu einem dringenden *nationalen Anliegen* geworden, da das ungeordnete Wachstum der Agglomerationsräume, die Zersiedelung großer Landschaftsteile, wie z. B. der Seegestade und der Erholungsgebiete, die Erreichung der Grenzen der Belastbarkeit des Naturhaushaltes in einzelnen Regionen eine im Allgemeininteresse unerwünschte Entwicklungstendenz darstellt. Auf der anderen Seite ist die Wirkungsmöglichkeit raumwirksamer Staatstätigkeit aus den dargelegten Gründen der Tradition, der Willensbildung und der Verfassung bisher relativ gering.

2.4.3.1 Agglomerationsräume

Der Verlauf der räumlichen Entwicklungsprozesse in der Schweiz ist zunächst durch ein relativ starkes Bevölkerungs- und Wirtschaftswachstum der *Agglomerationsräume* gekennzeichnet, das mit einer starken räumlichen Ausdehnung der Siedlungsflächen dieser Agglomerationen verbunden war. Trotz dieses ständigen Konzentrationsprozesses der Bevölkerung besitzt die Schweiz strenggenommen keine größeren Verdichtungsräume. Die eidgenössische Statistik spricht von Agglomerationen der Wohnbevölkerung und faßt darunter folgende Siedlungsstrukturen zusammen: Zu einer Agglomeration gehören alle jene umliegenden Gemeinden, in denen mehr als ein Drittel aller Berufstätigen in der Kernstadt arbeitet und in denen die landwirtschaftliche Bevölkerung zudem nicht mehr als ein Fünftel der Einwohnerzahl ausmacht. Danach hat sich in den zehn wichtigsten Agglomerationen der Schweiz die Wohnbevölkerungszahl folgendermaßen entwickelt:

Tab. 74: Agglomerationen der Schweiz (Einw. in 1000)

	1983	1950–70	1950–76	1970–76	1976–83
Zürich	839,9	45,25	44,38	– 0,87	18
Genf	371,7	64,61	65,74	1,13	15
Basel	365,8	48,06	26,05	– 22,01	12
Bern	300,9	46,15	46,56	0,41	5
Lausanne	254,9	65,69	67,44	1,75	11
Luzern	157,7	60,82	61,65	0,83	1
St. Gallen	123,8	83,67	81,43	– 2,24	39
Winterthur	107,6	46,6	44,26	– 2,40	– 1
Lugano	92,3	–	–	–	18[1]
Biel	83,6	52,54	52,20	– 0,34	– 7

[1] 1970–1983

Seit etwa 1950 nimmt die Bedeutung dieser Agglomerationen im Rahmen des gesamten Landes ständig zu. 1850 wohnten etwa 6% der damaligen Gesamtbevölkerung – das sind rund 150000 – in Städten mit mehr als 10000 Einwohnern. 1950 lebten in den Agglomerationen 1,59 Mio. Einw., 1968 bereits 2,15 Mio. Das sind rund 37% der Einwohner des Landes, 1980 stieg ihre Zahl auf 2,76 Mio., d. h. 43% der Einwohner. Charakteristisch für die räumliche Entwicklung der schweizerischen Agglomerationen ist die teilweise sehr ungeordnete

Ausdehnung der städtischen Siedlungsflächen in die attraktiven Teile der Umlandgemeinden. Am deutlichsten ist dies bei der Ausdehnung der Agglomeration Zürich an beiden Ufern des Zürich-Sees zu beobachten. Die erwähnten Schwierigkeiten bei der kommunalen Entwicklungsplanung führten dazu, daß die notwendigen Freiflächen sowie die Flächen für die Errichtung von Infrastruktureinrichtungen in vielen Fällen nicht zu sichern waren. Die Hauptüberlegungen für die Aufstellung eines *nationalen Entwicklungsplanes* befaßten sich daher auch mit der künftigen Entwicklung der Siedlungsstruktur, insbesondere im Randbereich der Agglomerationen. Drei Konzepte stehen dabei im Mittelpunkt der Diskussion:

- Beibehaltung und Ausbau des bestehenden Siedlungsnetzes, Verhinderung der Konzentration in wenigen Agglomerationen bei gleichzeitiger Verbesserung der wirtschaftlichen, sozialen und kulturellen Lage der ländlichen Gebiete durch die Bildung mittelgroßer Schwerpunkte. Dieses Konzept wird als Leitbild der dezentralisierten Konzentration bezeichnet.
- Zulassen weiterer *Konzentrationen* von Wirtschaft und Bevölkerung in wenigen städtischen Agglomerationsräumen.
- Schaffung eines *Verbundsystems* für die enge Verbindung mehrerer größerer und kleinerer Regionen durch einen entsprechenden Ausbau des Verkehrsnetzes, vor allem der Bahnen, um der Bevölkerung städtischer und ländlicher Teilregionen die gegenseitige Nutzung unterschiedlicher Standortvorteile zu ermöglichen.

Diese *Leitbildvarianten* sind vom Institut für Orts-, Regional- und Landesplanung an der Eidgenössischen Technischen Hochschule Zürich formuliert worden. Es ist noch nicht übersehbar, mit welchen Mitteln der Staat Einfluß auf die Siedlungsentwicklung im Sinne eines dieser Leitbilder nehmen wird. Bei der Beurteilung der Entwicklungsmöglichkeiten muß man sich jedoch vergegenwärtigen, daß von den 41300 km^2 Gesamtfläche der Schweiz nur ca. 22280 km^2 – also 54% – dauernd besiedeltes Gebiet sind. Daraus ergibt sich für 1980 ein Wert von mehr als 285 Einw. je km^2 auf dieser dauernd besiedelten Fläche, während die Bevölkerungsdichte, bezogen auf die Gesamtfläche des Landes, nur 156 beträgt. Die Beschränkung der für die Besiedlung zur Verfügung stehenden Flächen ergibt sich in erster Linie aus der natürlichen Großgliederung des Landes. Das Staatsgebiet der Schweiz hat Anteil an drei natürlichen *Großlandschaften*: im W und N am Jura, im S und SO an den *Alpen* und in einem breiten Streifen, der sich vom äußersten SW bis zum NO des Landes erstreckt, am Alpen-Vorland, das auch Mittelland oder Plateau Suisse genannt wird. Der *Jura* stellt einen Raum mit Mittelgebirgscharakter dar, dessen südöstlichster Teil Höhen bis nahezu 1700 m erreicht. Das *Mittelland* bildet eine Tiefenzone zwischen dem Mittelgebirge und dem Hochgebirge des Alpenraumes, der etwa drei Fünftel der Fläche des Staatsgebietes einnimmt. Die Alpen beherbergen weniger als ein Achtel der Gesamtbevölkerung, was einer Bevölkerungsdichte von weniger als 30 Einw. / km^2 entspricht. Bevölkerung und gewerbliche Wirtschaft konzentrieren sich im Mittelland. Die Bergregionen haben dagegen fast durchweg an Bedeutung verloren.

Tab. 75: Erwerbspersonen der Schweiz nach Wirtschaftszweigen

Erwerbszweige	Erwerbspersonen (in 1000)				
	1880	1960	1976	1980	1982
Land- und Forstwirtschaft	556	291	230	189	213,6
Industrie und Gewerbe	503	1 244	1 445	1 204	1 174,0
Handel, Banken, Versicherungen, Verkehr, Fremdenverkehr	260	978	1 320	1 705	1 645,6

Grundlage dieser räumlichen Veränderungen ist der *Industrialisierungsprozeß*, der in den letzten 100 Jahren zu einer weitgehenden beruflichen Umschichtung der Bevölkerung des Landes geführt hat. Der Industrialisierungsprozeß der Schweiz vollzog sich, obwohl Rohstoffquellen kaum vorhanden waren und die Kostenrechnung damit durch hohe Frachtkosten für Rohmaterial und Fertigfabrikate belastet war. Er wurde von vier Industrien getragen: Textil- und Bekleidungsindustrie, Metall- und Maschinenindustrie, Uhrenindustrie und chemische Industrie. Im 18. und 19. Jh. war die schweizerische Industrie durch eine weitgehende *Dekonzentration* gekennzeichnet: Die Produktion erfolgte überwiegend in Klein- und Mittelbetrieben, die sich nicht nur in den Städten, sondern auch in Dörfern und Weilern des Mittellandes, des Jura und der Alpentäler ansiedelte. Die wichtigsten Branchen der Frühindustrialisierung bis zum Ausgang des 19. Jh., die Textil- und Uhrenindustrie, stützten sich vielfach auf Heimarbeit der bäuerlichen Bevölkerung. Die heutige *industriegeographische Situation* des Landes ist durch folgende Gesichtspunkte gekennzeichnet:

- Gegenüber den anderen Industrieländern Mitteleuropas zeichnet sich die Schweiz durch eine relativ stärkere räumliche *Auflockerung der Industriestandorte* aus. Zwar ist seit 1950 die Zuwachsrate in den Agglomerationen größer als in den übrigen Gebieten, die historisch bedingte Dekonzentration der Standorte konnte dadurch jedoch nicht grundlegend beseitigt werden. Damit verknüpft ist eine starke Bodenverbundenheit der Industriearbeiter. Mehr als 5% der Industriearbeiter besitzen einen kleinbäuerlichen Nebenerwerbsbetrieb.

- *Außenhandelsverflechtung und Exportorientierung* sind außerordentlich hoch. Die vier wichtigsten Industriezweige der Schweiz haben eine Exportquote, die insgesamt mehr als 50% des Produktionswertes ausmacht. Im einzelnen beträgt diese Exportquote bei der Maschinenindustrie 60–70%, bei der Textilindustrie 40–45%, bei der Uhrenindustrie 95–97% und bei der chemischen Industrie 95%. Diese ausgesprochene Exportorientierung bedeutet jedoch zugleich eine gewisse Krisenanfälligkeit der schweizerischen Industrie, da sie von der Aufnahmefähigkeit ausländischer Märkte abhängig ist.
- Das dritte Merkmal ist die hohe *Kapitalintensität* im Industriesektor. Die Kapitalquote pro Kopf der Erwerbstätigen im produzierenden Gewerbe beträgt rd. 70000 Franken. Die Schweiz liegt damit unter diesem Gesichtspunkt der Produktion in der Spitzengruppe der europäischen Industrieländer.
- Die einzelnen Regionen und Industriegebiete des Landes sind branchenmäßig stark *spezialisiert*. Die vier großen Exportindustrien, die allein mehr als 70% aller industriellen Erwerbstätigen beschäftigen, zeigen eine deutliche Standort-Schwerpunktbildung. Die Textil- und Maschinenindustrie ist in der Ost-Schweiz konzentriert, die chemische Industrie hat ihre Standorte vorwiegend in der Nordwest-Schweiz, die Uhrenindustrie ist im Jura konzentriert.
- Die starke *Zunahme des industriellen Wachstums* in den Agglomerationsräumen ist regional zu differenzieren. Die Ballungskerne weisen eine Stagnation oder zum Teil auch einen Rückgang der Zahl der Industrie-Beschäftigten und des Produktionswertes auf. Eine starke Zunahme ist dagegen in den Randgebieten der Agglomerationen zu verzeichnen. Die Tendenz zur Randwanderung besteht also gegenwärtig nicht nur im Wohnungsbau, sondern – und dies ist eine spezifische Erscheinung der Schweiz – auch bei den Industriebetrieben.

Im Zuge des industriellen Wachstums nach dem Zweiten Weltkrieg hat sich der Zugang *ausländischer Arbeitnehmer* in die Schweiz, besonders in ihre Agglomerationen, sehr verstärkt. 1955 gab es 271000 kontrollpflichtige ausländische Arbeitskräfte, 1965 bereits 676000, 1982 stieg ihre Zahl auf 749378. Mit 39% stellen dabei italie-

nische Staatsangehörige das größte Kontingent. Städtebauliche und soziale Folgewirkungen sind besonders in den Agglomerationskernen zu beobachten; ebenso wie in der Bundesrepublik Deutschland gehen räumliche Konzentration der Ausländerwohnungen und Slumbildung einzelner Wohnquartiere Hand in Hand.
Eine besonders wichtige und charakteristische Funktion der Kerngebiete der großen schweizerischen Agglomerationen stellt das *Bank- und Versicherungsgewerbe* dar. 1982 bestanden in der Schweiz neben der Nationalbank und den 28 Kantonalbanken rund 1659 selbständige Bankinstitute mit etwa 5000 Niederlassungen; ihre Bilanzsumme lag 1982 bei 580 Mrd. Sfr. Im Versicherungswesen sind die Funktionen der Schweiz, insbesondere im Bereich der Rück- und Transportversicherungen, weltweit.

2.4.3.2 Die ländlichen Gebiete und Fremdenverkehrsgebiete

Auch in der Schweiz stellt das *regionale Gefälle im Einkommen und im Lebensniveau* ein Hauptproblem künftiger Raumordnung dar. Vorstellungen zur Lösung des Problems sind denen in der Bundesrepublik Deutschland und in Österreich sehr ähnlich. Man geht auch in der Schweiz davon aus, daß die Ausdehnung der Agglomerationsräume ein Prozeß ist, der durch den Staat nicht verhindert werden kann. Man versucht jedoch durch den Ausbau oder die Schaffung kleinerer urbaner Zentren in den Entvölkerungsgebieten die Attraktivität der ländlichen Räume zu erhöhen. Im einzelnen werden nach M. LENDI (1983) folgende Maßnahmen eingesetzt:

- Die Regionalpolitik für die Berggebiete hat sich – historisch betrachtet – aus der Bergbauernhilfe heraus entwickelt. Das heute gültige Investitionshilfegesetz strebt die Zusammenfassung der sektoralen Vorkehrungen an, die zugunsten der Berggebiete ergriffen werden. Es bezweckt die Verbesserung der Existenzbedingungen im Berggebiet durch gezielte Investitionshilfe für Infrastrukturvorhaben. Im Zentrum steht vorweg die Bildung von Regionen. Dabei handelt es sich um Gruppen von Gemeinden, die geographisch und wirtschaftlich eng miteinander verbunden sind und das Ziel verfolgen, einen Teil ihrer Aufgaben gemeinsam zu lösen. Von ihnen wird also erwartet, daß sie ihre Entwicklungspolitik untereinander und mit der Bundeshilfe koordinieren. Als Instrument der Koordination haben die Regionen ein Entwicklungskonzept aufzustellen, das der systematischen Erschließung der in der Region vorhandenen Entwicklungsreserven dient und das Gewähr dafür bietet, daß die

Tab. 76: Investitionshilfe-Darlehen des Bundes aufgrund des Bundesgesetzes über Investitionshilfe für Berggebiete (Stand Ende 1982)

Sachbereich	Anzahl Projekte	Investitionshilfe (Mio. Fr.)	Gesamtkosten der Projekte (Mio. Fr.)
Kultur	31	8,4	56,7
Bildungswesen	121	61,0	335,1
Gesundheitswesen	40	47,4	306,8
Versorgung/Entsorgung	337	68,2	455,7
Verkehr	246	33,9	190,5
Erholung/Sport	178	58,0	381,2
Schutz vor Elementarschäden[1]	66	9,8	51,3
Konsummöglichkeiten	6	0,5	3,0
Öffentliche Verwaltung	64	14,9	92,7
Mehrbereichsprojekte	75	23,0	129,9
Insgesamt	1164	325,0	2003,0

[1] Die relativ geringe Bedeutung dieses Sachbereichs ist darauf zurückzuführen, daß die meisten Projekte über die spezielle Forstgesetzgebung finanziert werden.
Quelle: Bundesamt für Industrie, Gewerbe und Arbeit, Zentralstelle für regionale Wirtschaftsförderung, Bern.

anzustrebenden Ziele mit einem vertretbaren finanziellen Aufwand erreichbar sind und im Gesamtinteresse liegen. Das Entwicklungskonzept bedarf der Genehmigung durch den Bund. Die konkrete Bundeshilfe besteht in der Restfinanzierung von Infrastrukturvorhaben, gewährt in der Form der Vermittlung oder Verbürgung von Darlehen zu günstigeren als den marktüblichen Bedingungen und, soweit erforderlich, in der Übernahme von Zinskosten.

- Ergänzende Maßnahmen zur Berggebietsförderung: Mit dem Bundesgesetz für die Förderung des Hotel- und Kurortkredits (revidierte Fassung von 1974) werden die Errichtung von Hotel-Neubauten, die Erneuerung bestehender Hotels und Kurorteinrichtungen staatlich gefördert. Das Bundesgesetz über die Bürgschaftsgewährung in Berggebieten vom 25. Juni 1976 will die Beschaffung von lang- und mittelfristigem Darlehenskapital zugunsten von industriellen Klein- und Mittelbetrieben in Berggebieten erleichtern.
- Hilfe für monostrukturierte Gebiete:
  Die zu Beginn der siebziger Jahre sich abzeichnende und später sich dramatisierende Situation in der schweizerischen Uhrenindustrie hat den Bund veranlaßt, eine begrenzt »branchenorientierte« Re-

gionalpolitik für wirtschaftlich monostrukturierte Gebiete in die Wege zu leiten. Daraus entstand der Bundesbeschluß über Finanzierungsbeihilfen zugunsten wirtschaftlich bedrohter Regionen vom 6. Oktober 1978. Die Hilfe besteht in der Förderung von Vorhaben der privaten Wirtschaft zur Schaffung und Erhaltung von Arbeitsplätzen, insbesondere durch die Weiterentwicklung von Produktion oder durch die Einführung neuer Verfahren der Produktions- und Absatzprogramme. Auch die Aufnahme neuer Produkte kann gefördert werden. Ferner wird die Unterstützung an Betriebe gewährt, die in einer Region Produktionszweige errichten, die in der betreffenden Region nicht oder nur schwach vertreten sind.

Die ländlichen Gebiete haben in Landwirtschaft und Fremdenverkehr traditionell ihre wichtigsten Funktionen. Trotz des zunehmenden Industrialisierungsprozesses ist der Beitrag der Landwirtschaft zum Bruttoinlandsprodukt mit 4,6% beachtlich. 1980 beschäftigte die Landwirtschaft noch etwa 213600 Personen. 34,8% der landwirtschaftlichen Nutzfläche liegen in Berggebieten; dort wirtschaften 36,8% der Betriebe. Zwei Betriebsformen sind vorherrschend: Der Familien-Vollerwerbsbetrieb und der Neben- und Zuerwerbsbetrieb; dies geht aus der Betriebsgrößengliederung deutlich hervor. Der Schwerpunkt der landwirtschaftlichen Produktion der Schweiz hat sich in den letzten 100 Jahren mehrfach verschoben. Die schweizerische Landwirtschaft ist geradezu ein Schulbeispiel dafür, wie eine Veränderung der Märkte und der Absatzchancen und zeitweiliger staatlicher Protektionismus die Produktionsrichtung der landwirtschaftlichen Betriebe eines Landes bestimmt haben.

Tab. 77: Betriebsgrößengliederung der landwirtschaftlichen Betriebe der Schweiz

Größe	1939		1955		1969		1980	
in ha	in 1000	in %	in 1000	in %	in 1000	in %	in 1000	in %
unter 1	47,9	20,1	42,2	20,4	30,1	20,1	24,4	19,9
1,1– 5	89,5	37,5	67,3	32,7	35,6	23,9	25,6	20,9
5,1–10	59,0	24,8	53,3	25,9	33,3	22,3	20,2	16,4
10,1–20	33,4	13,9	34,8	16,9	38,0	25,4	34,6	28,2
20,1–50	8,1	3,4	8,0	3,9	11,5	7,7	16,9	13,7
über 50	0,6	0,3	0,5	0,2	0,8	0,6	1,0	0,8
gesamt	238,5	100,0	206,1	100,0	149,3	100,0	122,6	100,0

Bis zum Ersten Weltkrieg bestimmten die Absatzchancen auf *ausländischen Märkten* die Produktionsrichtungen: Milch und Milchprodukte sowie Zuchtvieh wurden in zahlreiche europäische Länder exportiert. Unter dem Einfluß des landwirtschaftlichen Protektionismus in zahlreichen europäischen Ländern wandte sich die schweizerische Landwirtschaft in den 30er Jahren in stärkerem Maße der pflanzenbaulichen Erzeugung zu. Seit dem Zweiten Weltkrieg ist eine starke *Inlandsmarkt-Orientierung* verbunden mit einer sehr intensiven Produktionsweise festzustellen. Die kriegsbedingte Selbstversorgungswirtschaft hat bis in die 60er Jahre Auswirkungen auf die Produktionsrichtungen der Betriebe gehabt.
Die *landwirtschaftliche Nutzfläche* (incl. Weidefläche) betrug 1929 1837000 ha, stieg bis 1945 auf 3552000 ha und sank nach Aufhebung der kriegswirtschaftlichen Vorschriften bis 1980 auf 2019000 ha. Insgesamt erreichen die Bodennutzungsarten 1980 folgende Anteile: Ackerland 25,31%; Rebland 1,14%; Wiesen und Weiden 61,48%; übriges Kulturland 12,06%. Bezeichnend für die schweizerische Landwirtschaft ist es, daß die landwirtschaftliche Nutzfläche insgesamt nur ganz geringfügig abnimmt. Die Flächenrückgänge sind in erster Linie bei den Bergbauernwirtschaften des Alpenraumes und am Rande der Agglomerationen festzustellen, wo landwirtschaftliche Nutzfläche für Bau- und Siedlungszwecke verkauft wird. Das bodenbezogene Verhalten der landwirtschaftlichen Bevölkerung läßt sich durch den Begriff der *rétention rurale* kennzeichnen. Die damit verbundene geringe Mobilität des landwirtschaftlichen Bodenbesitzes verhindert allerdings, besonders im Mittelland, die Flächenaufstokkung der Vollerwerbsbetriebe.
Eine der traditionell wichtigen Funktionen sowohl der Agglomerationen aber auch in erster Linie der ländlichen Gebiete ist das *Fremdenverkehrsgewerbe*. Paßverkehr und Heilbäder sowie der sich entwikkelnde Alpinismus führten schon im 18. und im beginnenden 19. Jh. zu einer starken wirtschaftlichen Bedeutung dieses Erwerbszweiges. Die große Blüte des Fremdenverkehrs begann im letzten Drittel des 19. Jh. Sie stand in engem Zusammenhang mit der *Erschließung des Hochgebirges* durch die Eisenbahn. Die Schienenstränge des Mittellandes und der Voralpen wuchsen in die Alpen hinein, wobei der Tunnelbau eine große Rolle spielte. I. SIEDENTOP (1934) hat darauf hingewiesen, daß die Schweiz von allen Alpenländern den höchsten Anteil von Tunnelkilometern an den alpinen Eisenbahnkilometern hat. 1871 wurde die erste Bergbahn Europas errichtet, sie erklomm als Zahnradbahn die Rigi. Seither sind zur Verbesserung der Fremdenverkehrsinfrastruktur zahllose Bahnen entstanden.

Gegenwärtig besteht das Fremdenverkehrsgewerbe aus 7518 Hotel- und Kurbetrieben (ohne Betriebe mit weniger als 5 Gastbetten), die über 278805 Betten verfügen (1982). Die Zahl der jährlichen Übernachtungen betrug 1934 schon 14,4 Mio., 1951: 16,8 Mio., 1974: 19,4 Mio., 1982 bereits 35,6 Mio. Die Zahl der insgesamt im Fremdenverkehrsgewerbe, d. h. in Beherbergungsbetrieben und Gaststätten beschäftigten Personen beträgt 177100. Etwas mehr als die Hälfte der Übernachtungen entfällt auf ausländische Gäste. Das Fremdenverkehrsgewerbe trägt somit wesentlich zum Ausgleich der schweizerischen Zahlungsbilanz bei. 1982 betrugen die Deviseneinnahmen aus dem Fremdenverkehr 8,1 Mrd. Sfr. Trotz der positiven Entwicklung dieses Gewerbezweiges stellt seine starke Verschuldung und die Notwendigkeit der Hotelsanierung ein ernstes wirtschaftliches Problem des Landes dar. Hinzu kommt, daß die Entwicklung des Ausländertourismus 1973 erstmals in der Nachkriegszeit mit einem Rückgang der Zahl der Übernachtungen eine Wende erfahren hat. Die Verteuerung des Schweizer Frankens durch die Veränderung der Wechselkursrelationen hat dazu nicht unerheblich beigetragen. Der verringerten Nachfrage stand ein sich erhöhendes Angebot an Gastbetten gegenüber. Gleichzeitig ging die Zahl der Beherbergungsbetriebe zurück, so daß man auch im touristischen Bereich von einer Angebotskonzentration sprechen kann. Diese Entwicklungsprozesse sind allerdings nicht in allen Teilen des Landes einheitlich. Die traditionell wichtigsten Gebiete des *Sommer- und Wintererholungsverkehrs* sind das Tessin, Graubünden, die Zentralschweiz, das Berner Oberland, das Wallis und die Gebiete am Ufer des Genfer Sees. Die wichtigsten Orte des städtischen Fremdenverkehrs 1982 sind Zürich mit 2,3 Mio., Genf mit 2,6 Mio., Davos mit 1,3 Mio. und Luzern mit 1 Mio. Übernachtungen. Neben der Nordostschweiz mit dem Zentrum Zürich weist das Wallis nicht nur einen starken Zuwachs im Bettenangebot, sondern auch eine erhöhte Zahl von Betrieben auf. In den anderen Gebieten hat sich die sogenannte Parahotellerie (Ferienwohnungen, Campingplätze) besonders stark entwickelt.

2.5 Ostmitteleuropa und Südosteuropa

Folgten wir der physisch-geographischen Einteilung Europas (nach W. SCHLEGEL, s. S. 42 ff.), dann müßten alle noch folgenden Länder ebenfalls zu *Mitteleuropa* gerechnet werden. In der Tat betrachten sich Polen, Tschechen, Slowaken, Ungarn, Rumänen, Slowenen und Kroaten als mitteleuropäische, abendländisch geprägte Völker.

In der Tagespresse und in der Alltagssprache der Politiker allerdings herrscht die Neigung vor, Ostmitteleuropa und Südosteuropa als *»Osteuropa«* zu bezeichnen, gehören doch Polen, die ČSSR, Ungarn, Rumänien, Bulgarien, Albanien und Jugoslawien zum sogenannten Ostblock, worunter die sozialistischen Länder in Europa verstanden werden. Ein so ernsthafter Geograph wie der Amerikaner R. R. MELLOR handelt 1975 sogar die DDR unter *Eastern Europe* ab. Selbst die baltischen Sowjetrepubliken, Estland, Lettland und Litauen, gehören genaugenommen nicht zu Osteuropa, sondern zum östlichen Mitteleuropa, für den Historiker wegen der schwedischen Vergangenheitsperiode sogar zum »Norden«.

Solche Auffassung hat ihre Vorläufer. Schon 1924 zeigte sich der deutsche Historiker D. SCHAEFER nicht bereit, Polen und selbst Böhmen unter Mitteleuropa zu akzeptieren. Der Wiener Geograph H. HASSINGER dagegen sprach schon zuvor von einem *»werdenden Mitteleuropa«*, er nennt als Ferment das Deutschtum, die deutschrechtliche Besiedelung, den mitteleuropäischen Wirtschaftsstil und das Gepräge der *Kulturlandschaft*. Jedenfalls handelt es sich um einen Vermittlungs- und Übergangsraum zum kontinentalen Innereuropa.

Von Ostmitteleuropa oder dem östlichen Mitteleuropa gibt es eine weitere und eine engere Auffassung. Die weitere, vertreten durch den exil-polnischen Historiker J. HALECKI (1957), reicht von Finnland über das Baltikum und die Karpatenländer bis nach Griechenland als *(borderlands)* »Grenzraum« der abendländischen Zivilisation. Die engere Eingrenzung, wie sie hier von uns vertreten wird, nennt den *deutsch-slawischen Kontaktraum*, also Deutschland östlich der Elbe, Polen bis zur Curzon-Linie, Böhmen und Mähren, nicht aber die Slowakei, die wegen ihrer ehemaligen Zugehörigkeit zu Ungarn zu den Donauländern gerechnet wird.

»Donauländer« und »Balkan« sind weitgehend synonyme Begriffe, wenn auch mit feinen Unterschieden. Bei ersteren denkt man an den *Herrschaftsbereich der Stephanskrone*, bei letzteren an die Invasion der Türken und die habsburgische *Reconquista*, welche Südosteuropa wieder dem Abendland zuführte.

Die *gesellschaftliche Wirklichkeit* sieht in Ostmitteleuropa und Südosteuropa heute anders aus. Die Hebung der Landwirtschaft auf einen modernen Stand, die wachsende Bedeutung der Industrie, das Aufblühen der Städte, das expandierende Bildungs- und Gesundheitswesen haben zu einem Lebensstil geführt, der hinter dem Mittel- und Westeuropas nicht zurücksteht und in mancher Beziehung Südeuropa schon überflügelt hat. Die Schranken gegen das westliche Europa sind rein politischer Natur und haben das wache historische Bewußtsein dieser jungen Nationen eher geschärft. Handel und Touristik tragen dazu bei, sie zu überwinden.

2.5.1 Polen

Der Ländername *Polen* hat in der Geschichte ein höchst unterschiedliches Territorium bezeichnet, dessen Grenzen nicht immer dem vom polnischen Volk kompakt besiedelten Raum entsprachen. Um das Jahr 1000, zu einer Zeit, als die slawische Besiedlung im W bis nach Holstein und an die Saale reichte, gelang es dem Herrscherhaus der Piasten, das Land zwischen Oder-Neiße und Weichsel zu einigen und ab 966 zu christianisieren. Sakraler Mittelpunkt des Piastenlandes wurde Gnesen in »Großpolen« (Posener Land). Nach einem verheerenden böhmischen Einfall und der zeitweiligen Zerstörung der Burgen und Kirchen in Großpolen wurde das Zentrum »Kleinpolens«, das heißt des Gebiets um die obere Weichsel, Krakau, 1138 zur polnischen Hauptstadt, eine Rolle, die es erst 1609 an Warschau verlor.

2.5.1.1 Das historisch-geographische Erbe und seine Bedeutung

Im Zuge des *hochmittelalterlichen Landesausbaus* durch zunächst meist deutsche Siedler, die unter dem Schirm der Piastenherrschaft von W her das schwach besiedelte Land auf friedlichem Wege durchdrangen, wurden im deutschen Sprachraum gebildete Ordnungsformen (Stadtrechte) und mit den einwandernden Siedlern auch spezifische Siedlungs- und Agrarwirtschaftsformen ins Land getragen: so etwa das verbreitete Muster der Kolonisationsstadt, das sich weiter im O auch dort durchsetzte, wo die Gründertätigkeit nicht mehr von Deutschen getragen wurde, daneben Dorf- und Flurformen, die die neu eingeführte Hufenverfassung widerspiegelten. Dieser gesellschaftlich-kulturelle Diffusionsprozeß führte zu einer bedeutenden wirtschaftlichen Entwicklung des Landes. Das gilt insbesondere für seine westlichen Randgebiete, die noch im 13. Jh., ebenso wie die meisten neu gegründeten Städte weiter im O, eine überwiegend deutsche Einwohnerschaft erhielten. Dabei handelte es sich um Teile von Pommern, das Land Lebus und Gebirgsschlesien.
Den Königen von Böhmen und den Markgrafen von Brandenburg einerseits und dem vom Herzog von Masowien 1225 ins Pruzzenland

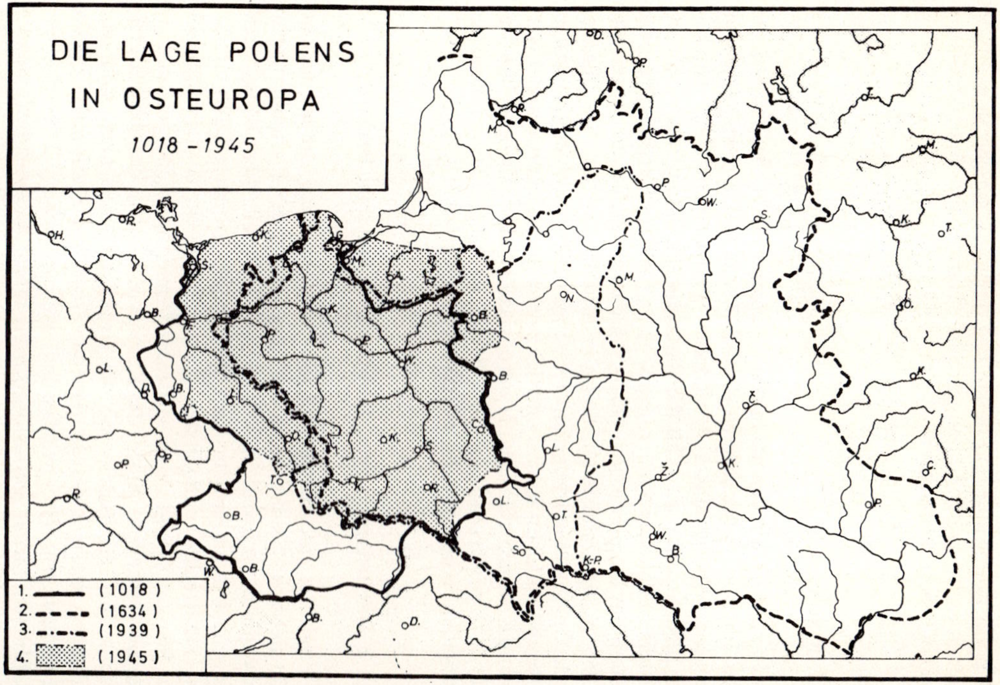

Abb. 34: Die Lage Polens in Osteuropa (1018–1945) (nach KARGER)

(Ostpreußen) gerufenen Deutschen Ritterorden andererseits gelang es im Laufe des 13. und 14. Jh., die Territorien der Piasten im W und ab 1466 im N mit jener Grenze zu umgeben, die über ein halbes Jahrtausend bis 1939 als Ganzes Bestand hatte und, von der Zeit der Teilung abgesehen, die historisch höchst stabile Westgrenze Polens bildete. Anders stand es mit der Ostgrenze des polnischen Staates, die besonders nach der Union mit Litauen (1386) sich bis östlich des Dnjepr vorschob und unter ständiger Veränderung bis zur Zeit der Teilungen Bestand hatte. Noch weniger als im Westen war die von der Dynastie der Jagiellonen, die 1386 das Haus der zuvor ausgestorbenen Piasten ablösten, eingebrachte Grenze im O mit der Verbreitung des polnischen Volkes identisch. Waren die westlichen und mittleren Teile des polnischen Königreichs von zahllosen ethnischen Enklaven des Deutschtums durchsetzt, so griff eine polnische Oberschicht im O jenseits des Bug auf die Siedelgebiete der Litauer, Weißrussen und Ruthenen aus. Die über das Bauerntum der genannten Völker herrschende standes- und nationalbewußte polnische agrarfeudale Schicht wurde vor allem im 19. Jh. zu einem Hort des polnischen Nationalismus.
Polens Könige wurden von dem seit dem 15. Jh. immer mächtiger werdenden einheimischen Landadel, der *Szlachta*, gewählt. So bot das Land seinen mächtigen Nachbarn, vor allem Rußland, Österreich und Preußen, mehr und mehr das Bild eines Staates, dessen Zusammenhalt nicht durch eine zentrale königliche Macht gewährleistet war, wie dies in den größeren Staaten des vorrevolutionären Europas die Regel war, sondern durch eine für jene Zeit ungewöhnliche innenpolitische Vielfalt der (Adels-)Interessen (»Adelsrepublik«) eher gefährdet erschien. In drei *»Teilungen«* (1772, 1793, 1795) drückte sich nicht nur der Expansionsdrang der rivalisierenden Teilungsmächte aus, sondern auch deren Furcht vor der sogenannten reformierten polnischen Verfassung vom Jahre 1791, die Polen zur ersten konstitutionellen Monarchie Europas zu machen und damit Gedanken der Aufklärung und der Französischen Revolution auch im östlichen Mitteleuropa zu realisieren drohte.
Nach dem Zwischenspiel des napoleonischen Herzogtums Warschau erhielt die politische Landkarte Ostmitteleuropas durch den Wiener Kongreß (1815) jenes Aussehen, das bis 1914 im ganzen gewahrt blieb: Polen *(»Kongreß-Polen«)* wurde als anfangs autonomes Königreich Teil des russischen Zarenreiches. Es umfaßte nur noch das vom großen Weichselbogen umschlossene polnische Kerngebiet (ohne Krakau, Galizien und Posen) und reichte im O bis zum Bug. Mehrere erfolglose Aufstände gegen die russische Herrschaft (1830/1831, 1863)

kosteten den Adel seine politische Vormachtstellung, brachten dagegen den polnischen Bauern 1864 die Eigentumsrechte an dem von ihnen bewirtschafteten Land. Die Niederwerfung der Aufstände führte zu einer verschärften Russifizierungspolitik, die ebenso wie die mit Bismarck einsetzende Germanisierungspolitik im Posenschen den nationalen Selbsterhaltungswillen nicht brechen konnte. Im österreichischen Galizien erhielten die Polen seit 1867 Verwaltungs- und Kulturautonomie.

Das Jahrhundert der Teilung fiel mit der industriellen Revolution zusammen, in welcher der neuzeitliche Industrialisierungsprozeß auch Ostmitteleuropa erfaßte. Er begann im preußischen Oberschlesien, dessen reiche Bodenschätze (Steinkohle, Eisen- und Zinkerze) den preußischen Staat zu einer höchst wirksamen regionalen Industrieentwicklungspolitik anregten. Es wurde bestimmend für die gesamte regionale Wirtschaftsstruktur Polens, daß die Entwicklungsanstrengungen der Teilungsmächte in den von ihnen beherrschten Gebieten im entwicklungsentscheidenden 19. Jh. eine höchst unterschiedliche Intensität zeigten. Am deutlichsten wird dies bei einem Vergleich zwischen der Situation im preußischen und derjenigen im russischen (kongreßpolnischen) Landesteil.

Der gesamte preußische Anteil wurde in der Zeit von 1850 bis 1910 mit einem dichten Eisenbahn- und Landstraßennetz überzogen. Der Wohlstand des deutschen Kaiserreichs zeigte sich nach 1871 in der baulichen Entwicklung nahezu aller Städte und Städtchen im preußischen Anteil. Es gab hier, ganz im Gegensatz zu Kongreßpolen, um 1914 kaum eine Stadt, die keine Kanalisation, keine Gasanstalt oder kein eigenes Wasserwerk hatte. Der Typus der preußischen Provinzstadt, deren Physiognomie durch eine aufwendige Backstein-Neugotik (Bahnhof, Kirche, Wasserturm, Amtsgericht, Postamt usw.) bis heute gekennzeichnet ist, wurde auch im Posenschen und im Westpreußischen vorherrschend. Die bäuerliche Bevölkerung Preußisch-Polens profitierte im ganzen 19. Jh. von den preußischen Agrarreformen, trotz aller ihrer Mängel. Zu ihnen gehörten folgende Prozesse: 1807 Aufhebung der Erbuntertänigkeit, 1849 der Patrimonialgerichtsbarkeit, Durchführung der »Separation«, das heißt die Beseitigung der Gemengelage und Zusammenlegung der Flurstücke nach 1821, Übergang zur verbesserten Dreifelderwirtschaft und teilweise zu Fruchtwechselsystemen. Das Anerbenrecht verhinderte die Besitzersplitterung und das Aufkommen unwirtschaftlichen Kleinbesitzes. Der kapitalkräftige Großgrundbesitz zog Nutzen aus der Freigabe des Bodenverkehrs sowie aus der Übernahme von Land, das die Bauern in manchen Gebieten als Entschädigung für die Befreiung von Abgaben und Diensten abzutreten hatten. So bildete sich eine Besitzgrößenstruktur heraus, die durch die Begünstigung der mittleren und großen Betriebe gekennzeichnet war. Sie gestattete schon im 19. Jh. zunehmenden Maschinen- und Kunstdüngereinsatz. Das einheimische polnische Bevölkerungssubstrat in Posen und Westpreußen stärkte einerseits sein Nationalbewußtsein besonders im Widerstand gegen die Nationalitätenpolitik Bismarcks und Bülows; andererseits blieb die einhundertjährige Zugehörigkeit zum preußischen Staat und der generationenlange Umgang mit der ökonomisch offenbar sehr wirkungsvollen preußischen Administration bei aller nationalpolitisch begründeten Reserve nicht ohne Einfluß auf Mentalität und »Wirtschaftsgeist« der preußischen Bürger polnischer Nationalität.

Ein gänzlich andersartiges Bild bot Kongreßpolen, dessen überlieferte Strukturen weitgehend konserviert wurden. Erst nach 1864 setzte die Bauernreform ein, die dem wirtschaftlich ohnehin geschwächten kleinen und mittleren Landadel seine Führungsrolle nahm. Die fortgesetzte Realerbteilung führte zu einer ständig zunehmenden Besitzzersplitterung, die sich im Flurbild der Dörfer Zentralpolens in einer exzessiven Streifenparzellierung zeigte. Unter diesen Umständen blieb die Landwirtschaft ganz überwiegend und selbst auf den guten Lößböden eine reine Subsistenzwirtschaft. Mit wachsenden Geburtenraten der Landbevölkerung wurde diese immer ärmer. Die Bevölkerungsüberschüsse wanderten teils in die wenigen Industriezentren Kongreßpolens (Dąbrowa, Łódź, Warschau), nach Westeuropa oder Übersee, oder sie gingen zur Saisonarbeit in die Güterdistrikte der preußischen Ostprovinzen.

Der rückständige Landesteil wurde von einem Netz meist kleiner und mittlerer Städte überzogen. Diese Landstädte hoben sich vom umliegenden Land nicht durch besondere Selbstverwaltungsrechte ab. In ihnen drängte sich, ebenso wie in den österreichisch-galizischen Städten, eine großenteils jüdische Einwohnerschaft zusammen, der durch die russische Gesetzgebung der Landerwerb verboten worden war. Die polnischen Juden bildeten noch um 1930 in zahlreichen Städten die Bevölkerungsmehrheit. Sie hatten in der Regel den örtlichen Kleinhandel und das Handwerk in der Hand, Funktionen, die das Wesen solcher Kleinstädte ausmachten. Das Landvolk der Umgebung strömte an den Markttagen auf dem geräumigen, von einstöckigen Holz- und Lehmhäuschen umgebenen viereckigen Markt *(rynek)* zusammen, auf dem das Rathaus der Stadt stand. Auf dem Marktplatz vollzogen sich der Warenaustausch zwischen Stadt und Land sowie der Viehhandel. Zum baulichen Inventar der Stadt gehörte neben einer Synagoge die oft prächtige barocke Parochialkirche sowie eine Vielzahl malerischer, durch keine Bauordnung erkennbar in ihrer äußeren Erscheinung und Lage bestimmter Wohnhäuser und Buden, außerdem ein am Stadtrand gelegenes Scheunenviertel der polnischen Akkerbürgerschicht. Das äußere Erscheinungsbild der polnischen Stadt spiegelte ihren seit dem 16. Jh. unter dem immer stärkeren Einfluß des Adels sowie infolge verheerender Kriege im 17. und 18. Jh. eintretenden langfristigen wirtschaftlichen Niedergang wider. Dieser war mit einer Aufhebung der Zünfte, einem Verlust der Selbstverwaltungsrechte zugunsten des Adels bzw. des Klerus, einer starken Vernachlässigung des Wegebaus und entsprechender Behinderung des überörtlichen Handels verbunden gewesen. Warschau hatte demgegenüber als Residenz der sächsisch-polnischen Könige im 18. Jh. das Gepräge einer barocken Metropole von europäischem Rang erhalten. Hier wetteiferten mit den königlichen Bauten nicht von ungefähr zahlreiche Paläste der mächtigen Adelsfamilien.

An den Rändern der Städte lagen oft Klöster. Sie repräsentierten die durch die Reformation vorübergehend erschütterte und nach der von Jesuiten getragenen Gegenreformation glanzvoll wiederhergestellte Macht der *katholischen Kirche*.

Im Laufe des 19. Jh. griff die *Industrialisierung* auch auf Kongreßpolen über. Bereits nach 1820 förderte die Warschauer Regierung kräftig die Industrieansiedlung, u. a. in Łódź, das mit der Hilfe zugewanderter deutscher und jüdischer Tuchmacher binnen kurzem zum ersten Textilindustriezentrum des russischen Reiches aufstieg. An der Grenze zu Oberschlesien wurden bei Dąbrowa der Steinkohlenbergbau und das Eisenhüttenwesen entwickelt (letzteres auch in Kleinpolen entlang der Kamienna). Weitere Zentren der Textilindustrie (Sosnowiec, Tschenstochau, Kalisz) und der Eisenindustrie (Sosnowiec) entstanden entlang der Grenze zu Preußen in den 80er Jahren, als die weiterhin protektionistische Zollpolitik Rußlands die Entstehung verarbeitender Industrien in Grenznähe durch ausländische Kapitalgeber anregte. Daneben entwickelte sich die Hauptstadt Warschau zu einem vielseitigen Industriestandort. Die genannten Ansätze einer Industrieansiedlung können nicht den Eindruck verdrängen, daß Rußland im Laufe des 19. Jh. nicht die Absicht hatte (und angesichts der Ausdehnung des Zarenreiches wohl auch nicht haben konnte), mit der preußischen Teilungsmacht hinsichtlich der regionalen Strukturverbesserung auf dem Boden Polens zu wetteifern. Dies wurde bereits bei der Beobachtung der Agrarstrukturentwicklung sowie des Dahinkümmerns der meisten kongreßpolnischen Städte sichtbar; es läßt sich auch an der auffallenden Zurückhaltung der russischen Regierung bei der Entwicklung des Eisenbahn- und Straßennetzes ablesen: Noch heute zeigt ein Blick auf die *Eisenbahnkarte* Polens, daß die stürmische Ausbreitung des mitteleuropäischen Bahnnetzes im 19. Jh. an der damaligen preußischen Ostgrenze ein abruptes Ende fand. Kongreßpolen wird nun von einigen wenigen geraden Strecken mit überregionaler, oft militärstrategischer Zielrichtung durchzogen. Die vielfältigen Strukturunterschiede zwischen Preußisch- und Russisch-Polen waren derart deutlich, daß sich dem großen Landeskundler J. PARTSCH zu Beginn dieses Jahrhunderts die durch Polen verlaufende seinerzeitige Ostgrenze des Reiches als Grenze des Abendlandes darstellte, eine Ansicht, die das Polenbild des wilhelminischen Deutschlands adäquat widerspiegelt.

Der 1918 wiedererrichtete polnische Staat erhielt von Preußen das alte polnische Kernland um Posen (Großpolen) zurück, außerdem einen Zugang (»Korridor«) zur Danziger Bucht. Danzig, eine fast rein deutsche Stadt, wurde selbständig. Darüber hinaus kam der größere Teil des Oberschlesischen Industriereviers an Polen. Seine Industrien blieben allerdings überwiegend deutschen bzw. anderen fremdländischen Kapitalgruppen unterstellt. Die genannten Gebiete können, abgesehen von Ost-Oberschlesien, auch als die historischen »alten Westgebiete« Polens bezeichnet werden. Auch Galizien, das im Vergleich zu Kongreßpolen eine ähnliche Agrarstruktur bei geringerer Industrieausstattung aufwies, und Krakau kehrten an Polen zurück. Im Osten gelang es polnischen Truppen unter Ausnutzung der durch Revolutionskämpfe hervorgerufenen Schwächung Rußlands tief nach Weißrußland, in das Wilnaer Gebiet und nach Wolhynien vorzudringen. Die polnische Ostgrenze wurde auf diese Weise wieder weit über die unscharfen Grenzen des geschlossenen polnischen Siedelraums hinaus verlegt.

Die *polnische Republik* war von Anfang an durch zentralistische Züge geprägt. Eine regionale Verwaltungsautonomie entwickelte sich lediglich, erzwungen durch die Beschlüsse des Völkerbundes, in Oberschlesien. Die autoritäre Struktur des neuen Staates begünstigte einige überregional wirksame und am gesamtstaatlichen Wohl ausgerichtete Raumordnungsmaßnahmen. Bereits 1923 wurde mit der Errichtung eines Kohlenumschlaghafens an der Danziger Bucht begonnen (Gdingen/Gdynia), der die Benutzung des benachbarten Danziger Hafens weitgehend entbehrlich machen sollte. Der neue Konkurrenzhafen wurde mit französischer Hilfe nach 1930 durch eine neue Bahnlinie (»Kohlenmagistrale«), die ausschließlich durch polnisches Gebiet verlief, mit Oberschlesien verbunden. Beide Maßnahmen hatten schließlich den gewünschten Erfolg, und Danzigs Umschlagzahlen blieben rasch hinter denen Gdingens zurück. Ein

weiteres Vorhaben sollte die regionale Industriestruktur des Landes verändern, und zwar im Sinne einer langfristigen Schwerpunktverlagerung fort von dem als militärisch gefährdet und fremdbeherrscht betrachteten Oberschlesien hin zum grenzfernen Landesinnern: In den letzten Jahren vor 1939 entstanden im Weichsel-San-Dreieck um die neue Industriesiedlung Stalowa Wola und um Tarnobrzeg erste Produktionsanlagen eines staatlich geplanten »Zentralen Industriebezirks« *(Centralny Okręg Przemysłowy / COP)*.
Der Zweite Weltkrieg, ausgelöst 1939 durch den Überfall Hitlerdeutschlands, löschte erneut die staatliche Existenz Polens aus. Das Land wurde zwischen Hitler und Stalin in Interessenzonen geteilt, und zwar entlang einer Linie, die etwa der Ostgrenze des früheren Kongreßpolens entsprach. Innerhalb des deutschen Interessengebiets erhielt der Raum um das obere Weichselbecken mit Krakau, Warschau, Tschenstochau und Lublin als »Generalgouvernement« einen Sonderstatus außerhalb der weit nach O verlegten Reichsgrenze. Die Zeit der Besetzung und der Kampfhandlungen von 1944/45 brachten dem polnischen Volk und insbesondere der jüdischen Minderheit schwerste Verluste, letzterer durch eine in ihrem Umfang historisch beispiellose planmäßige Ausrottungsaktion. Die während der Zeit der Besetzung eingetretenen wirtschaftsräumlichen Veränderungen in Polen berührten indessen weder die überkommene Agrar- noch sonderlich die Industriestruktur. Hier wären der Aufbau eines energetischen Verbundnetzes in Südpolen und die Errichtung eines Kranzes rüstungswichtiger Großbetriebe rings um das oberschlesische Revier zu nennen.
Die fast vollständige Vernichtung des polnischen Judentums veränderte die sozialen Strukturen und die Funktionen vieler polnischer Städte nachhaltig.

2.5.1.2 Die »Westverschiebung« Polens und ihre Folgen

Das heutige Polen erhielt am Ende des Zweiten Weltkrieges nach der katastrophalen Niederlage Hitlerdeutschlands durch die drei großen Siegermächte weitgehend *neue Grenzen* zuerkannt: im W zu Lasten Deutschlands die Oder und die Lausitzer Neiße und darüber hinaus nachträglich noch Stettin, im O die sogenannte Curzon-Linie, die gleichzeitig etwa den geschlossenen polnischen Siedelraum im O markierte. Diese Regelung brachte Polen bis dahin fast rein deutsch besiedelte Gebiete von insgesamt 103 000 km^2 ein. Das ist ein Gewinn von der Größe etwa der heutigen DDR mit einer Vorkriegsbevölkerung von 8,86 Mio. Einw. Im O mußte Polen dafür endgültig auf jene Gebiete verzichten, die die Sowjetunion sich bereits 1939 angeeignet hatte. Das waren insgesamt 180000 km^2 mit 1939 etwa 12 Mio. Einw. darunter jedoch nur rund 5 Mio. Menschen mit polnischer Muttersprache.

Die *Westverlegung* des polnischen Staatsgebiets war von der umfangreichsten Bevölkerungsumlagerung der europäischen Geschichte begleitet. Innerhalb zweier Jahre (1945/1946) wurde fast die gesamte deutsche Bevölkerung aus ihren Siedelgebieten ostwärts der Oder-Neiße-Linie gewaltsam und mit schweren Verlusten an Menschenleben verdrängt. Nur in einigen Gebieten mit einer traditionell starken polnisch-sprachigen Minderheit (Oberschlesien, Ermland, Masuren) wurden Teile der einheimischen Bevölkerung zum Teil gegen ihren Willen festgehalten.

Bei und nach der Eroberung der ostdeutschen Gebiete durch die Rote Armee wurden diese nicht nur von ihrer Bevölkerung entblößt. Die 1945 oft stark umkämpften und entsprechend zerstörten Städte verloren nach ihrer Eroberung ihre historischen Stadtkerne weitgehend durch Brandschatzungen, ihre Industrieanlagen durch Verwüstung und Demontagen. Die Verkehrs-Infrastruktur litt schwer durch Bahnstreckendemontagen, Brückenzerstörungen und weitgehenden Abzug des rollenden Eisenbahnmaterials in Richtung W. Die Landwirtschaft dieser Gebiete büßte ihre Produktionskapazität durch massenhafte Bauernvertreibungen und zum Teil durch Gebäudeschäden ein. Dazu kam ein nahezu totaler Verlust des Vieh- und Maschinenbestands. Das Nachrücken polnischer Einwanderer in die verwüsteten und weithin entvölkerten Gebiete erfolgte im wesentlichen in den Jahren 1945 bis 1948, der Wiederaufbau setzte in nennenswertem Umfang erst in den 50er Jahren ein.

Die auch von nationalpolnischen Kreisen in diesem Umfang nicht erwartete Westverlagerung des polnischen Siedelraums konfrontierte das polnische Volk mit einer völlig neuen psychogeographischen Situation. Ihre sozioökonomischen Konsequenzen sind selbst bis heute noch nicht voll zu übersehen. Das Territorium der Volksrepublik Polen liegt heute zu 49% auf dem Gebiet Preußen-Deutschlands von 1918, 45% des polnischen Staatsvolks leben gegenwärtig in den vormals preußischen Gebieten mit ihrem relativ hohen materiellen Ausstattungsniveau, mit ihrem den polnischen Volkstraditionen fremden baulichen Milieu. Mitteleuropäisch-deutsche Großstädte wie Breslau und Stettin, vom polnischen Volk bis 1939 durch eine jahrhundertealte politische und ethnische Grenze und durch eine dementsprechende erhebliche Psychodistanz getrennt, wurden buchstäblich von heute auf morgen in umfassender Weise polnisch. Die heute an der unteren

Oder lebenden Polen wohnen über 450 km von Warschau, aber nur 45 km vom Berliner Stadtrand entfernt.
Mit dem Überschreiten der alten deutsch-polnischen Grenzen rückte das polnische Volk gleichzeitig auf breiter Front in den stark atlantisch beeinflußten, durch relativ geringe Jahres-Temperaturschwankungen gekennzeichneten Klimabereich Westeuropas vor: Lebte noch 1939 nur knapp 1 Mio. polnischer Staatsbürger in Gebieten mit einer Temperatur-Jahresamplitude von unter 20 °C, so sind es gegenwärtig über 9 Mio. Einw. Polens. Diese *»Maritimisierung«* des klimatischen Milieus des polnischen Siedelraumes wurde u. a. durch dessen breites Vorrücken an die pommersche Ostseeküste hervorgerufen; sie darf etwa im Hinblick auf die Höhe der polnischen Agrarerträge als natürlicher Gunstfaktor gelten (verlängerte Vegetationsperiode; vgl. dazu auch Tab. 67). Darüber hinaus verliert der an den Ablauf sich deutlich voneinander abhebender Jahreszeiten gebundene Lebensrhythmus, der im polnischen Volksleben traditionell eine große Rolle spielt, heute auch durch die Westverschiebung des polnischen Siedelraums an Bedeutung. Der Begriff der Maritimisierung läßt sich auch darauf beziehen, daß Polen erstmals in seiner Geschichte zu einem der großen Ostsee-Anrainerstaaten und durch die Übernahme der Häfen Stettin, Kolberg und Danzig zu einer bedeutenden Seefahrtnation geworden ist (Handelsflotte 1985: 2,8 Mio. BRT).
Der Bevölkerungswechsel in den heutigen polnischen Westgebieten brachte für diese einen einschneidenden und umfassenden *Traditionsbruch*. Dieser wurde von den besonders traditionsbewußten und seit je gern in historischen Kategorien denkenden Polen nach 1945 durchaus in voller Härte empfunden, aber unter dem Zwang zur nationalpolitischen Raison möglichst verdrängt. Um das unter den Einwanderern verbreitete Bewußtsein der offenkundigen Geschichtslosigkeit der polnischen Anwesenheit im größten Teil dieser Räume zu überwinden, wurde von den Trägern öffentlicher Meinungsbildung (Staat, Partei, Kirche) die »Rückkehr« in die mittelalterlichen »Piastenlande« an der Oder und Ostsee propagiert. Damit wurde eine historische Perspektive für die im Grunde unverhoffte polnische Landnahme an Ostsee, Oder und Neiße zu konstruieren versucht.
Die polnische Westwanderung nach Kriegsende zielte vor allem in die weitgehend zerstörten Städte der neuen Westgebiete. Das flache Land wurde zunächst lediglich in der Nähe der alten Grenzen von risikoscheuen bäuerlichen Nahwanderern aus dem Posenschen und Pommerellen stärker aufgesiedelt. Die Westwanderer, meist junge Menschen mit hoher Mobilitätsbereitschaft, landlose Bauernsöhne aus den zentralpolnischen Gebieten mit strukturbedingter ländlicher Über-

völkerung, Entwurzelte aus den zentralpolnischen Großstädten, Repatrianten aus den abgetretenen Ostwojewodschaften, sahen sich im neuen »Westen« rasch in heftige Gruppenkonflikte verwickelt. Sie waren Ausdruck einer mangelhaften Konsolidierung der neu entstehenden, aus allen Regionen Polens zusammengeströmten Gesellschaft.
Die *gesellschaftliche Konsolidierung* wurde durch zahlreiche Faktoren erschwert. Die Westwanderung war für viele Migranten zugleich der Weg vom zentralpolnischen Dorf in die zuvor ostdeutsch-preußische Stadt, also ein Akt der Land-Stadt-Wanderung. Dieser hatte angesichts der besonderen materiell-zivilisatorischen Milieuunterschiede zwischen Herkunfts- und Zielort zunächst erhebliche ungelöste Akkulturationsprobleme zur Folge. Die vielberufene »Ziege auf dem Balkon« des städtischen Neubürgers bildet dafür ein treffendes Symbol. Auf dem Lande wirkte namentlich in Pommern und im ehemaligen Ostpreußen die überkommene Agrarbetriebsstruktur konsolidierungs- und integrationshemmend. Die Dominanz des Mittel- und Großgrundbesitzes, die auch durch die Verstaatlichung der großen Betriebe nicht beseitigt worden war, führte erneut zur Herausbildung einer breiten mobilitätsbereiten Landarbeiterschicht. Ein weiteres mobilitätssteigerndes Moment war das niedrige Durchschnittsalter der Neusiedler. Auch die lange anhaltende Unsicherheit der Neusiedler hinsichtlich der Dauerhaftigkeit der neuen Grenzregelungen trug zu jenem »Gefühl der Vorläufigkeit« bei, das der gesellschaftlichen Konsolidierung lange Zeit im Wege stand.
Die genannten Faktoren verloren jedoch besonders seit etwa 1960 mehr und mehr an Bedeutung. Eine numerisch überaus starke Nachkriegsgeneration ist herangewachsen. Diese ist bereits in den Westgebieten geboren und in die hier herrschenden Lebensbedingungen ohne übermäßige Friktionen hineingewachsen, so daß es zu einem Abbau der Konflikte zwischen den regionalen Herkunftsgruppen kam, zunächst in der Schule, später am Arbeitsplatz. Die zunehmende Adaption der Stadtbevölkerung an städtische Lebensformen wurde erleichtert durch die seit 1960 verstärkte Industrialisierung der traditionell durch lokalen Handel, Kleingewerbe und Verwaltung bestimmten Städte. Als ein Indikator des Konsolidierungsprozesses mag die Entwicklung des Wanderungsvolumens (Anzahl der Binnenwanderungsfälle, d. h. der An- und Abmeldungen je 100 Einwohner) in den Westgebieten einer- und den zentralpolnischen Gebieten andererseits gelten: 1960 betrug die Relation zwischen dem Wanderungsvolumen in den neu besiedelten Westgebieten und demjenigen im übrigen Polen 1,9:1 und verringerte sich bis 1970 auf 1,7:1.
Die inzwischen praktisch abgeschlossene Adaption der Zuwanderer-

bevölkerung an städtische und industriebezogene Lebensformen ist Teil jenes umfassenden Prozesses, den man als *Okzidentalisierung* bezeichnen kann. Darunter ist die Anpassung an das fremde (»westliche«) bauliche und materiell-zivilisatorische Milieu der früheren preußischen Ostprovinzen zu verstehen, weiterhin die erwähnte Übernahme und Aneignung von Lebensformen, die in der traditionellen Sicht der zentralpolnischen Bevölkerung eher den weiter westlich gelegenen Industrienationen zugeordnet werden. Dieser Okzidentalisierungsprozeß wirkt sekundär auch auf die Bevölkerung der altpolnischen Siedelgebiete zurück, die mit den jungen Siedlern im W durch enge verwandtschaftliche Beziehungen und durch häufige gegenseitige Wochenendbesuche oft über mehrere 100 km hinweg familiär verbunden bleibt. Die Okzidentalisierung Polens im Zuge der Westverschiebung des polnischen Staats- und Siedelgebiets hat zweifellos bereits zu einem partiellen Abbau der einst schroffen ökonomisch-strukturellen und mentalitätsmäßigen Gegensätze zwischen Deutschen und Polen geführt. Diese Tendenz dürfte durch die Übernahme eines einheitlichen, Wirtschaft und Gesellschaft bestimmenden Ordnungsmusters nach 1945 beiderseits der Oder-Neiße eher verstärkt worden sein.

Eine in mehrfacher Hinsicht besondere Stellung nimmt im heutigen Polen jener breite Gebietsstreifen ein, der bereits nach 1918 von Deutschland an Polen abgetreten werden mußte und der das Land von der Danziger Bucht über Bromberg und Posen (die »alten Westgebiete« Polens) bis Oberschlesien in allgemein nordsüdlicher Richtung durchzieht. In diesem *»Nord-Süd-Kordon«* wurden die in preußischer Zeit geschaffenen ökonomischen Strukturen am besten konserviert. Während des Zweiten Weltkrieges war dieses Gebiet dem Reich eingegliedert. Die der Vernichtung überantwortete jüdische Bevölkerung war hier seit je nur schwach vertreten. Auch die Kriegszerstörungen hielten sich in vergleichsweise engen Grenzen. Die Bevölkerungsverluste im Zuge der Wanderungen von 1945–1946, wie sie für die Vertreibungsgebiete westlich und die altpolnischen Abwanderungsgebiete östlich des Kordons charakteristisch waren, traten hier nur örtlich, besonders entlang der Reichsgrenze von 1937, auf, so daß sich dieser Gebietsstreifen wie ein »First« (G. IPSEN) demographischer Stabilität aus dem neuen polnischen Siedelgebiet heraushob.

Auch in anderer Hinsicht ist das Bild vom *»Dachfirst« erhöhter Ausstattung und Leistung* verwendbar. So hat beispielsweise das bis 1918 errichtete Eisenbahnnetz hier seine besondere Dichte behalten im Unterschied zu den verwüsteten Westgebieten, in denen es nach 1945 zahlreiche Streckenstillegungen gab. Die Masse der Städte blieb baulich weitgehend unverändert. Da ihre Bewohner zuvor weder (wie die Deutschen im W) verdrängt noch (wie die Juden im O) ausgerottet worden waren und so die Siedelkontinuität erhalten geblieben war, hat sich das private städtische Handwerk hier bis heute besser behaupten können als in den übrigen Teilen Polens. Auch die tradierten Stadt-Umland-Beziehungen sind auf diese Weise weithin intakt geblieben. Besonders deutlich wird die führende Position und damit die Dachfirst-Rolle des Nord-Süd-Kordons in der Landwirtschaft. Die Tradition des Anerbenrechts hat bis in die Gegenwart ein Überwiegen der Betriebsgrößen von über 10 ha gesichert. Da 1945 auch Großgrundbesitz vorhanden war, der im Zuge der sozialistischen Umgestaltung der Volkswirtschaft verstaatlicht wurde, hat der private Sektor relativ größere Verluste hinnehmen müssen als etwa in Zentralpolen, jedoch erheblich geringere als in den neuen Westgebieten (vgl. Tab. 78).

Tab. 78: Anteile der Besitzformen an der landwirtschaftlichen Nutzfläche Polens (1973)

	LN insg.	privat	genoss.	staatlich
Neue Westgebiete[1]	100,0	60,2	1,6	36,6
Nord-Süd-Kordon[2]	100,0	79,4	3,6	16,6
Zentralpolen[3]	100,0	96,1	0,5	3,2
VR Polen insges.	100,0	82,5	1,5	15,4

[1] Alte Wojewodschaften Allenstein, Danzig, Köslin, Stettin, Grünberg, Breslau, Oppeln;
[2] Alte Wojewodschaften Bromberg, Posen, Kattowitz;
[3] übrige alte Wojewodschaften
Quelle: berechnet nach Rocznik Statyst. 1974, S. 303; Wojewodschaften in den Grenzen von 1973

Die Landwirtschaft des Kordons weist eine überdurchschnittliche Ausstattung an Traktorbesatz und Kunstdüngereinsatz auf, die nur in den schlesischen Wojewodschaften Breslau und Oppeln übertroffen wird. Eine entsprechende Position nimmt der Nord-Süd-Kordon bei der Getreide- und Zuckerrübenernte, beim Schweinebesatz sowie ganz allgemein bei der landwirtschaftlichen Produktivität ein. Ähnlich wie in den neuen Westgebieten waren um 1970 über 60 % der landwirtschaftlichen Gebäude aus Mauerwerk errichtet, während in Zentralpolen noch über 60 % der Bauten aus Holz und Lehm bestand. Diese letzte Zahl hat sich jedoch inzwischen deutlich verringert. Durch eine staatlich geförderte Neubaubewegung verliert das zentralpolnische Dorf gegenwärtig rasch sein traditionelles Aussehen.

Zentralpolen, also jene Teile Polens, die bis 1918 zu Rußland und Österreich-Ungarn gehörten, hat trotz mancher Angleichungserfolge seit 1945 bis heute in nahezu jeder Hinsicht die rückständigsten sozioökonomischen Strukturen. Die Masse der kleineren Städte, die in diesem Jahrhundert während zweier Weltkriege nicht selten mehrfach abbrannten oder zerschossen wurden, verlor im letzten Krieg mit der jüdischen Händler- und Handwerkerschicht den letzten Pfeiler ihrer funktionalen Sonderstellung. Was sich nach 1945 wieder an Handel und Kleingewerbe zu regen begann, wurde durch die handels- und handwerksfeindliche Politik der 1948 an die Macht gelangten staatstragenden Arbeiterpartei (PZPR) in den Jahren bis 1956 weitgehend erstickt. Die kollektivierten bzw. verstaatlichten Betriebe übernahmen reine Verteilerfunktionen, und selbst diese angesichts der Warenknappheit in höchst unzulänglicher Weise. Doch sind auch heute noch zahllose Kleinstädte Schauplatz stark besuchter Vieh- und Wochenmärkte. Die größeren sind daneben auch Behörden- und Industriestandorte.

2.5.1.3 Probleme der Landwirtschaft

Die funktionale Austrocknung der polnischen Kleinstadt durch die Gewerbepolitik des sozialistischen Staates vor 1956 führte faktisch zu einem »Massensiechtum« der zentralpolnischen Landstädte, die sich bald von Kirchdörfern nicht mehr unterschieden. Diese Entwicklung zeigte sich in den neuen Westgebieten ähnlich kraß, wo ja durch die Vertreibung der Deutschen bis 1946 eine vergleichbare gewerbliche Tabula-rasa-Situation in den ausgebrannten Städten geschaffen worden war. Manche zentralpolnische Stadt erholte sich jedoch nach der innenpolitischen Liberalisierung von 1957 und erlangte im Zuge der besonderen Förderung des Privathandwerks Teile der verlorengegangenen Umlandbedeutung zurück. Die zentralpolnische Landwirtschaft war weiterhin fast vollständig in privater Hand (vgl. Abb. 35 und Tab. 78). Sie blieb auf einem Stand, der Zentralpolen heute selbst nach der Einschätzung polnischer Beobachter zum »agrarwirtschaftlichen Freilichtmuseum« Europas werden ließ. Diese selbstironische Bezeichnung trifft die strukturelle Situation der zentralpolnischen Landwirtschaft recht gut: Nahezu alle Charakteristika, die wir der kongreßpolnischen Landwirtschaft zur Zeit der Teilung attestiert hatten, nämlich Vorherrschen des privaten Kleinbetriebs, Besitzzersplitterung infolge Realteilung, Streifenparzellierung der Flur- und Gemengelage des Besitzes, Subsistenzwirtschaft und Bevölkerungsdruck, blieben bis in die Gegenwart erhalten. WÖHLKE konnte noch 1958 in Podlachien (Wojewodschaft Białystok) Formen der Dreifelderwirtschaft mit eingeschalteter Brache feststellen. Der Konservatismus der zentralpolnischen Landbevölkerung stellt sich selbst unumgänglichen Neuerungen wie der Flurbereinigung entgegen. Die Feldarbeiten und der Gütertransport werden wie in der Zarenzeit noch ganz überwiegend mit Hilfe des Pferdes erledigt, dessen Leistungen sich der Arbeit auf schmalen, schlecht oder gar nicht drainierten Ackerparzellen sowie dem Verkehr auf unbefestigten und aufgeweichten Landwegen gut anpassen. Polen hat mit (1984) 8,1 Pferden je 100 ha landwirtschaftlicher Nutzfläche den höchsten Pferdebesatz unter allen Ländern der Welt, was freilich nicht allein als Ausdruck technischer Rückständigkeit zu werten ist, da dem Pferd seit je die besondere Wertschätzung und Fürsorge des polnischen Bauern gilt. In Zentralpolen ließen sich durch kollektive Bewirtschaftungsformen und Mechanisierung auf zusammengelegten Feldern zweifellos erhebliche Ertragssteigerungen erzielen.

Tab. 79: Hektarerträge[1] (in dz) in den vier Hauptgetreidearten nach den betrieblichen Besitzformen (1984) in Polen

	Ldw. insges.	priv. Sektor	genoss. Sektor	staatl. Sektor
Neue Westgebiete	33,9	32,7	33,0	35,6
Nord-Süd-Kordon	33,7	31,3	38,1	40,6
Zentralpolen	27,0	26,6	28,6	34,8
VR Polen insges.	30,0	28,4	32,7	36,5

[1] = bezogen auf den Stand der Getreideanbaufläche vom Juni 1984
Quelle: berechnet nach Rocznik Statyst. Województw 1985, S. 228 ff.

Einer Kollektivierung der zentralpolnischen Landwirtschaft etwa nach DDR-Muster stehen indessen in den Augen des Staates und der Parteiführung wenigstens zwei Einwände entgegen, die einstweilen das zweifellos triftige Argument der landwirtschaftlichen Ertragssteigerung im Falle einer Sozialisierung entkräften: 1. Die Kollektivierungsversuche Anfang der 50er Jahre haben der Führung gezeigt, daß sie mit erheblichen Widerständen der Bauern zu rechnen hätte; spätestens seit den Danziger Dezemberunruhen von 1970 und vollends nach

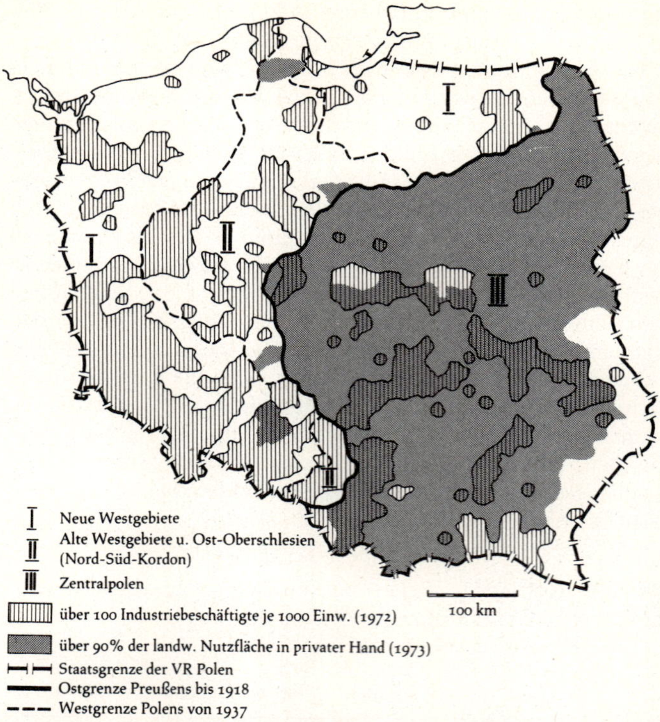

Abb. 35: Demographisch-wirtschaftliche Strukturzonen Polens (nach E. BUCHHOFER, 1981)

den Ereignissen von 1980/82 ist der Partei jedoch deutlich geworden, daß sie heftigere Konfrontationen mit der Bevölkerung z. Z. nicht durchzustehen vermag. 2. Eine Kollektivierung wäre mit dem Freiwerden einiger hunderttausend Arbeitskräfte verbunden. Diese ließen sich in der Industrie oder in anderen nichtlandwirtschaftlichen Sektoren z. Z. nicht alle beschäftigen. Doch hat die forcierte Investitionspolitik der GIEREK-Führung auf dem Industriesektor besonders in den 70er Jahren zu einem verstärkten Abwandern der zentralpolnischen Landjugend in die Städte geführt.

2.5.1.4 Industrialisierung und industrielle Raumplanung

Die Industrialisierung Polens wurde von uns als Vehikel zur Verstädterung und Okzidentalisierung der polnischen Nachkriegsgesellschaft bewertet. In den Augen ihrer kommunistischen Initiatoren war sie jedoch von Beginn an das entscheidende Instrument zur Schaffung einer »sozialistischen Gesellschaft«, die nicht auf der Basis einer Agrargesellschaft zu bilden sei, sondern sich auf ein breites Industrieproletariat im Lande zu stützen habe. Tatsächlich war und ist Polen ein industriell rückständiges Land, wenn man es mit seinen mitteleuropäischen sozialistischen Nachbarstaaten vergleicht (s. Tab. 80).

Tab. 80: Produktion ausgewählter Industrieerzeugnisse je Einw. in Polen und seinen Nachbarstaaten (DDR = 100)

	Elektr. Energie	Roh-stahl	Kunst-stoffe	Zement	Pkw
1960:					
DDR	100	100	100	100	100
ČSSR	77	226	70	129	111
UdSSR	59	138	22	73	17
VR Polen	44	103	28	77	12
1984:					
DDR	100	100	100	100	100
ČSSR	77	211	106	98	97
UdSSR	82	124	28	68	40
VR Polen	55	99	26	65	62

Quelle: berechnet nach Mały Rocznik Statyst. 1986, u. Rocznik Statyst. 1985, Teil II

Die Tabelle zeigt, daß Polen (vor allem seit 1980) zurückgefallen ist und insgesamt von seinen RGW-Nachbarn hinsichtlich des industriellen Pro-Kopf-output hinter sich gelassen wird. Innerhalb des RGW gab es um 1980, wenn man von der Sowjetunion und der Mongolischen Volksrepublik absieht, nur eine Volkswirtschaft mit einem Industriebeschäftigtenanteil von unter 30%: Polen (vgl. Rocznik Statyst. 1985, S. 534). Diese Zahl, die im Falle Polens vor allem dem besonders überhöhten Agrarbeschäftigtenanteil zuzuschreiben ist, mag das Industrialisierungsdefizit des Landes verdeutlichen. Die polnische Wirtschaftsführung sieht sich daher seit je zu permanenten Anstrengungen in Richtung auf eine industrielle Wachstumssteigerung getrieben.

Die industrielle Raumplanung ist seit Bestehen der Volksrepublik Polen vollständig zentralisiert und in staatlicher Hand. Sie hatte 1945 die schütteren Ansätze der bis 1939 entstandenen polnischen Industrie mit den insgesamt etwas stärker entwickelten ostdeutschen Industrien zu einem staatlich gelenkten industriellen Großverbund zu vereinen. Zur ersten Gruppe gehörten außer dem vielseitigen Industriestandort Warschau das Textilindustriezentrum Łódź, die altpolnischen Schwerindustriezentren Kleinpolens, örtliche Maschinenbauzentren wie Bromberg, Posen und Krakau. Die zweite Gruppe umfaßte den Steinkohlenbergbau und die Textilindustrie am Nordrand der Sudeten, die Metallindustrie von Breslau und die Werften von Stettin und Danzig.

Zum Angelpunkt der Integration mußte das beiderseits der bisherigen deutsch-polnischen Grenze gelegene Oberschlesische Industriegebiet zusammen mit seinen Trabantenstandorten (Oppeln, Ratibor, Rybnik, Bielitz, Chrzanów und Tschenstochau) werden. Im Oberschlesischen Revier besaß der neue sozialistische Staat einen alle anderen Standorte weit überragenden Industriepol, die energetisch-metallurgische Basis für den Wiederaufbau und späteren Ausbau der übrigen, durch Kriegszerstörungen und Demontagen zum Teil aufgelösten Standortgruppierungen.

Die alte, gegen deutsche Einflüsse gerichtete gewerbliche Raumordnungskonzeption Polens aus der Zwischenkriegszeit wurde der radikal veränderten Situation nach 1945 nicht mehr gerecht. Alternative eigenständige Standortstrategien existierten nicht. So griffen die polnischen Industriestandortplaner, ebenso wie die Planer der übrigen unter sowjetische Herrschaft geratenen Länder, auf »sowjetische Erfahrungen« bei der Industrialisierung zurück. Freilich wurden diese nicht ernsthaft auf ihre Effizienz und Übertragbarkeit hin überprüft, sie besaßen vielmehr den Charakter politisch bestimmter Doktrinen. Die z. T. auf F. ENGELS zurückgehende sowjetische Standortdoktrin forderte eine Überwindung der durch Schwerpunktbildung gekennzeichneten kapitalistischen Standortsysteme auf dem Wege einer räumlichen Dispersion (Deglomeration). Zu ihr gehörte ferner die Bevorzugung der Grundstoff- und Investitionsgüterbranchen. Dieses Leitbild wurde von der polnischen Regionalplanung unkritisch, ohne Rücksicht auf die spezifische polnische Situation, übernommen. Es wurde bis etwa 1956 unter Inkaufnahme großer volkswirtschaftlicher Verluste realisiert. In diesem Zusammenhang wurden beispielsweise Hüttenwerke fern von der Oberschlesischen Agglomeration in Krakau, Warschau und Tschenstochau gebaut, an Standorten also, die weniger eine ökonomische Ratio als eine gesellschaftliche Zielrichtung verraten. Seit dem innenpolitischen Umschwung des Jahres 1956 und insbesondere seit der Neuformierung der Parteispitze Ende 1970 wurden in stärkerem Umfang ökonomisch-rationale Erwägungen bei der Standortwahl wirksam. Sie lassen erneut eine Wertschätzung agglomerativer Lösungen erkennen. Beispiele sind die Metallhütten-Neubauten in der Randzone der oberschlesischen Agglomeration sowie die zunehmende Konzentration des Kraftfahrzeugbaus in den alten Industrieräumen Warschau und Oberschlesien.

Die Basis der bis 1945 erschlossenen *mineralischen Rohstoffe*, unter denen die schlesische Steinkohle als Energiegrundlage und als ein wichtiges polnisches Exportgut der wirtschaftlichen Entwicklung des Landes und seiner steinkohlenärmeren Nachbarstaaten bis heute dient, wurde mit der Übernahme der früheren deutschen Ostgebiete zunächst vor allem in Richtung auf eine Erweiterung der Kokskohlenproduktion verbreitert.

In den Jahren nach 1956 wurde der Wert namentlich Niederschlesiens für die polnische Industriewirtschaft stärker erkannt: Mit dem umfassenden Abbau von *Braunkohle* an der Lausitzer Neiße (Türchau, poln. Turoszów; Förderung 1984: 21,3 Mio. t), ihrer Verstromung an Ort und Stelle (Großkraftwerk Turów) und mit dem anschließenden Stromtransport nach Oberschlesien wurde es möglich, schlesische *Steinkohle* bei der Energiegewinnung teilweise zu substituieren und in verstärktem Umfang für den devisenbringenden Export freizuhalten (polnische Steinkohlenförderung 1984: 192 Mio t; Export: 43 Mio. t, zu 23 % in die UdSSR, zu 34 % in die EG). Dem gleichen Ziel dient der seit 1950 mit DDR-Hilfe stark geförderte Braunkohlenabbau bei Konin in der alten Wojewodschaft Posen (Förderung 1984: 17,8 Mio. t) mit seiner Gruppe neuer Großkraftwerke bei Konin, Pątnów und Turek und angeschlossener Aluminiumgewinnung im neuen Hüttenwerk Maliniec. Ab 1960 wurden im Raum Glogau – Lüben (Lubin) die größten bis dahin bekannten europäischen *Kupfer*erzvorkommen erschlossen (Erzgewinnung 1984: 29,4 Mio. t; Kupferproduktion – 360 000 t in den Hütten Liegnitz und Glogau – in Europa nur von der BR Deutschland und Belgien übertroffen). Diese Vorkommen ergänzen Polens Position in der *Zink-* und *Blei*erzförderung (1984: 5,4 Mio. t; Zinkproduktion: 176 000 t; Bleiproduktion 83 000 t). Ebenfalls von internationaler Bedeutung sind die in den 50er Jahren im Gebiet um Tarnobrzeg (Kleinpolen) erschlossenen Schwefelvorkommen: Die polnische Schwefelproduktion (1984: 5,0 Mio. t) ist führend in Europa. Demgegenüber hat die polnische Erdöl- und Erdgasförderung im Karpatenvorland (1984: 0,2 Mio. t/6,1 Mrd./m^3) bis heute

eine geringe Bedeutung für die heimische Energieerzeugung und Petrochemie behalten.
Vor einigen Jahren sind in Ostpolen, im Raum von Lublin, Steinkohlelagerstätten entdeckt worden, die diesem Grenzgebiet eine neue industriegeographische Perspektive verleihen sollten. Demgegenüber hat die polnische Erdöl- und Erdgasförderung im Karpatenvorland nur eine geringe Bedeutung. Der polnische Rohölbedarf wird ebenso wie der Erdgasbedarf fast vollständig über Rohrleitungen aus der Sowjetunion bezogen.
Betrachtet man die genannten Schwerpunkte der industriellen Rohstoffgewinnung, die sich durch zahlreiche kleinere ergänzen ließen, in ihrer räumlichen Verteilung über das polnische Staatsgebiet, so wird eine generelle Begrenzung auf dessen Südteile deutlich. Diesem großräumigen Verbreitungsmuster entspricht allgemein auch dasjenige der *verarbeitenden Industrien*. So darf generell von einem von S, von den Gebirgsrändern her, nach N zu abnehmenden Industrialisierungsgrad gesprochen werden: ein Muster, das sich in der benachbarten DDR wiederholt. Die nördlichen Landesteile werden von einem noch recht weitmaschigen Netz großer industrieller Binnenland- und Küstenstandorte überzogen. Zu den wichtigen Binnenstandorten Warschau, Bromberg, Łódź, Białystok und Posen und den Küstenstandorten Stettin und der Danziger Agglomeration kommen immer neue Industriestandorte hinzu und verdichten das Netz traditioneller Industriestädte. Zur Schaffung neuer Industriestandorte zwangen in den letzten Jahrzehnten neben dem allgemeinen wirtschaftlichen Wachstumspostulat die Agrarbevölkerungsüberschüsse im Osten und das überaus rasche Bevölkerungswachstum im neuen Westen. Als Beispiele für kleinere Städte, deren zentralörtliche Funktionen in erheblichem Umfang durch industrielle ersetzt oder ergänzt worden sind, gelten Schwiebus, Lauenburg i. Pommern, Allenstein, Lyck, Augustów, Włocławek, Płock, Chełm, Zamość, Nowy Targ u. a. m.
Die Industrialisierung in ihrer charakteristischen zonalen Süd-Nord-Abstufung legt sich in der Gegenwart immer strukturbestimmender über die historisch gewachsenen meridionalen Strukturmuster, die noch in vielfältiger Hinsicht das traditionelle »West-Ost-Gefälle« widerspiegeln. Urbanisierung und Industrialisierung erfaßten im ersten Nachkriegsjahrfünft, als noch Nachholbedarfszwänge in der regionalen Wirtschaftspolitik dominierten, noch vorrangig die entvölkerten und verwüsteten neuen Westgebiete. Langfristig werden die zentralpolnischen Landesteile jedoch stärker von dem Strukturwandel ergriffen, der sich z. B. in der Zunahme des nichtlandwirtschaftlichen Bevölkerungsanteils ausdrückt (vgl. Tab. 81).

Tab. 81: Anteil der außerlandwirtschaftlichen Bevölkerung in % der Gesamtbevölkerung (I) und an der Gesamtbevölkerung der poln. Dörfer (II)

	VR Polen insgesamt		Neue Westgebiete[1]		Übriges Polen[2]	
	I	II	I	II	I	II
Vorkriegszeit	·	·	70,8[3]	·	40,0[4]	·
1950	52,9	22,7	62,5	28,5	48,9	21,1
1970	70,5	42,8	74,6	46,0	68,9	42,0
1980	78,3	·	·	·	·	·

[1] die alten Wojewodschaften Allenstein, Danzig, Köslin, Stettin, Grünberg, Breslau-Stadt u. Woj., Oppeln;
[2] die übrigen Wojewodschaften der VR Polen;
[3] einschl. Nord-Ostpreußens, Stand 1939, Landwirtschaft einschl. Forstwirtschaft;
[4] die damalige Republik Polen, Stand 1931
Quelle: zitiert bzw. berechnet nach Rocznik Statyst. 1971, S. 87; 1982, S. XXXIII; Statist. Handb. v. Deutschland 1928–1944, München 1949, S. 35.

Die Aufstellung läßt erkennen, in welchem Umfang die *Entagrarisierung* das polnische Dorf (in den Ballungsrandgebieten meist über das Zwischenstadium des Arbeiterbauerntums) erfaßt, das 1984 ohnehin mit 40,0 % (1938: 70,0 %; 1950: 63,1 %) nur noch eine Minderheit der Bevölkerung Polens beherbergte. Der relativ hohe Anteil an außerlandwirtschaftlicher Bevölkerung der Dörfer im neuen Westen sorgt hier für eine geringere Dynamik des Wandels im Verhältnis zu derjenigen der zentralpolnischen Dörfer, die sich in ihrem Entagrarisierungsniveau den ehemals ostdeutschen Dörfern insgesamt immer mehr annähern.
Die gegenwärtige regionale Wirtschaftsstruktur der VR Polen wurde als Resultat wenigstens zweier sich räumlich überlagernder sozioökonomischer Prozeßschichten erklärt. Hier ist als erste die jahrhundertelange und dann ganz besonders im 19. Jh. wirksame Landesentwicklung in den westlichen Teilen des heutigen polnischen Staatsgebietes unter dem Einfluß der Zugehörigkeit zu Preußen-Deutschland im Gegensatz zur Vernachlässigung der mittleren und östlichen Landesteile durch die russische bzw. österreichische Teilungsmacht zu nennen. Die daraus resultierenden, vor allem in der Agrar- und der gesamten übrigen Infrastruktur bis heute erkennbaren regionalen Unterschiede unterliegen heute einem Angleichungsvorgang. Dieser geht nicht so sehr von einer gezielten Verbesserung der infrastrukturellen Ausstattung oder gar der eben erst in Gang gekommenen Veränderung der geradezu »musealen« Agrarstruktur Zentralpolens aus, sondern von

der Industrialisierung und Urbanisierung, die immer weitere Bevölkerungsteile in allen Regionen erfaßt und die auch einer Agrarreform in Zentralpolen zumindest langfristig den Boden bereitet. Die bereits von MARX und ENGELS unter sozialpolitischen Zielaspekten geforderte Aufhebung des Land-Stadt-Gegensatzes hat in der traditionell agrarwirtschaftlich ausgerichteten und stark an den Lebensformen des Dorfes orientierten polnischen Gesellschaft spezifische, historisch gewachsene Widerstände zu überwinden. Doch nähert sie sich auch in Polen schrittweise der Verwirklichung.

2.5.2 Die Tschechoslowakei und Ungarn

2.5.2.1 Geschichtlicher Hintergrund und natürliche Ausstattung

Die Tschechoslowakei und der moderne ungarische Staat entstanden nach dem Ersten Weltkrieg als *Nachfolgestaaten der Österreichisch-Ungarischen Monarchie*. Die äußeren Grenzen, an denen sich bis auf die Abtretung der Karpatenukraine an die Sowjetunion wenig geändert hat, sind 1919/1920 durch die *Pariser Vorortverträge* festgelegt worden. Es sind weder »natürliche« Grenzen noch folgen sie den damaligen Sprachgrenzen, auch traditionelle Wirtschaftsbeziehungen wurden auseinandergerissen.
Im Rahmen der zerfallenden Habsburger Monarchie hatten beide Territorien *wirtschaftlich und staatsrechtlich* eine recht unterschiedliche Stellung eingenommen. Die böhmischen Länder (Böhmen, Mähren, Österreichisch-Schlesien), die zu den österreichischen Reichslanden gehörten, stellten das größte Industriepotential unter dem Doppeladler, und die modern denkende tschechische und deutsche Bevölkerung war vergleichsweise hochgebildet und politisch sehr aufgeschlossen. Die unterentwickelte Slowakei hingegen gehörte als Nebenland zu Ungarn. Der neue ungarische Staat (»Rumpfungarn«) umfaßte nur noch ein Drittel der Fläche des Gebietes der Stephanskrone und wurde so zum *Nationalstaat der Magyaren*. Die tschechoslowakische Republik war, wie die Doppelmonarchie, ein *Vielvölkerstaat* (1930: 7,4 Mio. Tschechen, 2,3 Mio. Slowaken, 3,2 Mio. Sudeten- und Karpatendeutsche, 692000 Magyaren, 187000 Nationaljuden, 82000 Polen, 549000 Ukrainer, 32000 Zigeuner). Nach dem Zweiten Weltkrieg entstanden beide Staaten wieder in ihren Vorkriegsgrenzen; nur die Karpatenukraine ging an die Sowjetunion. Heute bestimmt die Zugehörigkeit zum *Rat für gegenseitige Wirtschaftshilfe*

(RGW) und das System der *»entwickelten sozialistischen Gesellschaft«* die Lebensweise der Bevölkerung und den Wandel der Kulturlandschaft in diesem Kerngebiet Ostmitteleuropas.
Die ČSSR besteht aus zwei Großräumen, der Böhmischen Masse und dem Karpatensystem. Ungarn gehört zum größten Teil zum Pannonischen Tiefland, dem Großen und dem Kleinen Alföld, die auch noch in die Slowakei hineinreichen. Die Böhmische Masse, eine alte geotektonische Einheit, ist der östliche Teil der *mitteleuropäischen Mittelgebirgsschwelle*. Der auffallende Wall der Randgebirge (Böhmerwald, Erzgebirge, Elbsandsteingebirge, Sudeten) umschließt eine Reihe von Hochländern und Becken, die nur mäßig reliefiert sind. Östlich der Boskowitzer Furche beginnt das *Karpatensystem*. Tertiäre Hügelländer, die Ebenen des nach N auslaufenden Wiener Beckens und die Odersenke mit der Mährischen Pforte bestimmen weithin den Charakter Mährens als Durchgangsland. Einen großen Teil der Slowakei nimmt der Bogen der Westkarpaten ein, der eine deutliche Längsgliederung aufweist. Der Faltengebirgsbau ist ähnlich kompliziert wie in den Alpen. Die innere Kernzone besteht aus jungvulkanischen Bergländern. Die mittlere Kernzone nimmt in der Hohen Tatra, in der Niederen Tatra, in der West-Tatra und in den Tatra-Gebirgen Hochgebirgscharakter an. Die Kalkklippen und Sandsteine der äußeren Zone sind eher Mittelgebirge. In den Längstälern gibt es eine Reihe von Einbruchsbecken, die für die Verkehrserschließung von Bedeutung sind. Das *Alföld* ist ein tektonisches Senkungsgebiet. Lößpolster und Flugsandfelder sind auf großer Fläche ausgebreitet. Auch Sümpfe kommen vor. Das *Ungarische Mittelgebirge*, eine Reihe von SW nach NO angeordneter Gebirgshorsten, trennt die beiden ungleichen Teile des Alföldes. Neben den vulkanischen Begleiterscheinungen der Bruchschollenbildung (heiße Quellen) gibt es hier ausgedehnte Karstgebiete.
Die ČSSR und Ungarn sind ausgesprochene *Binnenstaaten*. Somit kommt den Flußläufen große wirtschaftliche Bedeutung zu. Innerböhmen entwässert über die Elbe, deshalb steht der ČSSR in Hamburg eine Freihafenzone zu. Ungarn ist durch die Donauschiffahrt mit dem westlichen Mitteleuropa, der Sowjetunion und den anderen Schwarzmeerstaaten verbunden.
Ein wichtiger Faktor für die Inwertsetzung der Länder ist das *Klima*. Die Sudeten- und Westkarpatenländer gehören zur mitteleuropäischen Klimaprovinz, wobei nach O hin die Kontinentalität zunimmt. Die südlichen Ebenen der Slowakei und Ungarns rechnet man zur pannonischen Klimaprovinz, wo der kontinentale Charakter durch die Beckenlage noch verstärkt wird.

Das Gebiet der ČSSR ist nach Klima und Böden in vier *Landbauzonen* eingeteilt worden. Sie folgen im wesentlichen den *hypsothermischen Stufen*. Die Landnutzung ist so unterschiedlich wie die physisch-geographischen Bedingungen. Die *Mais-Zone*, die sich auch weit nach Ungarn hinein fortsetzt, umfaßt die Ebenen bis 200 m Seehöhe im SO von Mähren, der Süd- und der Ostslowakei. Das Klima ist hier trokken, warm und hat kontinentalen Charakter. Die Jahrestemperatur liegt im Durchschnitt über 9 °C, und die Niederschläge bleiben unter 500–600 mm. Etwa ein Zehntel des Territoriums der ČSSR gehört dazu.
Die *Rüben-Zone* reicht über die welligen Hügelländer, Plateaus und Hochflächen bis 350 m ü NN und schließt an die Mais-Zone an. Die durchschnittliche Jahrestemperatur liegt zwischen 8 und 9 °C, und bei den Niederschlägen ist mit ca. 600 mm zu rechnen. Mit 21,4 % des Territoriums reicht sie weit nach Mittelmähren hinein und bildet eine große Insel in Innerböhmen an Elbe und unterer Eger. Neben der Zuckerrübe, die übrigens neuerdings auch in der Mais-Zone recht große Flächen einnimmt, gibt es hier vorwiegend Getreide (Weizen), Gemüse- und Obstbau. Auch die bekannten Hopfenanbaugebiete, zum Beispiel bei Saaz, gehören dazu.
Mit über der Hälfte der Gesamtfläche ist die *Kartoffelzone* die ausgedehnteste. Sie geht bis 500–700 m Seehöhe hinauf bei durchschnittlichen Jahrestemperaturen von 6,5 °C und Niederschlägen um 800 mm. Außer Kartoffeln und Getreide (Roggen) werden auch Futterpflanzen angebaut, denn hier erbringt die Viehzucht drei Viertel der Einnahmen aus der landwirtschaftlichen Produktion.
Das ist noch in höherem Maße der Fall in der Zone der *Gebirgswirtschaft*, die etwa 17 % des Territoriums einnimmt. Hier ist das Klima rauher und feuchter, im ganzen maritimer, und bei Höhen von über 600 m liegen die durchschnittlichen Jahrestemperaturen unter 6 °C, die Niederschläge über 800 mm. 45 % dieser Zone sind mit Wäldern bedeckt, rund 20 % bilden Dauerweiden und nur etwa 10 % sind Akkerland, das allerdings zum Teil in die Kategorie des Wechsellandes mit Feld-Gras-Wechsel (Egartenwirtschaft) fällt. Man könnte diese Zone in eine Subzone der intensiveren Mähwiesenwirtschaft und eine andere der extensiveren Weidewirtschaft unterteilen. Erstere ist für die Aufzucht von hochwertigen Zuchtrindern geeignet, während in den Höhenzonen, zum Teil auf den Matten oberhalb der Waldgrenze in den Westkarpaten, die Schafzucht noch immer in den traditionellen Formen der sogenannten »Walachischen Hirtenkultur« betrieben wird.
In Ungarn haben wir überwiegend den Typus der *Niederung*, welcher

der vor allem in der Südslowakei ausgebildeten Maiszone entspricht, und den wesentlich kleineren Mittelgebirgstypus. Im Tiefland, das 84% der Fläche Ungarns ausmacht, wird die Landnutzung von den Bodenverhältnissen bestimmt. Schwarzerde-Lößböden werden durch Weizen, Zuckerrüben, Sonnenblumen und technische Kulturen genützt. Die weitverbreiteten Sandböden waren früher nur wenig genutztes Weideland. Heute erbringen sie als Reb- und Obstland durch eine verbesserte Agrartechnik oft mehr Ertrag als die Lößböden. Die im vorigen Jahrhundert trockengelegten, aber rasch versalzenden Flußniederungen waren noch bis in die Zwischenkriegszeit als ebenfalls wenig genutzte Pußta minderwertiges Weideland. Heute ist durch die Bewässerungswirtschaft ein nachhaltiger Wandel eingetreten (Weidewirtschaft, sogar etwas Reisanbau, Teichwirtschaft). An den Rändern der Mittelgebirge liegen die traditionellen Qualitätsweinbaugebiete. Ungarn ist das Land mit dem größten Anteil an landwirtschaftlicher Fläche in Europa (85%).
Wenn auch einzelne *Rohstoffe* im Übermaß vorkommen, so müssen doch beide Staaten die meisten Rohstoffe einführen, und zwar überwiegend aus der Sowjetunion. In der ČSSR sind die Rohstoffvorkommen im Verhältnis zu der stark ausgebauten Industrie nicht ausreichend. Rund 90% des zur Verarbeitung gelangenden *Eisenerzes* werden importiert. Die wichtigsten noch genutzten Eisenerzvorkommen liegen in Böhmen zwischen Prag und Pilsen und in der Mittelslowakei. Ein kleines Vorkommen mit hohem Fe-Gehalt liegt zwischen Olmütz und der polnischen Grenze. Die Vorräte werden auf 336 Mio. t »sicherer« Vorkommen mit einem Eisengehalt von 122 Mio. t geschätzt, daneben auf 200 Mio. t »möglicher Vorkommen«. Die Uranvorkommen in Nordböhmen bei St. Joachimsthal wurden unter sowjetischer Regie forciert ausgebeutet, sind allerdings weitgehend erschöpft. Manganerze werden in der Ostslowakei gefördert. Der wichtigste unter den mineralischen Rohstoffen der ČSSR ist die Kohle. 80% der *Steinkohle* werden im Revier von Mährisch-Ostrau gewonnen. Diese ist gut verkokbar und deshalb für die Eisenverhüttung geeignet. Große *Braunkohlenlager* gibt es in NW-Böhmen im Egergraben am Rande des Erzgebirges in den Revieren von Teplitz-Schönau, Brüx und Komotau, im Becken von Falkenau, kleinere noch in der Slowakei bei Handlová. Insgesamt werden die Kohlevorräte der ČSSR auf 6 Mrd. t Steinkohle und 12,5 Mrd. t Braunkohle geschätzt. Erdöl und Erdgas werden in geringen Mengen an der mährisch-slowakischen Grenze und in der Ostslowakei gefördert. Die tschechoslowakischen Vorkommen an Ton, Kaolin und Magnesit sind sehr umfangreich. Auch für die Zementproduktion ist genügend Kalk vorhanden.

Hinsichtlich der geförderten Kohlemenge (Steinkohle, Braunkohle, Lignit) steht die ČSSR an achter Stelle der Weltliste, in der Braunkohleförderung sogar an vierter Stelle.
Auch Ungarn ist an Bodenschätzen nicht sehr reich, jedoch sind einige Rohstoffe in großen Mengen und guten Qualitäten verfügbar. Abbauwürdige *Eisenerze* gibt es nur im N des Landes im Gebirge von Rudabánya. Sie können nur ein Fünftel des Bedarfs decken. In den sechziger Jahren wurden bei Recsk in Nordungarn Kupfererzlager entdeckt, die nach ihrer vollen Erschließung bis zu 5 Mio. t Erz im Jahr liefern sollen. Der wertvollste Bodenschatz Ungarns ist das der Aluminiumherstellung dienende *Bauxit*. Die Vorräte liegen in Transdanubien und im Bakony-Wald. Die Tonerde enthält ungefähr 60 % Al_2O_3 und läßt sich leicht verarbeiten, ein Teil geht in den Export. Die Vorräte an *Manganerz* decken den heimischen Bedarf und dienen der Stahlveredelung; die Lagerstätten liegen im Bakony-Wald. Es sind die größten Manganvorräte in Europa nach Rumänien und der Sowjetunion. Die ungarischen Kohlelagerstätten liegen in der Achsel des Ungarischen Mittelgebirges und im Mecsek-Gebirge. Der Anteil der *Steinkohle* daran beträgt 22 %, der *Braunkohle* 62 % und der Lignite 16 %. Die Kohlenvorräte Ungarns werden auf über 4 Mrd. t geschätzt, von denen jährlich eine relativ hohe Rate abgebaut wird. Bis zum Jahr 2000 sollen sieben Lignitfelder abgebaut werden; das größte liegt bei Kál-Káplna in Nordungarn, wo auch das Thermokraftwerk »J. Gagarin« arbeitet. Erdölquellen befinden sich im Hügelland von Zala und in der Tiefebene bei Szeged-Algyö und Hajduszoboszlo, wo Reserven von 20 Mrd. m^3 vermutet werden. Die überwiegende Menge des verbrauchten Erdöls müssen beide Länder aus der Sowjetunion einführen.
Der Hauptanteil der *Energieerzeugung* beider Länder wird durch *Wärmekraftwerke* erzeugt, doch ist auch der geringe Anteil der *Wasserkraft* volkswirtschaftlich äußerst wichtig. Besonders in der ČSSR wurden die Wasserkraftwerke seit Kriegsende verstärkt ausgebaut, so die Kaskaden der Moldau und der Waag. Sie erzeugen 4,6 % der Strommenge. Auf die Kernkraft (s. u.) entfällt bereits über ein Viertel der Elektrizitätserzeugung. Während die Wärmekraftwerke nur in der Grundlast fahren, geht ein Teil der Wasserkraftwerke kurzzeitlich in die Spitzenlast. Das Haltevermögen der tschechoslowakischen Wasserstauwerke, 62 an der Zahl, liegt bei $4{,}38 \times 109\ m^3$ und dürfte nur noch geringe Steigerungen zulassen. Da die Flüsse in Ungarn kaum ein Gefälle haben, lassen sich bei hohen Investitionen nur kleinere Stauwerke anlegen. Der Anteil der Wasserkraft an der ungarischen Energiewirtschaft liegt unter 1 %. Unterhalb von Bratislava legen die ČSSR und Ungarn bei Gabčikovo-Nagymaros ein mehrstufiges Stau-

werk an, dessen gesamte Kapazität 846 MW betragen soll. Das ambitionierte Projekt wurde allerdings inzwischen von der ungarischen Regierung gestoppt.
Zu einem überaus wichtigen Wirtschaftsfaktor als Devisenbringer ist der *Fremdenverkehr* geworden. Er beruht in beiden Ländern auf heilkräftigen Quellen, auf bestimmten klimatischen Eigenarten und landschaftlichem Reiz. Das nordwestböhmische *»Bäderdreieck«* (Karlsbad, Marienbad, Franzensbad), das slowakische Rheumabad Pistyan und die Bäder der ungarischen Hauptstadt wie auch Héviz und Balatonfüred am *Plattensee* besitzen Weltgeltung. In der ČSSR gibt es traditionelle Fremdenverkehrsgebiete, denken wir nur an die Anziehungskraft zahlloser Kulturdenkmäler wie auch an die vielen Möglichkeiten, Sport zu treiben. Die *Hohe Tatra* war schon im 19. Jh. ein internationales Zentrum der Touristik. Der slowakisch-polnische Tatra-Nationalpark steht unter den europäischen Naturparks mit an erster Stelle. In Ungarn eignen sich die Gebirge, aber auch die Landschaften am Plattensee und in der Pußta für heilklimatische Therapien unterschiedlicher Art. Das Mátra-Gebirge mit seinen Heilquellen und seinen klaren Wintern bei 90 Sonnenscheinstunden im Januar wird neuerdings für die Touristik erschlossen. Daneben gibt es einen ausgeprägten Städtetourismus, wobei Prag neben Budapest und den erwähnten Badeorten die absolute Spitze hält.

2.5.2.2 Die Inwertsetzung des naturgegebenen Potentials

Im 1. Jh. n. Chr. eroberten die Römer das westliche Pannonien und errichteten eine Provinz. Die *Romanisierung* Transdanubiens ging in großen Schritten vorwärts, und die Spuren der Römer lassen sich auch in der gegenwärtigen Kulturlandschaft nicht übersehen. Östlich des Donaulimes sickerten die nomadischen Sarmaten und Jazygen ein, und nördlich hielten sich die Germanen. MARC AUREL hatte die Absicht, auch die Sudetenländer als Provinz »Markomannia« dem Imperium einzugliedern, seine Operationen (um 160) führten jedoch nicht zu nennenswerten Erfolgen. Pannonien wurde den Römern im 5. Jh. durch die *Hunnen* entrissen, und die beginnende Völkerwanderung führte weitere *germanische Völkerschaften*, die Gepiden, Ostgoten, Langobarden und andere, in den Raum. Vom 6. Jh. an sickerten allmählich und kampflos die ersten *Slawen* in den Karpaten- und Sudetenraum ein. Die *Magyaren*, ein Reitervolk, kamen am Ende des 9. Jh. über die Karpaten und nahmen in der pannonischen Ebene die ihrer Lebensweise gemäßen Weideländer des Tieflandes in Besitz.

Das Großmährische Reich, eine frühe slawische Staatenbildung, zerbrach, als 907 die Ungarn bei Preßburg den baierischen Heerbann besiegten. Unter den Slawenaposteln KYRILL und METHOD hatte bereits die erste *christliche Mission* stattgefunden. Der Ungarnkönig STEPHAN DER HEILIGE brachte mit Hilfe der Benediktiner und iroschottischer Mönche um 1000 die Christianisierung in Gang, ähnlich wie vorher in den böhmischen Ländern, wo sich damit der deutsche Einfluß verstärkte. Ungefähr vom 12. Jh. an riefen sowohl die böhmischen Přemysliden als auch die ungarischen Könige Deutsche als Bergleute, Bauern, Bürger und Grenzwächter in ihre Länder. In der Schlacht von Mohács (1526) wurden die Ungarn vernichtend geschlagen, und die *Türkenherrschaft* in Pannonien schuf ganz neue Verhältnisse. Mit der Verdrängung der Türken am Ende des 17. Jh. brachte der *habsburgische Absolutismus* neue Ordnungselemente in den Donauraum, die im 18. Jh. mit der Niederlassung neuer Siedler, neben den Magyaren auch Deutsche und Slowaken, zur vollen Entfaltung kamen.
Unter den verschiedenen, zeitlich übereinander liegenden Siedlungsschichten sind die natürlichen Freilandschaften als *Altsiedelgebiete* und die waldbedeckten Mittelgebirge als *Jungsiedelgebiete* besonders ausgeprägt. Im gesamten Gebiet beider Staaten gibt es bei den ländlichen Siedlungen sowohl gewachsene wie auch planmäßig gestaltete Siedlungsformen. Diese lassen sich nicht mit dem Verbreitungsgebiet ethnischer Gruppen korrelieren. Vielmehr sind die Ursachen, die zur Ausbildung mehr oder weniger regelhafter Siedlungstypen geführt haben, komplexerer Natur. Dabei spielten die Wirtschaftsweise, die Sozialstruktur und vor allem die Agrarverfassung die prägende Rolle. In der altslawischen Zeit herrschte die *Kleingruppensiedlung* (Weiler, kleines Haufendorf, Gassendorf) vor, dem entspricht die unregelmäßige Blockflur. Die Periode des ersten slawischen *Ausbaus* wird durch die große Zahl von Ortsnamen wie *Lhota* (= Frist, d.i. Steuerfreiheit nach der Gründung) und *Újezd* (wie »Bifang«, d.i. Umritt nach der Besitzergreifung) gekennzeichnet. Mit der Seßhaftwerdung und Feudalisierung der Magyaren wurden auch von ihnen stete Siedlungen angelegt. Die bäuerliche Besiedelung der großen deutschen Ostkolonisation, die im 13. Jh. ihren Höhepunkt erreichte, hat als Normform das *Waldhufendorf*. Es ist gebunden an das Recht der Emphiteuse (Erbpacht), das auch für den Grundherren die beste Möglichkeit einer höheren Rente bot, und stieß größtenteils in siedlungsleeres Gebiet vor. Die emphiteutische (deutschrechtliche) Agrarverfassung wirkte weiter fort in das slawische Siedlungsgebiet, wo sie das schon bestehende Siedlungsgefüge stark verändern konnte. Im Gebiet des slawischen Ausbaus entsprechen das *Runddorf* mit der Radialwaldhufen-

flur und das *Angerdorf* mit der Gelängeflur, im slawischen Altsiedelgebiet das große Angerdorf und das regelmäßige *Straßendorf* mit der Großgewannflur diesem Rechtsbrauch. Die weitere Entwicklung der *Gutsbildung* und der spätmittelalterliche *Wüstungsprozeß* lassen sich mit entsprechenden Vorgängen in anderen Teilen Mitteleuropas parallelisieren. Das deutsche Recht strahlte auch auf Ungarn aus. Die Dorfbildung schritt weiter fort, wo nicht, wie bei den Szeklern im O, eigene Siedlungsformen entwickelt wurden.
Die Slawen hatten schon in der Zeit des Großmährischen Reiches stadtähnliche Siedlungen entwickelt, die nicht nur Schutzfunktionen (Burgwälle) hatten, sondern auch gewerbliche, kulturelle und kirchliche Zentren waren. Entscheidend für die *Städtebildung* in den Sudeten- und Karpatenländern, sowohl rechtlich als auch typologisch, war hier die *deutsche Ostkolonisation*, denn die Überzahl der Städte ist durch Lokation gegründet worden. Augenfällig ist der planmäßige Grundriß und die Zugehörigkeit zum Magdeburger oder zum Wiener Stadtrecht. In der Slowakei formten sich die Bünde der nieder- und der oberungarischen Bergstädte, die durch den Einfluß der Fugger und anderer Unternehmerfamilien große Bedeutung erlangten. Man findet immer wieder rechteckige Marktplätze wie in Pilsen oder Priewitz, das ostdeutsche Kolonisationsschema wie in Neu-Bydschow oder Topoltschan, aber auch Straßenmärkte wie in Libethen und Angermärkte wie in Kaschau. Auch im westlichen und nördlichen Teil von Ungarn gibt es solche Anlagen. Das gesamte Städtewesen des Donauraums wurde allerdings in der Türkenzeit verändert, so daß erst im 18. und 19. Jh. neue Formen der Städtebildung Platz griffen. Dort war in der Türkenzeit die sogenannte *Alföldstadt* entstanden, die als »Dorfstadt« in einem starken Gegensatz zu dem mitteleuropäischen Stadttyp steht.
Der aufgeklärte Absolutismus (Josephinismus) leitete eine neue Entwicklung ein. Um 1760 wurden in den böhmischen Ländern die ersten *»Raabisationen«*, die nach dem Leiter der Aktion, dem Hofkammerrat F. A. V. RAAB, so genannt wurden, vorgenommen. Es handelt sich um Gutsaufteilungen, wobei kleinere Bauernsiedlungen mit sehr schematischem Grundriß angelegt wurden. Anders war es in Ungarn, wo die Türkenherrschaft tiefe Spuren hinterlassen hatte. In den wiedergewonnenen Gebieten wurden *Plangründungen* von Dörfern mit schachbrettartigen oder sonstwie regelmäßigen Grundrissen angelegt.
Bis zur Mitte des 18. Jh. verharrte die *Landwirtschaft* in den traditionellen Formen. Seit dem 13. Jh. war in Böhmen, Mähren und Ungarn die *Dreifelderwirtschaft* bekannt. Bei der Einführung neuer Feld-

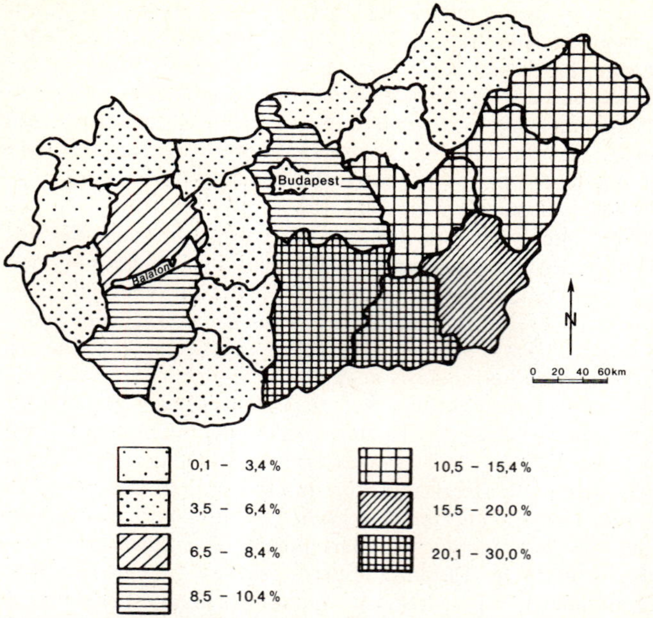

Abb. 36: Anteil der Wohnbevölkerung Ungarns in Streusiedlungen 1970 (nach RUPPERT, 1981)

früchte wie etwa der Kartoffel gingen die Großgüter beispielgebend voran. Als Vorläufer der *Bauernbefreiung* im 19. Jh., die allerdings nur feudale Elemente durch kapitalistische ersetzte, dürfen jene ökonomischen Maßnahmen gelten, die aus dem Gedankengut der Physiokraten erwachsen sind. Am 1. 11. 1781 wurde die berühmte »Robot-Abolition«, das Patent zur Aufhebung der Leibeigenschaft, erlassen. Die Frondienste wurden damit zwar abgelöst, da als Gegenleistung aber Geld- und Naturalienzahlungen erhoben wurden, war eine neue Form der Abhängigkeit die unvermeidliche Folge. In Ungarn folgte die Entlastung später, denn hier behinderte die Macht des Adels wirksame Reformen. Die Kapitalisierung der Landwirtschaft nach der Bauernbefreiung um 1848 ging meist zu Lasten des Mittelbesitzes, d. h. der Großgrundbesitz stärkte seine Wirtschaftskraft und beherrschte sogar einen Teil der Industrie, der Kleinbesitz zersplitterte weiter und die Zahl der landwirtschaftlichen Lohnarbeiter nahm immer mehr zu. In den böhmischen Ländern waren vier Fünftel der

Landwirte Kleinbauern, doch nur 12% des Bodens gehörten ihnen, und 370 Betriebe mit über 1000 ha dagegen besaßen 25% der landwirtschaftlich genutzten Flächen. In der Slowakei war am Ende des 19. Jh. das Mißverhältnis noch größer, was auch auf weitere Teile Ungarns zutraf. Die *Pauperisierung* der Kleinbauern hatte, vor allem in der Slowakei, sozial bedingte Migrationen zur Folge: saisonales Wanderarbeitertum in die Gebiete der landwirtschaftlichen Großbetriebe, Heimarbeit und Hausierhandel sowie eine Massenauswanderung nach Übersee. In der Zeit von 1870 bis zum Ersten Weltkrieg sind aus der Slowakei 650000 Menschen ausgewandert, meist nach Nordamerika.

2.5.2.3 Veränderungen im Landschaftsbild seit 1800

In den böhmischen Ländern nahm die *Landwirtschaft* im 19. Jh. ganz allgemein einen Aufschwung. Die überkommene Dreifelderwirtschaft wurde zunächst durch die Einführung der besömmerten Brache und der Düngung intensiviert. Die Güter führten den *Fruchtwechsel* ein, und die Zuckerrübe gewann immer größere Bedeutung. Viele ehemalige Fischteiche wurden wieder beackert, und eine geregelte Forstwirtschaft verbesserte den Ertrag der Wälder. In der Slowakei mit ihren vielen Kleinstbetrieben, deren Parzellen sich überdies in einer unvorstellbaren Streulage verteilten, lohnte sich solcher Aufwand nicht, und der grundbesitzende Adel produzierte weiterhin in der gewohnten Weise. In den ungarischen Tiefebenen wurden die während der Türkenzeit lange nicht bewirtschafteten abgelegenen Feldflächen wieder in die Produktion genommen; zunächst als Viehweiden und dann als Ackerland. Bei den großen Entfernungen in den Gemarkungen mußten die Landwirte während der Sommermonate ihren Wohnsitz in einem weit draußen gelegenen Landhaus, der *Tanya*, nehmen. Die Zahl der Tanyen nahm in der zweiten Hälfte des 19. Jh. stark zu; viele wurden Dauersiedlungen. Sie liegen aufgereiht an den Wegen, manchmal aber auch schwarmförmig zu kleinen Weilern angeordnet. Noch am Beginn dieses Jahrhunderts lebte die Hälfte der Bevölkerung von Debrecen (1920: 103200 Einw./957 km^2) draußen in der Gemarkung. Die Alföld-Stadt besteht aus drei Teilen: dem Kern mit einigen zentralen Funktionen, einem stadtnahen Gebiet mit landwirtschaftlichen Anwesen und der Tanya-Streusiedlung am Rande der Gemarkung. Die *Haufen-* und *Straßendörfer*, hauptsächlich in Transdanubien, folgten im wesentlichen der Entwicklung in den anderen Teilen der Monarchie.
Im Gebirge, vor allem in den zentralen Teilen der Westkarpaten,

wurde bis vor kurzem die aus der sogenannten *»Walachischen Kolonisation«* hervorgegangene *Salasch-Wirtschaft* in den traditionellen Formen weitergeführt. Der Schafhirte *(bača)* geht mit seinen Gehilfen *(valaši)* und der Herde für einige Monate ins Gebirge, oft bis in die Zone der Matten oberhalb der durch diese Wirtschaftsform meist um 200–300 m deprimierten Waldgrenze. Die almartigen Stationen, aus einer Schutzhütte *(koliba)*, einem Stall *(pajta)* und einem beweglichen Pferch *(košiar)* bestehend, heißen Salasch *(salaš)*.

Bereits im 18. Jh. setzte, zum Teil mit staatlicher Unterstützung und mit dem Kapital des Großgrundbesitzes, die Gründung von *Manufakturen* ein. Die Bildung dieser Manufakturen basierte nicht nur auf dem Vorhandensein von Rohstoffen und Absatzmöglichkeiten, sondern auch auf der Möglichkeit der Ausnutzung billiger Menschenkraft, beispielsweise in den völlig überbesiedelten Bergländern Nordböhmens. Die erste Stelle bei der *Industrialisierung* nahm in den böhmischen Ländern die *Textilindustrie* ein, dann erst schob sich die *Eisen- und Stahlverarbeitung* stärker in den Vordergrund, während traditionelle Gewerbezweige wie die Glasindustrie und der Musikinstrumentenbau es durch ihre Qualitätserzeugnisse zur Weltgeltung brachten.

Besonders hervorgehoben zu werden verdient auch die *landwirtschaftliche Industrie* wie die Bierbrauerei, die Spirituosenbrennerei und die Rübenzuckerfabrikation. Viele Zuckerfabriken befanden sich in der Hand des Adels. Ungarn stand in der Industrialisierung zunächst nicht zurück, zumal auch hier der Staat fördernd eingriff, vor allem nach dem Ausgleich von 1867. Die ungarische Industrie konzentrierte sich in der Hauptstadt und im Gebiet der heutigen Slowakei *(Felvidék)*, weniger in Transdanubien und im nördlichen Mittelgebirge.

Die neuen *Industriegebiete* kristallisieren sich heraus: das Ostrauer Revier, Mittelböhmen, die Umgebung von Brünn, Preßburg und Budapest sowie einige Teile des ungarischen Oberlandes. Die moderne *Verstädterung* ist nicht nur ein bevölkerungsstatistischer Prozeß, sondern auch ein sozialer Vorgang, der die Schwerpunkte im traditionellen Netz der Städte neu verteilt hat. Industriestädte wie Aussig und Kladno vervielfachen nach 1850 ihren Bevölkerungsstand, andere stagnieren oder sinken zu Zwerg- und Landstädten herab. Besonders stark war der Niedergang bei den Städten, die den Anschluß an die Industrialisierung nicht so rasch fanden. Ganz anders ist die Städtestruktur der ungarischen Tiefebenen. Hier hatten sich in der Alföldstadt schon in der Türkenzeit *Dorfstädte* mit beachtlichen Einwohnerzahlen herausgebildet, die riesige Landflächen einstiger Dörfer bewirtschafteten. Für die Alföldstädte war es schwieriger, Industrie zu entwickeln. Die mächtig aufstrebende Hauptstadt Budapest steht in krassem Gegensatz dazu. Dieses System der einseitigen Schwerpunkte und der Arbeitsteilung blieb so lange im Gleichgewicht, wie die Doppelmonarchie ein einheitliches Zollgebiet darstellte, also bis zum Ende des Ersten Weltkrieges.

Die Č. S. R. (Tschechoslowakische Republik) übernahm nach dem Zerfall der Doppelmonarchie drei Viertel des *Industriepotentials* Österreich-Ungarns, in einigen Zweigen fast 100%, wurde aber durch die neuen Grenzen der traditionellen Absatzgebiete beraubt. Rumpfungarn verlor mit der Slowakei ebenfalls einen Teil der traditionell gewerblichen Gebiete. Beide Staaten versuchten in den Nachkriegsjahren, durch *Agrarreformen* Großgrundbesitz an die Bauern zu verteilen und so Landreserven zu schaffen. In der Č. S. R. wurde dabei vor allem das tschechische Element begünstigt, so daß man auch von einer staatlich manipulierten Nationalisierung gesprochen hat, indem das Sudetendeutschtum einen Teil seines nationalen Besitzstandes verlor. In Ungarn erstickte die Reform schon in ihren Anfängen, weil der Adel sich gegen jede fortschrittliche Maßnahme stemmte.

Da in der tschechoslowakischen Wirtschaft viel Wiener Kapital steckte, wurden *»Nostrifikationen«* der Industrie, des Bank- und Versicherungswesens vorgenommen, d. h., die Anlagevermögen wurden in nationale Hand überführt. In der Zeit der Ersten Republik entwickelte sich die eisenverarbeitende Industrie, besonders der Maschinenbau, günstig und erlangte Weltgeltung. Nach Ungarn dagegen holte man weiter *ausländisches Kapital*, so daß sich einzelne Sektoren, wie die Textil- und die chemische Industrie, aber auch der Bergbau, entfalten konnten. Im ganzen blieb Ungarn aber noch ein Agrarstaat. 1918 wurde Prag, das unter Karl IV. die Hauptstadt des Heiligen Römischen Reiches Deutscher Nation gewesen war und später noch einmal im Mittelpunkt des Reiches stand, dann aber zu einem »österreichischen« Provinzort abgestiegen war, die *Hauptstadt* eines Staates, der von der Eger bis über die Theiß reichte, also eine West-Ost-Erstreckung von über 930 km hatte. Obwohl man von Prag bis zur Hauptstadt der Karpatenukraine, Užhorod, 20 Schnellzugstunden benötigte, versuchten die Tschechen, den Staat zentralistisch zu regieren. Prag wurde Millionenstadt. Zahlreiche moderne Neubauten aus der Zwischenkriegszeit, vor allem Verwaltungs-, Büro- und Geschäftshäuser, aber auch Wohnblocks und Villen, bestätigen den Aufschwung der Stadt. In Budapest lag das Problem eher umgekehrt. Nach dem Ausgleich von 1867 herrschte Budapest über ein Königreich, das weit über die ethnischen Grenzen des Magyarentums hinausreichte. Zwar wuchs auch Budapest weiter und überschritt die Millionengrenze, wurde aber zu einer Belastung als »Wasserkopf« des kleinen Trianon-Ungarn.

2.5.2.4 Die gegenwärtigen Wandlungen im Landschaftsbild und ihre Ursachen

Während die Zwischenkriegs-Tschechoslowakei bereits ein hochentwickelter Industriestaat war, setzte die Industrialisierung Ungarns nachhaltig erst nach 1945 ein. In der ČSSR fand im Zeichen der Planwirtschaft eine Umwandlung der *Industriestruktur* mit stärkerer Betonung der Schwerindustrie statt, in Ungarn wurde sogleich unter Bevorzugung der *Schwerindustrie* industrialisiert. Die Rohstahlerzeugung stieg in der ČSSR von 1948 bis 1985 von 2621 Mio. t auf 15036 Mio. t, in Ungarn von 1950 bis 1985 von 1048 Mio. t auf 3647 Mio. t.
Auch die *Energiebasis* hat sich beträchtlich erweitert, in der ČSSR von 4115 Mio. kWh auf 80627 Mio. kWh in der Zeit von 1937 bis 1985, in Ungarn von 1348 Mio. kWh auf 26770 Mio. kWh im gleichen Zeitraum.
Die *Bevölkerung* beider Staaten zählt zusammen rd. 26,2 Mio. Die *Bevölkerungsdichte* liegt bei 121 Einw./km^2 in der ČSSR und bei 115 Einw./km^2 in Ungarn. Dabei gibt es, regional bedingt, sprunghafte Unterschiede: 61 Einw./km^2 im Südböhmischen Kreis, 177 Einw./km^2 im Nordmährischen Kreis; nahezu 3931 Einw./km^2 im Verwaltungssprengel von Budapest. Im Gebiet der heutigen Tschechoslowakei lebten 1930 fast 14 Mio. Menschen, darunter 3,3 Mio. Sudeten- und Karpatendeutsche. Die ČSSR konnte die Vertreibungsverluste erst Mitte der sechziger Jahre ausgleichen, dabei ist in den böhmischen Ländern die Vorkriegszahl bis heute nicht wieder erreicht worden. Ungarn wurde 1944/1945 von rd. 500000 Menschen verlassen, so daß die Vorkriegszahl etwa 1953 überschritten wurde.
Im Gegensatz zur Vorkriegszeit ist die Problematik nationaler *Minderheiten* stark in den Hintergrund getreten. Die ČSSR ist heute ein föderalisierter Nationalstaat von Tschechen und Slowaken, die zusammen über 94% der Bevölkerung ausmachen. Außerdem gibt es noch folgende Minderheiten: 56000 Deutsche, 595000 Magyaren, 72000 Polen, 56000 Ukrainer und Rusinen, 51000 Sonstige und Staatenlose. Ein Minderheitenproblem neuer Art allerdings entstand durch die *Westwanderung* von 300000 Slowaken, die weitgehend entnationalisiert werden. In Ungarn leben noch rd. 200000 Deutsche, je 100000 Slowaken und Kroaten, 25000 Rumänen und 250000 Zigeuner.
Der *Altersaufbau* der Bevölkerung in beiden Ländern ist ähnlich. Dabei sind aber sehr deutliche regionale Unterschiede zu bemerken: in Ungarn zwischen Budapest und der Provinz, in der ČSSR zwischen den westlichen und den östlichen Landesteilen. Diese Disproportio-

Tab. 82: Bevölkerungsverhältnisse (Bevölkerung in Mio.)

	ČSSR	Ungar. VR
1930	13,998	8,610
1950	13,338	9,293
1960	13,565	9,961
1970	14,334	10,314
1980	15,281	10,710
1985	15,520	10,657
1985 in % von 1950	124,5	114,6

Tab. 83: Durchschnittliche Wachstumsraten der Bevölkerung in der ČSSR und Ungarn

	1965–1973	1973–1984	1980–2000
ČSSR	0,3	0,5	0,3
Ungarn	0,3	0,2	– 0,1

nen werden durch die *Binnenwanderung* nur teilweise wieder ausgeglichen. In der ČSSR nimmt der Anteil des slowakischen Ethnikums ständig zu, wie auch die slowakische Minderheit in der ČSR, die mit 391000 angegeben wird, aber wesentlich darüber liegen soll, deutlich angestiegen ist. Dem entspricht auch der größer werdende Anteil von Slowaken in den leitenden Positionen von Staat, Partei, Wirtschaft und Wissenschaft.

Gravierender ist der *Wandel der Gesellschaftsordnung* durch Industrialisierung und Verstädterung. Die Hebung des Bildungsstandes und die Verbesserung der Systeme der sozialen Sicherung sind Indizien dafür. So wird der Unterschied zwischen *Stadt und Land* zunehmend aufgehoben, was auch der Zielsetzung der Regionalpolitik entspricht. Landes- und Regionalplanung werden als Teilaspekt der volkswirtschaftlichen Gesamtplanung betrieben. Über die Hälfte der Bevölkerung lebt in Siedlungen mit mehr als 5000 Einwohnern (ČSSR 74,1%, Ungarn 56,4%), und die internen Wanderungsbewegungen gehen in Richtung von den kleineren auf die größeren Gemeinden. Die industriemäßige Produktion in der Landwirtschaft, die allgemeine Motorisierung und die Verbesserung des Bildungswesens tragen noch mehr dazu bei, daß städtische Lebensformen auch in die kleineren Siedlungen vordringen. Beispielsweise wuchs in der ČSSR von 1950 bis 1974 die Zahl der Städte von 108 auf 180 an.

Tab. 84: Bevölkerungsaufbau in %

	0–14 J.	15–39 J.	40–59 J.	60 J. u. älter
1949/1950				
ČSSR	25,4	36,8	26,0	11,8
Ungarn	24,9	38,8	24,7	11,6
1974/1975				
ČSSR	23,2	37,1	22,2	17,5
Ungarn	20,0	37,4	24,4	18,2
1984				
ČSSR	24,4	37,2	22,1	16,3
Ungarn	21,8	35,6	24,7	17,9

Das allgemeine *Bildungswesen* in beiden Ländern zeichnet sich durch eine starke Expansion der Sekundar-, Fach- und Hochschulen aus. Das Grundschulwesen auf dem Lande ist zentralisiert worden, neue Mittelschulen und Fachschulen wurden in den ländlichen Zentren gegründet. Dazu kam die Gründung neuer Hochschulen, Fakultäten und Akademieeinrichtungen, teils mit sehr speziellen Aufgabenstellungen. Im Vergleich mit dem Jahr 1937 hat sich in der Tschechoslowakei die Zahl der Studierenden verfünffacht, in Ungarn sogar versiebenfacht. Der höhere Bildungsgrad steht in einem sichtbaren Zusammenhang mit der *Mobilität*. Nicht nur in der Wirtschaft und in der höheren Administration, sondern auch auf der kommunalen Ebene, in der Landwirtschaft und in der Armee gibt es viele Funktionsträger mit abgeschlossener Hochschulausbildung.
Im System der *Zentralverwaltungswirtschaft* müssen alle wirtschaftlichen Entscheidungen politisch und ideologisch motiviert gesehen werden. Die Staatlichen Planungskommissionen, die die Beschlüsse der Parteigremien in die gesellschaftliche Wirklichkeit umsetzen, sind die wichtigsten Führungsorgane. Ihre Direktiven binden alle nachgeordneten Entscheidungsträger. In konsequenter Auslegung des Begriffs *»wissenschaftlich-technische Revolution«* mußten zunächst alle Maßnahmen zur Hebung der Allgemeinbildung aus der Absicht, die Produktivkraft zu heben, verstanden werden. Erst später wurden die Probleme der Lebensqualität in der entwickelten sozialistischen Gesellschaft erkannt. Die neue ökonomische Politik versucht seit einigen Jahren, und besonders in Ungarn nicht ohne Erfolg, im Rahmen des zentralistischen Systems auch die wirtschaftlichen Kräfte des Marktes begrenzt nutzbar zu machen. Die ersten Erfolge zeigen sich bereits, nachdem Ungarn kürzlich sogar seine Verfassung geändert hat.

Die außenpolitischen Bindungen der ČSSR und Ungarns – das gilt ebenfalls für die anderen sozialistischen Länder in Europa – werden determiniert durch das enge *Verhältnis zur Sowjetunion*. Zeichen dafür sind die Mitgliedschaften in der militärischen Organisation des Warschauer Vertrages (1955) und im Rat für Gegenseitige Wirtschaftshilfe (1949). Das Komplexprogramm des RGW (1971) hat bestimmt, daß die Zusammenarbeit noch enger werden soll, um Lücken auszugleichen und den Markt zu erweitern.
Die angestrebte *»sozialistische« Arbeitsteilung* wirkt sich in erster Linie in der industriellen Produktion und in einigen Sektoren des Bergbaus, weniger in der Landwirtschaft aus. Im Maschinenbau übernimmt die ČSSR Werkzeugmaschinen, Textilmaschinen, Hütteneinrichtungen, Chemieanlagenbau, Fahrzeugbau, elektrische Ausrüstungen, Anlagen für Zement- und Zuckererzeugung, Diesellokomotiven und polygraphische Maschinen. Ungarn übernimmt Elektrogeräte, Omnibusse, Transport- und Landmaschinen, feinmechanische und optische Geräte, Kleincomputer, Nachrichtentechnik und den Bau von Flußschiffen. In der Stein- und Braunkohleförderung wird die ČSSR weiterhin an führender Stelle stehen, was sich auch auf dem internationalen Energiesektor auswirkt. Ungarn hingegen hat sich wegen der reichen Bauxitvorkommen auf die Aluminiumproduktion konzentriert. Ungarisches Bauxit minderer Qualität wird auch in der Slowakei (Žiar nad Hronom) verhüttet. Ähnliche Arbeitsteilungen sind auch auf dem Gebiet der chemischen Industrie und in anderen Sektoren vorgenommen worden.
Voraussetzung für die Einführung der *Planwirtschaft* war die *Verstaatlichung der Industrie*, des Verkehrswesens, des Banken- und Versicherungswesens wie des Groß- und Einzelhandels wie auch die *Kollektivierung der Landwirtschaft*. Diese Maßnahmen gingen nicht ohne Widerstand vonstatten, heute sind sie weitgehend akzeptiert. Nach dem Vorbild der Sowjetunion werden *Mehrjahrpläne*, meist Fünfjahrpläne, erstellt, welche die Schwerpunkte der Produktion, die Verteilung der Investitionsmittel sowie die gesamtterritorialen wie auch teilweise die regionalen Entwicklungsmaßnahmen detailliert festlegen. Die Phase begann in der Tschechoslowakei bereits 1947/1948 mit einem Zweijahrplan, in Ungarn 1947–1949 mit einem Dreijahrplan. Die jetzt laufenden Fünfjahrpläne der ČSSR (1986–1990) und Ungarns zeigen nicht mehr die ehrgeizigen Planziele wie früher, sondern heben auf qualitatives Wachstum, territoriale Rationalisierung und internationale Wettbewerbsfähigkeit ab.
In Ungarn entfielen von 1950 bis 1970 über die Hälfte aller *Investitionen* auf die Industrie, und mehr als 150 neue große Industriebetriebe

wurden errichtet, darunter das Eisenhüttenkombinat Dunaújváros, die Chemiekombinate Leninváros an der Theiß und Kazincbarcika, das Erdölkombinat und Wärmekraftwerk Százhalombatta, die Aluminiumhütte in Várpalota, das Textilkombinat von Szeged und andere. Am 1. April 1975 wurde in den Lenin-Hüttenwerken von Miskolc-Diosgyör ein von der DDR geliefertes Edelstahl-Feinwalzwerk eingeweiht, das eine Jahreskapazität von 400000 t haben soll. In der ČSSR wurde schon in den siebziger Jahren von der Industrie in eineinhalb Monaten ebensoviel erzeugt wie in der Vorkriegstschechoslowakei in einem Jahr, in der Slowakei vergleichsweise in zehn Tagen soviel wie 1937. In Ungarn hat sich die industrielle Produktion seit der Vorkriegszeit mehr als verzehnfacht. In beiden Ländern erbringt die Industrie den größten Anteil am *Nationaleinkommen*. Ungarn hat sich damit von einem Agrarstaat zu einem Industrie-Agrarstaat entwickelt.
In den Planungen haben sich die Schwerpunkte mehrfach verschoben. Man versucht, entstandene *Disproportionen* zu beseitigen und die oft veralteten Produktionsanlagen zu modernisieren. Das bedeutet, daß die Leichtindustrie, die Konsumgütererzeugung, die Bauwirtschaft, das Verkehrswesen und auch die Landwirtschaft stärker gefördert werden müssen. Dieses Ziel ist bis jetzt in beiden Ländern noch nicht erreicht worden; allerdings ist es gelungen, den Engpaß in der Kunstdüngerproduktion zu überwinden.
Der Abschluß von *Handelsabkommen* mit westlichen Ländern, darunter auch mit der Bundesrepublik Deutschland, hat die Situation etwas geändert. Diese Vereinbarungen sind nicht nur auf den Austausch von Handelsgütern abgestellt, sondern auch auf die Übernahme von langfristigen Krediten und Lizenzen und damit auch von westlichem Know-how. Die Außenhandelsbeziehungen mit westlichen Ländern, besonders auch mit der Bundesrepublik Deutschland, haben sich zunehmend gefestigt, leiden aber immer noch unter der Devisenknappheit der RGW-Staaten.
Sowohl in der ČSSR wie auch in Ungarn paust sich das Vorkriegsmuster der *Industriestandorte*, das letzten Endes auf die Zeit der Donaumonarchie zurückgeht, noch immer durch. Gleichzeitig bemerkt man die Tendenz, die Industrieknoten zu entflechten und im Zuge einer allseitigen Entwicklung des ganzen Landes auch solche Landesteile zu industrialisieren, in denen bis vor wenigen Jahren noch die Landwirtschaft dominierte. Obwohl in der ČSSR ein Drittel aller Gemeinden gewerblich-industrielle Produktionsstätten besitzt, konzentriert sich ein großer Teil der Gesamtproduktion immer noch auf einer verhältnismäßig kleinen Fläche. Noch größer ist der Konzentrationsgrad der Industrie in Ungarn. Dies ist eine Folge des historischen Erbes und hat

Konsequenzen für die *Umweltbelastung*. Die zentralböhmische Industrieregion, die von Pilsen über Prag bis etwa nach Pardubitz reicht, stellt allein ein Viertel der Produktion. Hier dominiert der *Maschinen- und Fahrzeugbau*, der wichtigste Exportposten der ČSSR. An zweiter Stelle liegt das ost- und mittelmährische Industriegebiet, das sich von Mährisch-Ostrau über Olmütz und Brünn bis an die österreichische Grenze ausbreitet. Im N dieses Gebietes, im Umkreis des Ostrauer Reviers, konzentriert sich die *Eisen- und Stahlerzeugung*. Drei Viertel des Roheisens und ein Viertel des Stahls der ČSSR werden hier produziert. Dazu kommt die Energiegewinnung aus Kohle. Die Industriezone entlang der nordböhmischen Grenzlinie, die früher wegen der bedeutenden Textilindustrie an der Spitze lag, steht heute nur noch an dritter Stelle. Hier dominiert die Braunkohleförderung und -verarbeitung, verbunden mit Energieerzeugung und Schwerchemie. Der Großraum Bratislava empfing neue Impulse durch die Verlegung der Erdöllinie *»Freundschaft«* und den Bau der Raffinerie Slovnaft. Unweit Bratislava nahe Tyrnau befindet sich auch der Standort des ersten Kernkraftwerks der ČSSR, Jaslovské Bohunice, das 1979 mit 440 MW eröffnet wurde und im Endausbau eine Kapazität von 1760 MW umfassen soll. Weitere Kernkraftwerke sind im Bau oder schon in Betrieb genommen worden in Dukovany in Südmähren (440 MW), in Muchovce (880 MW) und Temlín an der Moldau (2 × 1000 MW), so daß der Anteil der Kernenergie am Energieaufkommen noch erheblich steigen wird. Die Investitionsschwerpunkte liegen jetzt im mittleren Waagtal und in der Ostslowakei, wo das Produktionsspektrum sehr gemischt ist.

Die Entwicklung der ungarischen Industrie muß anders beurteilt werden. Die *Industrialisierungspolitik* in der Zeit der Donaumonarchie wollte das einheimische Unternehmerelement stärken, was nach 1920 die Maßnahmen der Nostrifizierung ersparte. Allerdings waren damals in Trianon-Ungarn nur 20 % der Erwerbspersonen (in Groß-Ungarn 16 %) in Industrie und Bergbau beschäftigt. Traditionell vorherrschend war die *Nahrungsmittelindustrie*. Maschinenbau und Fertigungsindustrie wurden staatlich gefördert. Nach wie vor konzentrierte sich die Produktion in der Hauptstadt Budapest, wo 56 % der Industriearbeiter standen und 62 % der Produktion erzeugt wurden. Diese territoriale Disproportion ist bis heute noch nicht ausgeglichen.

Der Zweite Weltkrieg traf die ungarische Industrie härter als die tschechoslowakische, nicht nur durch unmittelbare Kriegseinwirkungen, sondern auch durch Demontagen. Doch schon 1948 soll der Vorkriegsstand der Produktion wieder erreicht worden sein. Die Einführung der Planwirtschaft änderte zunächst weniger die Standortvertei-

lung als vielmehr die sektorale Struktur. Die *Präferenz der Schwerindustrie* im Gefolge mit der *Eisen- und Bauxitverhüttung* setzte einen Akzent, welcher die Volkswirtschaft eher belastete als förderte. Während die Schwerindustrie 1938 einen Anteil von 37,5% hatte, stieg dieser bis 1960 auf 66,5%. Erst allmählich holten *Maschinenbau, chemische Industrie*, einige Zweige der Leichtindustrie und die Bauwirtschaft auf. Gleichzeitig erfolgte eine scharfe Konzentration zu größeren Betriebseinheiten. Diese Tendenz wurde durch den Bau verschiedener Industriestädte noch verstärkt. Die Maßnahmen der Volkswirtschaftsplanung waren deshalb auf die Wiederherstellung des Gleichgewichts und die Steigerung der Arbeitsproduktivität gerichtet. Auch der Bau neuer *Kraftwerke* gehört zu diesem Programm; hier zeigt sich mit der zunehmenden Umstellung die Abhängigkeit vom Erdöl. Das bisher einzige Kernkraftwerk des Landes wurde in Paks errichtet (880 MW) und ist 1983 an das Netz gegangen. Die Neuverteilung der *Standortschwerpunkte* hat bescheidene Fortschritte gemacht. Der Anteil der Hauptstadt an der Gesamtzahl der Industriebeschäftigten liegt noch immer bei fast einem Drittel, was allerdings im Sinne einer ausgeglichenen Territorialstruktur noch zu viel ist. Von dieser Umstellung profitierten zunächst die nördlichen Mittelgebirge und Mittel-Transdanubien, während die größere Hälfte des Landes, vor allem die Große Tiefebene, nach wie vor zurücksteht.
Nach wie vor nimmt die *Landwirtschaft* in beiden Ländern einen so wichtigen Platz ein, daß sie die Selbstversorgung sicherstellen könnte. In der ČSSR wie in Ungarn fanden in den ersten Nachkriegsjahren *Agrarreformen* statt, welche die Zerschlagung des Großgrundbesitzes und eine Besserstellung der Kleinbauern zum Ziele hatten. In der ČSSR wurde zunächst das Land der vertriebenen Sudetendeutschen, von Kollaborateuren und des Adels konfisziert. Bis 1948 waren 1,2 Mio. ha neu verteilt. Rund 250000 Familien bekamen Neusiedlerstellen in der Größenordnung von 6–13 ha. Schließlich wurde bestimmt, daß aller Grundbesitz über 50 ha neu zu parzellieren sei; diese Entwicklung wurde jedoch 1949 durch die *Kollektivierung* überholt. Auch in Ungarn wurde nach 1945 der Großgrundbesitz über 1000 Joch (575 ha) ohne Entschädigung enteignet und an 600000 Kleinbauern verteilt. Diese Zuteilungen von 3–5 ha waren, auch wenn sie 34,2% des gesamten Territoriums umfaßten, zu gering, denn die Zahl der Bauern war zu hoch und es mangelte an Geld, Krediten und Inventar.
Wie in der Sowjetunion entstanden staatliche Mustergüter, die ersten Einheitsgenossenschaften und *Maschinen-Traktoren-Stationen (MTS)*. Im vollen Umfang rollte in beiden Ländern die Kollektivie-

rungswelle um 1950 an. In der ČSSR wurden vier Typen der *Landwirtschaftlichen Einheitsgenossenschaft (LEG)* gebildet, von denen der Typ IV ein getreues Abbild des sowjetischen Kolchos ist. 1955 waren bereits 1,947 Mio. ha landwirtschaftlicher Nutzfläche in die LEG einbezogen. 1967 sind es 4,269 Mio. ha. 1960 betrug die Zahl der LEG 10816, durch Zusammenfassungen mehrerer LEG zu einer größeren ist sie bis 1985 auf 1677 gesunken, gleichzeitig stieg die durchschnittliche Größe von 420 ha auf 2553 ha LN. Der »sozialistische Sektor« in der Landwirtschaft setzt sich aus Staatsgütern, LEG und dem Hofland der LEG-Bauern (0,75 ha je Mitglied) zusammen. 1985 war die LN so verteilt: von den 6,794 Mio. ha LN stehen 6,445 Mio. ha im sozialistischen Sektor, davon 2,075 Mio. ha Staatsgüter, 4,283 Mio. ha LEG und 87000 ha Hofland (*zahumenký* = das »hinter den Scheunen Liegende«) sowie 274000 ha Privatsektor. In den böhmischen Ländern ist die Kollektivierung rascher fortgeschritten als in der Slowakei, wo sich in den Gebirgsgegenden der Westkarpaten nicht zuletzt auch die Rentabilitätsfrage stellte.

In Ungarn wurden in ähnlicher Weise drei Typen der LEG gebildet. Schon 1955 war ein großer Teil der landwirtschaftlich genutzten Fläche in 4816 *Genossenschaften* eingebracht worden. Nach den Ereignissen von 1956 machten zwei Drittel der Mitglieder von ihrem Recht des Austritts Gebrauch. Doch diese Bewegung hielt nicht lange an und wurde bald in ihr Gegenteil umgekehrt. 1967 standen nur noch 3 % der landwirtschaftlichen Nutzflächen, darunter allerdings viele *Sonderkulturen*, in privater Bewirtschaftung. Gegenwärtig ist durch die Zusammenschlüsse die Zahl der LEG rückläufig; 1960: 4507, 1985: 1270. Die durchschnittliche Fläche einer LEG wurde gleichzeitig von 870 ha auf 4407 ha angehoben. Hauswirtschaften der LEG nutzen 640000 ha und Aushilfs- und Eigenwirtschaften 780000 ha.

Die Kollektivierungen haben das Bild der ländlichen Kulturlandschaft in zweierlei Weise gewandelt: Das Aussehen der Fluren und der Gesamteindruck der Dörfer unterscheiden sich von früheren Zeiten. Auf dem Höhepunkt der Kollektivierungswelle fand eine *ökonomisch-technische Flurbereinigung* statt. Es wurden große Schläge gebildet, die Feldraine wurden niedergepflügt, auch Meliorationen wurden vorgenommen. Diese kulturtechnischen Maßnahmen sollten die vollmechanische Bewirtschaftung ermöglichen, wo sie übereilt vorgenommen wurden, waren auch schwere Erosionsschäden die Folge. An den Rändern der Dörfer, manchmal auch draußen in den Fluren, gelegentlich im Anschluß an ehemalige Gutsbetriebe oder deren Vorwerke, entstanden die großen Wirtschaftshöfe der LEG. In den früheren Hofreiten verblieben nur die kleinen Eigenwirtschaften der Genossenschaftsbauern. Heute sind meist nur noch die Wohngebäude in Funktion. Die einstigen Wirtschaftsgebäude verfallen oder sind schon abgerissen. Die Dörfer werden zu reinen Wohnsiedlungen, dieser Charakter wird durch die steigende Zahl der Pendler noch verstärkt. Neue kommunale Bauten sollen den Eindruck des »sozialistischen Dorfes« verstärken: Kulturhäuser, Verwaltungsgebäude der Gemeinde, der LEG oder der Partei, Kindergärten und Grundschulen, Konsumläden, auch Wohnblocks und Mehrfamilienhäuser für die Angestellten. Die Sozialisierung stand zunächst unter einem *ideologischen Aspekt* sowie den Vorzeichen der Rationalisierung und Mechanisierung. Es mußten Arbeitskräfte für den sekundären Sektor gewonnen werden. Die ländliche Infrastruktur war noch nicht in der Lage, diesen Wandel der agrarischen Produktionsstruktur zu tragen. Vor allem fehlte es an Transportmitteln, aber auch an akademisch ausgebildeten Fachkräften. Dazu kam der Druck der Normen, welcher die Unzufriedenheit unter der ländlichen Bevölkerung, die durch die provozierte *Landflucht* ihre besten Kräfte zu verlieren begann, sehr steigerte. Das alles hat sich gegen Ende der sechziger Jahre grundlegend gebessert. Es kann keine Rede mehr davon sein, daß noch Kräfte am Werk wären, die dieses System ändern möchten. Vielmehr hat sich, besonders in Ungarn, eine gewisse Hinwendung zur privaten Produktion eingestellt.

Im Zuge der Vereinbarungen im Rahmen des RGW ist man in den siebziger Jahren zur *industriemäßigen Produktion* in der Land- und Nahrungsgüterwirtschaft übergegangen. Das bedeutet in erster Linie Vergrößerung der Betriebseinheiten durch weitere Zusammenlegungen der LEG, noch mehr *Mechanisierung und Rationalisierung*, namentlich im Bereich der Viehzucht, weitere *Chemisierung* in der Düngung und Schädlingsbekämpfung sowie Kooperation der LEG untereinander und mit den Betrieben der Verarbeitungsindustrie. In der ČSSR kooperieren 88% der LEG und 48% der Staatsgüter in verschiedenster Form miteinander. Diese Entwicklung begünstigt auch die Spezialisierung. Namentlich die Pflanzen- und Tierproduktion wurden strikt voneinander getrennt. Der Bestand an Traktoren und sonstigem Gerät wurde erheblich vergrößert und erweitert, eindrucksvoll sind auch die Steigerungen im Kunstdüngerverbrauch. Bei geringer werdender landwirtschaftlicher Nutzfläche wurden die Gesamterträge und besonders die Erträge pro Hektar wesentlich angehoben. Dies hat aber auch Umweltschädigungen und ein Zunehmen der Bodenerosion zur Folge. Durch *Aufforstungsmaßnahmen* ist in beiden Ländern der Anteil der Wälder vergrößert worden. Der Anteil des Grünlandes im Vergleich zum Ackerland wurde ebenfalls größer, und

die Grünlandnutzung wurde intensiviert, was bei den Engpässen in der tierischen Produktion sehr notwendig war.
Der *Anbauspiegel* hat sich sowohl in der Tschechoslowakei wie auch in Ungarn geändert. In der ČSSR bemerkt man einen Unterschied einerseits zwischen den landwirtschaftlichen Produktionszonen, dann aber auch zwischen der Produktion im sozialistischen Sektor und in den privaten Hauswirtschaften der LEG-Bauern, wo die Arbeitsintensität eine größere Rolle spielt. Beispielsweise ist die Anbaufläche von Weizen, Gerste, Mais, Zuckerrüben und Futterpflanzen angestiegen, die für Hafer und Kartoffeln zurückgegangen. Auch die landwirtschaftlichen Spezialkulturen wie der *Hopfenanbau* und die *Teichwirtschaft*, die teilweise exportorientiert sind, erfreuen sich steigender Investitionen. In Ungarn sank der Anteil des Brotgetreides, wobei die Theißgegend immer mehr zur Kornkammer des Landes wird. Die Flächen der *Spezialkulturen* wie Gemüseanbau, Rebkulturen und Obstplantagen sind wesentlich ausgedehnt worden. Auch die künstlich bewässerten Flächen konnten vergrößert werden, so daß Ungarn den gesamten Reisbedarf selbst erzeugen kann. Eine Reihe von Sonderkulturen befinden sich in privater Bewirtschaftung: Weinbau, Obstkultur, Feldgemüse- und Gewürzanbau. Hier wird ein hoher Gewinn erzielt, so daß der Anteil des Privatsektors an der Gesamterzeugung bemerkenswert hoch liegt. Die Aufwertung der Kleinbetriebe im Zuge der neuen Agrarpolitik hat, besonders in Ungarn, viel zur Verbesserung der Versorgungslage beigetragen. Der Absatz der Produkte erfolgt über die Genossenschaften, die besondere Konditionen gewähren, oder über den freien Markt, der eine große Vielfalt zeigt. In Ungarn beispielsweise sind die Hoflandwirtschaften mit einem Drittel an der gesamten landwirtschaftlichen Produktion beteiligt, bei der tierischen Produktion beträgt der Anteil sogar 40 %. Man kann deshalb von einer regelrechten »Schattenwirtschaft« sprechen, die marktwirtschaftsähnlichen Regeln folgt.
Die *Staatsgüter* nehmen in beiden Ländern eine Sonderstellung ein. Hier werden vielfach neue Anbaumethoden und -techniken erprobt. Neue Reberziehungen, große Obstplantagen oder Bewässerungswirtschaften trifft man hier an. In der ČSSR stehen die Hopfenfelder und Fischteiche vorwiegend in der Regie von Staatsbetrieben.

2.5.2.5 Siedlungen, Landesplanung, Umweltschutz

Die heutigen Siedlungsnetze in der ČSSR sind das Ergebnis jahrhundertelanger und sehr komplizierter Prozesse. Das historische Erbe prägt auch das Bild der rezenten *Siedlungsstruktur* sehr stark. Das unterschiedliche geographische Milieu, die verschiedenen Bedingungen des Besiedelungsganges und gelegentlich auch der Wiederbesiedelung, besonders aber die abweichenden sozialökonomischen Gegebenheiten haben einen starken Gegensatz zwischen den böhmischen Ländern, den Karpaten und den pannonischen Tiefländern hervorgerufen.

Das Netz der 552 *historischen »Städte«* in der ČSSR entspricht nicht mehr den heutigen Verhältnissen. Im Laufe des 19. Jh. bildete sich infolge der Industriellen Revolution und der Verkehrserschließung durch die Eisenbahn ein neues Netz heraus, das allerdings in der Gegenwart durch die raumwirksame Staatstätigkeit erneuter Korrekturen bedarf. Die meisten der heutigen *zentralen Orte* hatten allerdings auch früher schon einen Bedeutungsüberschuß. In den sechziger Jahren nahm man in der ČSSR im Gefolge mit der *ökonomischen Rayonierung* und der *Verwaltungsreform* eine zentralörtliche Gliederung vor, die eine Mehrstufigkeit erbrachte: Metropolen (wie Prag), Hauptzentren (wie Neusohl), Kreiszentren (wie Königgrätz), Bezirkszentren (wie Trebitsch), Unterzentren (wie Kaaden) und landwirtschaftliche Zentren. Daneben gibt es eine ganze Reihe von Städten, die nicht nur wegen ihrer Einwohnerzahl, sondern auch wegen spezieller Funktionen einen Rang in der Hierarchie beanspruchen: Industriestädte (wie Nesselsdorf), Bergbauorte (wie Brüx), Verkehrsknoten (wie Böhmisch Trübau). Kurorte (wie Karlsbad) sind historische Reservationen (wie Teltsch).

Der Umbau der Verwaltung in der ČSSR ist nach zwei Verwaltungsreformen (1948, 1960) noch nicht abgeschlossen. Man strebt an, die Zahl der politischen Gemeinden wesentlich zu verringern. Man rechnet mit insgesamt 20000 selbständigen Siedlungen. 1955 bildeten diese 15416 Gemeinden, 1961 noch 11263 und 1980 nur noch 7583, davon 4778 in der ČSR. Diese Gemeindezusammenlegungen sind Teil einer *infrastrukturellen Gesamtplanung*, welche zum Ziel hat, die hergebrachten Unterschiede zwischen Stadt und Land zunehmend auszugleichen. Als Folge der historischen Situation sind die Verhältnisse in Ungarn völlig anders, und dies wirkt bis in die Gegenwart nach. Um 1900 stand Budapest mit seinem übergroßen Bedeutungsüberschuß mit großem Abstand an der Spitze der Städtehierarchie, regionale Zentren wie Preßburg, Kaschau, Temeschwar oder Agram hatten sich meist außerhalb des heutigen Staatsgebietes gebildet, zahlreiche Kleinstädte hatten die Verwaltungsfunktionen der mittleren Ebene auf sich konzentriert, diese erhielten auch einen Munizipalstatus, und die Dorfstädte des Tieflandes bewahrten ihren ländlichen Charakter. Dieses System blieb im wesentlichen auch in der Zwischenkriegszeit erhalten, weil

keine nennenswerte Industrialisierung stattfand. Erst Ende der fünfziger Jahre trat ein Wandel ein: Herausbildung von *Regionalzentren* der zentralörtlichen Funktionen einiger Städte auf der mittleren Ebene, Bedeutungsschwund anderer Städte. Damit wird eine sechsstufige Hierarchie sichtbar: Metropole (Budapest) – fünf regionale Zentren (Szeged) – Zentren III. Ranges (Kecskemét) – Mittelstädte (Sopron) – Kleinstädte – elementare Zentren. Die elementaren Zentren ausgenommen gibt es demnach 139 Siedlungen mit städtischem Charakter in Ungarn. Es muß betont werden, daß diese Hierarchie noch immer unausgeglichen ist. Dies liegt zum Teil an der immer noch sehr altertümlichen *Verwaltungsgliederung*. Die Komitate (Gespanschaften) führen ihre Tradition schon in das Mittelalter zurück. 1950 wurden aus 25 Komitaten 19 Bezirke *(Megye)* geschaffen. Die zentrale Bedeutung der Bezirkszentren stieg damit zwar an, doch nicht so stark, wie dies bei der Bildung von etwa 8–10 Zentren gewesen wäre. Demnach werden noch weitere raumordnerische Maßnahmen notwendig werden, einzelne Zentren der mittleren Ebene weiter zu stärken.
Folgt man der Statistik, dann lebt die Bevölkerung der ČSSR zu 53 %, die Ungarns zu 48 % in Städten. Diese Angaben sind relativ und unvergleichbar. Der Prozeß der *Urbanisierung* muß mit anderen Kriterien gemessen werden. Entscheidend ist die neue, urbanisierte *Lebensform*, die auch in die Unterzentren und selbst in die ländlichen Siedlungen eingezogen ist. Polikliniken mit Fachärzten, Apotheken, Mittelschulen, Geschäfte des gehobeneren Bedarfs usw. sind heute, nicht zuletzt dank der dichten und häufig frequentierten Omnibusnetze, für die gesamte Bevölkerung in erreichbare Nähe gerückt. Ebenso wird das letzte Dorf von der Elektrizität, vom Telefon und vom Fernsehen erreicht. Auch die private Motorisierung nimmt zu, was zur Steigerung des Pendlerwesens und damit zu einer latenten Landflucht geführt hat.
Neue *»sozialistische« Städte* wurden gegründet. Das bekannteste Beispiel ist die Stahlstadt Dunaújváros (zuerst: Sztalinváros) südlich von Budapest. Kazincbarcika, Várpalota, Komló und andere gehören auch dazu. In der ČSSR kam es zwar nicht zu solchen Neugründungen, doch anstelle kleinerer Vorläufer entstand dieser Stadttyp zum Beispiel in Havířov, Ostrov, Prievidza, Žiar nad Hronom und mit dem Bau der ostslowakischen Eisenwerke bei Kaschau.
In der ČSSR wurden schon in der Zwischenkriegszeit die ersten *Planungsverbände* gegründet, vor allem in Mittelböhmen und in den Industriegebieten. Nach dem Vorbild mitteldeutscher Verbände arbeiteten sie Regionalpläne aus, die allerdings wenig Verbindlichkeit hatten. In Ungarn kam es nur in der Hauptstadt und ihrer Umgebung

zu vorsichtigen Initiativen; auf dem Land war die Macht des Adels zu groß für solche Eingriffe in die traditionelle Administration.
Nach 1950 stellte sich infolge der Einführung der Zentralverwaltungswirtschaft die Situation völlig anders dar. Die *Territorialplanung* konnte zwar zentral organisiert, jedoch nur im Rahmen der vorgezeichneten allgemeinen Volkswirtschaftspläne initiativ werden. Maßnahmen von großer Tragweite wie die Kollektivierung der Landwirtschaft, die Nationalisierung der Industrie und die Neuverteilung der Standortmuster hätten der Territorialplanung lohnende Aufgaben bieten können. Doch die Präferenzen der Volkswirtschaftspläne engten den Spielraum planerischer Entscheidungen ein. Erst allmählich konnte eine diesen Bedingungen angepaßte Planungsmethodik entwickelt werden.
Die Ziele der *Regionalplanung* sind politisch, ökonomisch und sozialkulturell motiviert: der Aufbau der entwickelten sozialistischen Gesellschaft, die allseitige Entwicklung aller Landesteile, Rücksichtnahme auf Bedürfnisse der Landesverteidigung, Verbesserung des Netzes der Infrastruktur und der Dienste, Regionalisierung von Schwerpunktangeboten. Die Praxis zeigt aber oft noch Mängel, oft eine Folge der Schwerfälligkeit der Planbürokratie und fehlender Entscheidungsbereitschaft an der Basis.
Die ČSSR und Ungarn gehören zu den Ländern in Europa, in denen mit der Industrialisierung Fragen des *Umweltschutzes* von brennender, auch politischer Aktualität geworden sind. Man beobachtet Schäden im Bodenfonds, im Grund- und Oberflächenwasserhaushalt und Verunreinigungen in der Luft. Teils verteilen sich diese Belastungen flächen- und linienhaft, teils konzentrieren sie sich in besonders starkem Maße auf kleinere Räume, die zu den am dichtesten besiedelten gehören.
Die zunehmenden *Schäden im Bodenfonds* sind die ältesten und lassen sich über Jahrhunderte verfolgen, besonders in den stets landwirtschaftlich am intensivsten genutzten Lößgebieten. In Mittelböhmen, Südmähren, der Südslowakei und Nordungarn kann man an vielen Stellen beobachten, daß die Ackerflächen in den Lößhügelländern von oft mehrere Meter tiefen Grabenrissen (Tilken, Gullies) durchzogen werden, deren Entstehung, verursacht durch Starkregen und unangemessene kulturtechnische Maßnahmen, schon Jahrhunderte zurückliegt. Sie sind irreversibel und können auch mit den heutigen technischen Mitteln nicht mehr beseitigt werden. Die größten Werte nahm der Bodenabtrag in den letzten 25 Jahren an, was sich nicht nur aus der rücksichtslosen Nutzung, den Maßnahmen der Kollektivierung und dem zunehmenden Maschineneinsatz erklärt. Das Zusammenlegen

der Felder zu oft riesengroßen Schlägen, die Beseitigung der Feldraine und der Einsatz schweren Ackergeräts hatten zur Folge, daß Wasser und Wind quantitativ und qualitativ einen Bodenabtragungsprozeß einleiten konnten, der keine historischen Parallelen hat. In der ČSSR sind 37 % der landwirtschaftlichen Böden und 17 % des Ackerlandes schwer gefährdet. Jährlich werden über 16 Mio. t Material abgetragen. Dazu kommt die Belastung der Böden durch Industrie-Emissionen, besonders SO_2. Für Ungarn wird die Fläche der stark erodierten mit 555000 ha, die der mittleren Erosionsgefährdung mit 885000 ha angegeben. Das bedeutet alljährlich Ernteausfälle in Höhe von 800000 t Weizen. Weitere landwirtschaftliche Flächen gehen ab durch Kohle- und Erzabbau, durch die Gewinnung von Schottern und Sanden, durch die Ausdehnung der Städte und den Bau von Verkehrsanlagen. In der ČSSR sind auf diese Weise von 1948 bis 1970 insgesamt 600000 ha landwirtschaftliche Nutzfläche verlorengegangen, weiterhin rechnet man mit einem jährlichen Abgang von über 45000 ha.

Noch gravierender sind die *Belastungen des Wasserhaushalts*, weil sie die soziale Umwelt unmittelbar gefährden. Dies betrifft besonders die ČSSR, die zusammen mit Polen eines der wasserärmsten Länder in Europa ist. Die historischen Standortbedingungen der Industrie sind unglücklicherweise so gelagert, daß sich die meisten Produktionsstätten an den Oberläufen der Flüsse konzentrieren. Ein Großteil der Oberflächengewässer ist hochgradig verschmutzt (1974: ca. 2700 km). Dies wiegt um so schwerer, als alle diese Flüsse ins benachbarte Ausland abfließen (DDR, Polen, Ungarn), was einen finanziellen Ausgleich mit den betroffenen Ländern notwendig macht. Aber auch die *Grundwasservorräte* sind so angegriffen, daß sie bei anhaltendem Trend des Wasserverbrauchs bis 1990 erschöpft sein werden. In Ungarn sind die Verhältnisse noch nicht so alarmierend, wenn auch in jüngster Zeit das Abwasservolumen von 1,5 Mio. auf 2,5 Mio. m^3/Jahr angestiegen ist. Zwei Drittel davon kommen aus dem gewerblichen Sektor. Das bedeutet, daß auch die Landwirtschaft und die Haushalte in starkem Maße an der Gewässerverschmutzung beteiligt sind. In der Landwirtschaft konzentriert sich nicht nur die *Massentierhaltung* in Großställen mit mehreren hundert Stück Großvieh auf immer kleineren Punkten, auch der Ackerbau verschlingt immer größere Mengen von chemischen Düngemitteln und Schädlingsbekämpfungsmitteln. Allein in der ČSSR stieg der *Düngemittelverbrauch* von 18,4 kg/ha (1948) auf 264,9 kg/ha (1985). Messungen haben ergeben, daß bei Starkregen ein großer Teil der eingestreuten Chemikalien innerhalb weniger Stunden in die Bäche und Flüsse gelangt, was zu einer schweren Belastung der biotischen Umwelt geführt hat.

Noch besorgniserregender ist die *Luftverschmutzung*, die selbst in der Vorkriegszeit in den Ballungs- und Industriegebieten ein unerträgliches Maß angenommen hatte. Die forcierte Industrialisierung seit 1948 nahm auf Umweltfragen, galt es dabei nicht nur, die Produktion zu erhöhen, sondern darüber hinaus Zeichen des Sozialismus zu setzen, wobei nicht selten die gesetzlichen Bestimmungen unterlaufen worden sind, keine Rücksicht. In den zwölf am meisten belasteten Regionen in der ČSSR rechnet man mit einem jährlichen Niederschlag von 3,2 Mio. t Staub und Asche sowie 2,8 Mio. t SO_2 (neuere Angaben liegen etwas darunter, was schon eine erste Folge der strengen Maßnahmen sein könnte). Allein von der tschechoslowakischen Industrie werden jährlich 3,3 Mio. t Emissionen in die Luft abgegeben, worunter die mit Braunkohle beheizten Kraftwerke eine besonders unrühmliche Stelle einnehmen.
In der ČSR gelten zwar nur 8 % der Gebietsfläche als besonders stark belastet, doch leben hier 31 % der Bevölkerung. Rd. 5 Mio. der 14 Mio. Einw. der ČSSR, die auf rd. 12000 km^2 leben, sind von der Luftverschmutzung betroffen, deren Folgen dem Staat jährlich hohe Kosten verursachen. Die am stärksten belasteten Regionen sind Nordostböhmen, das Ostrauer Revier, der Umkreis der Großstädte. Auch in der Slowakei wird eine gravierende Zunahme der Umweltschäden beobachtet. Nicht nur die Gesundheit der Menschen und das soziale Milieu wird von den Belastungen betroffen, sondern auch die biotischen Komplexe der Umwelt. Bis 1971 wurden allein in Nordböhmen 100000 ha Wald durch Rauchgase zerstört, inzwischen werden die Schäden im Gesamtterritorium auf 600000 ha geschätzt. Selbst auf der sächsischen Seite des Erzgebirges wirken sich die Exhalationen noch aus, wofür die ČSSR hohe Ablösungen an die DDR zahlen muß.
In Ungarn betrifft die *Luftverschmutzung* in erster Linie die Umgebung der Hauptstadt sowie verschiedene Industriezentren in der Provinz. Im März 1969 erlebte Budapest einen vierstündigen Smog-Einfall, der bewirkte, daß das Problem auch in der öffentlichen Diskussion zur Sprache kam. Dabei wurde festgestellt, daß einige Industriebetriebe die Toleranzgrenze um ein Vielfaches überschritten hatten, weiter aber auch, daß rund 135000 Wohnungen unsachgemäß und umweltfeindlich beheizt wurden. Fünfkirchen, wo eine umfangreiche Schwerindustrie eingerichtet wurde, gehört zu den Städten mit der stärksten Luftverunreinigung in der ganzen Welt.
Seit Ende der sechziger Jahre ist man in beiden Staaten um eine rigorose *Umweltschutzgesetzgebung* bemüht. Dieser sind aber wegen der Präferenz der Ökonomie (Erfüllung der Planziele) bisher nur Teilerfolge beschieden gewesen. Bemerkenswert sind die Anstrengungen

der wissenschaftlichen Institute, die sich im Rahmen des Komplexprogramms des RGW mit diesen Fragen beschäftigen, was sich neuerdings auch in der Volksbildung und im Schulunterricht auswirkt.
Schon in der Mitte des 19. Jh. wurden die ersten Maßnahmen des *Naturschutzes* ergriffen, und zwar im Böhmerwald, wo man ein kleines Urwaldgebiet unter Schutz stellte. In den siebziger Jahren gingen vom ungarischen Karpatenverein in der Tatra weitere Bestrebungen aus. In der Zwischenkriegszeit gab es in der ČSR schon über 150 km^2 geschütztes Gebiet, 1960 in der ČSSR 2436 km^2, 1970 5972 km^2 und 1985 10848 km^2. Eine Sonderstellung nimmt dabei der *»Tatra-Nationalpark«* ein, welcher den slowakischen und polnischen Anteil der Hohen Tatra umfaßt. Hier wurden aus pädagogischen und wissenschaftlichen Gründen einzelne Gebiete unter strengen Schutz gestellt; sie sind also auch von der Touristik ausgespart. Sonst ist vielfach der Zielgedanke des Fremdenverkehrs leitend, besonders dann, wenn es sich um wirtschaftlich wenig entwickelte Gebiete handelt. Einzelobjekte, d. h. Naturdenkmäler von besonderer Bedeutung wie die mährischen, slowakischen und ungarischen Karsthöhlen, sind dagegen Zentren des Tagestourismus. In Ungarn setzte sich die Naturschutzbewegung erst später durch. Die geschützten Gebiete liegen am Plattensee, in den Mittelgebirgen, in der Pußta und an biologisch interessanten Flußufern. Das bekannte Heidegebiet der *Puszta Hortobagy* bildet einen Nationalpark, der ein Anziehungspunkt für den Fremdenverkehr ist.

2.5.3 Rumänien

Der für das rumänische Selbstverständnis zentrale Begriff der *romanisch-europäischen Nation* historischer Kontinuität gründet auf jener kurzen Zeit vom 1.–3. Jh. n. Chr., in der ein Teil des heutigen Staatsgebiets zur wichtigen römischen Grenzprovinz Dacien, der einzigen nördlich der unteren Donau, gehörte. Die ansässige Bevölkerung, deren staatlicher Mittelpunkt in Sarmisegetuza (südlich Hunedoara) lag, wurde sowohl wirtschaftlich (Geldwesen, Goldbergbau) als auch zivilisatorisch (Sprache, Kultur) in das römische Reich einbezogen, wie zahlreiche Reste dako-romanischer Stadtkultur erkennen lassen. Nach Aufgabe der Provinz (275 n. Chr.) verfielen die Wirtschaft, der Landbau und das Städtewesen. Die autochthone Bevölkerung zog sich in der Völkerwanderungszeit auf eine ländliche, viehwirtschaftliche Selbstversorgungswirtschaft im Gebirgsraum zurück. Die zweite entscheidende Epoche beginnt mit dem 14. Jh., als das Gebiet zum Grenzraum des osmanischen Reiches gegen Ungarn und Rußland wurde, der allerdings relativ unabhängig blieb. Während des Zerfalls des osmanischen Reiches erzielte das Land seine nationale Selbständigkeit und nach dem Ende der Österreichisch-Ungarischen Monarchie die *territoriale Einheit*.

Die sozialistische Republik der Gegenwart gehört dem osteuropäischen Bündnissystem an, bemüht sich jedoch seit Anfang der sechziger Jahre um eine blockfreie Politik. Die Differenzen zwischen der UdSSR und der VR China boten für Rumänien eine Chance, der innerhalb des RGW zugedachten Rolle eines vorrangigen Rohstoff- und Agrarlandes und damit der Gefahr langfristiger wirtschaftlicher Rückständigkeit zu entgehen. Rumänien stellte sich auf den Standpunkt, daß der *Grundsatz der Unabhängigkeit* auch für das Verhältnis sozialistischer Staaten untereinander und für die wirtschaftlichen Beziehungen zu gelten hätte. Konsequenterweise verhielt sich das Land in vielen internationalen Konflikten neutral. Rumänien ist seit der kommunistischen Machtübernahme 1947 ein sozialistischer Staat, dessen Organe der Partei und ihrer Politik gesetzlich verpflichtet sind. Die politische Macht liegt seit 1965 in den Händen des »conductors« NICOLAE CEAUSESCU. Durch die anhaltenden Bemühungen um außenpolitische Unabhängigkeit konnten auch regionalpolitische Probleme im Lande verdrängt werden, wie etwa diejenigen der völkischen Minderheiten oder der Unterschiede in den wirtschaftlichen Leistungen der einzelnen Regionen, die beide vor allem aus der Wirtschafts- und Siedlungsgeschichte her verständlich sind.

Als Altreich werden die 1858 vereinigten Fürstentümer Moldau und Walachei bezeichnet. Letztere besteht aus der westlich gelegenen Kleinen (Oltenien) und aus der Großen Walachei (Muntenien). Beide Namen sind sowohl territorialgeschichtliche Begriffe als auch Regionalbezeichnungen für die Donau- bzw. Moldauebene. Den politisch-wirtschaftlichen Kernraum bildeten jeweils die Wälder und Waldsteppen der subkarpatischen Hügelländer. Die großen Ebenen wurden dagegen erst in spätosmanischer Zeit als Siedlungsraum bedeutsam, da sie trotz beginnender staatlicher Eigenständigkeit im 15. Jh. einer ständigen Bedrohung durch türkisch-tatarische Einfälle ausgesetzt waren. Das trug dazu bei, daß die Bevölkerung auf einer niedrigen Wirtschaftsstufe (vorwiegend Viehzucht) verharrte. Das wirtschaftliche und zivilisatorische Niveau lag unter dem Siebenbürgens, das seit dem Mittelalter in die europäische Entwicklung einbezogen war. Als beide Regionen – Altreich und Siebenbürgen – im 16. Jh. unter *türkische Hoheit* gerieten, wurde dieser Unterschied zunächst nicht beeinflußt. Er wurde jedoch verstärkt, als im 16. und 17. Jh. die *Reformation* in Siebenbürgen kulturelle und wirtschaftliche Impulse brachte und die Fürstentümer von der neuzeitlichen Entwicklung, wie etwa der absolutistischen Förderung des Wirtschaftslebens und der Lenkung des Siedlungsprozesses, abgeschlossen blieben. Der osmanische Einfluß verstärkte sich zur Ausbeutung. Die Bevölkerung verblieb daher im Altreich bis ins erste Drittel des 19. Jh. in bäuerlicher Selbstversorgungs- und Naturalwirtschaft.

In der Ebene wurde nur eine ertragsschwache *Feld-Gras-Wirtschaft* mit *Maisanbau* betrieben. Der Viehbesatz verringerte sich durch die Steuerlasten stetig, wodurch örtlich ein wirtschaftlicher Rückgang bis auf den Hackbau eintrat. In den Karpaten und Subkarpaten war die *Viehwirtschaft* stärker entwickelt und teilweise mit winterlichem Fernweidewechsel zur Donauebene hin verbunden. Die *Siedlungen* blieben klein und lagen verstreut im Gegensatz zu den kompakten, großen Siedlungen Siebenbürgens. Der Landbesitz der Grundherren (Bojaren und Klöster) nahm ständig zu. Die Kirche besaß im 18. Jh. in der Moldau bereits 40% der Nutzfläche. Unter den Siedlungen traten einige hervor, die durch regelmäßige Bauernmärkte den Handel zwischen Gebirge und Ebene vermittelten. Nur wenige Orte in der Nähe der Pässe trieben zugleich Fernhandel. Für eine Stadtentwicklung fehlten aber vor allem freies Handwerk und Gewerbe. Die gutsherrlichen Handwerker waren auch in den Residenzen leibeigen. Die Residenzen wurden mit schwindender türkischer Macht in die Donauebene verlagert (z. B. von Curtea-de-Argeş über Tîrgovişte nach Bukarest).

Nach der Aufhebung des türkischen Getreidehandelmonopols mit festem Aufkaufspreis 1829 intensivierte sich die Agrarwirtschaft erheblich. Der Getreideanbau nahm vor allem in den Steppen-Weidegebieten an der unteren Donau (Baragan) zu. Die Großgrundwirtschaften begannen, über Braila zu exportieren. Nach der Ablösung der osmanischen Verwaltung durch die russische Mitte des 19. Jh. begann die Siedlungskonzentration zum heute noch erhaltenen Bild der oft kilometerlangen Liniendörfer.

Die zweite Hälfte des 19. Jh., die Zeit der europäischen Industrialisierung, brachte Rumänien insbesondere durch die *Bauernbefreiung* (1864) einen weiteren Aufschwung im Agrarbereich. Der Ausbau des *Gewerbes* und der größeren Städte litt jedoch unter der europäischen Konkurrenz. Nach der Vereinigung der Fürstentümer wurde Bukarest zur Hauptstadt bestimmt. Diese Funktion, die nördlich benachbarte Erdölwirtschaft (Ploieşti), der Bahnbau und die späteren Schutzzölle waren die Basis für den Aufstieg der Region Bukarest–Prahova zum wirtschaftlichen Zentrum des Altreiches. Iaşi, die größte Stadt der Moldau, geriet dagegen 1812 nach dem Verlust Bessarabiens an Rußland in Grenzlage. Die Moldau blieb nach einer kurzen Zeit bedeutsamen Agrarexportes wirtschaftlich zurück und – ebenso wie Oltenien – ein Abwanderungsgebiet. Damit hatten sich nach der Aufhebung der türkischen Herrschaft wirtschaftsräumliche Unterschiede innerhalb des Altreiches herausgebildet, die sich teilweise bis heute erhielten.

Mit dem Begriff *Siebenbürgen* wird entweder ganz Transsilvanien oder – seltener – nur das südliche Siedlungsgebiet der Deutschen (»Sachsen« genannt) bezeichnet. Die gering bevölkerten, tiefer gelegenen Gebiete Siebenbürgens waren im 9. und 10. Jh. von Magyaren in Besitz genommen worden. Ungarische Könige riefen im 12. und 13. Jh. *Deutsche* an die O- und S-Grenze ihres Staates, die zusammen mit den *Szeklern* (magyarischer Herkunft) diese Grenze sicherten. Beide besaßen vielfältige Vorrechte und bildeten mit dem ungarischen Adel eine Ständegesellschaft. Von diesen Siedlergruppen gehen die heutigen, nur noch sprachlich unterschiedenen »Nationalitäten« aus. Die Deutschen wandten sich im Banater Bergland und den Nordkarpaten dem Bergbau zu. Im engeren Siebenbürgen, um Kronstadt (Braşov) und Hermannstadt (Sibiu), den beiden späteren Zentren größter wirtschaftlicher und kultureller Bedeutung, legten sie im Mittelalter planmäßig Straßen- und Reihendörfer an. Sie führten eine höherstehende Anbautechnik ein und betrieben in den mit deutschem Recht ausgestatteten Städten Handwerk und Handel. Durch wechselseitige ethnische Beeinflussung ist das heutige Siedlungsbild oft nur ein Hinweis auf die ansässigen Nationalitäten. So sind z. B. auch die Siedlungen um Cluj-Napoca, das neben Tîrgu Mureş einer der beiden wirtschaftlich-kulturellen Mittelpunkte der ungarischen Besiedlung ist, deutsch geprägt. Die rumänische Bevölkerung, die vorwiegend als Viehzüchter in den relativ ungünstigen Gebirgsteilen lebte, erlangte erst im 18. und 19. Jh. politische Bedeutung.

Im *Banat*, das sich in die Ebene von Mureş und Timiş sowie das Banater Bergland gliedert, fielen die ungarischen Siedlungen der Ebene in türkischer Zeit weitgehend wüst. Die Wiederbesiedlung erfolgte hier und in der Bukowina (Buchenland) seit der Mitte des 18. Jh. in der typischen Form der österreichisch-ungarischen *inneren Kolonisation* Südosteuropas. Die Ansiedler (vorwiegend Deutsche, ferner Ungarn, Serben und andere) waren beruflich vorgebildet, geld- und exportwirtschaftlich orientiert und wurden staatlich gefördert. Weiterhin trugen die Lößschwarzerden und ausreichenden Niederschläge sowie die Meliorierungen dazu bei, daß das Banat einen erheblich höheren Lebensstandard gegenüber dem Altreich und z. T. auch Siebenbürgen erzielte. Siebenbürgen und das Banat hatten somit einen erheblichen Vorsprung an Wirtschaftskraft und Lebensstandard gegenüber den südlich und östlich der Karpaten gelegenen Fürstentümern Moldau und Walachei. Die unterprivilegierte rumänische Bevölkerung hatte an diesem zivilisatorischen Vorsprung einigen Anteil. Hier gab es bessere Bedingungen für eine eigenständige kulturelle Entwicklung. Daher sind auch die lange der ungarischen Krone zugehörigen Landesteile fest im *rumänischen Nationalbewußtsein* verankert. Der Unterschied im Wirtschaftsniveau, etwa der Art und Intensität der Landnutzung, und die kulturelle Eigenständigkeit der historischen Landesteile (in weiterer Unterscheidung als hier skizziert), waren bis in die zwanziger Jahre dieses Jahrhunderts ganz unmittelbar erkennbar.

Das Ende der österreichisch-ungarischen Monarchie brachte dem rumänischen Altreich eine Verdoppelung der Fläche und Bevölkerungszahl. Das *Sprachgebiet* wurde gänzlich zum *Staatsgebiet*. Der neue Agrarstaat übernahm aber zugleich Belastungen durch die nationalen Minderheiten, ferner das erwähnte Wohlstandsgefälle sowie eine unterschiedliche außenwirtschaftliche Orientierung seiner Landesteile. Eine Landwirtschaftsreform um 1920 verringerte den Umfang des Großgrundbesitzes zugunsten eines sehr hohen Anteiles kleiner Betriebe unter 5 ha. In den zwanziger Jahren traten zu den traditionellen Exportgütern Getreide, Vieh, Holz und Salz die Erdölprodukte der stark expandierenden Förderung um Ploieşti. In Siebenbürgen begann die Nutzung der Erdgasfelder. Die Industrie trug aber nur 20 % zum Nationaleinkommen bei, in Städten lebten nur 20 % der Bevölkerung einschl. zahlreicher Ackerbürger. Siebenbürgen und das Banat konnten ihren Vorsprung im Agrarsektor halten und durch Industrialisierung stützen. Die Region Bukarest–Prahova erfuhr den stärksten wirtschaftlichen Aufschwung. Die rege Bautätigkeit jener Zeit ist noch im Bild der *Hauptstadt* erkennbar. Der ungarische Siedlungsraum umfaßt die Kreise Harghita und Covasna (1984 jeweils über 80 % ungarische Einw.) sowie das Gebiet zwischen Oradea, Satu Mare und Tîrgu Mureş (etwa 25–50 %) mit dem Zentrum Cluj-Napoca (55 %). Ihm entsprach in etwa das Gebiet sprachlich-kultureller Autonomie von 1952–1960. Danach wurden die Grenzen verändert, und 1968 wurde es gänzlich aufgelöst. Der Anteil der Deutschen hatte sich aufgrund ihres relativ geringen natürlichen Wachstums schon langfristig verringert, bevor die Zahl durch Aussiedlung und Vertreibung nach dem Zweiten Weltkrieg um 40 % sank. In der Agrarreform 1945 wurde ein überdurchschnittlicher Anteil deutschen Landbesitzes enteignet. Die Deutschen sind daher heute vornehmlich in qualifizierten Funktionen in der Industrie beschäftigt. Sie leben vor allem um Hermannstadt/Sibiu (1966: 24 % der Einw.), Kronstadt/Braşov (9 %), Temeschburg/Timişoara (18 %). Die Zahl der Deutschen, 1977 noch 360000, hat sich bis 1985 aufgrund der Repressionen um etwa 130000 verringert, die vor allem in die Bundesrepublik ausgewandert sind. Die übrigen Minderheiten sind kaum regional, sondern eher beruflich konzentriert (etwa die Zigeuner als Kleinhändler und Wanderhandwerker, 1977: 230000). Von der Industrialisierung erhoffte man sich die langfristig angestrebte Rumänisierung der »mitwohnenden Nationalitäten« und damit die Lösung der Autonomieprobleme. Die politischen Beziehungen zu Ungarn sind jedoch seit langem sehr gespannt. Politisch wird der romanische Charakter der Nation stark propagiert. Im übrigen ist zu erwähnen, daß zahlreiche Rumänen in Bessarabien (Moldauische Sowjetrepublik) leben, denen nur wenige Beziehungen über die Grenze hinweg gestattet sind.

Tab. 85: Bevölkerungsgruppen nach Nationalitäten in Rumänien

	1930[1]	1930[2]	1956		1966		1977
	%	%	in 1000	%	in 1000	%	%
Rumänen	71,8	77,9	14996	85,6	16747	87,6	88,1
Ungarn	7,9	10,0	1588	9,8	1620	8,5	7,9
Deutsche	4,1	4,4	385	2,2	383	2,0	1,7
Juden	4,1	3,2	146	0,8	43	0,2	
Sonstige	12,1	4,5	374	1,9	309	1,6	2,2

[1] Angaben für das Staatsgebiet 1930.
[2] Umgerechnete Angaben für das heutige Staatsgebiet.

Den Wandel vom Agrar- zum Industrieland betrachtet Rumänien als Grundlage seiner Souveränität. Deshalb wurde die Industrialisierung in den sechziger Jahren in einem selbst im Weltmaßstab beachtlichen Umfang forciert. Etwa 30 % des Nationaleinkommens wurden reinvestiert, und die jährlichen Zuwachsraten der industriellen Produktion lagen nach der offiziellen Statistik bis 1980 bei 7–15 % und seither bei fast 5 %. Die Realität sieht jedoch anders aus. Die Wirtschaft und der Alltag sind von zahlreichen und im Winter oft auch von drastischen Entbehrungen gekennzeichnet. Das Land war und ist noch immer in erheblichen Zahlungsschwierigkeiten sowohl gegenüber den westlichen Gläubigern als auch gegenüber dem Hauptrohstofflieferanten Sowjetunion. Es hat den niedrigsten Lebensstandard in Südosteuropa. Die Industrialisierung betrieb der Staat durch umfangreiche Ausrüstungsimporte im Vertrauen auf seine Basis an Rohstoffen,

Agrarprodukten und Arbeitskräften. Die Rohstoffe und die qualifizierten Arbeitskräfte sind jedoch begrenzt. Daher versucht man, trotz unzureichender Exporte durch Kooperationen mit westlichen Betrieben und durch rigorose Energieeinsparungen unabhängig zu bleiben. Die Exportstruktur änderte sich mit der Industrialisierung:

Tab. 86: Anteile der Wirtschaftszweige am Export Rumäniens (in %)

	1950	1955	1972	1984
Erdöl und -produkte	30	36	5	–
Agrarprodukte	41	32	16	7
Maschinen/Ausrüstungen	4	6	25	34
langlebige Konsumgüter	1	1	19	16

Die Flächengröße und -gliederung des Staatsgebietes entspricht annähernd derjenigen der Bundesrepublik (63 % landwirtschaftl. Nutzfläche, 27 % Forsten, 10 % sonst. Flächen). Das Land liegt jedoch wesentlich höher als Deutschland, vorwiegend in 200 m bis 800 m und ein Drittel Rumäniens in über 500 m Höhe. Von der LN entfallen 62 % auf Ackerflächen, 30 % auf Wiesen und Weiden, je knapp 2 % auf Wein- und Obstland. Der früher vorherrschende Kleinbesitz wurde um 1960 durch die Kollektivierung beseitigt. Gegenwärtig sind nur noch 10 % der LN (einschl. der Hauswirtschaften von Mitgliedern landwirtschaftlicher Kooperativen) in Privatbesitz, auf der jedoch etwa die Hälfte der Fleisch-, Milch- und Kartoffelmenge erzeugt wird. Die Kooperativen bewirtschaften durchschnittlich 3000–4000 ha, die Staatsgüter, die vor allem im Banat und an der unteren Donau liegen, über 4000–10000 ha (30 % der LN). Der Mais ist das wichtigste Brot- und Futtergetreide (12 Mio. t/Jahr) neben dem Weizen (6 Mio. t).
In Rumänien lassen sich drei *Bodennutzungszonen* unterscheiden:
- In den großen Ebenen der Donau, Theiß, des Siret und Prut nehmen *Mais und Weizen* über 70 % der Nutzfläche ein. Etwa 85 % der Getreideproduktion entfallen auf dieses Gebiet, davon über 50 % auf die Donau- und Prutkreise. In diesen Kreisen und der Dobrudscha erreicht der stetig erweiterte Anbau von Ölpflanzen (Sonnenblumen) einen Anteil von 10–15 % der Nutzfläche. Im Banat entfallen einige Prozent der LN auf Zuckerrüben, und der Maisanbau ist etwas geringer. Die höchsten Erträge an Mais und Weizen sind aufgrund der natürlichen Voraussetzungen im Banat, der Theißebene und dem mittleren Teil der Donauebene möglich. Die Erträge der

Dobrudscha, des Moldaugebietes und der Baragansteppe scheinen aber noch besonders steigerungsfähig. Hier fallen die größten Ertragsreserven und das größte Risiko zusammen – durch Bodenwassermangel variieren die Erträge etwa um ein Drittel. Der Getreideanbau wird im Karpatenvorland der Nordmoldau durch Rinderzucht, in der Dobrudscha durch Schafhaltung und im Banat und der Theißebene durch Schweinezucht ergänzt.

- In Siebenbürgen und den Gebirgen beansprucht das Grünland etwa die Hälfte der LN. In Siebenbürgen werden Mais und Weizen auf je 20–30% der Nutzfläche angebaut und durch Kartoffeln, Gerste, Zuckerrüben ergänzt. In den Kreisen Harghita, Covasna, Kronstadt/Braşov und in den großen südsiebenbürgischen Becken ist der Mais bedeutungslos, während der Kartoffelanbau 20–25% der LN erreicht. In den ebenen, trocken-warmen Teilen (Gebiet Klausenburg–Napoca–Marosch) wird Getreide angebaut, in den feucht-kühleren Gebirgen nimmt dagegen mit der Höhe der Anteil von Grünland und Kartoffel, von Gerste und Flachs zu. Das Grünland beansprucht im Innern des siebenbürgischen Beckens (Region Marosch) nur etwa 40% der LN. Der Anteil steigt in den randlichen Gebieten auf 50% – was etwa dem Umfang in den Subkarpaten entspricht – und in den Karpatenkreisen (wie Hermannstadt, Hunedoara, Harghita) auf 60–70%. Der Anteil der tierischen Produktion am Ertrag steigt entsprechend von unter 50% auf etwa 70%. In den Gebirgen wird die Weidewirtschaft durch einfache Feld-Gras-Wirtschaft ergänzt, sofern der Anbau nicht schon aufgegeben wurde.
- Die Gebirgsvorländer der großen Ebenen sind durch einen vielseitigen Anbau und *gemischt viehwirtschaftlich-ackerbauliche* Strukturen gekennzeichnet. Beachtenswerte *Sonderkulturen* sind Obst in den Kreisen Vîlcea und Argeş (Pflaumenanbau auf 20% der LN) und Wein zwischen Ploieşti und Adjud. In der Nähe der Industriegebiete ist die Landwirtschaft intensiver (Vieh, Gemüse, Obst, Selbstversorgungswirtschaft der Pendler).

Die *Agrarpolitik* fördert die naturräumlich günstigen, großflächig und mit einem hohen Anteil an Staatsbetrieben bewirtschafteten Ebenen, während die Gebirgslagen mit teilweise hohem Anteil privater Landwirtschaft kaum agrare oder infrastrukturelle Investitionen erhalten. Die Arbeitskräfte in der Landwirtschaft sind überaltert, ihre Einkommen gering und ihre Ausbildungsmöglichkeiten schlecht.

Rumänien war seit den zwanziger bis in die siebziger Jahre der größte Naturgas- und Erdölproduzent Europas (ohne UdSSR). Daher schien die energetische und die petrochemische Basis für die erwähnte rasche

Industrialisierung gesichert. Sie ließ aber den Energieverbrauch schneller steigen als das Nationaleinkommen und den Export. Rumänien verringerte daher die Förderung von Öl und Gas aus den begrenzten Lagerstätten und importierte Öl bereits vor der Energiekrise, obwohl die Industrialisierung auf dieser Rohstoffbasis und deren Exportgütern finanziert werden sollte. Die Förderung sank wegen der nachlassenden Ergiebigkeit der Quellen auf 11 Mio. t. Die Elektroenergie wird seither zu einem erheblichen Teil aus Erdgas aus den Feldern zwischen Tîrgu Mureş und Mediaş gewonnen. Nach der Energieverknappung in den siebziger Jahren wurde die Kohleförderung verdoppelt und die beiden Kraftwerke bei Rovinari (Rogojel und Turceni mit je etwa 2000 MW) auf der Grundlage der Lignitlager in den subkarpatischen Senken bei Tîrgu Jiu gebaut. Ferner liefern die beiden bedeutendsten Wasserkraftwerke, am Eisernen Tor der Donau und bei Bicaz an der Bistriţa, ca. 15 % der Elektroenergie. Die energetische Basis verlagerte sich dadurch aus Siebenbürgen in den Südwesten des Landes. Dort lagern auch die Steinkohlen, die für die Eisenindustrie um Hunedoara (87) und Reşiţa (100) benötigt werden. Das Erdöl lagert fast ausschließlich in den südlichen und östlichen Subkarpaten zwischen Piteşti (146) und Bacău (165). Die Förderung stieg bis 1960 stark an. Der Export wurde seit 1955 verringert, während die chemische Industrie des Landes die höchsten industriellen Zuwachsraten (20–22 %) erzielte. Das Hauptfördergebiet Cîmpina–Ploieşti wurde Zentrum der Verarbeitung und des Erdöl-Ausrüstungsbaues, in dem Rumänien den dritten Platz in der Welt erreicht. Um Bacău–Piatra Neamţ entwickelte sich, begünstigt durch die Elektroenergie (Bicaz) und den Salzabbau ein neues Fördergebiet ebenfalls zu einem Mittelpunkt der chemischen Industrie. Teile der walachisch-moldauischen Subkarpaten wurden somit industrialisiert. Zugleich wurde die traditionelle Wirtschaftsregion Bukarest–Prahova gestärkt, und dadurch blieben die regionalen Unterschiede im Altreich erhalten. Der älteste der heutigen drei schwerindustriellen Standorte ist das Banater Bergland (Reşiţa), wo 1938 fast drei Viertel der Eisengewinnung konzentriert waren. Gegen Ende des 19. Jh. trat die Produktion in Hunedoara (Eisenmarkt) hinzu, wo das Erz der nahen Muntii Poiana Rusca mit der neu erschlossenen Steinkohle von Petroşani verarbeitet wurde. In Reşiţa siedelte sich dagegen schon die Eisenverarbeitung an. Die Produktion dieser beiden schwerindustriellen Zentren vervielfachte sich nach dem Zweiten Weltkrieg und wurde seit Anfang der sechziger Jahre durch die neue Hütte im Hafen von Galaţi (260; Erz- und Kohleimport) fast verdoppelt. Diese drei gleichgewichtigen Standorte umfassen fast die gesamte rumänische Eisenmetallurgie.

Sie versorgen die Maschinenbaustandorte (in der Reihenfolge ihrer Bedeutung) Bukarest–Prahova, Kronstadt (300), Hermannstadt (165), Craiova (260), Temeschburg (265), Arad (175) und Piteşti (146), wobei sie nur noch einen Teil des Inlandsbedarfes abdecken, denn die Erzförderung ist im letzten Jahrzehnt um etwa ein Drittel gesunken. Der Abbau von Nichteisenmetallen, der die höchsten Steigerungsraten bergbaulicher Produktion erfuhr, konzentriert sich auf zwei Gebiete komplexer Erzlagerstätten. Im Süden des Apuseni-Gebirges werden in einer Vielzahl kleinerer Standorte bei Deva, Brad, Abrud, Slatna, Cîmpeni usw. Edel- und Buntmetalle, Quecksilber und Stahlveredler gewonnen. Am Nordwestrand des Gebirges (Roşia) wird Bauxit abgebaut. Ein zweites Gebiet konzentrierter Fundorte von Buntmetallen und Stahlveredlern liegt bei Baia Mare im Marmarosch(Maramureş)-Gebiet und östlich davon im Rodna-Gebirge am Oberlauf der Bistritz. Auf dieser Rohstoffbasis entwickelten sich Industriegebiete der Chemie und des Maschinenbaues.
Die wirtschaftlichen Unterschiede zwischen den einzelnen historischen Landesteilen und innerhalb derselben haben sich durch die Industrialisierung und Urbanisierung vielfach verringert. Andererseits bestehen großräumige Entwicklungsunterschiede fort oder entstanden neu. Der Nordosten des Maramureş-Gebietes ist bis heute ein rückständiges Abwanderungsgebiet, und auch das Bihorgebirge und das Mehindinţi-Gebiet sind, außerhalb der Bergbauzentren, physiognomisch unmittelbar erkennbare Fördergebiete.
Gegenwärtig lassen sich folgende Unterschiede in den Wirtschafts- und Lebensbedingungen feststellen:

- Der Unterschied zwischen dem Altreich und den ehemaligen Landesteilen der ungarischen Krone spiegelt sich im Produktionsniveau, der Infrastrukturausstattung und beispielsweise in Versorgungskennziffern. Weiterhin zeigt er sich in der Bevölkerungszunahme und den landwirtschaftlichen Erträgen. Die ältesten Industriegebiete Transsilvaniens verzeichnen zwar ein hohes Wachstum städtischer Bevölkerung, doch die Urbanisierung im Altreich wirkt ausgleichend auf diese Gegensätze.
- Zwischen ländlich-agraren und städtisch-industriellen Gebieten besteht ein deutlicher Gegensatz. Auf die Kreise Bukarest–Prahova–Braşov, Timişoara, Reşiţa und Hunedoara entfielen 1938 etwa 70 % der rumänischen Industrieproduktion, 1985 noch fast 50 %. Nach der Zahl der Industriebeschäftigten und der Anzahl der Großbetriebe sind Siebenbürgen mit Kronstadt, Hermannstadt, Klausenburg–Napoca und Eisenmarkt, das Prahovatal und Bukarest sowie das Banat und Südbanat (Caraş–Severin) heute die am

stärksten industrialisierten Gebiete. Ein starkes Wirtschaftswachstum bei geringem Industrialisierungsgrad verzeichnen die gesamten Subkarpaten westlich des Prahovatales (Tîrgovişte–Piteşti–Rîmnicu Vîlcea–Tîrgu Jiu) aufgrund der Investitionen in der Petrochemie und dem Bergbau. Daneben bestehen örtliche Schwerpunkte in den östlichen Subkarpaten (Piatra Neamţ, Tîrgu Ocna). Im Altreich ist die Industrie in den größeren Städten konzentriert. Neben Craiova und Piteşti sind vor allem die an der unteren Donau gelegenen Städte Galaţi und Braila mit zusammen fast einer halben Million Einwohnern hervorzuheben. Einen weiteren expandierenden Wirtschaftsraum bilden die größte Hafenstadt Konstanza (295; 35 Mio. t Umschlag) und die Badeorte längs der Küste.

Die ländliche Bevölkerung verringerte sich aufgrund der Industrialisierung seit 1948 auch in ihrem absoluten Umfang. Die Städte erweitern sich dagegen seit den sechziger Jahren durch sehr gleichförmige, zusammenhängende Wohngebiete. Sie sind durch kostengünstige, kompakte, vorwiegend fünfgeschossige Bebauungen mit überwiegend 2-Zimmer-Eigentumswohnungen und oft behelfsmäßige Folgeeinrichtungen gekennzeichnet. Daneben entstehen einfache Einfamilienhäuser auf Erbpachtgelände. Auf diese rein private Bautätigkeit entfallen etwa 40–50% des Neubaus. In den industriellen Gebieten, auch in Bukarest, finden sich Viertel ungeregelter Ansiedlung ohne zureichende Ver- und Entsorgung. Zusammen mit den locker bebauten, älteren städtischen Vierteln, die mangels Investitionen und aufgrund von Überbelegung schnell verfallen, ergeben sich Gegensätze zwischen Neubaugebieten und slumartigen Stadtteilen. Ferner bewirkten die geringeren Investitionen im Konsum- und Dienstleistungssektor und in die Werterhaltung der Altbausubstanz den Verfall der Altstadtkerne im Gegensatz zu den neuen, repräsentativ-weiträumigen Teilen der Stadtzentren. Die historische Substanz der siebenbürgisch-banater Städte ist allerdings besser erhalten.

- Die Industriegebiete besitzen trotz der zentralen Bedeutung der Industrie im politischen und wirtschaftlichen Leben im Staate oft eine niedrige Lebensqualität. Daher besteht in Rumänien eine außerordentlich hohe Abwanderung zu den attraktiven Zentren, vor allem nach Bukarest (1,9 Mio. Einw.; Stadtregion über 2 Mio. Einw.). Das Bild der inneren Teile der Hauptstadt ist von der Zeit starken Wachstums zwischen den beiden Weltkriegen bestimmt. Die Stadt wurde sehr dicht bebaut und uferte in locker bebauten, gartenreichen, unerschlossenen Gebieten aus. Bukarest ist bis heute die überragende Metropole des Landes, deren strikte Zuzugsreglementierung vielfach unterlaufen wird, so daß der umfangreiche Wohnungsbau kaum mit der Zuwanderung Schritt halten kann. Die Stadt wächst in großen Bebauungskomplexen (Titan, Militari usw.; bis zu 70000 Wohnungen) nach N und S, wo selbständige, industriereiche Orte (wie Buftea, Jilava und Otopeni) die Stadtregion begrenzen. Bukarest erzeugt rund 20 % der Industrieproduktion. Der Anteil liegt in einzelnen Branchen noch weitaus höher. Die Stadt hat einen hohen Freizeitwert, denn erschlossene Erholungsgebiete liegen in der Nähe (Prahova-Tal), und zwischen der Hauptstadt und den weiteren Zentren besteht ein beträchtlicher Abstand (Braşov, Konstanza, Iaşi, Temeschburg und Klausenburg–Napoca mit 300000 bis 335000 Einw.). Sie verfügen über zahlreiche zentrale Einrichtungen und heben sich von den übrigen Städten des Landes, insbesondere den Industriestädten wie Hunedoara, Reşiţa, Piatra Neamţ und Ploieşti ab. Diese Struktur des Siedlungssystems wird durch die starke Zentralität des Staats- und Wirtschaftslebens und durch den Gegensatz zwischen der großen Zahl wenig qualifizierter Arbeiter und einer relativ kleinen Schicht von Führungskräften begünstigt. Der Anteil Bukarests an der Industrieproduktion ist zwar gefallen, doch spiegelt sich darin die Stärkung der tertiären Bereiche. Die wirtschaftsstarke und attraktive Siedlungsachse Bukarest–Prahova–Kronstadt/Braşov, in der gegenwärtig etwa 30 % der städtischen Bevölkerung wohnen, wird auch künftig vorrangig wachsen.

2.5.4 Bulgarien

Die *Volksrepublik Bulgarien* gehört mit 111000 km^2 und 8,9 Mio. Einw. zu den kleinen und bevölkerungsarmen Ländern Südosteuropas. Abgesehen von *Albanien*, ist nur noch *Ungarn* kleiner (aber volkreicher), die Nachbarn *Rumänien* und *Jugoslawien* sind etwa doppelt so groß und haben die doppelte Einwohnerzahl. Auch nach der Bevölkerungsdichte von etwa 81 Einw./km^2 liegt es eher am unteren Ende der südosteuropäischen Skala. Bulgarien ist das wirtschaftsschwächste der europäischen RGW-Länder, und es hat dort nie so spektakuläre Ausbruchsversuche aus der politischen, wirtschaftlichen und ideologischen Bevormundung durch den Sowjetkommunismus gegeben wie in allen anderen Ländern Ostmittel- und Südosteuropas. Bulgarien hat keine literarischen Nobelpreisträger wie SIENKIEWICZ oder ANDRIĆ hervorgebracht, die das Land in Mitteleuropa bekanntgemacht hätten, keinen HAŠEK, der seinen Landsleuten in der Welt so viel an sympathischer Unverwechselbarkeit hätte verschaffen können. In der Nachkriegsgeschichte gab es in Bulgarien keinen Staatsmann, der mit dem Erfolg von TITO oder CEAUŞESCU das Land in das langfristige Interesse oder wie DUBČEK und WAŁĘSA wenigstens ein kurzfristig-intensives Interesse gerückt hätte. Aus diesen und sehr vielen anderen Gründen nimmt Bulgarien in der »geistigen Landkarte« unseres Bewußtseins nur eine wenig markante Stellung ein.

Die *Lage* Bulgariens zwischen der *pontischen Ebene* Osteuropas und dem *Bosporus*, im Bannkreis der Kaiserstadt *Konstantinopel*, später im Vorfeld und zweitweise sogar im Zentrum des Osmanenreiches und seit dem 19. Jh. zunehmend im Einfluß- und Machtbereich *Rußlands* und der *Sowjetunion*, hat die Geschichte von Volk und Land beeinflußt. Positiv und negativ. Bis in die Gegenwart.

Das gilt schon für die *Ethnogenese* und die erste *Reichsbildung*. Die Bulgaren sind, wie ihre Nachbarn im W, Serben und Makedonen, ein südslawisches Volk. Ihren Namen haben sie freilich von Reiternomaden hunnisch-türkischer Abstammung, die als eine der letzten großen Wellen der Völkerwanderung in den 70er Jahren des 7. Jh. aus der pontischen Steppenebene über die untere Donau gekommen waren. Diese werden, um Verwechslungen zu vermeiden, als Ur- oder Protobulgaren bezeichnet. Im Raum zwischen *Donau* und *Balkangebirge* trafen sie auf slawische Stämme. Diese waren mit einer früheren Welle der Völkerwanderung, hauptsächlich seit der Mitte des 6. Jh., ins Land gespült worden und waren dort auf eine thrakische Bevölkerung gestoßen. Die Thraker sind die am frühesten durch schriftliche Quellen faßbaren Siedler im nachmaligen Bulgarien. Die Protobulgaren unterwarfen die Slawen und errichteten als soziale Oberschicht die erste Staatlichkeit, in der Balkanslawen die Mehrheit der Bevölkerung bildeten – wenngleich anfangs noch als Unterschicht. Die Reichsbildung der Protobulgaren (681) vollzog sich auf oströmischem Territorium und in Auseinandersetzung mit Byzanz. Der bulgarische Staat war der erste in SO-Europa mit einer slawischen Bevölkerungsmehrheit, die in den folgenden zweihundert Jahren die Protobulgaren assimilierte. Die bulgarische Staatsbildung war Vorbild für spätere in Südost-Europa, besonders für die serbische.

Auch die Übernahme des *Christentums* durch die Bulgaren geschah unter griechischem Kultureinfluß und in griechischer Form (865). Denn inzwischen hatte das Bulgarenreich seine Grenzen zeitweise nach N über die *Donau*, nach W bis *Albanien* und nach O bis an das *Schwarze Meer* vorgeschoben. Dort etwa hatte es so traditionsreiche Griechenstädte wie *Odessos-Varna, Apollonia-Sozipol* oder *Messemvria-Nessebar* einbezogen. Die Vorbildwirkung des ersten christ-

lich-slawischen Landes tradierte griechische Einflüsse im W bis zur *Adria*, im O bis ins *Kiever* Rußland.
Das Medium hierfür war die altkirchenslawische oder altbulgarische *Sprache*. Es war dies der bulgarisch-makedonische Dialekt, der um die Mitte des 9. Jh. im Umland von Saloniki gesprochen wurde. Seiner bedienten sich die Slawenapostel KYRILL (eigentlich KONSTANTINOS, gest. 869) und METHODIOS (gest. 885), zwei Brüder und Griechen aus *Saloniki*, zur Übersetzung der Bibel und liturgischer Texte. Das Altbulgarische wurde so zur Liturgiesprache der slawischen Orthodoxie von *Serbien* bis Rußland, auch *Rumänien*, mit allen vielfältigen Folgen für die Kultur dieser Völker. Insbesondere im makedonischen *Ohrid*-Kloster und in *Preslav*, der neuen Hauptstadt des christlichen Bulgarenstaates, blühte die Übersetzungsarbeit griechischer Texte, wurden Priester und schriftkundige Staatsbeamte ausgebildet. Das *Ohrid*-Kloster wurde in diesem Zusammenhang als die erste slawische Universität bezeichnet.
Mit der *Osmanenherrschaft* wurde aus dem jahrhundertelangen Lagevorteil im Gravitationsfeld byzantinischer materieller wie geistiger Kultur ein Fluch. Bulgarien hatte die Türkenherrschaft fünfhundert Jahre zu tragen, länger als jedes andere südosteuropäische Land. Der osmanische Weg vor die Mauern von *Wien* (1529) begann mit der Besetzung des europäischen Vorfeldes der Meerengen. Hier eroberten die Türken 1362 *Adrianopel* (heute *Edirne* an der *Marica*, die Hauptstadt des türkischen *Thrakien*) und 1393 *Tarnovo*, die Hauptstadt des sog. Zweiten Bulgarenreiches. Damit erlosch die bulgarische Selbständigkeit. Das Zurückdrängen der osmanischen Herrschaft aus Südosteuropa begann nach der zweiten türkischen Belagerung *Wiens* (1683) durch *Österreich* von NW her und wurde später vom NO her, von Rußland, ebenso aktiv betrieben. Es lag in der raumzeitlichen Ordnung dieses Vorgangs, daß Bulgarien am längsten auf seine Befreiung warten mußte. Je länger der Vorgang dauerte, der die osmanische Herrschaft in Südosteuropa zugunsten der Entstehung mehr oder weniger selbständiger Nationalstaaten ablöste, desto klarer wurde: die Territorialansprüche der neuen Staaten waren nationalistisch aufgebläht. Sie überschnitten sich ebenso wie die Macht- und Interessensphären der europäischen Großmächte. Das zeigte sich insbesondere 1878, dem Jahr des Friedens von *San Stefano* und des Berliner Vertrages, dem Jahr, in dem die bulgarische Selbständigkeit eingeläutet wurde, das Land sich aber auch mit räumlichen Problemen belud, die es bis Mitte des 20 Jh. bedrückten und die auch heute noch nicht ganz gelöst sind.
Der *Friede von San Stefano* beendete einen russisch-türkischen Krieg,

der sich aus antitürkischen Aufständen in Bosnien und Bulgarien ergeben hatte, an dem sich *Serbien, Montenegro* und *Rumänien* beteiligten, und der – nach harten Kämpfen – die russische Armee an das Ziel russischer Aspirationen seit hundert Jahren brachte, nach *San Stefano* im Weichbild von *Konstantinopel*.
Der Frieden sah vor, daß *Montenegro, Serbien* und (Alt-)*Rumänien* völlig selbständig werden sollten. Bulgarien sollte als tributpflichtiges Fürstentum, aber autonomer Landesteil, weiter unter türkischer Oberhoheit bleiben, also einen Status erhalten, wie ihn *Rumänien* und *Serbien* vor Erlangung der vollen Unabhängigkeit ebenfalls hatten. Das in *San Stefano* vorgesehene Bulgarien schloß im SW ganz *Makedonien* bis zum *Ochridsee* mit einem Küstenanteil am *Ägäischen Meer* – nur mit Ausnahme der Stadt *Saloniki* – ein. Das entsprach durchaus den bulgarischen Anschauungen über die nach ethnischen Verhältnissen, nach Kultur und Geschichte Zugehörigkeit *Makedoniens* zu Bulgarien. Ein so konzipiertes *»Großbulgarien«* entsprach aber auch der sicher berechtigten russischen Hoffnung auf die Dankbarkeit eines Volkes, das seine Befreiung russischen Waffen und russischer Diplomatie verdankte. Das Großbulgarien von *San Stefano* dauerte nur einige Monate. Auf englisch-österreichischen Druck und unter preußischer Vermittlung wurden noch 1878 durch den Berliner Vertrag die Grenzen in Südosteuropa neu geregelt: *Rußland* erhielt *Südbessarabien*, *Rumänien* wurde dafür durch die Süddobrudscha auf Kosten Bulgariens entschädigt. *Österreich-Ungarn* sicherten sich das Recht auf Besetzung von *Bosnien* und der *Herzegovina*. Großbulgarien wurde wieder zerschlagen. Das Gebiet zwischen *Donau* und *Balkan* aber mit Einschluß *Sofias* wurde unter der Bezeichnung Bulgarien ein tributpflichtiges Fürstentum der Pforte und erhielt volle Autonomie. Das *Marica-Gebiet* von *Philippopel (heute: Plovdiv)* bis *Burgas* blieb als Provinz *Ostrumelien* mit einem geringeren Grad an Autonomie bei der *Türkei*. Es vereinigte sich 1885 mit dem Fürstentum zu einem neuen Staat Bulgarien, der 1908 unabhängiges Königreich wurde. *Makedonien* blieb bis zum Vorabend des Ersten Weltkrieges bei der *Türkei*.
Der *Berliner Vertrag* hatte die Interessen der Großmächte sorgfältig austariert. Aber er hinterließ allenthalben Konfliktgebiete und bei keinem der südosteuropäischen Völker, deren gestärktes und oft überzogenes Nationalgefühl ihnen zum Überleben in der Türkenzeit verholfen hatte, den Willen, solche Konflikte friedlich beizulegen. Das »großbulgarische« Leitbild von San Stefano bestimmte bulgarische Hoffnungen noch bis zur Mitte des 20. Jh. Entsprechende Spannungen bestanden zu allen Nachbarn: zu Rumänien wegen der Süddo-

brudscha, zu Serbien wegen Makedonien, zu Griechenland wegen Süd-Makedonien und eines Ausganges in die Ägäis, zur Türkei wegen der osmanischen Oberhoheit und wegen Ostrumelien. Ausdruck solcher Spannungen war der zweite Balkankrieg (1912/1913), als Bulgarien gegen alle vier Nachbarn und gegen Montenegro zu kämpfen hatte. Da nur die Mittelmächte bereit waren, die bulgarischen Ansprüche auf Makedonien anzuerkennen, trat Bulgarien auf ihrer Seite in den Ersten Weltkrieg ein. Und als Jugoslawien im Zweiten Weltkrieg zeitweise vollständig desintegriert wurde, empfand man in Bulgarien die bulgarische Besetzung des jugoslawischen Teils von Makedonien als historisch legitimierte Wiedervereinigung.
Nach dem Zweiten Weltkrieg konnten die alten Gegensätze selbst auf der gemeinsamen *sowjet-kommunistischen Basis* nicht ausgeglichen werden. Wieder wurden die alten Machtansprüche – wenngleich in ganz anderer ideologischer Verkleidung – erkennbar: Die Sowjetunion empfand ihren Hegemonieanspruch selbst durch eine »Balkanföderation« kommunistischer Länder (mit Jugoslawien und Bulgarien als Kern, dazu Albanien und ein kommunistisches Griechenland, möglicherweise auch mit Ungarn und Rumänien) so gefährdet, daß sie 1948 den Bruch mit Tito-Jugoslawien herbeiführte.
Die *Türkenzeit* hemmte die Entwicklung aller südosteuropäischen Völker. In Bulgarien war ihre Wirkung wegen der Nähe zum türkischen Kernland besonders stark. Mehr als in anderen Ländern siedelten sich in Bulgarien (und Makedonien) Türken aus dem nahen Anatolien an. Sie bevorzugten dabei die naturräumlich begünstigten Beckenlagen. Durch das Vardar-, Struma- und Marica-Gebiet führten die großen Heer- und Handelsstraßen nach Istanbul. In ihrem Umland war das Leben für die christliche Raja immer durch Übergriffe der Truppenmassen gefährdet. Andererseits waren die Lebensbedingungen in den Städten an den Straßen gut. Das führte zu einer sehr starken und keineswegs nur oberflächlichen Orientalisierung dieser Städte. Sofia, Philippopel, auch Usküp (Skopje im jugoslawischen Makedonien) sind hierfür gute Beispiele. Zum Bergbau, zur Versorgung der Truppen, zur Abwicklung des Transports und Verkehrs, zu besonderen Wachdiensten mußten die Türken auch einen Teil der christlich-bulgarischen Bevölkerung heranziehen. Die so eingesetzte Raja war schon deshalb bevorzugt, weil sie nicht im schikanösen Untertanenverhältnis zum mohammedanischen Dienstadel standen oder unter sehr ungünstigen Bedingungen auf dessen Gütern (*Tschiftlik*) zu arbeiten hatten. Sie genossen eine Reihe von Privilegien, zu denen sogar das Waffentragen gehören konnte. Diese »privilegierte Raja« spielte bei der Befreiung und in der *»nationalen Wiedergeburt«* eine entschei-

dende Rolle. Denn es gab ja in den orientalisierten Städten keine breite Schicht eines national-bulgarischen Bürgertums. Im Unterschied zu den serbischen Nachbarn konnte auch die orthodoxe Kirche lange Zeit keine Stütze des bulgarischen Nationalbewußtseins sein, da sie griechisch dominiert war. Schließlich gab es auch keinen nationalen Adel, er war schon zu Beginn der Türkenzeit liquidiert worden. Als der türkische Adel – ursprünglich ein kriegerischer Dienstadel, später eine inaktive Schicht rentenziehender Gutsbesitzer – verjagt wurde, ist sein Landbesitz unter den Bauern aufgeteilt worden. Das ersparte Bulgarien eines der Hauptprobleme fast aller Länder Südosteuropas, eine ungerechte Landverteilung.

Den Bulgaren blieb weniger Zeit als anderen Völkern Südosteuropas, mit den Folgen der Türkenzeit fertig zu werden. Die volle Unabhängigkeit der bulgarischen Kirche von der griechischen wurde erst 1870 erreicht, die *politische Unabhängigkeit* zwischen 1878 und 1885, und die Zeit bis zum Ersten Weltkrieg war auch nicht friedlich für ein Land, dessen territoriale Ansprüche viel größer waren als sein Territorium. Gemessen an den Möglichkeiten eines armen, seit 500 Jahren fremdbestimmten Landes ist durch opfervollen Einsatz und Zähigkeit viel erreicht worden. Bulgarien war ein Bauernland, und Bauern hatten auch an der politischen Organisation einen großen Anteil. Die Realerbteilung war per Gesetz vorgeschrieben, damit die Landzersplitterung vorprogrammiert. Aber es gab ein sehr gut organisiertes und weitreichendes Genossenschaftswesen. Das Bildungswesen war vorbildlich. Es reichte von den städtischen Zentren nicht nur mit Volksschulen, sondern auch mit öffentlichen Bibliotheken und einer engagierten Lehrerschicht weit verästelt bis auf das Dorf. Das landwirtschaftliche Einkommen reichte zur Selbstversorgung. Es reichte nicht für einen Markt an Industrieprodukten auf dem Dorf und es konnte schon gar nicht zur Kapitalbildung für eine Industrialisierung ausreichen. Das wenige, was sich unter solchen Bedingungen an Industrie entwickeln konnte, waren vergrößerte Handwerksbetriebe und solche Verarbeitungsstätten heimischer Rohstoffe (Verarbeitung von Wolle und Seide, Tabak), die vom Staat subventioniert wurden. Das geschah durch Kapitalhilfe, durch Staatsaufträge, durch Subventionen, etwa im Transportwesen. Noch in der Zwischenkriegszeit lebten 80% der Bevölkerung auf und unmittelbar vom Land, weniger als 10% waren in Industrie und Gewerbe tätig.

Das waren denn auch die Bedingungen, unter denen man nach dem Zweiten Weltkrieg mit dem *sowjet-kommunistischen Instrumentarium* die alten Probleme der Zurückgebliebenheit zu lösen versuchte. Die Mehrheit der Bevölkerung verhielt sich zunächst abwartend bis feind-

lich. Aber es gab in Bulgarien doch einige traditionelle Voraussetzungen, die der Übernahme des sowjetrussischen Vorbildes entgegenkamen. Es herrschte in Bulgarien traditionell eine russophile Grundstimmung – oder jedenfalls keine ausgesprochene Russenfeindschaft. Das erleichterte die Sowjetisierung Bulgariens (1944–1947) auch insofern, als sich auch der Sowjetkommunismus damals ausgesprochen national und patriotisch gab. In Bulgarien hatte sich besonders in der – noch sehr dem Bauerntum verhafteten – Intelligenz ein starkes Gefühl für die Verpflichtung erhalten, die historisch bedingte Rückständigkeit aufzuholen; Vorbild hierfür war auch früher schon eher Rußland als West- oder Mitteleuropa gewesen, und zwar das aufklärerische Rußland des 19. Jh., das sich propagandistisch ja leicht in die Sowjetideologie einbauen ließ. Schließlich war Bulgarien ein Kleinbauernland mit sozial-revolutionären Traditionen in der Bauernschaft und mit guten Erfahrungen mit dem Genossenschaftswesen. An fördernde staatliche Eingriffe in die Industrie war man ohnehin gewöhnt.
Es gelang den Sowjets, die Gefühle nationaler Dankbarkeit und kultureller Verbundenheit für ihre Ziele einzusetzen. Es gelang ihnen zunächst nicht, die Bauernschaft für ihre Ziele zu gewinnen. Sie mußten erst deren Führer, N. PETKOV, in einem Schauprozeß zum Tode verurteilen und erhängen lassen, bevor sie die Macht über das Bauerntum, die zahlenmäßig stärkste Kraft im Lande, erhielten. Damit ist an die Methoden der *kommunistischen Machtergreifung* erinnert. Sie unterschieden sich im Grundsatz nicht von denen in den Nachbarländern, nur daß sie von einer zahlenmäßig sehr kleinen Gruppe von russischen und einheimischen Kommunisten noch radikaler eingesetzt worden sind als in den Nachbarländern. Darüber allerdings wird im Lande selbst kaum noch gesprochen. Man begegnet heute eher dem Stolz auf das Erreichte – und meint damit die wirtschaftlichen Erfolge, einen langsam, aber stetig ansteigenden Lebensstandard, der, an deutschen Maßstäben gemessen, niedrig ist, aber nicht niedriger als im benachbarten Griechenland. Er wurde durch Konzentration aller nationalen Kräfte auf einige wenige, aber wichtige Wirtschaftsziele erreicht. Dabei wurden alle Fehler und Härten des sowjetischen Vorbildes ebenso wiederholt wie letzten Endes dann doch auch die Chancen genutzt wurden, die eine Zentralverwaltungswirtschaft sowjetischen Typs als Impuls für unterentwickelte, agrarische Volkswirtschaften auf ihrem Weg zur Industriewirtschaft und Industriegesellschaft zu bieten vermag, insbesondere wenn das Land über ein ausreichendes physisch-geographisches Potential verfügt.
Die *Industrialisierung* verlief insofern ganz strikt nach sowjetischem Vorbild, als sie sich anfangs auf einige wenige Zentren der Grundstoff-

und Produktionsmittelerzeugung beschränkte, als sie durch erzwungenen Konsumverzicht, insbesondere (aber nicht nur) in der Landwirtschaft, finanziert wurde, als sie die heimischen Ressourcen viel besser zu nutzen verstand, als das früher geschah, und insofern als die industrielle Entwicklung eine solche in der Volksbildung bedingte, voraussetzte und zur Folge hatte. Auch in der überhasteten – und daher auch mit sehr viel Leerlauf und großen Reibungswiderständen anlaufenden – Eile der Industrialisierung folgte man dem sowjetischen Beispiel. Die Ergebnisse, insbesondere in der Statistik und weniger im Lebensstandard, waren eindrücklich, die angegebenen Daten sind allerdings oft nicht nachprüfbar. Seit Ende der 60er Jahre schon trägt die Industrie zu mehr als der Hälfte zum Nationaleinkommen bei, 1985 waren es über 60 %. Der Anteil der Landwirtschaft schwankt naturgemäß, die Tendenz ist sinkend (1980 17 %, 1985 14 %). Die Branchenstruktur der Industrie hat sich profund geändert. Vor dem Zweiten Weltkrieg sorgte die Textil- und Lederindustrie für 20 % des industriellen Warenwertes, die Nahrungs- und Genußmittelindustrie für 50 %. Mitte der 80er Jahre waren es nur jeweils knapp die Hälfte davon. Die Eisen-, Buntmetallurgie sowie Maschinenbau und Metallbearbeitung spielten vor dem Ersten Weltkrieg keine Rolle, 1985 trug sie zu einem Drittel zur Industrieproduktion bei. Die Energieproduktion hatte sich 1965–75 auf 20 Mrd. kWh verdoppelt und stieg bis Mitte der 80er Jahre auf fast 45 Mrd. kWh. In Ostmittel- und Südosteuropa erzeugt nur die DDR mehr Strom pro Einwohner.

Die vorrangige Förderung der *Energieerzeugung* als Basis, Motor und Standortfaktor für die Industrialisierung gehört zum sowjetischen Entwicklungsmodell. Die wirtschaftlich bedeutendsten Energierohstoffe waren zunächst kleinere Braunkohlelager in der Nähe älterer Industriestandorte wie Sofia, Pernik und andere. Seit den 60er Jahren gewannen die zwar energiearmen, aber sehr ausgedehnten Lignitlager der Mariza-Ebene an Bedeutung. Sie sind unter der Bezeichnung »Mariza-Ost« bekanntgeworden. Es ist dies inzwischen der bedeutendste Energie-Komplex des Landes, der aus vier Elektrizitätswerken von insgesamt 1940 MW besteht. Er wird in Zukunft noch durch einen weiteren Komplex ergänzt werden, der beim nahen Dimitrovgrad entsteht (Mariza-West). Das Energieangebot der Mariza-Ebene wird zu neuen Standortbildungen zwischen den schon länger industrialisierten Städten Plovdiv im W und Burgas im O führen. Die Chemiekombinate Dimitrovgrad und Stara Zagora sind Ansätze hierfür. Obgleich Bulgarien pro Einwohner mehr Energie erzeugt als jedes andere Land Südosteuropas, ist es auf wachsende Einfuhren von Energie und Energierohstoffen angewiesen: 9 Mio. t Steinkohle und

Koks, 12 Mio. t Erdöl, 7 Mrd. kWh Elektroenergie. Diese Zahlen wiegen schwer, denn es ist fast die Menge Steinkohle und fast das gesamte Erdöl, das im Lande verbraucht wird, und es ist etwa ein Drittel der Elektroenergie, die in der Industrie verwendet wird. Diese Importe kommen fast ausnahmslos aus der Sowjetunion.
Auch in der Entwicklung der *Eisenmetallurgie* (Eisen-, Stahl- und Walzguterzeugung) wirkte das sowjetische Vorbild, die Vorstellung, daß zur nachholenden Industrialisierung unbedingt eine eigene Eisen- und Stahlbasis gehöre; auch dann, wenn es nur sehr ungünstige Voraussetzungen dafür gäbe. Das galt insbesondere für das Leninwerk bei Pernik, ein 1949–1953 mit sowjetischer Hilfe an Personal und Ausrüstung gebautes Eisen-, Stahl- und Walzwerk. Es gab in der Nähe weder Kohle noch Eisenerz, für die Wasserversorgung mußte ein Stausee gebaut werden. Als die wenigen positiven Standortbedingungen konnte die Nähe zu Sofia und der Umstand gelten, daß es im Perniker Becken durch einen schon älteren Braunkohlebergbau wenigstens schon etwas an außerlandwirtschaftlicher Arbeitserfahrung gab. Etwas besser waren die Voraussetzungen für das am Anfang der 60er Jahre in Betrieb genommene zweite Werk der Eisenmetallurgie in Kremikovci nördlich von Sofia. Aber auch für seine Versorgung reichten die heimischen Rohstoffe nicht aus, wie die heimische Eisenmetallurgie den Bedarf des Landes nicht befriedigen kann. Bulgarien erzeugt nur 0,6 Mio. t Eisenerz und führt 2 Mio. t ein; es muß zu den 1,6 Mio. t selbst erzeugten Roheisens 0,4 Mio. t einführen, zu den 3,3 Mio. t im Land erzeugten Walzgut 1,4 Mio. t. Weit günstiger ist die Situation in der *Buntmetallurgie*. Hier verfügt das Land über große Reserven. Blei, Zink und Kupfer spielen eine wachsende Rolle im Export, neuerdings wächst auch der Export an entsprechenden Fertigprodukten wie Kabel oder Akkumulatoren.
Die *Maschinenindustrie* und Eisenverarbeitung ist erst nach dem Zweiten Weltkrieg aufgebaut worden. Gemessen an dieser kurzen Entwicklungszeit, haben sie einen beachtlichen Stand erreicht. In den Jahren 1960–1985 stieg der Anteil der in diesen Branchen Beschäftigten an allen Industriebeschäftigten von 16 auf 28 %. In keinem sozialistischen Land Europas erfolgte dieser Anstieg rascher. In derselben Zeit stieg der Anteil von Produkten dieser Industriezweige am Export von 13 auf 53 %. Auch das ist ein Rekordanstieg in Ost- und Südosteuropa. Unter allen RGW-Ländern ist das der höchste Anteil dieser Produkte an ihrem Export. Die relativ hohe Entwicklung der *Maschinenindustrie* und *Eisenverarbeitung* ist nun freilich nicht – wie etwa in der DDR und der ČSSR – ein Ausdruck der generellen industriellen Reife, sondern er ist auch Ausdruck der regionalen Arbeitsteilung der

RGW-Länder. In diesem Zusammenhang ist Bulgarien zum Beispiel auf die Erzeugung gewisser Werkzeugmaschinen, Generatoren, Eisenbahnwaggons, Elektrokarren und Kleintraktoren spezialisiert. Mit der Sowjetunion und der ČSSR arbeitet Bulgarien im *Fahrzeugbau* zusammen. In Lovec werden von diesen Partnern gelieferte LKW-Teile montiert, in Šumen Lastwagen zusammengebaut. Zunächst waren die wenigen größeren Städte die bevorzugten Standorte: Sofia mit Elektromaschinen, Werkzeugmaschinen, Waggon- und Dampfkesselbau, Plovdiv mit Elektrotechnik, Burgas mit einem Kabelwerk, Varna und Ruse an der Donau mit Schiffsbau. Insbesondere in den 60er Jahren wurden dann auch mittlere und kleinere Städte zu Standorten der Maschinenindustrie. Hier gab es ausreichend Arbeitskräfte aus der mechanisierten Landwirtschaft, und bei der guten *Verkehrserschließung* des Landes gab es auch keine Transportprobleme. Beispiele für dieserart industrialisierte Mittelstädte sind Gabrovo (Elektroindustrie), Karlovo (Landmaschinen), Pazardžik (Akkumulatoren), Kjustendil (Kondensatoren), Lom (Krane) und viele andere.

Völlig neue regionale Industriestrukturen entstanden durch die Entwicklung der *chemischen Industrie*. Das gilt mehr für die Grundstoffchemie, die in einigen großen Kombinaten konzentriert ist, wie Dimitrovgrad, Stara Zagora, Vraca, Jambol (Kunstfasern) und Burgas (Verarbeitung sowjetischen Erdöls) als für die weiterverarbeitende Chemieindustrie, die ihre Standorte in den größeren Städten hat (Sofia). In der chemischen Industrie sind 7 % der Industriebeschäftigten tätig, ihr Produktionswert liegt aber weit höher.

Die *Leichtindustrie*, im wesentlichen die Verarbeitung von Agrarprodukten und die Textilindustrie, ist die traditionsreiche Industrie, aber heute schon lange nicht mehr die mit der größten volkswirtschaftlichen Bedeutung. In der Nahrungsmittelindustrie sind gegenwärtig 12 % der Industriebeschäftigten tätig, in der Textilindustrie 15 %. Obwohl die Nahrungsmittelindustrie stark konzentriert wurde (z. B. sind von 750 Mühlen im Jahr 1947 nur 33 im ganzen Land übriggeblieben), bedeckt sie als engmaschiges Netz das ganze Land, natürlich mit Schwerpunkten in den Räumen der Erzeugung (Donauebene, Oberthrakische Ebene) und des Verbrauches in den großen Städten. Von besonderer Bedeutung für den Export ist die Konservenindustrie. Bulgarien gehört zu den bedeutendsten Produzenten von Obst- und Gemüsekonserven, die zum allergrößten Teil exportiert werden (250000–300000 t Obst-, 250000 t Gemüsekonserven im Jahr). Mit 70 Mrd. Zigaretten jährlich ist Bulgarien der größte Produzent Südosteuropas.

Die *Land- und Waldwirtschaft* erbrachte 1985 noch 15 % des Nationaleinkommens. Das war der geringste Anteil aller RGW-Länder mit Ausnahme der DDR. Der Anteil der landwirtschaftlichen Bevölkerung an der gesamten Bevölkerung ist mit 21 % (1970: 35 %) nicht sehr hoch. In der Übernahme neuer Organisationsformen der Landwirtschaft hielt sich Bulgarien am engsten an das sowjetische Vorbild. Es vollzog die *Kollektivierung* (bis 1958 praktisch abgeschlossen) rascher als die anderen Länder, die nach dem Zweiten Weltkrieg unter sowjetische Herrschaft geraten waren. Die nach dem Vorbild der sowjetischen Kolchosen eingerichteten Kollektivbetriebe hießen – und heißen bis heute Arbeitsgenossenschaftliche Landwirtschaftsbetriebe (TKZS). Wie in der Sowjetunion wurden nach dem Vorbild der Sowchosen staatliche Landwirtschaftsbetriebe (DZS) als Musterbetriebe und zunächst zur Getreideversorgung eingerichtet, obgleich es in Bulgarien keinen Großgrundbesitz gab, der zu diesem Zweck hätte enteignet werden können. Schließlich machte man auch die Organisation (und später die Abschaffung) von Maschinen-Traktoren-Stationen mit, die zur technischen Unterstützung der Landwirtschaft wie zur ideologischen Ausrichtung des Landvolkes gedacht waren. Auch mit der Zusammenlegung von mehreren kleinen Genossenschaften zu Großbetrieben begann man in Bulgarien früher als in anderen Ländern. Das hat dazu geführt, daß es 1972 nur noch etwa 700 große Landwirtschaftliche Genossenschaften und 150 Staatliche Landwirtschaftsbetriebe gab. In demselben Jahr vollzog sich der vorläufig letzte Schritt auf dem Weg zur betrieblichen Konzentration in der Landwirtschaft, der von anderen südosteuropäischen Ländern nur wesentlich langsamer beschritten wurde: die Organisation von *»landwirtschaftlich-industriellen Komplexen«*, die Landwirtschafts- und Industriebetriebe möglichst eng zusammenfassen. Gegenwärtig gibt es etwa 300 solcher Großbetriebe.

Die Rezeption des sowjetischen Vorbilds war nicht freudig, nicht einmal reibungslos erfolgt. Aber sie hatte in Bulgarien weniger Resignation der Landbevölkerung zur Folge als anderswo. Insbesondere in den schweren Anfangsjahren war es der traditionelle Fleiß und die auf wenigem, aber eigenem Land in Generationen angesammelte Arbeitserfahrung der bulgarischen Bauern, die das System relativ unbeschadet und im ganzen erfolgreich überleben ließen; und das trotz Kapitalmangels, ohne ausreichende Mechanisierung und obwohl gelegentlich ideologische Zielsetzungen – wie etwa der »große Sprung« 1958 – wirtschaftliche Anstrengungen wieder zunichte machten.

Bulgarien hat mit etwa 6 Mio. ha eine *landwirtschaftliche Nutzfläche*, die etwas mehr als der halben Fläche des Landes entspricht. Das ist derselbe Anteil wie bei den Nachbarländern Jugoslawien und Rumänien. Beim gegenwärtigen Stand der Agrartechnik reicht die landwirtschaftliche Nutzfläche zur Versorgung der Bevölkerung aus. Freilich entspricht die Verbrauchsstruktur noch der in relativ armen Ländern. Nirgends im RGW-Raum wird so viel Getreide pro Kopf der Bevölkerung und (mit Ausnahme der Sowjetunion) so wenig Fleisch gegessen wie in Bulgarien. Von großer und von Jahr zu Jahr wachsender Bedeutung sind die Spezialkulturen. Für Tabak, Gemüse und Obst herrschen örtlich ausgezeichnete Naturvoraussetzungen, für den arbeitsintensiven Ausbau gibt es noch ausreichende und auch arbeitserfahrene Arbeitskräfte, großzügige Bewässerungsanlagen steigern die Produktion und die Produktivität.

Tabak wird auf einer Fläche von 102000 ha angebaut, das ist etwa so viel wie die Tabakfläche aller RGW-Länder (ohne Sowjetunion) zusammen. Auch Erträge und Qualität des Tabaks sind besser als in diesen Ländern. Seit Jahren exportiert Bulgarien etwa 60000 bis 70000 t Tabak und Tabakwaren pro Jahr, 7–8% des Exportes.

Im *Obst-, Gemüse- und Weinbau* übertrifft Bulgarien seine Nachbarn zwar weder an Fläche noch nennenswert an Erträgen, aber pro Kopf der Bevölkerung gerechnet rechtfertigt Bulgarien doch die gelegentliche Bezeichnung als Garten der RGW-Länder. In den Jahren 1980–1985 wurden pro Kopf der Bevölkerung im Mittel 180 kg Gemüse erzeugt, 230 kg Obst, darunter 120 kg Weintrauben. Das ist weit mehr als in den anderen Ländern des sozialistischen Südosteuropa.

Die räumliche Struktur der agrarischen *Landnutzung* folgt in den Grundzügen dem vorgegebenen Rahmen der naturräumlichen Voraussetzungen. Die Donauebene mit der Dobrudscha und das Mariza-Becken sowie das Hinterland der Buchten von Varna und Burgas sind mit ihren fruchtbaren Böden die großen Kornkammern des Landes. Dort nehmen Weizen-, sonstiger Getreide- und (Futter-)Maisanbau, etwa zu gleichen Teilen, die Hälfte der Ackerfläche ein; im NO und der Dobrudscha noch mehr. In der Verbreitung der sogenannten »technischen Kulturen« kommen klimatische, Wasser- und Bodenvoraussetzungen zur Geltung. So werden Sonnenblumen besonders im Osten des Landes angebaut, wo die Vegetationsperiode lang und der Sommer sehr trocken ist. Tabak wird in den Gebirgstälern und Becken des SO angebaut. Dort fallen ausreichend Niederschläge in der frühsommerlichen Wachstumszeit, in der spätsommerlichen Erntezeit ist es relativ trocken. Baumwolle und Reis wachsen bei künstlicher Bewässerung im sommerheißen Zentrum der Oberthrakischen Ebene, Zuckerrüben besonders in der Donauebene, wo die Böden gut und die Niederschläge noch ausreichend sind. Gemüse wird überall dort angebaut, wo es entweder von Natur aus ausreichend Wasser gibt, wo künstliche Bewässerung möglich und die Vegetationszeit lang ist, oder wo sich in der Nähe der größeren Städte der Verbrauch konzentriert. Schwerpunkte des Gemüse- (besonders des exportorientierten Tomaten-)anbaus sind der Raum an der oberen Mariza zwischen Pazardžik und Plovdiv, die Becken entlang des Strumatals, auch die Donauebene, soweit bewässert, und das Becken von Sofia. Die Schwerpunkte des Weinbaus liegen zunehmend in der Donauebene, in der Oberthrakischen Ebene und im Hinterland von Burgas.

Die *Bevölkerungsstruktur* zeigt in fast allen ihren Aspekten einen raschen Wandel, den von der Agrar- zur Industriegesellschaft. In den Jahren 1960–1975 wuchs die Bevölkerung von 7,8 auf 8,7 Mio., das Wachstum betrug in den 60er Jahren noch über 60000 jährlich, in den 70er Jahren waren es nur noch 45000, in den 80er Jahren 15000. Der jährliche Bevölkerungszuwachs lag 1960 bei 10 pro Tausend, 1985 nur bei 1–2 pro Tausend. Die Kindersterblichkeit ist die geringste, die Lebenserwartung mit 73 Jahren die höchste in Südosteuropa. Im Jahre 1970 lebten schon 39% der Bevölkerung von der Industrie und dem Baugewerbe, 1985 waren es 45%; in der gleichen Zeit fiel der Anteil der landwirtschaftlichen Bevölkerung von 35% auf 20%. Die Stadtbevölkerung hat rasch zugenommen: 1960 waren es 38% der Bevölkerung, 1975 schon 58%, 1985 65%. Die Landbevölkerung nahm 1970–85 jährlich um 50000 ab, die Stadtbevölkerung wuchs jährlich um 80000.

Die regionale Verteilung der ländlichen Bevölkerung ändert sich im Sinne einer Konzentration in den agrarischen Gunsträumen und der Umgebung der größeren Städte. Insbesondere das Mariza-Gebiet um Plovdiv, das Becken von Sofia, das Hinterland von Burgas und das Umland von Ruse an der Donau sind Konzentrationsgebiete ländlicher Bevölkerung. Die *Stadtbevölkerung* konzentriert sich stark in den nur zehn Großstädten des Landes, in denen fast 3 Mio. Einw. leben. Die bedeutendsten sind: Sofia (1,1 Mio. Einw.), die Hauptstadt und bei weitem das größte Industriezentrum des Landes, *Plovdiv*, der zentrale Ort Oberthrakiens an der Mariza; *Varna* und *Burgas*, die beiden Hafenstädte am Schwarzen Meer, beide für die Außenbeziehungen, aber auch für den *Badetourismus* von Bedeutung; *Ruse*, der bedeutendste Donauhafen und Brückenort nach Rumänien und damit auch in die Sowjetunion; *Pleven* in der Donauebene und *Stara Zagora* im S des gleichnamigen Gebirges und in auch für andere Städte charakteristischer Lage zwischen Ebene und Gebirge.

2.5.5 Jugoslawien

2.5.5.1 Staatsbildung und Folgeprobleme

Die Staatsbezeichnung *Jugoslawien* (serbokroatisch *Jugoslavija = Südslawien*) gibt es erst seit sechzig Jahren. Sie ist nicht aus der historischen Tradition mittelalterlicher slawischer Reiche übernommen worden, sondern dokumentiert ein mit der Staatsbildung im 20. Jh. abschließendes Ergebnis der slawischen Befreiungs- und Sammlungsbewegung des 19. Jh. in Südosteuropa.

Nach Beendigung des Ersten Weltkrieges wurde im Dezember 1918 das *»Königreich der Serben, Kroaten und Slowenen«* gegründet, das 1929 den Namen »Jugoslawien« erhielt. In ihm waren Territorien vereinigt, die über Jahrhunderte durch die österreichisch-türkische Militärgrenze an Una, Save und Donau (»nasse Grenze«) getrennt blieben und damit zu unterschiedlich entwickelten Kulturkreisen gehörten. Kritiker nannten die jugoslawische Vereinigung »österreichisch-ungarischer Vielvölkerstaat im Kleinen«. Jener Vergleich wird verständlich, wenn man die Zusammensetzung des Staatsraumes nach historisch-politischen Dominanten gliedert und wertet (vgl. Abb. 37).

- Die ehemals *österreichisch-ungarischen* (im Küstenstreifen bis etwa 1800 venezianischen) *Territorien* wurden von einer mehrheitlich kroatischen und slowenischen, von starken nichtslawischen Minderheiten durchsetzten Bevölkerung bewohnt. Sie war überwiegend römisch-katholisch und in den okzidentalen Kulturkreis eingebunden. Dieser Raum hatte weitgehend den Anschluß an die mitteleuropäisch-industrielle Wirtschaftsentwicklung erreicht. Die sozioökonomische Struktur des slowenischen Nordwestens entsprach der österreichischer Alpenländer.
- Eindeutig niedriger lag der wirtschaftliche Entwicklungsgrad der schon länger selbständigen Einheiten *Montenegro und Serbien*. Ihre Bewohner waren fast ausschließlich griechisch-orthodoxe Serben. Sie hatten die Hauptlast der Türkenkämpfe getragen, besaßen dadurch ein ausgeprägtes Nationalbewußtsein und verharrten partiell in bäuerlich-patriarchalischer Sozialverfassung.
- Alle bis 1878 und 1913 *türkischen Landesteile* waren während nahezu fünfhundertjähriger osmanischer Herrschaft in den orientalischen Kulturkreis einbezogen worden. Die teils christliche, teils muslimische südslawische Bevölkerung sowie albanische Minderheiten befanden sich erst seit kurzer Zeit in dem durch österrei-

Abb. 37: Heutige politische Gliederung Jugoslawiens in Relation zu historischen Herrschaftsräumen und Kulturkreisen

chisch-ungarische Okkupation oder türkische Reformen eingeleiteten Prozeß der Herauslösung aus spätfeudalen osmanischen Lebensverhältnissen.

Aus dieser Konstellation erwuchs das Hauptproblem des ersten jugoslawischen Staates, der *Nationalitätenstreit*, der am deutlichsten zwischen serbischen Zentralisten und kroatischen Föderalisten ausgeprägt war. Der Nationalitätenstreit wurde überlagert von *Kulturkreisdisharmonien* einschließlich der *Religionsgegensätze*, er war unterlagert vom wirtschaftsräumlichen Nord-Süd-Gefälle und begleitet von vertikalen sozialen Kämpfen innerhalb der nationalen Gruppen.
Die als Ergebnis des Zweiten Weltkrieges unter kommunistischer Führung entstandene Volksrepublik Jugoslawien – später *Sozialistische Föderative Republik* – erhielt im Januar 1946 eine bundesstaatliche Verfassung. Der föderative Aufbau trug zur Entschärfung des Nationalitätenkonfliktes bei. Das Experiment des jugoslawischen *Selbstverwaltungssozialismus* wurde politisches, die *Industrialisierung* wirtschaftliches Steuerungsinstrument des Gesellschaftssystems. Heute bezieht das ehemalige Bauernland, in dem noch 1939 etwa 75 % der Bevölkerung von der Landwirtschaft lebten (1971: 38,0 %; 1981: 19,9 %), gut zwei Drittel seines Nationaleinkommens aus Industrie und Dienstleistungen. Trotz der sichtbaren Erfolge in nur einer Generation nach dem Neubeginn sind zwei der wichtigsten und ältesten Probleme Jugoslawiens bisher nicht nachhaltig gelöst worden: Die *wirtschaftsräumlichen Gegensätze* zwischen N- (»besser entwickelten«) und S- (»weniger entwickelten«) Gebieten sowie das *Nationalitätenproblem*, die »nationale Frage«, bestehen weiterhin.

2.5.5.2 Nationalitätensituation

Jugoslawien ist ein *Nationalitätenstaat* mit den Staatssprachen Serbokroatisch, Kroatoserbisch, Slowenisch und Mazedonisch. In der letzten Volkszählung 1981 ordneten sich rund 21,0 Mio. der insgesamt 22,5 Mio. Einwohner einer der vorgegebenen Nationalitäten zu (vgl. Tab. 87, dort sind aber nur die großen ethnischen Einheiten einschließlich der islamorientierten Südslawen, der »Muslime« aufgeführt; es fehlen beispielsweise über 100000 Türken, 80000 Slowaken und 55000 Rumänen). Etwa 1,2 Mio. (1971: 273000!) Staatsangehörige bezeichneten sich als »Jugoslawen« und bezeugten damit ein übergreifendes jugoslawisches Nationsverständnis. Die ethnische Verteilung laut Zensus 1981 läßt erkennen, daß außer in Bosnien-Herzegowina und in

Tab. 87: Die Republiken Jugoslawiens (255804 km²) nach Flächengröße, Einwohnerzahl und ethnischer Zusammensetzung sowie ethnisch-konfessioneller Gesamtbestand des Bundesstaates (Zensus 1981)

Republiken und Autonome Provinzen (A.P.)	Größe in 1000 km²	EW in Mio.	Anteil der Nationalitäten in %	ethnisch-konfessioneller Gesamtbestand Jugoslawiens in Mio.
Bosnien-Herzegowina	51,1	4,14	39,3 Muslime 32,0 Serben 18,4 Kroaten	2,0 Muslime (fast immer Südslawen)
Kroatien	56,5	4,61	75,1 Kroaten 11,6 Serben	4,4 Kroaten (röm.-(kath. Tradition)
Mazedonien	25,7	1,92	67,0 Mazedon. 19,8 Albaner	1,3 Mazedonier (meistens griech.-orthodoxe Tradition)
Montenegro	13,8	0,58	68,5 Monteneg. 13,6 Muslime	0,6 Montenegriner (griechisch-orthodoxe Tradition)
Serbien (insgesamt)	88,3	9,33	66,4 Serben 14,0 Albaner	8,1 Serben (griechisch-orthodoxe Tradition)
Engeres Serbien	55,9	5,70	85,4 Serben	0,4 Ungarn (röm.-kath. Tradition)
Wojwodina (A.P.)	21,5	2,04	54,4 Serben 18,9 Ungarn	1,7 Albaner (meistens islamische Tradition)
Kosovo (A.P.)	10,9	1,59	77,4 Albaner 13,2 Serben	
Slowenien	20,2	1,89	90,5 Slowenen	1,7 Slowenen (röm.-kath. Tradition)

der Autonomen Provinz Wojwodina je zwei Drittel der Einwohner eines Gliedstaates wie auch der Autonomen Provinz Kosovo einem Volk oder einer Volksgruppe angehören; auch Ungarn, Albaner, Türken und andere Minderheiten werden offiziell als *»Volksgruppen«* gewertet. Obwohl diese Zweidrittelmehrheiten in den Republiken ein wichtiger Stabilisierungsfaktor sind, die Nationalitätenpolitik des Bundes ausgleichend wirkt und die Föderation ihre Lebensfähigkeit durch den Neuaufbau bewiesen hat, ist die Bürde der offenen »nationalen Fragen« nicht zu übersehen. Es bestehen nationale Probleme sowohl innerhalb der einzelnen Republiken als auch zwischen ihnen. Sie objektiv zu beurteilen ist schwierig. Beendet erscheint das Ringen um die *»mazedonische Frage«,* das sich länger als ein halbes Jahrhundert vor allem zwischen Serbien/Jugoslawien und Bulgarien hinzog. Innerhalb des neuen jugoslawischen Bundesstaates wurde Mazedonien als Teilrepublik anerkannt; seine Bevölkerung erhielt eine eigene

Schriftsprache. Mittlerweile hat sich ein ethnisch-territoriales Selbstverständnis gefestigt, das als *»mazedonische Ethnogenese«* bezeichnet wird.
Komplizierter sind die ethnischen Verhältnisse in der zu Serbien gehörenden Autonomen Provinz Kosovo, die mehrheitlich von *Albanern* bewohnt wird. Die Albaner weisen das maximale natürliche Bevölkerungswachstum Jugoslawiens auf. Ihr Anteil wuchs von 1961 bis 1981 von 67% auf 77%, der der Serben und Montenegriner fiel von 27% auf 14,9%, so daß die vorwiegend islamischen Albaner mehr als drei Viertel der Einwohner der Autonomen Provinz stellen, die mit 145,5 Menschen pro km^2 (1981; 1971: 114) innerhalb Jugoslawiens am dichtesten bevölkert ist. Die Abnahme der Südslawen wird nicht nur durch ihre geringere Natalität, sondern auch durch Abwanderung infolge nationaler Spannungen hervorgerufen. Der Verdrängungsprozeß kann letztlich dazu führen, daß das kleinbäuerlich überbevölkerte, zu knapp einem Fünftel mit Analphabeten durchsetzte Kosovo ein ethnisch homogener albanischer Siedlungsraum wird. Als Reaktion auf diese Entwicklung will Serbien jetzt die noch unter dem damaligen Staatspräsidenten TITO erneuerte Verfassung von 1974 revidieren, um das den autonomen Provinzen Kosovo und Wojwodina eingeräumte hohe Maß an Selbständigkeit zu beschneiden.
Widerstand gegen diese restaurativen Bestrebungen leisten nicht nur die Albaner, sondern auch Kroaten und Slowenen. Wie während der sogenannten Jugoslawischen Krise von 1971 flammt der alte Streit wieder auf, der zu einer »Zerreißprobe der Föderation« eskalierte. Auch damals wurden Anklagen gegen den »kroatischen Separatismus« bzw. gegen den »großserbischen Zentralismus« erhoben. Die slowenische Regierung bezichtigte man in der Folge schädlicher Westintegration. Gerade die letzte Anschuldigung läßt erkennen, daß nationale Konflikte häufig von ökonomischen Motiven getragen werden. Der Hauptteil aktueller Spannungen ist auf das bereits erwähnte *Nord-Süd-Gefälle*, auf räumlich gebundene wirtschaftliche Ungleichheiten zurückzuführen. Diese räumlichen Disparitäten werden sowohl von der natürlichen Ausstattung als auch von dem regionalen Nutzungsniveau mitbestimmt.

2.5.5.3 Bewertende Raumgliederung

Eine vereinfachende Gliederung des jugoslawischen Raumes läßt sich aus seiner *Reliefgestaltung* ableiten. Primär können zwei Großeinheiten unterschieden werden: das in den Norden des Territoriums hinein-

Tab. 88: Natürliches Bevölkerungswachstum Jugoslawiens (Zensus 1971 und 1981)

	auf 1000 Einw.		durchschnittl. Familiengröße (in Pers.)	
	1971	1981	1971	1981
Jugoslawien	9,5	7,5	3,8	3,6
Bosnien-Herzegowina	15,4	10,8	4,4	4,0
Montenegro	14,4	11,4	4,3	4,1
Kroatien	4,5	3,5	3,4	3,2
Mazedonien	15,4	13,6	4,7	4,4
Serbien (insges.)	8,9	6,8	3,8	3,6
Engeres Serbien	6,1	3,6	3,6	3,4
Wojwodina	3,2	2,2	3,2	3,0
Kosovo	29,3	24,1	6,6	6,9
Slowenien	5,9	5,5	3,3	3,2

reichende *Tiefland* des Pannonischen Beckens einschließlich der »Inselgebirge« und die das ganze Land durchziehende, im Westen von der Adria begrenzte *Gebirgszone*, welche drei Viertel der Landesfläche umfaßt. Die Ausgliederung des *Küstenraumes* als gesonderte, dritte Großeinheit ist vor allem wegen seiner klimatischen Eigenständigkeit gerechtfertigt. Während in Jugoslawien kontinentales Klima vorherrscht, liegt jene Randzone im maritim-mediterranen Bereich. Diese Makroeinheiten werden als *Adriatische Region, Pannonische Region* sowie als *Gebirgs- und Beckenregion* bezeichnet (vgl. Abb. 38). Diese stark generalisierte, naturräumlich abgeleitete Einteilung korrespondiert vielfach mit dem historisch-politischen und dem sozioökonomischen Verbreitungsmuster.

2.5.5.3.1 Adriatische Region

Natürliche Landschaftseinheiten der Adriatischen Region sind der istrisch-dalmatinisch-montenegrinische *Küstensaum* mit seinen *Inseln* sowie ein wechselnd breiter, durch Flußmündungsbuchten gegliederter Streifen, der vom *Steilabfall* des Dinarischen Gebirges oder niedrigem Karstvorland begrenzt wird. Entlang der adriatischen Außenzone steigt das Dinarische Gebirge über weite Strecken mauerartig an und engt dadurch den Siedlungs- und Wirtschaftsraum ein. Auf wenige Kilometer erreicht diese verkehrsfeindliche, den Küstenstreifen vom Hinterland abschließende, entwaldete Barriere Höhen über 1500 m. Deshalb bleibt der Verkehr bis auf einzelne Binnenverbin-

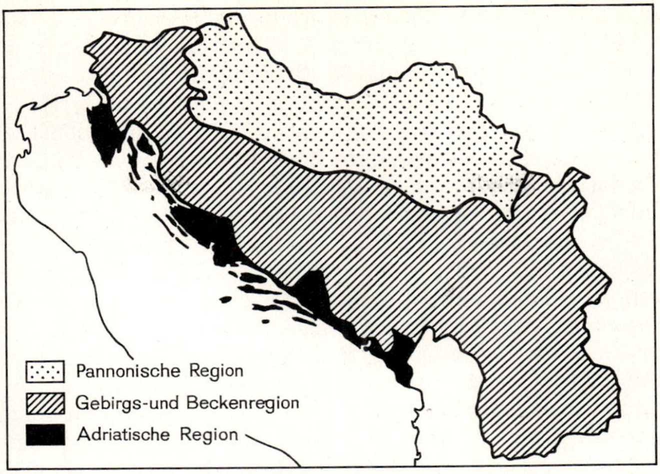

Abb. 38: Makroregionale Gliederung Jugoslawiens

dungen seewärts und küstenparallel gerichtet, wozu die zahlreichen Naturhäfen der Canale-Küste geeignete Voraussetzungen bieten. Die klimatisch vorteilhaften Bedingungen für die Landwirtschaft, unter anderem eine lange Vegetationsperiode, werden durch ungünstige Relief- und Bodenverhältnisse sowie Wassermangel auf den verkarsteten Kalkflächen eingeschränkt. Traditionelle Produktion von Getreide, Wein und im S Oliven blieb daher vorwiegend an Flyschmulden gebunden. Der fremdenverkehrsorientierte Bewässerungsanbau von Obst und Gemüse verdrängt jetzt immer mehr die Getreidekulturen. In der herzegowinischen »Klimabucht« wird hochwertiger Tabak erzeugt und vornehmlich in Mostar sowie Sarajewo verarbeitet.
Küstenschiffahrt und *Fischfang* waren stets wichtige Aktivitäten in der Region. Nach dem Zweiten Weltkrieg wurden *Häfen* und *Industrien* in den Küstenstädten rasch ausgebaut. Internationale Bedeutung erhielten die Häfen von Rijeka (1981: 193000 Einw.) und Split. Heute entfällt auf ihre Werften mit den Auslandslieferungen an Schiffen und Schiffsausrüstungen ein Anteil von rund 5% am Gesamtexport. Die nationale Handelsflottentonnage der Vorkriegszeit wurde bis 1970 vervierfacht. An seinem Wert gemessen wird mehr als die Hälfte des Außenhandels über Seehäfen abgewickelt, die durch Eisenbahnlinien mit dem nordwestlichen und dem pannonischen Wirtschaftsraum verbunden sind. Rijeka steht mit einem jährlichen Warenumschlag von

15 Mio. t (1981) an der Spitze der istrisch-dalmatinischen Häfen. Den Hauptanteil am Güterverkehr haben Erdöl und Erdölprodukte (rund 60%). Rijeka ist heute nicht nur der Erdölimporthafen für Jugoslawien, sondern auch für die Staaten des Donauraumes ohne Meeresanschluß. Begünstigt wurde diese Entwicklung durch die 1979/1980 fertiggestellte Adriapipeline (Rijeka–Sisak–Bosnisch Brod–Pančevo mit Abzweigen nach Ungarn und Rumänien) sowie durch den Ausbau des Erdölhafens Omišalj auf der benachbarten Insel Krk. Der montenegrinische Überseehafen Bar hat vor allem durch die Eröffnung der 476 km langen Eisenbahnstrecke nach Belgrad (1976) neue Impulse erhalten. Über ihn führt die kürzeste Verbindung von den serbischen Industriezentren zum Mittelmeer. Ein großer Teil der modernen Hafenanlagen wurde 1979 durch ein katastrophales Erdbeben zerstört. Bis 1984 stieg der Warenumschlag aber wieder auf 2 Mio. t.
Eine umfassende wirtschaftliche Aufwertung hat die Region durch den *Fremdenverkehr* erfahren. Neben den naturbedingten Erholungsvoraussetzungen sind die historischen Baukomplexe der ehemals venezianischen Küstenstädte einschließlich der Stadtrepublik Ragusa/Dubrovnik zu werten. Diese Städte waren häufig Anknüpfungspunkte der Fremdenverkehrsentwicklung und sind heute urban-kulturelle Bezugspunkte der Ferienorte. Durch den Bau der »Adriatischen Magistrale«, einer mehr als 1000 km langen Küstenstraße, wurde die Region für den Autotourismus erschlossen. Von ihr profitieren auch die kleineren Siedlungen, die aufgrund ihrer mediterranen Baukomposition und ökonomischen Mischfunktion eine vorwiegend urbane Physiognomie haben. In der Küstenregion wurden 1985 mehr als 9 Mio. Touristen registriert, davon rund 5 Mio. Ausländer, vor allem aus der Bundesrepublik Deutschland, aus Österreich und Italien. Besonders der seit den späten fünfziger Jahren verstärkt einsetzende Strom ausländischer Touristen und die damit verbundenen Deviseneinnahmen (1982 in der gesamten Föderation 1,2 Mrd. US-Dollar, die 34% des Saldos der negativen Handelsbilanz ausglichen) haben Beschäftigungsstruktur, Einkommensverhältnisse (s. Abb. 39) und infrastrukturelle Ausstattung des Küstenstreifens nachhaltig verändert. Diese Gravitationszone nimmt vermehrt Abwanderer aus den Karstgebieten und von entwicklungsschwachen Inseln auf. Obwohl nicht monofunktional angelegt, hängt ihr Wohlstand entscheidend von der Auslandstouristik ab.

2.5.5.3.2 Pannonische Region

Als südlicher Abschnitt des größten europäischen *Intramontanbekkens* umfaßt die Pannonische Region das Drau-Mur-Gebiet, das Drau-Save-Zwischenstromland, Teile der Donau-Theiß-Tiefebene sowie den sich von den Ausläufern der Ostalpen über das niedrige Berg- und Riedelland der nördlichen dinarischen Gebirgsabdachung bis zum unteren Moravatal erstreckenden pannonischen Saum. Insgesamt herrscht *Tiefland* vor. Nur das Mittelgebirgs- und Hügelland des kroatischen Zagorje, der slawonischen »Inselgebirge« und der isolierte Horst der Fruška Gora überragen die Alluvialebenen von Drau, Save und Donau. Während die ozeanisch beeinflußten westlichen Gebiete mitteleuropäisch-gemäßigtes, humides Klima aufweisen, dominieren im östlichen Slawonien – vor allem aber in der Wojwodina – kontinentale, für Steppenräume typische Bedingungen. Thermische Begünstigung und fruchtbare Böden bieten hier gute Voraussetzungen für den Anbau von Weizen, Mais und Industriepflanzen. Für den pannonischen Saum südlich Save und Donau sind Viehwirtschaft sowie der Anbau von Wein und Obst, besonders von Pflaumen, charakteristisch. Im Hauptteil der Region gestatten ebene Oberflächenformen Großraumwirtschaft mit rationellem Maschineneinsatz. Schwierigkeiten ergeben sich aus der Notwendigkeit umfangreicher Hydromeliorationen. In der Wojwodina wurde deshalb das vorhandene Fluß- und Kanalnetz zum Hydrosystem »Donau–Theiß–Donau« erweitert, das zwar auch dem Verkehr, hauptsächlich aber der Wassersicherung in Trockenzeiten und dem Schutz vor katastrophalen Überschwemmungen dient. Das zu Beginn der 70er Jahre in Angriff genommene Projekt »Sava 2000« besteht aus einem ganzen Komplex wassertechnischer Maßnahmen. Vorrangige Aufgaben sind der Hochwasserschutz sowie Elektrizitätsgewinnung und Verbesserungen der Flußschiffahrt in der Saveniederung zwischen Zagreb und Bosnisch Gradiska. Die Bedeutung der Region als *agrares Überschußgebiet* wird dadurch unterstrichen, daß hier im Tiefland etwa 50% des jugoslawischen Ackerlandes liegen und der Anteil an der Landesproduktion von Feldfrüchten und an der Veredlungswirtschaft entsprechend hoch ist: Mais im Mittel etwa 50%, Weizen 40%, Zuckerrüben 85% und Schweinebestand 40%. Allein in der Wojwodina bestanden 1981 fast 290000 Individualwirtschaften. Ihre durchschnittliche Betriebsgröße betrug 3,3 ha. Gesetzlich werden in Jugoslawien bis 10 ha zugelassen, seit 1980 – vor allem im Gebirge – häufig bis 20 ha. Außerdem arbeiteten dort, oft auf ehemaligem deutschen Minderheitenbesitz, rund 700 vergesellschaftete Großbetriebe und Genossenschaften

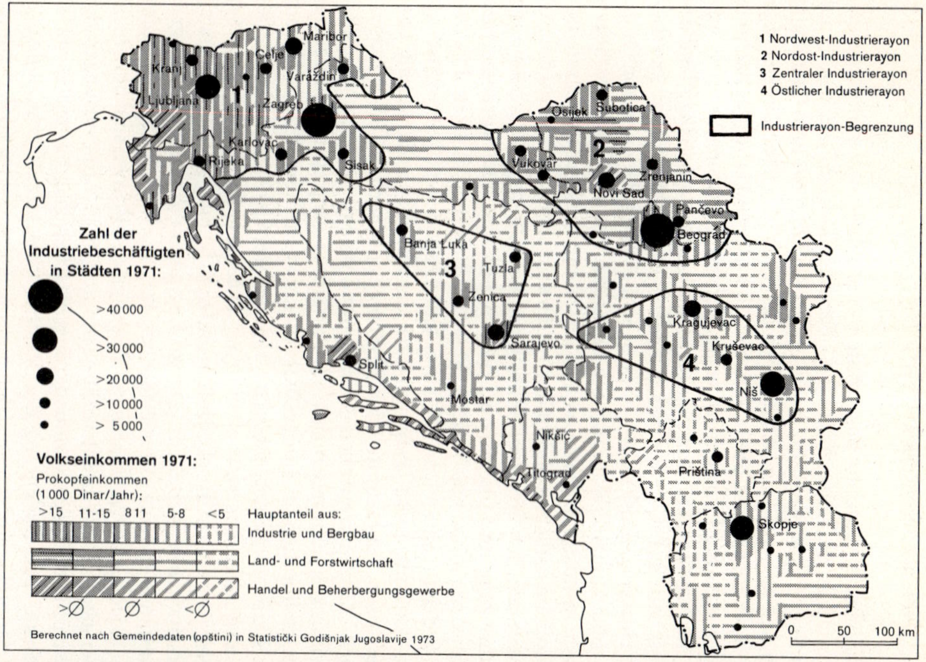

Abb. 39: Räumliche und sektorale Einkommensunterschiede, Konzentration von Industriebeschäftigten sowie die Industrierayons Jugoslawiens

(1981). Weil sie alle Gunstfaktoren besser ausnutzen können, übersteigt ihr Ertrag deutlich den der individuellen Kleinwirtschaften. So erzielten sie 1981 auf 40 % der Ackerfläche knapp die Hälfte des gesamten landwirtschaftlichen Ertragswertes. In der Wojwodina liegt das Einkommen einer größeren Zahl von Gemeinden über dem jugoslawischen Durchschnitt, obwohl es hauptsächlich im Agrarsektor und nicht in der Industrie erwirtschaftet wird (s. Abb. 39). Gleichzeitig wuchs hier deutlich die industrielle Produktion (vgl. Tab. 89). Die Anteile der Landwirtschaft und Industrie am Volkseinkommen innerhalb dieser Autonomen Provinz erreichten erstmals 1975 den gleichen Stand (jeweils 32,8 %).

Östlich einer Linie Osijek–Brcko gehört das pannonische Gebiet zum *Nordost-Industrierayon* (s. Abb. 39); bis Sisak–Bjelovar greift der *Nordwest-Industrierayon* in die Region hinein. Als Standorte differenzierter, hochqualifizierter Verarbeitungsindustrien konkurrieren die Föderationsmetropole Belgrad (1088000 Einw.) und die kroatische Republikshauptstadt Zagreb (649600 Einw.). Industrielle Wertschöpfung und Zahl der Industriebeschäftigten halten sich annähernd die Waage. Außerhalb dieser Zentren bildet im wojwodinisch-slawonischen Raum die Nahrungsmittelverarbeitung den industriellen Hauptzweig. Gewicht haben auch Textilindustrie, Landmaschinenbau sowie Petrochemie. Hervorzuhebende Standorte sind Novi Sad (170000 Einw.), Subotica, Osijek und Sisak. Neben zwei bedeutenderen Lignitlagerstätten besitzt die Pannonische Region die zur Zeit einzigen wirtschaftlich genutzten Vorkommen an Erdöl und Naturgas (Save-Revier mit 80 % der Rohölproduktion, Murinsel, Batschka/Banat). Insgesamt werden die bilanzierten jugoslawischen Erdölreserven auf etwa 25,6 Mio. t beziffert. 1985 wurden 4,1 Mio. t Rohöl und 2,4 Mrd. m^3 Erdgas gefördert. Die Eigenversorgung mit Erdöl konnte im Zeitraum 1980–85 nur noch zu knapp 31 % (1972 etwa 44 %) gesichert werden. Das in der Gebirgs- und Beckenregion am »Eisernen Tor« (*Djerdap*) gelegene, gemeinsam mit Rumänien erbaute größte europäische Hydrokraftwerk mit einer Leistung von 1032 Megawatt lieferte 1982 6 Mrd. kWh, es versorgt in Jugoslawien vornehmlich den nordserbischen Raum mit Energie. Das Stausystem eliminiert gleichzeitig Binnenschiffahrtshindernisse im Donaudurchbruchstal. Durch die Parallelisierung auch überregional bedeutsamer Verkehrswege im Savetal mit Eisenbahnmagistrale und Autobahn verfügt die Region über das am stärksten frequentierte Transportband Jugoslawiens. Auf den Binnenschiffahrtsverbund Donau–Save–Theiß entfallen über 90 % des Flußtransportes der Föderation.

Die Pannonische Region, abgesehen von agrarisch überbevölkerten

Teilen Slawoniens und dem kroatischen Zagorje, bietet folgende, bisher ungenügend genutzte natürliche und ökonomische Vorzüge: die potentiell höchste Bevölkerungstragfähigkeit, das größte Wasseraufkommen für Produktionszwecke und freie Transportkapazitäten auf Wasserstraßen.

2.5.5.3.3 Gebirgs- und Beckenregion

Die Ausstattung mit Bodenschätzen, Wasserkraft und Holzreserven bildet eine entwicklungsfähige Basis dieser bis jetzt nicht ausreichend erschlossenen Region. Für Jugoslawien stellt die Vielzahl der *Bergbauprodukte* ein selbst im internationalen Vergleich beachtliches materielles Guthaben dar. In der europäischen Förderung von Antimon, Bauxit, Blei-Zink, Chrom, Kupfer und Mangan nimmt Jugoslawien jeweils einen der vorderen Plätze ein. Es gibt größere, bisher kaum genutzte Nickellagerstätten. Als ausreichend sind die allerdings zu fast 90 % aus Lignit bestehenden Kohlenreserven zu bewerten. Vornehmlich bei Kokskohle ist das Land vom Import abhängig. Der Bundesstaat besitzt nach Norwegen das größte *Wasserkraftpotential* Europas. Bisher wird es aber erst zu einem Drittel genutzt, und der Elektrizitätserzeugung durch Wärmekraftwerke wird immer noch der Vorzug gegeben (1986 Hydrokraftwerke 27,5, Thermokraftwerke 46,4 Mrd. kWh). Die Kernenergie ist bisher mit 5 % an der Elektrizitätsgewinnung beteiligt (erstes Atomkraftwerk bei Krško in Slowenien). Zwar sind Teilgebiete Jugoslawiens entwaldet, insgesamt zählt aber die zu einem Drittel mit Wald bedeckte Föderation zu den holzreicheren europäischen Staaten. Den größten *Waldbestand* haben Slowenien und Bosnien, die beide zur Gebirgs- und Beckenregion gehören.
In der Region dominieren zwei Reliefgroßeinheiten: das *dinarische Gebirgsmassiv* und der *serbisch-mazedonische Gebirgsraum*. Wesentlich geringere Areale nehmen das Segment des *Karpaten-Balkan-Bogens* sowie die nach Slowenien ausgreifenden *Ostalpen* ein.
Das maximal etwa 250 km breite *Dinarische Gebirge* umfaßt annähernd die Hälfte der Landesfläche. Seine Hauptbauglieder sind südwestliche Kalk-, zentrale Schiefer- und nordöstliche Flyschzone. NW-SO-streichend folgen auf den adriatischen Küstensaum in vertikaler Staffelung Karstplateaus und -depressionen (*Poljen*), über denen sich, den transdinarischen Verkehr hemmend, Hochgebirgsketten bis 2500 m erheben. In der zentralen Zone nimmt das Massiv Mittelgebirgszüge an und dacht randlich als durchlässiges Riedel- und Bergland im pannonischen Saum zu den Flußebenen von Save und unterer

Morava ab. Im von anthropogener Devastierung gekennzeichneten nackten *Karst* der Kalkgebirgszone erlauben vegetationsarme Steintriften nur extensive Viehwirtschaft. Wegen der flachgründigen Böden bleibt Feldbau im wesentlichen auf Poljen beschränkt. Da ergänzende Erwerbsmöglichkeiten meistens fehlen, läßt sich dieser Raum als »ökonomische Leerzone« charakterisieren. Im anschließenden bedeckten Karst sowie in der zentralen Schiefer- und Serpentinzone stocken auf Braunerden ausgedehnte Wälder, die von Rodungsflächen, vornehmlich Weideland, durchsetzt sind. Den Übergang zu höherer agrarwirtschaftlicher Effektivität zeichnet das äußere Flyschband auf der nordöstlichen Abdachung nach. Mineralvorkommen wie Bauxit, Eisenerze, Kohle, Antimon und Blei im Dinarischen Gebirgsraum ermöglichten die Lokation von Grundstoff- und Folgeindustrien. Hier befinden sich 60 % des technisch nutzbaren hydroenergetischen Potentials der Föderation.

Der *serbisch-mazedonische Gebirgsraum* ist infolge Bruchtektonik stark gekammert und erscheint als ein Mosaik, in dem isolierte, wald- und weidewirtschaftlich genutzte Mittelgebirgsstöcke mit für den Akkerbau besonders geeigneten Becken wechseln. Die den Senkungsfeldern angepaßte Hauptachse von Morava- und Vardartal verbindet als natürliche Siedlungs- und Verkehrstrasse den pannonischen NO mit dem ägäischen S. Den im Regenschatten der westlichen Gebirge gelegenen Einzugsbereich der beiden Flußsysteme bestimmen trockenkontinentale Klimaverhältnisse. Im Vardargebiet werden unter ägäisch-mediterranem Einfluß der bekannte mazedonische Tabak, in geringerem Umfang selbst Baumwolle und Reis angebaut. Allerdings ist Bewässerung notwendig. Mazedonien besitzt Magnesiteisen-, Blei-Zink-, Chrom- und Nickellagerstätten, Südserbien verfügt über Molybdän und Wolfram. Im südlichen Karpatenabschnitt werden bei Bor-Majdanpek 95 % des jugoslawischen Kupfers gewonnen.

Der Bergbau im *Alpenraum* begünstigte die frühe Industrialisierung der slowenischen Städte. Geschichtlich bedingt wuchsen hier und in Westkroatien leistungsfähige Verarbeitungsindustrien, die das Grundgefüge des heutigen Nordwest-Industrierayons bilden. Dieser und die folgenden sogenannten Industrierayons (s. Abb. 39) stellen allerdings nur unter jugoslawischen Verhältnissen industrielle Verdichtungsräume dar, nicht jedoch nach Maßstäben hochentwickelter Industriestaaten.

Der führende *NW-Industrierayon* besitzt bei einem differenzierten Siedlungsnetz mit den Zentren Zagreb, Ljubljana (Laibach, 224800 Einw.) und Maribor die beste Infrastruktur und breitgefächerte Verarbeitungsindustrien. Im Landesvergleich werden Dichte der Industrie-

standorte, Anteil der Industriebeschäftigten (40 %), Arbeitsproduktivität und der Urbanisierungsgrad nicht übertroffen.
Der Produktionsschwerpunkt des *Zentralen Industrierayons*, die Eisenmetallurgie mit dem Hauptstandort Zenica, basiert auf den Eisenerzen von Vareš und Ljubija. Thermokraftwerke, die mit bosnischer Braunkohle arbeiten, leisten einen wesentlichen Teil der Energieversorgung. In der Nachkriegszeit wurde dieser Raum zum wichtigsten Revier der jugoslawischen Schwerindustrie ausgebaut. Parallel dazu forcierte man die Metallindustrie, die zusammen mit anderen Wirtschaftszweigen die bosnische Hauptstadt Sarajewo (319000 Einw.) deutlich vor Banja Luka in die Reihe der führenden Industriestädte des Bundesstaates rückte. Der Waldreichtum Bosniens mit 30 % der jugoslawischen Holzreserven begründet Holzverarbeitung, Zellulose- und Papierherstellung sowie Holzchemie. Als Devisenbringer stand die Holzindustrie 1960 an 1. Stelle, 1980 nahm sie immer noch den 5. Rang ein. Hier wie überhaupt in Jugoslawien könnte das Holzaufkommen durch erweiterte Forstmeliorationen wesentlich gesteigert werden.
Anfänge der serbischen Industrie lassen sich bis 1851 zurückverfolgen (Königlich-Serbisches Arsenal und Waffenwerk Kragujevac). Jedoch erst Fabrikgründungen dieses Jahrhunderts in den Städten der Morava-Täler und vor allem die gezielte Industrialisierung nach dem Zweiten Weltkrieg schufen den *Östlichen Industrierayon*. Heute sind dort vornehmlich Großunternehmen der Metallverarbeitung und Elektroindustrie angesiedelt, so z. B. in Niš (161000 Einw.), Kragujevac (Automobilwerk) und Kruševac. Der Östliche Industrierayon ist durch die Eisenbahnlinien Belgrad–Niš–Istanbul (*Orient-Express*) und Skopje–Saloniki an internationale Kommunikationsachsen angeschlossen. Über die neue Strecke Belgrad–Bar hat er eine kürzere Verbindung zur Adria erhalten. Seine Verkehrslage wird sich weiter verbessern, da die Fernstraße Belgrad–Skopje zur Autobahn ausgebaut wird.
In der mazedonischen Hauptstadt Skopje (408000 Einw.) und ihrem engeren Einzugsbereich sind etwa 35 % des Industriepotentials der Republik konzentriert. Aus diesem industriellen Kern könnte in Zukunft ein *»Südlicher Industrierayon«* erwachsen. Der Strukturwandel in den letzten Jahren bietet dafür Argumente: Die ehemals führende Tabakaufbereitung ist nach Textilindustrie, Buntmetallurgie und Chemieproduktion auf den 10. Platz der industriellen Wertschöpfung zurückgefallen. Mazedonien kann als Beispiel für Bemühungen gelten, die Industrialisierung in rückständigen Gebieten zu fördern. Zusammenfassend läßt eine vereinfachte Gliederung der industriellen Stand-

ortverteilung in Jugoslawien folgende *Dreiteilung* erkennen: im N die Verdichtung arbeitsintensiver Produktionseinheiten, im zentralen Gebirgsraum vornehmlich auf Bergbau basierende Schwerpunkte und im S inselhafte Ansätze von Industriekernen.
Ein ähnliches *räumliches Gefälle* ist für die jugoslawische Landwirtschaft festzustellen: Die ackerbaulich begünstigten Ebenen und flachen Gebirgssäume erstrecken sich im besser entwickelten N. Der Hauptteil der durch Höhenstufung und größere Reliefenergie benachteiligten landwirtschaftlichen Nutzflächen befindet sich im weniger entwickelten Zentrum und S des Landes. Fast die Hälfte des jugoslawischen Territoriums liegt höher als 500 m über dem Meer. Oberhalb dieser Markierung drängt extensive Weidewirtschaft den Ackerbau auf etwa ein Drittel der landwirtschaftlichen Nutzfläche zurück. Die Getreideerträge bleiben hier weit unter dem Landesdurchschnitt, der zwischen 1980 und 1984 bei Weizen im Mittel 34 Doppelzentner pro ha betrug (1967–1971 erst 24 dz/ha). In der Region wird zu wenig Brotgetreide erzeugt; Zukauf ist notwendig. Zahl und Flächenanteil vergesellschafteter Betriebe sind gering. Es überwiegen Zwerghöfe, die wenig für den Markt produzieren, hauptsächlich mit tierischer Zugkraft arbeiten und mit Arbeitskräften überbesetzt sind. Der *Druck ländlicher Überbevölkerung* löste einen anhaltenden Migrationsprozeß aus. Weil die Erwerbsmöglichkeiten in den Städten nicht ausreichten, suchten die Abwanderer zunehmend Arbeit im Ausland. Von den 1971 errechneten 800000 Gastarbeitern, das sind 8% der aktiven Bevölkerung, waren 56% zuvor in der Landwirtschaft tätig. Erhebliches Ausmaß hat die *Deagrarisierung* in den Höhenbereichen Sloweniens, Serbiens und Mazedoniens, vor allem aber in der Karstzone angenommen, so daß in den Gebirgsräumen Landflucht weitgehend mit Höhenflucht gleichzusetzen ist. In verschiedenen Becken, besonders im Kosovo, wächst dagegen die Agrarbevölkerung.
Wenn diese Region öfter als Passivraum bezeichnet wird, zielt die Beurteilung primär auf den dinarischen Gebirgsraum. Mit Einschränkungen gilt das für das gesamte Territorium südlich einer Linie Bihać (Nordbosnien)–Niš. Der N der Gebirgs- und Beckenregion, vor allem Slowenien, das mit durchschnittlich 8,3% (1974–1984) der jugoslawischen Bevölkerung 16,5% des gesamten Nationaleinkommens erarbeitet, ist jedoch durch den Industrialisierungsvorsprung als Aktivraum ausgewiesen.

2.5.5.4 Sozioökonomisches Nord-Süd-Gefälle und Entwicklungstendenzen

Für die *Industrialisierungspolitik* der Volksrepublik Jugoslawien boten sich nach der ersten Wiederaufbauphase 1947 zwei Wege an: entweder die Wirtschaftsanstrengungen in dem besser entwickelten slowenisch-pannonischen Raum zu konzentrieren oder die Investitionsmittel dispers in der gering entwickelten zentralen und südlichen Gebirgs- und Beckenregion einzusetzen, die wenig genützte natürliche Ressourcen, Arbeitskräftereserven in der drückend unterbeschäftigten Landwirtschaft sowie verteidigungstaktische Lagevorteile besaß. Man entschied sich für die zweite Alternative als Instrument zum Ausgleich zwischen N und S. Sie sollte durch Strukturwandel und Einkommensanhebung in den rückständigen »Gebirgsrepubliken« interregionale und vor allem zwischennationale Spannungen mindern und damit den staatlichen Zusammenhalt der Föderation sichern. Wohl hätte der erste, konventionelle Weg einen schnelleren Investitionsrückfluß gebracht, mit Gewißheit aber auch die räumlichen sozioökonomischen Kontraste vertieft und damit nationale Gegensätze geschürt. Deshalb erschien der Plan, die rückständigen Gebiete mit Industriekernen zu durchsetzen und dabei gleichzeitig die notwendigen modernen Infrastruktureinrichtungen zu schaffen, letztlich als der richtigere. Die Verwirklichung dieser Konzeption ermöglichte ein rasches gesamtstaatliches Wirtschaftswachstum, das bis 1966 im jährlichen Durchschnitt 7% betrug. Zugleich wurden mit Hilfe bundesstaatlicher Kapitalabschöpfung in Slowenien sowie Kroatien und durch Überweisung der Mittel in die »ungenügend entwickelten« Republiken die jährlichen Zuwachsraten von Bosnien-Herzegowina, Montenegro, Mazedonien und Kosovo erhöht. Die zusätzlichen Bundesinvestitionen, anfangs überwiegend für die Schwerindustrie, ergänzt durch Kredite vor allem aus dem westlichen Ausland, beschleunigten die sozioökonomische Entwicklung dieser Gebiete. Sie sollten aber mehr erbringen, nämlich das Pro-Kopf-Einkommen ihrer Bevölkerung in absehbarer Zeit dem jugoslawischen Durchschnitt angleichen.

Wenn auch durch das verfolgte Prinzip beeindruckende Teilergebnisse erreicht wurden, konnte das Endziel der Planung bislang nicht verwirklicht werden. Im Jahre 1981 entsprach das *Pro-Kopf-Einkommen* im S nicht einmal dem Landesdurchschnitt von 1971. Zwar wird der größere Teil des Einkommens auch der »weniger entwickelten« Republiken in der Industrie erwirtschaftet, jedoch ist die Gefällesituation nicht ausgeglichen worden.

Den »weniger entwickelten« Republiken insgesamt gelang es im Zeitraum 1967–1981 nicht, den Abstand in der Industrieproduktion entscheidend zu verkürzen (s. Tab. 89). Ein merklicher Erfolg war nur Mazedonien beschieden. Hingegen unterliegen die anderen der Stagnation oder einem negativen Trend, die nicht – wie in Kroatien durch den Fremdenverkehr – von anderen Wirtschaftszweigen kompensiert werden.

Tab. 89: Industrielle Produktion Jugoslawiens

	Anteil der Republiken und Autonomen Provinzen (in %)			**Index der industriellen Produktion pro Kopf der Bevölkerung**		
	1967	**1976**	**1981**	**1967**	**1976**	**1981**
Jugoslawien	100	100	100	100	100	100
Slowenien	18,2	20,9	18,7	214	251	223
Kroatien	28,8	25,0	23,6	132	119	113
Wojwodina	7,5	9,3	10,6	78	101	109
Eng. Serbien	24,4	23,5	23,5	95	93	96
Bosn.-Herz.	13,2	12,9	14,6	73	68	76
Mazedonien	4,2	5,1	5,3	54	61	71
Montenegro	1,4	1,4	1,5	54	53	61
Kosovo	2,2	2,1	2,2	39	31	28

(errechnet nach Statistički Godišnjak Jugoslavije 1973, 1976 und 1983)

Während in Slowenien mit einem Österreich angenäherten Lebensstandard überdurchschnittliche Einkommen überwiegen, die auch im westlichen und östlichen pannonischen Raum auffallen, sind derart begünstigte Areale weiter jenseits von Save und Donau an industrielle Schwerpunkte gebunden (s. Abb. 39). Das Fortbestehen des sozioökonomischen Gegensatzes wird vor allem durch den extrem hohen Geburtenzuwachs in den »ungenügend entwickelten« Gebieten verursacht. Er verhält sich etwa umgekehrt proportional zum Industrialisierungs- und Urbanisierungsgrad. Trotz neugeschaffener Arbeitsplätze hält daher die Unterbeschäftigung an.
Die *sozialräumlichen Diskrepanzen* stehen mit vier einschneidenden *Wirtschaftsschwierigkeiten* Jugoslawiens in Wechselbeziehung. Das sind ständiger Preisanstieg, wachsende negative Handelsbilanz, die dringend der Devisenunterstützung durch Auslandstouristik, Gastarbeiterüberweisungen und Transitgebühren bedarf, Arbeitslosigkeit und niedrige Arbeitsproduktivität. Unter diesen Bedingungen mußten Abstriche bei der Erfüllung der Gesellschaftspläne hingenommen werden. Von den nachstehenden zwei übergeordneten Planzielen

wurde das erste nur knapp, das zweite bei weitem nicht erreicht: Das jährliche Nationaleinkommen pro Kopf der Bevölkerung sollte bis Ende 1975 auf 1000 Dollar steigen, und das Wirtschaftswachstum im S sollte um 25% gegenüber dem N beschleunigt werden. Obwohl bereits 750000 Jugoslawen (1981) ihren Lebensunterhalt im europäischen Ausland verdienen, davon 450000 in der Bundesrepublik Deutschland, ist die Zahl der Arbeitsuchenden im Lande in den letzten 20 Jahren ständig gestiegen: von 237000 (1965) auf über 1 Mio. (1985). Vor allem junge, zu einem großen Teil qualifizierte Leute sind betroffen, 1985 waren 60% der Arbeitslosen nicht älter als 24 Jahre. Neben anderen ist auch die Arbeitslosenrate ein Indikator für die wirtschaftsräumlichen Gegensätze; sie betrug z. B. 1985 in der Autonomen Provinz Kosovo fast 35%, hingegen in Slowenien weniger als 2%. Die durch die wirtschaftliche Rezession in den Gastländern ausgelöste partielle Rückwanderung jugoslawischer Gastarbeiter verschärft den Mangel an Arbeitsplätzen. Diese Tatsache muß die »weniger entwickelten« Gebiete auf Dauer härter treffen als den N. So bleibt also der *Ausgleich* des sozioökonomischen Nord-Süd-Gefälles weiterhin eine der dringenden Aufgaben Jugoslawiens.

Neben der bereits skizzierten Langzeitstrategie versuchen Bundesstaat und Republiken durch schwerpunktartige wirtschaftsräumliche Programme *Strukturunterschiede* auszugleichen (z. B. Projekt »Südliche Adria« für das montenegrinische Küstengebiet). Ein Hemmschuh der schnellen Verwirklichung von Entwicklungsprojekten ist der Kapital- und Devisenmangel des Landes, verbunden mit der höchsten Auslandsverschuldung (21 Mrd. US-Dollar) in Europa. Die jährlichen Verbindlichkeiten zehren inzwischen etwa 10% des Sozialprodukts auf. Aus diesem Grunde kann auch eine zukunftsorientierte Nutzung bestimmter natürlicher Ressourcen der Gebirgs- und Bekkenregion, die hohe Investitionen erfordert, aber erst langfristig Gewinne verspricht – wie etwa Karstwasserspeicherung, Hydroenergieausbau, intensive Forstmelioration – nicht oder nur schleppend vorgenommen werden.

Wirksame Erfolge gelangen Jugoslawien beim Abbau des räumlichen Bildungsgefälles. Der Nord-Süd-Gegensatz besteht jedoch weiterhin. Berücksichtigt man, daß Jugoslawien mit das niedrigste Nationaleinkommen in Europa erwirtschaftet, und betrachtet dann jene Gebiete, deren Einkommen weit unter dem Landesdurchschnitt liegen (s. Abb. 39), wird die Aussage des slowenischen Innenministers verständlich, daß immer mehr Menschen »an der Schwelle des Hungers« leben müßten. Auch die nationalistischen Antagonismen haben sich in letzter Zeit verstärkt. Während die politischen Kräfte in Serbien weiterhin um die Vorherrschaft ringen, fordert man in Slowenien ökonomische und politische Liberalisierung. Von einem Ausgleich zwischen den divergierenden Richtungen, von der Hebung des allgemeinen Lebensstandards und vor allem der Beseitigung regionaler Rückständigkeit wird möglicherweise die Einheit der südslawischen Föderation abhängen.

2.5.6 Albanien

Albanien, amtlich zunächst die Republika Popullóre e Shpiperise, die Volksrepublik der Shkipetaren, seit 1976 Sozialistische Volksrepublik Albanien, ist das am wenigsten bekannte Land Europas. Es war lange Zeit wenig erschlossen und bis etwa 1985 auch touristisch kaum zugänglich. In den sechziger und siebziger Jahren trat die politische Sonderstellung hinzu. Das Land brach 1961 die Beziehungen zur UdSSR ab, von der es politisch und wirtschaftlich unterstützt wurde, und lehnte sich statt dessen eng an die VR China an. In dieser Außenpolitik spiegelt sich der alle balkanischen Wirren überdauernde Wille zur nationalen Eigenständigkeit wider, denn das Gebiet stand seit Ende des 15. Jh. unter türkischer Oberhoheit, die bis 1912 und damit hier am längsten in Europa währte. Die Wirtschaft Albaniens war bis zum Ende des Ersten Weltkrieges orientalisch geprägt und handwerklich ausgerichtet. Ein Staat entstand erst 1924 nach einer Grenzfestsetzung durch den Völkerbund und der etwa gleichzeitigen Regierungsübernahme durch den Bey Zogu. Zwischen den Weltkriegen war der italienische Einfluß im Wirtschaftsleben überragend. Albanien blieb jedoch Agrarland ohne nennenswerte Verbindungen zu den europäischen Märkten, hatte 80 % Analphabeten und eine permanent defizitäre Handelsbilanz. Über die Bodenschätze lagen nur grobe Kenntnisse vor. Es existierten einige Straßen, aber das Tragtier herrschte als Transportmittel vor. Um 1925 hatte die Hauptstadt 17000 Einwohner. Noch um 1950 entsprach die Wirtschaftsstruktur mit einem Anteil von 85 % der Erwerbsfähigen in der Land- und Forstwirtschaft derjenigen Deutschlands vor Beginn der Industrialisierung. Der italienischen Besetzung im Zweiten Weltkrieg folgte 1946 die Gründung der Volksrepublik. Dabei verblieb immer noch, wie schon 1924, rd. ein Drittel der Shkipetaren außerhalb der Grenzen. Die meisten von ihnen leben im Gebiet Kosovo in Jugoslawien (1981: 1,2 Mio.). Die Einheit der Shkipetaren ist sprachlich und religiös begründet (70 % waren islamisch, 20 % griech.-orthodox; ab 1967 Verbot der Religionsausübung, Abriß

vieler Moscheen). Das Staatsgebiet – mit 29000 km^2 etwa Hessen vergleichbar – ist von seiner natürlichen Ausstattung her in Nieder- oder Küstenalbanien (ca. ein Drittel der Fläche) und Hoch- oder Inneralbanien (ca. zwei Drittel) zu gliedern. In Inneralbanien liegen die Fundorte industrieller Rohstoffe, doch die Gebirge sind wenig erschlossen, verkehrsfeindlich und landwirtschaftlich nur extensiv nutzbar. Die Weidewirtschaft überwiegt. Der frühere saisonale Wechsel über große Entfernungen wurde allerdings fast ganz aufgegeben. Die Becken im Osten, vor allem Südosten der dinarischen Gebirge erlauben großflächigen Mais- und Weizen- sowie Obst- und Gemüseanbau, während mediterrane Kulturen nur noch örtlich möglich sind.
Niederalbanien ist ein etwa 40–50 km breites, knapp 200 km langes, tiefliegendes Küstenland, das sich entlang einer Verwerfungslinie, die etwa von den Städten Vlorë (Valona), Tirana und Shkodër (Scutari) markiert wird, deutlich von Hochalbanien absetzt. Flachwellige, 200–300 m hohe Bergrücken wechseln mit breiten Schwemmlandebenen der Flüsse. Es war zur griechisch-römischen Zeit Hauptsiedelgebiet, wurde im vorigen Jahrhundert als versumpft gemieden und nur als winterliches Weidegebiet genutzt. Hier finden sich Öl und Gas, Braunkohle, Kupfer und Asphalt. In der Vorgebirgszone werden mediterrane Kulturen angebaut. Die notwendige Bewässerung basiert auf den relativ gleichmäßigen Niederschlägen Inneralbaniens und der dadurch günstigen Wasserführung der Flüsse. Die landwirtschaftliche Besitzstruktur war vor 1946 durch Großgrundbesitz (40 % der Nutzfläche) und eine hohe Zahl landloser Pächter (14 %) gekennzeichnet. Die Landwirtschaft wurde 1955–1967 kollektiviert. Streusiedlungen im Gebirge blieben ausgenommen. Die Agrarproduktion erhöhte sich zwischen 1950 und 1970, vor allem durch Melioration der Sumpfgebiete des Küstenlandes, d. h. durch Ausdehnung der Anbaufläche bei gleichbleibend sehr geringen Erträgen. Hauptanbaugebiet ist Niederalbanien, wo Mais und Weizen (zusammen 55 % der Ackerfläche), ferner Zuckerrüben, Baumwolle, Tabak und Reis angebaut werden. Die technischen Kulturen (15 %) und der Futteranbau (22 %) dehnten sich durch die großen Staatsgüter aus.
Albanien hatte 1940 1 Mio., 1960 (Zensus) 1,6 Mio. und 1986 3 Mio. Einwohner. Die Zahl steigt schnell, weil Albanien langjährig den mit Abstand höchsten Geburtenüberschuß Europas aufweist (1950–1977 etwa 28‰, 1978–1986 ca. 20‰). Mehr als 50 % der Bevölkerung sind jünger als 20 Jahre.
Das Land wurde seit 1946 in eiserner Parteidisziplin und unter hartem Arbeitseinsatz bei gleichzeitiger außenpolitischer Isolierung auf die Stufe einfacher Industrialisierung gehoben. Die industrielle Produk-

tion und das Nationaleinkommen wuchsen in den sechziger Jahren wahrscheinlich in einer mittleren Größenordnung der Ostblockstaaten, blieben aber, bezogen auf die Einwohnerzahl, aufgrund des starken Bevölkerungswachstums in relativen Größenordnungen afroasiatischer Entwicklungsländer.
Über das Land liegen jedoch nur sehr wenige aussagekräftige Daten vor. Der Anteil der Industriebeschäftigten stieg von 1950: 7% (nach anderen Quellen 1938 schon 13%) über 1967: ca. 15% auf 1975: ca. 33% an (1978 ca. 220000 Besch.). Etwa zwei Drittel der Investitionen entfallen auf die Industrie, vor allem die Schwerindustrie und Petrochemie. Die energetische Basis bilden die Steinkohlenlager im Vijosë-Tal bei Tepelenë (1979 1,4 Mio. t). Ferner werden Erdöl (1980 2,7 Mio. t) bei Fieri und Ballsh sowie Erdgas und Braunkohle gefördert. Die Wasserkraft hat einen sehr hohen Anteil an der Energiegewinnung. Sie wird vor allem am Drin genutzt und gibt dem Norden um Shkodër eine wirtschaftliche Basis. 1971 wurde die Elektrifizierung des Landes abgeschlossen und seit Beginn der achtziger Jahre bereits Strom nach Jugoslawien und Griechenland exportiert. Die Aufbereitung der Erze befindet sich teilweise an den Standorten der Förderung in Hochalbanien, teilweise – ebenso wie die Verarbeitung der landwirtschaftlichen Produkte und des Erdöls – in den Städten Niederalbaniens. Die chemische Industrie konzentriert sich – mit einer Großraffinerie und zwei Düngemittelfabriken etc. – auf die Region Fieri. Der heutige Hauptstandort der nach 1960 aufgebauten Metallurgie ist Elbasan. Er ist seit 1974 durch eine Bahn im Shkumbĭ-Tal mit den Eisen-Nickel-Lagern am Ohrid-See (bei Prrenjas) verbunden. Der wichtigste Rohstoff Albaniens ist Chrom (bei Kam; zahlreiche Lagerstätten im gesamten Nordosten). Es wird als Erz, Konzentrat und seit kurzem als Ferrochrom exportiert. Kupfer wird weitgehend als Rohkupfer ausgeführt (Förderung bei Bulqizë).
Die Verstädterung Albaniens stieg von 15% in den zwanziger und dreißiger Jahren bis 1960 auf 30%, bis 1985 dann auf 40% (wobei allerdings einige Städte weniger als 2000 Einw. zählen). Die Städte liegen am Austritt der Täler aus dem Gebirge. Sie bewahren das ehemals orientalische, in der Zwischenkriegszeit italienisch beeinflußte Bild, denn die städtische Bevölkerung hatte die türkische Kultur am weitestgehenden übernommen. Zeitweise war Shkodër die bedeutendste Stadt, doch ist es heute mit Abstand Tirana (1985 ca. 200000 Einw.). Ihm folgen Shkodër, Korçë, Durrës (Durazzo), Vlorë (Valona) und Elbasan als Mittelstädte von 50000–70000 Einw. Weitere sechs Städte haben 20000–50000 Einw. Die ländliche Bevölkerung wächst in Albanien wahrscheinlich bis heute noch an. Die Dörfer wer-

den zumeist von intensivem Obst- und Gemüseanbau umgeben, dem sich Ackerland, Weide und Waldweide anschließen. Die festungsartigen Sippen-Siedlungen des Gebirges folgen in Lage und Landnutzung den Bedingungen der verkarsteten Höhenzüge.
Albanien hatte bis in die sechziger Jahre innerhalb des Ostblocks noch eine politische und militärisch-strategische Bedeutung aufgrund seiner Lage am Mittelmeer. Daher subventionierten zunächst die UdSSR und seit 1961 die VR China etwa die Hälfte der Investitonsmittel und schätzungsweise 10–20 % des Nationaleinkommens und deckten das enorme Exportdefizit. Mit seinen Nachbarstaaten war Albanien nur durch zwei Straßen und die Schiffahrt über die Häfen Durrës und Vlorë verbunden. Nach der politischen Trennung von der VR China (1978) sucht Albanien gegenwärtig den wirtschaftlichen Anschluß an Europa.

2.6 Die europäischen Kleinstaaten

Die *Kleinst- und Zwergstaaten* in Europa – Andorra, Liechtenstein, Malta, Monaco, San Marino und der Vatikanstaat – sind zwar von der Länderkunde oft vernachlässigt worden, gehören aber trotz der Kleinheit ihrer Fläche zu den bemerkenswertesten territorialen und damit auch raumwirksamen Erscheinungen in Europa. Politischer Einfluß wie beim Vatikan, wirtschaftliche Machtzusammenballung wie in Liechtenstein, operettenhafter Glanz wie bei Monaco oder der Schleier weltferner Utopie rücken das Image dieser staatlichen Gebilde in ein eigenartiges Licht oder Zwielicht.
Bedingt durch die geringe Flächengröße nimmt die staatliche Organisation eher die Formen einer regionalen oder kommunalen Admini-

Tab. 90: Die europäischen Kleinstaaten

	Fläche in km^2	Einw. in 1000	Einw./ km^2	Hauptstadt
Andorra	453	45	99	Andorra da Vella
Liechtenstein	160	27,4	171	Vaduz
Malta	316	380	1204	Valetta
Monaco	1,95	28	14360	Stadt Monaco
San Marino	61	22,4	370	San Marino
Vatikanstadt	0,44	0,4	–	Vatikan

Zusammengestellt nach Fischer Weltalmanach 1988

stration an. Wenn auch eigene Briefmarken als Zeichen der völkerrechtlichen *Souveränität* gedruckt werden, so wird doch leicht übersehen, daß Post, Verkehrswesen und andere Dienste Teile der Infrastruktur der Nachbarstaaten darstellen, die in verschiedenen Fällen auch die diplomatische Vertretung gegenüber dritten Staaten übernehmen. Auffallend ist, daß allein vier dieser Staaten die Verfassung einer Monarchie besitzen. Bis auf den Inselstaat Malta liegen sie alle im neogenen Faltengebirgsgürtel Südeuropas und der Alpen. Das trifft übrigens auch auf die Mönchsrepublik Athos zu, die zwar nicht souverän ist, aber innerhalb Griechenlands ein völliges Eigenleben führt. Auch innerhalb anderer Staaten gibt es Regionen mit großer Eigenständigkeit, die ebenfalls keine Kleinstaaten sind: beispielsweise einige Kantone in der Schweiz, die britischen Kanalinseln, die nicht zum Vereinigten Königreich gehören, und die in dänischem Besitz befindlichen Färöer-Inseln.
Als Begründung der Existenz der Kleinststaaten, vor allem der Gebirgs- und Inselstaaten, könnte die geographische Lage, die Kleinkammerung der Kulturlandschaft oder das Vorhandensein eines ethnischen Substrats genannt werden. Diese Erklärung ist aber zu einfach, vielmehr müssen in erster Linie *historische Bedingungen* genannt werden, die in jedem Fall ganz individueller Art sind. Komplizierte Vertragswerke sichern weiterhin ihre staatliche Existenz. Eine der historischen Wurzeln liegt in der europäischen Tradition der Stadtrepubliken im Mittelmeerraum, der Hansestädte im Norden oder der Freien Reichsstädte im Alten Reich. Diese entfalteten eine so eindringliche Wirksamkeit, daß, auch in Anlehnung an die griechische *polis*, Staatsphilosophen und Rechtslehrer diese Form der Staatlichkeit als die überhaupt beste priesen. Im Zeitalter der Nationalstaaten und der wirtschaftlichen Großmächte haben sich indessen solche Anschauungen überlebt. Die Wirksamkeit unserer heutigen Kleinstaaten beruht nicht auf Relikt- oder Reservatfunktionen, sondern auch auf dem Prinzip wohldurchdachter Arbeitsteilung und ist wohl deshalb unantastbar.
Heute gibt es in Europa neben den Integrationsbestrebungen auch *zentrifugale Regionalismen* wie die der Basken, Bretonen, Friesen, Sorben, Korsen und anderer Kulturgruppen. Daß ihre Bemühungen zu neuen Staatsgründungen führen könnten, ist weder zu erwarten noch ist es für das Zusammenleben in Europa sinnvoll. Die Gründung der Freien Stadt Danzig nach dem Ersten Weltkrieg wurde, obwohl sie unter der Schirmherrschaft des Völkerbundes stand und das Ideal einer freien Stadtrepublik hätte verkörpern können, zu einer Quelle des Zwistes zwischen Polen und Deutschen und schließlich zum Anlaß eines neuen Weltkrieges.

Nichts gemein mit einem Kleinstaat oder einer autonomen Region innerhalb eines Staates hat *Berlin (West)*, das innerhalb des Geltungsbereiches des Grundgesetzes der Bundesrepublik Deutschland liegt. Seine Verhältnisse sind durch ein Viermächtestatut geregelt; Berlin (West) ist zwar wie jedes andere Land der Bundesrepublik Deutschland ein eigenständiges staatliches Gebilde, doch übt die Bundesregierung hier nur eine eingeschränkte Souveränität aus, denn jedes Bundesgesetz bedarf der Bestätigung durch die Schutzmächte und muß vom Berliner Senat eigens in Kraft gesetzt werden. Während aber bei den oben genannten Kleinst- und Zwergstaaten die Staatsgrenzen zu den Nachbarländern völlig offen sind, wurden die zwölf westlichen Bezirke völlig von ihrem Anrainer, der DDR und Berlin (Ost), abgeschnitten und isoliert. Eine ähnliche stringente Grenze schloß auch die britische Kronkolonie Gibraltar bis 1985 vom spanischen Festland ab.

Die angeführten Beispiele zeigen, daß sich bei den Kleinst- und Zwergstaaten in Europa fast nichts miteinander vergleichen läßt. Diese durch nichts zu überbietende Individualität macht sie zu Exempeln eigener Art am Rande der Länderkunde.

3 Anhang

3.1 Klimadaten

Das Klima in Europa

Die ausgewählten Stationen mit den wichtigsten Klimadaten geben nur einen groben Überblick über die Vielfalt des Klimas in Europa. Ein Vergleich verschiedener Daten zeigt aber recht anschaulich den unterschiedlichen Grad der Kontinentalität, der überdies durch die Klassifikation von Troll belegt wird, besonders wenn man die Amplitude der Temperaturen vergleicht.

Auch der Nord-Süd-Gegensatz und die Besonderheit des Mittelmeerklimas (Sommertrockenheit) lassen sich mit den Tabellen gut herausarbeiten.

Für genauere Studien des europäischen Klimas sei auf die Quelle der hier wiedergegebenen Daten verwiesen:

Manfred J. Müller: Handbuch ausgewählter Klimastationen der Erde – [= Forschungsstelle Bodenerosion, Mertesdorf (Ruwertal), Heft 5] 4. Aufl., Trier 1987

Legende zu den Tabellen

1 = Mittlere Temperatur
2 = Mittleres Maximum der Temperatur
3 = Mittleres Minimum der Temperatur
4 = Mittlere Niederschlagssumme
5 = Tage mit Niederschlag 0,1 mm
6 = Sonnenscheindauer in Stunden
7 = Meßzeitraum

Station/Land Björnöya/Bären-Insel/Norwegen
Lage 74° 31′ N/19° 01′ E Höhe ü. NN 14 m Klimatyp: Köppen ET Troll I, 2

	J	F	M	A	M	J	J	A	S	O	N	D	Jahr	Z
1	−6,8	−6,9	−7,5	−5,2	−1,4	1,8	4,2	4,3	3,0	0,5	−2,4	−5,3	−1,8	20
2	−3,9	−3,5	−3,8	−2,4	0,9	4,2	6,7	7,0	4,7	2,2	0,1	−1,9	0,6	
3	−8,6	−9,6	−10,2	−7,9	−2,8	0,5	2,6	3,3	1,5	−1,3	−3,9	−6,7	−3,6	
4	30	25	26	20	20	26	25	37	50	42	27	29	357	20
5	19	19	20	17	16	15	15	17	22	22	20	21	223	20
6														

Station/Land Godthåb/Grönland/Dänemark
Lage 64° 10′ N/51° 45′ W Höhe ü. NN 20 m Klimatyp: Köppen ET Troll I, 3

	J	F	M	A	M	J	J	A	S	O	N	D	Jahr	Z
1	−7,7	−7,3	−5,8	−3,5	2,1	5,7	7,6	6,9	4,1	−0,3	−3,6	−6,2	−0,7	
2	−4,3	−3,9	−2,8	0,0	5,8	9,9	11,9	13,8	7,4	2,7	−0,7	−3,0	2,8	
3	−11,1	−10,7	−8,8	−7,0	−1,6	1,5	3,3	3,0	0,8	−3,3	−6,5	−9,4	−4,2	
4	26	24	18	25	29	46	59	69	84	71	44	20	515	
5	8	7	6	6	6	6	10	10	12	10	9	7	97	
6														

Station/Land Reykjavik/Island
Lage 64° 08′ N/21° 56′ W Höhe ü. NN 18 m Klimatyp: Köppen Cfc Troll I, 4

	J	F	M	A	M	J	J	A	S	O	N	D	Jahr	Z
1	−0,3	0,3	1,5	3,6	6,8	9,8	11,4	10,0	8,6	5,3	2,2	0,5	5,1	30
2	1,8	2,5	4,0	6,2	9,8	12,4	13,9	13,6	11,0	7,4	4,1	2,4	7,4	30
3	−2,3	−2,0	−1,0	0,9	3,7	7,1	8,8	8,1	6,1	3,1	0,2	−1,5	2,6	30
4	89	64	62	56	42	42	50	56	67	94	78	79	779	30
5	20	17	18	18	16	15	15	16	19	21	18	20	213	30
6	24	56	111	136	182	182	180	166	106	72	34	9	1258	30

Station/Land Bergen/Norwegen
Lage 60° 12′ N/5° 19′ E Höhe ü. NN 45 m Klimatyp: Köppen Cfb Troll III, 2

	J	F	M	A	M	J	J	A	S	O	N	D	Jahr	Z
1	1,5	1,3	3,1	5,8	10,2	12,6	15,0	14,7	12,0	8,3	5,5	3,3	7,8	
2	3,1	3,3	6,1	9,2	14,2	15,9	18,8	18,6	15,2	11,1	7,5	5,0	10,7	24
3	−0,5	−0,9	0,4	3,0	6,7	9,6	12,2	12,0	9,5	6,1	3,4	1,3	5,4	30
4	179	139	109	140	83	126	141	167	228	236	207	203	1958	
5	21	18	16	19	15	18	21	20	22	24	22	23	239	
6	22	54	127	142	191	175	167	132	102	69	29	13	1223	10

tion/Land Oslo/Norwegen
ge 59° 56′ N/10° 44′ E Höhe ü. NN 96 m Klimatyp: Köppen Dfb Troll III, 4

J	F	M	A	M	J	J	A	S	O	N	D	Jahr	Z	
−4,7	−4,0	−0,5	4,8	10,7	14,7	17,3	15,9	11,3	5,9	1,1	−2,0	5,9		1
−2,4	−1,1	3,8	9,8	15,9	19,9	22,3	20,9	15,7	9,1	3,2	0,1	9,8	24	2
−7,3	−7,1	−4,1	0,9	5,9	10,1	13,0	11,9	7,8	3,1	−0,8	−4,1	2,4	30	3
49	35	26	44	44	71	84	96	83	76	69	63	740		4
15	13	9	11	10	13	15	14	14	14	16	17	161		5
45	83	152	182	233	244	219	183	138	87	41	25	1632	10	6

tion/Land Stockholm/Schweden
ge 59° 21′ N/18° 04′ E Höhe ü. NN 44 m Klimatyp: Köppen Cfb Troll III, 4

J	F	M	A	M	J	J	A	S	O	N	D	Jahr	Z	
−2,9	−3,1	−0,7	4,4	10,1	14,9	17,8	16,6	12,2	7,1	2,8	0,1	6,6		1
−0,9	−0,9	2,5	8,3	14,4	19,2	21,9	20,2	15,3	9,4	4,5	1,8	9,6	30	2
−5,1	−5,4	−3,6	1,0	6,0	10,8	14,1	13,3	9,4	4,8	1,0	−1,8	3,7	30	3
43	30	26	31	34	45	61	76	60	48	53	48	555		4
16	13	10	11	11	13	13	14	14	15	16	17	163		5
41	76	151	208	292	318	295	248	174	103	41	26	1973		6

ation/Land Tampere/Finnland
age 61° 28′ N/23° 46′ E Höhe ü. NN 84 m Klimatyp: Köppen Dfb Troll II, 2

J	F	M	A	M	J	J	A	S	O	N	D	Jahr	Z	
−7,8	−7,8	−4,2	2,5	8,9	14,0	17,3	15,5	10,5	4,6	−0,2	−4,0	4,0	30	1
−4,6	−4,4	0,4	7,0	14,4	19,2	22,4	20,3	14,1	7,2	1,9	−1,5	8,0	30	2
−11,0	−11,2	−8,8	−2,1	3,3	8,8	12,2	10,6	6,8	1,9	−2,2	−6,4	−0,2	30	3
38	30	25	35	42	48	76	75	57	57	49	41	573	30	4
														5
17	14	11	12	11	12	14	14	15	16	18	18	172	30	6

tation/Land Kopenhagen (København)/Dänemark
age 55° 41′ N/12° 33′ E Höhe ü. NN 9 m Klimatyp: Köppen Cfb Troll III, 3

J	F	M	A	M	J	J	A	S	O	N	D	Jahr	Z	
0,1	−0,1	1,9	6,6	11,8	15,6	17,8	17,3	13,9	9,3	5,4	2,5	8,5		1
2,0	2,1	5.0	10,4	16,1	19,4	21,8	21,2	17,5	12,1	7,3	4,2	11,6	30	2
−2,0	−2,5	−0,8	3,1	7,5	11,2	13,6	13,5	10,5	6,7	3,3	0,7	5,4	30	3
49	39	32	38	43	47	71	66	62	59	48	49	603	30	4
17	13	12	13	11	13	14	14	15	16	16	17	171	30	5
36	55	118	161	245	245	239	207	157	87	34	19	1603	30	6

Station/Land Valentia/Irland
Lage 51° 56′ N/10° 15′ W Höhe ü. NN 9 m Klimatyp: Köppen Cfb Troll III, 2

	J	F	M	A	M	J	J	A	S	O	N	D	Jahr	Z
1	7,0	6,8	8,3	9,4	11,5	13,8	15,0	15,4	14,0	11,6	9,1	7,8	10,8	30
2	9,4	9,3	11,1	12,5	14,8	16,8	17,7	18,2	16,8	14,2	11,5	10,1	13,5	30
3	4,5	4,3	5,4	6,3	8,1	10,8	12,3	12,6	11,2	8,9	6,6	5,5	8,0	30
4	165	107	103	75	86	81	107	95	122	140	151	168	1400	30
5	20	15	14	13	13	13	15	15	16	17	18	21	190	30
6	49	70	109	155	202	177	145	151	115	88	59	41	1361	30

Station/Land Cardiff (Wales)/Großbritannien
Lage 51° 30′ N/3° 10′ W Höhe ü. NN 62 m Klimatyp: Köppen Cfb Troll III, 2

	J	F	M	A	M	J	J	A	S	O	N	D	Jahr	Z
1	4,4	4,6	6,6	9,1	11,9	15,0	16,4	16,5	14,3	10,9	7,9	5,5	10,3	30
2	7,0	7,4	10,1	13,1	16,2	19,2	20,3	20,5	18,0	14,2	10,3	8,0	13,7	30
3	1,8	1,8	3,1	5,1	7,6	10,8	12,4	12,5	10,6	7,6	4,9	3,0	6,8	30
4	108	72	63	65	76	63	89	97	99	109	116	108	1065	30
5	18	14	13	13	13	13	14	15	16	16	17	18	180	30
6	54	82	115	183	199	208	198	179	137	105	62	43	1565	10

Station/Land Kew bei London (England)/Großbritannien
Lage 51° 28′ N/0° 19′ W Höhe ü. NN 5 m Klimatyp: Köppen Cfb Troll III, 2

	J	F	M	A	M	J	J	A	S	O	N	D	Jahr	Z
1	4,3	5,1	6,7	9,4	12,5	16,0	17,7	17,3	14,9	11,1	7,7	5,4	10,7	30
2	6,3	6,9	10,1	13,3	16,7	20,3	21,8	21,4	18,5	14,2	10,1	7,3	13,9	30
3	2,2	2,2	3,3	5,5	8,2	11,6	13,5	13,2	11,3	7,9	5,3	3,5	7,3	30
4	54	40	37	37	46	45	57	59	49	57	64	48	593	30
5	15	13	11	12	12	11	12	11	13	13	15	15	153	30
6	46	64	113	160	199	213	198	188	142	98	53	40	1514	30

Station/Land Brüssel (Bruxelles)-Uccle/Belgien
Lage 50° 48′ N/4° 21′ E Höhe ü. NN 100 m Klimatyp: Köppen Cfb Troll III, 2

	J	F	M	A	M	J	J	A	S	O	N	D	Jahr	Z
1	2,2	2,6	6,0	9,2	13,0	16,0	17,5	17,3	14,7	10,3	6,2	3,3	9,9	
2	4,3	6,7	10,3	14,2	18,4	22,0	22,7	22,3	20,5	15,4	8,9	5,6	14,3	10
3	−1,2	0,3	2,2	5,1	7,9	10,9	12,1	12,2	10,6	7,3	3,1	0,2	5,9	10
4	83	67	47	53	42	55	97	83	69	90	64	67	817	
5	23	17	15	16	15	14	17	18	14	19	19	19	206	
6	54	77	119	158	219	196	198	198	160	110	60	36	1585	

ıtion/Land Brest/Frankreich
ıge 48° 27′ N/4° 25′ W Höhe ü. NN 98 m Klimatyp: Köppen Cfb Troll III, 2

J	F	M	A	M	J	J	A	S	O	N	D	Jahr	Z	
6,1	5,8	7,8	9,2	11,6	14,4	15,6	16,0	14,7	12,0	9,0	7,0	10,8		1
8,6	8,8	11,6	13,0	15,4	18,1	19,4	19,7	18,2	15,2	11,5	9,4	14,1	30	2
3,7	3,3	4,7	5,7	8,0	10,6	12,0	12,4	11,3	8,7	6,3	4,3	7,6	30	3
133	96	83	69	68	56	62	80	87	104	138	150	1126		4
22	16	15	15	14	13	14	15	16	19	20	22	201		5
66	85	142	189	220	209	210	207	156	120	69	56	1729	15	6

ation/Land Paris (Le Bourget)/Frankreich
ıge 48° 58′ N/2° 27′ E Höhe ü. NN 52 m Klimatyp: Köppen Cfb Troll III, 2

J	F	M	A	M	J	J	A	S	O	N	D	Jahr	Z	
3,1	3,8	7,2	10,3	14,0	17,1	19,0	18,5	15,9	11,1	6,8	4,1	10,9		1
6,0	7,4	12,2	15,8	19,7	22,9	24,6	24,0	21,1	15,6	10,0	6,6	15,5	30	2
0,9	1,3	3,6	6,3	9,5	12,7	14,5	14,3	11,9	7,9	4,5	2,0	7,5	30	3
54	43	32	38	52	50	55	62	51	49	50	49	585		4
17	14	12	13	13	12	12	13	13	14	15	16	164		5
64	83	152	185	223	233	231	204	166	122	63	53	1779	15	6

:ation/Land Bordeaux/Frankreich
age 44° 50′ N/0° 42′ W Höhe ü. NN 47 m Klimatyp: Köppen Cfb Troll III, 2

J	F	M	A	M	J	J	A	S	O	N	D	Jahr	Z	
5,2	5,9	9,3	11,7	14,7	18,0	19,6	19,5	17,1	12,7	8,4	5,7	12,3		1
9,2	10,5	14,9	17,3	20,3	23,7	25,4	25,7	23,1	18,1	12,7	9,3	17,5	30	2
1,7	2,0	4,2	6,1	9,1	12,2	13,7	13,6	12,0	8,2	4,7	2,5	7,5	30	3
90	75	63	48	61	65	56	70	84	83	96	109	900		4
16	13	13	13	14	11	11	12	13	14	15	17	162		5
81	103	174	210	229	253	262	243	195	158	84	60	2052	15	6

tation/Land Hamburg-Fuhlsbüttel/Bundesrepublik Deutschland
.age 53° 38′ N/10° 00′ E Höhe ü. NN 14 m Klimatyp: Köppen Cfb Troll III, 3

J	F	M	A	M	J	J	A	S	O	N	D	Jahr	Z	
0,0	0,3	3,3	7,5	12,0	15,3	17,0	16,6	13,5	9,1	4,9	1,8	8,4	30	1
2,3	3,0	7,3	12,5	17,4	20,5	22,2	22,0	18,7	12,9	7,3	3,9	12,5	30	2
−2,6	−2,5	−0,3	3,1	6,5	9,9	12,3	12,0	9,2	5,5	2,4	−0,5	4,6	30	3
57	47	38	52	55	64	82	84	61	59	57	58	714	30	4
18	16	13	14	14	14	17	16	15	17	18	18	190	30	5
51	64	131	186	230	222	220	183	171	100	44	28	1630	30	6

Station/Land Trier (Petrisberg)/Bundesrepublik Deutschland
Lage 49° 45′ N/6° 40′ E Höhe ü. NN 265 m Klimatyp: Köppen Cfb Troll III, 3

	J	F	M	A	M	J	J	A	S	O	N	D	Jahr	Z
1	0,6	1,4	5,5	9,0	13,1	16,1	17,8	17,2	14,4	9,4	5,1	1,6	9,3	30
2	3,0	4,6	10,2	14,3	18,8	21,8	23,3	22,9	19,6	13,7	7,8	3,8	13,7	30
3	−2,0	−1,6	1,1	4,3	7,8	11,0	12,8	12,3	10,0	5,8	2,7	−0,7	5,3	30
4	60	51	37	51	62	74	70	80	58	54	60	62	719	30
5	17	14	12	13	12	13	13	13	12	14	15	15	163	30
6	41	73	133	187	219	203	207	184	157	102	42	26	1574	10

Station/Land München-Riem/Bundesrepublik Deutschland
Lage 48° 09′ N/11° 42′ E Höhe ü. NN 527 m Klimatyp: Köppen Cfb Troll III, 3

	J	F	M	A	M	J	J	A	S	O	N	D	Jahr	Z
1	−2,4	−1,2	3,0	7,6	12,2	15,4	17,2	16,6	13,3	7,8	2,9	−0,9	7,6	30
2	1,1	2,9	8,3	13,2	17,6	20,8	22,9	22,4	19,2	13,1	6,5	2,3	12,5	30
3	−5,7	−4,9	−1,3	2,9	6,8	10,3	12,1	11,8	8,9	3,9	0,1	−3,8	3,4	30
4	59	55	51	62	107	125	140	104	87	67	57	50	964	30
5	16	15	13	14	15	16	16	15	13	12	14	14	173	30
6	65	76	147	179	224	206	232	220	180	137	60	45	1771	10

Station/Land Zugspitze/Bundesrepublik Deutschland
Lage 47° 23′ N/10° 59′ E Höhe ü. NN 2960 m Klimatyp: Köppen ET Troll III, 3 (Höhenklima)

	J	F	M	A	M	J	J	A	S	O	N	D	Jahr	Z
1	−11,6	−11,6	− 9,5	−6,9	−2,5	0,5	2,5	2,4	0,6	−3,2	−7,0	−10,0	−4,7	30
2	− 9,2	− 9,2	− 7,0	−4,2	0,3	3,3	5,3	5,0	3,0	−0,9	−4,8	− 7,7	−2,2	30
3	−14,0	−13,9	−11,8	−9,2	−4,9	−1,8	0,4	0,3	−1,5	−5,2	−9,1	−12,2	−6,9	30
4	175	160	146	169	169	191	209	179	142	134	134	138	1946	30
5	18	17	18	20	21	21	20	20	17	14	15	17	218	30
6	116	120	164	163	170	136	167	171	178	176	136	118	1815	10

Station/Land Dresden/Deutsche Demokratische Republik
Lage 51° 07′ N/13° 41′ E Höhe ü. NN 246 m Klimatyp: Köppen Cfb Troll III, 3

	J	F	M	A	M	J	J	A	S	O	N	D	Jahr	Z
1	−1,2	−0,7	3,2	8,2	13,0	16,5	18,1	17,8	14,4	9,1	4,3	0,4	8,6	30
2	1,8	3,0	8,0	13,7	18,6	22,3	23,6	23,4	19,7	13,4	7,5	3,3	13,2	25
3	−3,6	−3,4	−0,2	3,8	7,6	11,3	13,4	12,9	9,8	5,3	2,1	−1,7	4,8	25
4	38	36	37	46	63	68	109	72	48	52	42	37	648	30
5	16	15	14	14	15	13	15	13	13	13	14	14	169	25
6	61	71	129	166	225	230	227	214	167	117	60	54	1721	30

tion/Land Poznań (Posen)/Polen
ge 52° 25′ N/16° 50′ E Höhe ü. NN 92 m Klimatyp: Köppen Cfb Troll III, 3

J	F	M	A	M	J	J	A	S	O	N	D	Jahr	Z	
−2,2	−1,6	2,3	8,0	13,6	17,0	18,8	17,9	14,0	8,5	3,7	0,2	8,3	10	1
0,5	1,1	6,5	12,0	19,5	22,6	24,2	23,0	19,4	13,2	6,0	2,9	12,6	14	2
−4,5	−5,3	−1,3	2,5	8,1	11,1	13,8	12,7	9,0	4,9	0,6	−2,0	4,1	14	3
30	29	28	38	59	60	73	64	41	40	34	33	528	30	4
16	15	12	13	12	12	15	13	12	14	15	16	165	30	5
51	64	142	168	255	241	221	218	184	112	55	40	1751	7	6

tion/Land Warszawa (Warschau)/Polen
ge 52° 09′ N/20° 59′ E Höhe ü. NN 107 m Klimatyp: Köppen Cfb Troll III, 4

J	F	M	A	M	J	J	A	S	O	N	D	Jahr	Z	
−3,5	−2,5	1,4	8,0	14,0	17,5	19,2	18,2	13,9	8,1	3,0	−0,6	8,1	30	1
−0,4	0,3	5,6	11,8	19,6	22,6	24,1	22,9	19,0	12,9	5,6	1,9	12,2	14	2
−5,5	−6,0	−2,0	2,9	9,0	12,3	14,6	13,5	9,5	5,1	0,7	−2,5	4,3	14	3
23	26	24	36	44	62	79	65	41	35	37	30	502	30	4
14	14	9	11	11	12	14	12	12	10	13	15	147	30	5
21	51	131	138	192	198	203	208	171	106	36	10	1465	10	6

ation/Land Wien/Österreich
ge 48° 15′ N/16° 22′ E Höhe ü. NN 203 m Klimatyp: Köppen Cfb Troll III, 3

J	F	M	A	M	J	J	A	S	O	N	D	Jahr	Z	
−1,4	0,4	4,7	10,3	14,8	18,1	19,9	19,3	15,6	9,8	4,8	1,0	9,8	30	1
0.9	3,2	8,4	14,5	19,2	22,6	24,6	23,8	20,1	13,5	7,0	2,8	13,4	30	2
−3,8	−2,5	0,9	5,7	10,0	13,5	15,3	14,7	11,4	6,5	2,6	−1,0	6,1	30	3
39	44	44	45	70	67	84	72	42	56	52	45	660	30	4
15	14	13	13	13	14	13	13	10	13	14	15	160	30	5
57	84	138	184	235	249	266	250	199	129	55	45	1891	30	6

tation/Land Graz/Österreich
age 46° 59′ N/15° 27′ E Höhe ü. NN 342 m Klimatyp: Köppen Dfb Troll III, 3

J	F	M	A	M	J	J	A	S	O	N	D	Jahr	Z	
−3,8	−1,5	3,4	9,0	13,7	17,1	19,0	18,0	14,3	8,6	3,3	−1,3	8,3	30	1
0,8	3,8	9,0	14,8	19,3	22,9	24,8	24,1	20,3	14,2	7,1	2,4	13,6	29	2
−5,0	−4,0	0,1	4,8	9,2	12,5	14,2	13,6	10,5	5,6	1,4	−2,4	5,0	29	3
31	35	34	52	93	126	114	91	80	79	57	48	840	30	4
9	9	9	11	15	15	15	13	11	12	12	11	142	29	5
75	107	151	178	210	234	259	240	188	133	70	61	1906	30	6

Station/Land Säntis/Schweiz
Lage 47° 15′ N/9° 20′ E Höhe ü. NN 2500 m Klimatyp: Köppen ET Troll III, 3 (Höhenklima)

	J	F	M	A	M	J	J	A	S	O	N	D	Jahr	Z
1	− 9,0	− 9,0	−6,6	−4,1	0,4	3,6	5,6	5,5	3,5	−0,6	−4,5	−7,6	−1,9	30
2	− 6,9	− 6,7	−4,3	−1,7	2,9	6,3	8,4	8,2	6,0	1,5	−2,6	−5,6	0,5	30
3	−11,3	−11,3	−8,8	−6,4	−2,2	1,1	3,0	3,2	1,3	−2,7	−6,5	−9,6	−4,2	30
4	202	180	164	166	197	249	302	278	208	183	190	168	2487	30
5	14	13	13	15	15	17	17	16	13	12	12	13	170	30
6	112	123	166	160	184	174	196	186	170	163	129	117	1880	30

Station/Land Genf/Schweiz
Lage 46° 12′ N/6° 09′ E Höhe ü. NN 405 m Klimatyp: Köppen Cfb Troll III, 3

	J	F	M	A	M	J	J	A	S	O	N	D	Jahr	Z
1	1,1	2,2	6,1	10,0	14,1	17,8	19,9	19,1	15,8	10,3	5,7	2,1	10,3	30
2	3,6	5,5	10,4	14,8	19,1	22,9	25,2	24,4	20,5	14,3	8,3	4,4	14,5	30
3	−1,5	−0,9	2,1	5,4	9,2	12,7	14,5	14,3	11,6	6,9	3,0	−0,3	6,4	30
4	63	56	55	51	67	89	64	94	99	72	83	59	852	30
5	9	8	8	8	9	10	7	9	9	9	9	9	104	30
6	54	98	169	206	243	269	297	266	198	131	61	44	2036	30

Station/Land Debrecen/Ungarn
Lage 47° 33′ N/21° 37′ E Höhe ü. NN 123 m Klimatyp: Köppen Cfb Troll III, 3

	J	F	M	A	M	J	J	A	S	O	N	D	Jahr	Z
1	−2,7	−0,6	4,5	11,0	16,5	19,8	21,8	20,8	16,4	10,2	4,9	0,5	10,3	30
2	0,3	3,1	9,9	16,4	21,8	25,1	27,2	26,9	23,0	16,2	8,6	3,4	15,2	28
3	−6,0	−3,9	0,1	5,0	9,8	13,1	14,9	14,0	10,2	5,1	2,0	−2,2	5,2	28
4	35	36	30	36	61	80	59	64	41	49	53	40	584	30
5	8	7	7	8	9	10	8	7	7	8	9	9	97	50
6	61	82	145	191	258	271	297	268	201	144	67	45	2030	50

Station/Land Varna/Bulgarien
Lage 43° 12′ N/27° 55′ E Höhe ü. NN 3 m Klimatyp: Köppen Cfa Troll III, 3

	J	F	M	A	M	J	J	A	S	O	N	D	Jahr	Z
1	1,2	2,4	5,0	10,0	15,5	20,2	22,9	22,6	18,9	14,0	8,6	4,1	12,1	
2	5,8	6,2	10,8	15,7	21,6	26,1	29,8	29,3	25,5	20,5	13,0	7,1	17,6	9
3	−1,2	−1,1	2,3	6,8	11,9	15,9	18,5	17,9	14,4	10,9	5,9	1,0	8,6	9
4	36	31	26	35	40	56	39	38	25	43	49	56	474	
5	10	9	8	9	10	9	6	4	4	7	10	10	96	
6	72	96	134	188	255	275	336	311	247	176	91	72	2253	7

tion/Land La Coruña/Spanien
ge 43° 22′ N/8° 25′ W Höhe ü. NN 67 m Klimatyp: Köppen Csb Troll III, 2

J	F	M	A	M	J	J	A	S	O	N	D	Jahr	Z	
9,9	9,8	11,5	12,4	14,0	16,5	18,2	18,9	17,8	15,3	12,4	10,2	13,9	27	1
12,8	13,0	15,0	16,0	17,5	20,1	21,9	22,6	21,6	18,7	15,4	13,2	17,3	27	2
7,1	6,8	8,1	9,1	10,6	12,9	14,6	14,9	14,1	11,8	9,4	7,5	10,6	27	3
118	78	95	71	56	47	30	44	76	89	128	139	971		4
18	14	16	13	13	10	8	9	12	14	17	19	162		5
95	117	148	192	218	223	264	248	191	151	111	84	2042		6

ation/Land Madrid/Spanien
ge 40° 25′ N/3° 41′ W Höhe ü. NN 667 m Klimatyp: Köppen Csb Troll IV, 1

J	F	M	A	M	J	J	A	S	O	N	D	Jahr	Z	
4,9	6,5	10,0	13,0	15,7	20,6	24,2	23,6	19,8	14,0	8,9	5,6	13,9		1
8,5	11,0	14,9	18,4	21,2	26,9	30,8	29,5	25,0	18,5	12,8	8,8	18,9	27	2
1,5	2,2	5,2	7,4	10,2	14,6	17,4	17,1	14,1	9,5	5,3	2,2	8,9	27	3
38	34	45	44	44	27	12	14	32	53	47	48	438		4
7	6	10	9	9	6	2	3	6	8	9	9	84		5
153	173	187	235	279	317	382	352	256	206	157	136	2824		6

ation/Land Barcelona/Spanien
age 41° 24′ N/2° 09′ E Höhe ü. NN 95 m Klimatyp: Köppen Csa Troll IV, 1

J	F	M	A	M	J	J	A	S	O	N	D	Jahr	Z	
9,4	9,9	12,3	14,6	17,7	21,6	24,4	24,2	21,7	17,5	13,5	10,2	16,4		1
12,7	13,7	15,6	18,2	21,4	25,4	27,9	27,7	25,0	20,5	16,4	13,1	19,8	27	2
6,3	7,1	8,9	11,0	14,0	18,1	20,7	20,8	18,7	14,5	10,5	7,5	13,2	27	3
33	42	46	47	52	43	29	48	77	80	49	47	593		4
5	5	8	8	8	6	4	6	8	9	5	6	79		5
150	164	175	213	252	280	313	274	202	175	150	132	2480		6

tation/Land Malaga/Spanien
age 36° 43′ N/4° 25′ W Höhe ü. NN 34 m Klimatyp: Köppen Csa Troll IV, 1

J	F	M	A	M	J	J	A	S	O	N	D	Jahr	Z	
12,5	12,9	15,0	16,3	19,3	22,8	25,2	25,6	23,5	19,7	15,8	13,3	18,5		1
16,5	16,9	18,4	20,5	23,3	26,6	29,2	29,7	27,3	23,3	19,7	17,3	22,4	27	2
8,2	8,2	10,8	12,7	15,1	18,9	21,3	21,7	19,6	15,9	12,0	9,6	14,5	27	3
59	49	62	46	25	6	1	3	28	62	63	66	470		4
6	6	7	6	4	1	0	1	2	5	7	7	52		5
185	179	192	236	299	344	354	326	342	209	178	167	2912		6

Station/Land Florenz/Italien
Lage 43° 46′ N/11° 15′ E Höhe ü. NN 76 m Klimatyp: Köppen Cfa Troll IV, 1

	J	F	M	A	M	J	J	A	S	O	N	D	Jahr	Z
1	5,1	6,3	9,6	13,1	17,7	21,6	24,2	24,1	20,2	15,1	9,8	5,7	14,4	30
2	9,0	11,0	14,4	18,8	23,2	27,0	30,0	29,5	25,7	20,3	14,0	10,6	19,5	16
3	1,9	3,0	5,1	8,3	11,7	15,2	17,9	17,3	14,7	10,9	7,0	3,7	9,7	16
4	61	58	72	67	62	70	26	36	68	97	101	78	796	30
5	7	7	9	8	7	7	3	3	5	9	9	9	83	30
6	134	134	153	205	300	305	346	322	219	177	97	96	2488	4

Station/Land Neapel/Italien
Lage 40° 51′ N/14° 15′ E Höhe ü. NN 25 m Klimatyp: Köppen Csa Troll IV, 1

	J	F	M	A	M	J	J	A	S	O	N	D	Jahr	Z
1	9,0	9,6	12,0	14,6	18,7	22,2	24,8	25,0	22,1	18,3	13,9	10,9	16,8	30
2	11,7	12,6	14,8	18,2	22,2	26,3	29,1	29,0	26,0	21,7	17,0	13,6	20,2	16
3	4,3	4,8	6,4	8,9	12,3	16,0	18,1	18,1	15,9	12,4	9,0	6,4	11,1	16
4	93	82	75	67	45	46	16	19	71	130	114	137	895	30
5	10	11	10	9	7	5	2	3	7	10	11	13	98	30
6	118	126	161	198	254	279	322	307	243	198	123	93	2422	30

Station/Land Palermo (Sizilien)/Italien
Lage 38° 07′ N/13° 21′ E Höhe ü. NN 71 m Klimatyp: Köppen Csa Troll IV, 1

	J	F	M	A	M	J	J	A	S	O	N	D	Jahr	Z
1	10,2	10,8	12,8	15,1	18,3	22,2	24,8	25,1	23,1	19,1	15,3	11,9	17,4	30
2	15,8	16,4	17,4	20,0	23,6	27,0	29,7	30,0	28,2	25,0	21,4	17,7	22,7	16
3	8,0	8,1	8,9	11,1	14,2	17,8	20,5	21,1	18,9	15,8	12,4	9,7	13,9	16
4	71	43	50	49	19	9	2	18	41	77	71	62	512	16
5	12	8	8	6	3	2	0	2	4	8	8	10	71	16
6	140	146	189	225	288	303	350	322	252	202	156	121	2694	30

Station/Land Tirana/Albanien
Lage 41° 18′ N/19° 48′ E Höhe ü. NN 114 m Klimatyp: Köppen Csa Troll IV, 1

	J	F	M	A	M	J	J	A	S	O	N	D	Jahr	Z
1	7,3	8,3	10,6	14,4	18,4	22,4	25,0	24,9	21,8	17,4	12,9	9,2	16,0	
2	11,6	12,2	15,2	18,4	23,1	27,6	30,6	31,4	27,4	22,8	17,4	13,5	20,9	10
3	2,0	2,0	4,9	8,1	11,8	15,5	17,2	16,9	14,2	10,2	8,2	4,6	9,6	10
4	132	120	100	87	99	60	28	39	73	157	152	142	1189	
5	12	10	11	11	10	6	4	4	6	11	13	12	110	
6	131	122	161	202	250	298	354	335	269	208	103	93	2526	10

tion/Land Athen / Griechenland
ge 37° 58′ N/23° 43′ E Höhe ü. NN 107 m Klimatyp: Köppen Csa Troll IV, 1

J	F	M	A	M	J	J	A	S	O	N	D	Jahr	Z	
9,3	9,9	11,3	15,3	20,0	24,6	27,6	27,4	23,5	19,0	14,7	11,0	17,8		1
12,9	13,9	15,5	20,2	25,0	29,9	33,2	33,1	29,0	23,8	18,6	14,6	22,5	30	2
6,4	6,7	7,8	11,3	15,9	20,0	22,8	22,8	19,3	15,4	11,7	8,2	14,0	30	3
62	36	38	23	23	14	6	7	15	51	56	71	402		4
12	11	10	8	7	5	2	3	4	8	12	12	93		5
149	156	190	215	232	292	364	340	272	210	129	108	2655		6

3. Bibliographie

Weiterführende Literatur

Das Literaturverzeichnis der ersten Ausgabe dieses Buches war so angelegt, daß es hauptsächlich Bibliographien und Titel mit weiterführender Literatur anbot. Dem Wunsch der Herausgeber folgend und in Angleichung an die anderen Bände der Reihe »Fischer Länderkunde« wurde dies geändert.

Die Länder Europas sind, sowohl intern als auch in der internationalen Literatur, so häufig und vielseitig beschrieben worden, daß ein auch nur annähernd vollständiges Verzeichnis wichtig erscheinender Literatur den uns zur Verfügung gestellten Raum rasch gesprengt hatte. Es kann also nur eine sehr knappe Auswahl angeboten werden.

Bei der Auswahl wurde darauf geachtet, sowohl wichtige Standardwerke, darunter auch ältere »Klassiker« der Länderkunde, als auch neuere speziellere Titel zu berücksichtigen. Sparsam wurden auch einige Titel in den Landessprachen ausgewählt.

Die länder- und landeskundlichen Gesamtdarstellungen bieten in der Regel größere und aktuelle Literaturverzeichnisse an, die eine griffige Orientierung erlauben. Darüber hinaus orientieren Regionalbibliographien und die Besprechungen und Anzeigen in den regionalspezifischen Zeitschriftenorganen.

Außerdem gibt es in jedem Land geographische und andere Fachzeitschriften, die bei einer intensiveren Beschäftigung mit Regionalproblemen zu konsultieren sind. Sie unterrichten in den Besprechungsteilen laufend über Neuerscheinungen. Das wichtigste internationale Berichtsorgan ist die »Bibliographie Géographique Internationale«, die vierteljährlich in Paris erscheint und die Meldungen mit knappen Annotationen versieht. Für die Staaten und Regionen bestehen Regionalbibliographien, die, wenn auch gelegentlich mit Verzug, laufend erscheinen, z. B. für Mitteleuropa »Neues Schrifttum zur deutschen Landeskunde« (Trier).

Eine Fundgrube sind darüber hinaus die Lehrerbände zu den gängigen deutschen Schulatlanten (Alexander-, Diercke-, Seydlitz-Weltatlas), die neben griffigen Interpretationstexten auch eine Auswahl von Titeln weiterführender Literatur nennen.

Die Auswahl der Titel zeigt, daß Europa bzw. die Teile, Länder und Regionen Europas mit vielerlei geographischen Publikationen gut bedacht sind. Doch gerade in der deutschsprachigen Literatur lassen sich eindeutige Defizite feststellen, eine Folge des immer noch anhaltenden Trends, daß die deutschen Geographen, neben der Landeskunde Mitteleuropas, die Länderkunde der überseeischen Kontinente mit größerer Aufmerksamkeit betreiben. Deshalb ist es unerläßlich, bei den »European Studies« auch die Literatur in anderen Sprachen zu beachten.

3.2.1 Europa als Ganzes und größere Teile

ANDERSON, J. G. C.: The Structure of Western Europe. Oxford 1978
Aussiedler-Themenheft. In: Informationen zur politischen Bildung 222, 1989, S. 1–48
BARTELS, H.: Europa. Kiel 1968 (Thematische Karten zur Welt von heute 3)
BÄR, O.: Geographie Europas. Zürich 1977
BEALT, A.: Western Europe. A Systematic Geography. London usw. 1917
BECK, R. H. u. a.: The Changing Structure of Europe. 2. Aufl. Minneapolis 1977
BEEM, U. u. a.: Umwelt. In: Informationen zur politischen Bildung 219, 1988, S. 1–40
BERG, L. VAN DEN u. a.: Urban Europe. Oxford 1982
BLACKSELL, M.: Post-War-Europe: A Political Geography. Chatham 1977
BORN, M.: Geographie der ländlichen Siedlungen. Bd. I: Die Genese der Siedlungsformen in Mitteleuropa. Stuttgart 1977 (Teubner Studienbücher Geographie)
BRANIGAN, S. J.: Europe Excluding the British Isles and the U.S.S.R. 2. Aufl. London 1974
BROWNE, G. S. (Hrsg.): Atlas of Europe. A Profile of Western Europe. Edinburgh 1974
BURTENSHAW, D. u. a.: The City in West Europe. Chichester/New York 1981
CHRISTALLER, W.: Europa. In: das Gesicht der Erde. München 1961
CIPOLLA, C. M. (Hrsg.): The Fontana Economic History of Europe, 6 Bde. in 9 Teilen. Glasgow 1972–1976
CLAYTON, K. M./I. B. F. KORMOSS (Hrsg.): Western Europe. London 1971 (Oxford Regional Atlas Series)
CLOUT, H. D.: Agriculture Studies in Contemporary Europe. London 1971
–: The Regional Problems in Western Europe. Cambridge 1976
– (Hrsg.): Regional Development in Western Europe. 2. Aufl. Chichester/New York 1981
DICKINSON, R. E.: The West European City. London 1951
DIEM, A.: Western Europa. A Geographical Analysis. New York/London 1979
DUCHÊNE, F.: Die Europäische Gemeinschaft im Mittelmeerraum. Luxemburg 1985 (Europäische Dokumentation 3–4, 1985)
EAST, W. G.: An Historical Geography of Europe. 5. Aufl. London 1966
ECKART, K.: Landwirtschaftliche Probleme europäischer Länder. Frankfurt a. M. 1981 (Materialien zur Geographie)
Energie. In: Informationen zur politischen Bildung 188, 1981
ENNEN, E.: Die europäische Stadt des Mittelalters. 4. Aufl. Göttingen 1987 (Sammlung Vandenhoeck)
Europa. In: Paulys Realencyclopädie der Classischen Altertumswissenschaft. Neuausg., 11. Halbbd. Stuttgart 1907, Sp. 1287–1310
Europa (ohne Sowjetunion), Vorderer Orient, Nordafrika. Gütersloh 1985 (Länder, Völker, Kontinente 1)
Die europäische Gemeinschaft in Karten. Novara 1974

FISCHER, J.: Oriens-Occidens-Europa. Begriff und Gedanke Europas in der späten Antike und im frühen Mittelalter. Mainz 1957 (Veröffentlichungen des Instituts für europäische Geschichte 15)
FORSTER, CH. R. (Hrsg.): Nations Without a State: Ethnic Minorities in Western Europe. New York 1980 (Praegers Special Studies)
FRANKLIN, S. H.: European Peasantry: The Final Phase. London 1969
FRIEDRICHS, J. (Hrsg.): Stadtentwicklungen in kapitalistischen und sozialistischen Ländern. Reinbek 1978 (rde 378)
GEIPEL, J.: The Europeans. An Ethnohistorical Survey. London 1969
GINER, S./M. S. ARCHER: Contemporary Europe: Social Structures and Cultural Patterns. New York 1977
GOLLWITZER, H.: Zur Wertgeschichte und Sinndeutung in Europa. In: Saeculum 2, 1951, S. 161–172
GOTTMAN, A.: A Geography of Europe. 4. Aufl. New York 1969
GREES, H. (Hrsg.): Die europäische Kulturlandschaft im Wandel. Kiel 1974
HAARMANN, H.: Soziologie und Politik der Staaten Europas. München 1975 (dtv 4161)
HÄRING, D. u. a. (Hrsg.): Atlas sozial-ökonomischer Regionen Europas. Baden-Baden 1964ff.
HALECKI, O.: Europa. Grenzen und Gliederung seiner Geschichte. Darmstadt 1957
HALL, P.: Europe 2000. Final Results of Plan 2000. London/New York 1977
–/D. HAY: Growth Centers in the European Urban Systems. London 1980
HAMMERSCHMIDT, A./G. STIENS: Regionale Disparitäten in Europa. In: Geographische Rundschau 28, 1976, S. 169–177
HARBRECHT, W.: Die Europäische Gemeinschaft. 2. Aufl. Stuttgart/New York 1984 (UTB 746)
HEROLD, A.: Zwergstaaten Europas. Niedernhausen 1983 (Wissen heute 8)
HERRMANN, H.: Ausländer. In: Informationen zur politischen Bildung 201, 1984, S. 1–32
HETTNER, A.: Europa. 3. Aufl. Leipzig, Berlin 1925 (Grundzüge der Länderkunde 1)
HODGES, M. (Hrsg.): European Integration. Harmondsworth 1972 (A Penguin Book)
HÖLL, O.: Small States in Europe and Dependence. Wien 1983
HOFFMAN, G. W. (Hrsg.): A Geography of Europe. Problems and Prospects. 5. Aufl. New York/Chichester 1983
HUDSON, R./J. R. LEWIS: Regional Planning in Europe. London 1982
Human Settlements in Europe: Post-War Trends and Policies. New York 1976
ILBERY, B. W.: Western Europe. A Systematic Human Geography. Oxford/New York 1981
JABLONOWSKI, H.: Die deutsche Ostgrenze von 1937 in historischer Sicht. Köln 1967
JÄGER, H.: Entwicklungsprobleme europäischer Kulturlandschaften. Darmstadt 1987 (Einführungen)
JÄGER, H. u. a. (Hrsg.): Beiträge zur Genese der Siedlungs- und Agrarlandschaft Europas. Wiesbaden 1968 (Erdkundliches Wissen 18)

JORDAN, T. G.: The European Cultural Area. A Systematic Geography. New York 1973
KASTEN, H.: Die europäische Wirtschaftsintegration. München 1978 (UTB 690)
KAUFMANN, R.: Vergleichende Untersuchung strukturschwacher Regionen der Europäischen Gemeinschaft. Saarbrücken 1978
KLASEN, J. u. a. (Hrsg.): Der Städtische Raum in Frankreich und in der Bundesrepublik Deutschland. Braunschweig 1987 (Studien zur internationalen Schulbuchberatung 50)
KNOX, P. L.: The Geography of Western Europe. Beckenham 1984
KONDRACKI, J.: The Physico-Geographical Regionalization of Europe. In: Geographica Polonica 14, 1968, S. 160–184
KOSINKSI, L. H.: The Population of Europe. A Systematic Geography. London 1970
KOSSMANN, O.: Warum ist Europa so? Eine Deutung aus Raum und Zeit. Stuttgart 1950
KRÄTSCHELL, H. / G. RENNER: Die Europäische Gemeinschaft. Bonn 1986 (Informationen zur politischen Bildung 213)
KRAMM, H. J. u. a.: Geographie der EWG-Länder. Gotha/Leipzig 1981 (Studienbücherei Geographie 11)
KRAUS, TH.: Europa als geographischer Begriff. In: Kölner Zeitschrift für Soziologie und Sozialpsychologie 4, 1951/52, S. 251–266
KULISCHER, E. M.: Europe on the Move. War and Population Changes. New York 1948
LANDES, D. S.: Der entfesselte Prometheus. Technologischer Wandel und industrielle Entwicklung in Westeuropa von 1750 bis zur Gegenwart. Köln 1973
LAUTENSACH, H.: Europa. In: Länderkunde, ein Handbuch zum Stieler. Gotha 1926, S. 1–430
LEE, W. R.: European Demography and Economic Growth. London 1979
LEHMANN, H.: Europa. 21. Aufl. München 1973 (Harms Erdkunde)
LICHTENBERGER, E.: The Nature of European Urbanism. In: Geoforum 4, 1970, S. 45–62
–: Die europäische Stadt. In: Berichte zur Raumforschung und Raumplanung 16, 1972, H. 1, S. 3–25
LOUIS, H.: Über den geographischen Europa-Begriff. In: Mitteilungen der Geographischen Gesellschaft München 30, 1954, S. 73–93
MACHATSCHEK, F.: Europa als Ganzes. Leipzig/Wien 1929 (Enzyklopädie der Erdkunde)
MAHOTIERE, S. DE LA: Towards One Europe. Paris 1975
MALMSTRÖM, V.: Geography of Europe: A Regional Analysis. New Jersey 1971
MARCHANT, E. C.: The Countries of Europe as Seen by their Geographers. London 1970
MCNEILL, W. H.: Europe's Steppe Frontier, 1500–1800, New York 1983
MCRAE, V.: Die Gastarbeiter. Daten, Fakten, Probleme. München 1980 (Beck'sche Schwarze Reihe 225)
MEAD, W. R.: The Discovery of Europe. In: Geography 67, 1982, S. 193–202
MEINHOLD, P.: Europa – Momente seiner Geschichte und seiner Zukunft. In: Saeculum 22, 1971, S. 402–416

MELLOR, R. E. H. / E. A. SMITH: Europe. A Geographical Survey of a Continent. London 1979
MILLER, M. J.: Foreign Workers in Western Europe. New York 1981 (Praeger Special Studies)
MINSHULL, G. N.: The New Europe. An Economic Geography of the EEC. London usw. 1978
MITCHELL, B. R.: European Historical Statistics, 1750–1975. 2. Aufl. London 1980
MONKHOUSE, I. J. A.: A Regional Geography of Western Europe. 4. Aufl. London 1974
NAWRATIL, H.: Die deutschen Nachkriegsverluste unter Vertriebenen, Gefangenen und Verschleppten. München/Berlin 1987 (Herbig Materialien zur Zeitgeschichte)
NEBEL, J. / A. PLETSCH (Hrsg.): Der Ländliche Raum in Frankreich und in der Bundesrepublik Deutschland. Braunschweig 1985 (Studien zur internationalen Schulbuchforschung 41)
NINCK, M.: Die Entdeckung Europas durch die Griechen. Basel 1945
PARKER, G.: The Countries of the Community of Europe. London 1979
–: The Logic of Unity: A Geography of the European Economic Community. 3. Aufl. London/New York 1981
PENCK, A.: Politisch-geographische Lehren des Krieges. Berlin 1915
PIRENNE, H.: Sozial- und Wirtschaftsgeschichte Europas im Mittelalter. 6. Aufl. München 1986 (UTB 33)
POUNDS, N. J. G.: An Historical Geography of Europe 450 B. C. to 1330 A. D. London/New York 1973
–: An Historical Geography of Europe 1500–1840. London/New York 1979
–: Europe and the Soviet Union. 2. Aufl. London/New York 1966
PROUDFOOT, M. J.: European Refugees. A Study in Forced Population Movement 1939–1952. London 1957
Rat für gegenseitige Wirtschaftshilfe. Bonn 1987 (Schriftenreihe der Bundeszentrale für politische Bildung 259)
RELLSTAB, U.: Die Stadt von morgen. Zürich 1984
RHODE, G.: Phasen und Formen der Massenzwangswanderung in Europa. In: Die Vertriebenen in Deutschland, Bd. 1. Kiel 1959, S. 17–60
RIES, A.: 1979: Das ABC der europäischen Agrarpolitik. Baden-Baden 1979
RITTER, C.: Europa. Berlin 1863
RITTER, W.: Fremdenverkehr in Europa. Leiden 1966 (Europäische Aspekte, A 8)
SALT, J. / H. D. CLOUT: Migration in Post-War Europe. Oxford 1976
SCARGILL, D. I., (Hrsg.): The Problem Regions of Europe, Bd. 1–18. Oxford 1972–1977
SCHIEDER, TH.: Nationale Vielfalt und europäische Gemeinschaft. In: Geschichte in Wissenschaft und Unterricht 5, 1954, S. 65–79
SCHÖNENBERG, R.: Einführung in die Geologie Europas. Freiburg 1971
SHAKLETON, M. R.: Europe. A Regional Geography. 6. Aufl. London 1958
SHERMAN, CH. L.: The Five little Countries of Europe: Luxemburg, Monaco, Andorra, San Marino, Liechtenstein. Garden City 1963

Statistische Grundzahlen der Gemeinschaft. Luxemburg, jährlich
Statistisches Bundesamt Wiesbaden: Länderbericht EG-Staaten 1986. Stuttgart 1986 (Statistik des Auslandes)
Statistisches Bundesamt Wiesbaden: Länderbericht RGW-Staaten 1985. Mainz 1985 (Statistik des Auslandes)
TIETZE, W.: Das Werden Europas. Eine historisch-geographische Betrachtung. In: Geogr. Rundschau 12, 1960, S. 317–325
TROLL, C.: Die Landbauzonen Europas in ihrer Beziehung zur natürlichen Vegetation. In: Geogr. Zeitschrift 31, 1925, S. 265–280
TURRI, E.: Europa. Novara 1978
United Nations Publications (Hrsg.): Structure and Chance in European Industry. Geneva/New York 1917
WHITE, P.: The West European City: A Social Geography. London/New York 1984
WIRTH, E.: Zum Problem der Nord-Süd-Gegensätze in Europa. In: Mitteilungen der Fränkischen Geographischen Gesellschaft 10, 1963, S. 138–154

3.2.2 Nordeuropa

AHLMANN, H. W. SON (Hrsg.): Nvrden i kart oj tekst. Stockholm 1976
ALEXANDERSON, G. u. a.:Das städtische Siedlungssystem Nordeuropas. Historische Entwicklung und gegenwärtige Tendenzen. In: Geogr. Rundschau 37, 1985, S. 515–520
ANGERMANN, H.: Die norwegische Fischwirtschaft. Oslo 1971
Atlas of Finland. Helsinki 1980 ff.
Atlas över Sverige. Stockholm 1953–1971
BLÜTHGEN, J.: Bornholm. Ein Beitrag zur Landeskunde der dänischen Ostseeinsel. In: Erdkunde 29, 1975, S. 194–209
BORGIS, C.: Zur Entwicklung von Stockholm. In: Zeitschrift für Wirtschaftsgeographie 4, 1960, S. 33–41
BRAUN, G.: Nordeuropa. Wien/Leipzig 1926 (Enzyklopädie der Erdkunde)
BRONNY, H.: Studien zur Entwicklung und Struktur der Wirtschaft in der Provinz Finnisch-Lappland. Münster 1966 (Westfälische Geogr. Studien 19)
– u. a.: Samische Rentierwirtschaft. Reliktform oder Wachstumsbranche? In: Geogr. Rundschau 37, 1985, S. 529–536
BUTZIN, B.: Die Entwicklung Finnisch-Lapplands. Ansatz zu einem Modell des regionalen Wandels. Paderborn 1977 (Bochumer Geogr. Arbeiten 30)
– (Hrsg.): Entwicklungs- und Planungsprobleme in Nordeuropa. Paderborn 1981 (Münstersche Geogr. Arbeiten 12)
–: Zentrum und Peripherie im Wandel. Erscheinungsformen und Determinanten der »Counterurbanization« in Nordeuropa und Kanada. Paderborn 1986 (Münstersche Geographische Arbeiten 23)
CABOURET, M.: Les régions de l'Europe du Nord I: Danemark, Suède. Paris 1983
CARSTENSEN, R.: Bergen, Entwicklungsbild einer norwegischen Hafenstadt. Lübeck 1973 (Mitteilungen der Geogr. Gesellschaft Lübeck 53)

CHABOT, P.: L'Europe Nord et du Nord-Ouest. 2 Bde. Paris 1958
CREDNER, W.: Landschaft und Wirtschaft in Schweden. Breslau 1926 (Schriften der Baltischen Kommission zu Kiel)
DEGE, W.: Zur Kulturgeographie des nördlichen Gudbrandsdals. Münster 1963 (Westfälische Geogr. Studien 16)
DEY, R.: Finnland heute. Wien/Düsseldorf 1966
EVERS, W.: Suomi-Finnland. Stuttgart 1960 (Kleine Länderkunden)
–: Finnland im Spannungsfeld zwischen Ost und West. Hannover 1969
–: Finnland. Ein sozial-ökonomischer Strukturbericht. In: Geogr. Taschenbuch 1975/76, Wiesbaden 1975, S. 9–56
FRAMKE, W.: Geographische Planung in Dänemark. In: Geogr. Zeitschrift 69, 1981, S. 128–140
FRIIS, H. (Hrsg.): Scandinavia between East and West. Ithaca NY 1950
FULLERTON, B./A. F. WILLIAMS: Scandinavia. 2. Aufl. London 1975
GLÄSSER, E.: Südnorwegische Agrarlandschaften. Wiesbaden 1975 (Kölner Studien zur Wirtschafts- und Sozialgeographie 22)
–: Norwegen. Darmstadt 1978 (Wissenschaftliche Länderkunden 14)
–: Dänemark. Stuttgart 1980 (Klett Länderprofile)
–: Zur agrarwirtschaftlichen Problematik in Nordnorwegen. In: Zeitschr. f. Agrargeographie 6, 1988, S. 71–104
–/J. SCHWACKENBERG: Meeresbewirtschaftung und Aquakultur. Entwicklung der Fischwirtschaft in Nordeuropa. In: Geogr. Rundschau 37, 1985, S. 492–502
–/A. SCHNÜTGEN: Island. Darmstadt 1986 (Wissenschaftliche Länderkunden 28)
GLAWION, R.: Die natürliche Vegetation Islands als Ausdruck des ökologischen Raumpotentials. Paderborn 1985 (Bochumer Geogr. Arbeiten 45)
HELMFRID, ST.: Geographie der mobilen Gesellschaft in Schweden. In: Geogr. Rundschau 29, 1968, S. 445–451
HEMMER, J.: Entwicklung und Struktur der Rentierwirtschaft in Finnmark und Troms (Nordnorwegen). Bamberg 1985 (Bamberger Wirtschaftsgeographische Arbeiten 1)
HENDINGER, H.: Die schwedische Waldlandschaft. Hamburg 1956
HOLM, O.: Die öl- und gaswirtschaftliche Entwicklung Norwegens und ihre Auswirkungen auf die sozio-ökonomische Struktur der westlichen Landesteile. Köln 1988 (Kölner Forschungen zur Wirtschafts- und Sozialgeographie 34)
HURTIG, TH.: Schwedisch-Lappland und die Lappen. In: Geogr. Berichte 3, 1958, S. 81–105
IWAN, W.: Island. Stuttgart 1935 (Berliner Geogr. Arbeiten 7)
JENSEN, H./M. JENSEN (Hrsg.): Topografisk Atlas Danmark. København 1976
JOHN, B.: Scandinavia. A New Geography. London/New York 1984
KIMBLE, G. T./D. GOOD (Hrsg.): Geography of the Northlands. New York 1955
LEHNER, L.: Die kulturlandschaftliche Entwicklung Finnisch-Lapplands nach dem Zweiten Weltkrieg. In: Mitteilungen der Geographischen Gesellschaft München 45, 1960, S. 51–145
LINDEMANN, R.: Die Landwirtschaft in Norwegen. Stand, Probleme und Ent-

wicklungsmöglichkeiten. In: Zeitschrift für Agrargeographie 2, 1984, S. 357–372
–: Norwegen. Räumliche Entwicklungen in einem dünnbesiedelten Land. Stuttgart 1986 (Klett Länderprofile)
–/D. Soyez: Binnengewässer und Waldland. Bedrohte Ressourcen der Skandinavischen Halbinsel. In: Geogr. Rundschau 37, 1985, S. 504–511
Löffler, G.: Agrarstrukturelle Entwicklungstendenzen und ihre Determinanten im Umland schwedischer Agglomerationsräume nach 1950 – multivariate raumzeitliche Beschreibungs- und Erklärungsmodelle. München 1984 (Schriften des Instituts für Regionalforschung der Universität Kiel 7)
Malchus, v. Frhr. von/M. Kosonen: Raumordnung und Regionalplanung in europäischen Ländern, T. 2: Skandinavien. Hannover 1981 (Akademie für Raumforschung und Landesplanung: Beiträge 54)
Mead, W. R.: An Economic Geography of the Scandinavian States and Finnland. 3. Aufl. London 1968
–: The Scandinavian Northlands. 2. Aufl. London 1975 (Problem Regions of Europe)
–: An Historical Geography of Scandinavia. London 1981
Mook, R.: Vom Wandel der Lebensverhältnisse in Nordnorwegen. In: Geoforum 1971, H. 5, S. 7–35
Nasjonalatlas for Norge. Oslo 1983 ff.
Nielsen, N. (Hrsg.): The Atlas of Denmark. 2. Bde., København 1949/61
Nordeuropa. Themenheft. In: Geogr. Rundschau 37, 1985, H. 10
O'Dell, A. C.: The Scandinavian World. 3. Aufl. London 1963
Preusser, H.: The Landscapes of Iceland: Types and Regions. The Hague 1976
Schmidt, H.: Bornholm, die Ostseeinsel auf der Grenze zwischen Mittel- und Nordeuropa. In: Geogr. Berichte 10, 1965, S. 43–60
Schrepfer, H.: Finnland. Natur, Menschen und Landschaft. Freiburg 1929
Schutzbach, W.: Island – Feuerinsel am Polarkreis. 3. Aufl. Bonn 1985
Schwackenberg, J.: Die Fischwirtschaft im norwegischen Vestland. Sozioökonomische Strukturen und Entwicklungen in einer traditionellen Fischereiregion. Köln 1985 (Kölner Forschungen zur Wirtschafts- und Sozialgeographie 33)
Sedlacek, P.: Ökonomische Grundlagen und Wirkungen der Aluminiumverhüttung auf Island. In: Zeitschr. f. Wirtschaftsgeographie 25, 1981, S. 60–63
Sömme, A. (Hrsg.): Die Nordischen Länder. 2. Aufl. Braunschweig 1974
Soyez, D.: Ressourcenverknappung und Konflikt. Entstehung und Raumwirksamkeit mit Beispielen aus dem mittelschwedischen Industriegebiet. Saarbrücken 1985 (Arbeiten aus dem Geogr. Institut der Universität des Saarlandes 35)
Statistisches Bundesamt Wiesbaden: Länderbericht Nordische Staaten 1985. Mainz 1985 (Statistik des Auslandes)
–: Länderbericht Schweden 1986. Mainz 1986 (Statistik des Auslandes)
Stocks, Th.: Island. In: Geogr. Taschenbuch 1960/61, Wiesbaden 1960, S. 321–326
Suomi. A General Handbook on the Geography of Finland. Helsinki 1952

TAUBMANN, W.: Islands Landwirtschaft. Grundzüge und neuere Wandlungen. In: Erdkunde 23, 1969, S. 30–47
TIETZE, W. (Hrsg.): Luftbildatlas Nordische Länder. Neumünster 1981
VARJO, U. / W. TIETZE (Hrsg.): Norden. Man and Environment. Bonn, Stuttgart 1987
VENZKE, J. F.: Geoökologische Charakteristik der wüstenhaften Gebiete Islands. Paderborn 1982 (Essener Geogr. Arbeiten 3)
VORREN, Ö. / E. MANKER: Die Lappen. Braunschweig 1967
WINDHORST, H. J.: Forst- und Holzwirtschaft in den borealen Nadelwäldern. Paderborn / München 1981
–: Die Krisensituation der nordeuropäischen Holzindustrie in der zweiten Hälfte der siebziger Jahre in Abhängigkeit von konjunkturellen Schwankungen und Strukturproblemen. In: Erdkunde 35, 1981, S. 210–222

3.2.3 West- und Nordwesteuropa

ATKINSON, M. / C. BABER: The Growth and Decline of the South Wales Iron Industry 1760–1880. Cardiff 1987 (University of Wales, Board of Celtic Studies 9)
Agrarstrukturveränderungen in Frankreich. Themenheft. In: Zeitschrift für Agrargeographie 2, 1984, H. 3
Atlas de Belgique – Atlas van Belgie. Hrsg. v. Comité National de Géographie. Brüssel 1955 ff. 2. Aufl. 1981 ff.
Atlas von Belgien. Hrsg. v. Belgischen Institut für Information und Dokumentation. Brüssel o. J. (1980)
Atlas of Britain and Northern Ireland. Oxford 1963
Atlas de France. 2. Aufl. Paris 1951–1958
Atlas of Industrializing Britain 1780–1914. London, New York 1986
Atlas of Ireland. Dublin 1979
Atlas von Luxemburg. Luxemburg 1963
Atlas du Luxembourg. Luxemburg 1971
Atlas van Nederland – Atlas of the Netherlands. Hrsg. v. Stichting Wetenschappelijke Atlas van Nederland. 1. Ausg. Den Haag 1963 ff. 2. Ausg. 1984 ff.
BALESTE, M. (Hrsg.): L'économie française. Paris 1976
BAUCHET, P.: La planification française. Paris 1970
BEAUJEU-GARNIER, J.: France. London / New York 1975 (World's Landscape Series)
–: Atlas et géographie de Paris et la région d'Ile de France. 2 Bde, Paris 1977
Benelux. Themenheft. In: Geographische Rundschau 38, 1986, H. 7/8
Benelux. Themenheft. In: Praxis Geographie 17, 1987, H. 6
BIRKENHAUER, J.: Überlegungen zur agrargeographischen Gliederung der britischen Hauptinsel. In: Mitteilungen der Geogr. Gesellschaft München 63, 1978, S. 141–158
BOAL, F. W. / J. N. H. DOUGLAS (Hrsg.): Integration and Division. Geographical Perspectives on the Northern Ireland Problem. London, New York 1982

BORCHERT, J. G./J. A. VAN GINKEL: Die Randstad Holland in der niederländischen Raumordnung. Kiel 1979 (Geocolleg 7)
–/L. S. BOURNE/R. SINCLAIR (Hrsg.): Urban Systems in Transition. Utrecht 1986 (Nederlandse Geografische Studies 16)
BUCHLER, J. P.: L'agriculture luxembourgeois au sein de la CEE. Luxembourg 1983 (Réalités et perspectives)
BUHLMANN, I.: Die Landgewinnung im IJsselmeer. Wiesbaden 1975 (Wiss. Paperbacks Geographie)
BUHLMANN, I.: Der Deltaplan; die Veränderung der Umwelt im Mündungsgebiet von Rhein, Maas und Schelde. Paderborn 1981
BURKE, G. L.: The Making of Dutch Towns. London 1956
CALMES, R. u. a.: L'espace rural français. Paris 1978
CARON, F.: An Economic History of Modern France. London 1979
CARTER, H. (Hrsg.): An Advanced Geography of the British Isles. Amersham 1974
CHABOT, H.: Géographie régionale de la France. 2. Aufl. Paris 1969
CLOUT, H. D.: The Franco-Belgian Border Region. London 1975 (Problem Regions of Europe)
–: The Geography of post-war France. A Social and Economic Approach. Oxford/Toronto 1972
DAMESICK, P./P. WOOD (Hrsg.): Regional Problems, Problem Regions, and Public Policy in the United Kingdom. Oxford 1987
DANDELOT, M./F. FROMENT-MEURICE: France. Paris 1975
DARBY, H. C. (Hrsg.): A New Historical Geography of England. 2 Bde., Cambridge/New York 1976
DODGSHON, R. A./R. A. BUTLIN (Hrsg.): Historical Geography of England and Wales. London usw. 1978
DÖHNE, U.: Megalopolis Nordwesteuropa. Duisburg 1980 (Schriftenreihe Landesentwicklung 1007)
DOLLFUSS, J.: France. Its Geography and Growth. London 1969
DURI, G. H.: The British Isles. 5. Aufl. London/Totowa 1973
EDWARDS, T.: Belgium and Luxembourg. London/New York 1951
Frankreich. Themenheft. In: Geoforum 11, 1980, H. 3
Frankreich. Themenheft. In: Geographische Rundschau 39, 1987, H. 12
Der Frankreich-Brockhaus A–Z. Wiesbaden 1982
FREEMAN, T. W.: The Conurbations of Great Britain. Manchester 1959
–: Ireland. A General and Regional Geography. 4. Aufl. London 1972
GAY, F./P. WAGRET: Le Benelux. 2. Aufl. Paris 1970
–: Benelux. In: Regional Development in Western Europe. 3. Aufl. London 1987. S. 195–227
GEORGES, P.: La France. 2. Aufl. Paris 1970
GODDARD, B.: The Economic Development of Older Industrial Areas: The Case of the Northern Region of England. Newcastle 1983
GORDON, G. (Hrsg.): Regional Cities in the U. K. 1890–1980. London 1986
GRAVES, M. J./J. T. WHITE: Geography of the British Isles. 4. Aufl. London 1976
Die Grenzen der Niederlande. Den Haag 1987 (idg bulletin 1986)
Großbritannien. Themenheft. In: Geogr. Rundschau 37, 1985, H. 3

Der Großbritannien-Brockhaus A–Z. Wiesbaden 1983

HAEGEN, H. VAN DER (Hrsg.): West European Settlement Systems. Leuwen 1982 (Acta Geographica Lovaniensia 22)

HAMBLOCH, H.: Die Beneluxstaaten. Eine geographische Landeskunde. Darmstadt 1977 (Wiss. Länderkunden 13)

HARDY, A. F. (Hrsg.): Geography of the British Isles Series. Cambridge 1969 ff.

HARTKE, W.: Das Land Frankreich als sozialgeographische Einheit. Frankfurt a. M. 1963 (Themen zur Geographie und Gemeinschaftskunde)

HEINEBERG, H.: Großbritannien. Stuttgart 1983 (Klett Länderprofile)

HOSKINS, W. G.: The Making of the English Landscape. Harmondsworth 1974

HOUSE, J. W.: France.: An Applied Geography. London/New York 1978

HOWARD, E.: Gartenstädte von morgen. Berlin 1968 (Bauwelt Fundamente 21)

HÜTTERMANN, A.: Industrieparks in Irland. Wiesbaden 1978 (Wiss. Paperbacks Geographie)

Informations- und Dokumentationszentrum für die Geographie der Niederlande, Utrecht/Den Haag (Hrsg.): Kleine Geographie der Niederlande ^{4}1986

– Kleiner Bildatlas der Niederlande ^{2}1985

– Randstad Holland ^{2}1986

– Der Südwesten der Niederlande 1984

– Zuidersee/IJsselmeer 1981

JÄGER, H.: Großbritannien. Darmstadt 1976 (Wissenschaftliche Länderkunden 11)

JOHNSTON, R. J./J. C. DOORNKAMP (Hrsg.): The Changing Geography of the United Kingdom. London/New York 1982

KEEBLE, D.: Industrial Location and Planning in the United Kingdom. London 1978

KING, W. J.: The British Isles. 2. Aufl. London 1976

KLASEN, J.: Frankreich. In: Geogr. Taschenbuch 1970/72. Wiesbaden 1972, S. 145–176

KRINGS, W.: Innenstädte in Belgien. Bonn 1984 (Bonner Geographische Arbeiten 68)

LADEMACHER, H.: Geschichte der Niederlande. Darmstadt 1983

LAMBERT, A. M.: The Making of the Dutch Landscape: An Historical Geography of the Netherlands. London 1971

LAW, CH. M.: British Regional Development since World War I. Problems in Modern Geography. Newton Abbot usw. 1980

LEA, K. J.: A Geography of Scotland. Newton Abbot 1977

LEISTER, I.: Das Werden der Agrarlandschaft Tipperary (Irland). Marburg 1963 (Marburger Geographische Schriften 18)

–: Irland. In: Geogr. Taschenbuch 1964/65. Wiesbaden 1964, S. 136–151

–: Wachstum und Erneuerung britischer Industriegroßstädte. Köln usw. 1970 (Schriften der Kommission für Raumforschung der ÖAW 2)

LLOYD, P.: North West England 1971–1977. A Study In Industrial Decline and Economic Restructuring. In: Regional Studies 1982, S. 345–360

LÜCKE, H.: Korsika, eine unterentwickelte Mittelmeerinsel. In: Geogr. Rundschau 32, 1980, S. 444–452

MANNERS, G. u. a.: Regional Development in Britain. London 1972
MARTONNE, E. DE/A. DEMANGEON: La France. 2 Bde., Paris 1946/48 (Geographie Universelle 6, I u. II)
MELNIK, S./H. PROKASKY: Großbritannien. In: Informationen zur politischen Bildung 214, 1987, S. 1–36
MENYESCH, D./H. UTERWEDDE: Frankreich. In: Informationen zur politischen Bildung 186, 1986, S. 1–32
MONKHOUSE, J. J.: A Regional Geography of Western Europe. 3. Aufl. New York 1967
NIXON, B.: The British Isles. London 1978
NOTTROT, J.: Luxemburg. Beiträge zur Stadtgeographie einer europäischen Hauptstadt und eines internationalen Finanzplatzes. Innsbruck 1985 (Innsbrucker Geogr. Studien 12)
ORME, A. R.: Ireland. London 1970 (The World's Landscapes 4)
OSBORN, F./A. WHITTICK: The New Towns. London 1969
PETERS, A.: Der Verstädterungsprozeß in den Niederlanden nach 1950. Raumordnungspolitische Implikationen. Bonn 1983 (Arbeitshefte des Instituts für Stadt- und Regionalplanung der TU Berlin 24)
PINCHEMEL, PH.: La France. 2 Bde., 3. Aufl. Paris 1969/70
–: La région parisienne. Paris 1979 (»Que sais-je?« 675)
PLETSCH, A.: Frankreich. 2. Aufl. Stuttgart 1981 (Klett Länderprofile)
QUASTEN, H.: Die Wirtschaftsformation der Schwerindustrie im Luxemburger Minett. Saarbrücken 1970 (Arbeiten aus dem Geographischen Institut der Universität des Saarlandes 13)
RAWTHORN, B.: Re-Industrialization in Britain. In: The Geography of Re-Industrialization. Houndmills u. a. 1986, S. 1–30
REES, H.: Industries of Britain. London 1970
RILEY, R. C.: Belgium. Folkestone 1976 (Studies in Industrial Geography)
–/G. J. ASHWORTH: Benelux. An Economic Geography of Belgium, the Netherlands and Luxembourg. London 1975
ROBERTS, B. K.: Rural Settlement in Britain. Folkestone 1977 (Studies in Historical Geography)
RUBENSTEIN, J. M.: The French New Towns. Baltimore/London 1978
SCHEU, E.: Frankreich. Breslau 1923
SCHLEGEL, W.: Veränderungen in der Kulturlandschaft Korsikas in jüngster Zeit. In: Paderborner Studien 1977, H. 1/2, S. 114–120
SCHMIT, G./B. WIESE: Luxemburg in Karte und Luftbild. Luxemburg 1980
SCHMITHÜSEN, J.: Das Luxemburger Land. Leipzig 1940 (Forschungen zur deutschen Landeskunde 34)
SCHNEIDER, K.-G./B. WIESE: Benelux – Landesplanung – Landesentwicklung. Köln 1979
SCHULTZE, J. H.: Großbritannien und Irland. Stuttgart 1950
SÉVRIN, R.: Géographie de la Belgique, des Pays-Bas et du Luxembourg. Paris 1980 (»Que sais-je« 1352)
SMIT, M. DE/E. WEVER (Hrsg.): A Profile of Dutch Economic Geography. Assen 1985
SÖLCH, J.: Die Landschaften der Britischen Inseln. 2 Bde., Wien 1951/52

STAMP, J. D./M. A. BEAVER: The British Isles. A Geographic and Economic Survey. 6. Aufl. London 1971
TAMSMA, R.: The Netherlands in Fifty Maps. Amsterdam 1988
THOMPSON, I. B.: Modern France. A Social and Economic Geography. London 1970
TREIBER, W.: Agrarpolitik und Agrarsektor in Frankreich. Kiel 1983 (Agrarpolitische Länderberichte EG-Staaten 6)
TUCKERMANN, W.: Länderkunde der Niederlande und Belgiens. Leipzig/Wien 1931
TUPPEN, J.: The Economic Geography of France. London 1983
UHLIG, H.: Belgien. Entwicklung, Struktur und räumliche Gliederung seiner Bevölkerung. In: Geogr. Taschenbuch 1958/59, Wiesbaden 1958, S. 373–389
VANDERMOTTEN, CH.: Atlas Economique de la Belgique. Bruxelles 1983
VEIT, M.: Luxemburg. Heroldsberg 1979 (Kultur der Nationen 36)
VOPPEL, G.: Wandel industrieller Strukturen in Nordwesteuropa. Paderborn 1980 (Fragenkreise)
WATSON, J. W./J. B. SISSONS: The British Isles: A Systematic Geography. Edinburgh 1964
WIESE, B.: Das Wallonische Industriegebiet. Wirtschafts- und sozialgeographische Wandlungen seit der Steinkohlenkrise (1958/60–1978/79). In: Geographische Rundschau 32, 1980, S. 282–288

3.2.4 Südeuropa, Mittelmeerraum

ACHENBACH, H.: Nationale und regionale Entwicklungsmerkmale des Bevölkerungsprozesses in Italien. Kiel 1981 (Kieler Geogr. Schriften 54)
ALLEMANN, H. R.: 8mal Portugal. München ²1982
ALMAGIA, R.: L'Italia, 2 Bde. Torino 1959
Atlas nacional de España. Madrid 1965 ff.
ATTALIDES, M.: Social Change and Urbanization in Cyprus. A Study of Nicosia. Nicosia 1981
BECKINSALE, M./R. BECKINSALE: Southern Europe. The Mediterranean and Alpine Lands. London/New York 1975
BEUERMANN, A.: Typen ländlicher Siedlung in Griechenland. In: Petermanns Geogr. Mitteilungen 100, 1956, S. 278–285
BIROT, P.: Le Portugal. Paris 1950 (Collection Armand Colin)
BREUER, T.: Spanien. Stuttgart 1982 (Klett Länderprofile)
COLE, J.: Italy. London 1966
COTTI-COMETTI, G. C.: Italia. Una geografia umana. Milano 1970
DÖRRENHAUS, F.: Urbanität und gentile Lebensform. Wiesbaden 1971 (Erdkundliches Wissen 25)
FERRAS, R.: L'Espagne. Montpellier 1985
FREUND, B.: Siedlungs- und agrargeographische Studien in der Terra de Barroso/Nordportugal. Frankfurt a. M. 1970 (Frankfurter Geogr. Hefte 48)

–: Portugal. 2. Aufl. Stuttgart 1981 (Klett Länderprofile)
–: Structural and Locational Evolution of Industry in Southern Europe. In: Geoforum 13, 1986, S. 67–73
FÜLDNER, E.: Agrargeographische Untersuchungen in der Ebene von Thessaloniki. Frankfurt a. M. 1967 (Frankfurter Geogr. Hefte 44)
GEORGE, P.: Géographie de l'Italie. 2. Aufl. Paris 1973 (»Que sais-je?« 1125)
GERSTENHAUER, A./K. ROTHER (Hrsg.): Beiträge zur Geographie des Mittelmeerraumes. Düsseldorf 1980 (Düsseldorfer Geogr. Schriften 15)
GROTHUSEN, K.-D. (Hrsg.): Griechenland. Göttingen 1980 (Südosteuropa – Handbuch 3)
HEIMPEL, C. u. a.: Studien zur Erweiterung der Europäischen Gemeinschaft um Griechenland, Spanien und Portugal. Berlin 1977
HEINRITZ, G.: Nicosia. In: Geogr. Rundschau 37, 1985, S. 463–469
HELLER, W.: Griechenland, ein unterentwickeltes Land in der EG. In: Geogr. Rundschau 34, 1982, S. 188–195
HEMPEL, L. (Hrsg.): Geographische Beiträge zur Landeskunde Griechenlands. Paderborn 1984 (Münstersche Geogr. Arbeiten 18)
HERMES, K.: Portugal. In: Geogr. Taschenbuch 1960/61. Wiesbaden 1960, S. 326–339
HOUSTON, J. M.: The Western Mediterranean World. An Introduction to Its Regional Landscapes. 2. Aufl. New York 1967
Italien, Griechenland. Themenheft. In: Geogr. Rundschau 40, 1988, H. 4
KAYSER, B.: Géographie humaine de la Grèce. Paris 1964
–/K. THOMPSON: Economic and Social Atlas of Greece. Athen 1984
KERN, W.: Athen. Salzburg 1986 (Salzburger Geogr. Arbeiten 14)
KRAMM, H. J.: Zypern – eine ökonomisch-geographische Skizze. In: Geogr. Berichte 12, 1967, S. 1–17
LAUTENSACH, H.: Portugal, auf Grund eigener Reisen und der Literatur dargestellt. 2 Teile, Gotha 1932/37
–: Maurische Züge im geographischen Bild der Iberischen Halbinsel. Bonn 1960 (Bonner Geogr. Abhandlungen 28)
–: Iberische Halbinsel. 2. Aufl. München 1969 (Geogr. Handbücher)
LEHMANN, H.: Der Gardasee und sein Jahr. In: Die Erde 1949/50, S. 46–59
LEIB, J./G. MERTINS: Die Abwanderung spanischer Arbeitnehmer in die Bundesrepublik. In: Erdkunde 34, 1980, S. 195–206
LEIDLMAIR, A.: Südtirol im Wandel der achtziger Jahre. In: Österreich in Geschichte und Literatur 31, 1987, S. 205–219
LIEBHOLD, E.: Zentralörtlich-funktionalräumliche Strukturen im Siedlungsgefüge der Nordmeseta in Spanien. Bonn 1979 (Bonner Geogr. Abhandlungen 60)
LILL, R./J. KUNTZE: Italien. In: Informationen zur politischen Bildung 195, 1982, S. 1–32
MAULL, O.: Länderkunde von Südeuropa. Leipzig/Wien 1929
MAYER, E.: Moderne Formen der Agrarkolonisation im sommertrockenen Spanien. Stuttgart 1960 (Stuttgarter Geogr. Studien 70)
–: Mallorca. Kulturgeographische Wandlungen als Auswirkungen der Insellage. In: Erdkunde 20, 1966, S. 276–287

MERTINS, G.: Regionale Bevölkerungsentwicklung in Spanien seit 1950. In: Geogr. Rundschau 38, 1986, S. 38–47
MONHEIM, R.: Die Agrostadt im Siedlungsgefüge Mittelsiziliens. Bonn 1969 (Bonner Geogr. Abhandlungen 41)
–: Sizilien. In: Geogr. Rundschau 24, 1972, S. 393–407
–: Regionale Differenzierung der Wirtschaftskraft in Italien. In: Erdkunde 28, 1974, S. 260–267
MÜLLER-HOHENSTEIN, K.: Die anthropogene Beeinflussung der Wälder im westlichen Mittelmeerraum unter besonderer Berücksichtigung der Aufforstungen. In: Erdkunde 32, 1978, S. 55–68
PHILIPPSON, A.: Die griechischen Landschaften. Eine Landeskunde. 4 Bde., Frankfurt a. M. 1950/59
PINNA, M./D. RUOCCO (Hrsg.): Italy. A Geographical Survey. Pisa 1980
PLETSCH, A./W. DÖPP (Hrsg.): Beiträge zur Kulturgeographie der Mittelmeerländer. Bd. 4, Marburg 1981 (Marburger Geographische Schriften 84)
POPP, H./F. TICHY (Hrsg.): Möglichkeiten, Grenzen und Schäden der Entwicklung in den Küstenräumen des Mittelmeergebietes. Erlangen 1985 (Erlanger Geogr. Arbeiten. Sonderband 17)
REICHARDT, TH.: Andorra. Eine Landeskunde. Nürnberg 1986 (Nürnberger Wirtschafts- und Sozialgeographische Arbeiten 39)
RIEDL, H. (Hrsg.): Beiträge zur Landeskunde von Griechenland. Salzburg 1976 (Arbeiten aus dem Geographischen Institut der Universität Salzburg 6)
RIKLI, M.: Das Pflanzenkleid der Mittelmeerländer. 2 Bde. Bonn 1946
RINSCHEDE, G.: Andorra. Vom abgeschlossenen Hochgebirgsstaat zum internationalen Tourismuszentrum. In: Erdkunde 31, 1977, S. 307–314
RITTER, W. u. a.: Portugal im Aufbruch? Eine wirtschaftsgeographische Analyse zum EG-Beitritt. Nürnberg 1988 (Nürnberger Wirtschafts- und Sozialgeogr. Arbeiten 40)
ROTHER, K.: Das Mezzogiorno-Problem. In: Geogr. Rundschau 34, 1982, S. 154–162
–: Die mediterranen Subtropen. Braunschweig 1984 (Geographisches Seminar Zonal)
SABELBERG, E.: Kleinbauerntum, Mezzadria, Latifundium. Die wichtigsten agraren Betriebssysteme in der Kulturlandschaft der Toskana und ihre gegenwärtigen Veränderungen. In: Geogr. Rundschau 27, 1975, S. 326–336
SAUERWEIN, F.: Griechenland. Land, Volk, Wirtschaft in Stichworten. Wien 1976 (Hirt's Stichwortbücher)
–: Spannungsfeld Ägäis. Frankfurt a. M. usw. 1980 (Studienbücher Geographie)
SCHINZINGER, F.: Die Mezzogiornopolitik. Berlin 1970
SCHOTT, C. (Hrsg.): Beiträge zur Kulturgeographie der Mittelmeerländer. Bd. 1–3, Marburg 1970/1973, 1979 (Marburger Geogr. Schriften 40, 59, 73)
Spanien. Themenheft; In: Geogr. Rundschau 38, 1986, H. 1
Spanien und Portugal in der EG. Themenheft. In: Praxis Geographie 17, 1987, H. 4
Statistisches Bundesamt Wiesbaden: Länderbericht Zypern 1984. Mainz 1984 (Statistik des Auslandes)

– :Länderbericht Spanien 1984. Mainz 1985 (Statistik des Auslandes)
– :Länderbericht Malta 1985. Mainz 1984 (Statistik des Auslandes)
– :Länderbericht Portugal 1985. Mainz 1985 (Statistik des Auslandes)
– :Länderbericht Griechenland 1986. Mainz 1986 (Statistik des Auslandes)
TICHY, F.: Italien. Darmstadt 1986 (Wissenschaftliche Länderkunden 24)
TYRAKOWSKI, K.: Probleme staatlicher Maßnahmen zur Entwicklung des ländlichen Raumes in Spanien. In: Erdkunde 32, 1978, S. 47–60
VÖCHTING, F.: Die italienische Südfrage. Berlin 1951
WAGNER, H.-G.: Italien. Wirtschaftsräumlicher Dualismus als System. In: Geogr. Taschenbuch 1975/76, Wiesbaden 1975, S. 57–79
–: Das Mittelmeergebiet als subtropischer Lebensraum. Zur Wechselwirkung ökologischer und sozioökonomischer Hemmnisse seiner Entwicklung. In: Geoökodynamik 8, 1988, S.103–133
WALKER, D. S.: A Geography of Italy. 2. Aufl. London 1967 (Advanced Geographies)
WEBER, P.: Portugal. Räumliche Dimension und Abhängigkeit. Darmstadt 1980 (Wissenschaftliche Länderkunden 19)
ZAHN, U.: Der Fremdenverkehr an der spanischen Mittelmeerküste. Regensburg 1973 (Regensburger Geogr. Schriften 2)

3.2.5 Mitteleuropa, Deutschland, Alpenländer

ABELSHAUSER, W.: Wirtschaftsgeschichte der Bundesrepublik Deutschland 1945–1980. Frankfurt a. M. 1983 (edition suhrkamp 1241)
Alpen. Themenheft. In: Geogr. Rundschau 36, 1984, H. 8
ANDREAE, B./E. GREISER: Strukturen deutscher Agrarlandschaft. 2. Aufl. Trier 1978 (Forschungen zur deutschen Landeskunde 199)
Atlas der Schweiz. Wabern/Bern 1965 ff.
Atlas der Republik Österreich. Wien 1961–1980
Atlas Deutsche Demokratische Republik. Gotha/Leipzig 1981
Atlas of Central Europe. London 1963
Atlas zur Raumentwicklung. Bonn 1956 ff.
BÄR, O.: Geographie der Schweiz. 2. Aufl. Zürich 1979
BECKEL, L.: Österreich im Satellitenbild. Salzburg 1976
BEHR, W.: Bundesrepublik Deutschland – Deutsche Demokratische Republik. Systemvergleich Politik, Wirtschaft, Gesellschaft. Stuttgart 1979
BENDER, P.: Mitteleuropa – Mode, Modell oder Motiv. In: Die Neue Gesellschaft 34, 1987, S. 297–304
BENZ, W. (Hrsg.): Die Geschichte der Bundesrepublik Deutschland. 4 Bde. Frankfurt a. M. 1989 (Fischer Taschenbücher 4420/4421/4422/4423)
BETLEHEM, S.: Heimatvertreibung, DDR-Flucht, Gastarbeiterzuwanderung. Stuttgart 1982 (Geschichte und Gesellschaft 26)
BIRKENHAUER, J.: Die Alpen. Paderborn 1980 (UTB 955)
–: Das Rheinisch-Westfälische Industriegebiet. Paderborn usw. 1984 (UTB 1214)

BÖNISCH, R. u. a.: Territorialplanung, 2. Aufl. Berlin 1980
BODZENTA, E. u. a. (Hrsg.): Österreich im Wandel. Gesellschaft, Wirtschaft, Raum. Wien/New York 1985
BOESLER, K.-A.: Das Zonenrandgebiet. In: Geogr. Rundschau 37, 1985, S. 380–384
–: Der Rhein – eine europäische Verkehrsachse mit industriell-urbanen Entwicklungsschwerpunkten. In: Studien zur Internationalen Schulbuchforschung 42, Braunschweig 1986, S. 75–108
BOGUSLAWSKI, A.: Regionalismus und politische Kultur in Europa. In: Zeitschrift für Politik 30, 1983, S. 131–141
BORCHERDT, CH. (Hrsg.): Geographische Landeskunde von Baden-Württemberg. 2. Aufl. Stuttgart 1986 (Schriften zur politischen Landeskunde Baden-Württembergs 8)
BORN, M.: Die Entwicklung der deutschen Agrarlandschaft. Darmstadt 1974 (Erträge der Forschung 29)
–: Geographische Landeskunde des Saarlandes. Saarbrücken 1980
BRUNNENGRÄBER, R.: Deutschland – das andere Geographiebuch. München 1982
BUTZE, H. u. a.: Deutschland. Land in Europas Mitte. Gütersloh 1980
BUCHHOFER, E. (Hrsg.): Flächennutzungsveränderungen in Mitteleuropa. Marburg 1982 (Marburger Geographische Schriften 88)
Bundesministerium für innerdeutsche Beziehungen (Hrsg.): DDR-Handbuch. 2 Bde., 3. Aufl. Köln 1985
Die Bundesrepublik Deutschland – raumwirksame Entwicklung und Probleme. Themenheft. In: Geogr. Rundschau 32, 1980, H. 4, S. 133–204
Die Bundesrepublik Deutschland. Themenheft. In: Geogr. Rundschau 40, 1988, H. 1
DDR. Stuttgart 1983 (Kohlhammer Taschenbücher 1064: Der Bürger im Staat)
DDR. Themenheft. In: Geogr. Rundschau 36, 1984. H. 12
DEGE, W./E. DEGE: Das Ruhrgebiet. 3. Aufl. Stuttgart 1983 (Geocolleg 3)
DEGN, CH. u. a.: Luftbildatlas Bundesrepublik Deutschland. München/Neumünster 1972
– u. a.: Topographischer Atlas Bundesrepublik Deutschland. München/Neumünster 1977
Deutscher Planungsatlas. Bd 1–11, Hannover 1955 ff.
Deutsches Institut für Wirtschaftsforschung (Hrsg.): Handbuch DDR-Wirtschaft. Neuausg., Reinbek b. Hamburg 1984 (rororo 6306)
Deutschland. Portrait einer Nation. 10 Bde., Gütersloh 1985/86
DICKINSON, R. E.: Germany. A General and Regional Geography. 2. Aufl. London/New York 1961
DLOCZIK, M./A. SCHÜTTLER/H. STERNAGEL: Der Fischer Informationsatlas Bundesrepublik Deutschland. Überarbeitete Ausgabe, Frankfurt a. M. 1984 (Fischer Taschenbücher 4552)
ECKART, K.: DDR. Stuttgart 1981 (Klett Länderprofile)
–: Die Eisen- und Stahlindustrie in beiden deutschen Staaten. Stuttgart 1988 (Erdkundliches Wissen 88)
EGLI, E.: Switzerland. A Survey on Its Land and People. Bern 1978

ELKINS, T. H.: Germany. 2. Aufl. London 1969
–/B. HOFMEISTER: Berlin. The Spatial Structure of a Divided City. London, New York 1988
ELLENBERG, H.: Vegetation Mitteleuropas mit den Alpen in kausaler, dynamischer und historischer Sicht. 3. Aufl. Stuttgart 1983
ENNEN, E./W. JANSSEN: Deutsche Agrargeschichte. Vom Neolithikum bis zur Schwelle des Industriezeitalters. Wiesbaden 1979 (Wiss. Paperbacks Sozial- und Wirtschaftsgeschichte 12)
FIRBAS, F.: Spät- und nacheiszeitliche Waldgeschichte Mitteleuropas. 2 Bde., Jena 1949/52
FREY, R. L.: Regionalpolitik: eine Evaluation. Bern/Stuttgart 1985
FRIEDRICHS, J. (Hrsg.): Süd-Nord-Gefälle in der Bundesrepublik? Opladen 1986
FUCHS, G.: Die Bundesrepublik Deutschland. 3. Aufl. Stuttgart 1986 (Klett Länderprofile)
Fünfter Raumordnungsbericht. Wien 1987 (ÖROK-Schriftenreihe 55)
Fürstentum Liechtenstein. Eine Dokumentation. Vaduz 1982
GATZWEILER, H. P.: Zwanzig Jahre Bundesraumordnungsgesetz. In: Geogr. Rundschau 38, 1986, S. 434–436
GELLERT, J. F./H. J. KRAMM: DDR: Land, Volk, Wirtschaft in Stichworten. Wien 1977 (Hirt's Stichwortbücher)
GEORGE, P.: L'Europe Centrale. 2 Bde., Paris 1954
GERDES, D.: Dimensionen des neuen Regionalismus in Westeuropa. In: Österr. Zeitschrift für Politikwissenschaft 10, 1981, S. 305–318
German Democratic Republic – Regional Structure and Development. Themenheft. In: Geo Journal 8, 1984, H. 1
GLÄSSER, E. u. a.: Nordrhein-Westfalen. Stuttgart 1988 (Klett Länderprofile)
GLAUERT, G.: Die Alpen. Kiel 1975 (Geocolleg)
GOHL, D.: Deutsche Demokratische Republik. Eine aktuelle Landeskunde. Frankfurt a. M. 1986 (Fischer Taschenbücher 6296)
GRADMANN, R.: Süddeutschland. 2 Bde., 2. Aufl. Darmstadt 1964
GROSCHOFF, K. u. a.: Stadt und Land in der DDR. Berlin 1984
GUTERSOHN, H.: Geographie der Schweiz. 3 Bde., Bern 1958–1969
HAHN, R. u. a.: Deutschland. Braunschweig 1984 (Raum und Gesellschaft 12)
Handbuch Deutsche Demokratische Republik. 2. Aufl. Leipzig 1984
HARTMANN, J.: Kleine Länder in Westeuropa – Island, Luxemburg, Malta. In: Zeitschrift für Politik 30, 1983, S. 53–67
HASSINGER, H.: Das geographische Wesen Mitteleuropas. In: Mitteilungen der k. k. Geographischen Gesellschaft in Wien 60, 1917, S. 437–493
HERBERT, U.: Geschichte der Ausländerbeschäftigung in Deutschland 1880–1980. Saisonarbeiter, Zwangsarbeiter, Gastarbeiter. Berlin, Bonn 1986 (Dietz Taschenbuch 19)
HEROLD, A.: Mitteleuropa. In: Wissen heute, Bd. 3, Niedernhausen 1980, S. 78–91
HOFMEISTER, B.: Berlin. Die zwölf westlichen Bezirke. Darmstadt 1975 (Wissenschaftliche Länderkunden 8, I)

HOLZBERGER, R.: Die Talfahrt der Bergbauern. Regensburg 1986 (Theorie und Forschung 12, 3)

HÜBNER, E. / H. H. ROHLFS: Jahrbuch der Bundesrepublik Deutschland 1988/89. München 1989 (Beck/dtv 3288)

IMMLER, H.: Agrarpolitik in der DDR. Köln 1971

JÄGER, H.: Zur Geschichte der deutschen Kulturlandschaften. In: Geogr. Zeitschrift 31, 1963, S. 90–143

KEEFE, E. K. (Hrsg.): East Germany. A Country Study. 2. Aufl. Washington 1982 (Area Handbook Series)

KOCH, E. R. / F. VAHRENHOLT: Die Lage der Nation. Umwelt-Atlas der Bundesrepublik. Daten, Analysen, Konsequenzen. Hamburg 1983

KOCKA, J.: Kritik und Identität. Nationalsozialismus und Geographie. In: Die Neue Gesellschaft 33, 1986, S. 890–897

KOHL, H. u. a.: Die Bezirke der Deutschen Demokratischen Republik. Ökonomische Geographie. Gotha/Leipzig 1974

– u. a.: Geographie der DDR. 4. Aufl. Gotha 1981 (Studienbücherei Geographie)

– u. a.: Ökonomische Geographie der Deutschen Demokratischen Republik. Bd. 1: Bevölkerung, Siedlungen, Wirtschaftsbereiche. 3. Aufl. Gotha, Leipzig 1976

KONRÁD, G.: Mitteleuropäische Meditationen. Frankfurt a. M. 1984

KRANZ, W.: Die Wirtschaft des Fürstentums Liechtenstein. Vaduz 1982

KRENZLIN, A.: Werden und Gefüge des rhein-mainischen Verstädterungsgebietes. In: Frankfurter Geogr. Hefte 37, Frankfurt a. M. 1961, S. 311–387

KULLEN, S.: Baden-Württemberg. Stuttgart 1983 (Klett Länderprofile)

LEIDLMAIR, A. u. a.: Österreich. München 1983 (Harms Handbuch der Geographie)

LEMBERG, E. / F. EDDING (Hrsg.): Die Vertriebenen in Westdeutschland. 3 Bde., Kiel 1959

LENDI, M.: Schweizerische Regionalpolitik. In: Schweizerisches Zentralblatt für Staats- und Gemeindeverwaltung 84, 1983, S. 241

–/H. ELSASSER: Raumplanung in der Schweiz. Eine Einführung. Zürich 1986

LENDL, E.: Die jüngsten Wandlungen in der mitteleuropäischen Kulturlandschaft. In: Mitteilungen der Geogr. Gesellschaft Wien 94, 1952, S. 243–252

LEPTIN, G.: Die deutsche Wirtschaft nach 1945. Ein Ost-West-Vergleich. 3. Aufl. Opladen 1980

LICHTENBERGER, E.: The Eastern Alps. London 1975 (Problem Regions of Europe)

–: Stadtgeographischer Führer Wien. Berlin 1978 (Sammlung Geogr. Führer 12)

LOUIS, H.: Über Mitteleuropa als Ländergestalt. In: Die Erde 1957, S. 224–235

MACHATSCHEK, F.: Länderkunde von Mitteleuropa. Leipzig/Wien 1925

MAYR, A.: Fürstentum Liechtenstein, Wandlungen der Agrarstruktur eines Kleinstaates. In: Bochumer Geogr. Arbeiten 13, Paderborn 1972, S. 31–94

MARSCHALCK, P.: Bevölkerungsgeschichte Deutschlands im 19. und 20. Jahrhundert. Frankfurt a. M. 1984 (edition suhrkamp 1244)

Materialien zum Bericht der Lage der Nation im geteilten Deutschland. Bonn 1987
MELLOR, R. E. H.: The Two Germanies. A Modern Geography. London/New York 1978
MEYER, H. C.: Mitteleuropa in German Political Geography. In: Annals of the Association of American Geographers 46, 1946, S. 178–194
MEYNEN, E.: Deutschland und Deutsches Reich. Leipzig 1935
– u. a. (Hrsg.): Handbuch der naturräumlichen Gliederung Deutschlands. Remagen/Bad Godesberg 1953–1962
MÖLLER, J.: Hamburg. Stuttgart 1985 (Klett Länderprofile)
MÜLLER, K.: Wirtschaftlicher Strukturwandel und räumliche Entwicklung. Fallstudien-Ergebnisse zum Ausmaß sowie zu den Ursachen und Wirkungen funktionaler Konzentration in der Schweiz. Bern/Stuttgart 1981
MÜLLER, W. (Hrsg.): Das Fürstentum Liechtenstein. Ein landeskundliches Portrait. Bühl 1981 (Veröffentlichungen des Alemannischen Instituts 50)
MUTTON, A.: Central Europe. London 1961
NIGG, W.: Schweiz. Land, Volk, Wirtschaft in Stichworten. Wien 1975 (Hirt's Stichwortbücher)
OTREMBA, E. (Hrsg.): Atlas der deutschen Agrarlandschaft. Wiesbaden 1956
OTREMBA, E.: Wesen und Wandlungen des Begriffs Mitteleuropa. In: Geogr. Rundschau 8, 1956, S. 85–91
PARTSCH, J.: Mittel-Europa. Gotha 1904
PASCHINGER, H.: Kärnten. Eine geographische Landeskunde. 2 Teile, Klagenfurt 1976/79
PEHNT, W., (Hrsg.): Die Stadt in der Bundesrepublik Deutschland. Stuttgart 1974
PENCK, A.: Physikalische Skizze von Mitteleuropa. Wien usw. 1887 (Länderkunde des Erdteils Europa I, 1)
–: Das Deutsche Reich. Wien usw. 1887 (Länderkunde des Erdteils Europa I, 2)
–: Politisch-geographische Lehren des Krieges. Berlin 1915
–: Deutschland als geographische Gestalt. In: Deutschland. Die natürlichen Grundlagen seiner Kultur. Leipzig 1928, S. 1–9
PENZ, H.: Die Almwirtschaft in Österreich. Kallmünz 1978 (Münchener Studien zur Sozial- und Wirtschaftsgeographie 15)
PICHT, R./W. NEUMANN: Basisbibliographie zur Bundesrepublik Deutschland. München 1984 (Materialien zur Landeskunde)
Programmatische Schwerpunkte der Raumordnung. Bonn 1985 (Schriftenreihe BMBau 06.057)
RATZEL, F.: Deutschland. Eine Heimatkunde. Berlin 1898
Raumordnung in Österreich. Wien 1978 (ÖROK-Schriftenreihe 15)
Raumordnungsberichte. Bonn 1963–1986
REICHERT, T.: Andorra – eine Landeskunde. Nürnberg 1986 (Nürnberger Wirtschafts- und Sozialgeographische Arbeiten)
REITEL, F.: Les Allemagnes. RFA et RDA. Paris 1980
REULECKE, J.: Geschichte der Urbanisierung in Deutschland. Frankfurt a. M. 1985 (edition s. Suhrkamp N. F. 249: Neue Historische Bibliothek)

Ruhrgebiet. Themenheft. In: Geogr. Rundschau 40, 1988, H. 7/8
RUPPERT, K. (Hrsg.): Geographische Strukturen mit Prozeßabläufen im Alpenraum. Kallmünz 1984 (Münchener Studien zur Sozial- und Wirtschaftsgeographie 26)
SANDNER, G.: Über den Umgang mit Maßstäben und Grenzen. Fragen und Antworten der Politischen Geographie. In: 46. Deutscher Geographentag München, Stuttgart 1988, S. 35–54
SANGUIN, A.-L.: La Suisse, essai de géographie politique. Gap 1983
SCHEIDL, L./H. LECHLEITNER: Österreich. Land, Volk, Wirtschaft in Stichworten. 4. Aufl. Umträger 1987 (Hirt's Stichwortbücher)
SCHLEGEL, W.: Der Weinbau in der Schweiz. Wiesbaden 1973 (Erdwissenschaftliche Forschung 6)
SCHLÖGEL, K.: Die Mitte liegt ostwärts. Die Deutschen, der verlorene Osten und Mitteleuropa. Berlin 1986
SCHMITT, E.: Deutschland. 26. Aufl. München 1975 (Harms Erdkunde)
SCHÖLLER, P.: Die deutschen Städte. 2. Aufl. Wiesbaden 1980 (Erdkundliches Wissen 17)
SCHÖLLER, P. u. a.: The Settlement System of the Federal Republic of Germany. Bochum 1978
SCHOLZ, D.: Zur Terminologie des Begriffes Ballungsgebiet und seiner Teilgebiete in der DDR. In: Petermanns Geogr. Mitteilungen 116, 1972, S. 6–10
SCHRÖDER, K. H./G. SCHWARZ: Die ländlichen Siedlungsformen in Mitteleuropa. 2. Aufl. Trier 1978 (Forschungen zur deutschen Landeskunde 175)
SCHULTZ, H.-D.: Deutschland in der Mitte Europas. In: Geographie des Menschen. Dietrich Bartels zum Gedächtnis. Bremen 1987, S. 147–177
SEEGER, M./W. SITTE: Österreich. Wien 1984 (Raum, Gesellschaft, Wirtschaft 3)
SEIBT, F. u. a.: Deutschland. Bern 1981
SEIDEL, H.: Die Entfaltung der Produktionskräfte der österreichischen Wirtschaft. In: Österreich im Wandel. Wien/New York 1985
SINNHUBER, K. A.: Central Europe – Mitteleuropa – Europe Centrale. In: The Institute of British Geographers Transactions 20, 1954, S. 15–40
–: Germany. Its Geography and Growth. 2. Aufl. London 1970
SPERLING, W.: Die Deutsche Demokratische Republik. Wirtschafts- und sozialgeographischer Überblick. In: Der Bürger im Staat 53, 1983, S. 63–71
–: Europa – Entdeckungsgeschichte eines Kulturerdteils. In: Das neue Bild der Alten Welt. Berlin 1988, S. 12–20
Statistisches Bundesamt (Hrsg.): Datenreport 1987. Zahlen und Fakten über die Bundesrepublik Deutschland. Bonn 1987 (Schriftenreihe der Bundeszentrale für politische Bildung 227)
Statistisches Bundesamt Wiesbaden: Länderbericht Liechtenstein 1975. Mainz 1975 (Statistik des Auslandes)
–: Länderbericht Österreich 1986. Mainz 1986 (Statistik des Auslandes)
–: Länderbericht Schweiz 1986. Mainz 1986 (Statistik des Auslandes)

SPITZER, H.: Der ländliche Raum. Raumordnerische Bestimmung. Hannover 1985 (ARL-Beiträge 85)
STEWIG, R.: Landeskunde von Schleswig-Holstein. Kiel 1978 (Geocolleg 5)
STIENS, G.: Veränderte Konzepte zum Abbau regionaler Disparitäten. In: Geogr. Rundschau 34, 1982, S. 19–24
STIGLBAUER, K.: Grundzüge der räumlichen Entwicklung in der Republik Österreich. In: Österreich im Wandel. Wien/New York 1985
STÜRMER, M.: Das ruhelose Reich. Deutschland 1866–1918. Berlin 1983 (Die Deutschen und ihre Nation 3)
THALHEIM, K. C.: Die wirtschaftliche Entwicklung der beiden Staaten in Deutschland. 3. Aufl. Berlin 1988
THILENIUS, R.: Die Teilung Deutschlands. Reinbek 1957 (rde 55)
Umweltbundesamt: Daten zur Umwelt 1986/87. Berlin 1986
WERNER, F.: Raumordnungspolitik in der DDR. Hannover 1985 (ARL-Beiträge 82)
WICHA, B.: Das österreichische Raumordnungskonzept. Wien 1982 (ÖROK-Schriftenreihe 33)
WIESE, B./N. ZILS: Deutsche Kultur-Geographie. Werden, Wandel und Bewahrung deutscher Kulturlandschaften. Herford 1987
WIESLI, U.: Die Schweiz. Darmstadt 1986 (Wissenschaftliche Länderkunden 26)
WILD, M. T.: West Germany. A Geography of Its People. Totowa 1980
WÖHLKE, W.: Die Bundesrepublik Deutschland in Mitteleuropa. In: Studien zur internationalen Schulbuchforschung 42. Braunschweig 1986, S. 9–73
WUTHE, K.: Berlin. In: Geogr. Rundschau 37, 1985, S. 422–427
ZIMM, A. (Hrsg.): Berlin und sein Umland. Gotha 1987 (Petermanns Geogr. Mitteilungen, Erg. H. 286)
ZÖLLNER, E.: Geschichte Österreichs. Von den Anfängen bis zur Gegenwart. 4. Aufl. Wien 1984

3.2.6 Ostmitteleuropa, Südosteuropa

ANATALLFY, G.: Kleine ungarische Geographie. Budapest 1977
ANDORKA, R.: Regional Development in Hungary 1960–1980. Budapest 1985
Atlas Československé socialistické republiky. Praha 1966
Atlas der Donauländer. Wien 1970 ff.
Atlas geograficzny Polski. Warszawa 1972 ff.
Atlas geografie: Republika Socialista România. Bucureşti 1965
Atlas Narodna Republika Bolgarija. Sofia 1973
Atlas östliches Mitteleuropa. Bielefeld usw. 1959
Atlas Slovenskej Socialistickej Republiky. Bratislava 1978
BACHOFER, W./H. FISCHER (Hrsg.): Ungarn-Deutschland. Studien zur Sprache, Kultur, Geographie und Geschichte. München 1983 (Studia Hungarica)
BAHR, E. u. a.: Oberschlesien nach dem Zweiten Weltkrieg. Marburg 1975

BANGO, J. F.: Besonderheiten der Agrarverfassung im ungarischen Alföld. Eine agrarsoziale Analyse. Berlin 1977

BARBAG, J.: Die Bevölkerungsstruktur Polens. In: Geogr. Rundschau 26, 1974, S. 489–491

–/ST. BEREZOWSKI: Ökonomische Geographie der Volksrepublik Polen. Berlin 1956

BELUSZKY, P.: Hierarchie der Siedlungen in Ungarn. In: Petermanns Geographische Mitteilungen 119, 1975, S. 40–53

BEUERMANN, A.: Fernweidewirtschaft in Südosteuropa. Braunschweig 1967

BLANC, A.: L'Europe socialiste. Paris 1974 (Europe de demain 4)

–/P. GEORGE/H. SMOTKINE: Les républiques socialistes d'Europe centrale. Paris 1967 (»Que sais-je?«)

BLAŽEK, H. u. a.: ČSSR. Land, Volk, Wirtschaft in Stichworten. Wien 1971 (Hirt's Stichwortbücher)

– u. a.: Sozialistische Staaten Europas (ohne UdSSR). Düsseldorf 1972 (Thematische Karten von der Welt von heute)

BOHMANN, A.: Menschen und Grenzen. 4 Bde., Köln 1969–75

BORAI, Á.: Neue Industriestandorte und neue Industriestädte in Ungarn. In: Mitteilungen der Österr. Geographischen Gesellschaft 121, 1979, S. 77–93

BREU, J.: Das Völkerbild Ostmittel- und Südosteuropas in Zahlen. In: Mitteilungen der Österr. Geogr. Gesellschaft 108, 1966, S. 325–339

–: Großmachtbildungen im Donauraum. In: Geoforum 6, 1971, S. 7–19

BREZINSKI, H. D.: Die internationale Wirtschaftsplanung im RGW. Paderborn 1978

BUCHHOFER, E.: Der Aufsiedlungsgrad der polnisch verwalteten deutschen Ostgebiete von 1946–1966. In: Geogr. Rundschau 20, 1968, S. 365–372

–: Polen. Raumstrukturen – Raumprobleme. Frankfurt a. M. 1981 (Studienbücher Geographie)

BÜSCHENFELD, H.: Jugoslawien. Stuttgart 1981 (Klett Länderprofile)

CARTER, F. W. (Hrsg.): An Historical Geography of the Balkans. London 1977

CVJIĆ, J.: La Péninsule Balkanique. Paris 1918

DAMUS, R.: RGW: Wirtschaftliche Zusammenarbeit in Osteuropa. Opladen 1979 (UTB (879)

DEGENHARDT, B.: Zum Strukturwandel in der jugoslawischen Landwirtschaft. In: Geogr. Rundschau 25, 1973, H. 7, S. 266–271

DEMEK, J. u. a.: ČSSR. Příroda, lide a hospodářstvi. Brno 1975 (Studia Geographica 48)

– u. a.: Die ČSSR. Eine Information über unseren Nachbarn. Gotha/Leipzig 1975 (Geogr. Bausteine, N. F. 15)

–/M. STŘÌDA: Geography of Czechoslovakia. Prague 1971

DIELS, P.: Die slawischen Völker. Wiesbaden 1963

DOBRESCU, E.: The Structure of Romanian Economy. Bucureşti 1968

DOMAŃSKI, R. (Hrsg.): Geografia ekonomiczna Polski. Warszawa 1985

DVORNIK, F.: The Making of Central and Eastern Europe. London 1949

DYLIKOWA, A.: Geografia Polski. Warszawa 1973

EBERL, I.: Die Donauschwaben. Deutsche Siedlung in Südosteuropa. Ausstellungskatalog. Sigmaringen 1987

ECKART, K.: Polen. Paderborn usw. 1983 (UTB 1246)
EGER, TH.: Das regionale Entwicklungsgefälle in Jugoslawien. München u. a. 1980
ENYEDI, G.: Hungary. An Economic Geography. Boulder, Col. 1976
–: Der Einfluß der modernen Landwirtschaft auf die rurale Siedlungsstruktur in Ungarn. In: Petermanns Geographische Mitteilungen 126, 1982, S. 1–5
FABER, B. L.: The Social Structure of Eastern Europe: Transition and Progress in Czechoslovakia, Hungary, Poland, Romania and Bulgaria. New York 1976
FIERLA, I.: Geografia przemysłu Polski. Warszawa 1984
FISHER, J.: Yugoslavia. A Multinational State: Regional Difference and administrative Response. San Francisco 1966
FÖRSTER, H.: Industrialisierungsprozesse in Polen. In: Erdkunde 28, 1974, S. 217–231
–: Zur Problematik der Stadt- und Industrieentwicklung in der ČSSR nach 1945. In: Zeitschrift für Ostforschung 32, 1983, S. 341–354
FORST DE BATTAGLIA, O.: Zwischeneuropa. Bd. 1, Frankfurt a. M. 1954
Geografia României; I (Geografia Fizicâ); II (Geografia Umană şi economică). Bucureşti 1983, 1984
Geografia României. 2 Bde., Avcozşti 1983
Geografija SR Hrvatske. 6 Bde., Zagreb 1974
Geografski atlas Jugoslavije. Zagreb 1961
GIANARIS, N. V.: The Economics of the Balcan Countries: Albania, Bulgaria, Greece, Romania, Turkey, and Yugoslavia. New York 1982
GÖRLICH, E. J.: Ungarn. Nürnberg 1965 (Kultur der Nationen)
GOLDZAMT, E.: Städtebau sozialistischer Länder. Stuttgart 1973
GRAHAM, L. S.: Romania. A Developing Socialist State. Boulder, Col. 1982
GRIMM, F.: Rumänien. Landeskundlicher Überblick. Leipzig 1985
GROTHUSEN K.-D. (Hrsg.): Jugoslawien. Göttingen 1975 (Südosteuropa-Handbuch 1)
– (Hrsg.): Rumänien. Göttingen 1975 (Südosteuropa-Handbuch 2)
HARKE, H. u. a.: Geographie der RGW-Länder. Gotha, Leipzig 1979 (Studienbücherei Geographie 10)
HÄUFLER, V.: Ekonomická geografie Československa. 2. Aufl. Praha 1984
HAMILTON, F. E. I.: Yugoslavia. Patterns of Economic Activity. London/New York 1968
HARRINGTON, R.: Albania. Europes least-known country. In: Canadian Geographer 74, 1967, S. 132–142
HARTMANN, K.: Polen. Nürnberg 1966 (Kultur der Nationen)
HESS, G.: Bulgarien. Landeskundlicher Überblick. Leipzig 1985
HETZER, A./V. S. ROMAN: Albanien. Ein bibliographischer Forschungsbericht. München 1983
HÖHMANN, H. H. u. a.: Umweltschutz und ökonomisches System in Osteuropa. Stuttgart 1973
HOFFMAN, G. W. (Hrsg.): Eastern Europe. Essay in Geographical Problems. London, New York 1971
–: Regional Development Strategy in Southeast Europe. A Comparative Ana-

lysis of Albania, Bulgaria, Greece, Romania and Yugoslavia. New York 1972
HORVAT, I./V. GLAVAČ/H. ELLENDERS: Vegetation Südeuropas. Stuttgart 1974 (Geobotanica Selecta 4)
HOFFMAN, G. W.: The Balcans in Transition. 2. Aufl. Westport 1983
Ekonomičeskaja Geografija. Sofija 1981 (Geografija na Bulgarija, Bd. 2)
KAPALA, A.: Polen. Stuttgart 1988 (Klett Länderprofile)
KARGER, A.: Kulturlandschaftswandel im adriatischen Jugoslawien. In: Geogr. Rundschau 25, 1973, S. 258–265
– u. a.: Polen. Stuttgart usw. 1986 (Kohlhammer Taschenbücher 1076: Der Bürger im Staat)
KONDRACKI, J.: Geografic fizyczna Polshi. 6. Aufl. Warszawa 1988
KOSTA, J.: Wirtschaftssysteme des realen Sozialismus. Probleme und Alternativen. Köln 1984
KOSIŃSKI, L. (Hrsg.): Demographic Developments in Eastern Europe. New York 1977
KOSTANICK, H. L. (Hrsg.): Population and Migration Trends in Eastern Europe. Boulder, Col. 1977
KOSTROWICKI, L. (Hrsg.): Land Utilization in East Central Europe. Warszawa 1965
KUHN, H.: Tschechoslowakei. Nürnberg 1965 (Kultur der Nationen)
LESZCZYCKI, ST./T. LIJEWSKI: Polen. Land, Volk, Wirtschaft in Stichworten. Wien 1977 (Hirt's Stichwortbücher)
LETTRICH, E.: Urbanisierungsprozesse in Ungarn. Kallmünz 1975 (Münchener Studien zur Wirtschafts- und Sozialgeographie 13)
LICHTENBERGER, E.: Albanien. Der isolierte Staat. In: Mitteilungen der Österreichischen Geographischen Gesellschaft, 48, 1976, S. 109–136
–: Gastarbeiter. Leben in zwei Gesellschaften. Wien usw. 1984
–/H. BOBEK: Zur kulturgeographischen Gliederung Jugoslawiens. In: Geogr. Jahresbericht aus Österreich 26, 1956, S. 78–154
LIENAU, C./G. PRINZIG (Hrsg.): Albanien, Beiträge zur Geographie und Geschichte. Münster [2]1986 (Westfälische Wilhelms-Universität Münster, Berichte aus dem Arbeitsgebiet Entwicklungsforschung 12)
MACHATSCHEK, F.: Landeskunde der Sudeten- und Westkarpatenländer. Stuttgart 1927
MAKSAKOWSKIJ, V. P.: Der Einfluß der sozialistischen ökonomischen Integration auf die Zweig- und Territorialstruktur der sozialistischen Länder. In: Geogr. Berichte 23, 1978, S. 31–38
MARKERT, W. (Hrsg.): Jugoslawien. Köln/Graz 1954 (Osteuropa-Handbuch)
– (Hrsg.): Polen. Köln 1959 (Osteuropa-Handbuch)
MARKOS, G.: Ungarn. Land, Volk, Wirtschaft in Stichworten. Wien 1971 (Hirt's Stichwortbücher)
MARKOVIĆ, J. D.: Regionalna Geografija SFR Jugoslavije. Beograd 1980
MARKOVIĆ, M.: Geografska Bibliografija Jugoslavije. Zagreb 1978
MELLOR, R. E. H.: Comecon. Challenge to the West. New York 1971
–: Eastern Europe. A Geography of the Comecon Countries. London/Basingstoke 1975

MILOJEVIĆ, B. Ž.: Yugoslavia. Geographical Survey. Beograd 1958
MIŠTERA, L. u. a.: Geografie krajů ČSSR. Praha 1984
– u. a.: Geografie Československé socialistické republiky. Praha 1985
MITSCHEV, N. u. a.: Geografski Rečnik na Bulgarija. Sofija 1980
Narodowy atlas Polski. Wrocław 1973–1978
National Atlas of Hungary. Budapest 1967
Neuere Entwicklungen der tschechoslowakischen Wirtschaft. Marburg 1986 (Wirtschafts- und Sozialwissenschaftliche Ostmitteleuropa-Studien 12)
OGUJANOFF, CH.: Bulgarien. Nürnberg 1967 (Kultur der Nationen 22)
OLSZEWSKI, T.: Geografia rolnictwa Polski. Warszawa 1985
OSBORNE, R. H.: East-Central Europe. A Geographical Introduction to Seven Socialist States. London 1967
OSCHLIES, W.: Böhmens Haine und Fluren sterben. Zur Umweltkatastrophe in der Tschechoslowakei. Köln 1984 (Berichte des Bundesinstituts für ostwissenschaftliche und internationale Studien 29)
Ostdeutschland. Ein Hand- und Nachschlagebuch für alle Gebiete ostwärts von Oder und Neiße. Würzburg 1953
Osteuropa Themenheft. In: Geographie heute, 1989, H. 59
PAUL, D. W.: Czechoslovakia. A Profile of a Socialist Republic at the Crossroads of Europe. Boulder, Col. 1981
PAWLITTA, M.: Die »sozialistische Industrialisierung« in Polen unter besonderer Berücksichtigung der Entwicklung in der eisenschaffenden Industrie. Diss. Oldenburg 1979
–: Räumliche Mobilität in Polen. In: Geogr. Rundschau 30, 1978, S. 470–476
PÈCSI, M. / B. SÀRFALVI: Geography of Hungary. Budapest 1977
PENKOV, I. / T. CHRISTOV: Ikonomičeskaja geografija na Bolgarija. 4. Aufl. Sofia 1978
Polen in der Krise. Themenheft. In: Geographie heute, 1981, H. 8
Polen, Tschechoslowakei, Ungarn – Zur wirtschaftlichen Situation. Themenheft. In: Praxis Geographie 17, 1987, H. 2
Polen. München 1976 (Länderbericht Osteuropa 2)
POPOVICI, I.: România Geografie Economică. Bucureşti 1980
POUNDS, N. J. G.: Poland between East and West. Princeton N. J. 1964
–: Eastern Europe. London / New York 1985 (The World's Landscapes)
–: Geographical Essays on Eastern Europe. Bloomington, Ind. 1961
PRUSKIL, W.: Die VR Polen, ein bedeutender sozialistischer Industriestaat. In: Zeitschr. f. d. Erdkundeunterricht 26, 1974, S. 106–114
–: Die Volksrepublik Bulgarien, ein sozialistisches Land mit entwickelter Industrie und moderner Landwirtschaft. In: Zeitschr. f. d. Erdkundeunterricht 27, 1975, S. 401–413
RADÓ, S. u. a.: Ökonomische Geographie der Ungarischen Volksrepublik. Berlin 1962
RHODE, G.: Völker auf dem Wege. Verschiebungen der Bevölkerung in Ostdeutschland und Osteuropa seit 1917. Kiel 1952 (Schriften des Schleswig-Holsteinischen Geschichtslehrer-Verbandes. N. F. 1)
ROGIĆ, V.: Regionalna Geografija Jugoslavije. I., Zagreb 1982

RONNEBERGER, F. / B. RADANOVIC (Hrsg.): Sozialer Wandel in Jugoslawien. Köln 1974

ROSENBLADT, S.: Der Osten ist grün? Ökoreportagen aus der DDR; Sowjetunion, Tschoslowakei, Polen, Ungarn. Hamburg / Zürich 1986

ROŞV, A.: Geografia Fizică a Române. Bucureşti 1980

RUGG, D. S.: The Geography of Eastern Europe. Lincoln 1978

Rumänien. Hannover 1977 (Rohstoffwirtschaftliche Länderberichte 13)

RUPPERT, K. (Hrsg.): Industrialisierung und Urbanisierung in sozialistischen Staaten Südosteuropas. Kallmünz 1981 (Münchener Studien zur Sozial- und Wirtschaftsgeographie 21)

– (Hrsg.): Der Tourismus und seine Perspektiven in Südosteuropa. München 1971 (WGI-Berichte zur Regionalforschung 6)

RUSSINOV, S.: Bulgarien. Land, Wirtschaft, Kultur. Sofia 1965

SĄNDRU, L.: Romănia. Geografie Economică. Bucureşti 1978

SARFALVI, B. (Hrsg.): Recent Population Movements in the East European Countries. Budapest 1969

SEDLMEYER, K. A.: Landeskunde der Tschecho-Slowakei. Frankfurt a. M. 1973

SPERLING, W.: Tschechoslowakei. Beiträge zur Landeskunde Ostmitteleuropas. Stuttgart 1981 (UTB 1107)

Statistisches Bundesamt Wiesbaden: Länderbericht Albanien 1985. Mainz 1985 (Statistik des Auslandes)

–: Länderbericht Bulgarien 1986. Mainz 1986 (Statistik des Auslandes)

–: Länderbericht Jugoslawien 1985. Mainz 1985 (Statistik des Auslandes)

–: Länderbericht Polen 1986. Mainz 1986 (Statistik des Auslandes)

–: Länderbericht Rumänien 1986. Mainz 1986 (Statistik des Auslandes)

–: Länderbericht Tschechoslowakei 1984. Mainz 1984 (Statistik des Auslandes)

–: Länderbericht Ungarn 1985. Mainz 1985 (Statistik des Auslandes)

STEFANOV, J. u. a.: Bulgarien. Land, Volk, Wirtschaft in Stichworten. Wien 1985 (Hirt's Stichwortbücher)

STOOB, H. (Hrsg.): Die mittelalterliche Städtebildung im südöstlichen Europa. Köln / Wien 1977

Taschenlexikon Bulgarien. Leipzig 1983

Taschenlexikon Rumänien. Leipzig 1985

Taschenlexikon Tschechoslowakei. Leipzig 1983

Taschenlexikon Ungarn. Leipzig 1981

Tschechoslowakei. München 1977 (Länderbericht Osteuropa 3)

TUFESCU, V.: Romănia. Bucureşti 1974

TURNOCK, D.: An Economic Geography of Romania. London 1974

–: Eastern Europe. Folkstone / Boulder, Col. 1978

–: Urban development and urban geography in Romania. In: Geoforum 14, 1987, S. 181–202

Veliki geografiski atlas Jugoslavije. Zagreb 1987

VORÁČEK, V.: Beiträge zur Regionalforschung und Landschaftslehre. Brno 1971 (Studia Geographica)

WILHELMY, H.: Hochbulgarien. 2 Bde., Kiel 1935/36 (Schriften des Geogr. Instituts der Univ. Kiel)

WÖHLKE, W.: Das Land zwischen Masuren und dem Bug. Erschließung, Bild,

Probleme. Göttingen 1966 (Abhandlungen der Akademie der Wissenschaften zu Göttingen, Math.-Nat. 3, 47)
–: Das Potential des polnischen Wirtschaftsraumes und seine Inwertsetzung. In: Geogr. Rundschau 1967, S. 170–184
ZAPLETAL, L. Geografický výklad antropogenního reliefu Severomoravského kraje. In: Acta Universitatis Palackianae Olomucencis: Geogr./Geol. 35, 1971, H. 1, S. 49–127
ZSCHOCKE, R.: Grundzüge des ungarischen Kulturlandschaftsbildes. In: Geogr. Rundschau 19, 1967, S. 209–217

3.3 Geographisches Register

Kursive Seitenzahlen verweisen auf Kapitel.

3.4 Sach- und Namenregister

Kursive Seitenzahlen verweisen auf Kapitel.

Bitte umblättern:

Fischer Länderkunde

Die *Fischer Länderkunde* vermittelt ein umfassendes Bild der Erde, nicht allein der Landschaft und der natürlichen Lebensgrundlagen, sondern vor allem der auf ihnen gewachsenen kulturellen, wirtschaftlichen, gesellschaftlichen und politischen Formen. Sämtliche Bände sind Originalausgaben.

Band 1
Ostasien
Peter Schöller, Heiner Dürr, Eckart Dege (Hg.)
Band 6410

Band 2
Südasien
Jürgen Blenck, Dirk Bronger, Harald Uhlig (Hg.)
Band 6121

Band 3
Südostasien – Australpazifischer Raum
Harald Uhlig (Hg.)
Band 6379

Band 4
Nordafrika und Vorderasien
Horst Mensching, Eugen Wirth (Hg.)
Band 6298

Band 5
Afrika – südlich der Sahara
Walther Manshard (Hg.)
Band 6232

Band 6
Nordamerika
Burkhard Hofmeister (Hg.)
Band 6295

Band 7
Lateinamerika
Gerhard Sandner, Hanns-Albert Steger (Hg.)
Band 6126

Band 8
Europa
Walter Sperling, Adolf Karger (Hg.)
Band 6294

Band 9
Sowjetunion
Adolf Karger (Hg.)
Band 6297

Band 10
Australien – Neuseeland – Südpazifik
Hanns J. Buchholz (Hg.)
Band 6378

Fischer Taschenbuch Verlag

fi 281/6

Europäische Geschichte 1550–1779

Band 24

Herausgegeben und verfaßt von Richard van Dülmen
Mit diesem Band legt der Saarbrücker Historiker Richard van Dülmen eine umfassende Strukturgeschichte der europäischen Gesellschaft in der frühen Neuzeit zwischen 1550 bis 1648 vor. Die Darstellung ist weniger an politischen Ereignissen und an den Einzelentwicklungen der verschiedenen Länder orientiert und interessiert, sondern mehr an Problemen, die die Strukturprozesse unter den Bedingungen der Vielfalt unterschiedlicher Entwicklungen der Neuzeit wesentlich begründeten.

Band 25

Herausgegeben und verfaßt von Günter Barudio
Dieser Band behandelt den historischen Werdegang Europas zwischen 1648 und 1779 – das Zeitalter des Absolutismus und der Aufklärung. Der Leser wird anhand von sechs repräsentativen Fällen, denen noch ein Exkurs beigegeben ist, in die Mechanismen einer Machtstruktur eingeführt, aus deren Wirkungen das entstanden sein soll, was noch immer häufig der »moderne Staat« genannt wird.

Fischer Taschenbuch Verlag

fi 35/2

Das Zwanzigste Jahrhundert

in 3 Bänden

Europa 1918–1945
Fischer Weltgeschichte Band 34
Herausgegeben und verfaßt von R. A. C. Parker

Der Autor behandelt vor allem zwei Probleme, unter deren Nachwirkungen wir auch heute noch zu leiden haben: Aufstieg und Erscheinungsformen des Faschismus in Europa und Ursprung und Verlauf des Zweiten Weltkriegs. Unter diesem Blickwinkel werden Weltwirtschaftskrise und soziale Spannungen, nationale Rivalitäten und politische Radikalisierung geschildert; zugleich tritt ihre gegenseitige Verflechtung hervor, denn – so Parker – »wenigstens in der modernen Welt sind politische Veränderungen zugleich Ursachen und Folgen wirtschaftlicher und sozialer Veränderungen«.

Europa nach dem Zweiten Weltkrieg
Fischer Weltgeschichte Band 35
Herausgegeben von Wolfgang Benz und Hermann Graml

In diesem Band wird die europäische Geschichte von 1945 bis heute aufgearbeitet. Er beginnt mit einem Kapitel über die politischen Blockbildungen im Anschluß an den Zweiten Weltkrieg, an das sich je zwei Kapitel über die Entwicklungen in West- und Osteuropa anschließen und eines über den schwierigen Gang der europäischen Entspannung bis hin zur Krise dieser Politik.

Weltprobleme zwischen den Machtblöcken
Fischer Weltgeschichte Band 36
Herausgegeben von Wolfgang Benz und Hermann Graml

In diesem Band werden die wichtigsten zeitgenössischen Konfliktherde beschrieben und auf ihren strukturellen Zusammenhang hin untersucht. Die Spannweite reicht von Nordirland bis Kambodscha, vom Aufbruch der arabisch-islamischen Welt über die Befreiungsbewegungen in Afrika und Asien bis hin zur Entstehung der Volksrepublik China als neuem Machtfaktor in der Weltpolitik. Den Abschluß bilden Überlegungen zu Problemen der Entwicklungsländer, zur Entwicklungspolitik und zum Nord-Süd-Konflikt.

Fischer Taschenbuch Verlag

fi 313/1

Politische Reiseberichte

Band 3885

Band 3884

Band 3883

Band 3881

Band 3887

Band 3886

Fischer Taschenbuch Verlag

fi 508 / 6